- 中国式现代化教学科研的理论与实
- 二十一世纪"双一流"建设系列精品教

补充性货币学

BUCHONGXING HUOBIXUE

蒋海曦　编著

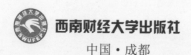

西南财经大学出版社

中国·成都

图书在版编目(CIP)数据

补充性货币学/蒋海曦编著.—成都:西南财经大学出版社,2023.8
ISBN 978-7-5504-5190-2

Ⅰ.①补… Ⅱ.①蒋… Ⅲ.①货币理论—研究 Ⅳ.①F820

中国国家版本馆 CIP 数据核字(2023)第 021353 号

补充性货币学

蒋海曦 编著

责任编辑:李特军
责任校对:陈何真璐
封面设计:墨创文化
责任印制:朱曼丽

出版发行	西南财经大学出版社(四川省成都市光华村街 55 号)
网　　址	http://cbs.swufe.edu.cn
电子邮件	bookcj@swufe.edu.cn
邮政编码	610074
电　　话	028-87353785
照　　排	四川胜翔数码印务设计有限公司
印　　刷	郫县犀浦印刷厂
成品尺寸	185mm×260mm
印　　张	25
字　　数	668 千字
版　　次	2023 年 8 月第 1 版
印　　次	2023 年 8 月第 1 次印刷
印　　数	1—2000 册
书　　号	ISBN 978-7-5504-5190-2
定　　价	52.00 元

前 言

- -

当前，在党的二十大精神指引下，在全面建成小康社会、消灭绝对贫困的基础上，我们正式踏上了中国式现代化的新征程。在奔赴新征程的过程中，我们面临着政治、经济、文化等方面的新挑战，这些新挑战反映在数字经济的各个领域。为了共克时艰，实现党的二十大提出的宏伟目标，我们启动了"中国式现代化教学科研的理论与实践"项目。该项目以当今数字经济的发展为背景，以理论教学、理论研究、科研实践、案例分析等形式涉及建成中国式现代化的诸多方面，对如党的建设、共同富裕、乡村振兴、数字经济的教学科研，新型货币的研究与教学，建立现代化经济体系的教学研究等方面的问题做出了详细的阐释和积极的探索。

《补充性货币学》是金融学博士后、西南财经大学国际商学院蒋海曦副教授长达 10 余年的潜心研究所形成的一个成果。该书系统地介绍了补充性货币的起源、内涵、类型；补充性货币与货币政策、人民币国际化、商业银行国际化的关系；补充性货币的应用及未来发展等理论与实践内容。本书还提供了与补充性货币相关的丰富的资料和案例，是有助于研究新经济背景下补充性货币的理论与实践工作的必备参考书，是高等院校本科生、硕士研究生及博士研究生重要的学习蓝本。

尽管该研究的成果主要源于对社会现实的分析和研究，可以参考的资料很少，但也借鉴了一些学者的学术成果。特别是书中插入了一些图片以增加本书的直观性，因一些图片无法联系作者，故特在此表示深切感谢，并请作者及时联系出版社。相信该书能为建成中国式现代化的教学科研贡献一份力量。

目 录

1

补／充／性／货／币／学

第一章
导论

- -

【本章学习目的】

通过本章学习，你应该能够：

- 掌握补充性货币和补充性货币学的定义。
- 了解补充性货币学的起源和发展历史。
- 理解补充性货币学在世界经济中的意义与重要作用。
- 分析建立中国特色社会主义的补充性货币学的必要性和紧迫性。

** 引导案例 **

中国各地派发"旅游消费券"①

自 2008 年全球金融危机爆发以来，为了拉动内需、促进消费，长三角多个旅游城市推出"旅游消费券"。2009 年 2 月 16 日，南京市政府举行"南京乡村旅游消费券"摇号仪式，通过摇号的方式向市民发放旅游消费券。发放对象主要集中在城市居民居住较为集中的江南八区。南京市政府共拿出 2 000 万元，分 4 个月向市民派发乡村旅游消费券；根据公安部门提供的 89 万个家庭的户籍编号进行摇号，按照被摇中的号码选出相应的家庭，随后各区县旅游局将券发放给中奖家庭所在的街道、社区，再分批送到市民手中。南京乡村旅游消费券分为 10 元、20 元和 50 元三种，券上标明了使用月份，当月有效。消费券为有价抵用券，可在指定的 37 个消费点抵用同等额度的消费费用。消费券可累计使用，每次抵扣额度不能超过一次消费总额的 50%。南京摇号产生了 20 万户获得乡村旅游消费券的家庭，之后开始了旅游消费券的全国首发。宁波、苏州、扬州、无锡、广州、武汉等地也纷纷加入发放旅游消费券的行列。

武汉在 2009 年 2 月 18 日—28 日的 10 时至 12 时也向民众发放了旅游消费券。

---

① 摘编自中国江苏网. 南京 1 300 万乡村旅游消费券今起申领 [EB/OL]. (2020-03-17) [2022-08-01]. https://baijiahao.baidu.com/s？id=1661372356283584624&wfr=spider&for=pc；中国政府网：武汉市各大景区发放旅游消费券 2.25 亿元 [EB/OL]. (2009-04-14) [2022-08-01]. http://www.gov.cn/govweb/fwxx/ly/2009-04/14/content_1285184.htm.

发放方式为：每人限领一次，依据规定，省、市劳模领取200元券、中低收入武汉市民领取100元券、55岁以上的中老年人领取50元、大中专院校的学生领取20元。持券人必须在集散中心参团报名方可使用，不找零，旅游线路包括木兰天池、汤池温泉、武当山、张家界、凤凰古城等70多条国内旅游线路，消费券不能在各景点内使用。

2020年由于新型冠状病毒感染的影响，为了提振内需，各地也纷纷推出了旅游消费券，如昆明，见图1-1。

中国人民银行金融消费权益保护局副局长尹优平表示：发放消费券的三个意义是刺激消费、改善民生、引导习惯；在发放消费券过程中应当把握的原则是量力而行、因地制宜，精准区分、有的放矢，公平效率、物尽其用。

图1-1 昆明市发放消费券的公告

思考题

1. 我国各地在2008年金融危机以后发放的"旅游消费券"与补充性货币之间有什么关系？

2. 我国各地为什么会在2008年金融危机和2020年新型冠状病毒感染疫情暴发后发放"旅游消费券"？

3. 我国各地发放的"旅游消费券"有什么积极影响和作用？

4. 请对比我国发放消费券和美国使用现金补贴方式的异同点。

补充性货币本身有着悠久的历史。当前，全世界有5 000多种不同的补充性货币在实际运行，其名称、形式、特点、功能、运行方式均有所不同。随着网络经济、数字经济等新经济形式的扩张和经济全球化的发展，各种新型补充性货币在全球范围内大量涌现，中国国内也自发产生出许多新型补充性货币。2008年的全球金融危机中，补充性货币出尽风头，给经济带来了巨大的风险和不确定性；2009年，比特币等补充性货币的迅速兴起在全球范围内再次严重冲击了很多国家法定货币的地位；在中国，大量金融交易型虚拟货币、商业交易型虚拟货币、游戏币、代金券、消费券不断涌现，打破了金融体系原有对非法定货币的限制，引发了国内不少社会经济方面的深层次问题。当前，各国政府相关部门正密切关注人工智能、云计算、区块链、"互联网+"等高科技带来的各种补充性货币现象。本章重点介绍补充性货币和补充性货币学的起源、发展历史和最新发展等相关问题。

第一节　补充性货币学的起源

在货币①的发展史上，一些学者认为，"使用统一货币有助于提升交易效率"②。然而，由于货币还具有许多其他的社会功能，因此在现实社会中不会只存在一种统一的货币。美国学者大卫·沃尔曼曾经在他的著作中描述了如果在全球范围内使用同一种货币的情境。他认为，这种情境的发生，"是左翼乌托邦分子和科幻小说作家灌输给社会的幻想"③。事实证明，不仅世界各国的法定货币无法统一为同一类货币，而且现实社会的需求还催化和促进了补充性货币的诞生。

一、补充性货币与补充性货币学的起源

补充性货币（complementary currency）的发展由来已久，但补充性货币这一概念的形成却很晚。1891 年，阿根廷的商人 Silvio Gesell（1891）在实践过程中提出了"加印"货币概念。由此，被加贴了"印花"的流通券也被看作补充性货币的最早雏形。1969 年，V. K. Chetty（1969）提出"货币替代"的概念。他认为，货币替代在本质上表现为外币在货币职能上替代本币。实际上，在 20 世纪 20 年代，世界上首个有社会价值、被人们自发运用的补充性货币概念"瓦拉"（Wara）在德国诞生，其产生的目的就是抵御德国马克严重通货膨胀带来的影响。在 20 世纪 30 年代的大萧条背景下，补充性货币也曾作为短期内法定货币的替代物大量出现。20 世纪 80 年代以来，货币的"稀缺性"日趋严重，与此同时，生态环境、养老扶贫等问题受到越来越多的关注。由此，以时间美元（Time Dollar）、伊萨卡小时数（Ithaca Hours）为代表的社区补充性货币相继出现，并一直存续至今。近年来，以提升社区养老服务水平为目的的时间货币（time-based currency）作为当前养老服务体系的重要补充，在许多国家陆续出现。与此同时，有学者也提出了一些与补充性货币相近的概念。西方国家开始出现了"替代性货币""地方货币"（local/regional currency）、"社区货币"（community currency）、"补充货币"的概念。这些概念有一些是指同一个事物，但因为翻译的原因导致了称谓上存在的差异；也有一些是指不同的事物，但由于在特定场景和时期存在某些功能和作用的相似性，称谓发生重叠或交叉；还

①　根据马克思的货币观，货币是固定充当一般等价物的特殊商品。这不仅包括资本主义商品经济发达时期存在的货币，也包括这之前漫长的简单商品经济及有交换的历史时期的货币或交换媒介。这方面的论述，可参阅相关文献。

②　爱德华·卡斯特罗诺瓦. 货币革命：改变经济未来的虚拟货币［M］. 束宇，译. 北京：中信出版集团，2015：66.

③　爱德华·卡斯特罗诺瓦. 货币革命：改变经济未来的虚拟货币［M］. 束宇，译. 北京：中信出版集团，2015：67.

有一些甚至是因为学术界没有统一的定义和概念而导致不同学者的理解发生偏差，而产生的混淆和误用。

学者提出的这些概念中，就"补充货币"的提法很多，但就"补充性货币"的提法非常少，尤其对补充性货币的内涵、类型认识不清，研究成果也较少。贝多广、罗煜（2013）两位学者，是最早在国内使用"补充性货币"这一概念的。我们认为，相较于西方学者提出的上述若干概念，使用"补充性货币"来归纳和概括最为准确。随着补充性货币的不断发展和经济全球化的加速，国内学者在近年来也开始关注并着手对补充性货币相关问题进行研究和探讨。贝多广、罗煜（2013）梳理了西方学者关于补充性货币的定义，探讨了补充性货币的理论起源及其兴起的意义①。柯达（2019）认为，"补充性货币"作为可履行货币职能的私人支付工具，是指由非政府组织或个人发行、仅在一定范围内发行与流通、可实现特定经济与社会功能的交易媒介，包括易货记账货币（barter accounting currency）与时间货币②。

虽然国内外学者对于补充性货币已经有了一定的研究，但学界对于补充性货币尚无准确的定义。补充性货币究竟是什么，目前理论界还并没有统一的认识。有的学者认为，补充性货币是一种反映"货币替代"现象的产物或是一种"替代性货币"，它可以替代法定货币的全部或部分职能。有的学者则认为，补充性货币就是指虚拟货币，而数字货币就是虚拟货币，也是补充性货币。一些学者在补充性货币的类型划分上，只将其虚拟形式归为补充性货币，而忽略了它的实体形式。一些学者只将与网络技术相联系的货币形式归于补充性货币，而忽略了补充性货币早期的非网络联系形式。个别学者还把当代法定货币的新形式如法定数字货币作为补充性货币，等等。特别是在很长时间内，国内外尚未在理论上形成系统的研究成果。直到近些年，才有学者打破了这个僵局。

我们认为，补充性货币是对法定货币职能进行补充或替代的交易媒介，是补充与替代法定货币相关职能的货币形式。

为了适应经济社会的发展，我们必须对补充性货币进行系统地研究；因此，迫切需要构建"补充性货币学"。可喜的是，近年来，一些国内学者陆续形成了补充性货币的系统研究论文及专著③，为"补充性货币学"奠定了基础。

二、补充性货币的判断标准

补充性货币有多种表现类型，但实质上可以分为物理形态（实物形态）的补充性货币和虚拟形态（电子形态）的补充性货币两大类④。

---

① 贝多广，罗煜. 补充性货币的理论、最新发展及对法定货币的挑战 [J]. 经济学动态，2013（9）：4-10.
② 柯达. 论补充性货币的法律规制：兼论数字货币的补充性监管 [J]. 中南大学学报（社会科学版），2019（5）：30-37.
③ 参见蒋海曦等的相关论文与专著。
④ 当然，随着现代科技的发展，一些实物形态的补充性货币，也通过加上二维码、条形码、防伪芯片等附属元件使其与互联网实现无缝对接，形成了运用高科技手段、具有一定虚拟形态补充性货币特征的实物形态补充性货币。我们认为，这种现象的存在，并不影响其实质上是实物形态补充性货币的事实。无论采用了如何先进的技术手段，只要这类补充性货币是以实物的形态出现在我们面前，能看得见、摸得着，我们就把它界定为实物形态的补充性货币，而非虚拟形态。反之亦然。

在判断一种货币是否是补充性货币时，我们通常需要根据补充性货币的定义确定以下标准。

（一）类别标准

类别标准主要将"法定货币"和"非法定货币"两大类别作为衡量和区分非补充性货币和补充性货币的尺度之一。

法定货币（legal tender），是由国家委托中央银行或相应机构发行并强制流通的货币。这些货币从近代开始，已不代表其他实质商品或货物，发行者亦没有兑现为其他实物的义务，它的形式可以是不同的。法定货币的价值来源于实物货币本身的价值或来自法定纸币和其他法定货币形式所代表的实物货币的价值，或者代表拥有者预期的将来能维持的购买力。根据马克思货币理论的观点，除实物法定货币外，其他货币形式本身并无内在价值（intrinsic value）。也就是说，其只是法律规定的可以流通的价值符号。不同的国家政府，都会发行建立在自己信用基础上、由法律作为强制工具，强制人们在一切交易中予以接受的法定货币。世界各个国家的货币，如美国的美元、英国的英镑、日本的日元、俄罗斯的卢布等，均是如此。中华人民共和国的法定货币是人民币（另外在中国香港地区和中国澳门地区，也拥有这些地区的代表我国法定货币的港币和澳门币）。中国人民银行是我国管理人民币的重要机构，它还负责人民币的设计、发行等。

法定货币的发行权、监管权归国家政府所有，国家政府可以委托中央银行发行和管理法定货币在市场中的运行。国家政府也能通过控制法定货币的投放数量对经济进行宏观调控。

值得注意的是，随着数字经济的飞速发展，很多国家也开始研发和推广法定数字货币。法定数字货币又称央行数字货币（Central Bank Digital Currency），是指由中央银行或其授权的商业银行发行、以区块链等技术为依托，并以数字化信息形式存在的法偿货币。国际清算银行（BIS）依据使用范围与技术基础的不同，将法定数字货币分为零售代币型、零售账户型、批量代币型以及批量账户型数字货币。法定数字货币的本质依然是法定货币，其可履行由法律保障的计价工具与价值贮藏功能，并能被域内民众所普遍接受。理想状态下，法定数字货币具有不可伪造、可追踪性、匿名性等特点，是"管控中心化、技术架构分布式"形式的法定货币[①]。我国的法定数字货币是由中国人民银行发行的数字人民币（e-CNY），目前已在全国多个城市和地区进行试点运行。数字人民币由中国人民银行指定运营机构（如中国银行、中国工商银行、中国农业银行等）参与运营并向公众兑换，具有法偿性、可控匿名性和价值特性。数字人民币以广义账户体系为基础，支持银行账户松耦合功能，与传统实体人民币（如纸钞、硬币）等价。

综上，上述所提及的法定货币及其特征，为我们判定一种货币是否是补充性货

---

① 参见［1］刘少军. 金融法学［M］. 北京：中国政法大学出版社，2016：99.［2］BIS. Central Bank Digital Currencies［R］. Basel：BIS，2018.［3］哈里斯. 货币理论［M］. 梁小民，译. 北京：商务印书馆，2017：3.［4］姚前，汤莹玮. 关于央行法定数字货币的若干思考［J］. 金融研究，2017（7）：78-85.［5］柯达. 论我国法定数字货币的法律属性［J］. 科技与法律，2019，4：57-65.

币提供了依据。除了上述法定货币之外，其他的货币形式则符合"属于补充性货币范畴"的类别标准这一个条件。

（二）职能标准

职能标准是指以马克思定义的"货币的基本职能"为基础，将是否能补充或替代相关法定货币的职能作为划分补充性货币与非补充性货币的尺度之一。在这里，我们从补充性货币对法定货币的替代职能和补充职能两方面来说明。按照马克思主义经济学的观点，货币是固定充当一般等价物的特殊商品。货币分别具有价值尺度、流通手段、贮藏手段、支付手段及世界货币的职能。在纸币出现之后，由于货币的形式有变化，故而货币本身的职能也会发生改变。

众所周知，货币职能是指货币本质的具体体现。在商品经济条件下，真实的货币具有价值尺度、流通手段、贮藏手段、支付手段和世界货币五大职能，且其是随着商品经济的发展而逐渐形成的。其中，价值尺度和流通手段是真实货币最基本的职能。真实货币首先作为价值尺度，衡量商品有没有价值、有多少价值，然后主要作为流通手段实现商品的价值。非真实货币的职能将会影响真实货币的职能。

需要强调的是，在马克思所处的背景下，他所指的货币，即是法定货币。因此，毫无疑问，法定货币具备上述的所有货币职能。而具备替代和补充法定货币部分或全部职能的其他非法定货币的货币形式，则属于补充性货币的范畴。

替代职能，是指补充性货币具备能替代法定货币相关职能的能力。即补充性货币在运行过程中，也能具有价值尺度、流通手段、贮藏手段、支付手段和世界货币五大职能中的一些职能。

补充职能，是指补充性货币具备能补充法定货币某些缺失的职能的能力。即补充性货币在特定的场景和时期，还具有某些法定货币不具备的职能。这是因为，补充性货币的发展是并行于法定货币的发展过程的，且补充性货币具备的"补充功能"是顺应经济社会各个时期的需要应运而生的。因此，补充性货币具备的补充法定货币某些缺失的职能的"补充功能"，为继承和发展马克思提出的"货币的基本职能"理论，提供了强有力的理论和实践论证。

探讨补充性货币的补充功能，需要明确补充性货币的出现原因，即各国法定货币体制存在诸多先天及后天的不足。例如，首先，相对于大型企业，中小企业的融资渠道更为狭窄。由于中小企业的资产相对薄弱、信用水平相对较低，其获得银行间接融资和资本市场直接融资则更为困难。事实上，补充性货币的出现反映了企业与个人对金融机构过分追求商业利益的不满[①]。其次，在现有法定货币体系下，中小企业的借款成本较为高昂。由于传统法定货币支付清算的复杂化，中小企业除了承担利息费用之外，还要向银行、支付结算机构等金融机构支付服务费用，这又进一步增加了中小企业的成本。最后，数次经济危机使得民众产生了对一些国家（如西方国家）的法定货币背后的国家信用的质疑。时间货币、社区货币这类限定于一定空间范围内使用的补充性货币，往往会在经济危机导致的通胀或通缩背景下出现。

---

① 李成武. 补充货币的理论、实践与启示：基于后危机时代的思考 [J]. 金融纵横，2010（2）：47-50.

此时，法定货币背后的国家信用就面临着极大的挑战。

在一些西方国家，民众若使用国家法定货币，可能会遭受物价不稳定所带来的损失①。此外，为解决人口老龄化、环境污染、生态破坏等各种日趋严重的问题，政府或公益组织往往委托相应的专业机构进行治理，由该机构对受托资金进行分配使用，但其中的代理成本较高。且由于时间上的不确定性，货币币值发生的变化可能会消减其解决社会问题的能力②。

由此可见，针对法定货币表现出的种种缺陷，补充性货币在以下几个方面对法定货币进行了功能上的补充或优化。其主要表现如下：首先，私人信用对国家信用进行了补充。一般而言，每一单位补充性货币均有对应的真实或虚拟的财产或服务作为保障，这会制约运营者超发、滥发货币的行为。这意味着在法定货币币值不稳时，补充性货币的流通可以或可能维护一定范围内经济交易秩序的稳定，用私人信用临时弥补国家信用③。此外，大多数补充性货币的移转信息是公开的，使用者可以通过各种公开、半公开的途径或计算机内部系统了解货币发行总量甚至每个主体的货币资产和负债信息，比央行发布的法定货币流通信息更加直观和具体④。其次，私人拥有的补充性货币对法定货币的社会功能进行了补充。时间货币基于人际关系产生的"互惠性"⑤，将货币的使用范围局限于特定空间范围之内的养老、扶贫、培训、法律咨询等社会服务，可增强社区内部人员之间的联系⑥。再次，私人拥有的补充性货币对法定货币的计量尺度进行了补充。时间货币以小时数作为货币计量单位，为不易通过法定货币计价的服务解决了难题，进一步实现了人力资源的优化配置。最后，私人拥有的补充性货币具备更高的流通效益，对法定货币的流动性（特别是战争、疫情、自然灾害等时期）和流通效率进行了补充。补充性货币存款一般不产生利息，一些补充性货币的发行者会设定货币的负利率，以刺激补充性货币的持有者尽早使用货币而非长期进行储存，以便增加货币的流动速率⑦。此外，补充性货币的移转一般在同一个清算系统内发生，实现点对点支付，故而一般支付成本较低，可使消费者与企业之间建立更紧密的联系⑧。

从补充性货币的功能可以看出，补充性货币的发行流通并不以取代法定货币为目标。列特尔（Lietaer）认为，市场中存在两个互补的经济体系：一个是居主流地位的、由国家法定货币推动的、充满竞争的全球经济；另一个是由补充性货币推动

① 蒋海曦. 马克思补充性货币理论与"中华红色经济之都"的实践 [J]. 政治经济学评论, 2017 (4)：89-103.

② GAWTHORPE K. Which characteristics of communities boost Time-banking? Case study of the United States [J]. International Journal of Community Currency Research, 2017 (21)：51-64.

③ WEBER B. The economic viability of complementary currencies：Bound to fail？[J]. Institute of Network Cultures, 2015 (1)：132-149.

④ 刘金山. 补充货币的实践与启示 [J]. 经济学动态, 2007 (5)：103-106.

⑤ FRIISAND G, GLASER F. Extending blockchain technology to host customizable and interoperable community currencies [J]. International Journal of Community Currency Research, 2018 (22)：71-84

⑥ 蒋海曦, 吴震宇. 适应性与补充性：货币功能理论的新发展 [J]. 社会科学战线, 2016 (6)：46-53.

⑦ 廖承红. 补充货币的理论及其实践经验借鉴 [J]. 河北经贸大学学报, 2011 (1)：49-54.

⑧ FREIRESOCIAL M V. Social economy and central banks：Legal and regulatory issues on social currencies as a public policy instrument consistent with monetary policy [J]. International Journal of Community Currency Research, 2009 (13)：76-94

的、充满合作的地方经济①。因此，补充性货币理论与格列柯的"货币替代理论"以及哈耶克的"货币非国家化理论"存在定位方面的根本区别，后两者都主张废除法定货币的法偿地位，并允许私人主体发行各种货币进行竞争②。而补充性货币理论仍然坚持法定货币的主导地位，但同时承认法定货币存在缺陷，需要运用补充性货币对法定货币的缺陷进行改良，法定货币与补充性货币在一定条件下可以并存运转。

综上，我们归纳出补充性货币除了替代法定货币相关职能外，对当前法定货币的补充职能有社会保障职能（如扶贫救济）、互惠性职能（如公益互助）、资源配置职能、维护稳定职能和其他职能。这些补充职能能在特定的场景和时期，补充法定货币的基本职能，确保社会经济的正常秩序。随着高新科技及社会的发展，我们将会发现补充性货币的更多职能。

如上所述，我们认为，除了法定货币以外的能补充与替代法定货币相关职能的所有的货币形式，都属于补充性货币的范畴。

第二节　补充性货币学的发展阶段和新趋势

一、补充性货币及其学说的发展阶段

人类经济活动中的"货币"形式大概经历了以下几个阶段：

第一阶段：以物易物的"物币"萌芽阶段。这个阶段主要发生在生产力低下的远古社会。严格来说，这时并没有产生货币，仅有彼此交换的物，故而此阶段可以称之为"物币"萌芽时期。这个时期不可能产生货币理论，当然更不可能产生有关补充性货币的理论。

第二阶段：一般等价物的"物币"阶段。由于各种条件不同，在历史上的不同国家和地区，同一国家和地区的不同时间阶段，动物如牛羊以及谷物、斧头、布、海贝、铜器、瓷器、玉璧、铜、金都充当过一般等价物。这些一般等价物已被一些学者看成了货币。这一阶段，已经开始产生与货币乃至补充性货币相关的一些观点。

第三阶段：真实货币阶段。这个阶段，真实的货币开始出现，并往往直接成为法定货币。正如马克思所言，"金银天然不是货币，货币天然是金银"。在这个时期，由于金银体积小、价值大、易于分割、不易磨损、色泽艳丽、产量有限等原因，慢慢地，金银就固定充当一般等价物了。于是，金银成为国家主要的实物法定货币。当然，在这一阶段，人们开始更加关注补充性货币的一些现象。

第四阶段：纸币阶段。由于生产力的发展，随着经济活动的扩大，纸币显示出自身的优越性。贵金属货币逐渐被纸币取代。目前，世界上公认的最早的纸币是发行于北宋宋仁宗天圣元年（1023 年）的货币，曾作为官方法定的货币流通，称作

---

① 列特尔. 货币的未来 [M]. 林罡，译. 北京：新华出版社，2003：172.
② 格列柯. 货币的终结 [M]. 周琴，刘坤，译. 北京：金城出版社，2010：230.

"官交子"，在四川境内流通近 80 年。纸币在全世界范围内大规模使用已是 18 世纪的事情了。纸币，在瑞典是 1690 年出现，在美国是 1692 年出现，在法国则是 1716 年出现。1971 年 8 月 15 日，美国尼克松政府宣布美元与黄金脱钩，纸币实质变成了没有价值但是有共识的特殊形式的一种"货币"。这个时期，人们开始出现关注对补充性货币的研究。

第五阶段：电子货币的出现阶段。由于科学技术的进步，一种新型的电子型货币开始取代纸币。1952 年，美国加利福尼亚州富兰克林国民银行开始发行银行信用卡。很快，以银行信用卡为代表的电子货币迅速流行，成为当今主流的货币形式。一般而言，电子货币是法定货币的电子化形式，其逐渐与纸币脱离，成为一种纯粹的电子形态的新型货币形式。这一阶段，出现了关于补充性货币的一些理论成果。

第六阶段：数字货币的出现阶段。这个时期是货币发展的最新阶段，出现了不少数字形式的货币，特别是以比特币为代表的数字货币。这一阶段，货币也从主权货币开始向全球货币演变。这一阶段，学者们逐渐开始对补充性货币进行了较多的研究，这些成果，奠定了补充性货币学的基础①。

从上述货币及其理论的发展历史可知，法定货币与补充性货币都是从低级向高级发展的。法定货币与补充性货币并不是割裂的，而是并行交替、共同向前发展的。由于它们都属于货币的范畴，因此它们在发展过程中会存在竞争、交叉、替代、补充的共生关系，且在不同的历史时期和背景下，会出现一方压倒另一方，占据经济社会的主导地位的情况。

理论上，我们把补充性货币的发展阶段分为初级发展阶段、中级发展阶段和高级阶段。我们当前的时代，处于补充性货币的中级发展阶段，并且正向高级阶段过渡。处于不同发展阶段的补充性货币的具体形态、表现形式和分类特点总结如图 1-2 所示。

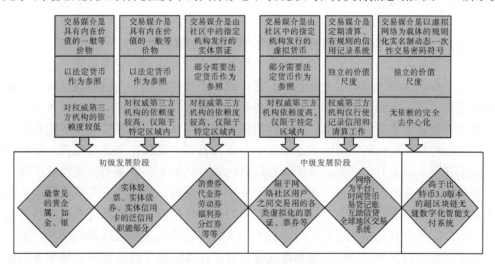

图 1-2 补充性货币的不同发展阶段

① 参见蒋海曦的一系列研究成果。

二、补充性货币学运用的新趋势

尽管补充性货币学尚在初创阶段，但其现存的理论在补充性货币推进经济社会发展的实践运用过程中发挥了巨大的作用。补充性货币的演变和发展经过了漫长的历史过程，但补充性货币学却是一门刚刚诞生的全新学科。补充性货币的家族成员数量十分庞大，但在很长一段时间内却一直被人们忽视。因此，很少有人关注和运用补充性货币的理论去解决现实中存在的相关问题。

人们真正开始关注补充性货币并意识到它的重要性，是在数字货币问世之后。随着高新技术的飞速发展，数字货币作为金融科技的重要创新产物之一，对整个金融业都带来了深远的影响。从发行者的视角来看，数字货币可以分为由国家政府发行的法定数字货币和由非国家政府的法人或自然人发行的非法定数字货币两大类。而后者则属于补充性货币由中级发展阶段，向高级发展阶段转化的重要标志性货币形态。这些非法定数字货币的出现早于法定数字货币，改变了传统货币的形态、流通方式及支付方式，并根据设计的不同产生了不同的内在价值。当代补充性货币大多以非法定数字货币的面目出现，因此，补充性货币学也有了更广泛的运用空间和运用前景。

不论是非法定数字货币还是法定数字货币，相比纸币体系来说，其运行成本更低，效率更高，跨境交易更便捷。因此，数字货币被广泛应用于跨境支付以及全球贸易的前景可期。我们不难预见，在数字经济背景下，数字货币将成为新型的记账单位、标价单位、价值交换媒介以及存储手段[1]。2019 年 6 月，美国 Facebook（脸书）顺势推出的 Libra（天秤币）对国际传统经济货币结算体系产生了强烈的冲击。不同于比特币和以太币等以波动性著称的加密数字型补充性货币，Libra 这类数字型补充性货币虽然没有政府信用担保，但通过内置的价格稳定机制可以维持低通胀和币值稳定，并向全球自由流通和应用场景智能多元的方向发展。

实现全球范围内的自由流通，是数字型补充性货币的一个发展趋势，也是补充性货币学在实践中运用的一个新趋势。货币的一个重要职能是支付手段，而要实现对法定货币在一定程度上的替代，数字型补充性货币就必须能够降低支付活动尤其是境外资金转移和支付的成本。在传统的国际货币体系下，本国货币如不能自由兑换，那么将境外资金转入境内的过程会十分缓慢且成本高昂。全球范围内，每年的跨境汇款至少有上万亿美元，仅手续费就高达数百亿美元。数字型补充性货币则可以提供快速便捷的汇款渠道，比如，只要使用数字钱包，外国务工人员就可以从世界各地向国内亲朋即时汇款，且可避免高昂的转账费用。一国居民持有数字型补充性货币，无须将其兑换成法定货币，也不用支付手续费，就能完成跨境交易，进而有利于推动跨境贸易、跨境结算和跨境投融资。这既免除了商品服务交易中各国法定货币间相互转换的不便和限制，还能规避汇率波动造成的损失，这是数字型补充性货币相对于法定货币的最大优势。除了跨境交易，数字型补充性货币通过与真实

---

① 谢星，封思贤. 法定数字货币对我国货币政策影响的理论研究 [J]. 经济学家，2019（9）：54-63.

货币挂钩，还能发挥防止本国货币崩溃、保护居民财富的重要作用。通货膨胀一直是困扰经济发展和社会稳定的重要问题。当一国发生恶性通货膨胀，法定货币汇率暴跌时，居民积蓄和财富将迅速缩水。如果居民持有与美元、欧元甚至是黄金挂钩的数字型补充性货币，就能避免受到本国货币贬值的影响，维护其财富和积蓄的价值。

应用场景的多元化和智能化是数字型补充性货币的另一发展趋势，也是补充性货币学在实践中运用的又一个新趋势。数字型补充性货币的创新和发展为公众提供了购买商品和服务的新方式。以 Libra 为例，Libra 计划的推出之所以受到各国政府的密切关注，主要是因为 Libra 依托于 Facebook 平台。作为全球影响力最大的社交网络平台和数字 App、数字网站和电子商务开源工具的提供者，Facebook 覆盖了虚拟商品、电商、阅读、娱乐和音乐等大量线上数字商品服务，这些在 Facebook 社交网络上架构的诸多应用场景，是 20 亿用户在全球范围内采用 Libra 开展交易的基础。在未来数字化支付场景中，数字型补充性货币的其他各种形式，相对于法定货币，使用更加便利，应用更加广泛。随着商业体系和技术安全保障的不断成熟和完善，数字型补充性货币不断开拓更多的商业应用场景，这是其在某些支付领域替代和超越法定货币的关键。除了应用场景的多元化，数字型补充性货币也正在向智能化方向发展。比如，随时间推移而强制执行的智能金融合约有助于完成透明和固定的自动交易，简化支付流程。在还贷、订阅、租金和工资支付等方面，支付方可简单地建立一个智能合同，到期将数字货币自动转移给收款方。智能合约的建立，不仅能使交易安全便利，还能有计划地避免价格波动，对冲风险。

目前，各国都在积极研发和试用法定数字货币，并取得了一定的进展。但是，数字型补充性货币却已比法定数字货币更先具备了"先发优势"，从全球范围来说，数字型补充性货币诞生更早，受众更广，适应能力更强，社会接受度更高。基于数字技术的长尾特征和补充性货币学的相关理论，在未来较长的一段时间内，法定数字货币与数字型补充性货币、多种数字型补充性货币之间都可能会存在相互竞争，且会长期共存。有学者认为，这些数字货币的发展趋势最终将趋于一致，一种或少数几种数字型补充性货币可能会占主导地位，甚至统一整个市场①。虽然这些都是学者们的预判和推测，但也为补充性货币学的运用和发展，提供了一个值得探索的研究空间和方向。

第三节　补充性货币学的研究现状

一、补充性货币学的研究文献

有关补充性货币学的研究，国内外学者的研究成果极少。我们通过国际权威的最大数据库进行搜寻，发现在现代货币的研究中，仅有若干较少的关于补充性货币

① 李苍舒，黄卓超. 主权数字货币的发展趋势及潜在风险 [J]. 社会科学辑刊，2021 (6)：168-174.

的研究成果，且研究力度还有待进一步加强。

为了搜寻国外研究补充性货币的相关成果，我们对外国文献的研究数据的获取全部基于大型综合性引文索引数据库（Web of Science，简称 WOS）。WOS 是目前全球规模最大、学科覆盖面最广的一个学术信息资源库，其中收录了各研究领域最具影响力的 8 700 多种 SSCI 和 SCI 核心学术期刊及文献。因此，使用 WOS 作为本研究的数据来源，具有较强的学术典型性、权威性和说服力。考虑到专门研究补充性货币的文献可能太少，为尽可能增大搜索范围，本研究首先采用词汇查询及改进的检索策略，在 WOS 核心合集平台上对主题为"currency""money"和"coin"的相关文献进行分别检索后，再运用 Bibexcel 软件进行合并，共得到 66 109 条检索结果（检索时间跨度为 1950 年至 2018 年，具体检索日期截至 2018 年 7 月 8 日），下载其引文数据，并保存为 text 文本格式以保证 Bibexcel 能正确读取。同时，考虑到"currency""money"和"coin"均为货币的英文对照词，在进行分别检索时会出现重复检索的情况，因此，本研究运用 Bibexcel 和 Visual C++对合并后的检索结果按照文章标题标签"TI"进行了编程去重处理，去重后得到 63 881 条检索结果。接下来再根据检索引文数据中的学科分类标签"WC"，再次运用 Visual C++编程去重，只保留学科分类为"Business \ Finance \ Economics \ Management"的检索引文数据，再次去重后余下 17 999 个检索结果。最后，根据文献类型标签"DT"，运用 Visual C++编程只保留文献类型为"article \ review"的检索记录，最终保留下 17 454 个检索引文数据。

我们将 17 454 个文献引文用 Bibexcel 按照检索标签"PY"进行描述性统计，发现除有 2 篇文献外，其他共 17 452 篇文献均集中发表在 2002 年至 2018 年 7 月 8 日这一时间段，这说明从 2002 年开始，学术界对以"货币"为主题的相关问题研究兴趣颇浓。图 1-3 显示了 2002 年至 2018 年[①]世界在当代被 SSCI 收录的以货币为主题的学术论文数量及其变化波动情况。如图 1-3 所示，从 2002 年起，与现代货币研究相关的国际期刊论文数量基本上呈现逐年增加的趋势，2008 年、2011 年、2015 年、2016 年的年发文量均出现较高的增长，在 2017 年的论文年发文量更是达到 1 793 篇的最高年发文量。截至 2018 年 7 月 8 日，2018 年的发文量也已达到 652 篇，有望再创历史新高。同时，根据折线图百分比的变化情况，我们可以将 2002—2018 年的期间的发文情况分为 5 个阶段：①2002—2005 年的稳定期；②2005—2008 年的攀升期；③2008—2010 年的平稳过渡期；④2010—2014 年的波动期；⑤2014—2018 年的飞跃期。从图 1-3 的百分比折线图可以看出，2002—2018 年的论文年发文量基本上呈现出逐年稳步上升的趋势，由此可见与当代货币相关的研究已经越来越成为全世界关注的焦点。

---

① 注：由于本研究对文献的查询日期截至 2018 年 7 月 8 日，图 1-3 只显示了截至 2018 年 7 月 8 日的文献量。文中所有标注为 2018 年的数据，均指截至 2018 年 7 月 8 日的数据。

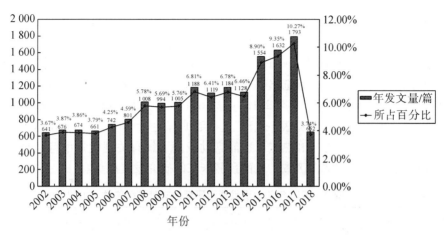

图 1-3 2002—2018 年世界被 SSCI 收录的现代货币论文数量及所占百分比

如图 1-4 所示，自 2002 年以来境外有关现代货币研究的文献发表数量基本呈现逐年上升的趋势，2008 年、2011 年、2015 年均是发文量大幅度增长的典型年份，直至 2017 年更是达到年发文量共计 1 686 篇的峰值并持续至今。这说明境外学术界对现代货币相关问题的研究兴趣相当浓厚，有增不减。同时，自 2002 年以来，中国境内的相关文献年发文量也基本上呈现出逐年递增的发展趋势，其中，2011 年、2013 年、2015 年、2016 年和 2017 年的年发文量增长得较明显，2016 年和 2017 年发文量都达到了 85 篇的最大值。此外，将中国境内和境外的年发文量总体趋势进行对比可知，尽管境内外的发文量都呈增长趋势，但境内和境外的差距十分明显。从数量上来看，境外的总体发文量大，且增速明显，2017 年较 2002 年增长了两倍多；境内的总体发文量基数小，虽然增速较快，但从发文规模来看，与境外的研究发展差距还在不断拉大。由此可见，中国境内学术界虽然对现代货币相关问题的研究关注度在逐年增加，但仍需加大研究力度以缩小与境外学术界的差距。特别是专门研究补充性货币的文献，仍然太少，中国境内学术界还得进一步努力。

13

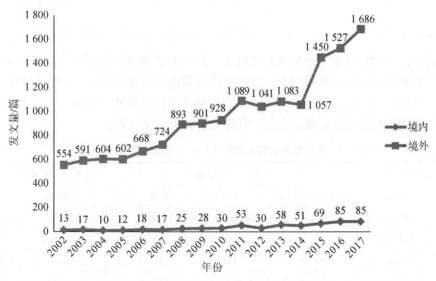

图 1-4 2002—2017 年中国境内和境外关于现代货币的发文量年度对比分析情况

我们运用 Bibexcel 软件和 Visual C++语言将 17 454 篇文献样本中的关键词和文献摘要中所使用的高频词汇进行分组处理、聚类统计、共词分析和匹配，去掉搜索主题词 "money" "currency" "coin" 及没有实际意义的冠词、虚词、助词、连词、代词、介词以及数量词等，筛选出有意义的动词和副词，着重分析有明显意义的名词、形容词，从而得到 2002 年至 2018 年这 16 年间有关现代货币研究文献中使用的高频关键词使用频次数据（见表 1-1）。这些数据有助于我们分析目前学术界对货币研究的现状、兴趣点、方向和热点，也能帮助我们了解有关现代货币特别是补充性货币的研究前沿动态和空白区域，从而预测未来的研究发展趋势。

表 1-1　2002—2018 年关于现代货币研究的文献高频关键词 TOP45

排名	关键词	频次	排名	关键词	频次	排名	关键词	频次
1	Model(s)	2 392	16	Dynamics	329	31	Output(s)	212
2	Policy(ies)	1 221	17	Equilibrium	322	32	Income	207
3	Market(s)	1 166	18	Determinants	316	33	Firms	200
4	Price(s)	807	19	Liquidity	316	34	Shocks	198
5	Risk(s)	684	20	Crisis	314	35	Costs	197
6	Rates	675	21	Consumption(s)	297	36	Integration	169
7	Inflation(s)	657	22	Investment	297	37	Rules	166
8	Returns	640	23	Choices	284	38	Efficiency	164
9	Performance	488	24	Exchange	257	39	Perspectives	162
10	Growth	485	25	Expectations	256	40	Preferences	162
11	Information	444	26	Uncertainty	249	41	Stability	158
12	Demand(s)	402	27	Competition	241	42	Incentives	147
13	Country(ies)	400	28	Credit	238	43	Balance	121
14	Trade	355	29	Debt	236	44	Currency Options	120
15	Volatility	342	30	Management	224	45	Fluctuations	116

随后，我们在专业理论知识的基础上，结合联想和聚类分析的方法，将表 1-1 中的高频关键词按照最容易出现、最能反映主题内容的可能性分为政策分析、市场表现、市场风险 3 组。每组主题所包含的高频关键词则能够反映出有关现代货币研究的文献所研究的热点问题和方向。具体分组如表 1-2 所示。

表 1-2　现代货币研究文献中 TOP45 个高频关键词分组情况

组 1　政策分析			组 2　市场表现			组 3　市场风险		
排名	关键词	频次	排名	关键词	频次	排名	关键词	频次
1	Model(s)	2 392	3	Market(s)	1 166	5	Risk(s)	684
2	Policy(ies)	1 221	4	Price(s)	807	15	Volatility	342
13	Country(ies)	400	6	Rates	675	16	Dynamics	329
30	Management	224	7	Inflation(s)	657	19	Liquidity	316

表1-2(续)

组1 政策分析			组2 市场表现			组3 市场风险		
排名	关键词	频次	排名	关键词	频次	排名	关键词	频次
33	Firms	200	8	Returns	640	20	Crisis	314
37	Rules	166	9	Performance	488	26	Uncertainty	249
38	Efficiency	164	10	Growth	485	34	Shocks	198
39	Perspectives	162	11	Information	444	41	Stability	158
42	Incentives	147	12	Demand(s)	402	45	Fluctuations	116
43	Balance	121	14	Trade	355			
44	Currency Options	120	17	Equilibrium	322			
			18	Determinants	316			
			21	Consumption(s)	297			
			22	Investment	297			
			23	Choices	284			
			24	Exchange	257			
			25	Expectations	256			
			27	Competition	241			
			28	Credit	238			
			29	Debt	236			
			31	Output(s)	212			
			32	Income	207			
			35	Costs	197			
			36	Integration	169			
			40	Preferences	162			

15

由表1-2可见,当前学术界对现代货币研究所关注的主要有政策分析、市场表现和市场风险这三个热点研究方向,而以货币与市场行为为内容的问题更是炙手可热的研究方向。从高频关键词具体的分组情况来看,在市场表现研究方向,学者们热衷于研究现代货币的价格波动、供求关系、通胀与平衡、投资与消费、交换与选择、借贷与信用、成本和回报、信息和预期等内容。在市场风险研究方向,学者们倾向于研究现代货币的动态变化和价格波动等对具有脆弱性的市场可能造成的危机、冲击和不确定风险。在政策分析研究方向,学者们倾向于研究如何应用模型和实证方法,解决现代货币的动态表现和波动情况对市场主体(如公司、个人、国家政府等)带来的风险问题,并提出相应的市场规则、管理方法、激励机制、政策措施,使市场达到平衡,以提高现代货币在市场中的运行效率。

我们还从2002—2018年的所有文献样本的摘要中提取了典型高频词汇,这些高频词汇的出现频次虽然不及表1-2中所列的关键词汇频次高,但在文献摘要中也属于排名前100的高频词汇。本研究选取了16个出现频次接近或高于100次以上的文献摘要典型高频词汇（见表1-3），并根据这些典型高频词汇的专业意义，总结出当前学术界对现代货币研究热点内容的潜在变化趋势。由表1-3可见，文献摘要中高频出现了有关新的货币名称和种类的内容（如 Community Currency 社区货币、Complementary Currency 补充性货币、Bitcoin 比特币），出现了有关虚拟货币的选择方面的内容（如 Virtual 虚拟、Abnormal 不寻常的、Portfolios 组合形式），出现了有关现代货币在市场上的整体表现趋势方面的内容，如（Dispersion 扩散、Mobility 动态性、贬值 Devaluation、Bubbles 泡沫、Recovery 复苏、Recession 衰退、Plausible 合理的），出现了对人民币相关问题的讨论（如 Renminbi 人民币、Inefficient 低效率、Regulations 规制）。由此可以看出，目前学术界对现代货币特别是补充性货币的相关研究，已经逐渐出现了新的变化。但专门研究补充性货币的成果仍然少，且内容涉及少，研究不深入。可是，就整体情况看，有关新型货币的种类、特性、整体市场表现、与人民币的影响和联系等问题，将会成为研究现代货币特别是现代补充性货币问题的又一新热点。

表1-3　2002—2018年关于现代货币研究的文献摘要中的典型高频词汇

序号	关键词	频次	序号	关键词	频次
1	Community Currency	259	9	Plausible	110
2	Devaluation	259	10	Bitcoin	104
3	Portfolios	239	11	Bubbles	104
4	Virtual	209	12	Abnormal	103
5	Recession	115	13	Complementary Currency	102
6	Renminbi	115	14	Recovery	102
7	Dispersion	113	15	Inefficient	99
8	Mobility	110	16	Regulations	99

二、补充性货币学研究面临的挑战及现实基础

（一）面临的挑战

当前在补充性货币的理论与实践方面还存在不少悬而未决的问题，这给我们对其进行研究带来很大的困难。这些问题主要表现在：①对补充性货币的内涵、类型认识不清、研究较少。例如，补充性货币的内涵、作用究竟是什么，目前理论界还并没有统一的认识。有的学者认为补充性货币是一种"货币替代"现象或一种"替代性货币"，它可以替代法定货币的全部或部分职能。有的学者则认为，补充性货币就是指虚拟货币，而数字货币就是虚拟货币，也是补充性货币。一些学者在补充性货币的类型划分上，只将其虚拟形式归为补充性货币，而忽略了它的实体形式。一些学者只将与网络技术联系的货币形式归于补充性货币，而忽略了补充性货币早期的非网络联系形式。个别学者还把当代法定货币的新形式如法定数字货币作为补充性货币，等等。②对补充性货币的监管内容缺乏研究。补充性货币监管的方法及手段十分欠缺。尽管一些学者认为补充性货币历史悠久，但传统的观点认为，补充性货币只是1891年由阿根廷商人 Silvio Gesell 提出"加印"理论之后才出现的。现有的文献仅对与补充性货币相关、但不等同于补充性货币的虚拟货币的监管有些研究。补充性货币历史较长，类型繁多，对经济社会的影响及负面冲击具有突发性和隐蔽性。特别是随着以互联网为代表的高新技术的突飞猛进，许多新形式的补充性货币通过互联网的渠道大面积覆盖式地扩散，对经济社会的冲击更为迅速和广泛。但是，由于当代补充性货币的监管在理论及实践方面的局限，现实的、传统的监管方法与手段已难以适用。所以，我们对不断涌现出的补充性货币的监管方法及手段必须与时俱进，并不断自我创新和完善。如学界对虚拟货币发行的监管、回赎的监管、持有的监管、流通的监管、法律的监管等方面有若干研究成果，但在专门论述补充性货币的监管问题方面，理论与实践上基本上还是空白。③在补充性货币对经济社会的冲击方面缺乏研究。补充性货币对中国乃至世界各国经济社会产生冲击的机制、原因、危害等方面，目前也还缺乏研究。例如，一段时间以来，理论界只认为人民币国际化对中国经济发展及国际社会有重要意义，但对人民币国际化的作用机制与补充性货币的作用机制的密切相关性、补充性货币会通过银行国际化对人民币国际化的实现途径产生影响这些现实还缺乏认识。特别需要强调的是，在当代社会，补充性货币对经济社会产生冲击的根源、影响、危害等问题，我们也都还缺乏认识。④可借鉴的国际经验较少。当代补充性货币在一些西方国家已很流行，特别是以比特币为代表的补充性货币得到了不少国家的承认和运用，一些国家还通过立法对其进行保护。可是，即使在国外，研究补充性货币的理论成果也不多，故而我们能借鉴的国外经验十分有限。鉴于此，补充性货币在理论上仅仅是开始被学界关注，其研究历史并不长，学者们对其研究的焦点，也仅仅是分散地、零碎地、片面地就补充性货币的某一方面的问题进行研究，没有全面性、系统性、整体性地以学科的视角对补充性货币进行分析和研究。

因此，我们编撰《补充性货币学》这本教材，旨在针对补充性货币的全方位相关问题进行系统性研究和介绍，以期为中国金融体制的深化改革，使国际金融健康发展和实现现代化尽一点绵薄之力。

（二）补充性货币学的现实基础

如前所述，当前补充性货币处于中级发展阶段向高级阶段过渡的时期，随着网络经济的扩张和经济全球化的发展，国外各种新形式的补充性货币大量涌现，中国国内也自发产生出许多"土生"的新型补充性货币。2008年的全球金融危机，补充性货币出尽风头，对经济社会带来了巨大的冲击和风险；2009年，比特币等补充性货币的迅速兴起再次给全球范围内各国的法定货币造成严重的威胁。在各国，大量金融交易型虚拟补充性货币、商业交易型虚拟补充性货币、游戏币、代金券、消费券等不断涌现，开始打破了原有对非法定货币禁止的限制，引发了不少社会经济的深层次问题。当前，政府有关部门也正密切关注人工智能、大数据、云计算、区块链、"互联网+"等高科技带来的各种补充性货币现象。因此，我们也将结合当前的国内和国际实际，追踪补充性货币最新的理论和实践发展动态和前沿问题，重点关注虚拟形态的补充性货币对经济社会的冲击与影响，从而进一步拓展补充性货币的理论体系和应用覆盖面，进一步构建及充实与时俱进的补充性货币学理论框架。

第四节 补充性货币学的研究对象、方法及意义

一、补充性货币学的研究对象

任何一门学科，都有其特定的研究对象。补充性货币学是研究补充性货币引发的经济现象及关系，以及这些现象背后隐藏着的规律的一门学科。

在分析了各类货币形式的基础上，补充性货币学对补充性货币的内涵、本质、特征、职能形态等作了明确的界定和阐述，对理论界的若干研究成果作了比较和梳理，对金属补充性货币、实体信用补充性货币、实体社区补充性货币、虚拟社区补充性货币、信用支付手段的补充性货币等各种类型的补充性货币的发展历程作了分析，对补充性货币与法定货币的关系、补充性货币与金融市场的关系、补充性货币与人民币国际化的关系、补充性货币与商业银行的关系、补充性货币与货币政策的关系、补充性货币的风险与防范、补充性货币的监管、数字经济时代的补充性货币、补充性货币的未来前景等重要问题以及其他相关问题进行了深入的分析与探讨。

二、补充性货币学的研究方法

补充性货币学以唯物辩证法为指导，理论联系实际，结合定量分析方法与定性分析方法，综合运用调查法、观察法、文献研究法、对比分析法、演绎归纳法、数学建模、案例研究法等研究方法进行研究。

（一）唯物辩证法是补充性货币学研究及学习的基本方法

唯物辩证法是马克思、恩格斯创立的，认识物质世界及人类社会的最重要的基本方法。补充性货币学是揭示货币金融方面的经济社会规律的学科，唯物辩证法是对其进行研究和学习的重要方法论基础。

（二）理论联系实际是补充性货币学研究及学习的根本方法

任何一门学科研究及学习的最终目的在于运用实践。故而，补充性货币学也是在理论联系实际的过程中，在不断地实践运用中得以发展，从而展示出特有价值的。

（三）定量分析与定性分析相结合的方法是补充性货币学的技术方法

补充性货币学所研究的补充性货币的相关内容非常多，这些内容纷繁复杂，不能单纯地采用定量或定性的方法来分析和研究，只有将两种基本的技术方法结合起来，才能更好地、更全面地掌握补充性货币发展变化的现象及规律，还补充性货币之全貌。

（四）诸多具体方法是补充性货币学研究与学习在操作层面的方法

在具体研究补充性货币学的相关问题时，必须运用诸如讨论法、座谈法、调查法、模拟法、文献研究法、对比分析法等多样化的具体方法。这些方法都体现了唯物辩证法、理论联系实际、定量分析与定性分析结合等的精髓，是我们面对补充性货币学中出现的各种具体现象、不同具体问题时，必须灵活运用、精准定位在操作层面的、可行的具体方法。

三、补充性货币学的意义

20 世纪 70 年代以来，全球性的金融危机或经济危机发生得更加频繁，影响更为深远。但是，人们往往按照传统的思维将它们置于法定货币框架去研究其形成的条件、影响的因素、引发的后果、监管的途径及方法等问题。实际上，在法定货币框架之外，补充性货币对当代金融危机或经济危机也起到很大的推波助澜的作用。为了探究补充性货币对经济社会的影响和作用，以弥补相关方面的研究缺憾，我们经过长期的研究，编写了《补充性货币学》教材。但愿此教材能为国家安定、民族振兴、社会发展、人民幸福做出自己的贡献。

当代中国乃至世界正面临高新技术对社会经济的强大冲击。大数据技术、云计算技术、区块链技术、人工智能技术、分布式技术、5G 技术等不断地涌现和发展，标志着我们进入了全新的科技化时代。以数据作为关键生产要素的数字经济形态正在崛起，具有互联网化、智能化、普惠化特征的现代金融新模式已经突破了过去的传统金融模式的框架。科技创新、维护金融安全和赋能实体经济发展成为新的发展方向和焦点，这对我们提出了更严的要求和更高的目标。例如，近几年互联网金融尽管给金融市场带来了翻天覆地的变化，但也形成了新的更复杂的金融风险。故而党的十九大提出，要通过深化改革，进一步化解金融风险，并把化解金融风险作为中国 2018 年三大任务的首要任务。到 2019 年 1 月，中共中央仍然把化解系统性金融风险作为国家战略层面需要完成的重要任务，提出要加强金融风险监测预警和化解处置[①]。习近平总书记在中共中央政治局第十三次集体学习时也强调，平衡好稳增长和防风险的关系，增强金融服务实体经济的能力，坚决打好防范化解包括金融风险在内的重大风险攻坚战[②]。其实，当代金融风险的形成，除了法定货币及相关因素之外，已有相当的部分是来源于补充性货币的冲击。

在一些学者看来，从 20 世纪 70 年代开始，伴随着记账货币及信用货币特别是当代补充性货币的兴起，"货币的创造大量落在个人和银行手上了，不再完全由国家机构掌握"[③]"除了受制于国家的政策和法规外，货币是要怎么增加似乎完全不受限制"[④]。在国际上，补充性货币的许多新类型正在迅猛发展。特别值得关注的是，诸如比特币之类的补充性货币，已在世界不少国家得到了普遍承认及运用。一些专家甚至认为，"世界上存在着 600 多种数字货币，未来还会涌现更多的币种""比特币是未来最有可能胜出的数字货币"[⑤]。比特币这类新型的补充性货币形式也很快成为人们私下投资套利的金融手段和工具。早在 2013 年 11 月 19 日，比特币与人民币的兑换比例就高达 1∶8 000。尽管近几年其兑换比例有所波动，但其价格的上涨幅

---

　　① 2019 年 3 月 5 日，第十三届全国人民代表大会第二次会议在人民大会堂举行开幕会，李克强总理作政府工作报告。
　　② 2019 年 2 月 22 日，十九届中央政治局就完善金融服务、防范金融风险举行第十三次集体学习，习近平总书记主持学习并发言。
　　③ 大卫·哈维. 资本社会的 17 个矛盾［M］. 北京：中信出版集团，2017：18.
　　④ 大卫·哈维. 资本社会的 17 个矛盾［M］. 北京：中信出版集团，2017：20.
　　⑤ 李涛，丹华，邬烈瀚. 区块链数字货币投资指南［M］. 北京：中国人民大学出版社，2017：115.

度也在不断刷新历史纪录。比如 2017 年 12 月 16 日，比特币的价格飙升至 1.92 万美元并达到历史新高，随后又快速回落。2018 年，在经历了价格持续大幅下跌，市场一度低迷之后，比特币在 2019 年 6 月再度突破万元大关。比特币市场行情的反复震荡和大幅度无序波动，不断地引起全球的关注。这不仅仅是投资者预期和投资回报之间博弈的结果，更体现了金融市场参与主体市场风险意识的变化，以及金融活动频率加快、金融市场参与客体之间的作用加剧，造成金融风险加剧的现实。

当前，全球对补充性货币的重视程度愈发凸显。一些专家更是认为，当代补充性货币"可能取代物理货币的主流地位"①，这表明了补充性货币在全球经济中的重要性。在欧洲，早在 2015 年 10 月，欧盟法院就作出了关于虚拟货币税法的裁决；在美国，关于数字货币的立法也已经基本完善。美国证监会（SEC）在 2017 年 3 月 11 日否决了比特币（ETF，Exchange traded fund）的上市申请②，其陈述的否决原因是比特币是加密数字货币，如何监管包括 SEC 在内都是丈二和尚摸不着头脑。但科技金融专家却预言，"最终 SEC 会批准比特币 ETF 上市交易"。2022 年 9 月 13 日，为了保护美国投资者的利益，美国数字商会在其官方网站发文《加密难题：为什么美国证券交易委员会不批准比特币 ETF》（The Crypto Conundrum：Why Won't the SEC Approve a Bitcoin ETF?）。文中指出，加拿大和澳大利亚等其他发达经济体已经批准了比特币 ETF，美国落后于其他公民可以使用比特币 ETF 等加密货币投资产品的国家。他们认为，已在国际上可用的比特币 ETF，"没有报告黑客或盗窃事件，也没有任何市场操纵的迹象"。因此，SEC 早些时候拒绝申请是"误导和适得其反的"③。数字商会为了进一步敦促 SEC 批准比特币 ETF 的申请，还提出考虑要对 SEC 提起诉讼。由此可见，各国的经济活动主体均对比特币的发展动态给予了非常高的关注度。

还有一些学者指出，"以比特币为例，从全球范围来看，在不少国家比特币属于经济生活的热点，资金、人才、技术不断向其集中"④。显然，比特币及其他新型补充性货币的存在和发展，已经成为新时代全球金融发展的一个趋势，并与社会与经济有着千丝万缕的联系，开始占据越来越重要的地位。

如前所述，补充性货币已对中国乃至国际社会带来持续性的巨大冲击。一些学者认为，基于区块链技术的补充性货币是一种金融领域的大爆炸式的创新，它将会对市场造成破坏，直接影响甚至威胁到经济社会特别是金融领域的安全，因而对其

---

① 刘志坚. 2017 金融科技报告 [M]. 北京：法律出版社，2017：26.

② 比特币现货 ETF 是以实物比特币为标的资产的交易型开放式指数基金。根据比特币现货 ETF 的规则，基金公司负责买卖与存储实物比特币并创建相应的 ETF 份额，以便在证券交易所交易。比特币 ETF 作为追踪比特币价格的资产，投资者购买比特币 ETF 相当于间接投资了比特币，其拥有的是可供交易的比特币基金份额，并非直接持有比特币。因此，比特币现货 ETF 较为适合意图投资比特币却不想持有现货的投资者，其只需持有比特币现货 ETF 份额即可，类似于股票投资者持有上市公司普通股。申购比特币现货 ETF 与直接购买实物比特币在损益上并无区别，其份额净值将不断变化，以反映比特币的现货价格。如果比特币现货 ETF 被允许上市交易，就证明其被 SEC 所认可，合规性将得到较高的保障，给予了传统机构投资比特币的途径与信心，有利于整个加密行业的长远发展。此外，比特币现货 ETF 大幅降低了比特币的投资门槛，有利于扩大比特币的投资者基数，为加密市场吸纳可观的增量资金。

③ 网易. 数字商会批准比特币 ETF 作为 SEC [EB/OL]. （2022 - 09 - 14）[2022 - 08 - 01]. https://www.163.com/dy/article/HH7F6T4K0553RBQ6.html

④ 黄振东. 从零开始学区块链 [M]. 北京：清华大学出版社，2018：21.

的监控及管理显得十分重要和必要①。鉴于此，我们编写了《补充性货币学》教材，以期为中国金融体制的深化改革和实现现代化尽一点绵薄之力。《补充性货币学》教材的诞生，符合时代的需要，具有重大的意义。

第五节　建立中国特色社会主义的补充性货币学

2008 年，由美国次贷危机引发的全球金融危机爆发。尽管我国政府成功地消解了此次危机对我国造成的负面影响，并且较好地缓解了长期以来由于经济发展不平衡造成的外汇储备过多的压力；但补充性货币的高速发展及迅猛扩张所带来的严重的社会经济问题，却不得不令人担忧。2015 年 6 月，受补充性货币影响极大的中国股市面临有史以来的重大冲击，引起全球关注，受到中国高层领导和有关部门的高度重视。2019 年 7 月 18 日，杭州互联网法院对一项持续了近六年的财产侵权案件进行了最终判决，首次在司法层面上认定了比特币属于虚拟财产的属性，这标志着补充性货币的存在和发展也得到了法律体系的关注和重视。但由于缺乏系统的司法评判法案、标准化的处理流程及专业的司法仲裁者，很多与比特币及其他形态的补充性货币有关的各种纠纷案件还悬而未决，由补充性货币造成的各种金融风险和潜在金融危机因素仍在不断积累。根据专家们的研究，补充性货币冲击所造成的货币危机会给实体经济造成更大的危害，还会诱发企业倒闭、劳动者失业以及通货膨胀加剧等严重问题，从而进一步引发银行危机、国际收支危机乃至经济危机的爆发②。补充性货币的扩张和发展，会进一步恶化原有法定货币错配的叠加效应③，即补充性货币的扩张会造成货币危机迭加，形成诸多金融风险，从而会更广泛、更迅速地冲击金融市场。由此可见，当代补充性货币对金融风险的推波助澜是客观存在的。因此，补充性货币的监管问题，的确应当被我们高度重视。

目前，为了更好地发挥补充性货币的积极作用，占领全球金融高地，同时加强对补充性货币的监管，有效降低金融风险，有关部门实施了两种方案。第一种方案是将补充性货币的主要发行权掌握在国家政府手中，以强有力的"中心化"行政力量来管理和稳定新型法定货币及补充性货币的发行、交易和流通。其他传统类、非主流的补充性货币的发行则相对较为宽松。2016 年 1 月 20 日，中国人民银行宣布，在当前的经济新常态形势下，应积极探索，争取早日推出法定数字货币④。2016 年 6 月 27 日，第十三届全国人大第二十一次会议审议了《中华人民共和国民法总则（草案）》的议案，其中对公民包括补充性货币在内的网络虚拟财产、数据信息等新型民事权利诉求作出了新的规定。这表明了在中国，公民对补充性货币的诉求成

---

① 扬尼斯·阿齐兹迪斯，等. 金融科技和信用的未来 [M]. 孟波，陈丽霞，刘寅龙，译. 北京：机械工业出版社，2017：234.

② 张伟. 货币危机之谜 [M]. 北京：中国金融出版社，2018：49-51.

③ 王幸平. 货币错配叠加效应 [J]. 财经，2012 (1).

④ 新浪财经. 央行：争取早日推出数字货币 [EB/OL]. (2016-1-20) [2022-08-01]. http://finace.sina.com.cn/r011/2016-01-21/doc-ifxnrahr8621238.shtml.

为其正式的权利。2017 年 2 月，中国人民银行正式成立与补充性货币相适应的数字货币研究所，并继续大力研发法定数字货币，旨在促进未来法定数字货币的开发、标准化、规范、推广和采用，用以改善金融市场的生态环境、提高金融运行效率、维护金融安全稳定、提升金融参与主体的福利和效用。据《经济参考报》报道，中国人民银行于 2019 年 8 月 2 日召开了 2019 下半年重点工作部署的视频会议，强调 2019 年下半年的其中一项重点工作就是要因势利导发展金融科技，加快推进我国法定数字货币的研发步伐，跟踪研究国内外虚拟货币发展趋势，继续加强互联网金融风险整治。据统计，截至 2019 年 8 月，中国人民银行数字货币研究所共申请了 74 项涉及数字货币的专利①。2019 年 9 月，据《中国日报》报道，我国中央银行数字货币的研发已顺利进入闭环测试。2020 年 1 月 2 日至 3 日，中国人民银行工作会议在北京召开。会议强调，2020 年我国将进一步加强金融科技研发和应用，建立健全金融科技监管基本规则体系，做好金融科技创新监管试点工作，继续稳步推进法定数字货币研发②。2022 年 4 月 2 日，中国人民银行宣布，天津、重庆、广州、福州、厦门、杭州、宁波、温州、湖州、绍兴、金华 11 个城市，成为数字人民币第三批试点地区。截至 2022 年 9 月，全国已经有 15 个省市的 23 个地区成为数字人民币的试点地区，数字人民币的试点范围、覆盖面、影响力均稳步扩大。由此可见，我国已经将新型法定货币及补充性货币的开发和研究工作作为了当前乃至未来较长时期金融发展的重点，而补充性货币带来的各种相应的风险，也是在研究补充性货币的同时需要重点关注和解决的问题。不难看出，第一种方案是一种可持续的长期性方案，其主要的优点在于我们在未来对补充性货币的探索过程中，可以不断总结经验，找到补充性货币存在的风险痛点，并随时根据未来的实际情况和国际宏观金融发展趋势灵活调整方案，与时俱进。但缺点是这种探索的过程存在未来的不确定性，也没有现成的成功范例和经验借鉴，投入成本高且收效周期较长，甚至会有失败的可能。更重要的是，当前各国政府都在积极投入对新型货币包括补充性货币的研发，谁能首先取得研发的最新进展和成果，谁就能在未来的国际金融市场上获取巨大的市场份额和压倒性的决胜权。因此，在研发法定数字货币及补充性货币方面，我国面临众多强大的竞争对手，被迫要凭借自身的综合国力与它们展开"赛马式"的激烈竞争，这将是一次漫长的、高风险、高投入、博弈式的消耗性考验。

第二种方案是直接采取强制性的行政命令，在国家层面上严令禁止部分可能引发社会动荡的补充性货币在本国的扩张和发展，以保护本国金融市场的稳定，且在短期内有效规避外来风险。由于我国的金融市场发展起步晚、金融监管体系尚不健全、市场的抗风险能力较弱，相较于其他发达国家更脆弱，更需要审慎应对补充性货币在中国金融市场的渗透和扩张。因此，为了有效抵御以比特币为代表的补充性货币的交易和扩张对中国金融市场形成的巨大冲击，中国人民银行等七部委于 2017

① 经济参考报. 央行已获 74 项数字货币专利，将加快法定数字货币研究 [EB/OL]. (2019-08-05) [2022-08-01]. http://www.sohu.com/a/331544781_100189678.

② 新浪财经. 央行：2020 年继续稳步推进法定数字货币研发 [EB/OL]. (2020-01-05) [2022-08-01]. https://finance.sina.com.cn/blockchain/roll/2020-01-05/doc-iihnzahk2066048.shtml.

年9月发布了《防范代币发行融资风险的公告》，在强调禁止比特币的发行（Initial Coin Offering）的同时，还将为虚拟货币提供交易、兑换、定价、信息中介等的服务也列为禁止项。随后，国内最大的三家代表性的补充性货币交易所——火币网、OKCoin和比特币中国相继宣布关停场内交易，比特币至此彻底退出中国市场。需要强调的是，虽然比特币在中国的发展受到了阻碍，但在国际上早已一体化，特别是在人民币强力走向国际化的背景下，比特币及其他形式的补充性货币或将再次涌入中国的金融大门，冲击中国市场。实际上，从专家的研究数据来看，随着2017年上半年中国政府对数字货币功能的肯定以及数字技术、区块链分布式技术的飞速发展，补充性货币在未来必然会对中国的社会经济发展产生巨大的作用和影响。如果单纯依靠国家行政命令将补充性货币拒于国门之外从而达到规避风险的目的，其效果必将随着金融国际化进程和补充性货币发展趋势的不断加快而逐渐削弱，甚至带来巨大的负面效应。我们认为，当前我国实施的第二种补充性货币监管方案，尽管在短期内具有较明显的优势，效果立竿见影，但从长期来看，随着中国金融市场与国际金融市场的"同步式"发展，这种方案存在一些弊端和潜在的负面影响。所以，当我们探索出更高效、更安全、更优越的补充性货币监管方案后，中国逐步放开对补充性货币的严令限制，也是历史的必然。鉴于此，我们亟需积极探索出比现有的补充性货币监管方案更高效、更安全、更优越的路径和措施，以在保证金融市场稳定健康发展的前提下，充分发挥补充性货币的自身优势和能动性，实现社会效用和福利的提升。

23

虽然目前我国对个别补充性货币实施了严格控制，特别是对比特币及类比特币形式的虚拟补充性货币进行了明令监管，但补充性货币在国外的发展势头依然不能小觑。补充性货币确实可能给一国经济带来风险和冲击，但如果合理利用，也能带来巨大的积极影响。因此，我们必须结合中国的国情和现实，努力构建具有中国特色社会主义的补充性货币理论框架，旨在充分发挥补充性货币的优势和积极作用，为我国社会主义现代化事业的发展，添砖加瓦。

关键词

补充性货币　补充性货币学　货币职能　货币形式　中国特色社会主义

课后思考题

1. 请思考，我们玩魔兽游戏使用的游戏币，属于补充性货币吗？为什么？
2. 请结合现实，谈谈你对补充性货币学的理解和认识。

补充阅读材料

材料 1：货币变革的规律①

我们发现，从自然货币的产生，到金属铸币代替自然货币、纸币又代替金属铸币，都是由于货币数量不能满足社会需要而发生的，而新体系的建立又是基于各方力量对铸币权的博弈，如表 1-4 所示。

表 1-4　货币变革

变革	自然货币出现	金属铸币替代	纸币替代	数字货币替代
材质	齿贝（采集）	金属铸造（资源增长）	纸质印刷（工业增长）	电子数字（智能增长）
数量	需求：较为稀缺，满足交换需要 供给：与交换需求匹配	海贝数量无法满足交易流动性需要 冶炼技术成熟、金铜普及（东西分布差异）	难以满足工业化/全球化增长 M0、M1、M2 供给机制	增长难控，易通胀 数字智能供给
价值	需求：贵重 供给：稀有的海贝，身份与装饰	贵重 贵金属，贮藏价值明显	稳定 金本位——发行人信用机制	主权信用到跨主权信用 跨类多主体共识机制
计价单位	需求：大小整齐，方便交换 供给：大小一致的齿贝	数量标识 容易铸造成形状与重量规范、刻字	世界货币与汇率 法币+金属铸币	汇率复杂、波动频繁 智能/实时汇兑
便捷与安全	需求：不易损耗，方便交换 供给：穿孔方便、较结实、不变质	齿贝易碎 金属铸币更结实、稳定、朋贝制	金属太重，容易磨损和偷工减料 防伪印刷，成本更低	易伪造，国际结算复杂 SWIFT 加密、实时全球结算、智能合规
铸币权	需求：财富分配控制 供给：专门管理海贝采集	国家垄断 冶炼铸造更易控制	主权对财富的控制 法币发行模式+IMF+SWIFT	各国主权与世界货币的博弈 多中心动态均衡机制

在人类文明的早期，生产力比较低，交换物品较少，首先采用齿贝这样的自然材质作为货币，一是因为齿贝外观好看，具有装饰价值或是权力的象征，比较稀缺，比较高贵；二是齿贝大小比较一致，便于作为计价单位；三是齿贝中间穿孔方便，且不易破损和变质，便于携带、保存和长期反复使用。

在农业文明阶段，需要交换的商品数量大幅增长，货币的数量需求远超齿贝的供应量，同时，人们已经开始使用金属，经济贸易对货币需求的增长与贵金属铸币

---

① 资料来源：金海年：从货币变革历史看未来的数字货币［EB/OL］.（2022-07-25）［220-08-01］.http://finance.sina.com.cn/hy/hyjz/2022-07-25/doc-imizmscv3381444.shtml.

（或铜币）的供应增加基本相当，而且金属的铸造工艺和材质稳定性明显优于贝币。在小亚细亚使用黄金，在中国中原地区金银矿藏较少，则使用铜币。采用金属铸币，意味着人类货币的生产方式也同自然采集或捕猎到基于土地资源的农业生产一样，从海贝的自然采集方式进入基于金属矿藏的资源生产阶段。

到了商业和工业文明阶段，伴随着航海大发现，对货币的需求增速明显超过农业文明的自然增长，本地金属矿藏无法满足，为了寻求更多的黄金财富而发现的新大陆，带来了金银的超常规增长，初步满足了工商业文明的早期需求。到后期全球殖民化的饱和和各国工业化的普遍兴起，再次出现自然资源性的矿藏产量增长无法满足货币需求的情况，金本位的纸币及国家信用货币体系逐步登上历史舞台。采用纸币，意味着人类货币生产从基于金属矿藏的第一产业方式升级到基于印刷机器的第二产业方式。

在信息化兴起后，农业与工业再次增加到三大产业，后工业文明进入全球化时代，世界信用货币体系随之建立，银本位、金本位当然无法继续满足这样增长的需要，信用货币体系成为主流。

我们发现，在自然货币阶段，货币的属性价值与其本身的收藏价值、装饰价值或使用价值相当；在金属铸币阶段，货币的属性价值与其材质的物品价值相当；在信用货币阶段，货币的属性价值（或标识价值）大于其材质价值，由发行者的信用或金本位背书；在世界货币阶段，世界货币的属性价值还会通过汇率与各国本币实现互换。

在金属铸币到信用货币的演进过程中，铸币权在逐步中心化，即法币化。世界货币阶段，铸币权则从各国政府（央行）进一步中心化，即由具有经济、科技、贸易、资源和军事实力支撑的储备货币（世界货币）发行国所控制。

正在到来的数字货币革命，数量控制机制至关重要，数量过多会发生通货膨胀，数量过少又会制约经济发展，而数量供给机制的中心化与去中心化更是未来财富权力争夺的核心。

材料2：中国古代对私铸货币的认识

货币是历史地、自然地形成的，但有了国家后，货币发行产生的收益是国家公共收入的重要来源之一，造假者的行为究其实质是盗取和享用原来由官方垄断的铸币收入。在中国虽没有像西方古代货币的自由铸造所交纳的铸币税，但存在着类似的铸币收入。从当时留下的记载看，金属铸币时代初期人们对货币发行实行垄断的意识没有完全形成，铸币收入对国家财政收入的影响并不明显，因此宋代以前朝野之间还时常有允许民间私铸的声音出现。秦汉以前，钱币多由地方自行铸造。自从秦朝建立大一统的封建社会后，统一了币制，理论上出现了国家集中发行货币的可能。但是在实际上还有很多争议。西汉初年，汉武帝曾经下令放开民间铸钱，为诸侯王或非法定铸钱提供了合法的权利。到了孝文帝五年，又一次废除禁止盗铸的法令，允许民间私铸，直到31年后才禁止民间的私铸。不过，这个时期对于货币的铸造权是收是放的争议一直没有停止，国家要统一货币的铸造，文学派加以反对，认为钱的善恶对于政事并没有什么影响；文帝取消盗钱令，贾谊提出了激烈的反对意见，认为私铸的人置国家禁令于不顾，大量掺杂，最终只会造成法钱不立的结果。并且，允许私铸，一定会造成人们争相去采铜冶炼铸钱而不去从事农耕，形成钱越来越多，而五谷不增加的现象。当然，从"盐铁会议"上争论的焦点看，并不在铸币收入由国家垄断还是官私共享，主要是官私铸钱质量的差异是否会影响货币流通乃至社会安定。到唐代开元年间，宰相张九龄代玄宗拟《敕议放私铸钱书》中说，官方铸造货币，获利非常少，按照工本去计算，耗费又大，提出以"不禁私铸"作为变通之法。当然，他的意见引起了很多人的反对。此后，官方对于是否允许私铸的问题才有了较为一致的看法，对于禁止民间私铸钱币的态度十分坚决。

附《敕议放私铸钱敕》①原文如下：

布帛不可以尺寸为交易，菽粟不可以秒勺贸有无：故古之为钱。将以通货币，盖人所作，非天宝生。顷者耕织为资，稍贱而伤本；磨铸之物，却以少而贵。顷虽官铸，所亡无几，约工计本，劳费又多，公私之间，给用不赡，永言其弊，岂无变通？往者汉文之时，已有放铸之令，虽见非於贾谊，亦无费於贤君。况古往今来，时异事变，反经之事，安有定耶？终然固拘，必无足用，且欲不禁私铸，其理如何？公卿百僚，详议可否，朕将亲览。择善而从。

材料 3：我国最早的纸币——交子②

交子被认为是世界最早使用的纸币，发行于 1023 年的成都。

最初的交子由商人自由发行。北宋初年，四川成都出现了专为携带巨款的商人经营现钱保管业务的"交子铺户"。存款人把现金交付给铺户，铺户把存款人存放现金的数额临时填写在用楮纸制作的卷面上，再交还存款人，当存款人提取现金时，每贯付给铺户 30 文钱的利息。这种临时填写存款金额的楮纸券被称为"交子"。这时的"交子"，只是一种存款和取款凭证，而非货币。

随着商品经济的发展，"交子"的使用也越来越广泛，许多商人联合成立专营发行和兑换"交子"的交子铺，并在各地设交子分铺。由于交子铺户恪守信用，随到随取，所印"交子"图案讲究，隐作记号，黑红间错，亲笔押字，他人难以伪造，所以"交子"赢得了很高的信誉。商人之间的大额交易，为了避免铸币搬运的麻烦，直接用随时可变成现钱的"交子"来支付货款的事例也日渐增多。正是在反复进行的流通过程中，"交子"逐渐具备了货币的特征。后来交子铺户在经营中发现，只动用部分存款，并不会危及"交子"信誉。于是他们便开始印刷有统一面额和格式的"交子"，作为一种新的流通手段向市场发行。这种"交子"已经是铸币的符号，真正成了纸币。但此时的"交子"尚未取得政府认可，还是民间发行的"私交"。

但并非所有的交子铺户都是守法经营，恪守信用的。有一些唯利是图、贪得无厌的铺户，恶意欺诈，在滥发交子之后闭门不出，停止营业；或者挪用存款，经营

---

① 《敕议放私铸钱》是唐代张九龄创作的一篇散文。来源：王水照. 传世藏书. 集库. 总集 7-12 全唐文 1-6［M］. 海口：海南国际新闻出版中心，第 2010 页

② 张文娟. 这些古代货币都号称第一［EB/OL］.（2022-05-29）［2022-08-01］. https://baijiahao.baidu. com/s？id=1734048834273231360&wfr=spider&for=pc.

他项买卖失败而破产，使所发"交子"无法兑现。这样，当存款者前来取钱却无法兑现时，便往往激起争端，引发诉讼。于是，景德年间（1004—1007年），益州知州张泳对交子铺户进行整顿，剔除不法之徒，专由十六户富商经营。至此，"交子"的发行开始取得政府认可。

宋仁宗天圣元年（1023年），政府设益州交子务，由京朝官一二人担任监官主持交子发行，并"置抄纸院，以革伪造之弊"，严控其印制过程。这便是我国最早由政府正式发行的纸币——"官交子"。它比美国（1692年）、法国（1716年）等西方国家发行纸币要早六七百年，因此也是世界上最早发行的纸币。

"官交子"发行初期，其形制是仿照民间"私交"，加盖本州州印，只是临时填写的金额文字不同，一般是一贯至十贯，并规定了流通的范围。宋仁宗时，一律改为五贯和十贯两种。到宋神宗时，又改为一贯和五百文两种。发行额也有限制，规定分界发行，每界三年（实足二年），以新换旧。首届交子发行1 256 340贯，备本钱360 000贯（以四川的铁钱为钞本），准备金相当于发行量的28%。"交子"的流通范围也基本上限于四川境内。

宋徽宗大观元年（1107年），宋朝政府改"交子"为"钱引"，改"交子务"为"钱引务"。除四川、福建、浙江、湖广等地仍沿用"交子"外，其他地区均改用"钱引"。后四川也于大观三年（1109年）改"交子"为"钱引"。"钱引"与"交子"的最大区别，是它以"缗"为单位。"钱引"的纸张、印刷、图画和印鉴都很精良。但"钱引"不置钞本，不许兑换，随意增发，因此纸券价值大跌，到南宋嘉定时期，每缗只值现钱一百文。

随着市场经济的发展，交子的使用也越来越广泛，许多商人联合，成立专营发行和兑换交子的交子铺，并在各地设分铺。商人之间的大额交易，为了避免铸币搬运的麻烦，也越来越多地直接用交子来支付货款。

纸币的产生是经济发达的象征，在南宋152年的历史中，使用纸币的时间长达100多年，共发行交子近14亿贯。如果按照南宋当时1两黄金兑换35贯铜钱的换算方法，相当于发行了1 600多吨黄金，纸币的重要用途由此可见。

材料4：细数那些有趣的货币①

如今漫步街头，放眼望去，几乎所有人在买东西的时候都已经习惯于用手机付款，很难再看到从包里掏出纸币来买东西或找零的。纵观人类货币的发展史，大约经历了实物货币、金属货币、纸币和数字货币四大阶段。手机付款所用的就是"数字货币"。而在货币的初级阶段，除了我们吃的谷物、喝的茶叶、穿的丝绸等，更有许多值得回味的有趣货币。

1. 长在海里的货币

远古时期，人类并不知道金属的存在，看到生长在海里的贝壳精致美丽、稀少而又便于携带，便以贝壳为货币，用来购买东西，称之为"贝币"。为了携带方便，

---

① 搜狐. 细数那些有趣的货币［EB/OL］.（2022 - 07 - 18）［2022 - 08 - 01］. http://news.sohu.com/a/568912965_121119244.

27

人们在贝壳的背部凿了小孔。据史料记载，贝币在我国历史上沿用了大约 1500 年，一直沿用到春秋战国时期。春秋后楚国开始铸造铜币，依然仿造贝币的式样，被称为"铜仿币"。据考证，明代时我国云南部分地区仍以贝壳作为流通的货币。不仅我国古代把贝壳作为货币，在太平洋上的某些岛屿，非洲和美洲的一些民族，也以贝壳为货币——非洲的当地居民称贝币为"加里乌"，大约 600 个"加里乌"可以购买一整匹棉布；美洲早期的定居者把贝壳称为"瓦姆庞普"，也作为一种货币，同印第安人进行交易。

2. 耕作于田间的货币

"金钱"（pecuniary）这个词，来自拉丁文中的"pecus"，意思是"牛"，由此可见，在大型牲畜中，牛很早就充当过货币。在西方的《荷马史诗》中，一个工艺娴熟的女奴值 4 头牛，给一名角斗士的奖励是 12 头牛。荷马也曾说过，迪奥米德的铠甲仅值 9 头牛，而格罗卡斯的铠甲却值 100 头牛。可见，在当时以牛为货币也是一种较为普遍的现象。

3. 结在树上的货币

大约从 8 世纪开始，可可豆成为玛雅人的货币，沿用了几百年。如墨西哥中部一个搬运工的日工资是 100 粒可可豆，一只公火鸡的价值是 200 粒可可豆，一只小兔子价值 30 粒可可豆。后来，西班牙人在墨西哥中部依然沿用这种货币，并持续了几十年，直到 18 世纪的哥斯达黎加，总督仍用可可豆当作钱币去买东西。

4. 飞在天上的货币

太平洋圣克鲁斯群岛上的居民曾使用一种奇特的羽毛货币，这种货币主要用鸽子的深色羽毛制成，再用绣眼鸟美丽的羽毛进行点缀，绚丽多彩，非常好看。在圣培吉尔斯岛上，人们从一种罕见的鹦鹉身上采集红色羽毛，把它作为货币。同样，波利尼西亚群岛上的一些居民，则把蜂鸟、鹦鹉、鸽子的羽毛编制成腰带或者饰物，作为价值很高的货币流通使用。

5. 叼在嘴里的货币

叼在嘴里的烟草也可以作为货币。美洲殖民地弗吉尼亚州、马里兰州和北卡罗来纳州，都曾把烟草作为货币。弗吉尼亚州第一届议会通过的第一个法律就是关于烟草的，它规定"上等烟草的价格为三先令一磅，次等烟草的价格为十八便士一磅。"当地居民以此作为烟草的价格标尺，用烟草直接交易。

1747 年，殖民地颁布了《马里兰烟草检验法》，为作为货币的烟草制订了严格的质量标准。直到美国革命以后将近两世纪的一段时期内，殖民者都一直用烟草购买食物、衣服，或用来纳税，甚至购买新娘子。

6. 能醉人的货币

澳大利亚人曾经以酒作为货币，他们酿的郎姆甜酒，度数越高，币值也就越大。无独有偶，古埃及曾经用啤酒作为货币。在金字塔时期，一个金字塔建造工人的酬劳是一天一加仑啤酒，而著名的吉萨金字塔，其造价是 231 414 717 加仑啤酒。

7. 可以吃的货币

烟草作为货币只能叼在嘴里，但盐却是一种可以吃下去的货币。在英语里，

"薪水"（salary）一词源于拉丁语的 Sal，也就是"盐"（salt）的意思。这是因为在古罗马时期，盐是稀有物品，被当成通行的货币，当时付给士兵的薪水就是盐。如果哪个奴隶的劳动力差，大家就会说"他值不了那么多盐"。

在埃塞俄比亚，人们把食盐叫做"阿莫勒斯"，意思就是"王国之币"。公元 6 世纪的时候，摩尔的商人就用盐作为交易的货币，当地的盐币十分昂贵，1 克盐可以换 1 克黄金。在古代的阿比西尼亚，盐更是王国内通行的硬币，每块岩盐大约 25.4 厘米长，5.08 厘米厚。我国的西南地区在 9 世纪之前就用盐作为购买商品的货币，这一点在《马可波罗游记》中亦有记载。

8. 最小的货币

尼泊尔的芝麻币堪称世界上最小的货币，这种货币每枚只有 0.008 至 0.014 克重，直径只有 2.2 毫米。最不可思议的是，这种小小的芝麻币在购买一些零星物品时，居然还需要被分割为两份甚至四份。

9. "会咬人"的货币

美拉尼亚岛上的黑人居民，长期使用狗牙和猪牙作为货币。一颗狗牙可以买 100 个椰子，要娶回新媳妇则需要几百颗狗牙作聘礼。一般情况下，一个普通人家一年有百十颗狗牙就够开支了。猪牙比狗牙价值还高，最贵重的是猪的獠牙，猪牙的弯度大小决定其价值的高低。

10. 最恐怖的货币

在印度东北部的一些地区，比如阿萨姆省，那里的一些氏族使用母牛的头盖骨作为货币，头盖骨的大小决定着其价值的高低。这些带有犄角的头盖骨，让人毛骨悚然，很是恐怖。

29

11. 最大的货币

货币通常便携、小巧，但太平洋上的密克罗尼西亚居民们却反其道而行之——他们 1 500 多年来一直使用一种大石头做成的货币——石钱，这种石钱用大石头凿成圆形，石头的中心挖有一个圆孔，每枚叫做"一份"。它也有兑换率，一平方米石钱，约值 150 美元，直径越大越值钱。这种石钱是世界上最大的货币，动不动就重达十吨八吨，单靠人力是无法搬回家的。

他们怎么交易呢？岛民们发明了一种石钱确认制度：他们把庞大的石钱存放在一个公共场所，每当有交易完成，石钱的新主人就在石钱上画一个符号以表明石钱的归属，这样石钱的所有权就发生了转移，交易得以完成。

第二章
补充性货币的内涵与演变

- -

【本章学习目的】

通过本章学习，你应该能够：

- 掌握货币体系的演变和新型货币体系的具体内容。
- 了解补充性货币学的演变过程。
- 理解补充性货币的本质。
- 分析补充性货币的特征。

＊＊引导案例＊＊

黄金货币地位的演变①

人类使用黄金作为货币的历史比使用任何手段作为货币的历史都要长远。据历史记载，埃及人早在公元前 2000 年就开采黄金。世界第一个用黄金制作的金币是在公元前 564 年由小亚细亚吕底亚国（Lydia）的国王克洛修斯（King Croesus）命令铸造的。这种金币称为 Croesids，它成为得到广泛认可并用于交易的货币。这意味着黄金用作货币的历史将近 2600 年。实际上，在商品作为货币的发展过程中，黄金和白银并不是唯一的货币，

若干种商品都充当过货币，具有货币的职能，例如贝壳、皮毛、牲畜等商品。黄金和白银最后取代别的商品成为货币，并不是因为它们有什么神秘的属性，而是因为它们本身具有性质相同、不会腐烂、易于分割、体积较小而价值较大的特性。

人类社会很早就用黄金进行商品的交易，但是以制度的形式将黄金的货币职能确定下来，即正式建立金本位制，仅仅是近 200 年来的事情。世界上第 1 个实行金本位制的国家是英国。1816 年，英国通过了《金本位制度法案》，以法律的形式确立了金本位制度。1821 年，英国正式启动金本位制度，英镑成为英国的标准货币单位，每英镑含 7.322 38 克纯金。英国最早的金本位制度是金币本位制度，这个制度

---

① 摘编自李翀. 论黄金货币地位的演变与前景 [J]. 中山大学学报（社会科学版），2013（1）：186-192.

的特点是以法律形式规定政府发行的纸币的含金量，人们可以将持有的纸币按照含金量兑换为金币；人们可以自由地将黄金铸造成金币，或者将金币熔化为黄金；黄金可以自由地输出或输入本国。金本位制的历史长达 120 年。随后，各主要资本主义国家纷纷建立金本位制。德国于 1871 年（宣布）实行金本位制，丹麦、瑞典、挪威于 1873 年实行金本位制。虽然美国和法国分别于 1900 年和 1928 年才正式宣布实行金本位制，但是这两个国家实际上已经从 1873 年开始实行金本位制。日本较晚，于 1897 年才实行金本位制。在不发达国家中，埃及于 1885 年实行金本位制，墨西哥于 1904 年实行金本位制，印度于 1927 年实行金本位制。

1922 年，主要的资本主义国家在意大利热那亚举行世界货币会议，决定根据"节约黄金"的原则实行金块本位制。英国也从金币本位制调整为金块本位制。在金块本位制下，货币仍然规定有含金量，但是黄金已经集中在政府手中作为发行货币的保证，黄金不再铸造为金币，金币已经不再在市场上流通，货币兑换黄金受到一定程度的限制。例如，英格兰银行规定，公众拥有价值相当于 400 盎司黄金的 1 700 英镑才能兑换黄金。由此可见，黄金的货币地位已经弱化。1929 年，主要的资本主义国家发生了经济萧条。1931 年，德国和英国相继取消了金本位制。1933 年，美国也取消了金本位制。接着，各主要资本主义国家纷纷废除金本位制，黄金终于退出了国内货币流通领域。黄金失去作为国内货币的地位不是政府的意志决定的，它是人类社会经济发展的必然结果。

1976 年是一个值得记忆的年份。正是这一年，黄金作为货币的近 2600 年的历史彻底终结。虽然黄金不再是国内货币，也不再是国际货币，但是黄金仍然保持着近似货币的地位。近似货币也称为准货币，它是指某些本身不是货币但能够易于转化为货币的资产。黄金作为近似货币主要有两种表现形式。第一，虽然黄金在各个国家之内已经不是货币，但各国的公众还广泛地持有黄金。世界黄金协会 1996 年才开始正式公布关于黄金的需求情况，因而缺乏 1976 年黄金非货币化以后一段时期公众持有黄金的数据。根据世界黄金协会的统计，1997 年，发展中国家对黄金的需求为 177.8 吨，其中投资需求为 81 吨；发达国家对黄金的需求为 164.3 吨，其中投资需求为 34 吨[1]。上述数据表明，在黄金需求中，公众出于投资的动机而持有黄金的比例还相当大。第二，虽然黄金在各个国家之间已经不是货币，但是各国中央银行还持有黄金。根据世界黄金协会的统计，1995 年、1996 年、1997 年世界各国中央银行的黄金储备分别为 908.7 吨、906.6 吨、889.7 吨[2]。世界各国中央银行的黄金储备与同期的外汇储备相比，1995 年黄金储备是 2 364 亿特别提款权，外汇储备是 8 934 亿特别提款权；1996 年黄金储备是 2 328 亿特别提款权，外汇储备是 10 338 亿特别提款权；1997 年黄金储备是 1 914 亿特别提款权。

思考题

1. 从 2 000 多年前作为主要的交易使用货币到金本位制下的国内和国际货币，再到 1976 年以后仅作为国际储备和一种具有保值特性的优良资产，黄金的货币地位

---

① World Gold Council. Gold Demand Trends [R]. World Gold Council, 1998：16.

② World Gold Council. Gold Demand Trends [R]. World Gold Council, 1998：16.

在历史上发生了巨大的转变。请思考，黄金应该属于法定货币还是补充性货币？为什么？

2. 黄金作为货币，有什么优势和劣势？

3. 你认为在未来黄金的货币地位会有什么变化和发展？为什么？

长久以来学术界对补充性货币的概念没有统一的认识。谢平、尹龙（2001）认为，电子货币和虚拟货币是同一个概念[1]。廖承红（2011）认为，补充性货币是经济主体达成某种协议后在一定范围内共同使用的非传统交易媒介，可分为促进社区发展的社区货币和刺激商业循环的商圈货币。补充性货币具有促进特定地区的发展，增加本地市场的活力，减少法币的需求量，营造新的金融市场氛围等作用[2]。然而，我们认为，补充性货币的范畴不应该仅局限于社区货币或者小范围地方性货币，还应该包括更广泛的意义。本章重点介绍作为货币体系新家族的补充性货币的内涵、演变历史、本质与特征、包含补充性货币在内的新型货币体系的具体内容等相关问题。

第一节　补充性货币：新型货币体系中的新家族

一、传统的货币体系与国际货币体系

（一）货币体系的概念

我们认为，货币体系的概念，应有狭义和广义之分。所谓的狭义的货币体系，特指法定货币体系，是各国政府为适应国际贸易与国际结算的需要，对货币的兑换、国际收支的调节等所做的安排或确定的原则，以及为此而建立的组织形式等的总称。所谓的广义的货币体系，泛指两种或更多的货币组成的有层次的货币系统。传统货币体系的主要成员是国家的法定货币。

（二）国际货币体系

从定义来看，国际货币体系应属于一种广义的货币体系。国际货币体系的内容涉及储备资产的供求关系、汇率区、国际货币制度等，其具体内容包括：①各国货币比价的确定，包括汇率确定的原则，波动的界限，调整的幅度等。②各国货币的兑换性与对国际收支所采取的措施，如本国货币能否对外兑换以及是否限制对外支付等。③国际储备资产的确定以及储备资产的供应方式。④国际收支的调节方法，包括逆差国和顺差国承担的责任。⑤国际金融事务的协调、磋商和有关的管理工作。人们一般谈到的国际货币体系，都主要涉及法定货币层面，但随着数字货币的不断崛起，原本在国际货币体系中存在但一直被忽视的补充性货币才重新被关注。

国际货币体系经历了几个主要的发展演变阶段：

① 谢平，尹龙. 网络经济下的金融理论与金融治理，金融研究，2001（4）：24-31.
② 廖承红. 补充货币的理论及其实践经验借鉴，河北经贸大学学报，2011，32（1）：49-54.

1. 国际金本位制度的形成和发展时期（19 世纪末—1914 年一战前）①

国际金本位制度是历史上第一个国际货币制度，从 19 世纪到第一次世界大战前相继推行。该制度的核心，是以一定成色及重量的黄金作为国际本位货币，其主要内容有：①黄金是国际货币体系的基础，可以自由输出输入国境，是国际储备资产和结算货币；②金铸币可以自由铸造、流通和储藏，也可以按法定含金量自由铸造，各种金铸币或银行券可以自由兑换成黄金；③各国货币之间的汇率由各自的含金量比例决定，国际收支具有自动调节机制。英国是当时世界的最大的经济强国，也是最早确立金本位制度的国家。英国在 1816 年率先实行金本位制度，其促使了黄金转化为世界货币。19 世纪 70 年代以后，西方各国（如德国、丹麦、瑞典、挪威等）和日本等国相继仿效，因此许多国家的货币制度逐渐统一，至此金本位制度由国内制度演变为国际制度，国际货币体系也逐渐稳定②。在一战之前，全世界共有 59 个国家实行金本位制。

2. 国际金本位制度的恢复和崩溃时期（1918—1939 年）

一战爆发以后，各国的经济都受到重创，金币本位制度崩溃。20 年代中期，主要资本主义国家的生产都逐渐恢复到战前的水平，并有所发展。因此，各国企图恢复过去的金币本位制。但是，由于金铸币流通的基础已经遭到削弱，不可能恢复典型的金本位制。当时除美国以外，其他大多数国家只能实行没有金币流通的金本位制，这就是金块本位制和金汇兑本位制。金块本位制和金汇兑本位制被称为不完全或残缺不全的金本位制，可以视为被严重削弱的国际金本位制。这种被恢复的金本位制度与战前存在较大的不同，主要体现在以下几个方面：①黄金的地位比过去削弱了。当时，英国实行的是所谓的金块本位制，英镑兑换黄金受到较大限制。在英格兰银行兑换黄金，要求只限于 400 盎司以上才能兑换。许多国家（如德国）则实行的是金汇兑本位制。在这一时期内，执行国际货币功能的除了黄金和英镑外，还有美元和法郎。②战后各国的通货膨胀率有差异。按照购买力平价来计算，英镑估值过高，法郎、美元的估值则相对较低。这样的固定汇率是没有基础的，是难以持久的。国际上对英镑能否按牌价兑换黄金的信心不足，英格兰银行兑换黄金的压力很大。③国际金本位制的自动调节作用进一步受到限制。这时存在所谓价格和工资的刚性，它们能升不能降。在国内实行紧缩政策时，价格不能下降，则会增加企业

① 注：这一阶段的国际金本位制是指金币本位制。由于金币可以自由铸造，金币的面值与其所含黄金的价值可以保持一致，金币数量就能自发地满足流通的需要，从而起到货币供求平衡的作用，不会发生通货膨胀和货币贬值。由于黄金可在各国之间自由转移，这就保证了外汇行市的相对稳定与国际金融市场的统一，因而金币本位制是一种比较健全和稳定的货币制度。第一次世界大战前夕，各帝国主义国家为了准备世界大战，加紧对黄金的掠夺，使金币自由铸造、价值符号与金币自由兑换受到严重削弱，黄金的输出入受到严格限制。第一次世界大战爆发以后，帝国主义国家军费开支猛烈增加，纷纷停止金币铸造和价值符号的兑换，禁止黄金输出，从根本上破坏了金币本位制赖以存在的基础，导致金币本位制的彻底崩溃。

② 需要提及的是，当时英国依靠它"世界工厂"的经济大国地位和"日不落帝国"的殖民统治的政治大国地位以及在贸易、海运、海上保险、金融方面的绝对优势，使英镑成为全世界广泛使用的国际货币，伦敦成为世界金融中心。当时，世界各国的贸易中，大多数商品用英镑计价，国际收支中 90%使用英镑，许多国家的中央银行的外汇储备是英镑而不是黄金。在伦敦开设英镑账户，可以获得利息，储存黄金不但没有利息，还要保管费用，持有英镑既比黄金方便又比黄金有利。因此，有的西方经济学家把第一次世界大战前的国际金本位称作英镑本位。

破产和失业①。

由于恢复后的国际金本位制度存在较多缺陷和弊端，且在运行的较长一段时期内各国都没有寻找到有效的解决途径和方法，导致各种问题积累得越来越多。最终，1929—1933 年的世界性经济大危机成为压垮骆驼的最后一根稻草。英国在经济危机和金融危机的巨大压力下，难以应对挤兑黄金的困境，在 1931 年 9 月 21 日宣布放弃金本位，美国也于 1933 年放弃了金本位。其他国家见状也纷纷宣布放弃金本位制度，国际金本位制度彻底瓦解，国际货币体系也一度处于混乱与停滞的状态。

3. 三大集团的混乱争斗时期（20 世纪 30 年代至二战）

国际金本位制度崩溃后，各国都想借此机会争夺国际货币金融主导权，从而在国际竞争中获得绝对优势。其中，当时实力较强的英国、美国和法国开始了长达十几年的争夺战。它们利用在世界贸易市场的垄断优势，形成了以三大国为中心的三个货币集团（英镑集团、美元集团、法郎集团），以各自国家的货币作为储备货币和国际清偿力的主要来源，角逐世界金融霸主地位，都希望重塑以本国货币为核心的国际货币体系新局面。这三个国家在世界范围内争夺国际货币金融主导权的斗争，一直持续到二战结束。而它们的争斗，也使国际货币体系更加动荡和混乱。

4. 布雷顿森林体系的形成和发展时期（1944—1973 年）

布雷顿森林体系是以美国强大的经济实力为前提，以"怀特计划"为基础建立起来的。其核心内容是"国际货币基金协定"确立了美元与黄金挂钩、各国货币与美元挂钩，并建立固定比价关系的、以美元为中心的国际金汇兑本位制。"双挂钩"的具体内容是：①确定了国际储备货币为美元。美元与黄金挂钩（35 美元＝1 盎司黄金）；美国准许各国政府或中央银行随时按官价向美国兑换黄金；其他国家的货币不能兑换黄金；其他货币与美元挂钩；各国货币与美元保持固定比价，通过黄金平价决定固定汇率；各国货币汇率的波动幅度不得超过黄金平价的上下 1%，否则各国政府必须进行干预。②建立永久性国际货币金融机构，即国际货币基金组织。③规定了美元的发行和兑换方式。④确定固定汇率制。⑤提出了资金融通方案。

布雷顿森林体系的形成，暂时结束了战前货币金融领域的混乱局面，维持了战后世界货币体系的正常运转。布雷顿森林体系实际上是一种国际金汇兑本位制，也称"美元—黄金"本位制。它使美元成为黄金的等价物，各国货币都只能以美元作为中介，才能与黄金产生关联。布雷顿森林体系将美元的储备地位凌驾于传统金本位制的英镑之上，使国际贸易中的黄金退出了流通领域。在布雷顿森林体系实行的25 年间，世界经济迅速增长。西方国家的失业和通货膨胀问题也不严重，国际贸易和投资也有很大发展。在这一阶段，国际货币体系又重新趋于稳定状态。

5. 汇率制度变动和布雷顿森林体系崩溃时期（1973—1976 年）

布雷顿森林体系是否能够顺利运行，与美国的信誉和地位密切相关。20 世纪 60到 70 年代，美国深陷越南战争的泥沼，财政赤字巨大，国际收入情况恶化，美元的信誉受到极大的冲击，国际金融市场先后爆发了多次美元危机。"特里芬难题"的

---

① 钱荣堃. 简析国际货币体系的演变（上）[J]. 南开经济研究，1988（2）：1-9.

长期存在，进一步削弱了人们对美元的信心。1973 年 3 月，因美元大幅度贬值，再次引发了欧洲抛售美元、抢购黄金的风潮。在这样的巨大压力下，西欧和日本的外汇市场不得不强制停市 17 天。经过多轮磋商后，西方多个国家最后达成协议，放弃以美元为中心的固定汇率制度，实行浮动汇率制。多国汇率制度的巨大变动，标志着布雷顿森林货币体系的完全崩溃，也标志着国际货币体系将迎来一个全新的发展阶段。

6. 牙买加体系的建立和发展时期（1976 年至 20 世纪 90 年代中期）

布雷顿森林体系崩溃之后，美元的国际地位不断下降，国际货币金融关系再度混乱，国际货币金融秩序极其动荡，汇率波动剧烈，国际储备多元化。1976 年，国际货币基金组织达成《牙买加协定》并通过了《国际货币基金协定第二次修正案》，正式形成了牙买加体系的格局。牙买加体系的主要内容有：①黄金的非货币化，即黄金与各国货币彻底脱钩，不再是汇价的基础。②国际储备多元化，确定国际储备包括美元、欧元、英镑、日元、黄金、特别提款权等。③承认浮动汇率制的合法性，确定浮动汇率制包括单独浮动、联合浮动、盯住浮动、管理浮动等形式，国际收支调节手段进一步多样化。④明确货币调节机制的多样性，包括汇率调节、利率调节、国际货币基金组织干预和贷款调节等。⑤重视政策的国际协调，强调各主要国际货币之间的合作，以共同维护国际货币体系的稳定为目标。

牙买加货币体系解决了"特里芬难题"，使各国摆脱了对单一货币的依赖，货币供应和使用更加灵活方便，促进了国际贸易和国际金融的进一步发展。同时，各种货币调节机制相互补充，调节效率更高。但是，在牙买加体系下，虽然美元的国际本位和国际储备货币地位遭到削弱，但其在国际货币体系中的领导地位和国际储备货币职能仍得以延续，多数国家仍将美元作为盯住货币，美元与黄金的脱钩反而给美国货币政策更大的自主空间。同时，牙买加体系下国际货币的多极化会造成格局不稳定，管理调节复杂、难度高等问题，迫切需要完善的国际经济协调机制加以解决。但目前还不具备这样完善的协调机制，这也导致了国际货币体系存在着重新陷入混乱状态的潜在危机。此外，浮动汇率制加剧了国际金融市场和体系的动荡和混乱，套汇、套利等短线投机活动的大量泛滥，不利于国际贸易和国际投资。同时，调节机制的多样化不能从根本上改变国际收支失衡的矛盾。由此可见，牙买加体系中的规则弱化，导致各国矛盾重重。随着全球化趋势的不断发展，内部的矛盾更加凸显，且尚未找到解决途径。基于此，牙买加体系又被人们戏称为"无体系的体系"。

不难看出，上述不同阶段的国际货币体系，都存在着很多缺陷和问题。不少学者对现阶段的牙买加体系也提出了改革的呼声。牙买加体系的改革方向主要有：①美元霸权与国际储备货币的选择。在建立布雷顿森林体系和牙买加体系的过程中，一个国家的国际政治经济实力和地位在其中起到了非常重要的作用。迄今为止，美国依然是世界上唯一的超级大国。虽然美元作为国际经济交往的主导货币，面临着"特里芬难题"和国际经济关系不对等的缺陷，但美元霸权在未来不会轻易消失。因此，我们在国际收支失衡调节和国际金融合作中寻求渐进的方法来弥补现存国际货币体系的缺陷。②世界经济失衡的调整。目前，世界经济的失衡是世界各主要经济体的经济结构失衡的结果。美国储蓄太低，消费过高，再加上产业结构调整，大

35

量消费品需要靠进口，最终形成巨额的贸易逆差。而东亚经济体储蓄太高，消费过低，过剩的产品不能靠内部市场吸收，只能通过出口维持经济的快速发展。这种经济结构失衡，通过汇率调整是解决不了的，只能通过各经济体内部经济结构的改革来实现。因此，世界经济结构的调整，需要加强国际宏观经济政策的协调[①]。可见，我们对现存国际货币体系的改革，也需要以调整世界经济结构和协调各国宏观经济政策为目标。

7. 后牙买加体系的发展时期（20 世纪 90 年代后期至今）

上述提及，牙买加体系的特点是以美元为中心的国际货币多元化和汇率自由浮动，而从 20 世纪 90 年代后期开始，货币多元化为特点的国际货币体系进入了"后牙买加"时代，因此又被称为"后牙买加货币体系"。其特点主要有：各国货币的联系机制多样化，固定汇率和浮动汇率并存；欧元进入国际货币体系，成为与美元抗衡的新势力；美元在国际储备中仍然占据主导地位，但人民币的国际地位逐渐提升；汇率争端和金融危机频发；数字货币开始崛起，各国开始重视补充性货币对金融体系的影响，并积极研发法定数字货币。

牙买加体系的自由汇率及放松管制，国际投机活动加剧，金融危机、货币动荡和经济失衡成为世界经济增长的严重阻碍，这为后牙买加体系的顺利运作带来了很大困难。更为雪上加霜的是，2020 年新型冠状病毒感染疫情暴发，这无疑给世界经济带来了更沉重的打击。美国实行无上限的货币宽松政策，不受约束地向世界倾销美元，利用货币特权向其他国家征收铸币税的同时，又借助金融创新将自身风险扩散到全球。其他国家特别是新兴经济体国家缺乏话语权和决策权，只能被动接受，这使世界经济处于较长时间的低迷状态。美国的这些举措，使美元的国家信用日益下降。而随着越来越多的新兴国家的发展和崛起，区域货币合作取得在不同程度上的进展，国际货币体系多元化的势头越来越凸显。构建相对稳定的汇率决定机制、维护世界金融安全，成为各国的共同愿望。

国际经济金融格局的力量变化和国家之间的博弈，为国际货币体系改革提供了宝贵的历史机遇。很多学者对后牙买加体系下如何进行国际货币体系的进一步改革和完善，提出了很多观点。主流观点认为，引发金融危机的核心原因在于过度储蓄、安全资产过度需求和过度的金融弹性。因此，改革国际货币体系应该从各国货币互换、宏观审慎监管、加强国际合作、内部化各种政策相互作用、维护金融稳定等角度展开。具体包括：调整本国各个领域一揽子政策，包括货币政策、宏观审慎和税收政策；维护地球村秩序，事实上内在化个别国家政策的外部性。

我们认为，以上学者的观点都具有合理性和客观性，也都符合世界金融体系的发展趋势和要求。上述的货币体系存在的各种缺陷问题，也充分说明了构建新型货币体系的必要性。但需要注意的是，上述提及的货币体系和国际货币体系，均是"以法定货币为研究对象"作为潜在前提条件的。然而，传统的货币体系和国际货币体系的这一前提条件，直接将补充性货币摈除在其范围之外，忽略了补充性货币对于世界经济社会的重要作用和意义。在后牙买加体系时期，各国已经开始关注和

---

① 杨飞. 牙买加体系缺陷及其改革思路 [J]. 现代物业，2010（2）：12-13.

重视补充性货币的作用，并开始积极致力于对法定数字货币的研发和试用。这些现象，也都充分说明，我们对国际货币体系的改革，应该将补充性货币作为一个改革的重要内容和方向。而构建包括补充性货币在内的新型货币体系，不仅可以将传统货币体系的内容进行扩展和完善，还能弥补和解决现有货币体系存在的缺陷和问题。因此，构建包括补充性货币在内的新型货币体系，是非常必要的，也是符合历史发展规律、具有重要理论和实践意义的。

二、新型货币体系的内涵、主要内容及特点

如前所述，新型货币体系的内涵，是指包含了现存的"以法定货币为研究对象"和新增的以"补充性货币为研究对象"的货币体系，即"牙买加体系+补充性货币体系"。其中，新增的补充性货币体系，是在牙买加体系的组成框架下，构建与之并行、互相补充，弥补其缺陷而形成的体系。补充性货币体系的主要内容包括：①各国确定发行主流补充性货币的类别及流通范围。②各国发行的主流补充性货币比价的确定，包括补充性货币汇率确定的原则，波动的界限，调整的幅度等。③各国补充性货币的兑换性与对国际收支所采取的措施，如本国补充性货币能否对外兑换以及是否限制对外支付等。④补充性货币作为国际储备资产的确定以及补充性货币储备资产的供应方式。⑤补充性货币用于国际贸易支付手段的可行方案以及用于国际收支的调节方法。⑥补充性货币用于国际金融事务的协调、磋商和有关的管理工作。⑦补充性货币的监管和风控工作。

新型货币体系的特点是，法定货币和补充性货币体系并存并行，两种体系既独立运转，又互相补充。新型货币体系能弥补牙买加体系的现存缺陷：①在牙买加体系下的国际储备多元化带来的"美元困境"问题。目前，国际储备体系主要缺陷是储备货币币值不稳定和国际储备分布不均衡，而补充性货币体系的加入，能有效削弱各国对美元的依赖，降低美元霸权的实质性地位，平衡各国的国际储备分布，为各国带来更大的选择空间，刺激各国突破法定货币的局限，运用补充性货币加强合作和联系，从而进一步完善国际经济协调机制。②在牙买加体系下的浮动汇率制和固定汇率制带来的"两难抉择"问题。如前所述，浮动汇率制和固定汇率制各有利弊，但对于发展中国家来说，浮动汇率制下的汇率波动和固定汇率制下的热钱投机，都是无法承受之痛。而补充性货币体系的加入，在金融危机、战争、疾病等不可抗力条件下，能有效防止和降低通货膨胀的发生，代替法定货币维持金融系统的正常运行。当然，有一些学者认为补充性货币的运用也会引发投机和风险。但我们认为，只要合理选择补充性货币的类型，对补充性货币的使用范围、使用时间进行规划和控制，制定可行的补充性货币监管方案，就能充分发挥补充性货币的巨大优势，弥补现有牙买加体系存在的缺陷。③在牙买加体系下的国际收支调节机制"疲软"和世界经济失衡问题。目前，各国都存在着"惯性"式顺差或逆差，且长期无法扭转。事实证明，现有的调节机制无法从根本上改变国际收支失衡和世界经济失衡的矛盾。这种世界经济的失衡仅仅通过汇率调整无法解决，只能通过各经济体内部经济结构的改革来实现。而补充性货币体系的加入，增加了各国宏观经济调控的选择方案，补充性货币也能成为各国实施调控的备选工具，从而提高调节经济失衡的成功率。

第二节　补充性货币的形成、演变及特征

一、补充性货币的形成与演变

　　学术界至今对补充性货币的概念没有统一的认识。谢平、尹龙（2001）认为，电子货币和虚拟货币是同一个概念①。廖承红（2011）认为，补充性货币是经济主体达成某种协议后在一定范围内共同使用的非传统交易媒介，可分为促进社区发展的社区货币和刺激商业循环的商圈货币。补充性货币具有促进特定地区的发展，增加本地市场的活力，减少法币的需求量，营造新的金融市场氛围等作用②。然而，我们认为，补充性货币的范畴不应该仅局限于社区货币或者小范围地方性货币的上述内容，还应该包括更广泛的意义。可以说，社区货币或地方性另类货币，是补充性货币若干发展阶段中的一个环节。而补充性货币发展到更高级的新阶段，补充性货币的范畴也应该随之相应扩展。补充性货币是非国家法定货币，是与国家法定货币并行，能替代和补充法定货币相关职能的一种货币形式。但凡能替代和补充国家法定货币运行和流通功能缺陷的所有交易媒介，都是补充性货币。此外，补充性货币的发行者可以是中央政府，可以是地方政府，也可以是非国家性质的企业、机构，甚至个人。

　　为了进一步阐明补充性货币的概念范畴，可借鉴货币地理学的相关理论。美国经济学家本杰明·J. 科恩（1998）按照世界货币间竞争的非对称性和不同的权威关系，首次建立了代表不同货币等级的货币金字塔模型（如图 2-1 所示）。他认为，这个货币金字塔可以分为七种类型，从上而下依次为：顶级货币、高贵货币、杰出货币、普通货币、被渗透货币、准货币和伪货币。顶级货币是指在全球范围内被广泛接受，最受尊重的国际货币。如一战前的英镑和二战后的美元。高贵货币是指在国际上未占支配地位，但在国际市场上影响较大的货币，如日元等。杰出货币是指具有较大交易范围、能发挥某种程度货币主权的货币。普通货币是指在国际上有限使用的货币，如新加坡元等。被渗透货币一般包括了大部分发展中国家的货币，是指除了名义上还保留货币主权，实际在一定程度上外国货币已取代了其地位的国内货币。准货币是指有名义主权，但没有实际势力范围的货币。伪货币是指只有法律地位，完全被替代的象征货币③。

　　根据本杰明的理论，各国的法定货币在全球范围内一直处于相互竞争、相互扩张货币势力、争夺优势地位的状态。而货币之间的等级划分标准，是按照该种货币在全球范围内的被接受和使用的程度来决定的。即是说，在全球范围内受欢迎的程度越高，被使用和流通的覆盖范围越广，该种货币的市场势力越雄厚，货币等级也就更优越，如图 2-1 所示。

---

①　谢平，尹龙. 网络经济下的金融理论与金融治理，金融研究，2001（4）：24-31.
②　廖承红. 补充货币的理论及其实践经验借鉴，河北经贸大学学报，2011，32（1）：49-54.
③　本杰明·J. 科恩. 货币地理学 [M]. 成都：西南财经大学出版社，2004：163.

　　类比本杰明的货币金字塔，根据补充性货币的被认可度、信誉、影响力和市场
势力，可以建立补充性货币金字塔模型，并将补充性货币分为初级补充性货币、中
级补充性货币、高级补充性货币三类（如图 2-2 所示）。初级补充性货币通常是实
物形态，只限于很小的范围，供特定的人群使用，且发行者和使用者的市场势力较
小，区域流通边界明显。中级补充性货币具有实物形态和虚拟形态两类，且市场势
力和流通覆盖面较初级补充性货币有所拓宽，且发行者实力较为雄厚，发行的补充
性货币具有较好的信用支持。高级补充性货币通常是虚拟形态，且具有很强的信用
度和流通自由度，通常有高科技手段如网络作为载体和平台，可以超越地域和空间
的边界限制，市场势力雄厚。因此，高级补充性货币有着全球范围内的广泛接受度，
且发展潜力巨大，影响深远。

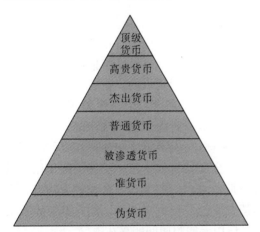

图 2-1　各国法定货币金字塔分层

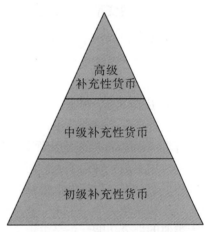

图 2-2　补充性货币金字塔分层

二、补充性货币的特征

（一）发行主体的非唯一性

　　补充性货币最大的特点就是其发行主体的非唯一性。补充性货币绝大多数都是
由非国家为主体的地方政府机构、团体，私营企业或私人发行的。当然，也有少数
是由国家政府发行的。补充性货币的发行者除了国家，更多的是非国家机构甚至
个人。

（二）货币职能的替代性和补充性

　　根据补充性货币的定义，它是对法定货币职能进行补充或替代的交易媒介，是
补充与替代法定货币相关职能的货币形式。即是说，补充性货币能补充和替代法定
货币的相关职能。所以，我们把补充性货币的职能归纳为替代职能和补充职能两大
类。替代职能，即是指补充性货币具备能替代法定货币相关职能（包括价值尺度、
流通手段、贮藏手段、支付手段和世界货币）的能力。补充职能，是指补充性货币
具备能补充法定货币某些缺失的职能的能力，具有法定货币没有的一些新职能。也
正因为如此，补充性货币具有法定货币所没有的优势，能有资格与法定货币并存于
货币系统之中。

（三）形态的多样性

补充性货币具有实物形态和虚拟形态两种，且这两种形态的补充性货币是并存的。在补充性货币发展的初级及中级阶段，实物形态的补充性货币形式更多；然而，当补充性货币发展到高级阶段，虚拟形态的补充性货币形式更多。这些多样化的补充性货币，共同形成了一个庞大的补充性货币家族，在国际金融体系中扮演着越来越重要的角色。

第三节　补充性货币与泛信用货币、虚拟货币及数字货币

一、泛信用货币与补充性货币

近年来，泛信用货币的发展欣欣向荣。信用卡则是泛信用货币的典型代表。之所以称信用卡之类的支付方式为泛信用货币，这是相对于只以国家信用为基础的法定货币概念而言的。与法定货币不同，信用卡等泛信用货币的发行者是银行、金融机构或信用卡公司。根据信用卡申请者的收入、消费能力和信用度等评估核实后，信用卡发行者赋予符合使用资格的信用卡持有者消费时无须支付现金的权利。信用卡持有者可根据个人的信用额度贷款消费，在未来一定时限内按期归还所欠款额。因此，信用卡是一种以个人信用为支持的非现金交易付款贷记卡。传统的信用卡具有实体形态，卡面附有发卡银行名称、有效期、号码、持卡人姓名等相应信息，卡内有芯片和磁条。信用卡除了基本的信用消费支付、贷款功能外，还具有与银行借记卡类似的部分功能。正是由于这个特性，信用卡的归属问题存在争论。

值得一提的是，有的学者认为信用卡应属于电子货币的一种类型。然而我们认为，信用卡是否属于电子货币，要根据信用卡持有者使用信用卡的具体功能而定。信用卡的主要功能是实现信用消费支付、信用贷款服务；也就是说，当持卡人直接用个人信用从事消费和贷款等经济活动时，信用卡内并没有任何法定货币的存在，持卡人消耗的只是以电子流形式储存在信用卡内的个人信用额度。而持卡人在未来时限内用现金偿还信用欠款的经济活动，也只是法定货币与补充性货币的兑换行为而已。因此，从这个意义上来说，信用卡应属于具有实物形态的初级阶段补充性货币范畴，不属于电子货币。当然，信用卡还具有类似银行借记卡转账结算、存取现金等部分功能，如果持卡人完全将信用卡当成银行借记卡来使用（从来不使用信用消费和贷款服务），那么这个意义上的信用卡就属于电子货币，因为持卡人在使用信用卡之前会在卡内储存法定货币，并以电子流的形式保存相应信息。那么，此时的信用卡就应该属于法定货币的范畴。可见，信用卡其实是泛信用货币和电子货币共生的一种特殊存在，也就是法定货币与补充性货币共生的一种特殊存在。但是，由于信用卡的主要功能还是信用支付和信用借贷业务，因此信用卡在绝大多数情况下都属于补充性货币的范畴。

随着互联网的飞速发展，"京东白条""虚拟信用卡"等新型泛信用货币也陆续出现在人们的视野内。2014 年 2 月，与消费者个人信用卡绑定的京东白条在京东商

城正式上线。京东白条可以看作一款新型的互联网消费金融产品,诞生初期是为了促销,依托京东商城为京东用户提供"先消费,后付款""30 天免息,随心分期"的信用消费贷款赊购服务。2015 年 4 月,"京东白条"服务逐渐覆盖了整个京东(如京东到家、全球购、产品众筹),与商业银行合作发行了以白条联名的信用卡,延伸到教育、旅游、居家服务等多元领域和线下消费场景,被统称为"白条+"服务。2016 年 3 月,京东金融正式启动白条品牌化的战略,使用独立域名并全面推出线上和线下都能使用的"白条闪付"产品。该类产品在闪付技术基础上,与手机钱包的功能进行绑定就可以执行信用消费支付功能。

虚拟信用卡在外国发展得相对较早,最初是为了避免用户私人账号信息泄漏、被人恶意透支等风险推出的改良产品。用户将实体真实信用卡与虚拟信用卡进行绑定,在使用虚拟信用卡进行网上购物时,能获得一个可变的 16 位账号用于临时交易,有效防止黑客攻击造成的账户信息泄漏。自 2013 年以来,中国的各个商业银行也逐渐推出了自己的虚拟信用卡,即用户如有该银行的真实信用卡,就可以利用手机 App 的虚拟卡与真实卡信息进行绑定共享。如中信银行的中信网付卡、建设银行的龙卡 e 付卡和腾讯 e 龙卡、浦发银行的浦发 E-GO 卡、广发真情信用卡、中国银行的虚拟信用卡等。较之传统的信用卡,这些银行的虚拟信用卡都有功能上的改进和完善。如中国银行的虚拟卡服务,是在用户已有信用卡账户条件下获取,该虚拟卡能产生随机卡号和安全验证码,有效期可以由客户自由设定。2014 年 3 月,腾讯和淘宝的关联公司众安保险与中信银行联合推出了"微信信用卡"和"淘宝异度卡"。这两种创新性的网络数字信用卡,本质上也属于虚拟信用卡。这两种虚拟信用卡的用户可以通过支付宝钱包、微信理财通平台等手机 App 与真实信用卡账户进行绑定,获得各种与信用相关的金融服务。由于存在较大的潜在风险问题,2014 年 3 月 13 日,这两种创新性虚拟信用卡被中国人民银行叫停。

显然,虚拟信用卡的产生是建立在实体信用卡基础上的,本质上就是信用卡的虚拟化。传统信用卡的有形载体(有磁条和芯片的塑料薄片)转化成了手机的 App 应用软件。但是,虚拟信用卡全面放大了传统信用卡的信用支付和信用贷款功能,剥离了传统信用卡的转账结算、存取现金功能,真正意义上将虚拟信用卡与银行借记卡的功能分割开来。因此,虚拟信用卡应该完全属于补充性货币的范畴。

京东白条与虚拟信用卡既有区别也有联系。京东白条在申请时需要消费者将京东账户与个人的信用卡进行绑定,因此使用京东白条和虚拟信用卡的交易都是建立在用户信用基础之上的。但与京东白条不同的是,虚拟信用卡的发卡方对用户购买了的商品没有所有权和处置权。而京东白条的用户可以自由选择 30 天还款或者分 3 期、6 期、12 期、24 期的还款方式还款,京东在货物的应收账款未收齐前,拥有货物的所有权和处置权。从本质来讲,京东白条就是以消费者信用为基础的应收账款,实现了泛信用货币对商品所有权和处置权按分割比例的自由购买。因为"京东白条"这种应收账款是来自消费者个人信用的虚拟化"承诺欠款单",也是建立在信用卡的信用支付和信用贷款功能基础之上的,所以必然属于补充性货币的范畴。

二、虚拟货币与补充性货币

虚拟货币的概念，在国内外学术界没有一个统一的界定。肖薇、陈深和朱婧（2006）将虚拟货币定义为在互联网技术下，与现实法定货币挂钩的代用券①。苏宁（2008）认为虚拟货币分为广义和狭义两种类型，是在虚拟网络中的一种一般等价物②。王智慧（2011）认为，虚拟货币是互联网网站发行，与法币不同名称、单位的有价虚拟商品③。由此可见，学者们对虚拟货币的具体内涵和界定存在着较大的争议。

虚拟货币，顾名思义就是指非真实货币，或者是货币的虚拟形态。而这种货币的虚拟形态在不同的使用环境下，形成了不同的分类。根据虚拟货币的使用范围，目前的虚拟货币主要可以分为游戏币、泛虚拟货币、服务货币和类货币四类。游戏币主要是在网络虚拟游戏中所使用的货币，玩家可以在纯粹的游戏世界里通过自己的游戏活动获得所需要的游戏币，也可以用法定货币兑换游戏币满足游戏中的消费需求。游戏运营商开发的游戏币可以满足玩家的各种娱乐花费，玩家之间也可以交易和转让游戏币。游戏币的流通和交易，形成了虚拟的金融市场，也搭建了虚拟金融市场与现实市场的桥梁，如 Q 币等。泛虚拟货币是指为了刺激消费者的购买欲望，网络商家提供的网络累计消费积分折扣服务，如网络折扣券、网络促销积分等。这种方式可以有效锁定长期客户，实现促销的目标。服务货币是由虚拟社区门户或网站运营商发行的一种用于共享资源的专用虚拟货币，用户可以按照虚拟社区门户或网站制定的有关规则，完成分享任务或参加特定活动，获得这种专用虚拟货币，从而享受到其他用户提供的相关服务。类货币是指互联网上发行的新型网络虚拟数字货币，可以与现实法定货币进行兑换，主要用于互联网金融投融资和日常消费。

有的学者直接将电子货币等同于虚拟货币。正如前面所述，电子货币属于法定货币的范畴，但虚拟货币的范畴却比电子货币要复杂得多。根据虚拟货币的分类理论，我们可以发现，虚拟货币与电子货币的相同点是都需要以电子技术和网络为实现载体。然而，两者的不同点在于：其一，电子货币虽然是法定货币的虚拟化，但这种虚拟化的货币信息最终要以实体（电子设备）储存和存在。虚拟货币则是真正意义上的无形货币，它被储存在用户的虚拟账户中，只限于网络平台传递给用户的一种"货币观念"，并不需要实体的存在。其二，电子货币的本质是法定货币，而虚拟货币则是独立于法定货币存在的"另类网络货币"。虚拟货币可以通过网络平台实现与法定货币的兑换和回购，但本质上却属于完全不同于法定货币的存在。因此，电子货币和虚拟货币是完全不同的，虽然两者都是建立在电子技术支持之上，但分属于货币体系的两类分支，绝对不能等同。

如前所述，按照"凡是能补充和替代法定货币的货币职能的交易媒介都属于补充性货币的范畴"这一理论观点，虚拟货币是以虚拟的网络另类货币形态存在、有别于法定货币、在虚拟的网络平台发挥货币职能的交易媒介，完全符合补充性货币的定义。由此可见，虚拟货币属于补充性货币的范畴，补充性货币包含了所有的虚

① 肖薇，陈深，朱婧. 虚拟货币初探 ［J］. 成都电子机械高等专科学校学报，2006（4）：63-67.
② 苏宁. 虚拟货币的理论分析 ［M］. 北京：社会科学文献出版社，2008：45.
③ 王智慧. 虚拟货币的理论研究 ［D］. 北京：中央财经大学，2011.

拟货币类型，虚拟货币应该归于虚拟形态的补充性货币。

三、数字货币与补充性货币

学术界对数字货币的概念也存在着分歧。有的学者认为，数字货币就是电子货币。但随着数字货币的不断推广和发展，人们对数字货币的概念也有了更清晰的理解。国际清算银行对数字货币的定义为："它是基于分布式账本技术，采用去中心化支付机制的虚拟货币。"[①] 中国学者朱阁（2015）提出，数字货币是一种基于节点网络和数字加密算法的虚拟货币[②]。也就是说，数字货币首先是以网络为载体，其次是具有加密算法，其三是一种虚拟货币。中国学者李慧勇（2016）认为，数字货币是基于电子货币技术的一种高级货币形式[③]。由此可见，众多学者虽然从不同的角度来诠释数字货币的概念，但有一点是共同的认知，即数字货币是一种虚拟货币。我们可以把数字货币理解为虚拟货币的一种分类，即类货币范畴。换句话说，虚拟货币包含了数字货币的概念，数字货币属于虚拟货币。

当然，数字货币与电子货币也具有共性，即两者都是以电子货币技术为基础产生的。我们可以理解为，电子货币的诞生，为数字货币的产生奠定了技术基础。数字货币正是在电子货币产生并广泛运用之后，创造出来的一种比电子货币更先进、使用范围更广泛、受众更多的新型虚拟货币。数字货币的发行主体众多，其表现形态也更是花样繁多。据统计，当前全世界发行并投入使用的数字货币高达数千种。按照学术界的主流分类方式，数字货币主要分为数字黄金货币和密码货币两类。数字黄金货币是以电子技术为基础的实物货币（黄金）的虚拟化，其货币价值高低和购买力大小都与现实黄金市场的黄金价格波动息息相关。如前所述，由于黄金在当前的金融市场上属于实物形态的补充性货币，而数字黄金货币的价格与黄金挂钩，其价值以黄金为衡量标准；因此，数字黄金货币在本质上也属于补充性货币范畴，是黄金的一种电子货币形态，不属于法定货币的范畴。此外，密码货币又称加密货币，是指基于密码学理论、发行时附有方程式开源代码，通过计算机进行大量密码运算确保货币流通安全性的高级数字货币类型，如比特币、莱特币以及类比特币的其他加密数字货币。与非加密货币不同，加密货币发行时附有的方程式开源代码总量有限，也就决定了加密货币数量也是固定的，具有稀缺性和吸引投机者的能力。此外，加密货币有着独立的价值衡量体系，根据市场供求关系，能形成与法定货币的兑换率，所以经常被用于真实的商品和服务交易以及现实金融市场的投融资活动中。密码货币属于数字货币的高级形态。

显然，数字货币属于虚拟货币，也应该属于补充性货币的范畴。数字货币是虚拟形态补充性货币发展到较高阶段的产物，是当前虚拟形态补充性货币的重要组成部分。补充性货币的未来发展趋势，也必然会朝着更先进的虚拟形态发展，数字货币所包含的密码学理论、区块链技术、电子货币技术将在补充性货币的未来发展中起到至关重要的作用。

43

---

① 国际清算银行. 数字货币［R］. 2015.11.
② 朱阁. 数字货币的概念辨析与问题争议, 价值工程, 2015, 34（31）：163-167.
③ 李慧勇. 数字货币在我国的发展趋势及政策建议, 黑龙江金融, 2016（3）：13-13.

第四节　补充性货币与能源币、阶段性货币及易货贸易

一、能源币与补充性货币

人们关于能源货币的界定，还存在一定的争议。有的学者认为，能源货币的概念雏形来自石油美元（Petro-dollar）。石油美元的概念最早出现在20世纪70年代初。当时由于工业的发展需要，石油的价格大幅度提高，石油输出国重获石油标价权，也获得了丰厚的收入。有的学者提出，石油美元即是石油输出国所增加的石油收入以及在扣除用于发展本国经济和国内其他支出后的盈余资金[①]。随后，由于欧佩克（OPEC）与美国达成协议，美元成为石油的唯一定价货币，有的学者也将石油输出国的所有石油收入统称为石油美元。继石油美元之后，石油欧元也于2008年3月20日诞生。出于政治或经济上的目的，作为石油输出大国的伊朗成立了石油交易所，欧元成为石油的定价货币和交易的货币单位。

从石油美元和石油欧元的概念和发展历史不难看出，这两种货币本质上就是美元和欧元，只不过是将石油与两者紧密挂钩，便于石油在国际市场交易中的计价、支付和结算而已。因此，石油美元（或石油欧元）实际上依然是以法定货币美元（或欧元）为价值衡量标准、以石油为标的中介物的一种法定货币表现形态。石油美元或石油欧元都应该属于法定货币范畴，而不属于补充性货币范畴。随后学者们提出的气币、煤炭币等能源币，均属于这样的类型范畴。

此外，能源币的存在有着另一种理解。我们认为，能源是人类社会发展必不可少的物质。同时，每个国家都具有不同的能源资源禀赋，相互之间具有交换能源的能力和动力。如果将某种能源作为国家之间的一种交易通货，将会被全世界的国家广泛接受，从而突破国界的壁垒，更自由地流动和使用。因此，能源币将成为一种有利于全世界经济秩序，在全球统一流通的新型货币。首先，我们可以按照能源的基本单位把能源币划分为焦耳（J）、千焦耳（KJ）、兆焦耳（MJ）、吉焦耳（GJ）、太焦耳（TJ）五类面值。当然，由于新能源还未能在全球范围内普及推广，且一些新能源的使用存在潜在风险和不可控性（如核能），因此这里的能源通常是指储量有限的不可再生能源，如煤、天然气、石油等。能源币由类似于联合国功能的全球性能源币发行机构统一发行和管理，该机构会对每个国家自身的能源制造能力和能源储量进行评估，然后有计划地发行一定数量的能源币。任何国家都可以向该机构供应与能源币面值等同的能源以兑换到能源币，也可以运用能源币向该机构购买某种能源。此外，国家与国家之间的能源交易，也可以直接通过能源币进行。从本质上讲，能源币实行的是能源本位，即是将现实的能源量与能源币的价值挂钩。此外，能源币还能与每个国家的法定货币进行兑换，可作为购买他国商品和服务的通货，

[①] 北京师范大学金融研究中心课题组. 解读石油美元：规模、流向及其趋势 [J]. 国际经济评论, 2007（2）: 26-30.

也可以作为一种新型的国际货币储备形式。可以看出，虽然能源币与法定货币有着一定的兑换率，但法定货币价值的浮动不会影响其对能源的购买能力。也就是说，能源本位货币体系下，能源币与法定货币处于几乎同等地位，两者既相互独立，又有着千丝万缕的联系。例如，假定在 2016 年 1 美元能兑换 100 兆焦耳的能源币，美国公民用 100 兆焦耳的能源币购买了中国的某种商品或服务，那么中国就增加了100 兆焦耳能源币的储备。若 2026 年时美元大幅度贬值，1 美元只能兑换 10 兆焦耳能源币，而中国还是拥有 100 兆焦耳的能源币，则中国用这 100 兆焦耳能源币可以兑换更多的美元，也可以向美国直接购买 100 兆焦耳的能源。如果在 2026 年美元大幅度升值，1 美元可以兑换 200 兆焦耳的能源币，中国仍然拥有 100 兆焦耳的能源币，那么中国就不会选择将能源币兑换成较少的美元，而是选择用这 100 兆焦耳的能源币直接购买美元的商品或服务，或者兑换成 100 兆焦耳的能源。

相较于金本位制，能源本位制下的货币更具有优势。首先，能源本位更具公平性。由于黄金的储量在全球是有限的，且每个国家的黄金储量分布不均，黄金拥有量的差异将直接影响每个国家发行金本位制下法定货币的能力，从而影响该国法定货币在国际金融市场的地位和价值。这种由黄金资源禀赋差异形成的法定货币价值差异，本身就具有不公平的缺陷。然而，每个国家都能拥有丰富的能源资源，哪怕是再贫瘠的土地，只要有阳光的照耀都能产生能源。能源的生产制造能力，既与一个国家的天然禀赋（如国土面积、能源储备等）有关，也与该国的后期实力（如科技水平、经济实力、综合国力等）有关。一个国家制造能源的能力越强，能供给的能源越多，获得的能源币数量越多；一个国家即使制造能源的能力有限，也可以使用本国法定货币、本国商品或服务等与他国兑换能源币，获得能源。于是，全球各国的贸易都能用能源币来完成和实现，各国法定货币与能源币也能并存。其次，能源币的价值不会受到法定货币价值变动的影响。由于能源币与法定货币属于独立的货币制度体系，法定货币的汇率变动、通货膨胀或紧缩、经济周期波动、经济危机等因素，都不会影响能源币兑换能源的能力。所以，一个国家持有能源币，能保证这个国家不会因为自身或他国宏观经济环境的改变而缺乏能源的供应。

由此可见，第二种意义上的能源币属于补充性货币的范畴，且具有较大的可行性。但在现实中，这种能源币是否能真正作为全世界的通用货币，是否真正具备比法定货币更大的优势和潜力，还需要长期的实践和检验。

二、阶段性货币与补充性货币

阶段性货币是指在不同的时间阶段、不同的空间和环境下，随自身在国际金融体系中的作用和地位变化而演化的货币。最典型的阶段性货币是贵金属如黄金、白银，以及其他在人类历史上担任过一般等价物的交易媒介，如贝壳、象牙等。在货币的发展过程中，贝类、象牙等物品在某一特定区域内充当过某一时期的一般等价物，是人们进行交易的媒介，即扮演着法定货币的角色。在这一阶段，这些充当一般等价物的实物商品就属于法定货币的范畴。但这些充当一般等价物的实物商品总存在这样或那样的局限性，使人们不断寻找其他更优越的实物商品去替代它们，最终使它们失去了作为法定货币的功能，成为一般的商品。因此，这些实物商品作为一般等价物的存在只是阶段性的，并不能维持太长时间。相较于这些实物商品，人们最终发现黄金等贵金属是充当一般等价物的最理想选择。黄金等贵金属有着比作为一般等价物的实物商品更为特殊的发展历程。黄金是人类历史上发现和使用得最早的金属。由于色泽鲜亮，产量有限且性质稳定、易于分割，黄金有着其他金属无法比拟的优点，一直是财富和地位的象征。在货币的发展过程中，黄金有着举足轻重的地位。货币金本位制、金砖本位制、金汇兑本位制和布雷顿森林体系这四类货币体系，都直接或间接地以黄金价值为基础。黄金在这些历史时期，一直处于法定货币或准法定货币的地位。由于黄金的总量有限，因此与黄金挂钩的纸币的价值波动范围也比较容易控制。然而，继布雷顿森林体系崩溃后，美元与黄金脱钩，逐渐失去了在国际货币体系中的绝对中心地位，各国的法定货币也都采取了不同的汇率制度，黄金也完全丧失了法定货币的功能和地位。虽然目前很多国家仍然将黄金作为储备资产和避险投资品，但黄金在国际市场上的地位已远不如以前。

需要注意的是，根据黄金在金融市场上作用和功能的不同，其应归属的货币范畴也存在差异。比如，当前在一些较为落后的地区（偏僻山区或少数民族部落），仍然存在将黄金作为一般等价物，替代法定货币进行交易的情况。在这样的意义下，黄金就属于法定货币的范畴。然而，在当前的绝大多数情况下，黄金主要可以作为外汇储备、投资或资产标的物（商品）。在这个意义上的黄金，已经脱离了过去充当法定货币的历史，属于补充性货币的范畴。值得一提的是，之前提及的数字货币中的数字黄金货币，其实质是与实物黄金价值相联系的黄金虚拟化商品。例如中国工商银行发行的纸黄金，它不是实物黄金，而是观念上黄金的虚拟化形式，是以网络为载体，电子技术为支持的用于投机和交易的电子化商品。从这个意义上来讲，数字黄金货币（如纸黄金）以及其他作为一般储备、交易和投资用途的黄金（商品属性），都不属于法定货币，应归属于补充性货币的范畴。

由此可见，阶段性货币在不同的时间和空间，由于所处的地位、发挥的作用和功能发生改变，可能会出现阶段性地交替充当法定货币和补充性货币的现象。

三、易货贸易与补充性货币

易货贸易也称易货交易，是经济主体之间进行交易活动的最初级最简化的形式，是指贸易双方不以货币为支付手段、经协商后以双方认可"等值"的商品或服务进行直接交换的过程。易货贸易在人类社会发展过程中，历史悠久。在原始社会，人们以部落为单位群居生活在一起。随着生产力的发展和分工的细化，每个部落因擅长某项技能逐渐有了某些多余的物品和食物，也有了因不擅长某项技能而大量需要的某些物品和食物。于是，某些物品和食物过剩，某些物品和实物稀缺，贸易就成为解决这个矛盾的途径和方法，部落之间的交流沟通和互通有无成为必然趋势。最初，部落首领进行会面协商，双方对彼此能提供的物品和食物进行价值评估，确定能交换的商品数量和种类。部落的成员按照双方部落达成的"等值"协议（比如确定"1 张羊皮＝2 把石斧"）进行自由交换。拥有羊皮的部落成员将羊皮放置在约定交易的地点（如部落西边的一块大石头），然后躲在一旁等待。如另一方部落成员发现羊皮，就将羊皮拿走，再把2把石斧放在石头上，易货贸易即完成。由于原始社会生产力有限，易货贸易的交易对象数量和种类也有限，因此不需要货币就能完成交易过程。随着生产力的发展和易货贸易的频繁，部落成员们将经常从事物品和食物交换的地点确定下来，市场就逐渐形成。易货贸易的局限性逐渐凸显，货币也孕育而生。

虽然易货贸易在当代主要发生在经济不发达或生产力极为低下的地区，这种方式与当地落后的生产力和生产关系相互适应。但在一些特殊时期或特定环境下，易货贸易也能体现出自身的优越性。比如，在发生恶性通货膨胀时，货币大幅度贬值，人们对货币的价值产生消极预期，易货贸易在此时会成为人们普遍接受的交易结算方式。易货贸易避开了货币贬值为交易带来的阻碍，主要交易双方认可相互易货的物品价值对等，易货贸易就能顺利进行。当然，脱离了货币的桥梁作用，易货贸易需要解决双方供求关系的匹配问题。由于市场上的信息不对称问题始终存在，交易双方需要花费较长的时间和精力才能找到合适的交易对象，交易的流动性较弱。同时，由于地域空间限制，易货交易的双方花费的机会成本和其他隐性成本也相对更大。此外，易货贸易要求交易双方对所交易物品的价值达成一致，但这种"价值共识"是临时性的，只适用于当前的交易。且由于交易者不同，针对同一种交易物品的偏好、认知、评估方式、交易欲望都有极大差异，交易的最终实现结果也会有很大偏差。这种交易的不稳定性问题，对易货贸易的大范围推广和运用，造成了较大障碍。由此，易货贸易虽然在现代社会拥有一席之地，但比重仍然较小。

易货贸易在现代社会的运用，除去为了适应偏远落后地区落后生产力的特殊情况外，主要是为了应对通货膨胀等经济问题。如前所述，易货贸易在实际运用中，仍然存在自身的缺陷和问题。然而，另一种解决通货膨胀问题的方式是运用补充性货币，特别是社区货币。社区货币属于补充性货币的一种类型，其发行的最初目的就是为了抵御通货膨胀，保证当地经济的健康发展。社区货币与易货贸易的共同点在于：第一，两者运用在当代社会的主要目标都是为了解决通货膨胀、法定货币贬值情况下的交易不通畅问题。第二，易货贸易和使用社区货币的交易都是在有限的空间和范围内进行的。第三，两者的顺利进行都需要交易主体（或社区成员）之间经过协商后达成共同的协议，并彼此严格遵守。但是，易货贸易与社区货币具有本质的区别。首先，易货贸易的交易双方在达成协议后会直接实现供需交换，社区货币却只是社区成员在社区范围内进行交易的一般等价物，社区内的交易仍然要通过社区货币作为桥梁，间接实现供需交换。其次，易货贸易的交易双方达成的"价值对等"协议具有即时性和不稳定性，社区货币流通和使用的规范和协议却是由社区成员共同认可并严格执行的，具有较强的稳定性和持久性。此外，易货贸易在本质上属于交易的形式，并不属于货币的范畴，社区货币等补充性货币在本质上属于非法定货币的货币范畴。

由此可见，易货贸易与补充性货币虽然具有共性，但在本质上具有明显差异。易货贸易并不属于货币范畴，更不属于补充性货币的范畴。

第五节　补充性货币与代币券、金融工具、准货币、劳动券及绿色货币

一、代币券与补充性货币

按照传统的定义，代币券（见图 2-3）有广义和狭义两种内涵。广义的代币券是指所有能按照等额面值替代法定货币充当支付手段的有价证券和凭证。狭义的代币券是指商业单位（如企业、公司、银行或其他金融机构等）印制发行的、在特定指定商业单位（如零售商家）替代法定货币履行等额购买权利的实物代币符号。代币券一般采用公开发行方式，由发行者单独发行或者与第三方联合发行。由于联合发行方式存在较为复杂的法律关系和资金转付义务，代币券更多采用单独发行方式，即发行者承担所有应履行的义务，为代币券持有者提供一切约定的服务。

1942 年的代币券　　　　　　　　　1946 年的代币券

图 2-3　代币券

广义的代币券的类型较多，使用范围较广，发行目的也较多，发行主体可以是国家也可以是非国家的企业、公司、金融机构等。常见的广义代币券有国家在通货膨胀、战争、灾害等特殊经济时期，为了进行宏观调控，在某一区域或全国发行的特殊有价票券（如粮票、布票、经济振兴券等计划供应票证等），也有只用于执行支付职能、由金融机构或企业发行的有价证券或凭证（如股票、公司债券、远期合约无记名有价票证等）。这些广义的代币券都是以信用为价值基础的，完全符合补充性货币的内涵特征，属于补充性货币的范畴。

而狭义的代币券一般用于促销，主要的存在形式是在特定场所替代法定货币使用的实物型卡或票券等。狭义代币券可以分为直接代币券和间接代币券两大类。直接代币券就是发行者赋予代币券持有者在规定的时间范围内，在指定的商业单位（如旗舰店、关系合作企业、连锁加盟店、分支机构等）凭券（卡）直接换取商品或服务的权利。常见形式有领（提）货券（卡）、购物券（卡）、消费券（卡）、抵用券（卡）、出库单据等。直接代币券的特征是，持有者不能用券（卡）兑换现金，也不能找零，且有规定的失效期、使用地点和其他使用条件。间接代币券是指发行者赋予代币券持有者在规定的时间范围内，在指定的商业单位凭券（卡）抵扣或减

补／充／性／货／币／学

少用于支付商品或服务的法定货币的数量（金额）的权利。常见形式有折扣券（卡）、抵扣券（卡）、会员券（卡）、贵宾券（卡）等。间接代币券的特征是，持有者在购买指定商业单位的商品和服务时，与法定货币配合使用，不能用券（卡）兑换现金，也不能找零，且有规定的失效期、使用地点和其他使用条件。随着网络的发展，狭义代币券现在也有了虚拟形态。消费者可以直接使用指定商家的 App 在网络账户上直接获得虚拟的狭义代币券，进行线上和线下相结合的兑换和购买。

作为现代社会的一种新型支付结算方式，狭义的代币券的存在具有自身的优点。对于发行者来说，狭义的代币券的发行可以减轻发行者的资金周转压力、降低经营风险、快速占领市场、促进商品销售、稳固消费人群、扩大企业影响力。对于使用者来说，代币券携带方便、且有较大优惠空间。然而，代币券也存在一些缺陷。如虚假繁荣、信息隐蔽、绑定消费、流通性低、诚信弱化、税收流失、寻租滋长、市场秩序紊乱、国家监管困难等。特别是虚拟狭义代币券的发展，更增加了国家监管的难度。因此，自 1995 年起，中国先后颁布了若干针对狭义的代币券的法规和监管条例，如《中华人民共和国中国人民银行法》《中华人民共和国人民币管理条例》《中国人民银行关于进一步加强和改进现金管理有关问题的通知》等。这些法规和监管条例的部分规定均明确说明狭义的代币券属于一种变相货币，并禁止单位和个人印制发行。但是，狭义的代币券仍然屡禁不止，在现实金融市场中存在着一席之地。狭义的代币券之所以被国家叫停，是由于自身具有较大的潜在风险和监管难度。可以看出，狭义的代币券的最大风险在于发行人的信用度不可控制，持有者的权益容易脱离国家的监管和法律的保护范围，无法完全得以维护。狭义的代币券本质上也是建立在信用基础之上的，也属于补充性货币的范畴。当然，广义和狭义的代币券都存在着尚未完善的缺陷，对金融市场的冲击和威胁较大。因此，中国对代币券的发行和扩张都给予了很严苛的制度约束和法律限制，以维护金融市场秩序的稳定。如果代币券的信用和风险问题能得到较圆满的解决，补充性货币在中国的顺利扩张和发展也会为中国的金融市场带来很大的益处。

二、金融工具与补充性货币

金融工具又称为金融资产，是金融市场的重要组成部分。原生性金融工具分为所有权凭证和债权凭证两大类型，最常见的种类有股票、商业票据、债券、存款凭证等。衍生性金融工具是在原生性金融工具基础上衍生创新出的金融工具，主要有远期、期货、期权和互换四种类型。原生性金融工具的本质是用于证明金融工具发行者和持有者之间因融通资金建立的相互关系的书面凭证。所有权凭证证明了金融工具持有者拥有向金融工具发行者索取与投入资本、资产（商品）价值相等的利息、资产（货币）的权利和所有权。债券凭证证明了金融工具持有者拥有对金融工具发行者一定额度的债款索取权，两者之间具有受到法律保护的债权债务关系。衍生性金融工具的本质是金融工具发行者和持有者之间经过协商达成的信用合约。虽然远期、期货、期权和互换这四类合约的具体操作内容有所差异，但归根到底都是通过信用合约交易来实现融资和避险的目的，以满足经济主体的需求。

49

股票和债券是最典型的原生性金融工具。作为所有权凭证的主要代表，股票是由股份公司为了筹集资金，通过包销和代理等方式向社会公众发行的有价证券。持有股票的股东都拥有对股票发行公司的部分所有权。虽然股票的交易和流转与法定货币挂钩，但股票是由上市公司或企业发行的，本身不是法定货币，而是所有权的纸质凭证。这种凭证受到法律保护，代表了股票发行者对股票持有者享有公司盈利获取权和资产所有权的承诺，本质上可以看作是一种信用的表现形式。债券是债券凭证的主要代表，根据发行主体的不同，债券可以分为国家债券和企业债券两类。企业债券的债券发行者是企业或公司，自然不属于法定货币的范畴。然而，值得注意的是，虽然国家债券是由国家政府发行的，但这只表明国家是债务人，具有到期偿还国债持有人本金和利息的义务。也就是说，国家债券和企业债券都只表明了债券发行者与债券持有者之间存在的债务债权关系和两者之间的义务和权利，债券的本质也是一种发行者对持有人的承诺（信用表现形式），这与发行者是国家还是企业没有关系。

股票、债券除了在一些情况下直接具有交易手段、支付工具的职能外，在大多情况下，表现出更为特别的交易媒介功能。例如当股票作为联系投资人（股东）及股份公司的融资工具时，股票代表着公司的资产（即使是未来的、预期的资产），股东用货币购买公司的资产，公司出售资产（即使是未来的、预期的资产），股票成为特别的交易媒介。而股票在二级市场转让时，投资者更是用货币直接购买公司的现实资产，故更显出交易媒介性质。债券等金融工具的交易媒介性质亦是类似。

此外，远期、期货、期权和互换这四类金融衍生工具，都是以合约的形式存在并运行的，而合约的本质也是一种信用的表现形式。由此可见，无论是原生性金融工具，还是衍生性金融工具，虽然在金融市场中呈现的形态各异，但本质上都是一种信用。

以信用形态存在的货币类型属于补充性货币的范畴。需要补充说明的是，如前所述，代币券属于补充性货币的范畴。而代币券的广义内涵是指一切替代法定货币充当支付手段的有价证券和凭证。所有的金融工具当然属于替代法定货币的有价证券或者凭证，当这些金融工具不是用来投机，而是用来执行抵押或支付借款等支付职能时，这些金融工具可以视为广义的代币券。因此，从这个意义上看，只作为支付手段的金融工具也应该属于补充性货币的范畴。

综上，无论从信用货币角度，还是从广义代币券角度，金融工具都应该包括在补充性货币的范畴内，且属于实体形态和虚拟形态并存的补充性货币。需要强调的是，随着电子化技术的推广运用和发展，实体形态的金融工具（如股票、债券的纸质形态）虽然存在，但数量和规模已逐渐减少，以虚拟形态存在的金融工具（股票电子化、债券电子化、合约电子化等）已经成为现代金融市场的主要组成部分和发展主流趋势。虚拟形态的金融工具将逐渐替代实体形态的金融工具，实现运用网络电子平台进行高效率交易的目标。金融工具表现形态的变化，本身就是一种自身的发展和完善，也是一种革命性的进步。这种革新，也同时说明处于初级发展阶段的实体形态补充性货币正逐渐向处于中高级发展阶段的虚拟形态补充性货币过渡。这是补充性货币发展的必然趋势，是符合时代要求和历史规律的。

三、准货币与补充性货币

众所周知，货币可以分为狭义的货币和广义的货币两种。国际上按照货币的流动性高低，将整个货币体系分为 M0、M1、M2 和 M3 四个层次。其中，M0 代表流通中现金；M1 代表 M0 与支票存款（以及转账信用卡存款）之和；M2 代表 M1 与储蓄存款（包括活期和定期储蓄存款）之和；M3 代表 M2 与其他短期流动资产（如国库券、银行承兑汇票、商业票据等）。M1 为狭义货币的范畴，M2 为广义货币的范畴。

中国的货币体系分类与国际略有不同。其中，狭义货币 M1 代表经济中的现实购买力，M1 代表 M0 与非金融性公司的活期存款（包括企业活期存款、机关团体部队存款、农村存款和个人持有的信用卡类存款）；广义货币 M2 代表经济中的现实购买力和潜在购买力之和，M2＝M1+城乡居民储蓄存款+企业存款中具有定期性质的存款+信托类存款+证券公司保证金存款+其他存款。其中，M1 与 M2 的差就是准货币。

由上述可以看出，准货币就是指属于广义货币范畴，不属于狭义货币范畴的那部分定期存款的总和。定期存款是存款人在保留资金或货币所有权的条件下，把使用权暂时转让给银行的一种储蓄行为。银行在获得存款人的授权许可后，根据两者事先约定的期限和利率，在到期后将本金和利息归还给存款人。定期存款的存款人只要有一定量的资金，就可以去银行开立账户，门槛较低。存款人牺牲投资在其他金融活动的机会成本，获得利息收益。定期存款以法定货币的存入量多少来获得相应利息的。定期存款的期限一般较为固定，且期限越长，利率越高，如在未到期之前取出本金则只能获得活期存款利息。定期存款可以看作暂时退出流通市场的法定货币。存款人将暂时不使用的法定货币存入银行的实名账户，这部分法定货币执行贮藏手段的职能，因此，定期存款的流动性相对较弱。由于定期存款这部分法定货币是暂时退出流通，到期后存款人可以将其从银行里取出来，恢复本身的流通手段职能。因此，它属于潜在的货币供应，它的存在和数量变化对金融市场有着较大影响。定期存款的核心是存款人的储蓄行为，至于银行与存款人之间建立的借贷关系，是银行经营业务的自发行为，不是定期存款本身的功能。从这个意义上看，定期存款（准货币）应该属于法定货币的范畴。

当然，存款人从银行获得的定期存款单（存款凭证、大额存款单据等）可以在金融市场进行抵押和流转，作为法定货币的一种补充。因此，存款凭证属于补充性货币的范畴。

需要强调的是，我们认为 M3 类中的短期流动金融资产（如国债等）也应该属于补充性货币的范畴。如前所述，国债是由国家发行的债券，是中央政府为筹集财政资金而发行的一种政府债券，是中央政府向投资者出具的、承诺在一定时期支付利息和到期偿还本金的债权债务凭证，这种信用凭证可以在金融市场上流转。同时，国债的发行有固定的时间和数量，能购买到国债的人数量有限。因此，国债能转化为现实货币的难度相对来说更大一些，流动性更差，更无法直接履行法定货币的诸多职能。再次，国债是购买者用法定货币购买的国家信用凭证，相当于法定货币和信用型补充性货币之间的兑换，购买者获得的国债等金融资产可以作为法定货币的补充形式，履行补充性货币的相应职能。

四、劳动券与补充性货币

19世纪30年代，英国管理学家、空想主义者罗伯特·欧文（Robert Owen）提出了自己的空想社会主义分配理论。他认为可以根据劳动者对整个社会的实际劳动量大小来评估和分配其应该获取的生产和生活资源。通过这种按照劳动量大小来获取等量社会资源消费权利的分配方式，能够消灭剥削，实现公平交换[1]。1832年10月，欧文首次创新性地设计出一种"劳动券"，用于核算劳动者在劳动中实际耗费的劳动时间，劳动者使用劳动券在他所创办的劳动产品公平交换市场中领取所需商品和服务。他认为，劳动决定商品的价值，商品价值按社会平均劳动计量，劳动券是载明生产商品的平均劳动时间的凭证。公平劳动交换市场按平均劳动时间评估劳动产品，生产者将劳动产品让渡给公平劳动交换市场以换取相应的劳动券，然后再用劳动券从公平劳动交换市场去换取能满足自己需要的产品。然而，私有制下的无政府状态生产，难以实现供求匹配的矛盾凸显。此外，劳动量的贡献大小难以准确衡量，投机者活跃，空想实践受到资本主义商品经济的阻碍等原因，欧文的"劳动券"分配思想和实践最终在1834年以失败告终。马克思等科学社会主义者对欧文的"劳动券"理论的失败进行了批判和分析，并提出了社会主义社会中的劳动券分配思想。他认为，在社会主义社会，劳动者在履行完对社会的基本劳动义务（为社会基金而进行的劳动）后，能获得一张计量着自己所提供的额外劳动量的证书，并凭证书从社会储存中领得等额的个人消费资料，这种凭证不是货币，不能流通[2]。马克思对劳动券的可行性给予了肯定，他设想在生产资料公有制条件下，各部门的生产由社会统一决策，每个生产者按照国家计划从事统一的社会劳动，分配也按照"劳动券"制度统一分配。中国使用"劳动券"这一概念，最早可追溯到1928年。1928年2月19日，在朱德元帅的领导下，耒阳工农兵苏维埃政府成立，发行了面额为壹元的耒阳工农兵苏维埃政府"劳动券"，总量高达万余元[3]。当时的劳动券名为"劳动券"，但与实际意义上的"劳动券"相差甚远。在1953—1958年的集体化改造时期，中国开始真正对"劳动券"分配制度进行了相应的实践和探索。中国将劳动券分配制度改为工分制度，在农村集体经济组织内部（以生产队为基本计量单位）对成员参加公共生产劳动的数量进行记录，并给予相应劳动报酬。对于一种工作，在一定土地、耕畜、农具、天时等条件下，以一个中等劳动力按照一定质量要求一天所能达到的劳动数量，作为一个劳动日。为了计算上的方便，把一个劳动日分成10个工分。依照每个人的劳动耗费和应分配的消费数量及相应的工分。决算

① 柯象峰，何光来. 欧文选集（第二卷）[M]. 秦果显，译. 北京：商务印书馆，1981.
② 戴相龙，黄达. 中华金融辞库 [M]. 北京：中国金融出版社，1998.
③ 陈列菊. 耒阳工农兵苏维埃政府劳动券 [J]. 湘潮，1985（8）：43.

时，按当年每一工分制和每个人工分总额来分配劳动报酬。这种用来记录和核算劳动时间的"工分"与观念上的"劳动券"类似。由于存在"搭便车"和"无效劳动"等缺陷，工分分配制度最终也被包干分配制度所代替。

欧文和马克思的劳动券分配思想，初衷是用劳动券作为唯一交易媒介，在全社会范围内流通和使用，以取代法定货币，消灭剥削。但这种分配思想的顺利实施，需要建立在高度发达的社会生产力、丰富的物质基础、商品经济消亡的基础上。因此，劳动券分配思想无法在他们所处的年代甚至当代实践成功，也无法完全取代法定货币在金融市场中的地位和作用。

社区货币是当前很多国家和地区正在实践和运用的补充性货币。与劳动券类似，它们大部分是在社区成员达成协议后，共同约定的以在社区范围内工作的劳动量作为衡量标准，劳动时间作为计价单位，社区币（实物或虚拟均可）为载体的交易媒介。唯一的不同点在于社区货币只限于特定的范围内流通和使用，但是"劳动券"是拟在全国范围内流通和使用。事实证明，劳动券的真正实践从来没有扩展到整个国家的范围，除了欧文设计的空想型"公平劳动交换市场"外，也只限于公社、公司、国有企业。因此，我们认为，劳动券应该属于补充性货币的范畴。虽然在理想上，劳动券试图替代法定货币的存在，但在实践上，它只是法定货币的一种补充交易媒介。法定货币和补充性货币本身就是并行存在的两种货币系统，两者可以互相依存，互相补充，互相转化，互相替代。当一种补充性货币发展到高级成熟阶段，具有了优越于法定货币所有职能的强大实力，人们自然有可能会选择它替代原有的法定货币。而到那时，原本属于补充性货币的该种货币，自然也就成为新的法定货币。劳动券之所以不属于法定货币的范畴，是因为它的力量和实力不够强大，无法完全适应所处社会能为之提供的发展条件和环境，只能长期受限甚至消亡。可以说，劳动券就是当前社区货币的原始形态，属于补充性货币的范畴。

五、绿色货币与补充性货币

在欧洲经济共同体货币一体化的发展进程中，绿色货币的诞生具有重要的意义，也为后来欧元的产生奠定了坚实的实践基础。创立绿色货币最初的目的，是欧洲共同体国家为了推进西欧农业共同体市场的稳定发展，保证它们制定的共同农业政策CAP能顺利实施。1962年，欧洲共同体国家经过协商后，推出了称为"农业记账单位 agricultural units of account"（简称"计算单位"）的统一货币，当时"计算单位"与美元之间的兑换率为1∶1。农业共同体市场内要求制定统一的农产品价格，但是共同体各国的法定货币之间汇率经常变动，这种变动会影响到统一农产品的共同价格无法实际固定。为了解决这一问题，一种称为"绿色汇率"的特殊汇率由此产生，仅限于共同体成员国之间农产品贸易计价和执行农产品统一价格中使用。绿色汇率的实质为欧洲共同体各成员国各自的法定货币在贬值或升值前与"计算单位"的比率①。绿色汇率脱离了市场上各国的法定货币官方汇率体系，与欧洲的

---

① 刘有厚. 欧洲经济共同体的绿色货币和货币补偿机制 [J]. 国际贸易，1983（10）：44-46.

"计算单位"直接挂钩。农民在农业共同体市场上卖出农产品，以"计算单位"计算，再将"计算单位"按照绿色汇率换算为该农民所在的欧洲共同体成员国的法定货币。由此可见，绿色汇率的产生，稳定了农产品在农业共同体市场上的统一价格。在绿色汇率下，绿色货币在农业共同体市场中兴起。绿色货币就是专门用于计算共同体各国共同农产品价格的计价货币，根据共同体国家的不同，绿色货币也包括不同的种类，如绿色英镑、绿色法郎、绿色马克、绿色里拉等。

可见，绿色货币属于欧共体成员国之间专门用于农业共同体市场交易、法定货币与"计算单位"按照绿色汇率进行兑换、共同体内部的统一计价货币，其本质就是由共同体成员国之间经过协商后，以绿色汇率为基础的特殊的专用法定货币。之所以称为绿色货币，就是因为这种特殊的专业法定货币仅在农产品计价和流通中使用，其特殊性在于流通的空间、范围、交易对象都受到较为严格的限制。

社区货币与绿色货币的相似之处在于，两者都是经过成员内部协商后，在一定区域内部流通的。绿色货币在欧共体成员国之间进行农产品贸易时流通，社区货币则是在一国的某一社区或某一地区范围内流通。但是，如前所述，社区货币属于补充性货币的范畴，而绿色货币属于法定货币的范畴。

综上，我们将现存的属于补充性货币范畴的不同的货币形式进行了归纳、对比和分析，这些都是不同时期、不同阶段、不同场景下出现的真实补充性货币。它们的存在，丰富了现有的金融体系，弥补了法定货币的缺陷和不足，也为我们揭示了补充性货币的本质。当然，补充性货币家族的规模十分庞大，家族成员种类繁多复杂，后面我们会选取具有典型性、代表性和时代性特征的一部分补充性货币进行详细介绍。

关键词

新型货币体系　泛信用货币　虚拟货币　数字货币　能源币　阶段性货币
易货贸易　代币券　准货币　劳动券　社区货币

课后思考题

1. 1980 年后，美国的很多社区出现了各种类似社区成员互助性质的"保姆券""时间券"的货币，请思考这些货币属于补充性货币吗？为什么？

2. 请结合现实，谈谈你对超市或商场为了促销而给消费者发放的"购物券"的货币属性，并说明理由。

补充阅读材料

材料1：1958年到1984年的工分制①

工分制是以劳动工分作为计量劳动和分配个人消费品的尺度的一种劳动报酬制度。它源于苏联集体农庄，后来为我国农村集体经济组织广泛采用。在农村集体经济组织实行统一核算和统一分配的条件下，劳动者劳动报酬总额决定于他本人参加集体生产所得的工分和工分值的高低。在集体经济组织年终决算以前，劳动者的劳动报酬只能采用劳动工分的形式确定相对量；在年终决算时，根据本单位当年的收入及其分配比例，确定工分值，再依据劳动者所得的劳动工分，确定劳动报酬的绝对量。

人民公社化时期，生产队是人民公社时期生产大队、小型农场、林场直接管辖的农业生产单位，也是农村最基层的行政组织，直接管辖的对象是农户。生产队里的社员集体劳动，粮食统一分配，按出工、人口等进行分配。但农业劳动通常在广阔而分散的土地上进行，对劳动者努力程度的监督十分困难。因而，在最终产品收获之前，难以判断每一个工序的劳动质量。所以，生产队普遍采用了"工分制"作为劳动的计量和分配依据。这种"工分制"，以潜在劳动能力为依据，根据性别、年龄为每一个社员制定一个工分标准，按工作天数记录工分数，年底根据每个人的工分数进行分配。具体来说，"工分制"一般用劳动日作为社员投入劳动的计量单位，一个劳动日表明一个中等劳动力一天完成的劳动量。一个劳动日再分为10个工分。

计算工分数量的主要方法：（1）按件记工，即按社员完成的工作定额确定应得工分。（2）"死分活评"，即按照每个社员劳动力的强弱和技术高低评定每工作日应得的工分，再根据劳动中的实际表现进行评议，确定加分、减分或按原定标准记分。（3）"死分死记"，即按社员劳动力强弱和技术高低评定每工作日应得工分，再根据实际出勤时间记分。（4）包工，即合作社把一定的生产任务，按照工作定额预先计算出一定数目工分，包给生产队完成。最初是实行季节性包工称为"小包工"，以后出现了常年包工称为"大包工"。有些合作社在常年包工基础上规定产量标准，实行超产奖励制。记工图宣传画和1969年带语录记工分卡片分别见图2-4和图2-5。

图2-4 记工图的宣传画

图2-5 1969年带语录记工分卡片

---

① 豆瓣网. 1958年到1984年的工分制 [EB/OL]. (2020-09-15) [2022-08-01]. https://www.douban.com/group/topic/193827103/? type=rec&_i=4408560L5n1yvZ.

生产队作为一种组织，具体存在的时间是 1958 年到 1984 年。实行家庭联产承包责任制以后，随着人民公社解体，绝大多数地区直接过渡到村民小组。当时，每天吃完晚饭，去队里记工分是必不可少的事情。记工员一般由村会计担任。一个壮劳力一天可记十分，妇女记八分，老人、孩子等算半劳力记五分，年底根据工分的多少分粮食，有时候也会有几十元的余粮钱。当时土地收成较少，再加上集体生产，群众的积极性得不到充分发挥，一个成年劳动力一天十分工，也就值二、三毛钱，一年下来只是分些口粮，没有更多的收入。虽然这样，人们对工分还是很重视的。实行工分制时，劳动者所得的劳动报酬，取决于他本人参加集体生产所得的劳动工分和工分值的高低。会计登记工分，但工分的多少，还是要由大家来评定。由于这种分配制度完全忽略了实际劳动态度和工作质量，多劳不能多得，偷懒也不会受到惩罚，因此对社员的劳动积极性造成很大的伤害。

如今，工分票也和粮票、布票、油票一样进入了收藏领域，一同见证了计划经济的历史。工分票与记工分草稿见图 2-6、图 2-7。

图 2-6　工分票

图 2-7　1974 年如东县丰利区五义公社十二大队七生产队【劳动记勤手册】记工分草稿

材料 2：人民公社时期的工分制度——以平原县为例①

平原县集体所有制经济，是在过渡时期总路线的指引下，通过农业合作化运动建立起来的。农业合作社经历了互助组（1950—1953 年）、初级合作社（1954—1955 年）、高级合作社（1956 年 1 月—1958 年 9 月）三个互为衔接的步骤，由小到大、由少到多、由低到高逐步发展起来。

1958 年，全国第一个人民公社在河南省驻马店市成立后，同年 8 月，全国普遍成立了人民公社。平原县也在中央《关于建立人民公社的决议》和毛主席《还是办人民公社好》的指示下，把人民公社的建立推向了高潮。全县先后成立了时代政治色彩浓厚的东风、超美、幸福、红专、火箭、超英、建国、红星、卫星、红旗、先

① 夏玉艳. 人民公社时期的工分制度［EB/OL］.（2015-12-18）［2022-08-01］. http://www.dezhoudaily.com/dzsz281/p/994875_3.html.

锋、宏伟、群英等 13 个人民公社，作为公社的基层单位，生产大队、生产队也相继建立。生产大队和生产队以一个自然村为主，生产队以某一条街或社员的居住方位来划分。1958 年平原县的生产大队均称为某某村生产大队，生产队称为一二三队、前队后队、东队西队，一个队的自然村称筒子队。生产大队设大队管理委员会，有大队长、大队会计等。生产队也叫小队，有队长、会计、保管等，"文革"中还有领学语录文件的政治队长。

人民公社、生产大队、生产队的沿革轨迹，彰显了特定时代的历史印记。1950 年 6 月土地改革以后，农民分得了土地。由于部分农户生产资料不足，劳动力强弱不均，在农业生产中，遇到了很多困难，于是，劳动力与生产资料的互助关系便建立起来，实行劳动互帮、生产资料换工互助、自愿互利、等价交换等，互助组由此产生。为进一步发展生产，在农业互助组的基础上，若干互助组组合建立了初级型的农业生产合作社。初级合作社实行土地入股，耕牛及大型农具折价入社，折价款在全社收入中分期偿还。平原县城东区域现金中的 45% 作为入股土地的分红，55% 作为劳动报酬，按劳记工，首次出现了劳动工分。平原县高级农业生产合作社，基本延续了初级社的计酬办法。粮食分配上多数按"人七劳三"，现金按所挣工分和投肥 7∶3 的比例分配，取消了土地的入股分红。人民公社成立后，实行了政社合一，公社所属下级组织，既是行政单位，又是生产单位。

生产队时期，由于计划经济模式和管理体制的局限，农业科学不发达，作物产量低，能让社员维持生活、填饱肚子就是比较好的队长了。为充分体现"一大二公"（"一大"是指公社的规模大，"二公"是指公社的公有化程度高），管理体制与劳力上统一调配，产品上统一分配，开办集体大食堂，取消了各家各户的自炊、锅灶，规定一律到大食堂就餐，造成了严重的"五风"（共产风、命令风、浮夸风、瞎指挥风、干部特殊化风），农业生产力遭到了严重破坏。公社化以后，全县农村经济现状每况愈下，特别是 1959—1961 年，由于人为因素及自然灾害的多重原因，农业生产到了崩溃的边缘。1962 年，《农村人民公社工作条例修正草案》（简称"六十条"）发表以后，农业形势有所好转，特别是以生产队为基本核算单位的制度的建立，以及自留地、家庭副业等方面政策的松动，增加了社员收入，农民生活得到改善。1964 年，全国号召"农业学大寨"，大搞农田基本建设。其间，把生产的发展简单纳入政治运动的轨道，70 年代初期"大批促大干""宁要社会主义的草，不要资本主义的苗""割资本主义尾巴"等违背客观发展规律的做法，干扰了农业生产的发展，使农业生产停滞不前。直到 1978 年中共十一届三中全会拨乱反正，全面推行社会主义生产责任制（交足国家的，留足集体的，剩下全是自己的），才使公社社员逐步走向了富裕之路。

平原县的记工分制度是从初级社时开始的。基本做法为：社员每天的出工所得按 10 分制计算，分为早 2 分、上午 4 分、下午 4 分；有的按 5 分制，为早 1 分，上午、下午各 2 分，一般情况下满工为 10 分或 5 分。记工时多数村庄实行男女同工同酬；有的村庄老、弱者工分略低一些；还有的村庄男女劳力同工同酬，每天每人记 12 分，其他时间同工不同酬，根据记工标准，全体社员按"三等九级"进行评议，

"同等级"的女劳力比男劳力少挣0.5分，男劳力或女劳力"同等"出工，而低一级的相差0.3分。每天社员手持劳动工分手册，到会计或记工员处记工。有的则是生产队每天晚上收工时，在地头或敲钟上地的地方，安排次日的农活，同时由记工员记工。农业户口但在外干临时工的男女劳力，要向生产队按工值交钱记工分，参加劳动分配。那时记工，每10天一小结（有的半个月），每月汇总一次张榜公布。为了完善记工分制度，防止出现问题，会计建有工分账，记工员有工分统计表。

队里的粮食分配是按"人六劳四"或"人七劳三"分配的。所谓"人六劳四"或"人七劳三"，就是把生产队生产的粮食，在交足国家公粮也称"爱国粮"的基础上，从剩余的粮食中拿出60%或70%按人口分，另外的40%或30%按劳力即所挣的工分分。"人七"的原则是因为有些家庭劳力少、孩子多，挣不了工分，即当时人们常说的"老缺户"，如果加大劳力工分分粮的比重，势必吃不饱。为照顾这部分人，采用了这一做法。"劳四"的原则是带有激励机制的分配方法，谁家劳力多工分多，分的粮食自然就多些。

生产队在农忙季节、三夏三秋、特殊农活季节，按劳动强度计工的制度叫"定额报酬"，生产队不统一时间，采用"大包干"的方式给予工分报酬。如挖一个圈多少分，刨完一亩玉米秸多少分，打一架坯（300个）多少分，扒一个炕多少分，交100斤老草多少分等。

另外一些担任生产队常活的人，如牲口饲养员、场园保管员、菜园种菜员等均为满分工，即每天10分或5分，上河的民工还要挣到12分或更多一些。生产队干部除挣满工分外，享受特殊法权，还要加一些工分。在劳动分配上，一般按夏秋两季分配，扣除30%留集体，70%分配给社员。方法是"人七劳三"加照顾，也有的生产队"人六劳四"或"人五劳五"，所按比例均指粮食部分，现金全部按所挣工分的多少，予以分配。无论按人分配部分还是按劳分配部分，年终决算时所有分配的粮物款项，均按每个工分的分值折算，挣分多的不仅分的粮多，而且分的钱也多。如果家庭无劳动力挣不到工分，还要拿钱买粮。因此，生产队里会存在一些劳力少、孩子多、拿钱买粮的困难户。

夏季的预分方案，一般截止到6月30日，秋季的预分方案一般截止到10月1日，两次预分，均按估产分配，社员有一定数量的预计工分，待秋收完毕再做决算，把全年应分的实物和现金，按一定比例（一般人七劳三），根据总收入换算成分值，每个工分多少粮、多少钱，工分多者分粮分钱，缺工分者交钱分粮。

由于体制的原因，社员生产积极性得不到充分发挥，造成生产能力十分低下，每个工日好的挣四五毛钱，差的一二毛钱，甚至全年全队一分钱都分不到，那时一个麦季人均能分到百斤小麦就算好的，如果因年景干旱歉收，人均几斤小麦的并不罕见。

集体所有制的工分分配制度，一直持续到1984年的社改乡、家庭联产承包责任制实施之后才结束。

材料3：探寻红色记忆——耒阳县工农兵苏维埃政府劳动券[①]

"湘南起义在耒阳专题馆"陈列着一张纸币——耒阳县工农兵苏维埃政府劳动券。它虽然体量小，看起来不起眼，但方寸之间却隐藏着一段历久弥新的感人故事。

回溯中国革命史，湘南起义是一段可歌可泣的历史。南昌起义失败后，朱德带领余部艰难转战，不断抉择，选择湘南作为落脚点，发动了湘南起义。鉴于耒阳是湘南各地党群工作基础最好的地方，革命军移师耒阳，在耒阳境内进行了一系列改天换地的伟大实践，掀起了湘南起义高潮。

1928年2月19日，耒阳县第一次工农兵代表大会在杜陵书院召开，选举产生了耒阳县工农兵苏维埃政府。苏维埃政府坚持民主集中制原则，实施主席团集体决策制度，接受中共耒阳县委的领导与监督，这是耒阳历史上第一个按人民意愿选举产生的人民政权，也是中共耒阳地方党组织首次建政、执政的试验田。县苏维埃成立后，各区乡也相继成立苏维埃政府，全县37个区，345个乡都建立了苏维埃政权。红旗插遍耒阳，革命形势一片大好。

为了扩大红色政权的影响，适应复杂严峻的政治和经济斗争，打击国民党政府的金融市场，打破反动派的经济封锁，耒阳县工农兵苏维埃政府于1928年2月下旬发行了自己的红色货币——耒阳县工农兵苏维埃政府劳动券。这是全国第一张地方苏维埃政府发行的纸币，面值一元，发行总数为一万元。劳动券长15厘米，宽9.5厘米，由经济处设计，石印局印刷。"壹圆券"正面有马克思和列宁的头像，正中下方有县苏维埃政府主席刘泰、副主席徐鹤、李树一的签名手迹，下方有"中华苏维埃元年印"8个字，券背套印圆形篆体"耒阳县工农兵苏维埃之印"，印章直径10厘米，非常清晰醒目。

耒阳工农兵苏维埃政府发行的劳动券，属于兑换券性质，以银元为发行本位，一元劳动券兑换一块银元。经济处将从打土豪劣绅中积累起来的光洋，作为兑换保证。为了保证券币的正常流通和安全运行，耒阳苏维埃政府发布了文告和通令。劳动券一时流通全县，集市买卖、商品交易都可使用，畅通无阻。苏维埃政府的工作人员发津贴用的就是劳动券，工农革命军官兵的薪饷也以劳动券支付。为强化货币管理，稳定币值，取信于民，县苏维埃政府行文规定，经济处是兑换劳动券的法定金融机构，对破坏抵制，干扰劳动券流通、兑换、发行的犯罪行为，一律严惩不贷。在整个流通过程中，没有发生任何挤兑事件和拒收事件。劳动券持续流通一个多月后，湘南起义部队和耒阳农军上了井冈山，耒阳成为游击区，劳动券中止了流通。

应运而生的劳动券受纸张质量和印刷设备的限制，画面比较粗糙，色彩不够鲜亮。但花纹、字体、头像设计得体，印刷清晰，剪裁规范。在当时极为艰难的战争环境中，能迅速设计出如此精美的劳动券，堪称奇迹。充分展示了耒阳劳动人民的聪明才智和战略眼光。

[①] 何丽娟. 探寻红色记忆：耒阳县工农兵苏维埃政府劳动券［EB/OL］.（2022-07-09）［2022-08-01］. https://mp.weixin.qq.com/s? __biz=MzA4NzcxMjgxNg==&mid=2650433363&idx=3&sn=cecb0d953c757cf1312ccea74cbe5fd3&chksm=883bf20cbf4c7b1a5df31a3e9ec36a2ad95dd245cb2e33fe42130d071ca82637a89746c0aa98&scene=27.

劳动券虽然流通时间不长、发行量不大，但意义重大，影响深远。它宣告了耒阳人民破旧立新的宏伟理想，弘扬了耒阳人民敢为人先的首创精神，彰显了耒阳人民对苏维埃政府的无比信任，更体现了共产党人执政为民的初心使命。

1982 年，根据工作需要，耒阳市专门成立党史办。为摸清红色家底，打捞红色资源，党史工作者重走革命线路，深入乡村走访调查、征集史料，发现了劳动券，揭开了这段尘封的历史。经专家鉴定，这张纸币是迄今为止发现的中共历史上最早的纸币之一，具有重要文献史料价值。由于劳动券的独特性和珍贵性，先后被中央军事博物馆和中国人民银行收藏。

如今，它静静地躺在展柜中，仿佛向世人诉说着那段风云激荡的峥嵘岁月，又似乎在倾听着铿锵有力的时代强音，更见证着在党的坚强领导下，耒阳大地日新月异的变化。

第三章
补充性货币的类型与职能

【本章学习目的】

通过本章学习，你应该能够：

- 掌握补充性货币的分类。
- 了解不同类型的补充性货币的区别与联系。
- 理解补充性货币的职能。
- 分析与对比法定货币与补充性货币两者职能的区别与联系。

✱✱ 引导案例 ✱✱

案例1　美政府减预算殃及监狱伙食 泡面成"最硬通货"①

新华网北京8月24日电 美国亚利桑那大学社会学院的学者吉布森·莱特22日公布了一份研究报告说，由于削减预算，美国监狱的伙食质量大幅下滑，导致犯人们食不果腹。泡面已取代香烟、邮票和信封成为监狱里的"硬通货"。

莱特的报告称，自1982年起，美国监狱的预算就无法跟上犯人数量飞速飙升的步伐。为了响应严惩犯罪和削减开支的号召，美国监狱的服务大大缩水，许多开支都转嫁到了囚犯头上，监狱的伙食质量和可选择食品数量也因而出现大幅下滑。犯人原本一日3顿热餐变为2顿热餐和1顿冷餐，周末全天只有两顿饭。这让监狱的"食品黑市"开始繁荣。

由于食物匮乏，容易获取的泡面在监狱中大受青睐。因为拉面比较便宜、味道鲜美，而且热量充足，所以经常被用来交换其他物品。除了香烟，以前美国监狱中的"硬通货"邮票和信封，也逐渐被泡面所代替。在莱特所调查的监狱中，泡面的零售价格为59美分，但在犯人间的交易中，泡面往往可以换到价值更高的物品。例如用2包泡面可以换到价值约11美元的运动衫；价值2美元的5支手工卷烟，用1包泡面就可以换到。监狱中稀缺的新鲜蔬菜，也可以用泡面交换。此外，用泡面还

---

① 新华网. 美政府减预算殃及监狱伙食 泡面成"最硬通货"［EB/OL］. (2016-08-24)［2022-08-01］. http://www.xinhuanet.com//world/2016-08-24/c_129252215.htm.

可以换来打扫牢房、洗衣等服务。

由于犯人被投入监狱后，就不再允许接触现钞，所以他们也发展出了自己的"一般等价物"。通常，在监狱里禁止出售的物品自然就充当了货币的角色。

提到监狱经济，第一个跳入脑海的"偿付"手段可能就是香烟。电影、电视或者小说里，都有罪犯把香烟作为"货币"进行交易的桥段。

在第二次世界大战期间，战俘们开始使用香烟作为"货币"，购买战俘营里的食品和其他必需品，香烟也迅速成为战俘营的"硬通货"。

如今，美国大多数州的监狱都颁布了全面禁烟令。这让监狱黑市的烟草价格急速攀升，在监狱外15美元一罐的烟草，到了监狱内甚至可以换到价值高达500美元的物品。

除了香烟，监狱里的另一大"硬通货"要数邮票了。邮票有着其他"偿付方式"不可比拟的优势：监狱允许囚犯拥有邮票，一般允许囚犯最多持有三册集邮簿。而实际上，囚犯们囤积的邮票要多得多。

从世界上第一袋泡面诞生起，美味、方便与廉价的泡面就受到各阶层人士的欢迎。在一些国家，泡面似乎被放逐在社会底层土壤中，与底层生活相得益彰。

泡面一直以来也是监狱内的流行食品。因非法持有武器罪名在监狱中服刑超过10年的犯人古斯塔沃·阿尔瓦雷斯曾专门写过一本名为《监狱泡面：来自铁窗后的食谱和故事》的书。他写作的缘由竟是一场监狱内的冲突。他曾亲眼看到拉美裔和非洲裔的犯人剑拔弩张，互不相让。最终，一名年长的犯人让两伙人共同做了一顿饭，顺利平息了争端。而这顿饭的主要食材就是泡面。（记者金悦磊，编辑王丰丰，新华国际客户端报道）

思考题

1. 请思考上文中提及的香烟、邮票、泡面属于哪一类补充性货币？这类补充性货币有什么共性和特点？

2. 为什么香烟、邮票和泡面在监狱里能替代法定货币使用？

3. 请结合实际，列举出生活中还有哪些和香烟、邮票、泡面同类的补充性货币，并说说它们是在哪些场景下使用的？

案例2　国会山保姆券①

"保姆券"源于"国会山保姆券"。克鲁格曼在《萧条经济学的回归》中对"国会山保姆券"做了通俗又精到的介绍，克氏认为，萧条经济学旨在研究"免费午餐"——"没有免费的午餐"，这是正统经济学的金科玉律；然而，世界上确实存在免费的午餐："在经济衰退特别是严重衰退时，可以看到到处是供给，而需求却无处可寻。"为更好地调整在家看孩子和出门休假的矛盾，在国会工作的150对年轻夫妇成立的互助的"国会山保姆公司"，印制了一种临时票券，规定每做一小时保姆工作可得一张券，每请人看管孩子一小时就付一张券，但此举却遭遇"国会山保姆

① 熊惠平.基于文献解读的补充货币及其社区货币研究：功能、适用性和实现路径［J］.上海金融，2009（8）：20-23.

公司危机"。由于先期票券印制量一定，有人试图为将来的旅行积攒更多的票券，就意味着他人的备券相应减少，到一定时间，流通券就无法满足会员需求，这使公司进入衰退。为此，公司加印票券，员工慷慨使用，公司又步入良性轨道。但增印票券又不可能无限制，公司就开始控制其流通：当难以找到保姆，就提高票券的税率，以鼓励会员少外出而增加他们照顾孩子的机会；相反，就降低票券的税率，让会员增加外出。显然，"保姆券"实为一种面向中高阶层的社区货币。

"保姆券"的基本启示：其一，"保姆券"等社区货币可以实施有效的社区式互济。其二，其延伸意义在于，"保姆券"等社区货币是积极应对经济衰退的一项有效的社区对策。其三，"保姆券"蕴含着时间经济、时间银行、时间货币的深刻道理。其实，"社区货币"本就缘起于一种"时间经济"，它建立在社区成员"等值交换"基础上，是一种新型的"服务信用"。正如瑞士社会学家特里尔所言，随着闲暇的增加，未来将出现一种"工作文化"，它将使"非薪金工作"在货币领域里享有同"薪金工作"同等重要的地位；它全然不同于现在所谓的业余嗜好，而是集创造性和娱乐性于一身的社区或环境服务，通过社区直接交易或合作体制来实现。艾德加在1980年发明了"时间银行"的概念，认为"时间货币是金钱经济和社区经济的桥梁"；1986年，卡恩教授创立了"时间美元"，社区内达成了"1小时 = 1个时间美元"的协议，"时间美元"作为"相互帮助点数"运用于社区的各种志愿者服务；2002年，纽约的伊萨卡社区推出了以时间"小时"为单位的社区货币。目前，时间经济正在全世界发酵。我国《理财》杂志主编林伟，以《全球统一时间货币猜想》对时间货币、时间银行做了有价值的大胆猜想。广州、杭州、南京、重庆等城市社区正趋红火的"时间货币"，它们就像传统社区的"以工代赈"，不是"白给钱"——通过有组织的社区公益劳动利人利己，是"自给自足"的交换，既免税又无"利润"或"利息"，但可积累。可见，在货币既是目标也是手段的"货币文化"时代，"货币的时间价值"正悄然向"时间的货币价值"嬗变；时间货币成为一个颠覆传统金钱货币价值的"新兴"概念，时间银行成为一个颠覆性的"商业模式"（经营的是时间本身）。一句话，时间货币正从"影子货币"走向前台。

综观三点基本启示发现："保姆券"等社区货币作为社区互济以及积极应对经济衰退的杠杆，是时间经济的有效应用；尤其是，在当前的特殊时期，"保姆券"等社区货币更具有特别的借鉴意义，即以社区成员公益活动的"货币性"积累为动力驱使，建立或重建"社员"对社区的认同、"家"的回归以及社区对于"社员"就业的扶持，进而也是对社会的支持——"社员"有事可做并且觉得有价值；进一步指出，现在流行的消费券实质上是"保姆券"等社区货币的中国式应用，换句话说，"保姆券"等社区货币是以一种服务于特定的人群即中高阶层的特别券证的形式，来促消费、扩内需。

思考题

1. 请思考并阐述上文中提及的保姆券属于什么类型的补充性货币，并说明你的理由。

2. 你认为保姆券有什么功能和作用？

3. 请列举出与保姆券同类的补充性货币，并结合实例，说说它们的特点。

案例 3　Libra 是这样一种货币①

2019 年 6 月 18 日，Facebook 发布 Libra 白皮书，作为互联网领域赫赫有名的企业所发行的数字货币，迎来了世界各国的关注。

据 Libra 白皮书描述，Libra 是以区块链为基础的、有真实的资产担保的、有独立的协会治理的数字货币，货币单位为 Libra。Libra 的目的在于追求实际购买力相对稳定。

Libra 的特点有：1. 以区块链为基础。Libra 采用区块链技术，具有去中心化、分布式存储等特征。2. 有真实的资产担保。Libra 与一篮子货币的存款或政府债券挂钩，与比特币等没有任何资产支撑的加密币更符合芸芸大众的思维习惯。3. 有独立的协会治理。除了 Facebook 之外，Visa、Mastercard、Paypal、Uber 等大机构都参与其中。

以 Facebook 在全世界的用户量来看，Libra 的发行会对主权信用货币带来一定的挑战，但是 Libra 想取代主权货币还没那么容易，Facebook 在发行以来就遭受到了不少主权国家的抵制。2019 年 6 月 19 日，美国众议院金融服务委员会致函扎克伯格等 Facebook 高管，要求 Facebook 立即停止 Libra 项目。

国际上，Libra 项目也遭遇了德国、法国、印度等各国的明确反对，就连一贯对加密数字货币持开放态度的日本，也对 Libra 及其背后庞大的潜在用户群体反应谨慎。在监管部门和各国政府压力下，2019 年 10 月，PayPal、eBay、Stripe、Mastercard、Visa 和 Mercadopago 六家创始机构先后宣布退出 Libra 项目。

思考题

1. 请思考 Libra 是一种什么类型的补充性货币，并说明你的理由。
2. Libra 这种类型的补充性货币有什么特点？
3. 请思考 Libra 这种类型的补充性货币为什么会遭到各国的抵制？
4. 你认为 Libra 这种类型的补充性货币的未来前景如何？为什么？

第一节　补充性货币的分类

当代基于区块链技术运用的补充性货币，出现了前所未有的迅速发展的状况。据统计，2017 年年底，基于区块链技术的数字加密货币达到了数百种，而比特币的总市值已达到 967 亿人民币②。与此同时，每天都可能有几种甚至几十种虚拟形态的补充性货币在世界上诞生。我们可以看到，当代新型补充性货币的数量不断增加，规模快速扩大，发展迅猛。然而，纵观补充性货币的整个发展历史，补充性货币从

---

① 部分内容摘自：探其财经. Libra 是什么意思，它是这样一种货币［EB/OL］.（2020-05-18）［2022-08-01］. https://www.tqcj.com/a/26651.html.

② 廖珉，等. 金融科技发展的国际经验和中国政策取向［M］. 北京：中国金融出版社，2017：12.

64

补／充／性／货／币／学

诞生到演变，从分化到转型，从低级到高级，却经历了特别漫长的过程。补充性货币的不断扩张、分化和发展，不但使其具备了多样化的特点，也使这些不同类型的补充性货币具备了不同的优势和特点。要了解这些不同类型的补充性货币的优势与特点，就必须先了解补充性货币的分类及体系构成。

详细的补充性货币内部结构体系如图3-1所示。

由图3-1可见，按照补充性货币的存在形式和表现形态为标准，可以将其分为实物形态和虚拟形态两类。按照补充性货币的发展过程为标准，可以将其分为初级发展阶段、中级发展阶段和高级发展阶段三类。

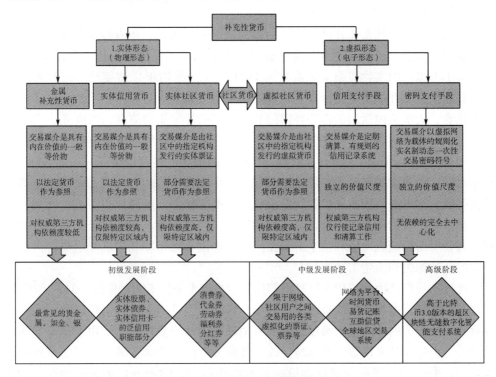

图3-1　补充性货币的内部结构体系

一、实物形态补充性货币

实物形态的补充性货币可以分为金属补充性货币、实体信用货币、实体社区货币三种。

（一）金属补充性货币

金属补充性货币主要是指以金属为货币材料、能替代和补充法定货币职能的交易媒介，如黄金、白银等。如前所述，黄金等贵金属在其发展历史上，存在着角色的转化。黄金曾是法定货币，担任过很长的硬通货。自布雷顿森林体系崩溃后，黄金不再作为法定货币，绝大部分是作为国际储备或者实物投资资产而存在的。因此，这个意义上的黄金，以及以黄金价值为尺度的所有黄金衍生投资品，都应属于补充性货币的范畴。

65

我们所指的金属补充性货币，是指黄金等贵金属失去法定货币地位后，在某些地区或者小范围内仍然充当交易商品的媒介功能的一般等价物。当然，目前在各个国家黄金已经很少有机会能充当一般等价物了，中国只有在很落后的山区和少数民族地区，还保留着原始的用黄金等贵金属进行商品交易的情况。因此，虽然金属补充性货币在当前的中国少数地区仍然存在，但并不是主流，其发展的潜力和空间也不大。由此可见，金属补充性货币在当代中国的影响较为有限，监管也相对比较容易。由于金融补充性货币在现实生活中的实际运用较少，对其进行监管则应该更多地从其生产来源、供给数量和质量、供给领域和覆盖面等方面加以考虑。

（二）实体信用货币

实体信用货币和实体社区货币在中国的发展较为成熟，也有较多实践。如前所述，股票、债券、远期合约、互换等金融原生和衍生产品属于泛信用货币的范畴。中国历史上最早的实物股票，可追溯到 1878 年（光绪四年）清朝政府因洋务运动的兴起而发行的开平矿务局股票。晚清时期，清政府还先后发行了中法债券、沪宁铁路债券、大庆关内铁路债券等外国债券、政府债券等实物债券。1914 年，为了讨伐袁世凯，孙中山成立了"中华革命党"，并发行了"中华革命党债券"以筹备军饷。1978 年，中国进入改革开放时期，中国金融市场发展逐渐活跃。20 世纪 80 年代中后期，股票市场和债券市场逐渐兴起，由中国政府、地方政府、公司企业等主体发行的实物形态的股票和债券纷纷出现。这些实物形态金融原生工具的发展，也进一步推动了实物形态的金融衍生工具的发展。当然，由于网络电子交易平台的发展，实物形态的金融原生和衍生工具在当代的中国金融市场几乎已经消失，由虚拟形态的金融原生和衍生工具取代。

此外，我们认为，信用卡这种泛信用货币可以根据持卡人对信用卡的不同用途，实现其在法定货币和补充性货币之间的角色转化。当持卡人直接消耗以电子流形式储存在信用卡内的个人信用额度，而没有消耗任何法定货币时，信用卡就是实体信用货币，也属于补充性货币的范畴。改革开放为中国的金融发展创造了更宽松的政策环境，中国的很多商业银行都纷纷开始走出国门，学习外国的先进经验。1979 年，中国银行广东分行与香港东亚银行达成协议，负责代理信用卡业务，这标志着信用卡在中国正式问世。随后，中国银行的各地分行纷纷与香港东亚银行、汇丰银行、麦加利银行和美国运通公司等发卡机构签订了信用卡兑付协议，实物信用卡逐渐在中国金融市场兴起。现今，实物信用卡在中国金融市场上已经全面流行且开始趋于充足，虚拟信用卡正逐渐取代实物信用卡的地位。

美国的预付卡根据卡的用途和使用范围可分为闭环卡和开环卡两种。前者又称特定零售商卡，它是指只能在特定区域用于特定目的的卡，如礼品卡、预付电话卡，用完为止，不能再次充值，类似我国的单用途卡。后者又称网络品牌卡，是指利用Visa、万事达支付网络作为交易手段的预付卡，通常有这两家服务提供商的标记。开环卡可以用于多种场合，包括购物、取现，并可以再次充值。按照美联储相关条例，开环卡被定义为存款，发行人被看作揽储和存款机构。不过，只有金融机构发行预付卡才可以被看作存款，而所有非金融机构发行的预付卡（礼品卡）都被排除在外。因此，金融机构发行的预付卡所揽入的存款受到联邦存款保险公司的保险。而发卡机构和存款运营也因此要受联邦存款保险法的约束和联邦存款保险公司的监管。

更值得强调的是，在当前金融科技和信用卡业务模式不断融合的新形势下，我们逐渐突破了信用卡1.0时代（仅单纯将信用卡看作支付工具）和信用卡2.0时代（将信用卡看作链接跨界合作、体验嵌入式金融服务的流量入口），朝着信用卡3.0时代（信用卡将利用物联网技术，嵌入并重塑消费支付场景，为客户提供极致金融服务体验，助推实体经济发展）飞速迈进。而在信用卡3.0时代，传统的信用卡获客渠道、业务收入来源、创赢模式、营销策略均不再完全适用，而需要做到以下几点：第一，发卡机构应灵活调整获客模式，运用大数据分析甄选优质重点客户，有效提升促成率；第二，聚焦重点客户的个性化需求，进行市场细分，提供差异化业务服务，围绕重点客户设计针对性的产品体系，以在信用卡原有的收入来源（如利息收入、分期手续费收入、商户回佣、年费及取现手续费）的基础上新增其他业务收入来源和渠道；第三，随着银行间差异化竞争的持续加剧，信用卡的传统创赢项目（如卡费、年费、手续费等）必然会逐渐消失，要在激烈的竞争中获胜，必须从调整创赢模式着手，即尽量缩短信用卡业务创赢时间，同时提高卡均收入；第四，传统的营销模式（如线下获客、电话营销、邮件营销、电视营销、报纸杂志营销等）将逐渐被线上营销（如微商营销、自媒体直播营销、场景营销等）替代，并让客户能根据他们不同的个性需求，通过信用卡消费，快速链接并有机融入属于对应客群的消费场景亚文化中。由此可见，我们在快速迈向信用卡3.0时代的同时，亟需考虑寻找到与之匹配的信用卡监管新模式和新路径。同时，我国个人信用信息数据库在2006年才开始运行，个人与银行间商业行为的信用信息很不全面，与信用卡有关的风险预警机制和措施也不完善，信用卡发行机构的内部管理与业务行为（如信用卡审批、发卡授权过程、内部部门动态管理、突发情况和潜在风险应急标准流程等）存在疏漏，这些问题都会严重影响和阻碍我们对信用卡等实体信用货币的监管效率和效果。因此，当前我们必须将寻找一条有效的信用卡等实体信用货币的监管途径作为研究工作的重点之一。而在信用卡3.0时代下，信用卡等实体信用货币已与物联网、区块链、消费虚拟场景、线上营销等客体紧密融合，因而未来对其的监管重点，也应该落脚在互联网虚拟金融市场的规范和管控体系的建立健全等方面。

（三）实体社区货币

实体社区货币主要指在特定的条件下，在特定的社区，某些以实体形式的物品或商品代替法定货币，成为交易媒介的货币形式。实体社区货币的内涵较为宽泛，其出现的历史也是很悠久的，但由于它一般与贵金属（马克思所指的货币金属）相区别，且一般不以其他金属为主体，故而其内涵的广泛性使之易于获取。但它毕竟没有法定货币的法偿性，没有充当等价物的一般性，因此它被运用的时空受到了限制，一般只在特定的时期、特定的社区被使用。上一章节介绍的1928年耒阳工农兵苏维埃政府发行的劳动券就是一个典型代表。

二、虚拟形态补充性货币

虚拟形态的补充性货币可以分为虚拟社区货币、信用支付手段（虚拟信用货币）和密码支付手段三种。三类虚拟形态的补充性货币作为新兴事物，在经济社会生活中扮演着越来越重要的角色。特别需要注意的是，尽管补充性货币有实体形式和虚拟形式，但它不等同于虚拟货币。因为虚拟货币可以是法定实体货币的虚拟化，也可以是补充性货币的虚拟形式。而在现实中，人们往往将两者混淆。

（一）虚拟社区货币

一般认为，虚拟社区货币即是指限于网络社区用户之间、用于虚拟或实物交易的各类初级虚拟化的票证、票券等。虚拟社区货币由网络社区内的指定机构和网络单位（如网络社区、网络公司等）发行，仅限于特定区域内网络社区成员之间的交易使用。在特定的区域范围内，虚拟社区货币具有与法定货币等同的购买力，既可以在网络虚拟社区范围内使用，也可以在网络社区成员之间进行流转，还可以在网络社区用户所在的实体社区范围内使用。随着虚拟社区货币的不断扩张和发展，虚拟社区货币的使用范围也逐渐脱离虚拟空间，它既可以用于购买虚拟商品和增值服务，也可以用于购买实物商品和劳务服务。

虽然属于新时代的新生事物，但虚拟社区货币的发行历史、演变过程和运行原理在全球范围的各个国家都是类似的。以美国亚马逊公司为例，亚马逊于2013年2月初宣布为自己的安卓应用市场推出了一种名为"亚马逊币"（Amazon Coins）的虚拟货币，旨在刺激用户在其市场购买应用程序，进而激励Android开发者为其编写应用，完善平台生态。亚马逊在声明中表示，从2013年5月开始，消费者就能够使用亚马逊货币购买应用和游戏内虚拟商品。该公司一开始将向消费者免费发放价值"数千万美元"的虚拟货币。一个亚马逊币等价于现实世界中的一美分。作为全球最大的零售网站，用户积攒一定数量的亚马逊币还可以在公司网站上换购指定的电子书及实体商品。

虚拟社区货币在中国的实践历史虽然较短，但发展速度很快。在2000年，中文利网（ChinaBonus.com）为提升用户注册人数和使用量，向注册的用户赠送积分。当积分累积到一定数量，用户就可获得能在该网站上进行消费支付的"虚拟通用货币"。这种"虚拟通用货币"，就是中国虚拟社区货币的最早雏形。短短十多年间，中国的虚拟社区货币不断以新的形态涌现，不胜枚举。2002年5月，腾讯公司推出的QQ币标志着虚拟社区货币的正式崛起。QQ币实际上是一种统计代码，用户可以通过向腾讯公司购买QQ币获得腾讯公司的各种网络虚拟增值服务，包括QQ秀、QQ空间装扮、附属QQ游戏、QQ宠物、QQ皮肤、炫彩表情、超级会员、聊天室、QQ俱乐部以及钻石贵族身份等虚拟产品，还可以通过第三方平台交易实物商品。此外，QQ币与法定货币可以通过第三方平台实现双向兑换，QQ币也支持网络成员之间的相互赠送和相互交易。由于中国的腾讯用户数量庞大，QQ币理所当然地成为中国最流行且影响力最大的虚拟社区货币。至今为止，在中国的虚拟网络社区中发行或使用的虚拟社区货币已经超过几千种，名称、形态和运行方法都有些许差异。

其中影响力较大、受众较广、信用度较高的虚拟社区货币主要有 QQ 币、U 币、百度币和 POPO 币等。这些虚拟社区货币之所以影响力较大，主要还是因为其所在的虚拟社区网站历史较长、规模较大、用户较多、口碑较好。如 QQ 币所在的腾讯网站、U 币所在的新浪网站、百度币所在的百度网站、POPO 币所在的网易网站，都是中国相当知名的虚拟网络社区。

虚拟社区货币能使社区内成员间的交易更加快捷方便，也能帮助其发行者锁定用户，扩大市场份额。实际上，虚拟社区货币本身就附加着虚拟社区或网络企业的品牌价值。因此，虚拟社区货币的流通性越高，使用范围越广，发行者的影响力和品牌效应就越大。此外，虚拟社区货币仍然是以法定货币为价值尺度的，用户要获得虚拟社区货币，必须先用法定货币兑换和购买才能使用。因此，为了防止虚拟社区货币的滥用，中国政府对虚拟社区货币的发行和流通予以了严格的限制和管理。从 2007 年 2 月开始，中国相关政府和金融机构先后下发了限制虚拟社区货币发行、倒卖等行为的相关文件和法令，并明确规定了虚拟社区货币的使用范围和约束条件，所有有关虚拟社区货币的经营活动必须经过国家有关部门批准方可运行。对此类补充性货币的监管，较为严厉及有效。

由此可见，虚拟社区货币在中国的发展存在着较大的障碍，不仅是因为其本身的缺陷，还存在着国家宏观制度环境等限制因素。这些因素注定了虚拟社区货币只能是初级虚拟形态的补充性货币，对中国金融市场的影响有限，因而较为容易对其实行监管，其对监管的重点也应该倾向于建立健全互联网虚拟金融市场的规范和管控体系，通过发行这些虚拟社区货币的社区网站实施监管即可实行。

（二）信用支付手段

信用支付手段是指以网络为平台、定期清算、有规则的信用记录系统，包括时间货币、易贷记账、互助信贷以及各类以信用为支付基础的全球地区交易系统。较之虚拟社区货币，信用支付手段的特点是使用范围更广，表现形式更灵活多样，涉及的使用领域更大，且更具有提升社会福利的互助性质。

信用支付手段属于虚拟形态补充性货币向较高级发展阶段过渡的补充性货币类型，较之虚拟社区货币更为优化。需要特别说明的是，本研究所指的信用支付手段与一般意义上的电子货币支付方式有着本质上的不同。电子货币实际上是法定货币的电子支付形式，是以个人的信用为基础，对法定货币的提前透支。这里提及的信用支付手段，是以虚拟形态存在的，且其支付的交易媒介不是法定货币而是补充性货币。同时，信用支付手段已经具有独立的价值尺度，开始逐渐脱离法定货币的价值基础，更具有独立性和非依赖性。信用支付手段在中国的发展历史较短，其实践案例也较少，属于新兴的补充性货币形式。现今，虽然有一些地区开始尝试运行信用支付手段，但也都局限在小范围的试点中，并未过多推广和普及。同时，由于中国政府对于以网络为平台进行交易的虚拟社区货币监管很严，也影响了信用支付手段在中国的顺利发展。因此，信用支付手段在中国的扩张和完善，还有待时日。

（三）密码支付手段

密码支付手段是具有独立价值尺度、以区块链或超区块链技术为支持的无缝数字化智能支付系统。这种支付系统以密码学为理论基础，虚拟网络平台为载体，以去中心化和实名制为手段，具有高度的安全性、保密性、规则性、动态性、权限性和单操作性。密码支付手段属于高级发展阶段的虚拟补充性货币，在发达国家尚处于探索和实践阶段，在中国更是刚刚起步，且存在着很多技术和制度上的问题和障碍有待解决。

当前，密码支付手段最典型的一种表现形式是加密数字货币。加密数字货币建立在非对称密码学（又称公钥密码学）基础上，它与对称密码学主要区别在于公钥密码学加密和解密采用不同的密钥。为实现保密通信，信息接收者（如 Bob）对外公开了一个可用于加密的密钥（公钥），信息发送者（如 Alice、Oscar、Eve 等人）通过公钥加密信息，传给 Bob。而 Bob 通过与该公钥匹配的保密密钥（称为私钥）解密，而攻击者仅通过公钥无法实现解密。因此，非对称密码学类似邮件系统，只要知道邮箱地址（公钥），人人都可以往邮箱里发送信息，而只有拥有邮箱钥匙（私钥）才能打开邮箱阅读消息（解密信息），如图 3-2 所示。

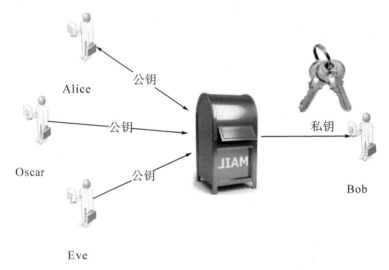

图 3-2 非对称密码学通信基本原理

为防止他人解密，Bob 绝不能将私钥泄露至任何第三方。因此，私钥可作为 Bob 的身份标识凭据，通过数字签名技术可让任何用户在不知道私钥的前提下，不仅确定消息是否一定来自 Bob，还可验证消息是否被他人篡改。

网上银行是非对称密码学成功应用的一个例子。网上银行的 Ukey（U 盾），是一个包含私钥的电子芯片，可独立进行加解密及签名等操作，通过私钥永出不 Ukey（U 盾）的设计原则保证交易的安全，即银行、用户、计算机系统均不知道私钥。因此即使在受到计算机病毒对信息甚至银行内部人员攻击的情况下，均无法通过伪造 Ukey 电子签名方式窃取用户存款。除网上银行外，非对称密码学在电子政务、军队及加密货币中有广泛的应用。

目前，具备实用性的非对称加密算法只有三种类型：RSA 加密算法[1]、离散对数

① RIVEST, RONALD L, ADI SHAMIR. A method for obtaining digital signatures and public-key cryptosystems [J]. Communications of the ACM, 1978：120-126.

密码学（主要包含基于离散对数的 DH 密钥交换协议①和 DSA 数字签名协议②等）和椭圆曲线密码学（ECC，Elliptic curve cryptography③）三种类型。

为比较加密算法的优劣，常采用"安全等级"的概念，若算法的安全等级为 n，表明目前已知最好的攻击需要 2^n 才能计算出算法的私钥。三类算法的安全等级如表 3-1 所示。

表 3-1　不同的非对称加密算法对应的安全等级

算法	安全等级			
	80	128	192	256
RSA/离散对数	私钥长度 1 024 位	私钥长度 3 072 位	私钥长度 7 680 位	私钥长度 15 360 位
ECC	私钥长度 160 位	私钥长度 256 位	私钥长度 384 位	私钥长度 512 位

可见，在实用非对称密码学中，ECC 具有每位最高强度的安全等级。在同样安全等级条件下，ECC 的密钥更短，因此可显著提高计算机处理速度和节省网络开销，受到国内外研究人员的广泛重视，并在近十年得到了快速发展，已逐步取代 RSA 及离散对数公钥体系，在无线通信、蓝牙、智能卡、电子身份证、电子商务、电子政务、网上银行等领域得到广泛应用。

三、补充性货币的初级、中级和高级发展阶段

以补充性货币的发展过程为标准，可以将其分为初级发展阶段、中级发展阶段和高级发展阶段三类。初级发展阶段的补充性货币主要以实物形态存在，并从最初的实物贵金属逐渐演变为实物证券、卡券等。处于中级发展阶段的补充性货币已经演变出虚拟形态，主要以虚拟化的证券、卡券和信用货币为主。高级发展阶段的补充性货币体现出补充性货币未来发展的方向和总趋势，是虚拟形态补充性货币的进化和深化。高级发展阶段的补充性货币是在中级发展阶段的基础上，以密码学为理论支持，信用为基础，互联网为平台，高科技为手段，多元化智能加密支付系统为主体的独立交易媒介，并逐渐表现出法定货币完全不具有的优势和特征，有着无限的发展空间和潜力。值得注意的是，社区货币是补充性货币发展进程中处于初级至中级发展阶段的过渡形态。社区货币可以分为实物形态和虚拟形态两种，而这两种不同形态的社区货币横跨初级发展阶段和中级发展阶段。

从历史经验看，长期以来，实体形态的补充性货币对经济社会冲击不大。而近现代逐步虚拟化的补充性货币，则对经济社会的冲击及造成的风险越来越大。正因为如此，随着补充性货币体系的不断扩大和完善，各国乃至全球的经济将发生重大的变革，这也注定了补充性货币的相关问题是值得我们关注和研究的焦点。

71

---

① DIFFIE, WHITFIELD, PAUL C. Authentication and authenticated key exchanges [J]. Designs, Codes and Cryptography, 1992: 107-125.

② ELGAMAL, TAHER. A public key cryptosystem and a signature scheme based on discrete logarithms [J]. IEEE Transactions on Information Theory, 1985: 469-472.

③ KOBLITZ, NEAL, ALFRED MENEZES. The state of elliptic curve cryptography [J]. Towards a Quarter-Century of Public Key Cryptography, 2000: 103-123.

第二节　补充性货币的几种典型类型

由上述可知，经过漫长的演变和发展过程，已经涌现出若干种形态各异、各具特色的补充性货币。补充性货币的家族成员众多，且还在不断地产生新成员，我们无法一一枚举。因此，在这里我们将选取几种典型类型的补充性货币进行详细介绍。

一、几种典型的实体形态补充性货币

如上所述，实体形态的补充性货币主要包括金属补充性货币、实体信用货币、实体社区货币三类。这里，我们选取红色实体票券和实体消费券作为分析对象。

（一）红色实体票券——"中华红色经济之都"补充性货币

在中国封建社会及以前的时期，补充性货币主要以实体形式出现。在法定货币出现后，主要辅助法定货币的使用，以补充及替代法定货币的一些职能。在这一漫长的历史时期，很少因补充性货币的冲击造成对经济社会的危机。补充性货币对经济社会造成较大的冲击，是在商品经济发展到相当阶段以后才形成的。在补充性货币参与下出现的商品经济社会的危机，第一层次是"生产过剩"的经济危机；第二层次是"金融过剩"的经济危机。补充性货币的存在，决定了它对"金融危机"推波助澜的叠加作用。所以，经济社会危机表面上看是"法定货币"的问题，实际上是法定货币+补充性货币的问题。所以，如果说第一层次的经济危机表现为人们手持的代表实际价值的法定货币太少，生产的商品过剩且购买力不足或表现为人们手持的法定货币太多，而生产的商品过剩，因"滞胀"产生的购买力不足。那么，第二层次的危机则实际表现为人们不仅手持的法定货币太多，手持的补充性货币也太多，且不论生产的商品是否过剩，这都是由金融问题造成的真正的经济危机。正因为如此，中国封建社会及以前的社会经济时期，补充性货币难以在商品经济不发达的情况下对经济社会产生强大冲击，而形成现代形式的金融危机或经济危机。这时，中国的历朝历代国家政权对其监管均未提上议事日程也就不足为奇了。

真正能对经济社会产生较大冲击的补充性货币当属有价证券这类泛信用货币。股票是典型的有价证券。中国历史上最早出现的股票当属 1878 年清朝光绪年间因洋务运动发行的开平矿务局股票，后来清政府还发行过政府债券以及中法债券、铁路债券等。这些补充性货币形式，弥补了当时法定货币（主要是银子）的职能不足。就整个社会而言，这些补充性货币量小面窄，且对法定货币的职能有积极作用，对经济社会冲击不大，故当时的政府对其监管不严。

清政府被推翻后，当时的中国开始了军阀混战。1914 年，当时为了北伐，孙中山发行了"中华革命党债券"，以后国民政府时期也发行过不少股票。由于这些股票交易主要在上海等地，其范围及影响小，故而对整个经济社会影响不大，当时对股票、债券这类有价证券的补充性货币的监控行为不多。但是，到了 20 世纪 40 年代，国民党统治区滥用补充性货币，大肆发行债券，这对国民党统治时期的旧中国

冲击极大，助长了恶性通货膨胀。据专家统计，1948 年国民政府发行的国债期限已达 30 年以上。当时，这类补充性货币已处于失控状态，根本无法监管。

然而，与国民党统治区相比，在共产党领导的苏区、抗日根据地、解放区等，补充性货币得到了很好的运用，邮票、粮票、代币券、股票、债券等补充性货币的运行，都得到很好的监管，从未出现因补充性货币失控造成的经济社会危机。而号称"中华红色经济之都"的福建汀州的补充性货币的实践特别具有代表性和典型性。

在中国土地革命时期，由于福建汀州特别的经济地位，人们将其称之为"中华红色经济之都"，与江西瑞金"中华红色政治之都"相对应。在这个地区，市场繁荣，交易活跃，金融业十分发达，合作组织广泛发展。在这种经济环境中，补充性货币应运而生，内容繁多且形式丰富多彩。

1. 补充性货币的种类。当时作为"中华红色经济之都"的福建汀州，广泛流行着许多补充性货币。主要的种类是：第一，债券。这种债券与现在国内外存在的债券无异，由苏维埃政府发行。公债主要有伍角、壹元、贰元、叁元、伍元等面额。第二，借谷票。这种借谷票是政府为了弥补粮食的不足，在一定时期临时向群众筹集粮食的工具，有一定的货币职能。它与借谷证不同。借谷证是政府相关机构或红军筹集粮食的证明。它也不同于借谷收据，因为借谷收据只有筹集粮食的证明功能，没有货币功能，同时兼有一定的征收性质。第三，邮票。这是中华苏维埃政府为通邮方便发行的邮资工具，功能与现代中外邮票无异，有壹分、贰分、伍分等面额的邮票。第四，米票。这是中华苏维埃政府提供给党政机关人员及红军指战员在巡查或出差时在革命机关、政府及红色饭店等处吃饭时使用的票证，可作一定的兑现，有四两、六两、一斤、一斤四两、一斤六两乃至六斤四两等面额的米票。第五，股票。这是中华苏维埃共和国的各类合作社发行的合作股票，一般壹股为壹圆。例如，现存的汀州市粮食合作社的伍角股票，兆征县信用合作社社员黄林标收执的壹股股票；长汀县信用合作社社员曹炳进收执的贰股股票及社员刘见嵘收执的叁股股票等。

2. 补充性货币的职能。"中华红色经济之都"的补充性货币有如下职能：第一，部分的货币职能。按照马克思主义经济学对货币职能的划分，货币除了价值尺度与流通手段两个基本职能之外，还有支付手段、储藏手段及世界货币职能。尽管"中华红色经济之都"的补充性货币不可能具有法定货币的上述的所有职能，但仍有部分的货币职能。例如米票、邮票、谷票就有一定的价值尺度和流通手段职能，而且米票、谷票还具有支付手段职能。特别是米票、谷票还具有货币不具备的兑现职能。第二，调整经济的职能。"中华红色经济之都"的补充性货币，与现代补充性货币一样，具有辅助法定货币调整社会经济的职能。当时苏维埃政权发行的公债，主要是为了应对重危事件引发的社会经济困难，以达到调节经济之目的。例如，在第五次反"围剿"之前，"为了粉碎敌人的大举进攻，实现江西首先胜利，且为更充分地保障这一战争的完全胜利，充分准备战争的经济，特别是动员一切工农群众，更迅速地完成这一准备，中央政府特别再发行第二期革命战争短期公债一百二十万元，专为准备战争的费用"①。第三，优利职能。"中华红色经济之都"的补充性货币有的还具有优利职能。例如当时发行的股票，就明文规定"消费、生产、信用合作社之消费者、借贷者，要以社会为主体，对于社员除享受红利外，还应享有低价低利之特别权利，对于本社会员之价目得利息，最高的限度不能超过社会一般规定之上"②。显然，当时这种股票的执有者，可以得到高于非执有者的优利，因而股票这种补充性货币具有优利职能。第四，合作手段的职能。在当时，苏区的股票实际上只有消费合作社、生产合作社、信用合作社的社员才执有。股票的纽带作用，将社员们联系起来，形成合作社。因而股票这种补充性货币具有合作手段的职能。"消费、生产信用合作社之社员不仅兼股民，而且是该社的直接消费者、生产者、借贷者，不合此原则者，不得称为合作社"③。第五，避险职能。当时"中华红色经济之都"的一些补充性货币还具有避险的职能，从而防止合作社员的利益受到侵害。例如股票，当时就规定，"每个社员其入股之数目不能超过十股，每股股金不能超过五元，以防止少数人之操纵"④。而在每张米票上面，明确标明了通用期。例如1934年年初使用的米票，就明确标明"此票通用于汀州境内"，"此票自一九三四年三月一日起至同年八月三十一日止为通用期，过期不适用"⑤。

　　3. 补充性货币的作用。补充性货币的多种形式之所以能在"中华红色经济之都"具有强大的生命力，这与它们在当时的经济社会环境下产生过积极作用息息相关。这些作用在于：第一，从经济上大力支持土地革命战争。由于当时的特殊环境，红军要完成战争的使命，必须得到财力的补充，而通过补充性货币，可以达到这个目的。例如，当时中华苏维埃政府发行的第二期债券，就在于"因为革命发展，特别是苏维埃与红军的胜利开展，敌人正倾全力加紧布置对于中央区的大举进攻。中央政府除已下战争紧急动员令来领导全苏区工农群众去粉碎敌人的大举进攻，实现江西的首先胜利外，为更充分地保障这一次战争的完全胜利……"⑥。第二，方便互通有无作用。"中华红色经济之都"的补充性货币有许多都达到了便利民众、互通有无的作用。例如，苏区的合作社的股票，实际上是这样的工具："为便利工农群众，议价购买日常所用之必需品"；"为便利工农群众经济运转和借贷"等⑦。而米票则为方便"政府机关革命团体及红色战士出差或巡视工作之用"⑧。第三，壮大实体经济的促进作用。从当时补充性货币在"中华红色经济之都"的运用状况来看，不少补充性货币对壮大实体经济的促进作用十分明显。例如，米票的运用，有力地支持了红色饭店的运转，活跃了红色米市场的运行。而股票则形成了诸如生产合作

---

①　中央执行委员会第17号训令——为发行第二期革命战争公债，《红色中华》第38期，1932年11月1日。

②　中华苏维埃共和国临时中央政府布告（第七号）——合作社暂行组织条例，1932年5月1日。

③　中华苏维埃共和国临时中央政府布告（第七号）——合作社暂行组织条例，1932年5月1日。

④　同上。

⑤　参见中华苏维埃政府闽西粮食人民委员部，五斤十两米票等。

⑥　中央执行委员会第17号训令——为发行第二期革命战争公债，《红色中华》第38期，1932年11月1日。

⑦　中华苏维埃共和国临时中央政府布告（第七号）——合作社暂行组织条例，1932年5月1日。

⑧　中华苏维埃共和国中央政府粮食人民委员部、六斤四两米票等。

社、消费合作社、信用合作社的基础资本来源，促进了这些合作社实体的壮大。

补充性货币能在 20 世纪 30 年代活跃于"中华红色经济之都"乃至整个苏区，且能对当时社会经济产生积极作用，没有因监管失控造成对经济社会的影响，是有监管的社会基础及经济基础的。

1. 国营企业的发展是补充性货币存在的支持力量及监管基础。综观中外补充性货币发展的历史，可以发现补充性货币的存在，一定会在经济上对应一种在全社会占主导地位的支持力量。而在当时的"中华红色经济之都"，国营企业就是这样一种力量。据笔者考察，当时，有不少亲力亲为的中共负责人为国营企业的发展作出了重大贡献。例如，时任中华全国总工会委员长刘少奇，于 1933 年从上海来到中央苏区后，就多次深入汀州的公营企业，总结工人运动经验。而苏维埃中央临时政府已先在汀州创办了大量的国营工商企业，这些企业占据了中央苏区同类企业的半壁河山。这些骨干国营企业在对外作战、解决军需民用及经济发展中作出了重大贡献。更为重要的是，国营经济的存在及稳定，与形成补充性货币的支持力同时伴生着监管的基础，所谓"生于斯，管于斯"也。这也不难理解为何当时"中华红色经济之都"金融稳定、经济稳定，其国营经济作为监管基础对补充性货币的自控作用功不可没。同时，当时"中华红色经济之都"国营经济的不断壮大，使监管基础更雄厚，自控力更强。据考察了解，当时仅在作为"中华红色经济之都"的福建长汀就有很多国营企业如红军被服厂、中华织布厂、福建军区军工厂、红军斗笠厂、濯口造船厂、水口造船厂、中华商业公司造纸厂、红军印刷厂、长汀弹棉厂、长汀熬盐厂、长汀熔银厂、长汀樟脑厂以及分布在各城乡的石灰厂、砖瓦厂等。这些国营企业规模不小，生产能力较强。例如，根据 1932 年的数据，红军被服厂有员工 300 多人。中华织布厂有员工 400 多人，纺纱机、织布机 400 多台，月产布匹及医用纱布 18 000 多匹。福建军区军工厂有员工 140 多人，月产 200 支枪。红军斗笠厂有员工 300 多人，年产斗笠 20 多万个。濯田炼铁厂有工人 200 多人，12 名技师，日产生铁 1.5 吨。水口造船厂有员工 100 多人，月产木船 30 余艘。红军印刷厂仅 1932 年就印刷发行书刊等 25 000 册。长汀弹棉厂有员工 20 余人，月弹棉 12 000 余斤，月做棉被近 1 000 床。长汀城关有熬盐厂 6 个，工人 60 余名，月产盐 600 余斤，等等。除此之外，"中华红色经济之都"的公营商业也较发达。仅汀州就有汀州市粮食调剂局、中华纸业公司、中华贸易公司福建省分公司、中华商业公司汀州分公司、红色旅馆、红色饭店、红色米市场等，它们在经济上成为补充性货币形成的重要条件，也壮大了补充性货币的监管基础。

2. 私营经济的发展成为补充性货币形成的又一经济条件及监管基础。补充性货币就本质而言，是对法定货币的一种补充形式，但它的存在又必须以具有活跃的、不同特色的区域市场的存在作为前提。而"中华红色经济之都"私营经济的发展，很好地提供了这个前提。汀州在历史上是著名的府城，私营经济在闽西首屈一指。而在土地革命时期，中华苏维埃政府更是对私营经济给予了保护，使得汀州的私营经济继续稳步发展，这对活跃苏区经济、恢复生产、保障革命战争的物资供给和改善人民生活，起到了十分重要的作用。而且，私营经济的发展，又会促进补充性货币的发展，壮大补充性货币的监管基础。当时中国共产党对私营经济的政策十分明确。"我们对于私人经济，只要不出于政府范围之外，不但不加以阻止，而且加以提倡和奖励。因为目前私人经济的发展，是国家的利益和人民的利益所需要的"①。正是在我党政策的支持下，当时"中华红色经济之都"私营商业稳定发展，有京果店117家，锡纸店27家，洋货店28家，金银首饰店14家，布匹店20家，酒店46家，油盐店20家，饭店11家，纸行32家、药店17家、客栈20家、酱果店9家，共计361家。当时汀州的水东街是私营经济云集的一个重要街区。当时一个名叫黄丽川的私营粮商，经营"粮兴隆"米行，资本达5万元以上，这是一个不小的数目，以致名噪一时。我党的领导人也十分关心私营企业的发展。例如1933年3月至7月间，时任中华全国总工会的副委员长兼党团书记的陈云，就多次到汀州市各基层工会进行调查研究，召开座谈会，了解汀州私营工商业的情况及工人的状况，对当时汀州的私营工商业者有很大的鼓舞作用。所以，在国营经济的引导下，私营经济既成为补充性货币的又一发展基础，又成为补充性货币的又一监管基础。

3. 合作经济的发展为补充性货币的形成提供了直接的平台及辅助性监管基础。补充性货币的形成与发展，必须要有一个运行的平台，更多的辅助监管基础，才能使补充性货币真正发挥作用。而"中华红色经济之都"的合作经济（或称合作社经济）正好提供了这样一个平台及辅助监管基础。当时的汀州，建立了不少合作社，形成了强大的合作经济。如建立了纸业合作社、消费合作社，粮食合作社等。而由当时中华苏维埃中央执行委员会主席毛泽东等人签署的《中华苏维埃共和国临时中央政府布告（第七号）——合作社暂行组织条例》② 明确指出，"根据苏维埃的经济政策，正式宣布合作社组织为发展苏维埃经济的一个主要方式，这是抵制资本家的剥削和怠工，保护工农劳动群众利益的有力武器""苏维埃政府应在各方面（如关税、运输、经济、房产等）来帮助合作社之发展""合作社缘由工农劳动群众集体来组织的""只限以下三种：一、消费合作社：这便利工农群众，议价购买日常所用之必需品。二、生产合作社：制造各种工业日用品，以抵制资本家之怠工。三、信用合作社：为便利工农群众经济运转和借贷，以抵制私人的高利剥削。"③ 有了这些规定及政策，合作经济发展就得以顺利进行，补充性货币便有了运行平台。而这些合作社本身就发行股票、使用股票。而执有股票这类补充性货币的合作社社员，"不仅兼股民，而且是该社的直接消费者、生产者、借贷者"④，所以，补充性货币在"中华红色经济之都"的运行十分顺利，合作经济作为补充性货币另一直接平台及监管辅助平台功不可没。

4. 大量的民间互济促进了补充性货币的运行及监管基础发挥作用。由于"中华红色经济之都"经济社会的发展需要，劳动群众之间的互助互济行为十分普遍。由于红军战士的参战，青壮年乃至妇女老人的支前活动，使得在家的劳动力十分匮乏。

补/充/性/货/币/学

---

① 毛泽东：《我们的经济政策》，1934年1月23日。
② 注：1933年9月，中华苏维埃临时中央政府还正式颁布了《生产合作社标准章程》。
③ 中华苏维埃共和国临时中央政府布告（第七号）——合作社暂行组织条例，1932年5月1日。
④ 中华苏维埃共和国临时中央政府布告（第七号）——合作社暂行组织条例，1932年5月1日。

如果没有互助互济，苏区的生产劳动则难以进行。因此，苏区广泛成立了互济会，这是一种有别于合作社但又有合作性质的经济组织，是合作经济的一种补充，也是补充性货币运行的一个有效平台，也使补充性货币的监管基础不断发挥作用。按照中华苏维埃关于对革命互济会的说明，互济会的宗旨主要有三条："其一，团结革命的或同情革命的广大工农及劳苦群众与红色战士，在革命互济精神下，反对帝国主义与国民党的白色恐怖，参加中国苏维埃运动的一切斗争；其二，发扬阶级同情与国际互助精神，救济苏区和白区的革命战士和一切为苏维埃政权而奋斗牺牲的革命战士及其家属。救助国际的与各弱小民族的一切革命运动及其被难者和家属；其三，救助一切反对帝国主义及国民党反动统治的国际和中国的革命运动。"[①] 显然，从互济会的宗旨来看，互济会互济互救的内容比合作社的合作内容更广泛、更多样，因而所形成的补充性货币运行的平台更大，使补充性货币监管基础发挥更大的作用。

5. 活跃的外贸加速了补充性货币的运用及监管基础作用的发挥。由于国民党对苏区的封锁，苏区的许多紧缺物资的供给是十分困难的。为了粉碎敌人的封锁，按照中华苏维埃临时中央政府的统一部署，汀州苏维埃政府积极发展外贸，大力开展"赤白交易"[②]，迅速组织整修水陆运输线，形成了以长汀为中心通往中央苏区和闽西各县的陆路运输网和以汀州为中心的汀江水路货物集散地。汀州苏维埃还专门成立了各级对外贸易分局，开办了贸易、纸业、商业等公司，具体经办各类对外贸易事项，这对缓解苏区的经济困难作出了重大贡献，当然也为补充性货币的形成及运用开辟了新的领域，使债券、股票、谷票、米票、邮票等补充性货币的运行更加广泛和顺畅，也使国营经济、私营经济、合作经济的监管基础的作用更好地发挥。为此，毛泽东作出了高度的评价："打破敌人的经济封锁，发展苏区的对外贸易，以苏区多余的生产品（谷米、钨砂、木材、烟纸等）与白区的工业品（食盐、布匹、洋油等）实行交换，是发展国民经济的枢纽"[③]。

6. 系统的苏区财政金融体系形成了补充性货币的运行辅助机制及监管基础的保证。补充性货币的功能着重在于辅助法定货币金融系统的运转及监管，但必须以系统的财政金融体系为基础，而当时在"中华红色经济之都"已形成了这种基础。这个基础的形成，与中共中央的高度重视分不开。

早在 1932 年 3 月，毛泽民就亲自到汀州水东街选地，帮助组建中华苏维埃国家银行福建省分行，以原闽西工农银行部分人员为骨干，将闽西工农银行的一套制度沿用到国家银行，并抽调人员充实瑞金国家银行。而金融行业的组织系统也较完善。仅以中华苏维埃共和国国家银行福建省分行为例，它的组织系统中就包括：营业科、会计科、出纳科、总务科、附设熔银厂，十分完整。

1932 年 6 月，邓子恢出任中央临时政府的财政部部长，主管中央苏区的财政工作。他也多次深入汀州市调查，总结汀州组织财政收入的经验，为中央临时政府制定各项财政规章制度作准备。在他的主持下，中央苏区政府的一批财政制度很快得

---

① 参见中华苏区革命互济会会员证。
② 指苏区与白区之间通过各种途径进行的贸易。
③ 毛泽东：《第二次全国苏维埃代表大会的报告》，1934 年 5 月。

到建立，这也确保了中央苏区财政工作的顺利开展。应该认为，在土地革命时期，"中华红色经济之都"的财政金融事业是在打破国民党政府旧体系的基础上重新创建的。"中华红色经济之都"通过最早创办的闽西工农银行，大力发展信用社，统一财税制度，使一整套服务苏区军民的财税制度逐步建立起来，为临时中央财税制度的建立提供了有益的保障，自然也为补充性货币的运行提供了强大的辅助机制及监管基础的保证。

7. 完整系统的经济制度提供了补充性货币运行的安全保障和监管保障。补充性货币的顺利运行，必须要有完整系统的制度作保障。而当时的"中华红色经济之都"已经形成了这样的经济制度，使得补充性货币能够在各个领域正常地发挥作用。在企业的经济管理方面，中共在"中华红色经济之都"大力创办国营工商企业的时候，就开始探索国家工厂管理的新颖课题，摸索国营工商企业生产的科学管理方法，建立激励机制和责任制，制定真正的工厂制度。时任中华全国总工会委员长的刘少奇就主张要"科学地组织生产"，建立"个人负责制"，"在工资制度上激励工人来努力增加生产"，"建立真正的工厂制度"[1]。而在合作经济方面，先后发布了《合作社暂行组织条例》《生产合作社标准章程》。在财政、金融方面的制度更为完整，有《商业所得税征收细则》《建立关税制度》《建立现金出口登记制度》《山林税暂收细则》《土地税征收细则》《统一会计制度》《筹款办法》等。这些制度十分具体，便于操作，使得苏区的经济运行活动科学有序，也为补充性货币的运行提供了安全保障。例如，汀州在税收种类及税收办法方面就具体规定：开垦荒田免税三年；山林税只收竹麻税，并按担计算，且最多不超过 15%；店房地基税，则按店主收取总额的 10%；等等。又如《营业所得税收取办法》也规定资本在 200 元以下不征收；资本 201 元至 500 元收取 3%；资本 501 元至 1 000 元收取 6%；资本 1 001 至 2 000 元收取 12%；资本 2 001 元至 3 000 元收取 20%；资本 3 001 元至 5 000 元收取 30%等。这些制度对经济建设起到很大作用，当然也对补充性货币运行的安全及监管保障提供了有力支持。

8. 人民群众的稳定收入是补充性货币形成及监管基础形成的重要前提。补充性货币的实质，实际是对法定货币功能、职能、作用、地位的一种补充及辅助，所以无货币就无所谓补充性货币，有货币的运行，才有补充性货币的运行。而人民群众持有一定的货币，即持有稳定收入的货币，是补充性货币及其监管基础能够形成并运行的前提。"中华红色经济之都"的情况正是如此。可以认为，如果当时苏区人民没有稳定的收入，不能持有相当数量的货币，则诸如捐款、合作、购债等经济行为就都无法进行，而债券、股票等补充性货币也都无法形成及运行。据考察，当时"中华红色经济之都"的捐款、购债及认股的情况是普遍的。例如，福建苦力运输委员会给各级委员会的一封信中就提到，"我们要为着阶级同情，特别募捐一部分金钱来援助他们的困难。省工委之前就明确指示，希望你们按工联运动为准进行募捐"[2]。中华全国总工会也曾指示，"工会在收买物资，必须最大限度粉碎敌人到赤

---

① 刘少奇：《论国家工厂的管理》，1934 年 3 月 31 日。
② 福建省苦力运输委员会给各级委员会的一封信，1934 年 4 月 15 日。

乡"，"工会在改善工人生活，在战争动员中，要进行工会会员运动，吸收最广大人民参加工会"①。中华苏维埃临时中央政府在发行第二期公债时也规定了具体办法，"债款分配数目：商家共十五万。汀州市——七万，宁化——五千，瑞金——二万，会昌——八千，冯门岭——一万八千，广昌——六千，宁都——五千，兴国——八千，云都——三千，石城——三千，安远——二千，寻乌——二千"②。

当然，苏区人民群众收入稳定并能持有相当数量的货币，这与我党的支持和关心分不开。中央苏维埃政府在这方面主要采取了两项措施，一是政府的投入，二是工资的增加。"闽西工农银行的资金投入闽西政府及各级政府百分之十，投入各种合作社百分之二十五，社会保险百分之七，投入苏维埃商店和土地生产百分之十五"③。从数据上看，当时仅汀州市合作总社下属的合作社就有粮食合作社、纸业合作社、消费合作社、生产合作社等。粮食合作社遍布 5 个区，纸业合作社有 200 多家，消费合作社在各街道都设有，每个消费合作社平均资本达 8 000 元，各行业的生产合作社达 25 家。如按"投入各种合作社百分之二十五"的数目计算，苏维埃政府的财政资金是一笔不小的款项。显然，人民群众的收入在苏区也有很大的提高。以汀州市部分行业工人的工资变化为例，可以看出其收入的提高和变化。这都成为"中华红色经济之都"补充性货币的形成及监管基础的形成的重要前提，"中华红色经济之都"部分行业工人工资情况见表3-2。

表3-2　"中华红色经济之都"部分行业工人工资情况表　　单位：元/月

项目	土地革命前		土地革命后		项目	土地革命前		土地革命后	
	最低工资	最高工资	最低工资	最高工资		最低工资	最高工资	最低工资	最高工资
航运		14		46	油业	3	6	12	18
染业	2	5.5	18	20	药业	2	6	26	30
油纸	2	5	17	21	刨烟	3.5	7	30	36
酒业	3	6	18	20	印刷	5	15	28	36
布业	2	10	31	35	五金		6	14	18
京果	2	10	22	32	木工		18		24
纸业	3	10	31	35					

数据来源：福建省汀州市档案局统计数据。

通过对上述"中华红色经济之都"补充性货币的分析和研究，我们可以得出以下的几点启示：

1. 当时的补充性货币处于初级发展阶段，当今的补充性货币处于初中级发展阶段，故对其的监管方法、途径、基础在理论与实践上也有较大发展。按照马克思补

---

① 中华全国总工会：《在粉碎敌人"五次围剿"决战中边区的工会工作》，《苏区工人》第 14 期，1934年 4 月 25 日。
② 中央执行委员会第 17 号训令，《红色中华》第 38 期，1932 年 11 月 1 日。
③ 《闽西苏维埃政府经济财政土地委员会联席会议决议案》，1930 年 9 月 25 日。

充性货币理论，补充性货币是从初级阶段向高级阶段发展的。而"中华红色经济之都"的补充性货币都是处于初级阶段的，因而只具有初级阶段的特征。如米票、谷票、债券等，都是属于实体形态的补充性货币。即便是股票等，也只具有实体形态，这是典型的初级阶段补充性货币的特征。因而监管较容易。而当今的补充性货币处于初中级阶段。在这个阶段，补充性货币除了有初级阶段的特征，也有中级阶段的特征。这个阶段既有实体形态的补充性货币，也有虚拟形态的补充性货币，如以股票、债券为例，既有债券、股票的实体形态，又有其虚拟形态，而QQ币，比特币等补充性货币的形式更是丰富多彩，因此，监管很困难。

2. 当时的补充性货币种类较少，而当今的补充性货币种类繁多，从而对补充性货币的监管广度和深度会加大。从"中华红色经济之都"补充性货币的种类来看，总数不超过 10 种。而当今的补充性货币，种类则数以百计。这主要是因为当时"中华红色经济之都"的商品经济尚不发达，而当今社会已处于发达的商品经济或市场经济时期。应当认为，商品经济越发展，商品流通就越频繁，货币就越能凸显其重要性。如果货币发挥的作用或实现的职能不足，则越需要补充性货币来弥补，这是当今社会补充性货币数量及功能越来越多的一个原因，也是监管越加困难的原因。

3. 当时的补充性货币形式单一，当今的补充性货币形式丰富多样，会进一步扩展补充性货币的监管广度与深度。"中华红色经济之都"的补充性货币往往是以票证的形式出现。如谷票、米票、邮票、有价证券等，形式比较单一。而当今社会的补充性货币则丰富多样，既有票证形式的，又有币型形式的；既有实体形式的，又有虚拟形式的；既有物质形式的，又有非物质形式的，而且这些形式还在不断发生变化，形式丰富多样，从而给监管造成困难。

4. 当时的补充性货币难以促成通货膨胀，而当今的补充性货币则很容易促成通货膨胀。故而当代补充性货币的监管的重点是要放在补充性货币参与下的通货膨胀的监管方面。按照马克思主义经济学的观点，通货膨胀主要是指发行的纸币大大超过流通过程中所需要的实际货币量，或由于信用膨胀引发的物价普遍、全面、持续的上涨。"中华红色经济之都"的补充性货币由于形式单调、种类较少，处于初级发展阶段，一般来说其代表的替代价值较小。如米票有四两、八两、一斤四两等；股票面额最大为 5 股，每个合作社社员最多执有 5 股。所以，这些补充性货币在形成和发展过程中几乎没有泡沫，只起到了弥补法定货币功能及职能不足的作用，这自然就没有促成通货膨胀的条件，反而能抑制由于法定货币过剩所造成的通货膨胀的进一步恶化。在当今社会则相反，补充性货币的种类繁多，形式丰富，并处于初中级发展阶段，面值也较大，其补充法定货币不足功能及职能的效应往往会迅速扩张，直接或间接放大法定货币的货币乘数，从而造成补充性货币乃至法定货币的泡沫，难以监管，加速促成通货膨胀。2015 年中国证券市场的股灾，造成物价震荡的状况，充分说明了这一点。所以，监管补充性货币对法定货币的职能补充替代产生的扩张效应，缓解通货膨胀压力，是当代补充性货币监管的重要方面。

5. 当时的补充性货币是政府调节经济的可控工具，而当今的补充性货币对经济的影响则难以控制，故而对其监管力度应更大、更强。"中华红色经济之都"的补充性货币一般是苏维埃政府用于调节经济的工具，且这个工具被苏维埃政府有力地控制着。如米票、谷票只能在有限的区域使用和兑换，过期作废；又如债券，苏维埃政府也只是根据战争及经济的需要，定向、按期、分地域地发行。再如股票，除了合作社社员之外，其他人无法执有，其执有量、执有人数也都会受到约束。而当今社会的补充性货币，对社会经济的影响非常广泛，绝大部分政府都没有控制或暂时无法控制，如仅仅对证券市场的调控，就是一个大难题。特别是随着高科技的发展，当代社会的补充性货币的扩张速度、扩张数量都非常迅速，这都形成了政府宏观经济调控的新障碍。因此，当代补充性货币的监管必须要大强度、大力度。

（二）实体消费券

实体社区货币在中国的实践很多，近年来其发展也很迅猛，具有典型性。实体社区货币的表现形式丰富多样，在中国最常见的实践形式则是消费券。消费券是指在特定时期发放的出于刺激消费等目的的有价票证，要求持券者必须在有限期限内使用。根据消费券的发放对象和用途来分，可以分为普惠制消费券（如旅游消费券、教育消费券、文化消费券、医疗社保消费券、信息消费券）和现金替代式救助型消费券（如转移支付消费券、赈灾补贴消费券等）。按照使用方式，可以分为线上券、线下券；按照消费场景，可以分为通用券和专用券，其中专用券又可分为餐饮消费券、超市券、商场券、文体消费券、菜场券、汽车消费券、疫苗接种奖励券等。而根据消费券发放的主体不同，可以分为政府发放（国家或地方政府）和非政府发放（如商户发放、银行发放、社会发放、救济形式发放、其他主体发放等）两类。大部分的消费券是由政府发放的，主要是用于扶贫救济、拉动消费、安抚民心、稳定经济，是一种变相的社会资源再次分配方式。非政府组织发放的消费券主要是用于慈善互助、促销宣传、树立品牌等，是一种变相获取社会影响力和利益的方式。政府发放的消费券针对性强、信誉度高、接受度好，具有较强的流动性。非政府组织发放的消费券受众较广、信誉度低、使用范围较窄，具有较弱的流动性。消费券的发放，能直接拉动有效需求的增加，刺激最终消费，加速经济的发展。

中国发放消费券的实践历史并不算短。清代就出现的茶筹、酒筹是消费券在中国运用的雏形。1955年，消费券正式在中国全面运用，除了发行"全国粮票"及各类"商品票"外，中国政府还多次针对特定的人群和目标发行各类消费券，如从20世纪80年代开始，各地区的地方政府为了鼓励执行独生子女政策，每年会给独生子女家庭一定金额的消费券作为奖励补贴，这些消费券可以直接在当地的零售商店换购商品。

据统计，截至2022年6月，全国共有25个省（区、市）（包括江苏、广东、河北、上海、四川、浙江、山东、福建、北京、辽宁、江西、天津、陕西、湖北、河南、河南、贵阳、安徽、吉林、重庆、湖南、广西、云南、内蒙古、甘肃，按照发放次数排列）曾经采取过发放消费券的方式。其中，发放次数排名前三位的分别是江苏（39次）、广东（29次）、河北（22次），均位于东部地区。在直辖市内，发放次数最多的直辖市为上海，共发放19次。发放消费券偏少的省份主要集中在西部的云南、甘肃，以及中部的内蒙古，仅发放过1次消费券。另外还有黑龙江、青海、山西、新疆、宁夏、西藏等6个省（区、市），没有统计到发放消费券的相关数据。

下面，我们以一些省市或地区发放实体消费券的具体实践为例，进行详细介绍。

2007年，北京房山区对低保群体发放养老服务券，社区养老服务部门将凭券发放给补贴对象，享受补贴服务的老人可以在本年度自行安排使用凭券，也可以凭券购买服务时间。这种养老消费券，初步奠定了我国凭单制养老的雏形。2008年金融危机爆发，中国的经济形势也不断恶化。为了尽快摆脱这样的困境，国家政府发放了大量的折价消费券，从而掀起一股使用消费券的热潮。由于在金融危机这种恶劣的宏观环境下，货币贬值、物价飞涨，且人们的消费意愿普遍较弱，发行普通的消费券无法产生很大的"消费带动效应"。而折价消费券，其实质是一种"增值型消费券"，消费者持有这种消费券，必须在一定限制期内消费才能以低于消费券面额的成本买回高于成本的商品。这样，在特定的危机环境下，政府能有效刺激消费者的购买欲望，引导消费者提前消费，以达到复苏经济的目的。此外，在金融危机后，各地方政府为了刺激内需，使各种具有公益性、互助性、娱乐性的消费券逐渐在全国各地的城市和农村社区范围内迅速扩散开来。成都、杭州、南京、东莞等城市更是根据自己的实际情况，形成了适合本地区发展的消费券发放模式。

例如，2008年12月，成都市政府针对"城乡低保""农村五保"和"城乡重点优抚"三类人群（共计37.91万人）发放了总金额为3 791万元的"成都消费券"，鼓励持券者到指定超市凭券购买生活用品。此次发放采用直接针对弱势群体发放具有等同现金性质消费券的方式，起到了改善部分市民生活状况和刺激消费的作用。成都的具体做法是民政局向全市城乡低保、农村五保及城乡重点优扶对象发放人均100元的消费券。发放消费券所需资金由市、县两级价格调节基金共同承担。该次消费券的发放是提高和改善困难群体生活条件的惠民利民之举，也是成都进一步结合实际、加大对困难群体救助工作的一次有益的尝试。

2009年1月，成都市政府针对三类城乡劳动者（包括返乡农民工、2008届以前未就业大中专毕业生、因企业停产或经济性裁员的新增失业人员，共计15万人）发放总价值7 500万元的"就业培训券"，鼓励持券人凭券前往成都市内200多所定点培训机构参加专业技能培训。

又如，2009年1月，杭州市政府针对市区范围内的企业退休人员、老年居民、残疾人、在校学生等八类人员（共计67万人）发放了总金额为1亿元的"杭州消费券"，鼓励持券者凭券在指定零售商店消费各种商品和服务。"杭州消费券"不仅可以换购实物商品，还可以兑换健身、旅游、电影、演出、培训等娱乐文教服务。2009年2月，杭州市政府又发放了总价值1.5亿元的"杭州旅游消费券"共计240万份，持券人可以凭券在杭州市区及其辖属的七个县区范围内的指定商家处享受旅游景区折扣优惠。

同时，在2009年1月，南京市政府也使用地方财政资金，向南京市民发放了总金额为2 000万元的"南京乡村旅游消费券"，以刺激市民在当地乡村旅游景点消费的需求，增加当地郊区农民的收入。

此外，2009年1月，东莞市政府针对市区内的低收入群体发放了总金额为2亿元的"红包"消费券。2009年2月，中山和肇庆市政府针对低收入农民群体，专门推出了"旅游下乡消费补贴券"，以刺激农民群体的旅游消费欲望。这些省市地区运用消费券进行的实践活动获得了很大的成功，国内其他地区也纷纷效仿。2012年全国两会期间，全国人大代表、步步高董事长王填提出了用两年国企利润向民众分红，发放4万亿元消费券的议案。虽然该议案还在论证中，但引发了学界和民众的高度关注和极大兴趣。2013年，广东省顺德区为帮扶困难家庭安度中秋节，创新性地运用价格调节基金330万元，以发放消费券的形式补助全区1.65万困难群众。符合要求的民众每人可以获得面值为100元的平价商店消费券2张，并在规定的时间内凭借低保证、五保证或低保临界证到指定的大型连锁平价商店进行等额消费，实现了稳价惠民的政府目标。

此外，消费券还可以广泛用于公共文化、教育、卫生、信息使用、社会保障等领域，以解决国家经济社会在某特定时期存在的问题，或者实现政府的某些特定目标。

例如，为了丰富社会公众的文化生活，更好地满足他们的精神层面的需求，北京市于2016年启动了文化惠民消费券活动试点工程，2016年至2018年的3年内，北京市国有文化资产管理办公室启动发放了文化惠民消费券（简称"文惠券"）共计1.1亿元，直接带动北京市文化消费超过7.8亿元。文惠券面额设置5元、10元、20元、30元、50元和100元等6种，在使用时，消费者选择个人账户中可使用的文惠券数量及面值，并进行相应扣减，最后支付余款民众可根据自己的需求和兴趣爱好选择文化消费内容，文惠券可以在原票价的基础上直接实现抵扣。消费券额抵扣与各个合作单位的优惠券、折扣券相加，总计为北京市民消费者提供了约3.3亿元优惠金额，截至2018年年底，总共有900万人次参与领券，实际消费约420万人次。

在国家政府和地方政府的全力推行下，许多非政府机构和企业也越来越关注消费券的重要作用。于是，报社、网站、学校、航空公司等机构和零售企业也纷纷加入了发放消费券的大军。例如，2009年2月，重庆市三大电器专营商场（重百、新世纪、商社）联合发放了总额为1亿元的消费券；2009年2月，武汉市长江日报社向公众发放了总额超过1 200万元的购房消费券；人人乐、家乐福等大型超市每逢过年或者重大节日，都会举办会员积分兑换购物消费券的活动，获得购物券的消费者可凭券购买超市中的任意商品……此外，红旗连锁也推出购买商品返消费现金抵用券活动，以达到促销的目的。这些由企业发放的消费券，旨在拉动企业商品或服务的销售，扩大宣传效应，提升企业形象，提高消费者的忠诚度和依赖度，从而快速占领市场，获得更高的利润。

消费券的发放和使用，在全球范围内也有较多的实践。

1. 日本发放的实体消费券

20世纪90年代初期，日本房地产泡沫的破裂沉重打击日本经济，并引发了严重的财政危机。1997 年东南亚金融危机产生的叠加效应，使日本三洋证券、山一证券及德阳城市银行等金融机构倒闭。至 1998 年，日本经济增速连续六年滑坡，房地产及金融市场的财富效应逐渐消失。1997 年亚洲金融危机的冲击加速了日本经济与国民消费的进一步走弱。由于消费在经济增长中的贡献越来越大（1995—1998 年国民消费对日本 GDP 增长的平均贡献率为 51%），使得刺激消费的呼声在朝野越来越大。

1999 年，泡沫经济破裂后，日本政府为提振经济刺激消费，开始在地方政府层面发放名为"地域振兴券"的消费券。这笔资金由日本中央政府提供，发放对象和金额为家中有 15 岁以下儿童的家庭，每位儿童可领 2 万日元券，65 岁以上的不缴纳住民税的老人，每人可领取 2 万日元券。当时的地域振兴券每张金额为 1 000 日元，也就是说家长可以为每位儿童领取 20 张券。该券在使用时并不设消费门槛，可以直接等价购物。不过日本政府限定了使用时间，从当年 4 月开始至 9 月结束，共6 个月。

从政策初衷看，日本 1999 年全国发放消费券的目的主要有两个：从宏观上看，日本政府发放消费券的目的在于扭转消费持续低迷的趋势，并以此提振经济。从发放方式和社会治理看，日本政府发放消费券的对象主要是 15 岁以下儿童、65 岁以上老人，希望减轻上述家庭的负担，并改善老幼人群的处境。

该消费券可以在大多数超市、小商铺、酒店使用。日本政府明确规定消费券使用的范围，禁止用于偿还银行贷款、购买股票、缴纳水费、电费、煤气费等公共费用、缴纳税金等。据统计，当年日本全国共有 3 107 万人领取了该轮消费券，其中99.6% 的消费券被使用，总额达 6 194 亿日元。据日本政府于当年 8 月公布的《地域振兴券激励消费效果》报告，此次消费券带动新增消费 2 025 亿元，占被使用消费券总额约 32%，占当时日本全国 GDP 的 0.04%，以及全国个人消费比重的 0.1%，效果不及预期。根据日本内阁府于当年 6 月向全国 9 000 个领取消费券家庭做的问卷调查显示，所发放消费券的九成已经被使用，使用时间集中在 5 月之前。与消费券相关的全部消费中，只有 18% 的消费是"没有消费券就不会进行的消费"。购买品类方面，服装和鞋占比最高（32%），其次分别是食品（29%）、家具与家庭用品（13%）、教育娱乐（12%）。更细的分类来看，食品是最高的消费对象（24%），其次分别是儿童服装（16%）、鞋（5%）、家电（4%）、自行车（4%）、家具寝具（4%）和游戏机与游戏（3%）。

报告显示，多数使用"地域振兴券"家庭表示，不少商品即使没有发放消费券也仍将会进行消费，发放后只不过改由"地域振兴券"支付，而原本要用于消费的现金则转为了储蓄。

不过，"地域振兴券"在短期内确实对日本消费起到了一定的拉升效果。1999年一季度日本 GDP 环比下降 0.9%，私人消费对 GDP 增长的贡献为-0.1%。而在当年 4 至 9 月消费券推出及使用期间，日本消费摆脱了连续两个季度的下降，分别环比增长 0.5% 和 0.3%，在二、三季度 0.4% 和-0.1% 的 GDP 环比增幅中，消费的贡献分别达到 0.3 和 0.1 个百分点。

2008 年 10 月 30 日，日本首相麻生太郎为了应对金融危机，刺激内需，宣布发放"定额给付金"，每户家庭平均能获得 3.8 万日元（约合 2 860 元人民币）的消费券，总价值 2 万亿日元（约合人民币 1 406 万元）。同年 11 月，再次宣布发放消费券，定额补助平均每人 1.2 万日元（约合人民币 920 元），向 65 岁以上和 18 岁以下的民众多发 8 000 日元。

2. 美国发放的实体消费券

美国的消费券实践主要以退税和发放粮食券形式出现。

在历史上，美国多次通过这两种方式来刺激经济危机后的消费。2008 年 2 月，美国通过退税法案，给家庭年收入 3 000 美元以上 20 万美元以下的中低收入家庭退税，总计金额高达 1 600 亿元，受惠覆盖面达 1.3 亿个家庭。同年 9 月，美国政府为 3 150 万民众发放粮食券，占全美人口的 10.3%。以纽约为例，每人每月能领取 100 美元左右的粮食券，用于购买食品。

西方发达国家对消费券的监管实践相对较多。以美国 70 多年历史的粮食券发放制度为例，美国对于粮食券的发放有着较严密的监管体系。首先，美国通过粮食券法案，明确规定了粮食券的印制和发放均必须由政府统一部署和实施，并由政府相关职能部门根据发放粮食券的对象进行编号和匹配，杜绝了粮食券造假的可能性。美国发行的"粮食券"（food stamp）一般是以 $ 1、$ 5、$ 10 美元为面值的实体社区货币，随着网络技术的发展，近年来美国政府发放的传统粮食券已逐渐被像信用卡一样的卡片所替代，更加便于政府运用计算机进行高效率统一管理。"粮食券"的发放对象也有严格的限制，政府要求领取"粮食券"的受惠群体只能处于贫困线以下（年收入一人 10 830 美元、二人 14 570 美元、三人 18 310 美元、四人 22 050 美元以下的家庭，银行没有任何存款，没有自有住房），并经符合发放资格的公众自主申请、政府严格审核批准。政府对发放的金额标准也有一套复杂的计算公式，会根据不同的发放区域、发放对象、发放时期、发放宏观环境进行合理的动态调整，并根据特定受惠扶助人群（如残疾人士、多小孩需照顾不能工作的家庭、有小孩不能工作的单身家庭），将粮食券与政府救济金相结合进行发放，粮食券和救济金发放使用同一张凭卡，根据卡片的号码来确定受众的领取时间。比如，粮食券按照凭卡卡号的最后一位数字，是 1 的 1 号、是 2 的 2 号……是 0 的 10 号进行发放。政府救济金按照凭卡卡号最后号码是 1、2、3 的在 1 号发放；最后号码是 4、5、6 的在 2 号发放；最后号码是 7、8、9、0 的在 3 号发放等。此外，政府还严格规定粮食券的消费范围仅限于购买维持基本生活的食品类型的商品，不能用于购买烟酒等商品。在未使用电子化粮食券凭卡之前，仍然有存在使用粮食券私下购买其他商品、低价售卖、违规收购粮食权的行为。但自从近年来美国采用粮食券与救济金凭卡发放、计算机系统电子化管理之后，这种违规违法行为基本上已经消失，监管效果进一步提升。

3. 泰国发放的实体消费券

在 2009 年全球金融危机时期，泰国政府向超过 900 万名低收入人士发放了消费券，以应对当时全球金融危机带来的冲击，恢复民众的信心。发放对象为月收入低于一万五千泰铢的社会保险投保人。发放的形式是每人获得面额 2 000 泰铢的"救国支票"，共涉及约 189 亿泰铢。泰国推出的"救国支票"实体消费券措施算是较成功的早期案例，有逾 90% 消费券被用于消费。然而，该项目只能帮助泰国短期内解决经济问题，促进泰国的 GDP 增长仅约 0.24%。

从上述发放实体消费券的实践，可以看出，各国（地区）政府发放实体消费券已经有了较长的历史和较丰富的经验。政府之所以多次发放实体消费券，主要是考虑到消费券在特定时期的能发挥比法定货币更大的自身优势和功能，有着公益性、普惠性、救济性、帮扶性和灵活性，且能在一定范围内起到拉动消费的作用。因此，我国政府在宣布非国家政府的其他企业、机构和地方政府禁止发放消费券的法规后，也鼓励这些非国家政府主体在得到国家政府机构审核和批准之后，在试点区域进行消费券发放和使用的实践。

二、几种典型的虚拟形态补充性货币

如前所述，虚拟形态的补充性货币主要分为虚拟社区货币、信用支付手段（虚拟信用货币）和密码支付手段三类。这里，我们选取电子消费券、时间货币、比特币和 Libra 作为分析对象。

（一）电子消费券

随着科技的发展和网络的普及，实体消费券逐渐被虚拟（电子）消费券所替代。电子消费券是指一定面值的金额以电子流形式存在并用于消费金额抵扣或提供折扣的支付凭证。与纸质消费券和现金补贴方式不同，我国发放的电子消费券是依托支付宝、微信、美团、云闪付、建行生活等第三方数字支付平台进行发放的，其模式一般是"政府出资，平台支持，商户配合"，具有发放成本低、见效时间快、杠杆率高、回溯效果好和透明度高等优势。消费者获得电子消费券后，可以将优惠券号码告知商户或出示手机相关 App 内电子消费券的条码，等待商户扫码验券，完成消费支付。商户扫码验券或者将优惠券码输入验券 App 或收银系统验证，从而完成交易结算。较之实体形态的消费券，虚拟形态的（电子）消费券明显具有很多优势，如便于保存、记录可查、高效快捷等。

近几年来，我国多地区政府发行的消费券都逐渐从过去的实体形态，转变为虚拟形态。下面，我们以成都市 2020 年至 2022 年发放的电子消费券为例，来介绍地方政府发放电子消费券的实践。

根据成都本地宝的相关数据统计，2020 年至 2022 年成都共计发放消费券 27 次（绝大部分是电子消费券），其中由政府主导发放 17 次，互联网平台企业发放 7 次，实体商家、银行各 1 次，政府主导发放的消费券总额超过亿元（除去支付宝全国性发放的消费券），具体见图 3-3。

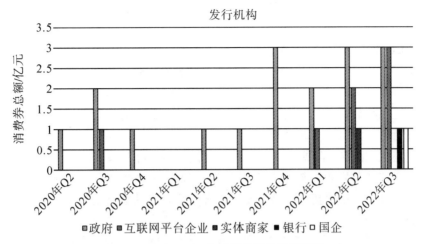

图 3-3　2020—2022 年成都发放消费券情况

2020 年，成都市发放的电子消费券以覆盖全市范围为主。从 2021 年开始，双流区、成华区开始自主发放消费券。2020 年，锦江区、高新区也开始自主发放。其中，高新区发放的消费券"交子饭票"由互联网平台企业发放，具体见图 3-4。

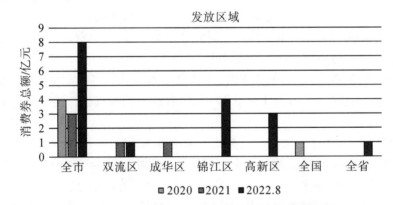

图 3-4　2020—2022 年 8 月成都各区发放消费券情况

　　2020 年，成都市创新推出新消费"组合拳"，通过"政府+市场"共同发力，强化政企携手、全城联动、多元主题、市民受益，做到多平台高效整合、供需市场精准覆盖、多阶段全年持续推进，注重消费吸引力与互动性，最大限度放大政策和资金的杠杆作用、乘数效应，最大限度促进消费回补和潜力释放①。此次消费券发放总金额为 7.1 亿元，资金来源于财政补贴，是通过"微信、支付宝、云闪付"第三方支付平台，以红包雨形式进行发放，每个消费包共 80 元（4 张"满 60 元减 20 元"）。此次消费券分为四个阶段发放，每阶段的主题分别为"公园城市体验消费季""宜业成都安居消费季""畅游成都旅游消费季""冬日云端消费季"，分别迎合五一假期、成都时尚味儿、中秋国庆假期、云端消费等四个不同时间、行业的消费

---

　　① 度看四川. 释放城市经济活力成都推出提振新消费"组合券"［EB/OL］.（2020-04-28）［2022-08-01］. https://baijiahao.com/s? id＝1665202382804224416&wfr＝spider&for＝pc.

场景。其中第四阶段新增线上商户、平台报名渠道,用户可以通过线上平台使用电子消费券。其他有关配套促销活动涉及六大主题共 167 个活动。

与 2020 年政府集中向全市发放通用消费券不同,2021 年发放的消费券在行业上有所拓展。2021 年唯一集中向全市发放的消费券主题为"成都数字生活消费节",发放时间为 6-7 月,分别在京东 App、真快乐 App(国美消费券)上发放,针对通信、家电、电脑数码行业,用于线上消费。同时,此次的消费券是由区设立、具有明显地方特色的消费券。2021 年 11 月,成都双流区消费券的主题为"2021 航都幸福汇·空港欢乐购",其线上领取渠道为空港融媒 App;12 月"成华数字消费节"消费券,在"成都发布"微信公众号领取;12 月至来年 1 月的锦江区"交子券"在支付宝发放。该批消费券都具有发放总金额小,有独家指定领取的领取渠道,具有明显的区域特色。

2022 年的消费券以"线上券、线下券"齐发的发放模式,呈现出成都市电子消费券发放新常态。具体而言,主要特点有:

1. "常态化发放"。相较于前两年的消费券集中在后半年发放,2022 年的消费券呈现了常态化发放的特征。政府与企业消费券齐发,种类更多、选择更多。具体发放轮次如下:1-2 月的锦江区春节消费券;4-5 月的锦江交子券重启;3-7 月"交子饭票"在高新区的一月一期发放;5 月 20 日至 6 月 10 日,每周五 11:00:00 至 20:59:59 发放 66 万张消费券,持续 4 周的第一波"520"消费券;6 月的成都红旗连锁专场消费券、交了饭票×高德地图百元打车券;7 月 1 日至 2022 年 8 月 15 日的第二波"520"消费券;7 月的天府新区汽车消费券、建行各品类优惠券、美团 App 的"超市百货消费券";10 月 1 日至 11 月 27 日的"烟火成都"消费券(共计总金额 4 亿元)。

2. 消费券发放类型的增加。成都线下消费券第二阶段(7 月),除政府通用券增加了新增酒店、电影院、演艺等企业商户外,还加入了银行专用权、商户专享券,消费者可使用的场景更多了。"520"第一阶段的线上消费券通过京东、唯品会、美团三个电商平台分为三波次进行发放,共计约 141 万份。每一活动波次同一消费者可在三个电商平台各领取一张消费券。该次消费券涵盖零售、餐饮、文化、旅游等多个行业。"520"第二阶段第四波成都消费券在云闪付开放领取通道,公众可同时领取政府通用券、商户专享券、银行专享券三种券,并一次可领取多张。该次消费券的财政资金规模 1 亿元,发动银行、商户叠加优惠活动,共计 2 亿元,涵盖零售、餐饮、文旅等多个行业。

3. 结合数字人民币的发放。作为全国数字人民币首批试点地区之一,成都自 2019 年年末启动试点工作以来,在全国首创公共出行数字人民币支付,首发特色场景类硬钱包,创新发放政府性补贴,打造了乡村振兴、文旅消费、智慧康养、政务服务等一批特色应用场景,累计试点场景超过 91 万个。住房公积金贷款、社保缴纳、数字人民币"电子老年证""惠蓉宝"数字人民币保费缴纳、地铁公交出行等都可用数字人民币进行支付。为了扩大内需、提振消费,推进成都数字人民币试点深化,满足市民多元化的线上消费新主张,2022 年 6 月 10 日,成都市的"520"第一阶段数字人民币线上消费券由财政资金与电商平台、数字人民币运营机构（各试点银行）优惠叠加，共计发放 1.6 亿元，涵盖零售、餐饮、文化、旅游等行业，分三批发放。消费券在京东、唯品会、美团三个 App 平台上"抢"到数字人民币消费券后，可以前往指定的银行端（如工行、农行、建行等）开立数字人民币账户，再在手机端应用市场下载"数字人民币"App，完成京东、美团电商平台数字人民币子钱包推送（唯品会无需推送子钱包，可在支付时直接选择数字人民币），兑换足额数字人民币（大于、等于满减后自付金额）后，在京东、唯品会、美团电商平台使用数字人民币支付方式完成订单支付。

不得不说，成都市将数字人民币与电子消费券进行结合发放（见图 3-5），是法定数字货币+虚拟性补充性货币的典型实践创新范例。这种模式不仅促进了数字人民币在国内的推进，也能促进公众对补充性货币的认可和重视。这种模式，充分说明了法定货币与补充性货币两者能互相补充，互相促进的积极共生关系，还为我们在未来合理运用补充性货币，推进人民币国际化提供了一个可行的思路和实践方案。

图 3-5　数字人民币与电子消费券的结合

凭借着方便、快捷、优惠、省时省力等特点，电子消费券如今已经成为越来越多商家的促销手段。不仅如此，各家银行也利用电子消费券的"噱头"来吸引消费者。比如，浦发银行北京分行就曾开展过积分兑换价值 88 元的"电子消费券"活动，持卡人可用该电子消费券在本地超市内购物享受优惠。

正因为消费者、商家的追捧，目前网上电子消费券越来越多，使用范围涉及餐饮、娱乐、购物、美容、保健、婚庆、酒店住宿等生活的方方面面，对人们的生活产生了巨大的影响，也受到了越来越多的关注。

（二）时间银行与时间货币

2000 年以来，随着虚拟社区货币在中国的兴起，信用支付手段也随之悄然产生。"时间银行"则是信用支付手段的主要表现形式之一。"时间银行"的概念诞生于 20 世纪 80 年代，其发起人和倡导者是美国人埃德加·卡恩。所谓时间银行，是指志愿者将参与公益服务的时间存进时间银行，当自己遭遇困难时就可以从中支取

"被服务时间"。时间银行的宗旨是用支付的时间来换取别人的帮助，而银行是时间流通的桥梁。自愿添加时间银行的客户在需要时拿出自己的时间和其他成员交换服务，既解决了一时的困难，又彼此联络了感情，克服了现代社会人们互不往来的缺欠。时间银行的运行基础是双向原则，即银行内部成员既可以得到别人的时间与帮助，也要准备在时间允许时为别人付出等价的时间与帮助。经过 20 多年的发展，如今，"时间银行" IntBank 和时间币 Time Coin 在美国和西欧国家已经被广泛认可和接受，成为一种深入人心的社区性互助模式。"时间银行"遍及全球 30 多个国家，仅英国就有 108 家，美国也有 53 家官方认证的"时间银行"。

时间银行的主要运行模式为：凡是愿意加入时间银行的用户只需前来登记注册，就可以拥有自己的时间银行账户，并可以存储时间币到时间银行账户。为他人提供帮助时，可以得到相应的时间币 TIME，需要帮助时可以支付时间币以解决自己暂时的困难。为了提供效率，服务提供方和需求方，可以与时间银行联系，由银行管理员安排联络，也可以直接利用时间预约交易平台（如智浪网 intwav）完成服务匹配。

进入银行账户的时间以"时间币"TIME 计算。通常，参加时间银行为他人提供服务和帮助的人不需付出一分钱，就可以将自己获得的时间币存入时间银行账户。成为正式成员后，时间银行会给每位时间银行成员一个账户记录时间的支付情况。为别人提供了一次帮助，就可以获得一次相应的时间币（Time Coin），反过来自己也能接受别人的时间币。

因为在时间货币体系所使用的货币单位 TIME 是不可能随意创设的，所以与现有的信用货币体系是不同的，也就不可能引发通货膨胀等一系列问题了。同时，伴随着社会的发展与科技的进步，人们在单位有效时间内所创造的价值必然越来越高，因此担负着一般等价物功能的时间货币 TIME，也会随着时间具有越来越高的内在价值。因此，时间币 TIME 不会贬值，这也是"时间货币"得以流通的根本。"时间币"TIME 与一般货币不同，它不会贬值，交易也不用纳税，而且灵活方便，可以将零散的服务时间化零为整，随时提领。同时，"时间币"可以兑换为其他货币，还可以免费在全球转账，甚至在时间银行提现。

2003 年，中国一些城市（如南宁、南京、重庆、成都等）的社区内部开始出现效仿美国等西方发达国家兴起的"时间银行"，支持社区内部成员对"时间货币"进行存取、记录、消费、管理和流转等一系列的交易活动。目前，时间银行主要是依托于居民小区，重点的服务对象是老人。

例如，2003 年 3 月，重庆沙坪坝区天星桥小正街社区创立了社区"时间银行"，建立了较完善的"时间银行储蓄"及"时间银行操作"等相关制度，并向客户发行了用于储蓄和积累"时间货币"的"爱心储蓄卡"。"时间银行"以信用为基础，促进了当地社区成员间使用"时间货币"进行互助共赢式交易的积极性，也为当地社区营造了和谐友好的生活环境和氛围，受到人们的一致好评。2022 年 1 月 19 日，北京市民政局公布了《北京市养老服务时间银行实施方案（试行）》。通过"时间银行"，不但老年人受益，参与养老服务的志愿者也将受益。根据方案，当志愿者积攒的"时间币"达到 1 万个，有了养老需求时，可按照城乡特困人员待遇入住辖区内的公办养老机构。

随着越来越多的社区时间银行加入 IntBank 组织，得到技术和管理支持的时间银行一定会在中国迅猛发展起来，时间币的交易也会在中国成为又一个令人瞩目的创新产品，为中国各地社区的发展提供新的动力。

此外，中国一些地区的农村社区还流行着一种观念上的"信用券证"。这种信用券证类似于工分制的分配制度，是以农民劳动量的多少，换取这种观念上的"劳动券"，并用于替代法定货币在当地社区范围内充当支付工具。这种劳动券并不实际存在，只是根据农民劳动的时间长短、劳动量的多少，进行观念上的记录。从这个意义上看，这种"劳动券"和上述城市社区内的"时间货币"有相似之处。农民可以使用这种观念上的劳动券，在农村当地社区范围内换取相应的实物商品或者服务。但是，与城市社区的"时间货币"不同的是，农村社区的成员绝大部分都是亲属关系。因此，从本质上来说，农村社区是以族缘、地缘和血缘关系为基础形成的一种特殊的社会结构。在这个社会结构内，成员之间的关系更为亲密，交往更为频繁，信任度更高。因此，这种建立在天然的亲情、友情基础上的信用"支付"网络关系，是一种宝贵的社会资本，更容易被广泛接受和扩散，完全能够替代法定货币在农村范围内充当交易媒介和支付工具，也更能体现出以信用为基础、具有中国特色的互惠互助经济在中国农村社区顺利运行的优越性。但即使是如此，这类的信用支付手段影响有限，较受约束，对这类补充性货币监管也相对容易，只需要政府对该信用支付手段所产生的特定社区或使用区域进行针对性的政府监管，界定清楚并限制信用支付手段覆盖的使用对象、使用范围、使用领域、使用时间、使用资质等，并大力鼓励行业（特定覆盖社区或区域）进行自律监管，将信用支付手段的运用圈定在可控的条件范围内，并倾向于借助建立健全互联网虚拟金融市场的规范和管控体系来实施监管，监管成效应该比较明显。

（三）比特币

在 2009 年 1 月 3 日诞生的比特币，是最具有影响力的一种加密数字货币。当然，比特币属于第一代加密数字货币，是密码支付手段的一种初级形式，其他更为高级的密码支付手段还处于试验阶段，并未全面推广。然而，比特币及其他更高等级的加密数字货币，几乎均以 ECC 的非对称密码体制为理论基石。

比特币的构想和建立最初是由中本聪提出的[①]，它是一种基于分布式 P2P 形式的加密数字货币。这种货币实现无中心节点，采用分布管理协议确认和记录交易，任何节点可随时加入或退出网络。网络包括全功能节点和轻量级节点两类。全功能节点，根据本地保存的区块链副本，验证交易是否合规。轻量级节点，发起交易请求时，需要向全功能节点发送查询区块链的请求，验证交易是否合规。

比特币采用的椭圆曲线为 SEC 小组的 secp256k1 曲线[②]，参数如表 3-3 所示。

① SATOSHI NAKAMOTO. Bitcoin: A Peer-to-Peer Electronic Cash System [EB/OL]. https://bitcoin.org/bitcoin.pdf.

② CERTICOM CORP. Standards For E_ cient Cryptography [EB/OL]. http://www.secg.org/sec2-v2.pdf.

表 3-3　比特币采用的 secp256k1 曲线参数取值表

参数	参数值（16 进制形式）
p	FFFFFFFF FFFFFFFF FFFFFFFF FFFFFFFF FFFFFFFF FFFFFFFF FFFFFFFE FFFFFC2F
a	0
b	7
G	x：79BE667E F9DCBBAC 55A06295 CE870B07 029BFCDB 2DCE28D9 59F2815B 16F81798 y：483ADA77 26A3C465 5DA4FBFC 0E1108A8 FD17B448 A6855419 9C47D08F FB10D4B8
n	FFFFFFFF FFFFFFFF FFFFFFFF FFFFFFFE BAAEDCE6 AF48A03B BFD25E8C D0364141

因此，椭圆曲线 E 可表示为 E：$y^2 = x^3 + 7$，用户私钥 d 的取值密钥空间接近 2^{256} 个（$1 < d < n$），在已知公钥的前提下计算私钥的搜索空间约为 2^{128}。私钥是用户身份的唯一标志，没有私钥将导致无法使用比特币，即所拥有的比特币不可挽回地丢失。在 2013 年，一个用户由于失去私钥导致 7 500 个比特币丢失，当时价值约为 750 万美元[①]。

对于有发行机构、有中心服务节点的网络数字货币，货币的发行非常简单，可通过生成唯一的发行码，使发行机构及相关监督机构对发行码及相关信息进行确认，并用私钥签名。交易者通过查询生成码、下载发行机构和相关监督机构的公钥即可验证发行是否有效，流程可见图 3-6 所示。

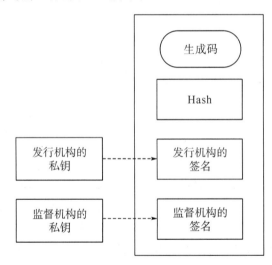

图 3-6　有发行机构、有中心服务节点的数字货币生成

然而，对于比特币这类无发行机构、无中心服务节点的对等网络，新货币的诞生通过"挖矿"得到。"挖矿"是获得事先定义好的一个数学问题的一个解的过程，该数学问题求解过程很漫长，但验证却可瞬间完成。当获得了一个相关的解，该节点新获得的解及相关信息签名建立一个块（block），并全网广播，所有的其他节点将会验证获得的解是否成立、该解是否被其他"矿工"事先发现。若解成立且未被其他"矿工"事先发现，则新的比特币诞生，比特币诞生的示意图如图 3-7 所示，

---

① CBSDC. Man Throws Away 7, 500 Bitcoins, Now Worth ＄7.5 Million［N］. Retrieved, 2014-11-23.

其中 Hash 代表散列函数。

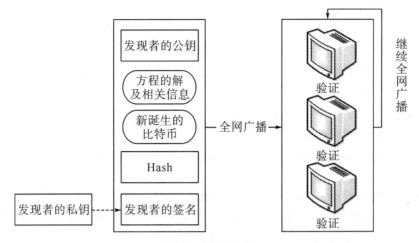

图 3-7 比特币诞生

为防止某些节点在收到验证成功后剽窃他人的劳动成果，比特币网络中全功能节点将扮演分布式"时间戳服务器"角色，提供时间证明，保障解的第一时间发现者获得奖赏的比特币。

可见，与有中心节点、有发行机构的数字货币发行方式相比，比特币的"数学方程"扮演了"发行机构"的角色，全功能节点扮演了分布式可信中心节点的角色。节点通过验证解的正常确性，确定及检查时间戳的合法性，从而确定货币发行的有效性。

加密数字货币交易过程相对简单，只需一方通过签名将数字货币转至另一方即可，对于比特币，签名算法采用 ECDSA。例如 Alice 要转一个比特币给 Bob，具体流程如图 3-8 所示。

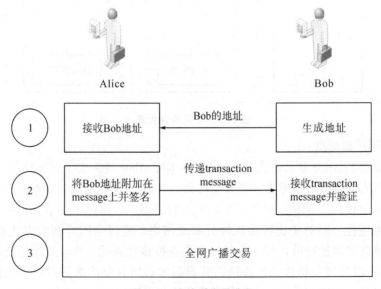

图 3-8 比特币交易流程

1. 比特币地址生成

比特币的地址生成采用两个散列函数 SHA256 和 RIPEMD-160 对公钥 T 求散列生成，如式（3.1）、（3.2）所示。

$$HASH160 = RIPEMD160[SHA256(T)] \tag{3.1}$$

$$address = base58\{0x00 \parallel HASH160 \parallel \lfloor SHA256[SHA256(0x00 \parallel HSAH160)]/2^{224} \rfloor\} \tag{3.2}$$

其中 base58 为二进制到文本的转化函数，$\lfloor x/2^{224} \rfloor$ 代表取 x 的前 224 位。可见，Bob 的比特币地址只与公钥相关，通过公钥可迅速计算出 Bob 的地址。由于散列函数的单向性，只知道地址不能反求出 Bob 的公钥，需要在网上查询或向 Bob 发送消息询问。

2. 交易消息（transaction message）生成

为保障区块链（block chain）的完整性，散列函数的输入除了包含 Bob 的比特币地址及 Alice 附加的交易消息，还包括前一个区块（block）。接下来，Alice 将利用自己的私钥签名，并附在区块（block）后面，形成区块链（block chain）中的新的 block，并链在原区块链的最后。因此，若攻击者试图修改区块链的任意交易历史，将导致完整性验证和签名验证不通过，流程如图 3-9 所示。

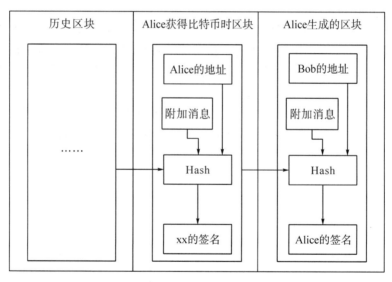

图 3-9　交易消息生成

3. 全网广播交易

交易需要当 Alice 签名将比特币转至 Bob 时，Alice 就失去了对比特币的所有权，该比特币只有通过 Bob 的签名才能发生转移。然而，Alice 可同时 Bob 和 Eve 同时签名，即"重复使用"问题。对于有中心节点的网络，可通过中心节点再次签名实现交易的不可逆性。而对于比特币这种分布式网络，通过全网广播的方式验证 Alice 是否已经事先将该比特币花掉。若已经事先花掉该比特币，Bob 及相关全功能节点将收到 Alice 花掉该比特币的区块链，并根据签名所有全功能节点均可验证证据的正确性。可见，在比特币网络中，分布式全能节点扮演交易中心的角色。

由此可见，比特币等加密数字货币能利用分布式数据库确保交易各个环节的安全性和稳定性。同时，比特币在全球的总量只有 2 100 万枚，具有稀缺性。据国外媒体报道，截至 2018 年 8 月 2 日，已经有 85% 的比特币被开采出来，这就意味着剩下待开采的比特币存量只有 15%。比特币的总量为 2 100 万枚，全球已有超过 1 750 万枚比特币被开采出来①。根据 coinmarketcap 网站的数据，目前比特币的流通量已经达到 1 912 万枚，距离达到最大供应量 2 100 万枚差近 200 万②。

比特币由于其稀缺性，势必会在未来较长一段时间内在全球范围内引起人们对其狂热的追捧和关注。因此，比特币自诞生之后的短短几年时间内迅速在全球范围内扩散开来。相较于其他国家，比特币在中国全面运行的时间较晚，但发展速度却更为迅猛。2013 年 10 月，比特币在中国市场正式投入使用，众多线上和线下投资者和投机者都对其在中国的发展潜力保持乐观的预期，不断增加对比特币的资金投入和交易频率。2013 年 11 月 19 日，比特币与人民币的兑换率高达 1∶8 000，创历史新高。比特币在中国的爆发式发展，引起了中央政府及相关金融部门的高度重视。2013 年 12 月 5 日，中央政府相关金融部门联同中国人民银行正式颁布了《防范比特币风险》的通知，明令禁止各级金融和支付机构开展与比特币相关的一切业务，包括登记、交易、支付、清算、抵押、结算等服务。在国家政府的行政管控下，从 2014 年年初起中国国内的比特币价格就一路走低，至 2015 年 8 月，比特币与人民币的兑换率已经下降至 1∶1 700。2017 年 9 月 4 日，中国人民银行、中央网信办、工商总局、工业和信息化部、银监会、证监会和保监会联合发布《防范代币发行融资风险》的公告，旨在稳定我国的经济金融秩序，打击利用代币融资的投机行为，防范化解金融风险。即自公告发布日起，各融资主体利用代币的违规发售、流通，向投资者筹集比特币、以太币等"虚拟货币"，都将被认定为未经批准非法公开融资的行为。由此，国内的比特币交易所（包括各级金融机构和第三方交易支付平台的比特币交易窗口）全部关闭，所有通过代币发行进行的融资活动（ICO）全部终止。中国对比特币等补充性货币严厉禁止的行政监管政策，大大增加了比特币与人民币的兑换难度和交易成本，比特币在中国的进一步发展遭遇了前所未有的巨大阻碍。

然而，虽然中国国内有着较严苛的政策环境，但比特币本身存在的一些优势和特征，使我们必须对其密切关注，不能忽视。从自身条件来看，比特币具有传统法定货币和其他形式的补充性货币不具备的特点和优势，如公开透明、算力民主、全球知名度和接受度高等。且作为最早诞生、最著名的数字货币，比特币开启了数字货币时代，注定要在数字货币的发展历史上记录下浓重的一笔。因此，尽管比特币的发展会存在阻碍和困难，但这些阻碍和困难也可能会变成其自身不断改进的驱动力和催化剂。当前，区块链 3.0 已经来临，随着区块链技术基础架构的不断完善，以区块链技术为基础的比特币也在随之不断完善和改进自身存在的缺陷和不足，扩

---

① 网易科技. 85% 的比特币已被开采 目前仅剩 300 多万枚比特币［EB/OL］.（2018-08-02）［2022-08-01］. https://tech. 163.com/19/0802/15/ELJ9DQA4000999LD.html.

② 琳贝贝. 2022 年有多少比特币？［EB/OL］.（2022-08-17）［2022-08-21］. https://baijiahao.baidu.com/s？id=1741374291978805724&wfr=spider&for=pc.

张比特币运行的生态圈覆盖面和运用场景范围。此外,数字货币种类繁多,自比特币出现之后,几乎每个月都会有新的数字货币诞生,如莱特币(Litecoin)、瑞波币(Ripple)、Namecoin(NMC)、Libra 币等。据不完全统计,目前的数字货币至少有上百种,且绝大部分都是以比特币为基础,通过修改比特币的代码而形成的。另一部分则是借鉴了比特币的思想,并对其算法和机制有所改进。由此可见,就算比特币经受不住禁令的打压从此消失,取而代之的也会是"能看见比特币影子"的其他类似比特币的数字货币。这本质上与比特币自身不断优化和改进的存在殊途同归,换汤不换药而已。从宏观条件来看,全球各个国家对比特币的管制态度和监管力度仍无法达成统一。2014 年 1 月,美国国会法律图书馆环球法律研究中心发布了各国对比特币监管情况的调研报告,总结了 40 多个国家或地区对于比特币的官方立场,以及是否支持比特币的使用。各个国家的态度可以分为三类:态度正面者、态度保留者和态度反对者[1]。下面将近年来对比特币持有乐观态度的部分国家的具体情况总结如表 3-4 所示:

表 3-4　部分国家对比特币持有的乐观态度具体情况

时间	国别	对比特币的支持表现	具体政策或事件
2013 年 8 月	德国	首个宣布承认比特币的合法地位的国家,并已将比特币纳入国家监管体系	宣布比特币可以当作私人货币和货币单位,比特币个人使用一年内免税,但是进行商业用途需要征税
2013 年 11 月 18 日	美国	首次公开承认比特币的合法地位	参议院国土安全及政府事务委员会召开了关于比特币的听证会,宣布比特币作为金融工具,应该被纳入监管体系
2013 年 12 月	加拿大	积极进行比特币交易业务基础设施建设,并运用于实践	世界上首个比特币 ATM 机在加拿大温哥华投入使用
2014 年 6 月	日本	给予比特币极度宽松和自由的宏观运行环境	日本执政党自民党表示,决定暂时不对比特币进行监管
2015 年 9 月	美国	部分州积极对比特币交易平台实施牌照化管理	波士顿创业公司 Circle 获得第一张比特币经营业务许可证 Bit License
2016 年 5 月	日本	对比特币的自然属性和法律属性进行了官方界定	日本首次批准数字货币监管法案,并将其定义为财产
2017 年 7 月 1 日	澳大利亚	官方通过的比特币立法正式生效	数字货币交易不再需要重复交税,在澳大利亚进行比特币交易的交易税将更低
2017 年 4 月 1 日	日本	比特币在日本合法化并支持其在国内范围内使用和推广	日本内阁签署的《支付服务修正法案》正式生效,使其可以在该国某些商品进行付款,还为比特币交易所引进了新的消费者保护要求和审计要求

---

[1] The law Library of Congress, Regulation of Bitcoin in Selected Jurisdictions [R]. January, 2014.

表3-4(续)

时间	国别	对比特币的支持表现	具体政策或事件
2017 年 7 月	日本	法律上明确支持本国企业广泛使用比特币等相关区块链产品；日本监管机构允许比特币采购免于该国 8%的销售税	电子零食商 Bic Camera Inc. 开始在部分门店接受比特币支付；航空公司 Peach Aviation Ltd. 也计划开始接受比特币预订航班；网上金融集团 SBI 控股公司开始使用区块链技术进行货币汇款；三井住友金融集团（Sumitomo Mitsui Financial Group）也开始与运用区块链技术的企业财团进行密切合作
2017 年 7 月	美国	官方逐渐认可类比特币的数字资产市场并实施全方位监管	对比特币衍生品、ICO、交易所等数字资产市场下发了一系列具体的监管政策
2017 年 7 月 25 日	美国	官方积极推进比特币衍生品市场的形成和发展	加密货币交易平台运营商 LedgerX LLC 获得美国商品期货交易委员会（CFTC）的批准，正式成为一家受美国联邦监管的合法数字货币交易所及衍生品合约清算所
2017 年 8 月	韩国	官方承认了比特币及相关数字货币的重要作用，并提出了相关监管法案，比特币的使用在韩国取得了巨大进展	韩国执政党民主党的党员兼立法者正式推出了概述比特币等数字货币监管框架的《比特币监管法案》；韩国最大三家比特币交易所共有 1.5 万亿韩元的交易，与 2016 年同期相比平均每月交易量增长 6%
2017 年 8 月 11 日	新加坡	官方正式将比特币等数字货币纳入国家监管体系，承认数字货币的重要地位	新加坡金融管理局（MAS）宣布，数字货币构成证券与期货法案（SFA）中监管的产品，其发售或发行将受金融管理局的监管
2018 年 2 月 21 日	韩国	官方立场经历了禁止到立法监督的大转变	韩国金融监督管理局局长 Choe Heungsik 对记者表示"希望看到数字资产的规范化交易，并表示该局正在朝此方向努力"
2018 年 3 月	俄罗斯	官方立场经历了禁止到立法监督的大转变，目前比特币正处于数字货币合法化的过程中	俄罗斯已完成《数字金融资产》联邦法律的初稿，对数字货币 ICO 和挖矿行为进行了合法化，并提出了相关监管措施
2018 年 3 月 2 日	澳大利亚	比特币及类比特币的交易逐渐覆盖更大的范围和空间	澳大利亚"四大行"，不会阻止客户进行比特币交易。澳洲境内 1 200 逾家报刊亭将为消费者提供比特币（Bitcoin）及以太坊（Ethereum）购买服务

数据来源：作者自行整理绘制。

97

　　由此可见，尽管在中国境内的比特币及其他数字货币的交易渠道基本上已经全部进入关闭状态，但在未来经济全球化趋势日益加剧，比特币自身也在不断改进和完善的情况下，对比特币持有乐观肯定态度和预期的这些国家，会在频繁使用比特币的过程中不断总结经验，吸取教训，积极探索能合理有效监管比特币运行全过程的方法和途径，并将这些监管经验通过它们的国际地位和影响力传播到全世界，逐渐扭转其他国家原本对比特币持有的悲观消极和谨慎怀疑的态度。随着比特币在越来越多的国家被接受和使用，其影响力和信誉度将会稳步提升。最终，比特币在全球范围内扩张和发展的趋势将成为必然，而具有明显市场优势的中国也必然会成为比特币赖以生存和发展的首选之地。2019年6月25日，《环球时报》英文版发表题为《全球数字货币竞争时代，中国不能缺席》的评论文章。文章强调，随着全球数字经济竞争时代的到来，中国产业和监管机构都有必要就数字货币进行更多对话，理解甚至鼓励数字货币。否则，中国有可能会在新的金融格局中落后。从微观条件来看，比特币在中国发展的基础条件较好，中国的投资者对比特币的投资热情较高，市场潜力巨大。尽管近年来比特币的价格有较大的下滑趋势，但在中国颁布"国五条"禁令前，比特币在中国的交易量依然居高不下，占据了全球比特币交易总量的60%~80%。2017年3月9日，比特币在中国比特币交易平台上的最新均价依然高达7 600元左右[①]。另外，虽然我国对比特币的交易有明确限制，但比特币交易平台仍然可以通过连接国外支付接口、转接国外服务器等方式保证比特币的正常流转和运营。除去比特币本身的交易业务外，这些平台还不断创造和扩充新的类比特币及相关金融业务，以发掘和拓宽比特币及类比特币等虚拟形态补充性货币的相关配套应用和盈利点，全面建立虚拟形态补充性货币的生态产业链。同时，比特币之类的虚拟形态补充性货币还具有比一般性金融工具更强的变现能力和适用范围，可以超越国界限制，实现全球范围内的流通。因此，中国政府也高度关注比特币的未来发展，并且于2017年2月正式宣布成立数字货币研究所，由央行发行中国法定数字货币。中国法定数字货币的发行，从另一个侧面证明了比特币类虚拟形态补充性货币的重要作用和地位，也间接地肯定了比特币类虚拟形态补充性货币在中国具有强大发展潜力的事实。而法定货币的产生和推广，必然也会借鉴比特币的运行经验，甚至有可能会将改良版的比特币纳入法定数字货币的体系中以实现在全球范围内与其他国家货币的无缝对接。

与此同时，比比特币更高级的密码支付方式也在世界各国悄然孕育，但它们目前在中国几乎没有适合生长的土壤。对于比特币的存在，中国都需要经历很长的接受期和适应期，其他更高级的密码支付方式则需要耗费更久的时间。因此，更为高级形态的密码支付方式要在中国迅速扩张和发展，在当前阶段几乎是不可能的。这需要有待比特币类虚拟形态补充性货币发展日趋成熟且中国形成较为成熟的监管体系和风险防控应急措施之后，方能大力运用和推广。

因此，在密码支付这类补充性货币的监管过程中，除了传统的方法、政府的保障、制度的约束之外，还必须特别注重在技术层面加强监管工作，同时加强创新性监管模式的建立健全。中国人民银行印发的《金融科技（FinTech）发展规划（2019-2021年）》（银发〔2019〕209号）强调，到2021年，我国应实现金融与科技深入融合、协调发展，金融安全管理制度基本形成，金融风险技防能力大幅提高，金融风险防范长效机制逐步健全，金融风险管控水平再上新台阶，金融科技监管基本规则体系逐步完善，金融监管效能和金融机构合规水平持续提升的目标[②]。

① 数据来源：火币网官方网站，https://www.huobi.com/.

② 人民银行网站.中国人民银行印发《金融科技（FinTech）发展规划（2019—2021年）》［EB/OL］.（2019-08-3）［2022-08-01］. http://www.gov.cn/xinwen/2019/08/23/content_5423691.htm.

显然，对密码支付类补充性货币的监管是我国未来亟需关注和研究的焦点。

（四）Libra

Libra 是全球首家大型网络巨头 Facebook 新推出的虚拟加密数字货币，与比特币等投机性资产不同，它是一种由资产储备支持的数字货币，它并不追求对美元汇率的稳定，而是追求实际购买力相对稳定。其创立的愿景是作为一款全球性的数字原生货币，集稳定性、低通胀、全球普遍接受和可互换性于一体，推行金融普惠，主要功能是面向支付和跨境汇款。

Libra 有潜力向 Facebook 既有的 24 亿用户群开放，促使他们在全球范围内采用 Libra 代币开展交易。除了 Facebook 之外，Visa、Mastercard、Paypal、Uber 等机构都参与其中。Facebook 将有机会改变变现方式过度依赖广告（98.5%）的现状，并进一步提升其作为数字 App、数字网站和电子商务开源工具提供者的地位。

作为一个符合互联网时代特点的超越主权范围的加密数字货币，Libra 的崛起，必然会对各国的货币政策、金融监管、金融安全、世界货币格局、甚至国际政治经济竞争格局带来不可估量的巨大影响。

美国住房和城市事务委员会主席、众议员 Maxine Waters，此前曾呼吁 Facebook 暂停对 Libra 的工作，直到国会和监管机构有机会仔细审查该提议。Maxine Waters 在写给共和党同僚 McHenry 的信中表示，Facebook 应停止 Libra 网络的开发，直到举行听证会。她认为，随着 Facebook 宣布创建加密货币以来，其不受限制地扩张，并计划将其覆盖范围扩展到其用户的生活中。然而对于加密货币没有明确的监管框架来为投资者、消费者和经济提供强有力的保护。

McHenry 则回应表示："关于项目的范围和规模以及它如何符合我们的全球金融监管框架，存在许多悬而未决的问题。作为政策制定者，我们有责任了解天秤币（libra）项目。我们需要超越谣言和猜测，并提供一个评估该项目的论坛及其对全球金融体系的潜在的巨大影响。"

我们认为，"Libra"的崛起，对世界社会经济带来的影响至少有以下三个方面：

第一，重塑支付行业。新一批玩家将在数字世界搭建一个新舞台。当前有一场争论经久不息，那就是"谁最终将会成为移动市场的关键金融服务提供商？"而 Libra 生态系统则可能会导致这些争论变得过时，直接抢了大部分金融中介机构的饭碗。

第二，降低部分主权政府的资本管制能力，影响新兴市场国家的货币主权地位。作为一篮子国际货币和金融资产，加密货币 Libra 具有协助企业、个人前往资金安全港渠道（"资金安全出逃"）的潜力。有些渠道和市场会以 Libra 为计价货币，这可能会突破央行采用基于资本管制的货币政策，尤其是在资本项目还未完全开放的新兴市场国家。稳定币和加密资产在某些国家同样发挥这一作用，在某些采用资本管制的国家，数字货币交易所的汇率与官方外汇牌价之间的价差就可说明这一点。

第三，可能会强化美元统治地位，挤压人民币国际化的空间。因为美元是国际贸易、投资、储备中需求量最大的高信用等级货币，且实测数据表明美元在过去 50 年间通货膨胀的波动率是最低的，即拥有最稳定的购买力。目前多数商业机构发行的数字货币实质上是在借用美元的购买力，若这些数字货币得到广泛使用，将挤压人民币国际化的空间。

综上，上述的几种典型补充性货币，各有特点和优势。各国也都开始密切关注各类补充性货币的发展情况，并致力于运用补充性货币的优势，为各国的金融发展服务。

总的来说，补充性货币在新中国的运用实践有较长的历史。1955 年新中国粮票的发行，被认为是实体形态的补充性货币在新中国的最早应用。实体形态的补充性货币，在新中国的经济发展过程中，曾扮演过十分重要的角色。当前，随着补充性货币的演变和发展，形态各异的补充性货币不断在中国出现，虚拟形态的补充性货币更是通过互联网积极影响着中国的金融市场。特别是在当前，中国的很多企业在"走出去"战略中，逐渐意识到虚拟形态的补充性货币对企业国际化的重要作用，于是纷纷效仿外国企业，大力推广和发行补充性货币，希望将补充性货币在海外的扩张作为自身国际化的一个重要途径。虚拟形态的补充性货币在外国具有较长的发展历史，但其在当代中国的发展历史相对较短，且处于不成熟的探索期，有待进一步自我完善和扩张。因此，在国际补充性货币如火如荼的发展浪潮中，补充性货币在当前中国的发展和扩张是历史的必然存在，也是不可避免的趋势。

第三节　补充性货币的职能

有学者认为，补充性货币扩张造成的金融虚拟性演进，是通过储蓄动员功能、托宾效应、流动性功能及资产负债表效应来扩大的，但同时也扩大了风险[1]。我们认为，补充性货币之所以有此双重效应，归因于它本身具有的职能。众所周知，根据马克思的理论，货币具有价值尺度、流通手段、贮藏手段、支付手段和世界货币五大职能。但需要注意的是，马克思这里所说的货币，是指法定货币。然而，较之于法定货币，补充性货币的职能则更为丰富。由于补充性货币的种类繁多，各具特点，因而，每类补充性货币的职能都不尽相同。但是，无论补充性货币的职能存在怎样的差异，只要是补充性货币，则一定或多或少具备补充或替代法定货币部分或全部职能的特点，甚至还具备法定货币没有的新职能。

一、补充性货币的职能新解

补充性货币的职能，与法定货币存在着共性，也存在着差异性。无论是补充性货币，还是法定货币，既然都属于货币，必然要具备货币的共同特征和属性。因此，补充性货币肯定会具备作为货币的基本职能，这即是与法定货币在职能上存在的共性。然而，补充性货币与法定货币也存在着很多不同，而这些不同，必然会表现在职能的差异上。那么，补充性货币有哪些职能呢？

---

[1]　白钦先，沈军，张荔. 金融虚拟性理论与实证研究 [M]. 北京：中国金融出版社，2010：12.

如前所述，我们认为，从补充性货币的定义可知，补充性货币的职能主要可以分为替代性职能和补充性职能两类。

（一）替代性职能

补充性货币的替代性职能，主要是指补充性货币具有替代法定货币相关职能的职能。由于法定货币的职能主要包括价值尺度、流通手段、支付手段、贮藏手段、世界货币五类，补充性货币的替代性职能也就体现在对法定货币这五大职能的替代上。同时，需要强调的是，补充性货币的种类很多，但不是每种补充性货币都具备法定货币的所有货币职能。通常的情况是，每类补充性货币具有部分法定货币的职能。不同的补充性货币有着不同的特点，对法定货币这五大职能的替代性有着程度上的差异。即是说，有的补充性货币的替代性强，有的补充性货币的替代性弱。

1. 流通手段

货币充当商品交换媒介的职能。在商品交换过程中，商品出卖者把商品转化为货币，然后再用货币去购买商品。在这里，货币发挥交换媒介的作用，执行流通手段的职能。货币充当价值尺度的职能是它作为流通手段职能的前提，而货币的流通手段职能是价值尺度职能的进一步发展。

货币作为流通手段，在商品流通过程中，不断地当作购买手段，实现商品的价格。商品经过一定流通过程以后，必然要离开流通领域最后进入消费领域。但货币作为流通手段，却始终留在流通领域中，不断地从购买者转移到出卖者手中。这种不断的转手就形成货币流通。货币流通是以商品流通为基础的，它是商品流通的表现。货币作为流通手段，需要有同商品量相适应的一定的数量。

我们认为，补充性货币也具有和法定货币相同的流通手段职能。而补充性货币的流通手段职能，是所有补充性货币都具有的基本职能。只要补充性货币进入流通领域，就能够和法定货币一样进行货币的周转和循环，从而完成商品的交易。但是，补充性货币充当流通手段时，其流通的范围和流通的速度，与受众对补充性货币的接受和信赖程度有关。若此类补充性货币在某地区的接受度和认可度很高，则流通速度快、流通范围广，交易效率高，反之亦然。因此，不同类型的补充性货币，在不同的地区，面对不同的受众，接受度和认可度会有较大的差异。这也直接决定了不同类型的补充性货币在不同地区作为流通手段的效果会具有明显差异。

2. 价值尺度

价值尺度是用来衡量和表现商品价值的一种职能，是货币的最基本、最重要的职能。货币作为价值尺度，就是把各种商品的价值都表现为一定的货币量，以表示各种商品的价值在质的方面相同，在量的方面可以比较。各种商品的价值并不是由于有了货币才可以互相比较，恰恰相反，只是因为各种商品的价值都是人类劳动的凝结，它们本身才具有相同的质，从而在量上可以比较。货币产生以后，一切商品的价值都由货币来表现，商品价值的大小就表现为货币的多少。商品的价值量由物化在该商品内的社会必要劳动量决定。但是商品价值是看不见、摸不到的，自己不能直接表现自己，它必须通过另一种商品来表现。在商品交换过程中，货币成为一般等价物，可以表现任何商品的价值，衡量一切商品的价值量。货币作为价值尺度衡量其他商品的价值，把各种商品的价值都表现在一定量的货币上，货币就充当商品的外在价值尺度。而货币之所以能够执行价值尺度的职能，是因为货币本身也是商品，也是人类劳动的凝结。可见货币作为价值尺度，是商品内在的价值尺度即劳动时间的表现形式。

我们认为，不是所有的补充性货币都具有价值尺度的职能。在货币的发展历史上，很多实物商品（如贝壳、羽毛、斧头等）均做过一般等价物，后来又被其他的实物商品所替代。这些曾经充当过一般等价物，后来又被其他实物商品替代的实物商品，可以看作某一阶段、某一时期、某一区域内的补充性货币。它们自然是具有价值尺度职能的。但是，当它们被其他一般等价物替代后，这些补充性货币的价值不再，而自身又没有价值，因此也不再具备价值尺度职能。此外，黄金作为一种特殊的货币，在黄金本位制时期，它作为法定货币履行着价值尺度的职能；在金本位制被废除之后，黄金仅作为国际储备和财富资产存在，转变为了补充性货币。然后，在某些落后的地区，黄金仍然作为主要的交易工具和一般等价物。因此，实物类贵金属形式的补充性货币仍然具有价值尺度职能。此外，消费券（无论实物还是虚拟形态）的使用，均是在特定的背景和环境下（如爆发战争、自然灾害等）。在这些特殊情况下，消费券能替代法定货币履行其职能，自然也具备价值尺度职能。但这些消费券脱离了特定的时间和空间，它们的价值尺度职能也随之消失。提及其他类型社区货币（如保姆券、时间货币等），也均是在特定区域内实现补充和替代法定货币职能作用的，在特定的时间和空间，也具备价值尺度职能，但脱离了限定的条件，价值尺度职能会随之消失。从这个意义上来说，有些类型的补充性货币，只能在特定的空间和时间条件下，才具备价值尺度职能。

另外，有一些补充性货币的价值是盯住法定货币为锚的，比如比特币在市场上可以按照一定的价格兑换成不同国家的法定货币。而比特币的市场价格波动很大，时高时低，其价格的变化受到受众的预期、政府的法规、比特币的信誉度等因素的影响。类似比特币的其他虚拟形态的补充性货币（如以太坊、Libra 等），更是通过互联网，以区块链技术为支持，直接参与到金融活动中，与法定货币进行竞争和抗衡，自然也具有价值尺度的职能。此外，游戏币或网络币（如 QQ 币等）也是盯住法定货币为锚的虚拟性补充性货币，它们也具有价值尺度职能。

但是，还有一些类型的补充性货币本身不具有价值，且不以法定货币为锚，独立于法定货币的价值体系之外。这些补充性货币则不具有价值尺度职能。

3. 贮藏手段

货币退出流通领域充当独立的价值形式和社会财富的一般代表而储存起来的一种职能。货币能够执行贮藏手段的职能，是因为它是一般等价物，可以用来购买一切商品，因而货币贮藏就有必要了。货币作为贮藏手段，是随着商品生产和商品流通的发展而不断发展的。在商品流通的初期，有些人就把多余的产品换成货币保存起来，贮藏金银被看成是富裕的表现，这是一种朴素的货币贮藏形式。随着商品生产的连续进行，商品生产者要不断地买进生产资料和生活资料，但他生产和出卖自己的商品要花费时间，并且能否卖掉也没有把握。这样，他为了能够不断地买进，就必须把前次出卖商品所得的货币贮藏起来，这是商品生产者的货币贮藏。随着商品流通的扩展，货币的权力日益增大，一切东西都可以用货币来买卖，货币交换扩展到一切领域。谁占有更多的货币，谁的权力就更大，贮藏货币的欲望也就变得更加强烈，这是一种社会权力的货币贮藏。货币作为贮藏手段，可以自发地调节货币流通量，起着蓄水池的作用。当市场上商品流通缩小，流通中货币过多时，一部分货币就会退出流通界而被贮藏起来；当市场上商品流通扩大，对货币的需要量增加时，有一部分处于贮藏状态的货币，又会重新进入流通。

众所周知，法定货币如果是实在的、足值的金属货币，由于其本身就具有价值，因此使用者有充分的动机和意愿保存和贮藏。法定货币如果是纸币，必须确保发行纸币的国家信用强大，纸币能代表相应的金属量，能保持稳定的社会购买力。纸币如果发行量过多，就无法保持它原有的购买力，人们就不愿意保存它。可见，即使法定纸币能执行贮藏手段的职能，也是有条件的，并且是不稳定的。相应的，并不是所有的补充性货币都具有贮藏手段职能。能充当贮藏手段的补充性货币，也必须具有稳定的社会购买力，能代表一定的价值。只有具备这样的条件，使用者才有动机和意愿保存它。然而，补充性货币要能充当贮藏手段，就必然被受众广泛接受和认可，有较高的信用度或者独特的价值（如收藏价值、纪念价值等）。比如，1999年，日本政府为了刺激泡沫经济后多次减税仍低迷不振的民间消费活动与照顾弱势族群，首相小渊惠三宣布针对符合发放条件的特定族群发放名为"地域振兴券"的消费专用券，每张面额 1 000 日元，受领者每人 2 万日元，总额约发放 6 194 亿日元，使用期限为半年，自 1999 年 4 月 1 日至 9 月 30 日为止。出人意料的是，有些地域振兴券印制得过于精美，出现了民众争相收集而不拿去消费的现象，例如在日本漫画家青山刚昌出生地鸟取县大荣町发行印有名侦探柯南的地域振兴券。再如，比特币的货币系统曾在 4 年内只产生了不超过 1 050 万个，之后的总数量将被永久限制在 2 100 万个。因此，由于比特币的总数量有限，很多使用者对其有限性和稀缺性产生了乐观预期，收藏比特币的风潮盛行。

但是，有一些补充性货币，如游戏币、网络公司虚拟币等，受众有限，且并不具有长期持有的保值功能和价值，并不具有贮藏手段的职能。随着游戏公司和网络公司的倒闭、破产，这些公司发行的补充性货币也没有用武之地，失去了保存的必要性，也会逐渐被大众遗忘。

4. 支付手段

货币作为独立的价值形式进行单方面运动（如清偿债务、缴纳税款、支付工资和租金等）时所执行的职能。

货币作为支付手段的职能是适应商品生产和商品交换发展的需要而产生的。因为商品交易最初是用现金支付的。但是，由于各种商品的生产时间是不同的，有的长些，有的短些，有的还带有季节性。同时，各种商品销售时间也是不同的，有些商品就地销售，销售时间短，有些商品需要运销外地，销售时间长。生产和销售时间上的差别，使某些商品生产者在自己的商品没有生产出来或尚未销售之前，就需要向其他商品生产者赊购一部分商品。商品的让渡同价格的实现在时间上分离开来，即出现赊购的现象。赊购以后到约定的日期清偿债务时，货币便执行支付手段的职能。货币作为支付手段，开始是由商品的赊购、预付引起的，后来才慢慢扩展到商品流通领域之外，在商品交换和信用事业发达的资本主义社会里，日益成为普遍的交易方式。

在货币被当作支付手段的条件下，买者和卖者的关系已经不是简单的买卖关系，而是一种债权债务关系。等价的商品和货币，就不在售卖过程的两极同时出现了。这时，货币首先是当作价值尺度，计量所卖商品的价格。第二，货币是作为观念上的购买手段，使商品从卖者手中转移到买者手中时，没有货币同时从买者手中转移到卖者手中。当货币作为支付手段发挥职能作用时，商品转化为货币的目的就起了变化，一般商品所有者出卖商品，是为了把商品换成货币，再把货币换回自己所需要的商品；货币贮藏者把商品变为货币，是为了保存价值；而债务者把商品变为货币则是为了还债。货币作为支付手段时，商品形态变化的过程也起了变化。从卖者方面来看，商品变换了位置，可是他并未取得货币，延迟了自己的第一形态变化。从买者方面来看，在自己的商品转化为货币之前，完成了第二形态变化。在货币执行流通手段的职能时，出卖自己的商品先于购买别人的商品。当货币执行支付手段的职能时，购买别人的商品先于出卖自己的商品。作为流通手段的货币是商品交换中转瞬即逝的媒介，而作为支付手段的货币则是交换过程的最终结果。货币执行价值尺度是观念上的货币，货币执行流通手段可以是不足值的货币或价值符号，但作为支付手段的货币必须是现实的货币。

货币作为支付手段，一方面可以减少流通中所需要的货币量，节省大量现金，促进商品流通的发展。另一方面，货币作为支付手段，进一步扩大了商品经济的矛盾。在赊买赊卖的情况下，许多商品生产者之间都发生了债权债务关系，如果其中有人到期不能支付，就会引起一系列的连锁反应，"牵一发而动全身"，使整个信用关系遭到破坏。例如，其中某个人在规定期限内没有卖掉自己的商品，他就不能按时偿债，支付链条上某一环节的中断，就可能引起货币信用危机。可见，货币作为支付手段以后，经济危机的可能性也进一步发展了。

从货币作为支付手段的职能中，产生了信用货币，如银行券、期票、汇票、支票等。随着资本主义的发展，信用事业越展开，货币作为支付手段的职能也就越大，以致信用货币占据了大规模交易的领域，而铸币却被赶到小额买卖的领域中去。

我们认为，不是所有的补充性货币都具有支付手段的职能。一定具有支付手段职能的补充性货币是实物形态或虚拟形态的证券和信用货币（如股票、债券、时间货币等）。具有支付手段职能的补充性货币必须具备较高的信用度和被接受度，受众人数要多，覆盖面要广。然而，一些本身没有价值，且不具备较多受众和信用度的补充性货币，则不具有支付手段职能。

5. 世界货币

货币在世界市场上执行一般等价物的职能。由于国际贸易的发生和发展，货币流通超出一国的范围，在世界市场上发挥作用，于是货币便有世界货币的职能。作为世界货币，必须是足值的金和银，而且必须脱去铸币的地域性外衣，以金块、银块的形状出现。原来在各国国内发挥作用的铸币以及纸币等在世界市场上都失去作用。

在国内流通中，一般只能由一种货币商品充当价值尺度。在国际上，由于有的国家用金作为价值尺度，有的国家用银作为价值尺度，所以在世界市场上金和银可以同时充当价值尺度的职能。后来，在世界市场上，金取得了支配地位，主要由金执行价值尺度的职能。

世界货币除了具有价值尺度的职能以外，还有以下职能：①充当一般购买手段，一个国家直接以金、银向另一个国家购买商品。②作为一般支付手段，用以平衡国际贸易的差额，如偿付国际债务，支付利息和其他非生产性支付等。③充当国际财富转移的手段。货币作为社会财富的代表，可由一国转移到另一国，例如，支付战争赔款、输出货币资本或由于其他原因把金银转移到外国去。在当代，世界货币的主要职能是作为国际支付手段，用以平衡国际收支的差额。

作为世界货币的金银流动是二重的：一方面，金银从它的产地散布到世界市场，为各个国家的流通领域所吸收，金银可充作装饰品、奢侈品的材料，并且凝固为贮藏货币。这个流动体现了商品生产国和金银生产国之间劳动产品的直接交换。另一方面，金和银又随着国际贸易和外汇行情的变动等情况，在各国之间不断流动。

为了适应世界市场的流通，每个国家必须贮藏一定量的金银作为准备金。这笔世界货币准备金随着世界市场商品流通的扩大或缩小而增减。在资本主义国家，银行中的黄金储备，往往要限制在它的特殊职能所必要的最低限度。过多的货币贮藏，对于资本是一个限制，而且在一定程度上也表示商品流通的停滞。

我们认为，补充性货币的世界货币职能，只在某些类型的补充性货币上体现了一部分。比如，比特币是目前世界上最受关注的补充性货币，也是受众最广、覆盖面最大的补充性货币。它跨越了国界在全球范围内流通，从这个意义上来看，比特币具备了世界货币的部分职能（流通手段、支付手段、价值尺度、贮藏手段）。但是，还有绝大部分补充性货币仅局限在特定时期、特定区域和特定场景使用，并没有突破国界的限制，也没有履行世界货币职能的机会和动机。

（二）补充性职能

如前所述，补充性货币的补充职能，是指补充性货币有着法定货币不具备的一些特殊职能，能在特定范围、特定条件、特定时间起到补充法定货币职能缺失、在特定时期替代法定货币运行，稳定社会经济秩序的作用。补充性货币的种类繁多，但正因为补充性货币的种类多，众多的补充性货币交织在一起，不仅能替代法定货币的所有货币职能，还能具备法定货币没有的新职能。从这个意义上来说，补充性货币的功能和适用性，比法定货币更加强大。因此，补充性货币的一个非常典型、明显的职能，就是其补充性。补充性货币的具体补充职能包括如下方面：

1. 公益互助职能

补充性货币的一个最大的特点，是在法定货币由于某些原因无法正常运行的情况下，它们能补充和替代法定货币的相关职能，保证社会经济的稳定。补充性货币就是在特定的区域内，针对特定群体，表达其利益诉求和政策主张，通过积极的倡导活动影响政策过程而产生的。这类补充性货币以倡导和推动社会发展、参与社会治理、表达意愿、维护权益、协调关系、化解矛盾为目标，"激活凝聚分散性价值、个人能力特长优势互补、全民资源聚合分配互助"为理念，通过有形资源和无形资源（知识、能力、经验）的整合、共享和重新分配，为特定区域内急需帮助和支持的群体提供相关的物资和循环的实质性帮助。这类补充性货币的发行和使用，带有明确的公益性与普惠性，与各级政府和相关各个领域的政府公共服务相辅相成，在很大程度上成为政府公共服务的有益补充。具有公益互助职能的典型例子就是社区货币。无论是实体形态还是虚拟形态，社区货币产生的初衷，都是为了在特定社区内部构造一个独立于法定货币以外的补充性货币体系。在这个体系内部流通和循环的社区货币，只对社区内部成员开放使用权限，社区成员可以根据为社区作出的贡献度来获取社区货币，也可以通过互助互帮的方式，兑换和交换社区货币。美国国会山公司的"保姆券"就是一个实例。

当然，不是所有的补充性货币，都具有公益互助的职能。是否具有这一职能，是要看补充性货币的发行者的发行动机和目标。具有公益互助职能的补充性货币往往产生在特定区域、特殊时期，具有明确的公益目标和服务动机。但是，补充性货币的公益互助职能，的确是法定货币不具备的新职能。

2. 扶贫救济职能

补充性货币的另一个新职能，是在经济不景气的情况下，补充和替代法定货币的部分或全部职能，将社会资源合理分配，在短期缓解特定弱势群体的生活困难，提振消费，维护社会稳定。这类补充性货币的产生，也往往在特定的时期，有着明确的扶贫救济动机。消费券（实体形态或电子形态）则是此类补充性货币的典型例子。消费券是专用券的一种，根据发行者的身份、救济的目标、受众的群体的不同，也分为不同的子类型。虽然消费券也可以由企业发放，但更多的时候消费券是政府使用财政资金发放的公益性、红利性消费券，将振兴消费与扶贫救济相结合，以增加民众福利，稳定民心，扶助需要帮扶的群体渡过困难时期，进一步带动生产与投资等活动的成长，加速经济的复苏。

当然，不是所有的补充性货币均具有扶贫救济职能。要具备扶贫救济职能，补充性货币必须是用于特定的弱势群体，且发行者的扶贫救济的目标明确，发行的补充性货币能有强大的物质基础支持和信用保证。

二、补充性货币与法定货币职能的比较

相较于法定货币，补充性货币的职能有如下变化和特点：

1. 从最初单纯依赖法定货币作为自身的价值尺度，逐渐演变为具有独立的价值尺度和体系，发挥在特殊时期能替代和补充法定货币的作用。从补充性货币的发展历程来看，补充性货币最初的发行，旨在应对自然灾害、战争或其他因素造成的经济衰退或低迷，弥补法定货币缺陷，重树消费者的信心，促进国家经济的复苏。之所以它有这种作用，是在于其本身的价值体系是部分乃至全部脱离法定货币以外的。在补充性货币发展的初期或中期，还有一部分补充性货币是以法定货币的价值为衡量标准的。但随着补充性货币的发展逐渐走向成熟，补充性货币已经建立起与法定货币并行的独立的价值体系，且这种价值体系以互联网和高科技为载体，具有可行性和可持续性。因此，当出现经济危机等突发事件时，补充性货币的价值体系不会受到法定货币的冲击和影响，在适当的时候就会起到替代和补充法定货币、执行货币职能、稳定经济和国家信用的作用。

2. 补充性货币的发行呈现多元化、分散化和去中心化的特点，在很大程度上增加了补充性货币在形态上的多样性和流通中的灵活性。大部分补充性货币的发行者都是非国家的机构、企业甚至私人，包括慈善机构、地方性企业、社区等。这些发行者因为私人目的或公众动机，自愿面向社会发行并管理不同形态的补充性货币，鼓励补充性货币在特定区域内的流通和良性循环。由于发行者的多元化，在市场上流通的补充性货币也存在多样性。同时，由于市场上的发行者众多，且分布在不同的地区范围内，他们所发行的补充性货币也主要在当地使用和流通，因此补充性货币的分布也呈现分散化。另外，由于补充性货币大部分都是由非国家机构发行和管理，国家不具有对补充性货币的直接控制力和垄断权，经济主体在使用补充性货币从事经济活动时，也不一定必须通过国家获得所需要的补充性货币。国家就不再是金融市场的唯一中心，只要是实力雄厚、信用度高的补充性货币发行者，都可能成为金融市场的中心和焦点。因此，补充性货币的去中心化，将非国家发行者与国家放在了平等的地位上，两者之间存在着共生、合作、竞争的关系，互相制约又互相促进，共同推进着补充性货币体系的发展。对于消费者来说，国家也不再是唯一能获得交易媒介的渠道，他们能更加自由地选择和支持他们更看好的发行者，市场机制将比国家行政发挥更大的作用。谁的信用度更高、影响力更大，覆盖范围更广，使用者更多，那么谁发行的补充性货币就会在市场上更受欢迎，更具有生命力。

3. 补充性货币的发行、流通、适用范围、适用对象、存在形式、功能、运行规则等都是建立在发行者的信用基础上。纵观货币发展的历史，货币的购买力取决于货币的价值、而货币的流通能力则取决于货币的信用程度。与法定货币不同，补充性货币不具有强制性，它的运行模式和生态体系都是建立在平等自愿的基础之上。在一种补充性货币诞生之前，发行者会准备大量的实物商品和服务作为补充性货币发行的物质基础，并和参与者进行多次协商。在协商过程中，发行者负责制定补充性货币的价值标准和流通规则，参与者自愿接受并严格执行。这种由经济主体协商并接受执行的规则，形成了强大的社会信用和社会约束力。这种社会信用，也决定了补充性货币的价值和流通能力是可持续的。同时，发行者的信用等级以及在金融市场中的实力，可以决定其所发行的补充性货币的具体形式和功能，从而使其发行的补充性货币具有灵活可控、量力而行且有针对性、计划性的特征。发行者的信用等级越高，所发行的补充性货币的普及能力就越强，社会信用度就越高，流通覆盖范围就越广。发行者的信用等级较低，所发行的补充性货币就只能在很有限的空间范围内运行。于是，补充性货币存在的金融风险由于使用地域的有限性，传导机制在空间范围受阻，地域之间遭受感染和风险恶化的概率较法定货币也就大大降低。与此同时，由于法定货币是以国家信用为基础的，在当国家信用存在危机时（如希腊等国的债务危机），补充性货币就可以作为与法定货币并行的独立货币体系，解决法定货币存在的信用危机。当然，补充性货币在现阶段由国家发行的案例较少，

107

但也有国家政府承认并鼓励发行补充性货币的情况，如泰国的 Merit 和日本的地域振兴券等。随着补充性货币的不断发展，未来以国家政府公开发行补充性货币作为法定货币的补充形式的可能性将逐渐增大。

4. 补充性货币作为法定货币的补充和附属形式，能在特殊的条件下满足被法定货币忽略掉的各种社会需求，弥补法定货币在市场交易中存在的功能缺陷，从而增加交易的发生频率和成功率。比如，社会弱势群体（包括残疾者、失学青少年、文盲、鳏寡老人、失业妇女、贫困农民工、曾有犯罪记录的改过自新者等）由于自身条件和特殊情况，缺乏生活来源，又难以寻找到合适的职业。这些人中的大部分有着强烈的劳动需求和工作欲望，但由于多种原因无法被工作岗位接纳，只能长期处于失业潦倒的状态。这些群体的无所事事，不仅造成社会可使用劳动力的大量浪费，还会造成很多社会矛盾和危机。某些特定形式的补充性货币（如社区货币、时间货币等）的发行，旨在专门为这些人群提供就业机会。这些人群可以在指定的特殊市场上从事力所能及的劳动，为当地有需要的公众提供商品或劳务（如自制手工商品、家政服务等），从而获得补充性货币后再在特殊市场上换取生活资料。再如，在地震受灾地区，生活用品和物资严重匮乏，商品的价格飞涨，法定货币贬值，经济萧条，人心浮动。一些地方政府或公司，发行一定数量的消费券（实物形态的补充性货币），让人们使用消费券来换取需要的生活用品和物资。这种方式既稳定了经济秩序，有效地控制了物价水平，也能有限制、有计划地向受灾群众给予救助。另外，补充性货币还能在丰富广大人民群众文化娱乐生活、教育、医疗、保险、社会保障、旅游等方面发挥功能，提高国家及地方政府的运行效率。补充性货币的这些功能，正是法定货币不具备的，也是社会和市场都不可或缺的。

5. 补充性货币的产生和长期存在，更来源于整个社会的伦理道德观。伦理道德是一个社会的意识形态，是一种社会秩序和规制好坏的衡量标准，是社会发展到高级阶段的一种文明的象征。休谟认为，道德来源于社会内部成员之间形成的共识（稳定、通用、统一的观点）。共识建立在社会公众普遍且稳定存在的基础上，实现了私人利益与公众利益、短期利益和长远利益之间的和谐统一。补充性货币起初是属于互助型信用货币，产生于特殊的经济困难时期且非强制性发行，同时也是建立在参与成员之间所达成的共识基础之上，更好地促进了货币供需双方之间的合作共赢关系以及参与成员内部和谐文明氛围的形成。以补充性货币为交易媒介所形成的有限空间和范围内的参与成员都是自愿加入，共同解决地区范围内的居民福利、社会保障体系、劳动工资报酬、生活质量提高等问题，这也充分体现了参与成员之间凭借补充性货币所形成的互助友爱、合作和谐的共生关系。各参与成员都自觉遵守补充性货币运行的游戏规则，明确合作的积极意义，有着共同的目标和道德理想，因此有着较为完善的管理和约束体系。总的来讲，补充性货币旨在协调和解决社会矛盾和利益冲突，促进社会文明建设，树立"互信、互助、共赢、和谐"的良好社会氛围，建立共同意识，维护社会秩序，避免社会动荡和潜在危机。也就是说，补充性货币的发展，标志着社会的文明程度和社会和谐度，是有利于社会稳定团结、互助友爱、互信互利的途径。可以说，一个社会是否具有较高尚的伦理道德观，可以将在市场上流通的补充性货币类型及运作模式作为一个观测标准。

6. 大多数传统的补充性货币可以自行调节供需比例，一般不会引发通货膨胀，同时对通货膨胀还有抑制作用，可以成为国家政府宏观调控的有效工具。由于国家是法定货币的唯一发行者，出于国家政治、经济、社会综合利益的考量，国家对法定货币的供给量会有绝对的控制权，有时甚至会作出违背市场规律的决策。此外，由于市场供求变动频繁，国家的宏观调控政策效果具有滞后性，无法实现法定货币供给量与市场需求量的完全零误差。再加上国家政府为了减轻政府支出和债务压力，本身就具有超发货币的天然冲动，通货膨胀就成为一种经济常态。然而，如果通货膨胀的程度超过了国家政府的控制能力范围，就会造成严重的经济危机。然而，与法定货币不同，补充性货币的发行数量是有一定限制的，在参与成员使用补充性货币进行交易时，随着资产的增加，相对应的负债也会在每笔交易中同时产生，确保补充性货币的良性循环和流通。另外，补充性货币的发行者众多，决定了补充性货币的种类和形式繁多，使用者有更多的选择，这也保证了补充性货币不会存在绝对的垄断优势。此外，补充性货币的发行，有实物商品和服务的支持，且每次发行都有很强的计划性，能保证补充性货币在市场上的可控性。为了易于运用最高端、最先进的科学技术，补充性货币的更新换代也很迅速，因此使用者除非有特殊情节，一般不会对其进行储存，这样也就能保证金融市场上补充性货币的强流动性和总量的相对稳定性，而使用补充性货币发生通货膨胀的风险也会进一步降低。

7. 相较于法定货币，补充性货币在流通和使用过程中的交易成本要低很多，也不会产生利息。法定货币有国家信用和强制命令作为保证，具有垄断优势，因此在从事金融活动（如借贷）时需要支付利息。然而，补充性货币的发行建立在非国家的信用基础上，发行量、规模、形式都可能随时改变。因此，补充性货币不存在稀缺性问题，来源和渠道很多，不同补充性货币之间存在着较大的竞争。补充性货币的价值和购买力，依靠的是使用者的接受和认可，因此，它们需要不断扩大自身影响力和覆盖范围，也会鼓励更多的公众使用和流通。所以，补充性货币的交易成本很低，不会产生利息，这也自然规避了私人因为追求更多的货币利息而人为制造的金融风险。因此，补充性货币所建立的独立货币体系和友好互助的金融环境，具有交易成本低、安全性高、稳定性好、流通能力强等特点。

8. 补充性货币不一定完全具有法定货币的五大货币职能（价值尺度、流通手段、储藏手段、支付手段和世界货币），但也具有法定货币所不具备的新的职能，如补充性职能、公益互助职能、扶贫救济职能等。也正是因为具有这些新的职能，补充性货币在金融市场上才能发挥出替代或补充法定货币的作用。处于初级或中级发展阶段的补充性货币，由于仅在某一特定地区或社区发行和流通，故没有世界货币的货币职能。同时，大部分的实体社区货币，如消费券、劳动券等，也不具备储藏手段职能。但是，随着补充性货币的不断发展，流通在金融市场中的补充性货币的使用者越来越多，使用范围也随之扩大。补充性货币可以由国家政府发行，甚至在互联网的催化下跨越国界流通。一些补充性货币的使用者，可能会因为某种补充性货币的数量有限、制作品质精良等原因，产生对此类补充性货币未来增值可能的预期，并予以收藏（如日本的地域振兴券、比特币等）。可以看出，原本补充性货币所缺失的货币职能，也随之不断发展，正日益完善中。同时，补充性货币在互联网、加密和区块链技术的支持下，渗透除金融业以外的其他各类产业，并结合社会关系网络，与各类经济主体形成了复杂的信息网络金融服务网状综合体，可以克服地域、空间、时间、政治、制度、宗教、文化、道德、人力、资金等各种因素的制约，展示出强大的高科技性、多领域性、适应性和补充性，突破了原有法定货币因为本身职能缺失对经济主体造成的桎梏。

9. 补充性货币与法定货币在某一特定时期，可以相互转化。法定货币与补充性货币虽然有明显的区别和界限，但也有补充性货币与法定货币相互转化的可能。历史上，银行券就是补充性货币转化为法定货币的最好证明，而黄金在不同的时期也经历了由法定货币转变为补充性货币的过程。同时，随着科技的发展和补充性货币自身的不断完善，补充性货币逐渐以虚拟形态为主，与法定货币的界限也变得更加模糊。2017 年 2 月，中国人民银行正式确定了即将发行法定数字货币的消息。如前所述，我们认为数字货币属于补充性货币的范畴，而法定数字货币即是用原本属于补充性货币范畴的数字货币完全替代传统纸质法定货币的最终产物。虽然这种转变的过程也需要较长的准备期和适应期，数字货币将作为补充性货币与传统法定货币长期并存，但是这种替代的最终结果将涉及数字货币地位和身份的转变，对传统法定货币造成变革性的影响。

10. 处于高级发展阶段的补充性货币，有着引领未来新型货币发展趋势的无限潜力。如前所述，补充性货币在高级阶段主要是以虚拟形态出现，是以高科技和互联网为载体的新型补充性货币形式，有着自身独立的加密计算方式和技术设定，因此，更具有安全性强、独立性好、自由度高、流通范围广、参与平台低、专属和私密性好等优点。这些优点都是法定货币不具备的，也更能体现出新型补充性货币的特殊魅力。事实证明，国家政府也已经开始关注对处于高级阶段的补充性货币的合理运用。从上述中国即将推行法定数字货币的例子可见，处于高级阶段的补充性货币对传统法定货币带来了巨大的挑战，当补充性货币发展到力量足够强大、优势足够明显时，就能实现货币体系的彻底颠覆。补充性货币将对未来新型货币的发展方向指明前进的道路。

综上所述，补充性货币具有很多法定货币不具备的特点和优势，而这些特点和优势，能直接或间接对各国乃至全球的金融市场产生深远影响。补充性货币在当前中国的实践运用主要可分为慈善公益、扶贫救济、社区互助、政府配给、弥补平衡、分享创新这几个方面，实践范围涉及农村，城乡接合部，一、二、三线城市，实践参与者包括国家政府、地方政府、社区、企业、金融机构及个人等。这些实践参与者相互合作，相互影响，对补充性货币的各种职能都进行了尝试性实践和探索，旨在充分运用补充性货币的优势和特点，全面推进经济和社会的快速发展，提升人民的生活水平。这些实践和探索，也反过来进一步激发了实物形态和虚拟形态补充性货币在中国的自我完善和快速发展。

关键词

保姆券　Libra　消费券　比特币　时间货币　实物形态　虚拟形态　阶段性

课后思考题

1. 请思考，补充性货币的职能有哪些？

2. 请结合现实，谈谈补充性货币的职能与法定货币的职能的异同，并举出实例。

3. 补充性货币的分类有哪些标准？请举例说出五种不同类型的补充性货币以及它们的特点。

补充阅读材料

材料 1：消费券在中国的实践[①]

地方政府消费券发放情况简介

（一）发放城市和发放日期

截至 2020 年 4 月 18 日，全国共有 36 个城市已发放了消费券。图 3-10 按照时间轴，梳理了各地的发放时间。该图显示，最早发放消费券的是山东省济宁市，发放日期是 3 月 11 日。在 3 月发放的城市包括中旬发放的江苏南京、浙江舟山、北京和山东济南，和下旬发放的杭州、佛山、德阳、常州、嘉兴等。其余 25 座城市都在 4 月加入发放行列。其中疫情最为严重的武汉发放消费券的时间相对较晚，大致在 4 月 20 日宣布开始发放。

（二）消费券发放力度

本报告收集各地新闻报道统计后的数据显示，截至 4 月 18 日，各大城市消费券发放总额达 57.4 亿元，并且各地发放力度有较大差异。我们在图 3-10 画出各地级市计划发放消费券金额的地区热力图。该图显示，其中杭州发放消费券的力度最大，共计划发放人民币 16.8 亿元，在图中显示热力最高。经济较为发达的东部沿海城市计划发放金额较大，如温州（6 亿元）、青岛（3.6 亿元）和南京（3.18 亿元），计划发放总额均达到或超过 3 亿元。在中部地区，郑州计划发放金额 4 亿元；疫情严重的武汉计划发放金额达 5 亿元。此外在西部地区，四川的南充、绵阳、德阳地区对发放消费券态度较为积极，总发放额为 3 亿元。

---

① 摘编材料来源于《消费券在中国的实践》报告，为北京大学新结构经济学研究院院长、北京大学国家发展研究院名誉院长林毅夫教授指导完成。成员包括北京大学国家发展研究院沈艳教授，中国人民大学汉青经济与金融高级研究院孙昂副教授，北京大学国家发展研究院研究员范保群，北京大学国家发展研究院博士研究生聂卓、硕士生研究生李星宇；中国人民大学汉青经济与金融高级研究院硕士研究生蒋旭、甘露。执笔人沈艳、孙昂。

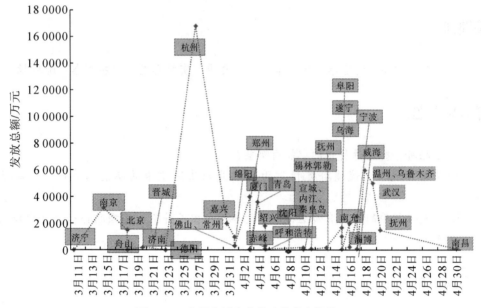

图 3-10 全国各城市发放消费券金额情况

（三）消费券覆盖行业

各地政府发放消费券的目标是通过鼓励消费来保障民生，因此在发放消费券时，地方政府需要决定这些消费券是否要有行业定向。本报告收集的数据显示，有行业定向是消费券发放的主流，其中 69% 的城市选择有定向。就定向的具体行业而言，由于餐饮、旅游等行业可能受疫情影响较大，是各地主要定向的行业。这些行业通常重度依赖线下消费、又需要较快的现金周转速度才能维持其正常运行。在疫情造成居民收入受到负面冲击的情况下，外出就餐和外出旅游成了非必需消费，如果没有补贴优惠政策，就很可能难以实现反弹。

从定向行业的顺序来看，各地政府发放定向消费券的行业依次是餐饮（93%）、文化旅游（64%）、超市（55%）和百货（61%）。

（四）消费券覆盖人群

地方政府在发放消费券时还需要决定消费券覆盖人群，而这里也存在权衡。一方面，明确覆盖特定人群可以加大对他们的支持；但另一方面，也可能引发民众对于消费券发放是否公平、是否会产生腐败的疑虑。数据显示，大部分地方政府更关注公平，发放消费券不针对特定人群；即便有定向，消费券配给额度也比较小。其中，30 个城市消费券都是针对一般收入人群发放、并且大多发放给本地居民，占比83%。在有定向计划的城市中，武汉计划从 5 亿消费券中定向给低保、特困、建档立卡贫困人口的金额为 1 800 万元，占比为 3.6%。杭州计划定向 1 500 万元给困难群众。南京的 3.18 亿消费券中有 1 000 万元定向发放给低收入群体，占比约3.14%。绍兴的消费券定向低收入群体的比例是四座城市中最高的，为 1.8 亿元中的 2 750 万元，占比约 15.3%。除了定向低收入人群之外，还有定向工会、医生护士的消费券，如瑞安专门发放 600 元文娱消费券致敬"逆行者"。

（五）消费券发放通道

地方政府还需要决定通过线上还是线下渠道发放消费券。目前所有平台均采用了线上发放方式，其中 33 个城市采取纯线上模式，还有 3 个城市采取线上线下相结合的模式，也就是在通过线上平台发放电子消费券的同时，也发放现金券。选择线上发放的情况下，还需要决定是单平台还是多平台发放。目前仅采用支付宝方式发放的城市有 10 个，占比约 27.8%；仅采用微信发放的有 7 个，占比 19.4%；仅采用美团发放的城市有 3 个，占比 8.3%；最后有 9 个城市采取了多平台发放，占比为 25%。通过线上发放消费券有很多优势。例如，通过线上发放有利于将优惠精准投放到个体用户，并可以实时监测消费券的使用情况；又如，政府可以及时准确地估计消费券的政策效果，同时也可以保证商户核销消费券、申请补贴的真实性，减少行政沟通成本。但是，纯线上发放消费券也存在劣势，就是如果家庭没有相应电子产品或者平台的 App，或者没有相应覆盖网络，就无法领取消费券、获得相应福利。这就意味着不少低收入家庭领取消费券的门槛相对较高。

（六）消费券发放批次和发放方式

对于计划发放金额，地方政府还要选择是否要分批次发放。现有 36 市中有 12 个城市选择一批次全部发放，2 个城市发放两个批次，6 个城市发放 3 个批次，绍兴、嘉兴这两个城市发放 6 个批次。以绍兴、嘉兴为例，从 4 月初到 6 月左右，预计分别发放 1.8 亿元和 2 亿元消费券，以增加公众获取消费券的机会。消费者可以通过抢券、摇号和抽奖的方式获取消费券。其中抢券为主要发放方式，共有 24 座城市采取这一模式，占比 66.7%；以摇号或抽奖方式领取消费券的有 7 个城市，占比 19.4%，其余暂未明确表示领取方式。有多轮消费券发放批次的城市往往还会规定首轮未抽中消费券的消费者可报名第二次抽奖，以及前一轮未领取完的额度会转到下一轮继续抽取。

发放批次和消费者获取途径的多样化说明，地方政府在发放过程中，还是尽可能关注了发放公平问题。

消费券设计特征

下面进一步介绍消费券的设计特征，包括面值多少、是否有最低限额、有效期、折扣力度等信息。

（一）消费券的最低限额

面对剧烈的负面需求冲击，国外和中国香港、澳门采取的主要是发放现金的救助模式。我国大陆城市目前均没有采取发放现金的模式，那么在消费券的设计中，就存在两种选择，一是不设消费门槛、让消费券类似于现金；而另一种可能则是对使用消费券有一定的限制，以期产生撬动消费的杠杆效应。本报告发现，设置最低消费限额仍然是主流安排，现有 36 个城市中有 22 个城市的消费券均设有最低消费限额，占比 61.1%。8 个城市的消费券可直接抵扣，不设置消费门槛，即折扣力度为 1，占比约 22.2%。

进一步梳理最低限额的值可知，除了 6 座城市不清楚是否存在最低限额、2 座城市要求至少花费 150 元、4 座城市要求至少消费 100 元外，其余城市消费券的最低消费限额均在 5 元~100 元，主要是 30 元和 50 元的限额。这表明，地方政府希望能够启动的是大量、小额的消费。

（二）消费券的面值与优惠力度

消费券面值和优惠力度也体现希望启动大量小额消费的设计思路。从消费券面值看，单张消费券金额不超过 50 元的城市占 42%；100 元以内的占 69%。当然也有三座城市有面值超过 1 000 元的消费券，其中，嘉兴消费券最高面值为 5 000 元，仅限于购买汽车。

消费券的优惠主要通过满多少元减多少元来兑现，从这里我们可以大致看出优惠力度。例如，如果一地消费券的设计是满 50 元减 20 元，则最大优惠力度为六折。36 个城市中，三分之二的城市优惠力度在七折以上。

（三）消费券的有效期

城市发放消费券的有效期是指消费者从领取消费券起，到消费券失效日期之间的时长。总体来看，为尽快启动消费，消费券有效期较短。36 座城市中，仅有 4 个城市的消费券有效期在一个月以上。其中，有 12 个城市的消费券有效期为 7 天，占比 33.3%，这类消费券主要集中在餐饮、零售行业，文旅类如门票等消费券的有效期较长，最高能够达到 1 个月；健身、图书等消费券有效期最长，其中青岛发放的面值 1 000 元的健身消费券有效期长达 1 年。

消费券的发放效果

下面，我们从核销率、消费券消费者用户画像和商家画像三个角度，来初步描述消费券的发放效果。

（一）核销率

度量消费券的发放效果的一个关键变量是核销率，也就是一段时期内消费者获取消费券之后的使用比例。由于没有系统的关于核销率的数据，我们从各地新闻中收集整理出相关核销率的报道，并在表 3-5 中整理报告发放日期、报道统计的时间段、发放总金额、核销金额、关联消费等信息。根据这些资料，我们可以计算出核销率和与关联消费对消费券核销金额的倍数。

表 3-5 显示，消费券核销时段一般在两周以内。总体看来，两周内大部分城市核销率都在六七成。另外，根据关联消费金额计算可知，关联消费最少是消费券的 3.5 倍，最高可达近 17 倍。报道中往往将这个倍数解读为消费券撬动的消费的倍数，但是含有消费券的消费未必都是消费券引发的，因为其中有相当一部分消费是人们原本需要完成、现在有了消费券使得这类消费变得更便宜了。如果将所有包含消费券的消费都算作由消费券撬动，会高估消费券的刺激作用。我们的评估将分离出因为消费券而引发的那部分消费。

表 3-5　各地核销率情况统计*

城市	发放日期	统计时间段	发放总额/万元	核销金额/万元	核销率/%	关联消费/万元	关联消费/核销金额
(1)	(2)	(3)	(4)	(5)	(5)/(4)	(7)	(7)/(5)
晋城	03.22	03.22-04.19	1 500	1 442	96.1	17 300	
杭州	03.27	03.27-04.16	37 500	32 100	85.6	342 200	10.7
嘉兴	03.31	03.31-04.16	10 600		80.0		
佛山	04.01	04.01-04.11	5 000	3 870	77.4	13 600	3.5
内江	04.10	04.10-04.24		243		821	3.4
沈阳	04.10	04.10-04.24	2 000	944	47.2	6 459	6.8
衢州	04.03	04.03-04.13	3 390	1 846	54.5	10 147	5.5
郑州	04.03	04.03-04.16	5 000	3 925	78.5	55 200	14.1
赤峰	04.05	04.05-04.20	500	364	72.9	3 692	10.1
呼和浩特	04.05	04.05-04.14	1 000	86	8.5	719	8.4
绍兴	04.05	04.05-04.12	7 500	2 333	31.1	10 900	4.7
宁波	04.17	04.17-04.23	1 070	515	48.1	5 321	10.3
乌鲁木齐	04.18	04.18-04.24	4 786	330	6.9	5 498	16.7
温州	04.18	04.18-04.25	19 720	13 000	66.2	98 200	7.6
武汉**	04.20	04.20-04.27	62	19	30.7		

数据来源：* 数据由研究团队收集整理自各地新闻，具体来源参见资料来源中的相关新闻。** 武汉消费券核销数据按照张数（万张）而不是金额（万元）进行统计和计算，数据来源为微信支付团队。

（二）消费券用户和商家情况概览

有关消费券用户和商家情况的信息，我们也是从新闻报道中获得零星证据。例如，有关佛山消费券使用情况的报道显示，消费券用户在该市的年龄分布为：40 岁以上占 29.67%，30 至 40 岁占 32.52%，20 至 30 岁占 31.03%。有关武汉的用户年龄报道显示，武汉消费券使用者年龄在 30 岁以下的占 22%，30~39 岁占 30%，40~49 岁占 21%，50 岁及以上占 27%。从这两个城市看，中青年是消费券使用的主力军。另外，杭州相关报道还显示，消费券关联消费和消费券核销金额之间的倍数关系随年龄递增：对 20 岁及以下人群而言，消费券相关消费约为核销消费券的 3.1 倍；21~30 岁组为 3.2 倍；31~40 岁组为 3.6 倍；41~50 岁为 4.2 倍；51 岁及以上组为 3.8 倍。从撬动消费的角度看，这可以看出中年人比年轻人更可能因为消费券而增加消费。武汉数据也显示，50 岁以上人群的核销订单数远大于 20 岁组人群。

关于消费券涉及的商家，目前也没有系统、大规模的报道。找到的资料显示，小微商家可能是主要的受益方。例如，佛山报道，核销涉及 3 800 余家商户，其中有 3 100 家小微商户，占 80%；武汉报道核销涉及 2 506 家商户，小微商户占 74%；杭州没有给出具体数值，但也是小微商家居多。就行业而言，佛山报道消费券中 80% 为餐饮类；核销订单中，餐饮类订单占总数的 70%。杭州也是餐饮服务和食品零售行业的拉动效果最明显，关联消费分别为核销消费券的 3.7 倍和 3.3 倍。

综合消费券的核销率、用户和商家画像的信息，可以看到消费券用户的两个主要特征：第一，主力军为中青年；第二，中老年人可能比青年更能因为消费券而被刺激消费。而商家特征则是惠及商家可能以小微企业为主、并且惠及行业在餐饮和食品零售等设计目标定向的行业。

材料2：成都将从10月1日起发放4亿元消费券[①]

中新网四川新闻9月29日电 成都市商务局于2022年29日透露，为落实《成都市支持市场主体纾困加快经济恢复的政策措施》，加快恢复和提振消费市场信心，成都将从2022年10月1日起，在全市范围内开展2022"烟火成都"消费券促消费活动，发放4亿元消费券。

据悉，这是继"520"消费券之后，成都在2022年第二次面向全市大规模发放消费券。区别于"520"消费券活动，此次2022"烟火成都"消费券促消费活动是由市、区两级同时发力进行。

以"烟火成都"为名，不难发现此次消费券对成都的重要意义。"这既回应了市民对美好生活的新期待，让成都更具'烟火气'，同时，也有效落实了帮扶困难群体、助企纾困的目标。"成都市商务局相关负责人表示，通过撬动消费的回补，带动供给端的恢复，实现消费和生产的良性互动，加快经济发展。今年上半年，从国家到地方密集出台政策举措激活消费市场，发放消费券成为重要方式之一。作为激活消费市场的重要措施，消费券的发放不仅带动了消费回暖，也成为保民生、扩内需的重要支撑。

数据显示，近五年来，消费对成都全市经济增长的平均贡献率达到33%，而消费券刺激消费、拉动经济复苏的作用，这几年已经得到了充分验证。

比如，成都"520"消费券第一阶段自5月20日起持续至6月16日，共发放4波次消费券，均在5分钟内领取完毕，活动页面累计访问人次达到1 800万人次，核销率更是达到94%。可以预见的是，2022"烟火成都"消费券促消费活动，又将在成都点燃一波消费热情。

此次消费券活动涵盖了成都市重点零售、餐饮、文旅行业企业、个体工商户以及汽车销售企业，将叠加更多优惠、释放更大红利，进一步点燃市民消费热情。具体而言，市级层面的消费券活动时间为10月1日至11月27日，分别于10月1日、10月14日、10月28日和11月11日分四个波次发放。

据了解，此次消费券促消费活动还将发放汽车消费奖励券。成都市商务局相关负责人表示，汽车是国民经济战略性、支柱性产业，汽车消费在社会消费品零售总额中占比高、增长空间大、带动效益强，"是可以扩大实物商品消费、促进消费升级的重要领域。"

① 曹惠君. 中新网四川. 成都将从10月1日起发放4亿元消费券［EB/OL］.（2022-09-29）［2022-09-30］. http://www.sc.chinanews.com.cn/bwbd/2022-09-29/174882.html.

材料3：1万时间币可入住公办养老机构！北京今年6月开始试行"时间银行"①

1万时间币可入住公办养老机构！这种互助养老模式将于2022年6月在北京试行。

在2022年1月19日召开的"时间银行"政策解读新闻发布会上，北京市民政局相关负责人介绍称，《北京市养老服务时间银行实施方案（试行）》（以下简称《方案》）将于2022年6月1日起实施。

值得注意的是，"时间银行"通过提供养老志愿服务时间积攒获得"时间币"，1个小时服务兑换1个"时间币"。"时间币"可用于兑换相关养老服务，积攒满一万个还可以入住公办养老机构。

在中国文化管理协会乡村振兴建设委员会副秘书长袁帅看来，随着新时代的到来，让"时间银行"蕴涵更多"互助因子"应成为社会共识和行动，通过"时间银行"来安度晚年，无疑是一种"惠民利好"。

据悉，"时间银行"的概念由美国学者埃德加·卡恩于1980年提出。其将"时间美元"作为一种"社区货币"，把"时间"和"公益"挂钩，倡导社区成员积极利用闲散时间帮助有需要的人，并把付出的时间以虚拟货币的形式存储起来，当自己需要他人的帮助时，可以从中支取"已存储时间"。

四川天府健康产业研究院首席专家孟立联向《华夏时报》记者解释了"时间银行"的本质。他表示："本质上，时间银行是一种社会化服务，是一种储蓄性服务，是一种基于人道和专业的社会化的志愿性关怀服务。所以，时间银行不是一种慈善活动，虽然带有慈善性质，本质上还是一种以获得回报的活动。当然，发展时间银行更重要的还是社会参与，可以促进闲暇时间的充分开发，促进公民意识和公民责任感的培育，促进全龄友好社会的建设。"

在2021年9月22日，由中国红十字基金会和北京大学人口研究所联合发布的《中国时间银行发展研究报告》中显示，就我国的时间银行发展而言，很大程度上是作为应对人口老龄化的有益探索。

老龄化催生对于养老服务的极大需求，"时间银行"模式在北京应运而生。据记者了解，2020年第七次全国人口普查结果显示，北京市常住人口中60岁及以上人口429.9万人，占比达19.6%。到2025年，全市老年人将达到500万人，北京将进入中度人口老龄化时期。

谈及此次落地的《方案》，北京市民政局副局长李红兵表示："养老服务'时间银行'是北京市在公益互助养老模式上的创新，目的是鼓励和支持全社会为老年人提供志愿服务，并推动这种服务产生的资源在个人、家庭、社会间形成可持续的循环。"

《方案》中显示，在经过培训后，满18周岁、热心公益事业、身心健康的北京市常住居民，或北京市未满18周岁的在校学生在其监护人的带领下参与养老志愿服

117

---

① 袁帅. 1万时间币可入住公办养老机构！北京今年6月开始试行"时间银行"［EB/OL］.（2022-01-22）［2022-09-30］. https://zhuanlan.zhihu.com/p/460600710.

务的，可成为志愿者并在"时间银行"建立对应个人账户，每服务 1 个小时可获得 1 个时间币并存入账户，时间币在全市范围内通存通兑。

而其服务内容，包括情感慰藉、协助服务、出行陪伴、文体活动、健康科普、法律援助、培训讲座、指导防范金融和网络风险等八大类服务。

不过，李红兵强调，时间币不能变现、不能换资金或实物，坚持"时间"换"时间"的基本原则。但在《方案》中"服务时间兑换"显示，时间币可按照志愿者本人意愿进行服务兑换、赠予直系亲属或向平台捐赠。而根据《方案》的激励举措显示，时间志愿者通过参与时间银行养老志愿服务获得并存储的时间币达到一万个后，可在其年长衰弱或失能后，按照城乡特困人员待遇入住辖区内的公办养老机构。这意味着，1 万时间币可入住公办养老机构。李红兵介绍，这并不是唯一的激励机制，政府部门还将探索建立梯次分明的激励措施，比如积分兑换奖励、优秀志愿服务项目评选、优秀志愿服务组织评选、星级志愿者评选等。

此前，"时间银行"模式已在河南、上海、广东、浙江、江苏、福建等多地展开。比如，上海市杨浦区养老服务"时间银行"、浙江省杭州市绿康"时间银行"、江苏省张家港市养老服务时间银行，都取得了一定成效。

在袁帅看来，时间银行的理念在我国各地逐步开展，是有划时代的意义的。他认为："'时间银行'作为一种政府治理、社会调节、居民自治，将志愿服务时长转换成'时间币'，将时间货币化可供后续兑换服务的养老创新服务应用模式，在人口老龄化的加速发展，养老需求激增与服务供给不足的矛盾日益凸显的今天，具有划时代的意义"。

不过"时间银行"作为一种互助养老的创新方式，存在些许不足。孟立联表示："时间银行在中国还是一种新兴的服务，即使在国外也是不成熟的，充分研究、周密论证、方案可行是尤其不能忽视的。目前，相关研究还是非常缺乏的，既不系统，也不深入，更缺乏充分的可行性论证。比如说，时间银行首先涉及的是时间价值，此一小时和彼一小时的价值是不同的，怎么测度、换算和兑现，都面临考验。"

中央财经大学证券期货研究所研究员、内蒙古银行战略研究部总经理杨海平告诉《华夏时报》记者："'时间银行'的运行基础、'时间币'的流通平台是信息科技系统，要确保信息系统的统一性和安全性。利用大数据技术持续监测异常行为，出现弄虚作假行为的，应予以惩戒。借鉴互联网平台营运的思维，增加养老服务时间银行的吸引力。根据养老服务时间银行的运行情况，持续迭代时间币兑换规则，探索扩大时间币兑换和使用范围，推进激励机制优化。"

袁帅则强调，没有数字化运作的"时间银行"容易发生数据被篡改、时间积分发行和流通缺乏透明度以及结算依赖中心化等问题。区块链技术的引入可进一步提高互助养老模式的可行性，依托上链防篡改和智能合约保障"通存通兑"。当时间银行的客户需要帮助时，可从银行消耗兑付"时间币"以获取他人服务。

材料4：虎哥说"时间银行"①

（一）不能从字面去理解"时间银行"

不能"望文生义"地去理解什么是"时间银行"。因为：

1. 时间：时间具有顺序性、不可再生性，因此时间使用完毕后无法再生，也无法支取和交换。

2. 银行：银行是经营货币的企业，很重要的职能是吸收存款，把社会上闲置的货币资金和小额货币节余集中起来，然后以贷款的形式借给需要补充货币的人去使用，实现货币资产支配权的转移。

3. 志愿服务中的"志愿服务时长"是一种客观记录，而不是具有主观能动性、可存可不存的"存储"。

具体差异见表3-6。

表3-6　时间银行、（商业）银行和志愿服务组织的属性差异

	时间银行	（商业）银行	志愿服务组织
性质	互助共济	商业	公益
定位	经营服务交换	经营货币借贷	运营志愿服务
风险控制		备付金和银行存款保险制度	志愿服务意外保险
特征	市场化+社会化	市场化	社会化
功能	1.互助供需对接 2.时间币的生产、记录 3.时间币的交易、清算	1.吸收公众存款 2.发放贷款 3.办理结算 4.货币衍生业务	1.志愿服务供需对接 2.志愿服务时长记录和证明
产出	1.时间币 2.精神满足	货币	1.弘扬精神，倡导风气 2.个人非物质和金钱的其他方面需求满足
存储目的	交易	安全及保值增值	—
存储介质	时间币(虚拟物)	货币或实物	—
存储介质的生长性	无	有	—
存储介质的支配权	自己	银行	—
可支取性	部分	完全	—
支取内容	他人的服务	货币或实物	—
支取条件	匹配到合适提供者	随时	—
支取实效	预期(未来)	当期和预期(随时)	—
经济成本	组织管理成本、交易成本	各种利息、手续费用、各种管理和业务活动成本(包括呆坏账形成的不良资产)等	组织管理成本(包括活动组织、志愿者补贴)

① 知乎 志愿先锋. 虎哥说"时间银行" [EB/OL]. (2022-05-23) [2022-08-30]. https://www.zhihu.com/column/c_156274372.

表3-6(续)

	时间银行	(商业)银行	志愿服务组织
经济成本承担方式	无固定模式(包括政府、企业或个人购买服务、社会捐赠,互助成员(会员)的无偿劳动等,向服务对象收取费用等	投资、借贷、金融服务等收益	无固定模式(包括政府购买服务、社会捐赠以及志愿者劳动投入等)
法律地位	中介	债券/债权人(行使支配权)	中介(保证志愿者和志愿服务对象的安全、公平)
保证措施	信用(非强制性)	法律(强制性)	法律和信用(部分强制性)

(二) 时间银行的交易成本

时间银行系统利用现代技术,引入货币的次要功能(作为记账单位、价值储存和延期支付手段),试图构建起帮助他人、相互帮助、履行社会义务的交易体系,并予以规范。它是一个混合型体系,介于以间接交换为特征的真正货币经济,和以非正式、前资本主义和原始经济为特征的互惠礼物经济之间。因此,它具备两种经济体系的一些优点和缺点。

时间银行的倡导者,从早期的社会主义作家到今天的支持者,都强调它在建设(或恢复)社区融合、包容、志愿服务和社会援助方面的优势,被宣传为有助于增强社区纽带,鼓励通常不会参与传统志愿活动的人参与志愿服务。它寻求克服生产者和消费者之间的社会和经济疏远问题。这种疏离被广泛认为是工业资本主义经济的特征,并常常成为社会动荡的理论基础。它承认各种劳动的经济价值。这些劳动是社会资本的基础,但传统上不会在正式货币经济体系中进行交易。最重要的是,它使低收入人群能够获得在市场中无法负担的服务。

关于交易成本问题,西方学者对此进行了深入研究,包括管理成本、不同类型服务的相对价格,以及难以与传统的货币经济体有效竞争等问题:

1. 由于管理成本的存在,时间银行必须以某种方式获得资金支持,用于购买那些不能通过时间银行体系获得的商品和服务。这意味着对外部资金来源的持续需求,可能会令人对时间银行系统望而却步。

2. 不同服务和劳动力类型的工时单位定价是时间银行面临的一个长期问题。如果允许积分价值可以根据参与者之间自愿的、相互的交换条款浮动(或以当地货币按市场工资的比例定价),时间银行只会变成一种竞争(劣质)货币形式,一种在可接受性上受到自身强制约束的货币。

3. 如果劳动时间的价格由时间银行设定,那么该系统最终将遇到中央计划经济所面临的相同的问题,如认知、计量和激励等问题,这将极大地限制其规模和可行性。麻省理工学院(MIT)经济学家弗兰克·费舍尔(Frank Fisher),曾在20世纪80年代以苏联为案例,预测这种方式将扭曲市场力量,削弱经济。

4. 最后,如果所有类型的服务和人员的劳动时间价值都被锁定在同等水平,那么系统将面临巨大的逆向选择问题。那些劳动力价值较低的人（如保姆）将积极参与，而那些劳动力价值较高的人（如医生）将选择退出，转而以金钱出售服务，而不是通过时间银行提供服务进行交易，造成服务供给缺陷。

（三）时间银行的道德成本

道德本质是利他的，是对自我的一种约束。通过"我为人人，人人为我"的方式，实现人类的利益统一。道德，是大多数人主动认可的一种约束。西方提倡的"时间银行"试图建立起一个交易体系，使助人、互助、社会义务等传统利他行为，在社会层面进行交易，实质就是伦理道德的货币化。其基础是基于以自我为中心、以个人权利为基准的西方文化环境，希望通过时间银行的制度性安排，"以利诱义"，增强人与人之间的纽带。因此，时间银行的创办者埃德加·S·卡恩，在确定时间银行的核心原则中，对"工作"进行了重新定义，提出应将包括无偿服务和家庭照护行为定位为工作，以解决法理上可以回报的问题。

东西方传统文化的差异，决定了将道德行为货币化，并不适用于中国。中国自古就有"老吾老以及人之老，幼吾幼以及人之幼"的传统美德，将帮助他人作为自己的社会义务。所强调的是，以道义约束人们的行为规范，用德行维系社会的和谐稳定，注重家庭、群体、社会、和谐，主张"义以为上"，"先义后利"，要求"见利思义"，"见得思义"。

基于西方文化的时间银行，其所追求的目标早已深深植根于中华文化之中。虽然，随着市场经济建立，部分"熟人社会"向"陌生人社会"转变，但中华文化精髓已深深植根于中国人的骨子之中。十八大以来，党中央持续加强社会主义核心价值观教育，也是通过文化的软手段引导为主，而相关法律法规（如《中华人民共和国民法通则》中的"好人法"）的出台，也只是作为基本制度保障，弥补新形势下的不足。

如果照搬照套西方的"时间银行"，将道德行为货币化，就可能存在道德行为从利他到利己、从集体主义到个人主义、从主动认可到利益驱动、从自我约束到外在约束的转变，从而破坏千百年积淀下来的道德规范，带来无法承受的道德成本。

中国该如何做？我想借用北京大学教授傅军提出的关于"中国经验"的观点，即：中国经验的基本特点，是在一定的时空中，充分尊重一个民族国家的特殊性和自主性，同时寻求人类历史发展的普遍性和一般性。

我们不应该完全照抄照搬西方所谓"时间银行"的立论基础和方式方法，而要在充分"文化自信"的基础上，创新出符合中国传统文化和时代特点的社群互助模式。

（四）欧美的时间银行理念

由于东西方文化差异，以及政府治理体系的差异，"时间银行"的概念和认知在东西方有所不同，其主要差别是交易的介质（如时间、现金等），以及政府在推动"时间银行"发展中的作用。

时间银行系统是一种基于劳动价值论，以劳动时间为记账单位，通过中介平台，以间接物物交换方式进行服务交易的系统。

"时间银行"并不是一个新鲜的概念。早在 19 世纪，欧美空想社会主义者就提出了用"劳动时间"代替货币的劳动交换方式，并提出将基于时间的货币作为国定货币（Chartal Currencies）。英国政治学者安东尼·吉登斯就提到过美国和日本许多城市的"服务信用"："参加慈善工作的志愿者可以从别的志愿者那里得到以时间为单位的'报酬'"。19 世纪各种社会主义思想家，包括和卡尔·马克思，倡导各种形式的以劳动时间为基础的。

时间银行系统的交换介质是时间币（Time-Based Currency），可以被视为社区货币的一种形式。劳动时间记入时间银行系统的个人账户，并从时间银行的其他成员兑换服务。然而，由于时间币在时间银行的成员之外不被接受，也仅适用于特定的劳动服务，而非普遍意义上的一般商品。因此，除特定环境外，并不构成经济意义上的货币形式。

（五）日本的时间银行

美国人埃德加·卡恩（Edgar Cahn），在 20 世纪 80 年代创造了"时间银行（Time Bank）"一词，并进行了注册。但世界第一家时间银行性质的组织却诞生于日本，称为"志愿劳动银行（Volunteer Labour Bank，VLB）"。

由于日本属于东亚文化圈，儒家文化影响比较深，相比于基于西方思想的时间银行理念，日本的时间银行受政策影响较大，更具务实性、变革性，在体弱的老年人照护方面发挥了一定积极作用，成为日本老年人法定护理和家庭护理的有效补充。

1. 日本时间银行的发展历程

自 1973 年世界第一家"时间银行"在日本诞生。迄今，已经经历了三个阶段。

（1）1973—1990 年：逐步发展

这种模式以"志愿劳动银行（VLB）"为代表。1973 年，世界上第一家劳动银行——志愿劳动银行在大阪成立。VLB 是一个会员自愿团体，其成员之间的活动，通过一种基于时间的社区货币——"爱之币"进行交易，本质上是一种积分交易模式。"爱之币"通过志愿服务的方式获得。西方国家的模式和这种模式非常相似。到 1992 年，日本各地已有 326 个分支机构，会员人数达到 4 000 人。但到 20 世纪 90 年代末，VLB 和其他类似的计划已经成为少数。到 2003 年只剩下 36 家分行，会员仅剩几百人，全年交易的时间也仅有 1 234 个小时。

（2）1990—2000 年：大规模扩张

日本的 Fureai Kippu（"关爱老人券"）指的是各年龄段成员的相互支持网络，旨在通过时间积分交换，辅以现金支付，为体弱老年人提供照护。在政府支持下，Fureai Kippu 建成了日本最大的时间银行网络。1992 年，"Fureai Kippu"开始出现。由于采用"积分+现金"的交易模式，Fureai Kippu 允许向服务用户成员收取小额费用，每小时约 750~1 000 日元，用于志愿者的现金回报和运营经费。

作为政府主导和推动的一项时间银行计划，Fureai Kippu 分支机构迅速扩张，从 1992 年的 113 家，增加到 1998 年的 302 家。在 1996 年成立的 243 个分支机构中，119 个（49%）由地方政府或半官方的地方福利委员会、地方福利性企业管理，其余 124 个（51%）由基层或志愿互助团体管理（Tanaka，1996：107）。

（3）2000 年后衰退

由于日本 2000 年通过了《长期护理保险法案（以下简称 LTCI）》的修改，扩大了法定老年护理对象的范围，从 2000 年的 97 万人增加到 2005 年的 251 万人，导致了 Fureai Kippu 会员数量的下降。Fureai Kippu 陷于衰退之中。虽然日本政府于 2005 年再次修订了 LTCI，在收紧标准的同时，提高了用户承担的费用，促使 Fureai Kippu 团体中，使用服务的老年成员数量有所增长。但由于会员中的"志愿者"人数不足，许多 Fureai Kippu 分支机构处于停顿状态。2008 年年末公布的数据显示，实际运营的数量为 95 个，其中 82 个由非营利或志愿机构管理，只有 3 个由地方政府或准政府机构管理，还有 10 个的运营主体不清晰。2012 年估算，日本各地仍有 391 个运营分支机构/中心（SWF，20.1.2012），但实际运营可能远少于这个数量。

2. 日本时间银行的特点

（一）以互助为基础的会员制：同欧美一样，都是采取会员制的方式。所有行为均在会员之间有效。（二）"有偿志愿服务"：在时间银行体系内创造了"有偿志愿服务""有偿志愿者"的概念，以解决现金回馈志愿者的法理问题。虽然，这两个概念在日本国内也存在很大争议。（三）建立了可以随时存取的机制。互助服务的时长可以变为传统认识的上"时间积分"，也可以变为现金回馈（比如每小时 500 日元）或者二者的组合。时间积分可随时支取，也可留在自己老了以后支取。（四）建立了积分馈赠机制。可以馈赠给异地的父母，或者通过中央积分池捐给有需要的老年会员。（五）允许用现金购买"志愿者"的服务。对于无法获得"时间积分"的失能或体弱老年人，可以现金支付获得服务（800~1 000 日元/小时）（六）政府推动和民间自发相结合。政府积极推动和参与 Fureai Kippu 分支机构的建设和运营。同时，也允许民间机构自发建立类似的互助团体。

3. 存在的主要问题

（1）服务人员不足。需要护理的成员数量远远超过了能够提供服务的成员数量。（2）运营经费紧张。导致一些时间银行难以为继。（3）关于收费问题。对许多财务状况较差的人来说，费用成为一种负担。（4）是否为志愿服务。由于向用户收取费用，以及可以给"志愿者"回馈现金，它是否属于传统意义上的志愿服务，或者传统意义上时间银行，也存在争论。

日本的时间银行因其世界先行地位和规模，在国际上有较大影响。但日本时间银行仅仅只是在护理领域起着补充作用。如 Fureai Kippu 实际运营 95 个团体，与 LTCI 法定护理提供者的数量（34 000 个家庭护理组织和 30 000 日间照料组织）相比，微不足道（MoHLW，2009）。

（六）交易介质——社区货币（时间币）

本质上，时间银行是以共济为目的，在会员之间开展互助的非商业活动，和志愿服务无关。时间银行实现服务时长的记录和交换，一般都采用时间积分（即时间信用，Time Credits）。无论是形似纸币的纸质票样，还是记录在某个系统（包括实体账本、数据库里的数字，抑或疑惑现在有人引入区块链搞的所谓加密数字币）中的时间积分，其实质都是用作存储、交易的介质，也就是基于时间的货币（时间币，Time-Based Currency），可以被视为社区货币（Community Currency）的一种形式。

只有对社区货币有一定的认识和了解，才能更好地认知时间银行隐含的金融属性，也才有可能结合我国的传统文化和现实环境，创新时间银行的模式和机制。

最初的社区货币，是一种由私人实体或社区组织发行的纸制纸币，供参与项目的当地企业使用。它的主要目标是保持资金在当地社区内流通，也就是"肥水不流外人田"，从而促进本地企业发展。社区货币有时也称为当地货币。当地居民可以在当地交易所，有时也可以在银行分行折价兑换社区货币。

2000年以后，日本为解决时间银行会员中，能够为老年人服务的"志愿者"不足的问题，针对时间积分的使用进行了很多探索和尝试。包括在政府的支持下，积分可以换取博物馆、游泳池等公共服务设施的门票，也可以换取代金券，在愿意加入相关计划的商店中使用。

至此，时间积分就具有了社区货币的属性。

例如，宫川市零售协会与当地政府合作于2007年在东京附近设立的"搭把手项目"，1小时积分可以兑换成4英镑的代金券，在该协会注册的商店均可使用。2010年，111名志愿者提供了1 200小时的支持，有453家商店参与。同样的，从2007年起，在一些地方政府的支持下，注册的健康老年会员服务体弱老年人获得的积分，可以兑换支付自己每月的长期护理保险（LTCI）保险费。

在东京附近的千叶市，建立了一个叫做"花生币（Peanuts）"的社区货币系统，其价值通常被转换成日元（1个花生币相当于1日元）和服务时间（1小时的服务价值1 000花生币）。

在该社区货币系统的早期阶段，会员共享他们所需的商品和服务清单。自2006年1月起，当地一个社交网站被用于促进会员之间的信息交流。会员还将在每个月的第三个周六（12月至2月除外）开放线下市场，从而促进当地居民、大学生、商店、消费者之间的直接社会互动。还有Nosaka镇有机蔬菜种植户，他们向会员提供的农产品，可以用"花生币"抵扣一部分价格。线下市场所在的街道，一边是零售业，另一边是千叶大学西千叶校区。1998年，这条街上成立了一个社区商店协会，涉及大约30家商店。后来逐步扩展。截至2011年2月，Yurinoki购物街上的51家商店中有20家接受了"花生币"。例如，在理发店理发，可以用"花生币"支付总价格的5%。

核心组织会员（如Yurinoki购物街的中餐厅、理发店和意大利餐厅）也在为"花生币"招募新的个人和组织会员方面发挥了核心作用，并提供了多个空间，包括千叶大学学生会发起的艺术作品展示和拉库戈演出（这是日本传统的喜剧故事）。因此，这些核心商店被视为"花生币"活动的源泉和社区建设的空间。

所谓的"时间银行"，作为会员互助的一种形式，其本质和互助保险、互助金融的内在逻辑是一致的，都是群体性、以共济为目的的非商业活动，只不过其交易媒介，由有形的货币，变成了无形的服务。只有冲破传统的、与志愿服务相关的思维，将其回归会员互助的本质，时间银行这种形式才能够获得更好的发展。

（七）美国的"青少年时间银行法庭"①

美国和英国相继将"时间银行"引入到司法体系。不同之处在于：美国主要是通过青少年法庭，英国主要是在监狱系统内实施。

美国：青少年时间银行法庭（Time Dollar Youth Courts，TDYC）

美国有四种青少年法庭模式（青年法官、成人法官、青年法庭和同伴陪审团），每一种运作方式都略有不同，但其核心都依赖于青少年犯罪人或者违法者（以下统称为"青少年被告"）和他们的同龄人之间的互动。

1996 年，美国时间银行研究所、哥伦比亚特区大学法学院和特区高等法院合作，在华盛顿启动实施青少年时间银行法庭（TDYC）项目，目的是提供"青少年案件中传统裁决形式的有意义的替代方案"（Cahn2000b）。该项目还允许法律专业的学生担任主审法官，帮助监督青少年法庭判决的遵守情况，并作为青少年被告的志愿者伙伴和导师参与其中。

在判决上，除 TDYC 强制要求被告在青少年法庭服刑 10 周（包括两周的培训期）外，其他方面与其他青少年法庭一样。

这个创造性的工作通常包括被告自己担任陪审员。这个与司法部倡导的一致——通过法律教育，有利于年轻人和减少犯罪。此外，判决还包括社区服务、教育课程、调解、赔偿、道歉、撰写论文、咨询、宵禁、药物测试、同伴小组讨论和其他创造性的方式。

TDYC 的时间银行表现，可以从一个既定的项目中清楚地观察到：作为服刑的一部分，该项目允许青少年被告参与当地学校的指导计划，帮助年幼的孩子提高基本的阅读和写作技能。这种项目带有时间银行的独特特征：被告从被需要帮助的对象，转化为有能力帮助他人的社会资产。这是一种新的社会视角和新的社会态度。该项目将辅导年幼儿童的时间转化为时间美元，并在青少年被告和学校之间建立互惠关系，而建立社会资本。

Cahn（2000b）认为，这种惩罚方式"给参与者的信息很清楚：帮助他人创造机会，你有能力塑造自己的命运。"青少年被告并不是唯一可以获得时间积分的人，那些担任青年法庭陪审员的人也可以获得时间积分。这些积分可以用来购买一系列物品或服务，包括：翻新的电脑，青年培养项目，参加暑期项目的机会，大学储蓄债券和哥伦比亚特区大学学费减免。

在 TDYC 运行的第一年，审理了 150 起案件，2003 年增加到 400 多个，包括检察官、警察局和公立学校系统转来的案件。2007 年，TDYC 收到了 778 件案件（70%来自警察局），审理了 639 起案件。TDYC 收集的数据显示：2003 年，成功完成青少年法庭项目的人，12 个月内的重新犯罪率为 17%——而对照组为 30%（TDYC，2004）。2007 年的重新犯罪率降为 14%（TDYC，2008）。

TDYC 在刑事司法系统改革中所扮演的角色，也不同于其他青年法庭。TDYC 运作着一个青年大陪审团，他们负责收集和分析数据，并提供给政策决策者。这项工

---

① 以上材料综合 Gregory, L 2012, Time and Punishment: a comparison of UK and US time bank use in criminal justice systems，和 Time Dollar Youth Court（2008）Annual Report 2007

125

作使美国律师协会得出一个结论"时间银行计划是唯一一个从单纯的服务提供者，到系统改革推动者的项目。"

正如 Cahn (2000b) 认为的那样，TDYC 的研究表明：有效的青少年司法不只是让年轻人做什么，而是和他们一起做什么。时间银行是实现这一目标的手段。

（八）英国"监狱时间银行"（Time banking for Offenders）①

Fair Shares Gloucestershire 成立于 1998 年，是英国的第一家时间银行。FairShares 经营着一系列以社区为基础的项目。截至 2018 年，该时间银行有 600 多名会员，与 200 多个组织建立联系。

1. 基本情况

2004 年，Fair Shares 开始与 Gloucester 监狱合作，启动"监狱时间银行"项目，旨在通过一种创新的方式，帮助服刑人员和他们的亲属。服刑人员在监狱内翻新社区捐赠的旧自行车。每年大约有 200 辆自行车被修复，这些自行车将会被捐赠到发展中国家。

通过翻新旧自行车获得时间积分，可以捐赠给自己的家庭成员、当地社区、其他囚犯。还有一些服刑人员保留了自己的积分，以便自己在刑满释放后使用：由于时间银行，刑满释放人员已经成为社交网络的一部分。这些成员出狱后，会得到志愿者的帮助，如寻找住宿、工作机会等。时间积分的存在增加了这些人所拥有的资源。

由于 Gloucester 监狱在 2013 年被关闭。Fair Shares 开始与 Leyhill 监狱合作，并试行了新项目"Times2"。"Times2"是一项同伴数学教学计划。研究发现，该项目可以提高服刑人员的计算技能、学习的信心，团队的凝聚力，并对服刑者产生更广泛的影响。除 Leyhill 监狱外，该项目还推广到其他 4 所监狱，包括 Eastwood Park 监狱、Erlestoke 监狱、Dartmoor 监狱和 Guys Marsh 监狱。

2. 主要成效

2018 年的一项研究发现，"监狱时间银行"使整个监狱部门，以及这些监狱内部的环境都发生了重大变化。主要表现在：

（1）增加了服刑人员受教育的机会，增强了技能和对未来就业前景的信心。

所有监狱都证实，该项目对囚犯产生了积极影响。例如 Eastwood Park 监狱的一名参与者说，指导他人"能够帮助想要学习的人，让我充实；能提高他们的数学能力，让我非常开心高兴"，她希望"当我释放后，这些能够证明我是在监狱里工作，而不仅仅是在服刑，也希望能够让潜在的雇主可以看到，从而给我一个就业的机会"。

（2）增加了服刑人员与其他囚犯的接触，增强了自我价值感和自豪感。

所有参与项目的监狱都证实，时间银行项目给监狱带来的独特影响（高于现有的志愿服务项目）。在与监狱工作人员交谈时，一致认为时间积分为囚犯提供了额外的动力和奖励。除了鼓励囚犯之间的互动外，时间银行通过时间积分的奖励，还创造了共同的使命感和附加价值。即使囚犯或他们的家人没有直接受益，但因能够帮助其他人，不管是社区还是监狱里的人，囚犯们也因此产生自豪感。

---

① 以上材料综合 Gregory, L 2012, Time and Punishment: a comparison of UK and US time bank use in criminal justice systems, 和 Interim Evaluation of 'Timebanking for Offenders'

（3）帮助了自己家庭，增强了维持家庭关系的能力

就直接影响而言，一些囚犯已经能够通过时间积分，换取社区为自己的家庭提供实际的支持。在 Eastwood Park 监狱服刑的女性囚犯，用时间积分换取 FairShares 拍摄她们给孩子读故事的 DVD，并邮寄回家，这让她们非常开心。W 有一个儿子从事教育工作。他的儿子告诉 W，他为他的父亲能够参与教育他人而感到自豪。Dartmoor 监狱规定，达到 2 000 个积分的囚犯，可以得到使用自主照相亭的奖励。反馈表明，这已经有积极的影响，囚犯的家属开始要求他们积极参与时间银行的服务，尽快达到 2 000 小时的目标。

3. 政策影响

由于该项目的成功，英国司法部曾决定在另外 10 所监狱开设时间银行业务。但由于一些技术原因，截至 2018 年，仅推广到 5 所监狱。2018 年，英国政府宣布了新的教育目标：所有囚犯在离开监狱时，必须达到 2 级英语和数学水平。这为"监狱时间银行"项目提供新的机遇。在一些监狱中，监狱学院正在与"Times2"合作，以提高囚犯的数学能力。

（九）澳大利亚的"时间银行"①

与英国和美国的时间银行是由民间组织实施、日本的时间银行由半官方组织负责不同，澳大利亚的时间银行完全由政府推动和实施（直到今年 3 月）。它最初由新南威尔士州政府建立，迄今也仅局限在新南威尔士州。

从 2012 年 10 月至今，共有 6 004 人和 571 家社区组织加入，其中活跃用户（至少参加过一次活动的）只有 813 人，仅占 14%，人均每月 6.98 小时（还是比较高的，说明在特定群体中认可度高），通过时间银行捐赠的人为 632 人，仅占注册用户的 11%。累计开展了 7 822 场活动，每场活动平均为 7 小时（以上数据来源 timebanking.com.au，截止时间为 2022 年 3 月 28 日）。

虽然澳大利亚时间银行要求会员在加入后两周内进行首次交易，并在一年内至少参加六项活动。但从以上数据可以看出，以政府为主导的澳大利亚时间银行，存在着其他国家和民间组织主导的时间银行同样的问题：参与人数少、活跃度低、运行成本高等问题。

2022 年 3 月，新南威尔士州政府将时间银行系统移交给 Jnana Australia，一家位于澳大利亚的国际经济、政治和社会福利咨询公司。

移交后，新的条款规定取消了会员在加入后两周内进行首次交易，并在一年内至少参加六项活动的要求，也有些新的规定，值得关注：

1. 明确了时间银行的交易规则。比如时间银行会员之间的服务交易，累积的时间积分四舍五入到最接近的半小时。时间银行积分不取决于这些服务的市场价值或零售成本。并对交易流程进行了详细规定，包括发布、联系、提供（或获得）、确认、备案等。

2. 成立了时间银行公益金。通过时间银行获得时间积分只能根据条款和条件使

---

① 以上材料综合 timebanking.com.au 和 jnana.com.au。

用。时间积分不可转让（向时间银行公益金捐款除外），不能用于其他基于社区的交换系统（除非本条款和条件另有规定），也不能转换为现金。

3. 不再要求先有积分才能获得服务。所有时间银行会员的初始余额为 0 小时积分。在没有积分的情况下，可以获得最多 8 小时（个人会员）或 20 小时（单位会员）的服务。

4. 设置积分上限。累积超过 60 小时的积分，必须通过接受他人服务或捐赠的方式，将时间积分减少到 60 小时以下。如果没有将积分降至 60 小时以下，管理员可以发出通知，采取措施强制执行上述规定，包括取消时间银行账户、强制捐赠，或强制取消超过 60 小时的时间积分。

5. 明确交易税费（如果存在）由会员协商承担的原则。规定：会员有责任承担与其他会员交易时（包括提供和获取）相关的任何税费或其他责任。时间银行不保证或声明其已审查成员可能达成的任何交易的税务影响。

（十）英国"渡轮"项目研究

Spice Time Credits 是英国一个时间币体系。不同于其他时间银行数字或虚拟纪录方式，Spice Time Credits 采取的是不记名的"纸币"，也就是自己发行的面值为 1 小时的"货币"。每服务 1 个小时，志愿者就可以"赚取"一张时间信用钞。这些钞票可以"花"在一系列由组织、当地企业和公司捐赠的休闲和其他方面的服务。

以下是剑桥大学对于 Luminus Ferry 项目，开展案例研究的相关情况。

1. 关于 Luminus Ferry

Luminus Ferry 成立于 1998 年，是一家屡获殊荣的社会企业和注册慈善机构，旨在帮助 Fenland 地区 18-65 岁的无家可归者。"渡轮"项目的目的不仅是提供住宿，也是为无家可归者提供独立生活所需的技能，包括烹饪和清洁、教育课程、职业培训、志愿服务和就业机会。

渡轮项目提供 88 个床位，有 25 名全职员工和 18 名兼职员工，每年有 100 多名志愿者参与。2011 年，轮渡项目的夜间庇护所和商店开业，启动了教育课程；2012 年，奥克塔维亚咖啡馆开业；2013 年，他们举办了第一场婚礼，开始了印刷业务，并接管了玛丽女王中心的管理。该组织每年帮助近 300 人。

2. 采用时间积分的原因

该项目希望无家可归者能够增强独立生活技能。作为技能发展的一部分，也希望住在这里的人参加一些志愿活动。采用时间积分的方式，可以激励他们参与志愿服务；消费时间积分，也会给这些无家可归者带来一些好处。

"在旅馆里，所有的住户都应该做一些志愿工作，作为支持的一部分，这给了他们一个途径以及让他们起床的动力……时间积分有助于鼓励人们做志愿者，让他们把钱花在活动上……对于缺少钱的人，时间积分能够使他们获得有助于健康和福祉的东西，比如去健身房或游泳。这有助于鼓励他们出去走走，而不只是在房间或公共区域闲逛。"

3. 志愿者如何获得时间积分

渡轮项目目前有六名骨干志愿者，还有一些其他偶尔参与的志愿者。志愿者可以在咖啡馆、厨房和园艺中获得时间积分。他们也可以自愿加入运营团队，如帮助清理房屋、从商店运送家具等。

一位体验者说："在咖啡馆里，他们摆盘子、做饮料、供应食物、做三明治、清洁桌子……在厨房里，他们洗碗、切菜、做汤。如果我们能够得到很多捐赠的蔬菜，我们会让志愿者为夜宿中心做不同的汤……有时他们做食物和卫生，或者健康和安全方面的工作，或者给学校贴路标。他们穿着作为礼物的 T 恤衫和带围裙的白衬衫。所以他们看起来很'角色'。"

4. 志愿者如何使用时间积分

最常用的方式是去电影院、健身房和游泳，或理发和美容。一些志愿者与家人分享他们的时间积分。

一位志愿者说："我把时间积分给他的妻子，以便她能够带着女儿去绿洲儿童中心……很多人去健身房，在那里他们还可以游泳，还有运动课。电影院很受欢迎，因为只需要两个积分。"

5. 时间积分对志愿者的影响

获得和花费时间学分的过程，对志愿者有许多有益影响。他们发现志愿者的技能和信心都有提高。

一位志愿者说，她自己以前从来没有这么自信过。她现在热衷于赚取时间积分。她年轻时曾在一家咖啡馆工作。她现在虽然搬进了公寓，但她走遍全城仍在做志愿者。在咖啡馆的志愿服务工作让她斗志满满，也让她的技能焕然一新。她很享受。

该组织认为，通过提高技能和信心，以及日常生活技能学习，提高了志愿者获得有偿工作的机会。"这增强了他们对前景的期待，尤其是在他们自愿从事某一领域的工作时。这一过程表明他们想去工作，展现了他们的意愿。"

该组织发现，志愿者的身体健康状况有所改善。"这会让他们站起来走动。对一些人来说，仅仅站起来就是一种奖励。整天站着很好。一位志愿者说，她在这里太忙了，除了休息时间，是不能出去抽烟的。所以，她真的大大减少了抽烟。"

志愿者的心理健康状况也有所改善。"我在这里的时候总是心情愉快，脸上总是挂着微笑。我们忙的时候，不会感到不安。我喜欢自己正在做的事情。"一位志愿者说。

6. 时间积分对组织的影响

从实际角度来看，在人手不足的情况下，志愿者可以给予该组织的支持。同时，也有助于将组织、志愿者和客户之间的关系转变为更平等、互惠的关系。

一位志愿者说："我们知道，我们最终会得到一些东西，当我们得到回报时，我们会感到更加感激……在这里的老住户习惯了参与志愿服务。这有助于建立一个关于我们帮助谁以及为什么要帮助的整体组织团体。住户们都支持我们。"

（十一）全球社区交换系统（Community Exchange Systems）

全球社区交换系统（Community Exchange Systems，CES）作为一个在线社区服务网络，CES 的主要目标是通过提供一系列非货币交换工具来促进贸易和交换。

CES 是第一个，也是唯一一个使用替代交换系统的全球社区网络。CES 为社区提供一个工具，可以在不使用资金的情况下，建立并管理社区内的交换和交易，并通过中心服务器，和世界上其他地区的社区进行交换和交易。这种理念，既适用于以国家货币或任何其他标准为单位的相互信用交易，也适用于以时间为单位的时间银行交易。目前，已有106个国家和地区的1 263个区域交易所，包括261个时间银行加入该系统，用户数量为47 343个，平均每个社区（交易所）拥有用户38个。

每个交易所都有自己的"货币""交易空间"和管理，但一个交易所的用户可以与其他交易所的用户进行交易，这使得使用 CES 进行交易比使用常规货币更方便。

在这个系统中进行交易不需要整个社区或每个用户提供资金。该体系的"货币"不是"硬"货币，而是贸易中的交换价值。不像"硬"货币必须由某个机构根据公式进行分配，CES 是一个无钱交换系统，它能够实现传统货币交换系统的所有功能，甚至更多。CES 使用的共同信用"货币"称为"Talent（才能）"。为了让这些"货币"对用户有意义，它们的价值或账户单位，通常与国家货币或时间相对应。这有助于用户为其产品定价。CES 中没有定价规则：以供求"定律"为准。

为了进行国际交换和交易贸易，CES 设定了不同货币之间的兑换率。这些兑换率并非基于官方货币市场汇率，而是基于不同国家的平均小时工资，并可通过与不同国家的交易所管理员达成的协议进行调整。通过这种方式，可以建立更精确的转换率。例如，在欧洲，所有欧盟国家都没有一个换算率，而是根据当地的平均小时工资率变化换算率。因此，一般情况下，北欧国家的比率往往高于南欧。例如，如果德国某一地区的平均小时工资率为每小时20欧元，而南非的平均小时工资率为每小时150兰特，那么德国与南非之间的换算率为20：150，即1：7.5。CES 是一家位于南非开普敦的非营利企业，于2008年开发的一个在线服务网络，最初服务于开普敦人才交流中心。2011年，在澳大利亚建立了一个独立的服务器。2018年，在中国台湾建立了第三个独立服务器，用于服务远东国家。

CES 虽然不是专门为时间银行建立的一个交易系统，但其提供的非货币的、协商性质的、以物易物的商品和服务交易模式，为各时间银行之间的交易提供了便利。因而，261家时间银行加入其中，成为其交易节点。

不过，从另外一方面也说明了，由于时间银行的可交易性，其实际存在的交易媒介，本质上具有社区货币（Community Currency）的属性。

因此，再以志愿服务的视角去看时间银行，背离了时间银行的商品交易属性。

（十二）"南沙时间银行"的九个创新①

"南沙时间银行"是由广州市南沙区政府主导的社区公益互助服务平台。自2014年成立以来，平台个人会员达到119 695人，团体会员3 780个，发布需求总数176 259个，对接完成数107 801个，对接成功率为61.2%。相比于国内外的时间银行系统，南沙时间银行克服了高成本、低成效，接受度低、推广难等普遍存在的问题，形成了可持续的公益生态系统，初步实现了良好的自我运转。

---

① 相关数据均来源于南沙时间银行网站 https://nstimebank.com，截止时间为2022年5月15日。

　　基于对南沙时间银行网站（https://nstimebank.com）的全面研究，我认为南沙时间银行突破了传统时间银行的误区，在以下九个方面进行了创新，值得大家思考和借鉴：

　　1. 理论定位上，区分"时间银行"和"志愿服务"。南沙时间银行的定位是"以时间存储交换为核心，以时间货币化为媒介的第三方时间存管平台，是公益类银行账户体系"。由此可以看出，南沙时间银行是一个"社区公益互助服务平台"，而不像其他时间银行定位在"志愿服务"储蓄平台；时间银行的成员被称为"会员"，而非其他时间银行的"志愿者"。这种"公益性＋市场性"的定位，有效规避了道德风险。

　　在南沙区，还有其他平台，用于志愿服务的记录，分别是"南沙党员时间银行"和针对市民的"南沙'新时代'时间银行"。虽然这两个平台名义上也称为"时间银行"，但并不是"会员互助"性质的平台，而是基于志愿服务的"他助"型平台。"南沙'新时代'时间银行"具有志愿服务时长记录和积分兑换功能，但其积分只可兑换积分商城的礼品，属于志愿服务激励措施，且积分有效期为一年。南沙党员时间银行虽然可以产生时间币，但时间币基本上全部捐赠给"南沙时间银行"，用于资助有需要的困难群体。

　　2. 兑付方式上，实现"即存即兑"，而非"现存后兑"。不同于大部分人认为低龄存时间、高龄换服务的"现存后兑"方式，南沙时间银行打造的是一个可以随时兑付、即时交换的社区服务平台。这种方式，增强了会员参与的现实激励性，化解了会员对于时间银行的预期信用风险。另一方面，大量引入第三方机构，为会员提供实用的时间币消费机会（南沙时间银行商城提供多达139种的商品，包括日常生活物资24种，儿童文化用品8种，家政服务18种，教育服务89种），甚至是淘宝代付服务，引导会员消费，而不是积存时间币，从而增加时间银行的能量流动，增强活力。

　　3. 服务定位上，踏踏实实立足社区，而不是盲目求大求名。当前社区服务，乃至社会服务的最大难题是供给不足。南沙时间银行的一个很重要理念是"社区问题由社区解决"，通过"立足社区、立足身边、立足创建熟人社会"的互助共济理念，以"可见、可为、可行"为出发点，调动会员提供服务的积极性。而不是在社保尚无法实现全国统筹的情况下，求大、求名，刻意去追求时间银行的跨地区通存通兑，解决了时间银行普遍存在的有效供给不足的难题。另一方面，也不去追求所谓的"区块链""加密货币"等噱头，而是考虑如何能够更加实实在在解决社区里的问题。

　　4. 发挥中国特色，将其融入党员的"民心工程"。共产党员是中国各项建设中的一支骨干、引领、示范力量。南沙区将"党员时间银行"志愿服务平台和"南沙时间银行"平台打通。和普通会员不同，党员只有服务他人、服务社区的责任，却没有兑换服务、享受时间币权益的权利。南沙区的党员将志愿服务所获取的全部时间币，统一捐赠给有需要的困难群体，群众可以利用时间币再次兑换服务，实现志愿服务结果的二次利用，在推进党员服务真实化、精准化、专业化、公益化、智能化的同时，也解决了特殊困难群体无法通过为他人提供服务挣得时间币满足个人现实需求的问题。

5. 打造了一个开放，而非封闭的系统。在理想状态下，封闭系统的能量是守恒的。但在现实条件下，却是逐步衰减的。该原理同样适用于时间银行。南沙时间银行通过政府购买服务、党员和市民志愿服务时长的捐赠，不断为时间银行注入新的能量，扩大刚性服务需求来源（比如老年人、残障人士等弱势群体），调动人们内心帮助弱势群体的善念，激励会员提供服务，从而保证时间银行的持续活跃，具体见图 3-11。

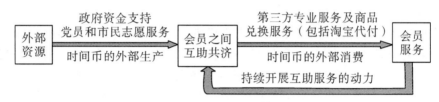

图 3-11　南沙时间银行系统

6. 打造了有形价值的时间币，而不是虚拟的数字。时间银行系统不是一个"乌托邦"，而是现实社会系统的一个子系统，无法违背经济社会规律而单独存在。在现实社会系统中，也就不能规避"货币是社会系统能量"客观规律。南沙时间银行以时间币作为计量单位及流通媒介介质，是一种典型的社区货币（Community Currency）。"时间币"的有形价值，以市场价值为参照，定位在当地最低工资标准和社会平均工资标准之间，每 5 年调整一次。但不能完全以市场价值为衡量。

$$1 \text{ 时间币} = （社会平均小时工资 + 最低标准小时工资）\div 2 \div 12$$

理论上 5 分钟服务时间等于 1 枚时间币。2017 年第 4 季的时间币跟人民币的兑换率为 1：1.9，即 1 时间币 = 1.9 元人民币，每小时的服务（12 时间币）可以折合 22.8 元人民币。时间币不能取现，当需要购买第三方服务或者商品时，则由管理机构负责代付。

7. 是一个具有核心用户的社群平台，而不是一个管理平台。南沙时间银行的用户具有多种属性，除了个体之外，也包括政府、基层党组织、企事业单位、商企、社会团体等，在该平台中处于平等的角色。无论是单位机构还是居民个人，均可通过南沙时间银行平台发布或承接服务需求、参与平台活动。政府在时间银行中的角色，如同群主，负责创建平台、制定规则，通过制度性安排和培养核心用户，发挥倡导、引领作用。核心用户（包括街道、社区等基层党组织，以及社会组织）通过不断发布需求、提供服务，推动时间银行的持续活跃。

8. 不单打独斗，构建了多渠道的支持保障机制。"南沙时间银行"不是一个孤立的平台，还有数个外部支撑平台，包括四个专项基金（南沙党代表时间银行志愿服务基金、社区公益服务基金、商企捐赠基金、社会慈善基金），以及外部的南沙区慈善会，构建了多渠道的外部支持机制。包括：

（1）党员捐赠：通过南沙党代表时间银行志愿服务基金，各级党组织以及党员的志愿服务，折合成时间币后，全部无偿捐赠给时间银行；

（2）市民捐赠：通过新时代文明志愿服务，市民可以将志愿服务时长折合成时间币，捐赠给时间银行；

（3）会员捐赠：时间银行的个人会员、团体会员，可以通过南沙区慈善会、社区公益服务基金、商企捐赠基金、社会慈善基金等渠道，将自己的时间币捐赠给时间银行；

（4）个人、企业的捐赠款，转化为时间币；

（5）政府购买服务费用中的一部分，转化为时间币。

9. 采取"公建民营"的方式，降低成本和风险。时间银行不是刚需，可有可无，同时又不创造现金流，完全依靠市场很难生存；时间银行又是社区服务的补充，在传统理念的支配下，离开政府无法获得民众的认可。南沙时间银行通过政府购买服务的方式，通过政府主导、社会组织运营的"公建民营"方式，实现"市场"与"公益"的融合，既有政府元素增加民众的信任度，解决推广难的问题，又通过兜底性保障，保证了普惠性服务的可持续。同时，也降低了运营成本、提高效率，以及政府在其中的风险。

采取政府兜底保障方式的，还有虹口区养老服务"时间银行"，在因项目运转失灵等原因导致服务提供者无法兑换存储的服务时，由政府托底性担保资金向市场购买同类服务，确保服务提供者权益不受损，从而进一步增强民众的认可度和信任度。

第四章
补充性货币与法定货币

【本章学习目的】

通过本章学习，你应该能够：
- 掌握法定货币的地位和作用
- 理解补充性货币地位和作用
- 分析和比较法定货币与补充性货币的异同

✲✲ 引导案例 ✲✲

案例1：人民币成津巴布韦法定货币 中国免其2.6亿债务[①]

据英国《卫报》，在中国免除津巴布韦2015年到期的约4 000万美元债务之后，津巴布韦宣布把人民币设为其国家法定货币。津巴布韦央行与中国人民银行已最终达成协议，自2016年年初起，人民币将和美元一样在津巴布韦通用。

津巴布韦财政部部长Patrick Chinamasa表示，津巴布韦计划扩大人民币在当地的使用，加强两国之间的双边贸易。在2009年，由于津巴布韦爆发恶性通货膨胀，津巴布韦已经停用其本国货币，市面流通包括美元、英镑和南非兰特等货币。2014年年初，津巴布韦央行亦将人民币纳入其货币篮子范围。然而，人民币虽然已成为津巴布韦多元货币体系的一员，但此前由于美元一直占据主导地位，人民币并未进入流通渠道。分析人士指出，扩大人民币的使用，在很大程度上是一种政治姿态。英国《金融时报》援引Chinamasa称，"我们可以让中国游客在津巴布韦使用人民币消费。我们和中国人民银行需要做的是，建立一个结算系统，这样我们在津巴布韦才能够享受到使用人民币支付的服务"。"津央行与中国人民银行目前正在考察，争取在多元货币体系内建立一个人民币机制，以促进双边贸易和投资。此项机制必须由潜在的贸易和投资意向所支撑。"

目前中国是非洲最大的贸易伙伴，在过去的15年里，中非贸易额增长了20倍，

---

① 搜狐财经. 人民币成津巴布韦法定货币 中国免其2.6亿债务［EB/OL］. (2015-12-23)［2022-11-28］. https://business.sohu.com/20151223/n432367588.shtml.

并在 2014 年达到两千亿美元。对于津巴布韦而言,中国是该国的第二大贸易伙伴,每年双边贸易额超过 10 亿美元。

思考题

1. 请思考为什么津巴布韦会将人民币作为其国家的法定货币?

2. 人民币成为津巴布韦的法定货币,对我国和全球有何意义和影响?

3. 请谈谈人民币作为津巴布韦的法定货币,对人民币国际化有何意义?

案例 2:美国犹他州承认金银币为法定货币①

2011 年 3 月 4 日,美国犹他州通过了一项认可金银币为法定货币的法案,使"金本位制"这一消失了 40 年的货币制度重受关注。自 1971 年美元取消与黄金挂钩,布雷顿森林体系瓦解后,曾经推行上百年的"金本位制"已经退出历史舞台,货币实现非黄金化。但取而代之的"信用本位"并没有展现其独特优势,特别是国际金融危机以来,美国持续推行"量化宽松"政策,美元流动性泛滥,大大削弱了国际国内对美元的信心,信用货币制度和国际储备货币制度受到普遍诟病。因此,即使"金本位制"可能并不是美国货币制度和国际货币制度的最终选择,但推进国际货币体系改革已经迫在眉睫。

美国犹他州认可金银币为本州法定货币的法案在该州参议院获得通过,使其成为美国废除"金本位制"后第一个允许金银币自由流通的州。犹他州参议院多数党领袖斯科特·詹金斯表示,希望此举能在本州范围内起到长期稳定货币的作用。

(一)法案出台背景:美元"量化宽松"大大削弱了国内民众对美元的信心,回归"金本位制"的呼声高涨。为应对国际金融危机,美联储连续推出两轮"量化宽松"政策,并声称有推出第三轮"量化宽松"的可能。美元的过度泛滥令美元持续贬值,美元购买力大幅缩水,通胀预期抬头,从而显著损害持有人利益,投资者对美元的信心呈下降趋势。在此背景下,关于货币体系改革和回归"金本位制"的讨论愈演愈烈。2009 年 10 月,美国芝加哥商品交易所宣布允许交易商将黄金作为所有商品的保证金和抵押物,凸显了黄金的货币属性。目前,除犹他州外,美国另有 12 个州为表达对美联储推行"量化宽松"政策、美元持续贬值的不满,也在考虑相似的法案,回归"金本位制"的呼声高涨。

(二)法案具体内容:承认金银币为法定货币,但还不是真正意义上的"金银复本位"。根据犹他州通过的这项法案,民众可以选择用金银币或者美元进行交易、支付税收、偿还公私债务等,而金银币的价格参照国际市场金银现货的价格,不受本身币值的限制。法案同时指出,任何人不能强迫对方使用和接受金银币,这也就意味着,犹他州议会通过的法案只是选择性恢复"金银复本位"制度。法案还规定有关委员会应就具体操作问题进行研究。实质上,犹他州政府此举与回归"金银复本位"并非一回事。"金本位制"的特征是:货币和黄金储备挂钩,有固定比价;货币发行量由黄金储备决定。允许金银币流通并不意味着实行"金银复本位"。从

---

① 蔡金综.美国犹他州承认金银币为法定货币的影响 [J].中国财政,2011 (14):65-67.

犹他州公布的法案内容可看出，金银币的流通价格由以美元计价的国际市场金银现货的价格决定，说到底还是"美元本位"，除非犹他州自己以金银储备为基准发行货币。

思考题

1. 请思考为什么美国犹他州会将金银币作为法定货币？

2. 美国犹他州此举，是否说明货币制度的未来发展趋势会回归金本位制？为什么？

3. 你认为金银币作为法定货币，存在什么利弊？为什么？

案例 3：IMF 敦促萨尔瓦多取消比特币的法定货币地位①

新华社华盛顿 2022 年 1 月 25 日电（记者高攀 熊茂伶），国际货币基金组织（IMF）执行董事会 25 日敦促中美洲国家萨尔瓦多取消比特币法定货币地位，警告比特币的使用在金融稳定等方面存在风险。

IMF 执行董事会在结束对萨尔瓦多的第四条款磋商后发表声明说，执行董事们认为有必要对比特币加强监管，比特币的使用在金融稳定、金融诚信、消费者保护以及相关财政和债务方面存在风险，敦促萨尔瓦多当局取消比特币的法定货币地位。

声明还说，执董们认为萨尔瓦多有必要从今年开始进行财政整顿，恢复财政可持续性，使公共债务水平稳步下降。IMF 预计，在现行政策下，到 2026 年萨尔瓦多公共债务占其国内生产总值的比重将升至 96%。

第四条款磋商是 IMF 经济学家每年对成员国经济表现和宏观政策的例行判断与评估。

2021 年 6 月萨尔瓦多议会通过一项法案，批准将比特币作为该国法定货币。该法案于 2021 年 9 月正式生效，萨尔瓦多成为世界上首个正式承认比特币为法定货币的国家。萨尔瓦多政府还计划 2022 年发行比特币债券。由于比特币币值波动大、现实操作难、金融监管乱等问题，不少萨尔瓦多民众反对将比特币设为法定货币。

思考题

1. 请思考为什么 IMF 要敦促萨尔瓦多取消比特币的法定货币地位？

2. 萨尔瓦多为什么要承认比特币的法定货币地位？

第一节　法定货币的地位和作用

与补充性货币类似，法定货币同样具有悠久的历史。从历史方面来看，法定货币具有法律所认定的、保护的性质与形态，因而具有相应的地位和作用。法定货币的出现，从货币史而言，应追溯到国家立法机构的出现。当然，贵金属作为法定货

---

① 新华社. IMF 敦促萨尔瓦多取消比特币的法定货币地位 [EB/OL]. （2022-01-26）[2022-12-02]. https://baijiahao.baidu.com/s? id=1722993405093529707&wfr=spider&for=pc.

币，在实践中其法定货币的地位与作用，完全是由于贵金属本身就具有价值，极易被民众接受等特点，从而确立和凸显的。但当纸币与其他信用货币出现后，其作为法定货币的地位与作用就必须以国家信用及其他基础作为后盾。这里的法定货币主要讨论除开贵金属货币之外的法定货币。

一、法定货币的地位

按学术界的最初解释，法定货币 legal tender 又称菲亚特货币（fiat money）[①]。所谓法定货币，顾名思义，就是由一个国家的政府规定某种事物为货币的价值形式或者价值代表形式。在现代社会，任何一种法定货币，它都是以国家信用为支持、国家法令强制赋予其价值、具有在一国范围内合法流通和使用权利的特殊事物。

在金融历史上，一个国家的政府通常利用某一种货币的流通，将其转化为法定货币。为了保证法定货币流通的顺畅，政府有两种干预的措施：①制定并实施对其他商品的可销售性施加限制和障碍的法规；②通过立法要求市场各个主体接受法币作为货币，其价值由政府决定，并要求法币作为唯一能够接受税款支付的货币。前者这一措施，实质上是政府利用其通过对暴力的垄断，人为地压低了其他商品作为流通手段的可能性，从而避免其可能成为交易媒介用作流通。后一种实施的措施，则是强制对法定货币产生了人为的需求，既要求将其用于纳税，又要求人们接受它的"面值"。而这种面值，通常比其市场价值要高得多。显然，这种对政府法定货币增加"人为"需求，同时人为降低其他商品的一般等价物地位，最终使得法定货币成为最具有通用销售性的商品或物品，从而成为交易媒介或货币。

随着法定货币成为纸币形式，它们即成为国家发行并强制规定用于流通的价值符号。由于法定货币以国家信用为后盾，因此国家的实力强弱，会决定使用者对该货币的信任度和对法定货币影响其购买力乃至经济态势的未来预期。当然，除非发生大的战争或者遭遇非常严重的灾害造成国家不复存在，国家强制规定流通的法定货币不会消失。因此，一般来说，公众对法定货币具有较稳定的接受度。但是，国家也有遭遇到经济危机和天灾人祸的特殊情况。一个国家的经济实力受到重创时，公众对该国法定货币的未来走势及对经济发展的影响会产生消极预期。如 2009 年，希腊等国出现的债务危机即是由于民众对本国货币产生严重信任危机所致。当国家的信用受到威胁之时，国家发行的法定货币会遭遇大幅度贬值，出现严重的货币及相关的信任危机。一般而言，为了防止法定货币所代表的价值波动过大，或为了降低私人财富的风险，公众一般会减少该国法定货币或以法定货币为标价的金融资产的持有量，而增加其他形式或其他国家货币表示价值的资产持有或投资。同时，由于某国法定货币的唯一发行者是该币国家的政府，该国法定货币的贬值会刺激国家更迅速地印发货币以抵偿因货币贬值带来的外汇交易和结算损失。这会进一步影响公众对法定货币的预期。

除实物（贵金属）法定货币之外，一般而言，法定货币本身并无价值。它的价

[①]　贝尔纳德·列特尔. 货币的未来［M］. 北京：新华出版社，2003.

137

值来源于代表的实际价值，其使用价值来源于国家信用传递给货币持有者对货币的信心和积极预期。故而，法定货币所代表的价值高低是与国家信用和国家意志紧密相连的。任何一种脱离了国家信用的法定货币，将再无任何可能代表任何价值。

所以，简单地说，所谓法定货币既是合法货币，其代表的价值主要来源于发行国政府而并非任何商品或实物。政府的稳健就确保了法定货币所代表的价值，而这也是此类法定货币的关键。世界上的国家都是使用所谓法定货币体系来进行购买商品和服务，以及投资和储蓄的。与此关联形成的国际货币体系，也不过是各国法定货币的集合而已。在确定合法货币价值方面，法定货币必然随着其演进进程取代"金本位制"以及其他基于商品的制度。

与其他类型的货币或一般等价物相比，法定货币的特殊性在于，法定货币的价值代表性或可销售性并非来自经济个体的自由行为，而是来自一个国家立法的强迫。然而，我们应该指出，这种现实仍然符合货币进化的理论，即最具优势或可销售性的商品容易成为固定的一般交易等价物而变成货币，不必就货币的实质达成所谓公认的集体协议。

货币史表明，在特殊情况下，即使在法规仍然有效的情况下，法定货币也可能失去其价值替代性或可销售性。我们可以看到，当非法定货币进入流通，取代法定货币作为交易媒介，法定货币将被挤出流通。因此，这时货币并不是强加在人们身上的，而是由他们个体经济行为中产生的。所以无论从历史上还是理论上，法定货币并非一直都强势，完全可能由非法定货币所替代。当代社会，尤其是这样。当然，部分发行法定货币的国家或银行，会将其法定货币与一种或数种外币挂钩并以政府外汇储备维持其汇价在一定的水平。这样，就使本国法定货币与其他国家法定货币紧密联系在了一起。亦有一些国家的法定货币没有任何"锚"，其代表的价值是自由浮动，倚靠发行者控制发行量来维持的。

在许多国家的货币历史上，一些国家政府强制规定纸钞以及非稀有金属（如铜、镍等材质）的硬币为法定货币之前，大多数流通的货币也具有一定的内在价值，例如不足值的金币、银两，此种货币也可称为商品货币（Commodity Money）。在学术上，许多人认为法定货币没有锚。其实，按有的学者的观点，法币也是有锚的，法币的锚乃是经济的 CPI 指数物品篮子。而如果货币量的变动要同时考虑价格水平之外的其他经济目标，那么就是给货币下了多个锚[①]。

二、法定货币的产生与兴起

在很长一段时间，法定货币与"金本位制"体系有着紧密的联系。在这种情况下，"金本位制"体系允许纸币和黄金之间的兑换。在事实上，所有的纸币都由政府持有的黄金所支持。在基于大宗商品的"金本位制"货币体系下，政府或银行只有在拥有了等量的黄金储备下，才能向经济中引入对应代替黄金价值的新纸币。这一体系限制了政府创造纸币的规模及能力，以及基于它们因经济因素增加法定货币

① 谢作诗，李平. 货币的本质［J］. 金融博览，2011（10）：36-37.

代表价值的能力。

另一种情况，在金本位法定货币体系中，纸币不能兑换成任何其他贵金属。但是，政府可以通过法律直接影响该国货币代表的价值，并将其与经济状况挂钩。这时，政府以及该国的中央银行对货币制度拥有更多的控制权，并且他们可以使用不同的货币工具来应对层出不穷的金融事件和危机，还可以创建部分准备金制度，以及实施量化宽松政策。

"金本位制"的倡导者认为，基于大众商品的货币体系会更加稳定，因为该金本位货币制度是由实际商品和价值所支持的。但也有一些法定货币支持者却认为，黄金的价格一点也不稳定。而在此环境下，基于大众商品的价值以及价格，法定货币代表的价值都会受到影响。然而在这样的法定货币体系下，政府则会拥有更大的灵活性来应对突发的经济状况。

纸制的法定货币起源于中国。据考证，中国四川省在 11 世纪期间就出现了纸币。起初，纸币可以用来交换丝绸、黄金或白银等商品。在忽必烈掌权之后，也就是 13 世纪，建立了纸制法定货币体系。按一些历史学家们的观点，这时纸币的过度消费以及当时社会极度通货膨胀还导致了蒙古帝国的衰落。

之后，17 世纪的欧洲也开始使用法定纸币（不兑换纸币），法定货币起初是被西班牙、瑞典以及荷兰所采用。然而，此纸币法定货币体系的局限性，致使其在瑞典并没有实施成功，且这些国家的政府最终决定废弃了此制度而选择了"银本位制"。以后，加拿大、美国的一些殖民地，以及美国联邦政府本身都分别对法定纸币进行了实验，而最后的结果都不太理想。

20 世纪开始，美国回归于使用基于商品的货币。1933 年，美国政府弱化了使用纸币兑换黄金的实践，考虑有利于本国的金汇兑本位制。1972 年，美国完全放弃了"金本位制"，从而转向了法定纸质货币体系。而这也促成了法定纸质货币在全球范围内的使用。

像干预金融活动的制度一样，政府也干预货币制度本位，最重要的干预活动隶属于建立法定货币。对货币本位制度的干预，一般是出于财政原因，当政府进行干预或授予某家银行发行货币的垄断特权时，这种过程通常就开始了。英格兰银行原来从当时的政府手中购买货币发行特权，这些特权导致了其他银行通常用英格兰银行的债务来清偿它们的债务的金字塔型的制度，而英格兰银行自身继续用黄金清偿其债务。最终，政府又会进行金融干预以打破特权银行的债务和锚商品之间的联系。政府对英格兰银行信用的过度需求使后者不能维持用现金支付，而政府在 1797 年的干预已使英格兰银行无清偿能力，货币不可兑换。直到 1821 年，可兑换性才重新恢复。但是，随着 20 世纪 70 年代早期布雷顿森林体系的崩溃，法定纸币制度与黄金的正式联系，也最终被放弃。

在美国历史上，国家削弱与黄金联系的过程也是很明显的。19 世纪时，美国政府就多次利用金融干预以压制纸币的可兑换性。随着 1861 年美国国内战争的爆发，当时联邦政府对银行信用的需求迫使主要的商业银行放弃了纸币的可兑换性。直到 1879 年，美国一直维持不可兑换的绿背纸币本位。然后，由于情况的变化，在 1933

年之前，美国开始有干预地维持着黄金本位。第二次世界大战之后，受到政府的鼓励，美国开始实施更为扩张的货币政策。联邦储备的黄金存量因此而逐渐下降，并且当其受到被强制执行的黄金储备要求的约束时，黄金交换本位原则也被进一步地削弱了。黄金交换本位最终在20世纪70年代被放弃。至此，美国成为在历史上第一次处于和平时期法定纸币本位的主要国家，不再有恢复可兑换性的国家。

法定货币制度的建立意味着货币本位性质的根本改变。以前，纸质货币本位一直将货币的价值与一种或多种贵金属的价值相联系，而为了维持这种联系的需要，这种货币本位严重地限制了政府或中央银行实施自己货币政策的能力。例如，本来作为英国政府强大的金融支柱的英格兰银行可能有能力操纵利率，但是这样的能力被需要维持的法定纸币的可兑换性所限制。但是，法定货币的可兑换性一旦被废除，中央银行就可以不再必须受到任何外部约束。这种新确立的自由规则与货币本位的改变紧密联系。以前，在法定纸质货币本位可兑换的情况下，价格水平一方面被货币发行的可兑换性规则约束，另一方面，被市场上对"锚"商品的供给和需求所约束。但是，在不可兑换性的纸质货币本位的情况下，价格水平由市场上对中央银行"基础货币"的供给和需求决定，且价格水平与任何单个商品价格之间的联系割裂了对于给定基础货币的任何需求。正如一些学者所认为的那样，价格水平由中央银行选择投放的基础货币数量来决定，并且中央银行能发行与它所希望发行的货币一样多的基础货币。因此，价格水平由中央银行的政策决定，而我们必须考察是什么决定了这种政策，以及它的影响是什么①。

三、法定货币的发展

根据经典的货币理论，虽然货币体系的形成最初基于商品，但在学者们看来，从商品货币到当代法定货币的转变是一个稳定的全球化的趋势。当代法定货币并不代表任何有形的商品，而是由法律作为支撑，一国政府运用政权力量，强制要求人们在一切交易中予以接受的价值符号或真实货币符号。在商品货币时期，已经开始形成了法定货币。那时，已存在以银行券为形式的黄金流通，且流通的数量往往大于真正存在的黄金数量。显然，从效果上看，这些银行券已经具有法定货币的性质。因为如果所有银行券持有者都同时要求兑换黄金的话，当时世界上的黄金存量将无法满足其需求。由黄金作为部分支撑的钞票系统，应当认为是现代支付系统的起源。在现代支付系统中，任何形式的货币无论是纸币或数字货币，100%都是不可兑换的。

一些学者认为，中世纪把黄金委托给金匠的业务是纸币的起源，纸币最初表示对存放在金匠处的黄金的一种索取权。银行券类似于支票，不同之处只是它可以从一人之手转移到另一人之手。商业银行没有理由不发行银行券，因为在历史上存在过私人钞票得以流通的时期。然而在多数社会经济时期，发行银行券成为政府的垄断权力。因为发行货币成为国家一种创造财政收入的活动。因此，在这些学者看来，

---

① 凯文·多德. 竞争与金融：金融与货币经济学新解［M］. 丁新娅，桂华，胡宇娟，译. 北京：中国人民大学出版社，2004.

在一些国家中，创造货币几乎是国家政府财政收入的唯一来源。因为这些政府缺乏有组织、有效率的税收征收系统，从而课税能力不足①。

我们应当认为，19世纪至20世纪30年代以前，法定货币一直普遍由商品价值作为其价值代表的支撑，或至少部分地由商品价值作为其价值的代表支撑。因为19世纪开始，黄金一直是主流的商品货币。在流通过程中的货币也部分采取金币的形式，但逐渐地，货币多数由代表黄金索取权的纸币所构成。可以转换为黄金的国家通货被称为按金本位制运作的法定货币。在金本位制流行的时候，多数国家承诺可以按照固定的价格将本国的通货兑换为黄金。但是，在第二次世界大战结束时，尽管情况已有变化，但仍然有多数国家同意将法定纸币维持在一个固定的黄金交换率。这个制度也具有一定的灵活性，它允许一个国家针对国内外汇短缺的情况，周期性地调整它们的黄金交换率。直到1973年，针对世界各国的法定货币的浮动汇率制建立。且随着布雷顿森林体系的解体，除了美国政府的信用外，美元作为美国的法定货币的价值就没有了任何其他真实货币价值的支撑。其他国家的法定货币相继失去了这种真实货币的价值支撑。

显然，在20世纪30年代开始，金本位制无可挽回地、一个接一个地崩溃了，世界上所有国家都丧失了转换本国通货的能力。因此，影响国家创造货币的限制因素也不复存在了。随着世界各国货币制度在1973年转变到浮动汇率制，现在除了政府自身的选择因素外，流通中每种货币的数量已经不受其他什么限制了。

法定货币始终处于革新转化之中，由法定纸币衰弱到法定数字货币的出现即是如此。法定数字货币传承了法定纸质货币基因，也是传统法定实体货币的升华。

法定数字货币必须与法定实体货币或法定纸币硬币相对应，法定实体货币是法定数字货币的定位基础，而现代科学技术是法定数字货币产生的基本条件。从结构上看，法定数字货币尽管呈现的是电子信息数字，其基本架构是"一跑道、一通道、一管道"（简称"三道"）。法定数字货币依托大数据、互联网等电子信息平台运行的特定专用线，涵盖国内与国际的金融系统，即"一金库、一钥匙、一秘钥"。这"一库一匙一秘钥"中的结构"库"可采用一个统一的冠字代码。根据学者们对这种统一的冠字代码的技术解释，"s"是"法定数字货币"与"数字科技"的第一个字的2声音韵，适合其后再编制阿拉伯数字密码进行加密。法定数字货币在专一运行的管道中借用多种类型的支付方式，采用不同的工具和平台，但是绑定的金库是相同的，人们见到了"s"就如同见到了法定数字货币。"s"作为法定数字货币的代表，其内涵具备理论、技术、市场三大要素，而法定数字货币将率先形成基本理论体系，架构成为可供运行的技术管道，使一种新型货币尽快被公众认识，从而在市场上被广泛识别。"s"是法定数字货币的标志。如若在"s"后面加一个"c"，"sc"即是中华人民共和国法定数字货币代码，以此类推，世界各国也是如此②。

法定数字货币与法定纸币或法定实体货币的主要区别在于其物理形态。法定数

141

①　罗杰·E. A. 法默. 宏观经济学［M］. 北京：北京大学出版社，2009.
②　陈宝山. 法定数字货币特征："九型法定数字货币"［EB/OL］.（2017-11-27）［2022-12-02］. https://www.sohu.com/a/206899148_651743.

字货币没有实体或其他实际形态，它由线下到线上、从有形到无形、从脱机支付、异地支付到信息数字化支付，将"一跑道、一管道、一通道"与"一金库、一钥匙、一秘钥"联通起来。法定数字货币构成"纺轮圜钱技术"，使法定数字货币实现现金数字化，并启动了货币新的规则和标准，形成了大数据链，加速促成知识产权保护。法定数字货币是介于"原生型实体货币——纸币硬币"与"抽象型转账支付清算货币"之间的一种新型法定货币形态。

2016年1月20日，中国人民银行宣布将积极探索，争取早日推出法定数字货币[①]。2016年6月27日，第十三届全国人大第二十一次会议审议了《中华人民共和国民法总则（草案）》的议案，其中对公民具有的包括补充性货币在内的新型数字货币或新的网络虚拟财产、数据信息等新型民事权利诉求作出了新的规定。这表明，在中国，公民对补充性货币的诉求成为其正式的权利，也为推行法定数字货币铺平了道路。2017年2月，中国人民银行正式成立数字货币研究所，并继续大力研发法定数字货币，旨在促进未来法定数字货币的开发、标准化、规范、推广和采用，以改善金融市场的生态环境、提高金融运行效率、维护金融安全稳定、提升金融参与主体的福利和效用。据《经济参考报》消息，中国人民银行于2019年8月2日召开了2019下半年重点工作部署的视频会议，强调其中一项重点工作就是要因势利导发展金融科技，加快推进我国法定数字货币研发步伐，跟踪研究国内外虚拟货币发展趋势，继续加强互联网金融风险整治。据统计，截至目前中国人民银行数字货币研究所共申请了74项涉及数字货币的专利。

当前各国政府都在积极投入对数字货币的研发中，谁能首先取得研发法定数字货币的最新进展和成果，谁就能在未来的国际金融市场上获取巨大的市场份额。因此，在研发法定数字货币方面，我国面临众多强大的竞争对手，被迫要凭借自身的综合国力与其展开"赛马式"的激烈竞争，这是一次漫长的、高风险的、高投入的、博弈式的消耗性考验。

四、当代法定货币的特征和作用

（一）法定货币具有的特征

1. 当代法定货币是某一国家的唯一合法货币。货币必须存在于本国货币制度框架之内，名为法定货币。法定货币基本特征是由各国中央银行代表政府统一发行。各国的法定货币构成不同的国家名片。发行与流通的全过程都必须遵循各国发行的各种法律要求。法定货币不容许各类"异币"寄生、伴生。

2. 当代法定货币仍是价值符号和价值尺度。尽管在历史上，法定货币从形式上经历了多次变化，且法定纸币已是一种价值符号，并代替商品货币成为价值尺度；但当代法定货币这方面的职能仍未变化。

3. 当代法定货币代表的币值相对稳定，能保持相对稳定的购买力。任何国家的法定货币无论形式上如何变化，其代表的价值应相对稳定，从而保持相对稳定的购

---

① 新华社. 央行：争取早日推出数字货币［EB/OL］.（2016-01-20）［2022-12-04］. https://www.gov.cn/xinwen/2016-01/20content_5034823.htm.

买力，从而才能维护其经济地位。当代法定货币也不例外。

4. 当代法定货币是一国独立自主的货币，是经济主权的象征。因为所谓法定货币，仅限于本国政府的货币垄断权，是主权的金融形式。

5. 当代法定货币不受黄金等实际商品的短缺影响和限制。当代法定货币仍是一种价值符号，由国家的信用作为价值支撑，仍沿袭了脱离任何本位的制度约束。

6. 当代法定货币相较于商品货币更便于生产。当代社会已进入法定纸币与法定数字货币并行的时代。技术上的实现，形成了相对于商品货币更便捷的生产方式。

7. 在应对经济危机方面，当代法定货币赋予政府及其央行更高的灵活性。当代法定货币的各种特点，如不完全兑换性等，使得一国政府在应对经济危机时，具有更大的自主性。

8. 当代法定货币更加有利于国际贸易。法定货币在世界范围内使用，也使得它必须成为国际贸易中可接受的货币形式。

9. 当代法定货币具有更大的便利性。不同于黄金，当代法定货币并不依赖于那些需要储存、保护、监测以及其他昂贵必要条件的实物储备。

（二）当代法定货币的作用

1. 国家调控经济的工具。当代法定货币在当代经济发展中扮演的角色越来越重要。法定货币既是经济运行的润滑剂，也是经济调控的重要工具。故而，货币政策成为一个国家普遍运用的重要政策。

2. 促进国家与国际的联系。当代法定货币正处于法定纸币与法定数字货币并存的演变阶段。同时，随着当代科技的发展，当代法定货币已成为国际经济更加重要的联系纽带。它使各个国家之间的经济联系更加普遍与广泛，便捷与充分。

3. 更好地实现货币的五大职能。任何国家的法定货币，都毫不例外地要履行价值尺度、流通手段、贮藏手段、支付手段与世界货币的五大职能。然而，这些职能在履行过程中，往往受制于国内外各种因素的制约。而当代法定货币的发展，至少在技术上、自身特性上，逐步打破了这些制约，为更好地履行货币职能进一步创造了条件。

然而，法定货币存在一定的缺陷。现行法定货币并没有任何内在价值。这将允许政府可以任意地创造货币，但同时这也可能导致恶性通货膨胀和经济体制崩溃。

从历史角度上观察，法定货币体系的实施有可能导致金融崩溃，这就表明法定货币的使用，也的确存在一定的风险。

第二节　补充性货币的内部结构体系、作用与特征

一、补充性货币内部结构体系及作用

补充性货币内部结构体系示意见图 4-1。

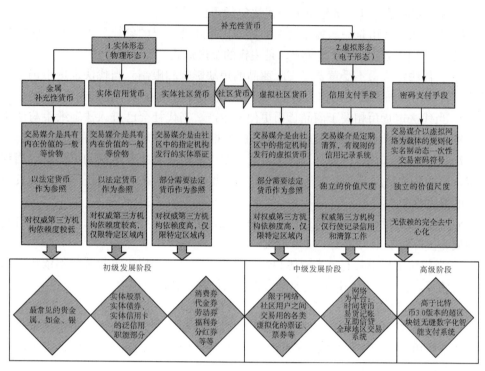

图 4-1　补充性货币的内部结构体系

补充性货币具有很多法定货币不具备的特点和优势，而这些特点和优势能直接或间接对各国乃至全球的金融市场产生深远影响。如果上述补充性货币的特点和优势能被合理应用，就一定能直接或间接地作用于金融市场，有效拓宽金融机构的经营业务范围，还能提升商业银行的国际化水平。但是，补充性货币的扩张和发展，在一定情况下也可能会产生一些问题。特别是在当代社会，新的科技革命促使补充性货币发展的势头越来越迅猛，这可能会打破传统补充性货币对经济社会冲击不大而易于监管的状况，迅速形成并积累各类风险。

有学者认为，补充性货币扩张造成的金融虚拟性演进，是通过储蓄动员功能、托宾效应、流动性功能及资产债务表效应来扩大作用的，但同时也扩大了风险①。而补充性货币之所以有双重作用，在于补充性货币自身存在的特征。

二、补充性货币的特征

（一）从最初单纯依赖法定货币作为自身的价值尺度到逐渐演变为具有独立的价值尺度和体系，发挥在特殊时期能替代和补充法定货币的作用。从补充性货币的发展历程来看，补充性货币最初的发行，旨在应对自然灾害、战争或其他因素造成的经济衰退或低迷的情况下，弥补法定货币缺陷，重树消费者的信心，促进国家经济的复苏。之所以它有这种作用，是在于其本身的价值体系部分乃至全部脱离法定货币以外的。在补充性货币发展的初期或中期，还有一部分补充性货币是以法定货

---

① 白钦先，沈军，张荔．金融虚拟性理论与实证研究［M］．北京：中国金融出版社，2010：12.

币的价值为衡量标准的。但随着补充性货币的发展逐渐走向成熟,补充性货币已经建立起与法定货币并行的独立的价值体系,且这种价值体系以互联网和高科技为载体,具有可行性和可持续性。因此,当出现经济危机等突发事件时,补充性货币的价值体系不会受到法定货币的冲击和影响,在适当的时候起到替代和补充法定货币、执行货币职能、稳定经济和国家信用的作用。若能达到这种状态,补充性货币的监管则意义重大。

(二)补充性货币的发行呈现多元化、分散化和去中心化的特点,在很大程度上增加了补充性货币在形态上的多样性和流通中的灵活性。大部分补充性货币的发行者都是非国家的机构、企业甚至私人,包括慈善机构、地方性企业、社区等。这些发行者因为私人目的或公众动机,自愿面向社会发行并管理不同形态的补充性货币,鼓励补充性货币在特定区域内流通和良性循环。由于发行者的多元化,在市场上流通的补充性货币也存在多样性。同时,由于市场上的发行者众多,且分布在不同的地区范围内,它们所发行的补充性货币也主要在当地使用和流通,因此补充性货币的分布也呈现分散化。

(三)补充性货币的发行、流通、适用范围、适用对象、存在形式、功能、运行规则等都是建立在发行者的信用基础上。纵观货币发展的历史,货币的购买力取决于货币的价值、而货币的流通能力则取决于货币的信用程度。与法定货币不同,补充性货币不具有强制性,它的运行模式和生态体系都是建立在平等自愿的基础之上。在一种补充性货币诞生之前,发行者会准备大量的实物商品和服务作为补充性货币发行的物质基础,并和参与者进行多次协商。在协商过程中,发行者负责制定补充性货币的价值标准和流通规则,参与者自愿接受并严格执行。这种由经济主体协商并接受执行的规则,形成了强大的社会信用和社会约束力。这种社会信用,也决定了补充性货币的价值和流通能力是可持续的。同时,发行者的信用等级以及在金融市场中的势力,可以决定其所发行的补充性货币的具体形式和功能,从而使其发行的补充性货币具有灵活可控、量力而行且有针对性、计划性的特征。发行者的信用等级越高,所发行的补充性货币的普及能力就越强,社会信用度就越高,流通覆盖范围就越广。发行者的信用等级较低,所发行的补充性货币就只能在很有限的空间范围内运行。于是,补充性货币存在的金融风险由于使用地域的有限性,传导机制在空间范围受阻,地域之间遭受感染和风险恶化的概率较法定货币也就大大降低。与此同时,由于法定货币是以国家信用为基础的,在当国家信用存在危机时(如希腊等国的债务危机),补充性货币就可以作为与法定货币并行的独立货币体系,解决法定货币存在的信用危机。当然,补充性货币在现阶段由国家发行的案例较少,但也有国家政府承认并鼓励发行补充性货币的情况,如泰国的"Merit"和日本的"地域振兴券"等。随着补充性货币的不断发展,未来以国家政府公开发行补充性货币作为法定货币的可能性将逐渐增大。当然,这也同时带来对补充性货币增强监管的可能性。

(四)补充性货币作为法定货币的补充和附属形式,能在特殊的条件下满足被法定货币忽略掉的各种社会需求,弥补法定货币在市场交易中存在的功能缺陷,从而增加交易的发生频率和成功率。比如，社会弱势群体（包括残疾者、失学青少年、文盲、鳏寡老人、失业妇女、贫困农民工、曾有犯罪记录的改过自新者等）由于自身条件和特殊情况，缺乏生活来源，但难以寻找到合适的职业。这些人中的大部分有着强烈的劳动需求和工作欲望，但由于多种原因无法被工作岗位接纳，只能长期处于失业潦倒的状态。这些群体不仅造成社会可使用劳动力的大量浪费，还会造成很多社会矛盾和危机。某些特定形式的补充性货币（如社区货币、时间货币等）的发行，旨在专门为这些人群提供就业机会。这些人群可以在指定的特殊市场上从事力所能及的劳动，为当地有需要的公众提供商品或劳务（如自制手工商品、家政服务等），从而获得补充性货币后再在特殊市场上换取生活资料。再如，在地震受灾地区，生活用品和物资严重缺乏、商品的价格飞涨、法定货币贬值、经济萧条、人心浮动等。一些地方政府或公司，发行一定数量的消费券（实物形态的补充性货币），让人们使用消费券来换取需要的生活用品和物资。这种方式既稳定了经济秩序，有效地控制了物价水平，也能有限制、有计划地向受灾群众给予救助。另外，补充性货币还能在丰富广大人民群众文化娱乐生活、教育、医疗、保险、社会保障、旅游等方面发挥功能，提高国家及地方政府的运行效率。补充性货币的这些功能，正是法定货币不具备的，也是社会和市场都不可或缺的。为了能发挥这种优势，对补充性货币的监管也十分必要。

（五）补充性货币的产生和长期存在，更来源于整个社会伦理道德观的体现。伦理道德是一个社会的意识形态，是一种社会秩序和规则好坏的衡量标准，是社会发展到高级阶段的一种文明象征。休谟认为，道德来源于社会内部成员之间形成的共识（稳定、通用、统一的观点）。共识建立在社会公众普遍且稳定存在的基础上，实现了私人利益与公共利益、短期利益和长远利益之间的和谐统一。补充性货币起初是属于互助性信用货币，产生于特殊的经济困难时期且非强制性发行，同时也是建立在参与成员之间所达成的共识基础之上，更好地促进了货币供需双方之间的合作共赢关系以及参与成员内部和谐文明氛围的形成。以补充性货币为交易媒介所形成的有限空间和范围内的参与成员都是自愿加入，共同解决地区范围内的居民福利、社会保障体系、劳动工资报酬、生活质量提高等问题，这也充分体现了参与成员之间凭借补充性货币所形成的互助友爱、合作和谐的共生关系。各参与成员都自觉遵守补充性货币运行的游戏规则，明确合作的积极意义，有着共同的目标和道德理想，因此有着较为完善的管理和约束体系。总的来讲，补充性货币旨在协调和解决社会矛盾和利益冲突，促进社会文明建设，树立"互信、互助、共赢、和谐"的良好社会氛围，建立共识意识，维护社会秩序，避免社会动荡和潜在危机。也即是说，补充性货币的发展，标志着社会文明程度和社会和谐度，是有利于社会稳定团结、互助友爱、互信互利的途径。可以说，一个社会是否具有较高的伦理道德观，可以将在市场上流通的补充性货币类型及运作模式作为一个观测标准。所以，对补充性货币的监管更显得重要。

（六）大多数传统的补充性货币可以自行调节供需比例，一般不会引发通货膨胀，同时对通货膨胀还有抑制作用，可以成为国家政府宏观调控的有效工具。由于国家是法定货币的唯一发行者，出于国家政治、经济、社会综合利益的考量，国家对法定货币的供给量会有绝对的控制权。此外，由于市场供求变动频繁，国家的宏观调控政策效果具有滞后性，无法实现法定货币供给量与市场需求量的完全零误差。再加上国家政府为了减轻政府支出和债务压力，本身就具有超发货币的天然冲动，通货膨胀就成为一种经济常态。如果通货膨胀的程度超过了国家政府的控制能力范围，就会造成严重的经济危机。然而，与法定货币不同，补充性货币的发行数量是有一定限制的，在参与成员使用补充性货币进行交易时，随着资产的增加，相对应的负债也会在每笔交易中同时产生，确保补充性货币的良性循环和流通。另外，补充性货币的发行者众多，决定了补充性货币的种类和形式繁多，使用者有更多的选择，这也保证了补充性货币不会存在绝对的垄断优势。此外，补充性货币的发行，是有实物商品和服务的支持，且每次发行都有很强的计划性，能保证补充性货币在市场上的可控性。为了易于运用最高端、最先进的科学技术，补充性货币的更新换代也很迅速，因此使用者除非有特殊情节，一般不会对其进行储存，这样也就能保证金融市场上补充性货币的强流动性和总量的相对稳定性，而使用补充性货币发生通货膨胀的风险也会进一步降低。显然，对补充性货币监管是一件十分有意义的事情。

（七）相较于法定货币，补充性货币在流通和使用过程中的交易成本要低很多，也不会产生利息。法定货币有国家信用和强制命令作为保证，具有垄断优势，因此在从事金融活动（如借贷）时需要支付利息。然而，补充性货币的发行建立在非国家的信用基础上，发行量、规则、形式都可能随时改变。因此，补充性货币不存在稀缺性问题，来源和渠道很多，不同补充性货币之间存在着较大的竞争。补充性货币的价值和购买力，依靠的是使用者的接受和认可；因此，它们需要不断扩大自身影响力和覆盖范围，也会鼓励更多的公众使用和流通。所以，补充性货币的交易成本很低，不会产生利息，这也自然规避了私人因为追求更多的货币利息而人为制造的金融风险。因此，补充性货币所建立的独立货币体系和友好互助的金融环境，具有交易成本低、安全性高、稳定性好、流通能力强等特点。这给补充性货币的监管提供了实践支撑。

（八）补充性货币不一定完全具有法定货币的五大货币职能（价值尺度、流通手段、储藏手段、支付手段和世界货币），但也具有法定货币所不具备的新的职能，如补充性、适应性、多领域性和高科技性等。也正是因为具有这些新的职能，补充性货币在金融市场上才能发挥出替代或补充法定货币的作用。处于初级或中级发展阶段的补充性货币，由于仅在某一特定地区或社区发行和流通，故没有世界货币的货币职能。同时，大部分的实体社区货币，如消费券、劳动券等，也不具备储藏手段职能。但是，随着补充性货币的不断发展，流通在金融市场中的补充性货币的使用者越来越多，使用范围也随之扩大。补充性货币可以由国家政府发行，甚至在互联网的催化下跨越国界流通。一些补充性货币的使用者，可能会因为某种补充性货币的数量有限、制作品质精良等原因，产生对此类补充性货币未来增值可能的预期，并予以收藏，（如日本的地域振兴券、比特币等）。可以看出，原本补充性货币所缺

147

失的货币职能，也随之其不断发展，正日益完善中。同时，补充性货币在互联网、加密和区块链技术的支持下，渗透到除金融业以外的其他各类产业，并结合社会关系网络，与各类经济主体形成了复杂的信息网络金融服务网状综合体，可以克服地域、空间、时间、政治、制度、宗教、文化、道德、人力、资金等各种因素的制约，展示出强大的高科技性、多领域性、适应性和补充性，突破了原有法定货币因为本身职能缺失对经济主体造成的桎梏。这对补充性货币的监管无疑形成条件上的便捷。

（九）补充性货币与法定货币在某一特定时期，可以相互转化。法定货币与补充性货币虽然有明显的区别和界限，但也有补充性货币与法定货币相互转化的可能。历史上，银行券就是补充性货币转化为法定货币的最好证明，而黄金在不同的时期也经历了由法定货币转变为补充性货币的过程。同时，随着科技的发展和补充性货币自身的不断完善，补充性货币逐渐以虚拟形态为主，与法定货币的界限也变得更加模糊。2017 年 2 月，中国人民银行正式确定了即将发行法定数字货币的消息。如前所述，我们认为数字货币属于补充性货币的范畴，而法定数字货币即是用原本属于补充性货币范畴的数字货币完全替代传统纸质法定货币的最终产物。虽然这种转变的过程也需要较长的准备期和适应期，数字货币将作为补充性货币与传统法定货币长期并存，但是这种替代的最终结果将涉及数字货币地位和身份的转变，对传统法定货币造成变革性的影响。如此，对补充性货币的监管更显得必要。

（十）处于高级发展阶段的补充性货币，有着引领未来新型货币发展趋势的无限潜力。如前所述，补充性货币在高级阶段主要是以虚拟形态出现，是以高科技和互联网为载体的新型补充性货币形式，有着自身独立的加密计算方式和技术设定，因此，更具有安全性强、独立性好、自由度高、流通范围广、参与平台低，专属和私密性好等优点。这些优点都是法定货币不具备的，也更能体现出新型补充性的特殊魅力。事实证明，国家政府也已经开始关注对处于高级阶段的补充性货币的合理运用。从上述中国即将推行法定数字货币的例子可见，处于高级阶段的补充性货币对传统法定货币带来了巨大的挑战，当补充性货币发展到力量足够强大、优势足够明显时，就能实现货币体系的彻底颠覆。补充性货币将对未来新型货币的发展方向指明前进的道路。当然，补充性货币的监管对未来也影响深远。

第三节　法定货币与补充性货币的区别与联系

补充性货币绝大多数是由非国家为主体的地方机构、团体、私营企业或私人发行的。当然，也有少数由中央政府发行。它是具有补充或替代法定货币部分职能的交易媒介。与法定货币相比，补充性货币最大的特点就是其发行主体的非唯一性。法定货币的发行权完全掌握在国家手中，国家可以根据自身的政治或利益需要多发甚至超发法定货币，以致有时会违背市场供求规律，产生严重的如恶性通货膨胀等经济社会后果。补充性货币的发行者除了国家，更多的却是非国家机构甚至个人。这种特点弥补了法定货币的发行主体单一化、垄断化的缺陷，从而有效引入市场的力量以维持货币的供求稳定。同时，补充性货币是补充和替代法定货币部分职能的，所以它不一定具有法定货币的全部职能（包括价值尺度、流通手段、储藏手段、支付手段和世界货币），但一定具有法定货币没有的新职能（如补充性、适应性、高科技性等）。也正因为如此，补充性货币具有法定货币所没有的优势，能有资格与法定货币并存于货币系统之中。补充性货币具有实物形态和虚拟形态两种，且这两种形态的补充性货币是并存的。在补充性货币发展的初级到中级阶段，实物形态的补充性货币形式更多，然而当补充性货币发展到高级阶段时，虚拟形态的补充性货币形式更多。同时，在特定的发展时期或阶段，补充性货币有可能和法定货币相互转化。

需要特别指出的是，黄金在其发展过程中，很长一段时间都充当着特殊的一般等价物，并被国家规定为法定货币。而在金本位制和布雷顿森林体系崩溃以后，黄金退出了作为法定货币的历史舞台，只作为外汇储备的替代品、部分地区交易媒介、投资品和一般商品的存在。这时，黄金就成为补充性货币。

此外，银行券的发展和演变，就是补充性货币转化成为法定货币的最好例证。银行券是由银行发行的一种银行票据的表征信用货币。银行券以发行银行的信用与黄金作为其价值的保证，在金融市场上具有较大的影响力。早期的银行券是由私人银行发行的，其功能类似于支票，体现了货币的支付手段职能。由于早期银行券的发行主体是私人银行，所以那时期的银行券属于补充性货币的范畴。而到了19世纪中叶后期，银行券的发行权力逐渐由私人银行转移至国家政府，最终改为由中央银行或其指定的银行才能有权发行。自此之后，发行银行券成为中央政府的垄断权力，银行券也成为纸币的前身。因此，19世纪中叶以后的银行券，实际上已经属于法定货币的范畴。

按照传统货币理论的观点，货币形态的发展演变过程经历了四个阶段，即实物货币阶段、金属货币阶段、代用货币阶段和信用货币阶段。代用货币是指代替金属商品货币流通，并可随时兑换为金属商品货币的货币[①]。在金属货币阶段，人们用于流通的金属货币与所交易的商品是等值的。但是，随着交易的频繁，金属货币会出现一定程度的磨损，其本身的货币价值与其代表的交易价值逐渐有了差异。但人们发现，这种价值差异的存在并没有对交易产生任何影响。因此，人们开始使用币材价值与交易面值完全不相等的货币来代替金属货币，代用货币由此诞生。

英国是代用货币的诞生地。中世纪后期，金银货币的持有者将金银交给金匠保管，金匠开出本票形式的收据凭证。持有者可以直接凭收据进行交易，且这些凭证可以相互流转和兑换成金银货币。这种以金属货币为基础的凭证就是代用货币的雏形。由于方便携带，灵活安全，成本低廉等优点，代用货币迅速兴起。中国古代的钱庄开出的银票等凭证，也属于代用货币的一种形式。随着钱庄逐渐发展为银行，银行开立的银行券也成为代用货币的主要存在形式。

随后，代用货币开始发展成为由国家发行并强制流通的价值符号，即纸币产生。

---

① 范从来，姜宁，王宇伟. 货币银行学［M］. 3版. 南京：南京大学出版社，2006.

纸币本身没有价值（或者价值足够低，几乎忽略不计），但能够在市场上自由流通，发挥交换媒介的作用。纸币在金本位制下，由于有充足的贵金属作为支持，可以自由地兑换金属或金属货币，因此属于代用货币。当金本位制崩溃之后，纸币的发行和流通完全依靠国家信用和强制命令时，纸币就演变为信用货币，进入了信用货币发展阶段。

可以看出，代用货币属于金属货币与信用货币之间的过渡阶段，是人们在探索货币本质和职能的过程中的必然历史产物。它克服了金属商品货币的若干缺点，解决了金属货币在流通中所产生的"劣币驱逐良币"问题。代用货币以纸质的形态存在，其本身的价值低于（甚至远远低于）所代表的货币价值，是可兑换的纸质货币。它的存在和发展，为纸币成为信用货币奠定了基础。

值得注意的是，代用货币属于补充性货币到法定货币的过渡形态。早期的代用货币（包括早期的银行券），是由小区域范围内的钱庄、钱店、钱铺、兑店、钱肆或银号、私人商业银行等发行并流通兑换的纸质凭证。由于当时的法定货币是金属货币，故当时的代用货币属于补充性货币的范畴。然而，后期的代用货币（如银行券）完全替代了金属货币的法定地位，以金属货币为后盾，由国家政府机构发行并强制在全国范围内流通，此时的代用货币就属于法定货币的范畴。

科技的进步推动着信息时代的发展，电子货币也孕育而生，标志着现代货币进入了一个发展的新阶段。由于法定货币与补充性货币同时并存，且补充性货币能补充和替代法定货币在金融市场中职能的缺陷和不足，过去在法定货币与补充性货币之间明确的主次关系中开始有了微妙的竞争和博弈。随着补充性货币的类型日益繁多，支持技术不断创新，其对金融市场的影响力日益扩大。补充性货币的急速发展，也倒逼法定货币开始改进和创新，以完善自己职能的一些缺陷，减少补充性货币对其产生的冲击和潜在替代威胁。电子货币的出现是法定货币进行自我完善和发展的一个典型例子。

电子货币与传统纸币有着形式上的不同，它是一种以电子化技术为支持，以电子设备为载体，以电子流为存储形式，能将一定量现金或存款转化为无形信息流，从而用于支付或清偿债务的一种货币符号。电子货币的发行者较多，它们可以通过发行存储了代表一定金额货币数据的异质性电子设备或电子产品（如磁卡、智能卡），兑换公众持有的相同金额的传统法定货币。公众实际上是从发行者处获得了以电子化方法表示的观念上的货币信息，这些货币信息包括持有者身份、使用密码、货币金额、使用范围、使用期限等内容，将电子货币与使用者更紧密地联系在一起。同时，发行者的不同，改变的是电子货币载体的形式和权限，实现了电子货币载体和电子流形态法定货币的分离。电子货币持有者通过交换电子货币记录的信息，实现整个交易流程。从消费者角度看，消费者购买商品后，在消费终端支付一定量的电子货币，电子货币的价值被传送到销售商家手中，消费者的支付信息记录在电子设备中，电子货币的流通手段职能得以实现。从销售商家角度看，一方面商家将从消费者手里获得的电子货币直接传送给电子货币的发行者，以赎回现金，电子货币最终兑回传统货币。另一方面，商家也可以将电子货币传送给银行，由银行为其进行交易记录的借记登记，最终由银行与电子货币发行者进行结算。由此可见，电子货币在各个持有者之间可以实现货币价值的自由转移，且可以脱离银行体系，效率更高，成本更低，方便快捷。当前，电子货币主要分为用户储值型电子货币（独立于银行系统的存款账户，如医保、煤气、公交、电话费充值卡、商户自制消费储值卡、银行和特定商户联合标有银行标识的联名卡）、存款利用型电子货币（借记卡、电子支票）、现金模拟型电子货币（基于互联网条件下被保存在电脑终端硬盘内的二进制数据电子现金和独立于银行支付系统，货币价值被保存在集成电路卡中的电子钱包）三类。电子货币可以实现更高效率的货币转账、支付、结算、储蓄、汇兑、信贷等功能，提高了传统货币的流通和运行效率，加速了资本在整个市场的周转和流动，是以法定货币为基础的具有革新意义的货币形态。

有些学者将电子货币与虚拟形态的补充性货币混淆起来，认为电子货币应该属于补充性货币的范畴。诚然，电子货币与补充性货币有一些共同点。首先，电子货币的发行机构可以是中央银行，也可以是一般性金融机构或非金融机构。其次，电子货币的匿名性可以由发行机构自行设计，安全性较高，且有特定的电子货币技术标准。再次，电子货币的使用范围较之传统纸币更大，没有严格的地域局限。可以说，电子货币与虚拟形态的补充性货币具有的共同特性有：方便安全、使用范围广、发行主体多元化。然而，以上的共性只是两者表层意义上的相似，电子货币与补充性货币却有着本质的差异。电子货币并不具有独立的货币价格标准，虽然是以电子信息流的形式记录实际的货币金额，但必须依附于现实法定货币的价值体系才能实施其货币职能。从本质上来看，电子货币实际上就是运用电子技术储存在电子设备里的现实法定货币的虚拟化。而补充性货币和法定货币是并存的，随着补充性货币的不断发展，已经逐渐形成了独立于法定货币的价值尺度和价格标准。赵家敏（1999）认为，电子货币是一种旨在传递现有货币而诞生的新方法，这种新方法将原有传统法定货币的载体由纸质转变为电子质，并不是新的货币，更不是补充性货币[①]。

由此可见，电子货币不属于补充性货币的范畴。电子货币仅仅是法定货币以互联网和电子信息技术为载体的另一种表现形式，本质上是物化法定货币的信息化和虚拟化，属于法定货币的范畴。

关键词

法定货币 法定数字货币 电子货币 金属货币 代用货币 银行券

---

① 赵家敏. 电子货币 [M]. 广州：广东经济出版社，1999.

课后思考题

1. 补充性货币与法定货币之间的关系是什么？
2. 电子货币属于法定货币还是补充性货币？为什么？
3. 较之实物形态的法定货币，法定数字货币有什么特点？
4. 请谈谈我国发行法定数字货币的意义。

补充阅读材料

材料1：法定数字货币的法律地位、作用与监管[①]

内容摘要： 全球货币体系面临着巨大变局，货币是金融基础设施，作为数字时代的战略选择，法定数字货币将在新基础设施建设中发挥至关重要的通道作用。法定数字货币由中国人民银行（以下简称央行）发行，以国家主权信用作为背书，央行拥有绝对和完整的货币发行权，其法律性质属于基础货币，具有成本低、效率高、币值稳定等先天优势。法定数字货币的流通发行将改变金融科技生态，对现行支付清算机制产生巨大影响，央行将有效监测资金的准确动向，通过大数据分析宏观经济的整体走向和微观经济的客观需求。依托于区块链、5G等技术建立的法定数字货币体系，可以实现更为精准的货币政策效果，对抢占数字空间铸币权乃至维护国家金融主权安全稳定具有重要意义。但法定数字货币并非毫无缺陷，其发行使用可能造成更大的金融风险敞口，必须对其予以充分规制，建立立体监管机制，加强数字空间下法律与工程的结合应用，确保法定数字货币在正确的轨道上发展。

关键词： 数字货币　新基建　金融安全　长臂管辖　法律工程学　数字经济

全球金融秩序正随着科技进步和国际形势变幻而产生巨大变化，以国家信用为基础的现金社会正面临着数字货币的不断冲击。美国脸书公司（Facebook）已联合其他金融寡头开发天秤币（Libra），以期解决跨境支付面临的复杂监管，并将数字货币作为新一代金融基础设施建设。在比特币等非官方发行的数字货币影响下，不受法律监管、缺少主权信用背书的金融科技，正不断蚕食自20世纪以来保持相对稳定的当代货币与交易体系，以金融安全为重要支撑的国家安全面临着地下金融链条的强烈冲击。数字货币在区块链等新技术的加持下，具有传统货币无法替代的强大优势。基于维护国家金融主权安全稳定的目的，目前包括中国、日本在内的一些国家已开始着手研究由央行发行以加密数字货币技术为基础的主权货币，涉及支付清算、交易安全、数据认证、身份识别、运算维护等诸多新兴领域。

法定数字货币（Central Bank Digital Currency，简称CBDC），是基于央行的信用

---

① 原标题：法定数字货币的法律地位、作用与监管，作者：袁曾，上海交通大学凯原法学院博士后研究人员，南方海洋科学与工程广东省实验室（珠海）兼职研究员，法学博士。

发行代表具体金额的加密数字串，以国家信用作为背书，作为纸币的数字化形式，承担货币的市场流转义务，具有主权性、法偿性等法币基本特征。中国人民银行数字货币研究所自 2014 年起正式开展法定数字货币研究，研究区块链技术在金融领域的创新应用。除官方的研究应用外，各大支付平台均已开展了有关数字货币的研究与建设。在"百年未有之大变局"的时代背景下，法定数字货币作为新基础设施建设的重要内容，可以发挥新的战略支点作用。但为何要发展法定数字货币、法定数字货币有何独特优势，以及如何规制并确保法定数字货币在合理的轨道内健康发展，是必须予以重点研究的现实问题。

一、法定数字货币的法律地位

关于数字货币的定性，各国对其的法律规制存在较大差别。我国不承认数字货币的合法地位，更不认为其具有货币属性。而美国政府不同部门对数字货币的认定存在差异，美国税务局将其认作个人资产并对其课税，而美国商品期货委员会将数字货币认定为大宗商品进行监管，并承认比特币等加密货币属于期权交易的种类。但无论是作为个人财产还是期货，均排除了普通数字货币成为法定货币的可能性。

（一）属于基础货币 M0

法定数字货币性质的决定，与发行系统的关系密切。法定数字货币是基于国家信用发行的基础货币，法定数字货币的法律性质决定了对其体系设置的法律基础。由央行发行的法定货币是广义货币中的基础货币 M0，由于基础货币无法满足实时、跨区域的现实需要，央行必须授予商业银行部分货币发行权，由此产生了涵盖活期存款等在内的广义货币 M1。基于法定数字货币由央行依法发行的特点，其应属于基础货币 M0 的范畴，并通过相应的存取结算等活动进入商业银行系统。

由于法定数字货币属于法定货币，因而具有刚性的兑付特性。发行法定数字货币后，现金的需求将进一步减少，央行将逐渐以数字货币的形式替代传统现钞。货币结构将发生变化并提高支付结算的整体效率，客观上将促进经济活动的活跃程度，提供更为充足的货币流动性并降低交易成本。

（二）以国家主权信用作为担保

现代货币体系中，央行拥有绝对和完整的货币发行权，货币的有效供给与稳定关系着主权国家的存在基石。比特币等数字货币的兴起依靠的是区块链技术迅猛发展，通过分布式记账技术实现所有节点的共同参与，在实现去中心化的同时实现信任的目标。这种技术链条实际上在数字世界中替代了央行的两大功能——取得货币共识与发行货币。由于区块链中并不存在中心，实际上每一个参与了区块链网络的个体均可以通过俗称"挖矿"的劳动获得数字货币的奖励，因此每个参与者均可成为独立的货币发行者。但是此种分布式技术造成的关键法律问题，是如何确定什么主体具有货币发行权、所有权。囿于缺少国家信用的背书，这种模式下的数字货币实际无法解决广泛社会生活应用场景下的共识困境。

目前市场上存在种类繁多的加密数字货币，而新型商业个体通过此类非法定数字货币已累积了众多的非官方支付系统，直接对央行货币体系的监管和管控产生威胁，影响金融稳定和官方政策传导。法定数字货币必须根据法律的规定，由央行发行并由其保证绝对控制权，以国家信用作为担保支撑其保持稳定。基于国家主权信用发行数字货币，有助于限制非法定数字货币的应用，保证货币供应和使用的稳定。因此，法定数字货币是法定货币的数字化形式，其币值、利率与本国纸币保持一致，并在央行的统一发行下，以国家主权信用为担保履行货币职能，逐步实现构建高质量货币体系的目标。

（三）与现有货币的对比优势

与现钞相比，法定数字货币的币值稳定、公信力强、交易成本低、交易效率高、易于监管。法定数字货币的投入使用回应了现实生态的变化，对现行支付清算的机制产生了颠覆性影响。随着高速网络的发展和智能移动终端的普及，经济主体之间的交易规模、频次、金额已呈爆炸式增长，传统的现钞式金融结算模式已客观上限制了现实需求。若高频交易可以使用记账式清算，将可以在减少现金流动的同时，保证交易的低风险性。另外，法定数字货币可以直接强化货币政策的效果。货币的运行有其完整脉络，背后蕴藏着复杂的货币与金融政策考量，牵涉的是国家整体经济活动命脉。而法定数字货币利用的区块链、云计算等新兴技术，有助于央行获得交易过程中的各类大数据，从而更加精准地掌控国内与国际真实金融态势，并作出及时甚至超前的调整，保证货币供给调节和货币政策目标的实现。

与其他数字货币相比，法定数字货币具有主权信用背书。由私人机构或个人发行的数字货币，虽然也具有复杂的加密技术，但其去中心化的发行模式以及缺少法律规范支撑，导致其无法具有国家信用。而金融监管当局无法同时控制其他数字货币的发行量以调整相应的货币政策，数字货币在暗网或小范围内可能在某时提供相应的价值等量，但绝对无法实现法币的相同效果。从金融创新的角度分析，货币是金融业的基础设施，比特币等数字货币的诞生，对货币结构、货币形式、货币效应等方面产生了宏观而深远的影响。但当出现系统的流动性问题时，这些非法定数字货币无法承担央行的最终贷款人角色，无法有效应对通货膨胀或通货紧缩，因此无法替代法定数字货币的地位。

二、法定数字货币在新基建中的通道作用

习近平总书记强调，在当前外部环境下，必须充分发挥国内超大规模市场优势，通过繁荣国内经济、畅通国内大循环为我国经济发展增添动力，带动世界经济复苏。鉴于法定数字货币的技术特点，其广泛投入使用后可以有效监测资金的准确动向，通过大数据分析宏观经济的整体走向和微观经济的客观需求，有效放大货币政策的传导效应，保证货币的精准走向。"发行法定数字货币，将从货币政策工具、金融系统传递渠道、实体经济作用机制三个方面影响货币政策传导渠道。"央行通过法定数字货币的大数据汇集，可以有效地实现对于商业银行落实中央政策和法律规定的高效监管，及时制止对于货币的违规违法利用和恶意违约行为的产生。更重要的是，法定数字货币可以发挥通道作用，增强企业和个人的真实融资需求和路径，减少"影子银行"存在的空间。例如当前受新型冠状病毒感染疫情影响而对中小企业进行的大规模贴息，可以通过系统自主记录资金走向，减少救市资金违规进入楼市股市等投资性市场的机会，促使纾困资金及时直接进入真正有需要的主体账户中，保证国家总体金融安全和战略意图的实现。

（一）实现更为灵活且触角更长的货币政策

法定数字货币在新基建逐步成熟后，将促进金融监管机构在新的纵深领域和市场维度上进行新的货币政策创新，完善人工智能识别风险、大数据计算货币发行量、货币"条件触发机制"等金融科技。以条件触发机制为例，央行通过人工智能计算当前所有关联经济信息和基础性数据，可以高效准确地得出下期最优货币发行量。在货币发行前，完成包括"节点条件""流向部门条件""信贷利率条件"以及"经济理论条件"的预设，若实际经济活动触发了上述条件，投放至商业银行库的法定数字货币才生效。另外，通过条件触发机制的设定，商业银行的信贷行为将直接受到央行的全面监控，央行可以更为简便迅速地借助人工智能运算发现不合规的信贷或明显异常偏差的授信，实现贷款发放与利率设置的精准控制，减少商业银行在具体信贷行为中因人为干预而导致的货币政策效果减弱。法定数字货币体系的建设足以优化货币政策传导过程，提升金融政策传导的扁平化能力，并链式作用于新基建，使得货币政策的实施效果更为精准有效。

不管是国家还是个人，其财富最大的表现形式就是货币。全球化进程已受到突发公共卫生事件的影响，国际经济与贸易不景气的状态将持续。在此背景下，各主要货币发行国的央行基本实行量化宽松的货币政策，实行低利率甚至零利率政策并增加基础货币供给，通过流动性的巨量注入以鼓励开支和借贷，借此刺激经济。但这种间接增印钞票的行为，实质造成的客观结果就是资产价格快速上涨，通货膨胀的累积泡沫风险不断加大，反向作用于主权货币的币值稳定性，引发恶性的汇率贬值，出现主权货币信用逐渐降低的现象。相较于量化宽松，学界普遍认为用"直升机撒钱"的方式进行经济刺激，更为直接有效。法定数字货币的出现，为央行通过数字货币账户进行"直升机撒钱"式的精准货币传导提供了可能。

另外，存款利率为零的下限在经济学上分析，会阻碍货币政策传导、削弱货币政策效果。负利率相较零利率可以有效地刺激货币释放，但依靠现有手段，当金融资产的利率下降为负时，资本会加速转化成为现金，同时减少现金的流动性，最终导致负利率政策的失败。但法定数字货币实施后，央行就可以实现直接通过诸如征收数字钱包管理费的形式，实现真正意义上的负利率，央行可以实施的货币政策阈值将会更为宽广。

（二）保持币值长期稳定

币值直接关系着汇率、国家信用与金融体系的稳定，以西方金融体系为首的资本主义世界已通过建构等级明显的金融机构体系，控制了最为主要的货币市场命脉。在此体系下，各国央行理论上可以保证商业银行供给的货币品质，但随着资本竞争的加剧以及各方利益博弈，货币权力的膨胀使得包括部分国家央行在内的主体滥用信用货币地位，货币的价值尺度功能受到了损害。货币品质的下降，增加了爆发新的世界经济危机的风险。现行国际货币体系无法有效应对流动性过剩、货币量化宽松引发的通货膨胀以及国际约束乏力等关键问题。

当类似美元、英镑类的国际流通性货币发行量变大，非国际流通性货币的发行国对于前类货币资产的刚性需求就会持续存在。在国际市场上，货币实际上作为商品体现抽象人类劳动的社会实现形式，在执行货币职能时，货币需要锚定某类商品稳定通货价值，这一过程使得货币逐步脱离其物质样式，发展到目前以国家信用作为后盾的阶段。而现行国际货币体系并不存在可以信赖的货币基准"锚"，仅仅依靠泰勒规则实现流动性的软约束，易诱发国际货币发行国基于本国力量考虑货币政策，而非全球货币的真实需求，因此容易形成人为干预的货币超发和流动性过剩。数字货币的产生就源于当代国际货币系统机制的内生缺陷。在"锚"缺位的情况下，比特币等具有技术发行上限数量的公平安全的数字货币迅速成为替代主权货币的市场选择，推动了比特币价格近年来的暴涨，此种情况也说明了国际市场当前迫切需要一个可以解决全球市场信任的新型锚定货币。就信用意义而言，法定数字货币由央行发行并受到其监管，较现行稳定货币更为安全。就现实意义而言，人民币法定数字货币的推出有其深刻的时代背景和紧迫性。

另外，互联网金融企业对于电子支付的垄断，客观上造成了纸币流动性的刚性需求减少，货币需求对于利率更加敏感，但会影响到商业银行储备金对于利率体系的有效传导性。有学者提出，这可能形成"凯恩斯流动性陷阱"。而一些公司提出的"无现金社会"的说法，背后蕴藏的是私企对于央行货币发行权威的挑战。当腾讯与阿里等巨型互联网企业占据了市场上最大份额的支付通道业务时，如果巨型支付渠道企业无法提供等量的价值担保，其风险成本客观上转移给了央行，这使得国家金融机构不得不掣肘于对系统性金融风险的担忧，而不敢对互联网金融寡头采取严厉的监管措施。

（三）提高货币体系边际安全

纸币的生产环节纷繁复杂，成本较高。2013年版100美元纸钞的生产成本超过12.5美分，1硬币美分的制作成本已超过其币值。硬币至今仍然可以流通的原因就是不易损坏、流通成本低。我国的公开数据显示，纸币使用寿命平均仅为3年。发行法定数字货币将无需通过目前如此大体量的现钞印制，而是通过加密数字符号实现货币的等值替换。从理论上而言，法定数字货币没有损耗、伪造的可能，只要法定数字货币的发行和支付清算系统搭建完毕，后期法定数字货币的成本将逐步降低，流通成本将不断大幅摊薄。特别是在我国的某些贫困地区，保持现钞管理的成本非常高，部分人群若没有或者不会操作银行账户，即无法有效地使用支付系统。而法定数字货币可以提供直接的交互账户变动，此类数字账户将如身份证一样，自出生起即分配至个人并终生保持，避免因开立银行账户的细节或人为失误，影响支付清算的效率。

由于法定数字货币无需印钞的实体环节，目前有观点提出发行法定数字货币可能存在货币超发的先天隐患。但从货币学的角度分析，法定数字货币不同于其他数字货币。其与纸币实现的是等价兑换，即1元纸币等于1元法定数字货币，法定数字货币的真实用户持有多少现金就可以兑换等量的法定数字货币，即使存在支付宝、微信支付等代理运营机构，也并不会对货币的总量产生直接影响。另外，由于数字存托凭证模式（Digital Deposit Receipt，简称DDR）是通过百分之百的资金抵押生成，因此法定数字货币的发行并不会对央行的货币总量控制产生影响，使得银行可以无须借助垄断型互联网平台的中间支付渠道，实现统一货币支付清算的目标。央行并不授予互联网平台或者商业银行以法定数字货币发行额度，而是将储户或法定数字货币用户的真实财富等额兑换。基于此，由央行主导建立的法定数字货币支付清算体系，不会引起货币总量的超发，具有现实可能性。从货币发行的环节分析，法定数字货币跳出了纸钞发行纷繁复杂的流程，从而简化了货币政策的大量冗余环节。

（四）提升货币治理能力现代化水平

区块链的基本技术特点是去中心化，但这并非意味着央行不能基于国家信用基础利用区块链技术及其逻辑。与此相对，只要通过合理的框架设计和机制约束，去中心化技术可以有效帮助决策者整合分布式账本，实现更有效的中心化控制。在此意义上而言，发展法定数字货币可以在新的金融基础设施建设方面发挥更好的通道作用，助力国家货币政策和更宏大战略目标的实现。

一是可以转变传统信贷模式。目前，互联网银行已开始尝试借助区块链技术开发新型信贷业务，由互联网企业腾讯牵头发起设立的微众银行开发了"微粒贷"，利用微信端口收集的海量业务数据和同业贷款征信信息，将小额贷款需求与资金进行精准匹配，根据用户不同情况进行纯线上贷款审核和利息定价。

二是改变保险理赔模式。无人驾驶汽车属于新基建的重要投资领域，由于无人驾驶汽车的侵权责任主体发生了重大改变，因此无人驾驶汽车的保险业务将不同于传统汽车，需要作出相应调整，而法定数字货币将直接促进新型保险业态的发展。保险业务中最核心的业务是保险理赔，传统保险企业在理赔中的运营维护成本较高，需要设置专门部门耗费大量精力负责资金的审核、归集、投资和赔付。在法定数字货币系统建立后，法律与工程的应用将更为紧密。通过适用智能合约，当保单设置的触发条件激活时，保单将无需申请，自动理赔到被保险人的数字钱包中，提高理赔效率、降低理赔成本。而区块链无法篡改的技术特点，可以保证个人信息的数字化管理与历史性呈现。结合法定数字货币的推广应用，保险企业将获得更为真实、全面的个体投保分析与监管，降低保险欺诈的可能，促进无人驾驶汽车行业的整体发展。

三是准确反映价格预期。由于法定数字货币体系的建立，物价可以通过货币的使用实现实时精准的检测，货币政策的基点将由原先的智囊宏观预测逐步转向大数据与人工智能结合的灵敏调节，科学地助力决策层及时合理地调整存款准备金以及外汇储备政策，有效准确地反映物价指数，帮助普通民众有效获取价格预期并作出消费或储蓄判断，助力经济长期向好。

（五）抢占数字空间铸币权

由于第二次世界大战后国际经济形势的变化，美元事实上已成为世界货币，而美元的结算最终必须通过美国银行。因此，美国实际上可以通过货币金融的垄断地位制裁其他国家，这也成为其长臂管辖的威胁方式之一。而美国无需通过战争手段，只需通过决议要求本国银行不予办理美元结算，其他国家就无力承担相应经济损失，并且其相关联经济体慑于被美国排除在支付体系外的威胁，不敢与被制裁者发生经济关联，客观上又保证了美元的长期垄断地位。特别是当前全球跨境支付体系，以环球同业银行金融电讯协会（SWIFT）和纽约清算所银行同业支付系统（CHIPS）为核心系统，均由美国为首的发达国家主导建立，其他国家基本没有话语权。而控制这些支付体系的金融机构居于中心垄断地位，自然选择性忽视普通用户的诉求，其支付结算的耗时长、费用高、服务差已经广受诟病。

当前金融体系下，人民币国际化需要满足以下几个条件：一是国际社会对中国社会的法治程度和国家信用具有很强的信任度；二是人民币必须长期保持稳定；三是国外用户必须随时可以获取大额的人民币并保证支付渠道畅通。但目前我国人民币汇率政策还较为保守，即使国外用户需要使用人民币，也无法从正规市场随时获取大量金额的现汇。另外，如果要在现行支付体系下保证国际市场的人民币供应量，代价将是我国的国际收支逆差，长期保持不平衡将对我国金融安全产生威胁。

法定数字货币支付系统的建设给予人民币国际化以新的战略机会，国内用户可以将数字钱包中的法定数字货币通过区块链跨境传输至境外用户的数字钱包，由于法定数字货币由国家主权作背书，在保持本币汇率稳定的情形下，可以获得刚性兑付，因此无需担心类似 SWIFT 或 CHIPS 系统面临的弊端。研究表明，法定数字货币所支持的分布式账本技术将使得跨境支付效率大幅提升，同时将交易费用大幅降低。央行可以利用法定数字货币的区块链技术，对跨境资金溯源并实施监测，为汇率稳定做好准备。法定数字货币的发行将有利于金融市场的深化改革并提升外汇兑换的自由度，外汇的消化和使用将更加容易，使得我国货币政策的对外传导效率得到有效提升。

人民币拥有中国广阔的国内市场作为国家金融实力的支撑，建构中国法定数字货币跨境支付结算体系具备相应的软硬实力基础。从目前实际出发，初步着手建构区域性的跨境支付结算系统再行建立全球性的跨境支付结算系统较为稳妥。其他相关贸易国家或地区，可以根据自身实际情况以及对于收益的预期，决定加入中国法定数字货币建立的金融体系的国内政策。通过法定数字货币支付结算网络与网点在相关国家的铺设，满足分布式系统建立的基本要件，这也可以成为新基础设施建设中的战略投资选项。此系统与已有的 SWIFT 或 CHIPS 系统并不冲突，在给予其他国家相应公平选择权利的同时，减少推行的阻力。

抢占法定数字货币的先发优势对加快推进人民币国际化的战略具有深远影响。通过常规手段提高美元替代率已经非常困难，跨境使用的法定数字货币将会对资本流动和管制产生巨大变化。调整后的全国人大常委会 2020 年度立法工作计划于2020 年 6 月 20 日公布，强调强化加快中国法域外适用的法律体系建设，阻断、反制长臂管辖法律制度。法律的调整必须以现实手段作为反制的基础，就此意义而言，法定数字货币体系不仅仅承载了人民币国际化的内涵，更是中国提升国家影响力与保障国家战略地位的重要举措。

三、法定数字货币的风险

任何事物都有两面性，法定数字货币并非完美，其也会对现行货币体系乃至整个金融市场造成不确定性。法定数字货币的应用将直接改变以现钞为主的货币结构，客观上加快金融资产的转换速率，在出现金融风险的情形下，金融危机以及衍生的系统性风险的传导速率和波及范围也将扩大。中国人民银行货币研究所所长穆长春就曾提出，区块链技术在性能、安全、存储、交互、运维、合规、职能等多个方面都存在不足，其以大量冗余数据的同步存储和共同计算为代价，牺牲了系统处理效能和客户的部分隐私，尚不适合传统零售支付等高并发场景。真正的无现金社会至今尚未有国家可以实现，完全消除现金使用的可能后续风险也必须予以考虑。法定数字货币可以实现的作用巨大，但并非意味着法定数字货币是完美的。特别是新基建的背景下，法定数字货币的发展必须在合理的法治框架内进行，避免因发展技术引发新的系统性风险。具体而言，法定数字货币具有以下劣势与风险。

（一）央行的信用风险敞口加大

就法律地位而言，我国央行计划发行的法定数字货币为基础货币 M0，法定数字货币将对流通中的现钞产生替代。这不仅会减少现金流通，更长远的是会影响到活期存款和准备金，并对基础货币、货币乘数、货币供给机制产生重大影响。在法定数字货币投入市场后，得益于使用的便利性与规模效应，储户可以将现钞按照币值直接转化为法定数字货币，但商业银行可以获得直接使用的现金存款将直接减少，商业银行可能通过提高存款利率的方式以减少盈利能力受损的可能，导致实体经济出现信贷差异化明显，真正需要资金的主体无法获得优惠贷款，必须通过完善的顶层设计以减少预期风险。

另外，必须予以重点考虑的是央行担负的信用风险。对于央行而言，提供完整成熟的法定数字货币供应链，需要其在众多支付价值链中保持绝对领先与活跃。若市场对于法定数字货币的需求加大，央行的资产负债表将会迅速扩大。如果出现任何可能危及该系统稳定的攻击或干扰，均可能伤害央行的货币信用并引发后续国际影响。得益于法定数字货币系统的建设，央行可以获得快速的政策传导能力。但逆向思考，若政策制定的标准或出发点不符合实际，其政策的负面影响对实体经济的危害也将加大。

（二）新体系下的权利义务分配尚不清晰

法定数字货币体系的构建与使用，涉及规模宏大的系统工程，其牵涉的利益相关方众多且极为复杂，特别是牵涉权利义务的重新分配。有一种观点认为，互联网支付手段提高了支付结算的效率，但直接侵犯了个人用户的隐私，而这种侵犯绝大多数是在后台进行的，普通用户极难知悉、取证、索赔。而法定数字货币体系建立后，所有人的消费习惯、行踪轨迹甚至工作生活的方方面面都处于系统全时监控之下，如何规制央行的权力和职责，尚属立法空白。

对于数字货币以及互联网支付的批评意见认为，借助新技术手段，年轻人可以获得更为便利的借贷，但极易陷入信贷陷阱，致使个人破产的比例加大；而不会使用新技术手段的老年人和偏远地区人群，将逐步被现代支付系统抛弃，成为数字时代的被歧视者。现有法律体系尚未对已有其他类数字货币的应用实现有效规制，更何况涉及国家主权信用的法定数字货币。法定数字货币涉及的各方权利义务关系无法在现行规制下寻找到妥善应对的内容。

（三）法律对于货币技术迭代的应对能力不足

伴随着人工智能与5G等技术的发展，数字社会架构正在迅速生成，法定数字货币体系建立后，社会形态的改变将更加趋于向二维社会形态发展，即数字社会与传统的线下社会。包含法定数字货币在内的数字社会治理，已逐步被代码与算法渗透，任何个体均有可能被数据化。而数字空间下，代码的架构体系相较法律规范更为完善，运行代码比执行法律更有效率，一旦设定了程序，就无需担心人为因素的干扰。鉴于代码的强大优势，实务界试图将法律编程，以使计算机直接运行法律。法定数字货币依靠区块链技术建立后，将有更多的支付、交换、合同等直接在链上运行，智能合约等技术性的规范合约如何规制，现行法律已捉襟见肘，无法跟上技术迅速迭代的发展节奏。

人类已处于向更高技术水平层级跨越的关键性历史节点，法律必须跟上技术的迅猛发展现实，否则将引致各种问题。已有实践中，智能合约基于分类账的可信任性，实现合约的自动执行，在去中心化自治公司中，股权债权债务等公司治理事务以比特币等数字货币的形式实现控制。而修订法律，依据的不仅仅是商业效率的提高，更需要考虑系统工程相应的安全性、风险性以及可能涉及的政治经济利益等多种复杂因素。法定数字货币投入使用前，就必须依靠法律对其体系和应用做好顶层规划和具体设计，以实现对于法定数字货币的高效可控，妥善达成法定数字货币的功能价值和战略意义。

四、新基建背景下的监管及应对

推进法定数字货币建设是我国在特定历史时期的特殊选择。相较而言，法定数字货币可以发挥的作用以及对于国家战略意图的实现，远比其可能引致的劣势大，其劣势可以通过法律政策的调整予以充分限制，确保法定数字货币在准确的监管下沿着正确的轨道发展，充分发挥其在新基建中的通道作用，支持国家货币政策的调整与经济社会整体发展，实现国家宏观战略意图。

（一）加速制定统一发行标准

鉴于法定数字货币的天然优势，已有国家开始着手审查和修订立法，以在正式发行法定数字货币时提供法律支持。当众多资产转移到法定数字货币体系上进行操作时，监管者面临的技术压力将更大，需要考虑加速相关统一标准的制定，以防范金融风险。对于法定数字货币的流通体系，我国存在两种不同的路线选择，一种是央行直接面向个人发行；另一种是采取现行模式，由央行授权商业银行提供相应服务。不同的技术路线将直接影响未来采取不同的货币体系。如前所述，虽然直接面向个人发行可以提高货币政策的传导率，但单独重建法定数字货币发行体系将会对现有货币发行体系、支付结算系统以及商业银行体系产生重大影响，甚至直接引起货币发行的混乱。基于经济学规律，建议我国法定数字货币的发行依托现有成熟系统，稳妥采取"央行—商业银行"的二元式技术路线，最大可能减少推行阻力与干扰。

（二）设立法定数字货币立体监管机制

法定数字的益处颇多，但必须按照决策者的意志在法治的轨道上正常运转。由于法定数字货币体系的建立纷繁复杂且涉及的技术难度大，需要采取审慎的特殊监管模式，注重配比央行对于法定数字货币的监管中心权力，实现对各个环节的全面立体监管。法定数字货币将对我国货币政策产生重大影响，一方面，对于货币政策的传导效应更强、货币的流动性加大；另一方面，法定数字货币供应乘数的不确定性也将增大监管预测的难度与复杂性，部分影子银行持有的法定数字货币不存在存款准备金的刚性要求，反而增加了监管难度。

在法定数字货币发行和运行前后，应在保证普通民众权益的基础上，按照特殊程序创设监管沙盒（Authority Sandbox），基于风险可控的前提，单独设立实验安全场所，进行监管状态下的金融创新实验活动并累积经验，视实验结果情况再判断是否在监管沙盒以外的真实社会场景投入大规模使用，并根据法定数字货币的发展情况制定高效适时的风控策略。而基于监管沙盒下的试验，除非存在侵犯公民信息等其他违法行为，否则即使因实验而发生与现行法律冲突的业务，实验者也不会被追究责任，在监管与创新间有效地取得平衡。

法定数字货币体系的直接目的之一是为了减少跨境交易的复杂性，因此应推动全球范围内的监管协调合作机制，积极推动建立多边和区域内的共享沟通机制。在监管过程中发现洗钱或涉及恐怖主义活动的交易，各国应及时通过共享机制传递相关调查信息。法定数字货币基于区块链技术，以全网作为共同担保，央行可以较为容易地实现链上取证与追查，定位至用户个体。对于法定数字货币账户的使用，应推行实名制。由于法定数字货币的使用交互具有匿名性，应当明确法定数字货币用户的注册应为实名，以保证各国央行对于跨境金融活动的有效管控。

（三）加强非法定数字货币的监管

自货币诞生之初，人类对于货币的选择均会从价值功能、变换便利等角度出发，不断通过实际使用选择更为适合的货币。金融体系的风险敞口，客观上需要不同风险偏好的货币共存才能予以有效缓解。因此，即便在法定数字人民币发行使用后，在经济规律层面也无法减少其他种类货币的存在和使用。但是，非法定数字货币作为虚拟货币的一种，其带来的风险不同于其他外币，缺少各国央行的主权信用背书，更容易成为投资炒作与违法犯罪的工具。剥离于传统货币机制外的比特币等数字货币，已经对外汇管制、反恐怖主义、反洗钱等正常金融监管带来了极大的不便，其高度匿名性和去中心化技术的复杂性，直接导致了违法犯罪活动难以追查。

目前，非法定数字货币的市场价值和交易量均较小，尚且不能对金融稳定造成系统性威胁。但随着其使用范围和规模不断扩大，非法定数字货币与传统金融体系、各种非法定数字货币彼此之间的关联越来越强，单个非法定数字货币的风险可能演变为系统性金融风险，对金融稳定和市场秩序形成冲击。监管部门应全时保持对于非法定数字货币的监管，防止虚拟金融诱发实体风险。对于涉及数字货币的犯罪，由公安机关予以坚决严厉打击。特别需要密切关注非法定数字货币的交易风险，任何企业不得提供任何涉及非法定数字货币或与之相关的金融服务。

在法定数字货币体系建立后，全球跨境支付体系将逐步实现重构，但必须同时加强对于非法定数字货币的监管与打击。已有发达国家尝试通过立法手段搭建监管框架，将非法定货币交易纳入日常监管。日本 2017 年实施的《资金结算法案》，明确了非法定数字货币的法律属性以及具体监管规则。对于我国法定数字货币发行的战略定位而言，法律配套必须同步甚至超前布局，着手制定有关非法定数字货币的适用法律，明确监管主体与法律责任，在战略实施初期即构建完整的监管框架。

（四）重视法律与工程的结合应用

法定数字货币体系的建立必须依靠区块链、5G、人工智能等复杂的高技术手段，新基础建设给予中国在金融领域弯道超车的最优窗口期，而发达国家对于新基建的竞争性建设实际早已展开。埃隆·马斯克旗下的 SpaceX 智能公司已发射了 9 批共计 538 颗星链卫星，其计划未来共发射 1.2 万颗低轨卫星覆盖全球，绕过传统基站的物理局限，由太空通信群提供全世界可以同步实时使用的高速网络。工程能力的竞争背后实质是法治能力的竞争，传统法律法规在法定数字货币体系构建完毕后面临着巨大挑战。例如，若法定数字货币账户实行实名制后，如何保障用户的隐私权是一个关键性问题。基于货币技术，个人的消费习惯、资产能力、行动轨迹将完全暴露于监管敞口下，若缺乏明确的法律限制，任何人在监管机构面前均将成为透明人。但受限于技术能力，个体极有可能在不知情的情况下已经被"数据爬虫"等手段利用甚至窃取了其隐私数据。在区块链上，若没有更高效的法律价值嵌套和保护规则设计，个人隐私将成为谋利和犯罪的工具。再如，货币技术的绝对保密性是保证数字货币作为国家法定货币的信用关键，而区块链技术的核心是共享账本，在链上适用就需要在保密的同时保证账本的共享性，原有法律规范在此矛盾领域属于盲区。

随着数字技术的发展，数字社会的治理已经逐步被代码与算法渗透，任何个体均有可能被数据化，法治呈现出被技术统治替代的隐忧——"代码即法律"。在知识产权领域，已有企业利用区块链技术管理数字财产，甚至通过直接在链上强制运行智能合约以实现保护数字作品创作者的目的。理论上而言，通过智能合约的适用，买家能够借助于区块链技术的信任验证作品的合法性，知识产权所有人无需担心其合法权益受到不法侵害。代码的架构体系相较法律规范更为完善，通过代码在网络中赋权，并不需要法律拟制的共识与国家强制力的保障。

但目前能够同时高度理解代码和法律的人才太少，法律与工程的结合也未能实现较高的水平。2016 年 TheDAO 智能合约就曾出现过因智能合约本身漏洞而遭到攻击引发损失的事件。在高科技条件下，法律必须要同新基础设施建设工程等进行高度结合，改变法律在技术框架下的运行方式和数字空间内的存在逻辑。工程求解意味着在给定的初始条件和约束条件下，制定出能够从初始状态经过系列中间状态而达到目标状态的操作程序，而法律存在的意义即为通过规范的设定与执行，以解决真正存在的社会问题。现代科技的规模化应用，为法律与工程的结合提供了可能，而法学与工程学的融合特别是两种思维的融合，将极大提升法律的应用效率并深刻改变法律技术的应用空间，最终实现理论指导数字社会发展实践的结果。

结语

在百年未有之大变局的背景下，紧抓数字经济发展新动能，成为各国尝试撬动经济增长、克服传统发展模式弊端的新杠杆。目前，我国已经成为全球领先的数字化国家，数字化支付、数字化管理等技术手段已开始深度嵌套社会架构，在此背景下，率先推行应用我国法定数字货币，已具备了现实的基础设施条件以及社会治理基础。《中共中央关于制定国民经济和社会发展第十四个五年规划和二〇三五年远景目标的建议》明确要求："建设现代中央银行制度，完善货币供应调控机制，稳妥推进数字货币研发，健全市场化利率形成和传导机制"。在当前复杂多变的国际形势下，法定数字货币体系逐步构建成熟后，将不断在更为广阔的维度上实现更为精准的货币政策效果。

法定数字货币对未来数字空间治理将产生深远影响，特别是将对现行货币体系及银行体系产生系统性的冲击，需要及早布局金融领域的新基础设施建设。新基建对于国家抢占未来发展机遇具有重大战略意义，而货币是唯一能在新基建所涉及的不同行业与领域间进行自由跨界流动的介质。作为数字经济背景下的新生事物，法定数字货币法律地位的定性，直接关系着其机制作用的发挥。法定数字货币基于国家信用的背书发行，其币值、利率与现行纸币完全一致，是现行纸币的数字化形式，具有主权性、法偿性等法定货币基本特征，是广义货币中的基础货币 M0。法定数字货币体系建立完善后，可以有效应对流动性过剩、货币量化宽松、支付渠道垄断等重大问题，央行通过货币政策创新，可以实现真正意义上的负利率，货币政策调节范围将会更为宽广。法定数字货币投入使用后，将促进金融监管机构在新的维度上开展货币调节应用，提高货币体系的整体边际安全，提升货币治理能力的现代化水平，反向助力新基建战略意图的实现。

我国发行法定数字货币具有广阔的国内金融市场作为实力支撑，其成功实践将对抢占数字空间铸币权、逐步削弱美元霸权地位具有直接效果。随着法定数字货币的国际化应用，阻断、反制长臂管辖法律制度将具备现实手段和能力。但值得注意的是，法定数字货币的作用也需要辩证地分析，其在客观上将直接改变现行货币结构，加快金融资产的转换速率，危机背景下的风险传导速率和波及范围以及央行的风险敞口也必将扩大。因此需要对法定数字货币予以正确规制，加速制定统一发行标准，设立法定数字货币立体监管机制。在加强非法定数字货币监管的同时，重视数字空间生态下法律与工程的结合应用。通过法律手段引导发挥其在新基建中的通道作用，有效助力形成以国内大循环为主体、国内国际双循环相互促进的新发展格局。

材料 2：法定数字货币将重构世界金融[①]

北京第二外国语学院国际商学院李伟教授撰写的《数字货币或将打破美元霸权地位》一文中提出，美联储大规模美元货币超发，将美国经济的复苏建立在"剪全世界羊毛"的基础上，其凭借的就是美元的霸权地位。且美国主要通过美元支付份额、制度保障、掌控跨境货币支付的信息通道等手段来把持 SWIFT，以达到控制世界经济金融局势之目的。这篇文章提出的这些观点，非常符合当前全球各国金融的

---

① 莫开伟. 法定数字货币将重构世界金融 [EB/OL].（2021-04-26）[2022-11-05]. https://baijiahao. baidu.com/s？id=1698071062119204605&wfr=spider&for=pc.

实际状况。美国政府任性地对全球各类事务指手画脚，并通过美元在国际货币体系中的霸权地位实现其在经济、军事以及科技领域实力的超前地位。而且，疫情之后，美国政府实施两轮大规模经济刺激计划，金额高达 4.2 万亿美元，都是通过美联储购买美国政府国债向全球释放美元来实现的，这也是美国经济复苏让全球各国为其"买单"的行为。

正是基于这一客观因素，全球不少国家政府进行数字货币研发的紧迫感和使命感增强，这些国家意图在国际货币外汇结算体系中另辟蹊径，摆脱美元无休无止的干扰，以增强各自国家货币运行的独立自主性和金融权益的保护性，最终维持国家金融秩序稳定，防范化解因美元货币体系带来的各种不确定性金融风险。

在数字货币研发的道路上，全球各国纷纷行动，拉丁美洲、非洲一些小国家走在前列，比如拉丁美洲的厄瓜多尔、塞内加尔、马绍尔群岛、乌拉圭、委内瑞拉，非洲的南非、突尼斯、塞内加尔、塞拉利昂等国已发行数字货币，在数字货币推广应用上捷足先登。之后，欧美发达经济国家都加入数字货币的研发大军。在这些国家央行中，中国人民银行目前已进入几轮应用测试，推出的数字人民币技术条件不断成熟，市场推广与应用能力也逐步提高。截至 2020 年年底，全球有百分之七十以上的国家都开始了数字货币研发或推出了数字货币的测试应用场景，全球各国的央行如火如荼地研发和推出数字货币已进入新的历史阶段。

目前看，发行数字货币可带来多重金融作用：一是能够重塑各国政府信用，摆脱美元对其约束，让金融经济充分发挥主观能动性，同时也可降低发行纸币所带来的巨大成本，尤其有利于各国政府在反洗钱、防范逃漏税等方面发挥重要的监管作用，从而保护好本国的金融经济市场秩序不受到损害；二是可挽救不少国家的经济，为金融寻找新的发展出路。一些经济欠发达国家由于金融运行受制于经济发达国家，对本国经济形成了严重制约。由于受到美元强大的冲击，使本国金融经常处于动荡不定状态，容易导致货币严重贬值和物价飞涨，不仅严重影响了本国民众的生活，更影响了经济的稳定发展；三是发行数字货币可极大地提高资金周转效率，有利于从根本上降低实体企业生产经营成本，推动企业效益提高，从而让数字货币为欠发达国家经济发展注入无限活力；四是有利于打破现有经济僵局，激活经济内在潜能。目前不少欠发达国家经济发展由于受到世界经济低迷局势的影响，也陷入了长期萎靡不振状态，各国都绞尽脑汁寻找激活经济内在潜能的有效"药方"，但目前似乎还没有找到更适合的方式，虽然一些国家对包括金融机构和体系进行了各种各样的改革，但收效甚微，于是把打破经济发展僵局的希望放在了数字货币身上。而数字货币的这种新经济模式的出现，也为经济欠发达国家带来了曙光。

材料 3：理解央行法定数字货币①

中国人民银行数字货币研究所所长姚前在《中国科学》杂志上发表了一篇名叫《理解央行数字货币：一个系统性框架》的论文，论文建立了一个系统性的框架，

---

① 三只小熊熊熊. 理解央行法定数字货币［EB/OL］.（2018-12-24）［2022-11-07］. https://www.jianshu.com/p/393b3f7587e5.

从价值内涵、技术方式、实现手段、应用场景等 4 个维度，剖析了法定数字货币的本质和内涵。本文将论文的重要观点进行了梳理和提炼，帮助读者从本质上理解央行数字货币。

1. 价值维度上法定数字货币是信用货币

法定数字货币与实物法定货币相比，变的只是技术形态，价值内涵并没有改变，它仍是央行对公众发行的债务，有国家的信用为价值支撑。以上两个优势都是私人数字货币无法比拟的。

（1）法定数字货币有价值锚定，能够有效发挥货币功能。货币的两个重要功能，计价功能和价值储藏功能都建立在货币价值稳定的基础之上，而货币需要有价值锚定才能价值稳定。历史上，商品货币、金属货币的价值锚定来源于物品本身价值。金本位制度下，各国法定货币以黄金作为价值锚定。布雷顿森林体系瓦解之后，各国法定货币不再与黄金挂钩，但是以主权信用为价值担保。到了法定数字货币时代，主权信用这一最高价值信任将继续保留。

反观比特币等加密货币，其价值来源在哪？目前来看，应该是投机者居多。从公共经济学的视角看，比特币等私人类数字货币也不具备提供"清偿服务"和"核算单位价值稳定化服务"等公共产品的能力，在交易费用上也不具备明显优势，这些缺陷使得其难以成为真正的货币。

（2）法定数字货币具有信用创造功能，从而对经济有实质作用。在信用货币时代，货币本身就是发行主体信用的证券化，因而具有金融属性。Keynes 主义者、货币主义学派、理性预期学派以及金融加速器理论从不同角度分别论证了各种情况下货币对经济的影响，即货币的非中性。

而诸如比特币之类的加密货币，竟然不相信自由市场的选择，按照算法设计，每 4 年产生的数量减半，最好上限为 2 100 万个，是货币向商品货币和金属货币的"返祖"，它们是非信用货币，非信用货币只是覆盖在实物经济的面纱，对经济无实质作用。在日益复杂的信用经济时代，若以比特币为货币，无疑是一场灾难。

除了以上两个优势，与传统的法定货币相比，法定数字货币还能有助于改进法定货币的价值稳定。通过引入法定数字货币，来降低货币政策制定上设定 2% 目标通胀水平的必要性。数字货币环境下，有效负利率政策将成为可能，中央银行可能不再需要设定目标通胀率缓冲，理论上央行的目标通胀率可降至 0。从这个角度看，法定数字货币或有助于改进法定货币的价值稳定。

2. 技术维度上法定数字货币是加密货币

法定数字货币的本身设计上需要运用密码学理论知识设计其特定的表达形式。在法定数字货币交易过程中，需要运用加密技术、分布式账本技术、可信云计算技术和安全芯片技术来保证端到端的安全，防止被窃取、篡改、冒充；在法定数字货币的用户体验上，需要结合隐私保护技术和分布式账本技术，在为用户提供不同于传统电子支付的点对点支付体验的同时，通过隐私保护技术确保用户数据的安全，避免敏感信息的泄露，且不损害可用性；在法定数字货币监管方面，利用数字货币"前台自愿，后台实名"的特性，通过安全与隐私保护技术来管理相关数据使用权限，确保大数据分析等监管科技有用武之地。

比特币诞生时融合了当时加密技术的最新进展。加密货币理论在实践上成果丰富。自比特币问世以来，各种替代加密货币层出不穷。这些加密货币进一步利用各种数字货币技术，对比特币进行了扩展与变形。

3. 实现维度上法定数字货币是算法货币

在实际的货币业务中，法定数字货币是算法货币，包含三层意思：一是法定数字货币在设计上采用各种加密算法来保障安全可信，如运用了 HASH 算法，FITZER 加密算法、盲签名、环签名等，同时也为将来的新型算法预留了一些特殊字段。二是在货币的发行环节，法定数字货币将来可以通过预设可靠的算法规则进行发行。这套算法规则应是一套能在保持市值稳定的前提下，让货币供给充分适应宏观经济多变量环境变化的智能规则。以目前的水平看，有可能是一套精致的、基于机器学习算法的 AI 模型。三是可以运用大数据，对货币的发行、流通、储藏等进行深度分析，了解货币运行规律，为货币政策宏观审慎监管和金融稳定分析等干预需求提供数据支撑。

未来基于对数字货币的大数据系统的顶层设计，从时间和空间上进行法定数字货币的相关数据采集，基于大数据分析，将机器学习和人工智能技术应用于货币政策。在法定数字货币环境下，通过预设可靠的算法程序，在保证市值稳定的前提下，由经济系统自发、内生地决定货币供应量，自动地发行和回收货币，将成为可能。央行的角色也将从单一货币发行的决策者变成同时设计货币发行算法的工程师。

4. 应用维度上法定数字货币是智能货币

法定数字货币并不是简单地将货币数字化和网络化，更重要的是让货币变得更智能。比起信用卡、银行借记卡、支付宝和微信等传统的电子支付工具，法定数字货币将呈现出全新、更好的品质。

（1）法定数字货币的用户体验将变得更加智能化。智能合约执行自动且可信，能够很好地解决交易双方的信任问题，以及交易过程中资金流与交易流的同步问题。此外，去中介化的点对点支付，也将带来全新的用户体验，让用户支付能动性大大提高，并在货币支付功能上延伸出更多智能化的功能。

（2）货币政策执行变得更加智能。目前，学者们已经敏锐感知到货币形式的数字化对提高货币政策有效性能发挥积极作用。比如 Stiglitz 研究电子货币系统的宏观经济管理。通过对这个思路的论证发现，法定数字货币的可追踪性和可编程性将会让货币政策执行变得更加智能，更加有效。

材料 4：法定数字货币和第三方支付的比较①

（一）法定数字货币和第三方支付的理论基础比较

法定数字货币是人民币的数字化，仅替代流通中的现金，具有无限法偿性，属于 M0 的范畴。而第三方支付则是一种由信誉佳、实力强的独立机构担任中介，为

---

① 蜡笔聊最炫科技. 法定数字货币和第三方支付的比较［EB/OL］.（2022－02－14）［2022－12－05］. https://baijiahao.baidu.com/s？id＝1724741519881062381&wfr＝spider&for＝pc.

解决交易双方信息不对称的问题、促进交易正常进行的网络支付模式。公众因日常充值、提现、支付的需求而存放在第三方支付平台的资金被称为客户备付金，其本质是第三方支付机构收到的预收代付的货币资金，属于 M1 的范畴。

随着第三方支付用户量和交易量的迅猛攀升，客户备付金存储在第三方支付平台中形成了一笔数额巨大的沉淀资金，为缓解大规模沉淀资金带来的压力与风险，余额宝、零钱通等货币基金应运而生，该资金属于 M2 的范畴。因此第三方支付的货币属性归属于 M1 和 M2 级别。

（二）法定数字货币和第三方支付的支付流程比较

支付是离现金最近的窗口。线下使用第三方支付时，用户间的交易只需通过扫描二维码来完成资金的调拨，平台的清算系统和财务系统会实时处理每一笔支付业务。这正是第三方支付行业发展平台经济的核心竞争力，而平台经济的网络外部性又在不断吸引新用户进入，以微信、支付宝为代表的现象级产品的出现更是掀起了移动支付的浪潮。

2020 年 8 月，建设银行针对试点地区的普通用户短暂开放了法定数字货币 DCEP 账户。开通账户需要从建行 App 的"数字货币"界面进入，提供姓名、身份证、手机号、银行卡号等基本信息，成功后可以看见付款、收款、转账、扫码等基本功能。从中不难看出，数字人民币的支付业务与第三方支付存在重合，主要集中在零售端、小额度、高并发的应用场景，并且在安全性、便捷性、服务费用等方面较第三方支付存在比较优势。

（1）非离线支付。在充当中介角色方面，法定数字货币侧重依赖商业银行数字货币系统，法定数字货币系统只负责二次校验、更改信息的兜底工作，这种有国家信用背书的二元支付体系更加安全、可靠。对于第三方支付平台，整个支付流程更依赖于自身的资金处理平台、财务系统、支付清算系统、核算中心等。一方面，在这种平台模式下资金会沉淀在第三方支付平台，加剧平台本身的信用风险；另一方面，第三方支付平台充当信用中介为交易双方提供担保，却忽视了企业信用本身就存在安全性风险。

（2）离线支付。第三方支付平台的离线支付是非离线支付的演变，它要求收款方必须在线，同时还需要借助其他设备，如智能手表、刷脸支付自助贩卖机等，前者在非离线支付流程添加了一个提前绑定设备的步骤，后者则是把流程中的出示付款码换成了识别人脸。不论是哪种形式都对交易场景有所限制，而法定数字货币则很好地规避了此类问题。首先，它支持收付款双方都处在离线状态下完成支付，付款方凭借个人密钥对交易信息进行加密，再通过 NFC 近场通信将加密信息传送给收款方，由于交易信息已经使用密钥签名，因此无需担心收款方虚报交易，只需等待收款方联网后法定数字货币系统对交易信息进行处理即可。其次，它不需要付款方提前准备并绑定离线支付时的额外设备或要求收款方更新收款方式，只需要交易双方的电子设备相互靠近即可完成交互。可见，法定数字货币丰富了支付场景，符合公众对支付安全、有效、匿名、便捷的期待。

（3）双花预防。第三方支付作为唯一的中介机构会实时记录每一笔账款，并对数据进行中心化管理；法定数字货币在已公布的专利技术中并未说明解决方案，但很有可能会参考区块链的成熟技术，如 UTXO 模式（Unspent Transaction Output）、时间戳等技术，或者通过健全法律制度、加强金融监管来有效规避恶意操作。

（4）余额支付限额。第三方支付是基于用户日常支付金额和支付场景自动计算额度，年累计支付限额最高达 20 万元；法定数字货币则将数字钱包分为四类，用户开通账户后即可获得 30 万的年累计支付限额，可根据个人需要去柜台办理一类钱包，提高额度上限能更好地满足用户个性化多元化的支付需求。

（三）法定数字货币和第三方支付的存款流程比较

对于第三方支付而言，存款意味着提现，当支付指令发送给平台的清算系统后，平台会自动扣取提现金额的 0.1%作为提现费用。提现费率一直以来都是公众争议的话题，为了缓和争议，支付宝和微信都推出了"支付换取积分，积分兑换免费提现额度"的活动。而数字人民币具有非营利性，追求的是社会效益和社会福利最大化，央行会建立免费的数字人民币价值转移体系和金融基础设施，不向发行层收取兑换流通服务费，商业银行也不向个人客户收取数字人民币的兑出、兑回服务费。在节约交易成本上，法定数字货币具有无可比拟的天然优势。

从货币的最终去向来看，资金都流入了存款账户对应的商业银行。从资金划拨的性质来看，第三方支付的提现是通过网联、银联等银行接入方式把滞留在平台的资金转移至商业银行的个人账户，是两个商业主体间的转移；法定数字货币的提现是个人数字货币钱包余额存入数字货币存款账户对应的商业银行，更类似于商业银行传统的存取款业务。从整体来看，法定数字货币的存款不需要授信于第三方支付平台，而是直接与商业银行进行业务往来。在交易流程中绕过第三方支付平台，可以降低个人信息和消费偏好等隐私被盗用和窃取的可能。

材料 5：数字人民币专题研究：全球央行数字货币对比①

一、CBDC：以国家为信用背书的数字货币

区别于其他加密货币，CBDC（central bank digital currencies，央行数字货币）的最重要意义在于其拥有国家信用背书。从国家金融体系的稳定角度分析，CBDC结合了传统货币的安全性与电子支付的可控性、便捷性，是金融数字化时代最优的解决方案。

（一）CBDC 研发正当时：通用型与批发型并行

国际清算银行将央行数字货币（central bank digital currencies，CBDC）划分为通用型和批发型两类。通用型央行数字货币面向所有居民及公司发行，主要应用场景为小额零售交易；批发型央行数字货币主要面向大型金融机构发行，主要应用场景为大额交易结算。其中，通用型央行数字货币可分为央行账户和央行数字通证两类，通用型央行数字货币应用范围较批发型更为广泛。央行数字货币的性质见表4-1。

① 东方证券，张颖. 数字人民币专题研究：全球央行数字货币对比［EB/OL］.（2021-12-11）［2022-12-07］. https://baijiahao.baidu.com/s？id=1718815177433803006&wfr=spider&for=pc.

表 4-1　央行数字货币的性质

分类	央行发行	数字化	广泛可得性	基于通证
央行账户（通用型）	√	√	√	
央行数字通证（通用型）	√	√	√	√
央行数字通证（批发型）	√	√		√

CBDC 正成为全球央行研发共识。厄瓜多尔是首个发行央行数字货币的国家。2015 年 2 月厄瓜多尔推出一种新的加密支付系统和基于这个系统的厄瓜多尔币。只有符合条件的厄瓜多尔居民有权使用厄瓜多尔币，这些居民可以使用厄瓜多尔币在超市、商场、银行等场所完成支付。国际清算中心（BIS）与支付和市场基础设施委员会（CPMI）两个权威国际组织联手在 2018 年和 2019 年对全球 60 多家中央银行进行了两次问卷调查。问卷调查内容包括各国央行在数字货币上的工作进展、研究数字货币的动机以及发行数字货币的可能性，超过 70% 的央行都表示正在参与或将要参与数字货币的研究。

（二）各国央行的考量：借助区块链技术打压加密货币，提高法定货币竞争力

区块链是各国央行数字货币首选技术。区块链技术来源于比特币，而各国央行对于以比特币为代表的加密货币主要持谨慎与排斥态度。根据普华永道统计，自 2014 年以来全球已有 60 多家央行开启 CBDC 的探索，而其中有超过 88% 的 CBDC 项目在试点或生产阶段使用区块链作为基础技术。区块链技术可赋能 CBDC。尽管区块链技术的去中心化与央行的集中管理存在冲突，区块链技术仍可有效用于 CBDC 的相关开发及管理环节。

区块链技术可以帮助 CBDC 以安全的方式转移所有权，并通过内置智能合约，帮助 CBDC 具备可编程性等。区块链技术可用于 CBDC 验钞、批发端支付结算、现金数字化，在帮助 CBDC 实现分布式运营的同时不影响其集中化管理。我们认为，借助区块链技术，CBDC 可孵化多种优势，其中包括提高本国法定货币的竞争力，进而可打压加密货币的流通，提高央行的金融管控能力。CBDC 借助加密货币的区块链技术提高自身防止犯罪、推行普惠金融等能力，保证央行在数字时代货币控制的能力加强。CBDC 多项优势见图 4-2。

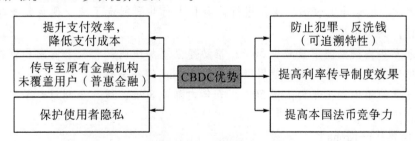

图 4-2　CBDC 多项优势

（三）CBDC 可以为央行带来什么？数字时代的货币政策调控手段

各国央行参与 CBDC 研发的原因是为了减轻本国金融体系的痛点，主要目标包

括：维护金融稳定、协助货币政策实施、提高国内支付效率及安全性、提高跨境支付效率及安全性、提高大型金融机构清算效率及安全性、推进普惠金融政策实施等。根据普华永道与毕马威的相关研究，发展中国家对 CBDC 的应用集中于通用型支付场景，发达国家对 CBDC 的应用集中于批发型支付场景。这与各国金融体系的现存需求相吻合。

二、CBDC 案例：中外 CBDC 特征对比

（一）零售型 CBDC 项目

1. 巴哈马：Sand Dollar

Sand Dollar 已实现全员触达。巴哈马对于支付系统现代化的探索可以追溯至 20 世纪末，巴哈马央行和巴哈马国家支付委员会针对巴哈马金融体系做了一系列的创新。巴哈马 CBDC 的探索加速于 2019 年：巴哈马在 30 余家技术公司中决定选用 NZIA 的解决方案，同年巴哈马确定了数字货币相关 KYC 标准、P2P 支付费率与其他监管标准，并于同年 12 月在 Exuma 启动试点。2020 年 10 月，巴哈马的 CBDC：Sand Dollar 向全部公众开放。巴哈马 Sand Dollar 手机端 App 见图 4-3。

巴哈马快速推行 CBDC 的考量：去美元化+金融主权独立。原有的巴哈马货币与美元挂钩，金融系统无法实现独立自主，在实际的货币流通中存在较高的不透明性，导致巴哈马金融犯罪率较高，在 2019 年，欧盟将巴哈马等 23 个国家或地区列入最新的金融犯罪高风险司法辖区黑名单。但由于巴哈马人口较少（CBDC 用户少），CBDC 的系统也相对简单，CBDC 系统的实验期较短，总体系统建设成本较低、落地进程较快。

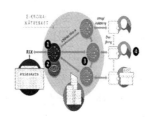

图 4-3　巴哈马 Sand Dollar 手机端 App

CBDC 全面推行后，根据巴哈马政府 2020—2021 财年的预算报告，为推动财务结算数字化，巴哈马财政部、清算银行协会和央行共同制定了减少现金和支票使用率的目标，具体包括：

未来五年内现金使用量减少 50%；推动建立更加透明、有利于商家和消费者的法规，推广借记卡和信用卡的使用以及 Sand Dollar 的完全整合。

将支票使用率在三年内降低 50%，五年内降低 80%；进一步利用电子票据交换所进行直接结算付款。

2. 瑞典：e-Krona

瑞典央行 Riksbank 于 2017 年启动了瑞典 CBDC 项目 e-Krona。2020 年，Riksbank 与埃森哲公司一起为 e-Krona 构建一个可能的技术平台，以测试 e-Krona 的技术解决方案，并将其用作与其他技术解决方案和型号进行比较的基础。

瑞典政府的考量：安全和高效的支付系统。瑞典政府希望民众通过 e-Krona 继续获得由 Riksbank 发行的国家货币，因为数字形式的货币更加适应无现金的数字社会。Riksbank 的任务是促进安全和高效的支付系统，如果大多数家庭和公司将来不再使用现金作为支付手段，那瑞典央行通过传统货币建立安全高效和支付手段的任务会更加困难。因此为了应对日益边缘化的现金角色，瑞典正在调查是否可能向现金（e-Krona）发放数字补充。

（二）批发型 CBDC 项目

相较于面向日常支付的零售型 CBDC 项目，批发型 CBDC 项目的应用场景多为金融系统的结算与清算场景。批发型 CBDC 的使用者多为大型金融机构，因此使用主体数量较少，且使用场景相对单一。但是批发型 CBDC 可以更高效地运用区块链技术提高金融机构间清算效率，因此加拿大、新加坡以及欧洲央行通过开发批发型 CBDC 项目加强本国的金融实力，提升本国在国际市场的金融地位。

1. 新加坡 Ubin

Ubin 项目旨在探索使用区块链和分布式分类账技术（DLT）进行付款和证券清算、结算。该项目旨在帮助新加坡央行和行业更好地了解通过实际实验可能带来的技术和潜在益处，因此 Ubin 的最终目标是开发更简单易用、更高效替代基于央行发行的数字货币的系统。Ubin 项目是一个多年多阶段项目，每个阶段旨在解决金融业和区块链生态系统面临的紧迫挑战。该项目现已进入第五阶段。新加坡 Ubin 项目五个阶段发布的报告见图 4-4。

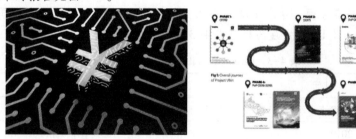

图 4-4　新加坡 Ubin 项目五个阶段发布的报告

新加坡金融管理局的开放态度：新加坡金融管理局与摩根大通、淡马锡合作开发的支付网络原型将继续作为一个测试网络，以促进与其他央行和金融业的合作，以发展下一代跨境支付基础设施。为刺激进一步的行业发展，Ubin 项目的原型网络功能和连接接口的技术规范已经公开，新加坡政府也鼓励 Ubin 项目的参与者研究如何利用这些学习、开发有意义的应用程序，使金融机构的客户受益。新加坡金融管理局在探索分布式账本技术的过程中，特别是落地和试验方面处于全球前列，而且其开源、包容、协作的态度强化了新加坡资源管理局的生态优势。

2. 加拿大 Jasper

加拿大 Jasper 项目是世界上第一次中央银行与私营部门合作参与分布式分类账技术（DLT）试验。Jasper 的研发分为 4 个阶段，见表 4-2。

表 4-2　加拿大 Jasper 研发 4 个阶段

阶段	开始时间	工作内容
1	2017 年 2 月 9 日	高价值银行间付款结算
2	2017 年 5 月 25 日	国内银行间分布式支付结算
3	2018 年 10 月 22 日	DLT 证券结算
4	2019 年 5 月 2 日	与新加坡 Ubin 联合（跨境支付）

　　加拿大的其他 CBDC 工作：世界银行与国际清算银行合作，在多伦多设立国际清算银行创新中心，以推动中央银行界的金融技术创新。为此，加拿大央行还与其他央行持续合作，评估央行数字货币的潜在案例。

三、美联储与 Facebook 的数字货币之争

　　社交巨头的金融野心：全球社交巨头 Facebook 的加密货币项目 Libra（已更名为 Diem）于 2019 年 6 月 18 日发布白皮书。Libra 期望建立一套简单的、无国界的货币和为数十亿人服务的金融基础设施，旨在成为一个新的去中心化区块链，低波动性的加密货币和一个智能合约平台。

　　但美联储等监管机构对于 Libra/Diem 的管控始终严格。在此背景下，Libra 联盟成员 Visa、Paypal 等金融巨头因为 Libra 尚未达到美联储监管标准，担心政府采取行动而退出联盟。2019 年 10 月，美国众议院金融服务委员会举行的听证会，旨在研究 Facebook 金融服务领域影响。直至 2021 年 9 月，Facebook（现 Meta）高管仍与美国政府高官会面，寻求批准其全球支付系统 Diem，但目前仍未有显著进展。Facebook、Libra 及 Diem 发展历程见表 4-3。

表 4-3　Facebook、Libra 及 Diem 发展历程

时间	事件
2018 年 3 月	Facebook 建立区块链部门
2019 年 6 月	正式宣布 Libra
2020 年 12 月	Libra 以新的名字 Diem 回归

　　（一）Libra：Facebook 的愿景与野心

　　稳定币市场：现在加密货币市场主要的稳定币包括：USDT（Tether）、TUSD（TrustToken）、PAX（Paxos Trust Company）、USDC（Circle）、GUSD（Gemini Dollar）、HUSD（Huobi），主流的稳定币均与美元 1：1 锚定。最早的稳定币 USDT 由 Tether 公司于 2014 年发布，Tether 公司每发行一枚 USDT，都会在自己的官方账户上存入相同数量的美元，即每发行 1 枚 USDT 代币，其银行账户都会有 1 美元的资金保障，确保了 USDT 和美元保持在 1：1 的兑换比例，用户可以在 Tether 平台进行资金查询，以保障透明度。稳定币可以充当数字货币与法定货币的媒介。

　　通过锚定法定货币的方式保障币价的相对稳定，在一定程度上解决了数字货币与法定货币的冲突，提高了加密货币的流通效率。而且在加密货币波动剧烈时，稳定币可以充当兑换法定货币的中间件，缓冲加密货币波动带来的风险。

由于 Libra 并非国家发行，在类型上更接近于稳定币（加密货币）。而与其他的加密货币对比，稳定币具有低手续费（Curve 的手续费可以低至 0.04%）和低滑点的特征。Libra 协会初创成员见图 4-5。现在加密货币市场主要的稳定币包括：USDT（Tether）、TUSD（TrustToken）、PAX（Paxos Trust Company）、USDC（Circle）、GUSD（Gemini Dollar）、HUSD（Huobi），主流的稳定币基本均与美元 1∶1 锚定。

（二）Diem 的妥协：一揽子货币改为只有美元，Libra 合作生态几近重组

Diem 的区别：Diem 也是一种类似于 Tether（USDT，泰达币）和其他价格挂钩的稳定币，它运行在 Diem 项目自己的 Diem 区块链上。在技术原理方面，Diem 区块链由验证器节点提供支持，而这些节点依赖 Diem 协会的成员运行，与其他区块链一样，这些节点需要在运行中确认交易并验证区块。在交易性能方面，Diem 也努力提升自己的 TPS，从每秒 6~24 笔每秒预计目标提升至每秒 1 000 笔交易。Diem 协会成员（部分）见图 4-6。

图 4-5　Libra 协会初创成员　　　图 4-6　Diem 协会成员（部分）

Diem 对于传统金融的革新：Diem 承诺交易费用为零，Diem 支付给验证者的利息来自其储备资产，而不需要向其他支付公司一样收取手续费。

Libra（Diem）推行过程中遇到的重重阻碍：最开始 Libra 是 Facebook 联合 Visa、Paypal、Mastercard 等支付领域巨头，采用一揽子各种货币的组合基础，Facebook 在全球几十亿用户的 App 使用量，掌握了数字货币（稳定币）触达的环节，并且掌握大量的个人信息，但是其推行受到了美联储的反对，受到了来自美国监管机构的一系列批评以及全球多个央行的质疑。在 Libra 的公告发布后，美国时任总统唐纳德·特朗普，法国、德国、俄罗斯的财政部部长等均谴责 Libra 的计划，美国监管机构在几日内便成立相关工作组，并在美国国会两院安排了听证会。

（三）Diem 的未来：在于美联储 FedCoin 的定位

美联储态度的转变：美国的数字货币研发创新活动主要在私人部门，美联储对于"数字美元"这一概念长时间以来一直持负面态度。直到 2020 年 10 月 19 日，美国联邦储备委员会主席鲍威尔在国际货币基金组织（IMF）年会上表示美联储正致力于谨慎、认真、全面地评估央行数字货币对美国经济和支付系统带来的潜在成本和收益，这也是美联储首次对央行数字货币表现出正面态度。同其他国家发行 CBDC 的特征一样，数字美元（FedCoin）可以帮助美联储精准发钱。

在 Libra 更名为 Diem 后，Visa、Paypal 等支付巨头退出了 Libra 的生态，Diem 采用的稳定币也变回了和美元 1∶1 挂钩。在网络层面，Libra 也在不断妥协：Libra 区块链将实施一个系统来确保合法合规，即在最初去中心化的设定上向中心化的合规流程妥协，以避免 AML/CFT 等问题的发生。

如果 Diem 与 FedCoin 直接竞争，FedCoin 在用户资源上难以与 Diem 所拥有的 "Facebook+Whatsapp+Instagram" 的生态抗衡。Diem 的底层逻辑和美国的央行数字货币 FedCoin 类似，在推行方面仍存在较大的未知数，需要持续关注美联储对于 "数字美元" 的研发计划以及对于 Diem 的态度。"数字美元" 的衍生历程见图 4-7。

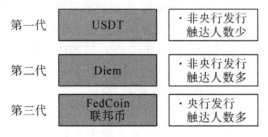

图 4-7 "数字美元" 的衍生历程

四、中外 CBDC 的对比

（一）全球 CBDC 的思考

从全球央行 CBDC 布局来看，更多的战略尚停留在国家内部，金融处于不同发展阶段的国家，对于 CBDC 的需求不同，因此开发 CBDC 的手段与战略也有所区分。主要的目的可总结如下：

（1）小国对于金融体系的保护：

融入国际金融体系的安全：巴哈马、委内瑞拉等；

金融主权：巴哈马、委内瑞拉等；

（2）提高金融体系能力：

反洗钱/监管：委内瑞拉、中国等；

去美元化/提升透明程度：厄瓜多尔、塞内加尔、突尼斯、马绍尔群岛、乌拉圭、委内瑞拉等；

（3）提升国家在全球的金融体系地位：

完善金融体系：新加坡、日本、欧盟、加拿大、中国等；

银行间市场金融地位提升：新加坡、欧盟等；

（4）央行的数字化转型战略（防患于未然）：

对于现金使用率下降担忧的布局：瑞典、加拿大、英国等；

担心法定货币受到冲击的应对措施：英国等。

（二）数字人民币的战略意义

数字人民币诞生于人民币国际化的大背景下。根据中国人民银行颁布的《2020年人民币国际化报告》来看，近年来，人民币跨境使用业务量保持快速增长。2020年以来在新型冠状病毒感染疫情冲击全球贸易、金融及经济的背景下，人民币跨境使用仍保持韧性并呈现增长。未来，中国人民银行将继续以服务实体经济为导向，坚持市场化原则，稳步推进人民币国际化。

长期来看，数字人民币的发行和使用会提升人民币的国际竞争力。我们认为数字人民币的具体国际影响将体现于：扩大中国金融对外开放程度；保护人民币货币主权，防止人民币受其他数字货币冲击；有效隔离人民币清算风险，降低对 SWIFT

系统依赖；增强人民币在全球市场的货币储备功能；提高人民币在"一带一路"沿线国家投资、清算、交易的便捷性等方面。数字人民币的国际影响内容参见4-8。

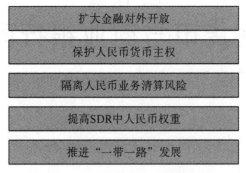

图4-8　数字人民币的国际影响

五、投资分析

数字人民币的应用将给相关行业带来新的机遇，我们认为商业银行与银行IT集成商将最先受益于数字人民币的推行。

（1）数字人民币与银行IT国产化时间节点吻合，数字人民币催化IT系统革新需求。中国银行IT系统数字化转型将受益于数字人民币落地，数字人民币对银行核心系统及支付、收单等与交易相关的周边系统数字化要求高，随着数字人民币应用场景的拓展与深入，银行IT系统的改造升级需求将逐步深化。

（2）数字人民币有望推动行业标准化、规范化发展，这将为第三方支付收单及POS厂商带来新的业务机会。

第五章
补充性货币与商业银行国际化

【本章学习目的】

通过本章学习，你应该能够：
- 掌握补充性货币和商业银行的相关性。
- 理解补充性货币对商业银行国际化的影响。
- 理解补充性货币对商业银行国际化的影响机制。
- 了解商业银行运用补充性货币的实际。

＊＊引导案例＊＊

震惊！摩根大通竟然发币了，摩根币 JPM Coin 是啥？[①]

据报道，美国最大的金融服务机构——摩根大通，将推出加密数字货币摩根币（JPM Coin），用于即时结算客户间的支付交易。

颇具讽刺意味的是，摩根大通首席执行官杰米·戴蒙（Jamie Dimon）之前曾多次抨击比特币，认为比特币是一种欺诈行为，不会为投资者带来收益。不过，他与该公司的其他高管一直表示，区块链与受监管的数字货币是有前景的。摩根大通正在为未来做准备——将跨境支付和债券发行转移到区块链上。为实现该目标，该机构需要采用一种与智能合约相同速度的资金转移方法，而不是使用电汇这样的"原始技术"。摩根大通区块链项目负责人 Umar Farooq 表示，"目前，世界上存在的任何东西都可以转移到区块链上，其将成为交易的支付方式。坦白说，该技术是无边界的，任何拥有分布式账本技术的公司或机构都可以使用这类交易方式。"部分人或许会对摩根大通发行加密数字货币一事倍感意外，因为该技术是在金融危机的大背景下崛起，并对现有的银行业发起了挑战。

当摩根币在跨境支付中测试时，它将成为加密数字货币在银行业的首批落地应用之一。由于风险巨大，该行业内的机构大多回避了加密资产。2018 年，摩根大通

---

① 江众资讯. 震惊！摩根大通竟然发币了，摩根币 JPM Coin 是啥？[EB/OL]. （2019-02-15）[2022-12-11]. http://finance.sina.com.cn/money/forex/2019-02-15/doc-ihrfqzka6003867.shtml.

和另外两家银行禁止信用卡客户购买比特币。据报道，高盛在探讨了与加密资产相关的计划后，搁置了创建比特币交易平台的计划。

1. 摩根币（JPM Coin）到底是什么

以下问答内容译自摩根大通官方资料（https://www.jpmorgan.com/global/news/digital-coin-payments）。

问题 1：摩根币（JPM Coin）到底是什么，它的用途是什么？

答：摩根币是一种数字货币，其旨在利用区块链技术进行即时支付。不同方之间在区块链上交换价值（如货币）需要用到数字货币，因此摩根大通创建了摩根币。

问题 2：摩根币是法定货币吗？

答：摩根币本身不是法定货币，它是一种数字形式的代币，在摩根大通指定账户当中，存入相对应的美元。简而言之，1 个摩根币的价值总是相当于一美元。当一个客户通过区块链向另一个客户发送资金时，摩根币被转移并立即兑换成等值的美元，从而缩短了结算时间。

问题 3：除了美元之外，摩根币有计划和其他法定货币挂钩吗？

答：随着时间的推移，摩根大通计划扩展到其他主要货币，目前不会透露更多信息。

问题 4：摩根币的具体工作原理是什么？

答：下图是摩根币的工作流程示意图。在步骤 1 中，摩根大通客户将存款存入指定账户，并收到等量的摩根币；在步骤 2 中，这些摩根币通过区块链网络，被客户用于和摩根大通其他客户进行交易（例如，货币流动、证券交易中的支付）；最后，摩根币持有者可在摩根大通将其兑换成美元。具体见图 5-1。

图 5-1　摩根币的工作流程

问题 5：怎样测试摩根币？

答：摩根大通给出的官方答案，是我们使用新技术成功地测试了客户账户和摩根大通账户之间的资金流动。

问题 6：摩根大通对加密货币的官方立场是什么？

答：摩根大通一直相信区块链技术的潜力，只要加密货币得到适当的控制和监管，银行就会支持它们。最后，摩根大通相信，通过降低客户的结算风险、降低资本要求和实现即时价值转移，摩根币可以为区块链应用带来显著的好处。

问题 7：摩根币和一般的稳定币有什么不同？

答：一般抵押型稳定币，它们的抵押金存放在别人家的银行，抵押品充足性的透明度各不相同。摩根币是摩根大通银行自己发行的稳定币，更有保障一些。

一般抵押型稳定币的区块链账本是公开、可查询的，而摩根币则需要许可（摩根大通和其合作伙伴构建的企业级安全区块链解决方案），只有通过摩根大通的机构客户才能使用这种摩根币进行交易。也就是说，传统稳定币面向的对象是所有人，而摩根币面向的对象则是机构客户（如银行、经纪商、交易商、公司等）。

从用途上看，传统稳定币的目的是用于投资，而摩根币则用于涉及支付的区块链应用。

问题8：是否有监管机构支持摩根币？

答：摩根币目前还是一个原型，摩根大通计划积极邀请监管者，向他们解释其设计，并征求他们的反馈意见和任何必要的批准。

问题9：摩根币用的是什么区块链，它运行在哪？

答：摩根币将在摩根大通自己的私链平台 Quorum 上发行，随后会扩展到其他区块链平台。摩根币将可在所有标准区块链网络上运行（注：这里所谓的标准区块链网络，不是所有的公链）。

问题10：摩根币的发展对摩根大通新的区块链网络——银行间信息网络（IIN）有何影响？

答：IIN 在代理行之间传输信息，而不是付款。摩根币代替了法定货币，旨在瞬间传递价值。

问题11：我们可以用摩根币作为个人日常消费吗？

答：摩根币目前是一个模型，其将与摩根大通的少量机构客户进行测试，计划在今年晚些时候扩大试点项目。摩根币目前是为企业间的资金流动而设计的。

2. JPM Coin 三大应用场景

第一种是针对大型企业客户的跨境支付，目前这种支付通常通过具有数十年历史的 Swift 网络在金融机构间进行电汇。Farooq 表示，由于金融机构有交易时限，且各国使用不用的系统，因此有时需要一天以上的时间来进行结算，而非支持用户可以在一天中的任何时间段进行实时交易或结算。

第二种是证券交易。去年4月，摩根大通在区块链平台上测试了债券发行，模仿了加拿大国民银行发行1.5亿美元一年期浮动利率扬基存款凭证（CD）。据报道，机构投资者可以使用摩根大通的代币，而非依靠电汇购买债券，这有助于消除交易结算和支付间的时间间隔，从而实现即时结算。

第三种用途是通过 JPM Coin 取代美元。Farooq 表示，要通过该代币使那些使用摩根大通资金服务业务的大型公司替换掉其全球各个子公司持有的美元。据了解，该公司为 Honeywell International 和 Facebook 等公司处理着大量受监管的资金流，将美元支付给员工和供应商。去年，这项服务为该银行创造了90亿美元的收入。

据报道，只有摩根大通的大型机构客户（需经过监管审查），如公司、银行和经纪自营商，才能使用该代币。

思考题

1. 你认为摩根币是属于什么类型的货币？为什么？

2. 你认为摩根大通为什么要发行摩根币？摩根币能为摩根大通带来什么影响？

第一节　商业银行的基本概述

一、商业银行的相关介绍

商业银行（Commercial Bank）是以盈利为目的，通过贷款、存款、汇兑、储蓄等业务，承担信用中介、具有信用创造功能的金融机构。一般的商业银行没有货币的发行权，它的业务范围主要包括吸收和经营公众存款、发放贷款及办理票据贴现等。盈利是商业银行产生和经营的基本前提，是商业银行发展的内在动力，也是商业银行与中央银行包括政策性银行的区别之一。中国的商业银行是指依照《中华人民共和国商业银行法》和《中华人民共和国公司法》设立的吸收公众存款、发放贷款、办理结算等业务的企业法人。

（一）商业银行的历史演变和发展

商业银行是经济中最为重要的金融机构之一。西方银行业的原始状态，可溯及公元前的古巴比伦以及文明古国时期。早在公元前 6 世纪，在巴比伦已有一家"里吉比"银行。公元前 4 世纪，希腊的寺院、公共团体和私人商号也开始从事各种金融活动。公元前 200 年，罗马也出现了类似希腊银行业的机构。罗马银行业所经营的业务已具有近代银行业务的雏形。而人们公认的早期银行的萌芽，起源于文艺复兴时期的意大利。

早期银行业的产生与国际贸易的发展有着密切的联系。为了适应贸易发展的需要，单纯从事货币兑换业并从中收取手续费的专业货币商便开始出现和发展了。来自各地的商人们为了避免长途携带货币而产生的麻烦和风险，开始把自己的货币交存在专业货币商处，委托其办理汇兑与支付。这时，专业货币商履行货币兑换与款项划拨的职能，可以看作银行萌芽的重要标志。随着接受存款的数量不断增加，专业货币商开始把汇兑业务中暂时闲置的资金贷放给社会上的资金需求者。这标志着现代银行的本质特征已经出现。

历史上第一家资本主义股份制的商业银行是英格兰银行，它于 1694 年正式成立。英格兰银行被看作现代商业银行的鼻祖。随后，世界各国陆续建立商业银行，现代商业银行体系逐渐完善。

（二）商业银行经营模式

商业银行的经营模式可以分为英国模式和德国模式两种。英国模式的安全性较高，主要是以较低的利率借入存款再以较高的利率放出贷款，进行短期的资金融通。德国模式的业务更多元化、综合化，商业银行不仅融通短期商业资金，而且融通长期固定资本从事投资银行业务。

商业银行的经营模式还可以分为分业经营和混业经营两种。分业经营模式通过限制商业银行经营证券业务，划清证券业与银行业的资金来源，能有效地控制商业银行的信用扩张风险和投资风险，从而使整个金融系统的风险得到控制；同时，还能够使商业银行集中自身优势资源和力量，发展专业化服务。此外，分业经营还可

179

以使监管部门实行分业管理，促进金融监管的专业化分工，明确监管职责，提高监管效能。混业经营模式可以增强商业银行对金融市场变化的适应性。它可提供较全面的金融服务，更好地满足客户的多方位需求。同时，还可以为客户提供定制型的金融产品。再者，混业经营能使商业银行随时根据不同金融业务的市场增长潜力和盈利水平，灵活及时地调整资源投入，合力发展优势业务，提升盈利能力和综合竞争力。在混业经营模式下，商业银行的业务范围和覆盖面更广，更有利于规模效应的发挥。此外，混业经营模式下，商业银行能从更多角度掌握客户的信息，灵活调度、匹配和组合各个业务领域中的资产和负债，从而减少坏账和资金营运的风险。

可以看出，不同的经营模式各有利弊，没有一种经营模式是绝对优越的。各国的商业银行在选择经营模式时，都是根据本国金融发展的具体情况做出合理选择的。当前，我国的商业银行主要实行分业经营模式。早在 1989 年，我国就明确提出银行业与信托业、证券业、保险业，"分业经营、分业管理"的原则。1993 年年底，国务院发布了《关于金融体制改革的决定》，规定国有商业银行不得对非金融企业投资，国有商业银行在人、财、物方面要与保险业、信托业和证券业脱钩，实行分业经营。1995 年，国家颁布的《商业银行法》以法律的形式确定了分业经营的权威性，该法第四十三条规定："商业银行在中华人民共和国境内不得从事信托投资和证券经营业务，不得向非自用不动产投资或者向非银行金融机构和企业投资，但国家另有规定的除外。"同年实施的《保险法》第一百零四条规定："保险公司的资金不得用于设立证券经营机构和向企业投资。"这标志着分业经营在中国的正式开始。1998 年的《证券法》第六条规定："证券业和银行业、信托业、保险业分业经营、分业管理。证券公司与银行、信托、保险业务机构分别设立。"这标志着分业经营体制在我国最终确立。2003 年 12 月 27 日第十届全国人民代表大会常务委员会第六次会议通过的《关于修改〈中华人民共和国商业银行法〉的决定》能够有效适应我国商业银行分业经营的现时特点和混业经营的发展趋势。我国商业银行采取分业经营模式，是我国当前阶段加强金融监管、强化金融风险防范、维护金融秩序的必然选择。

（三）商业银行性质

从性质上来看，商业银行是以营利为目的、具有独特性的金融企业。商业银行本质上属于一类特殊的企业，也具有现代企业的基本特征。商业银行在经营过程中需要独立核算、自负盈亏，将追求最大限度的利润作为自己的经营目标。获取最大限度的利润是商业银行产生和发展的基本前提，也是商业银行经营的内在动力。然而，商业银行也具有自身的独特性。首先，商业银行以金融资产和负债为经营对象，经营的商品是货币和货币资本。其次，相较于一般的工商企业，商业银行与社会经济之间的相互关系更加紧密。再次，商业银行除了对股东和客户负责外，还必须对社会负责。商业银行区别于国家的中央银行、专业银行以及其他非银行的金融机构。商业银行自身业务经营具有很强的广泛性和综合性，其业务触角延伸至社会经济生活的各个角落。

（四）商业银行的职能

商业银行具有信用中介、支付中介、信用创造、金融服务和调节经济这几方面的职能。信用中介是商业银行最基本、最能反映其经营活动的职能。商业银行通过信用中介的职能，实现了资本盈余和短缺之间的融通。支付中介是商业银行执行货币经营的职能。商业银行通过存款在账户上的转移，代理客户支付，并为企业、团体和个人的货币进行保管、出纳和支付代理，形成经济过程中无始无终的支付链条和债权债务。信用创造职能是指商业银行具有存款创造的功能。金融服务职能是商业银行能根据客户的金融需求，提供各类金融服务，如金融咨询、金融理财等。调节经济职能是指商业银行通过其信用中介活动，调剂社会各部门的资金短缺，优化资金资源配置，结合国家宏观调控政策，实现经济结构、消费比例投资和产业结构的调整和优化。

（五）商业银行的组织形式

商业银行的组织形式可以分为单一银行制、分支银行制、集团银行制以及连锁银行制。单一银行制也称独家银行制。分支银行制（总分行制）是指法律允许除银行总部外在同一地区或不同地区甚至国外设立分支机构，从而形成以总行为中心的庞大的银行网络。集团银行制又称为持股公司制，是指只有一个集团成立股权公司再由该公司控制或收购两家以上的银行。连锁银行制又被称为联合银行制，是指一家银行通过购买拥有决定性表决权的股份，控制或收购一家或多家股份制银行，并形成连锁关系。单一银行制和集团银行制在美国较流行，我国当前实施的是分支银行制。

商业银行内部的组织结构一般分为：决策机构（包括股东大会、董事会以及董事会下设的各委员会）、执行机构（包括行长或总经理以及行长领导的各委员会、各业务部门和职能部门）和监督机构（董事会下设的监事会）三部分。银行内部组织结构的具体部分设置和部门之间的相互关系，如图5-2所示。

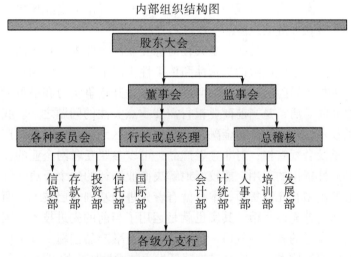

图5-2　银行内部组织结构的具体部分设置和部门关系

二、未来商业银行的挑战与机遇及其与补充性货币的运用可能性

我们认为，要分析商业银行在未来面临的挑战与机遇，可以从宏观和微观这两个层面作为切入点。

（一）宏观视角下商业银行的挑战与机遇

1. 新型金融场景生态建设与补充性货币的运用可能性

近年来，随着数字经济时代的到来，金融科技公司如支付宝、京东以及其他小微贷款平台等的迅速崛起，对商业银行造成了巨大的竞争压力和盈利冲击。在这样的竞争环境下，商业银行也在不断进行学习、创新和变革、完善和改进传统业务、提高自身服务能力和竞争力，以适应新的经济环境。在未来，无论是金融科技公司还是商业银行，都将致力于开发新型金融场景。金融场景的基本要素包含：场景客群、金融产品、非金融服务和内容资讯。新型金融场景的应用对商业银行既有挑战又有机遇。

首先，新型金融场景对商业银行提出了诸多挑战。互联网金融公司"开疆拓土"与商业银行"稳健经营"的运营理念和模式始终存在着本质的差异。在未来，商业银行在金融场景生态建设中还可能面临风险隔离、技术迭代、考评机制、战略定力和消费者权益保护等方面挑战①。而补充性货币的运用，可能为商业银行在未来面临这些挑战时做出更好的应对。

商业银行面临的第一个挑战，是金融业务与非金融业务之间的风险隔离问题。当前，商业银行在金融场景创新过程中确实存在一些薄弱环节，如场景中未明确界定各参与方的责任、场景向客户提供的信息主体责任不明、参与方承担责任不清晰、未明确对场景下游准入商户的标准、合作类型以及管理要求、场景内涉及金融信息服务及相关业务管理要求边界模糊等。这种责任不明、权责不清、标准边界模糊的问题，使金融业务和非金融业务之间无法隔离风险，容易造成风险的传染和扩散。补充性货币的运用，能成为商业银行在金融业务和非金融业务之间搭建的一个桥梁，在进行金融场景生态建设的过程中，注意锁定补充性货币的潜在风险，就能有效隔离金融业务和非金融业务的风险。

商业银行面临的第二个挑战，是其在对标互联网企业提升技术的过程中，可能产生的技术性风险。金融风险的扩张性和传染性决定了金融场景相较于其他场景而言，更容易产生技术风险。因此，如何平衡快速提升竞争实力和最可能降低技术性风险这两者之间的矛盾，是当前商业银行需要重点关注的问题之一。我们认为，提升金融场景的技术迭代速度要将金融和非金融产品区别对待。对金融产品，依旧要执行严格的审批及合规管控；对非金融产品，可以参照互联网企业的技术迭代速度奋力追赶。补充性货币的运用，能较好地解决商业银行的这个矛盾。补充性货币特别是虚拟形态的新型补充性货币，本身就有着先进的基础底层技术。商业银行在经营中如果合理运用补充性货币，其实也就是运用了当前的先进技术。因此，只要商业银行选择运用合适的补充性货币，也就是一种金融产品创新。这不仅可以省去开发金融新产品的研发成本，还能精准地降低发生技术性风险的可能。

商业银行面临的第三个挑战，是在数字经济背景下，商业银行如何构建合理的

---

① 中国银行. 金融场景生态建设行业发展白皮书［R/OL］.（2021-07-05）［2022-12-12］. https://baiji-ahao.baidu.com/s? rd=17044528447936522048<wfr=spider&for=pc.

特色考评机制和体系。随着金融场景的蓬勃发展，商业银行传统的考核机制却开始出现"尴尬"局面。现有的激励机制已难以满足数字化时代下通过大数据建模、数据触达、智能推送而实现的金融场景运营需求。例如，金融场景线上信贷产品由于无实体审批自然人/自然机构，在产生不良余额后"无可追责"等。金融场景建立之初，部分银行曾尝试比照互联网企业规则改进自身考核机制，但效果并不明显，究其根本还是客户"量级"的原因。在数字化时代来临之前，互联网企业缺少线下渠道，其客户量级是从"零"开始，不存在归属"争端"。商业银行尤其是大型商业银行面对数以亿计的存量客户，若维持现状难以有效激励员工推进数字化转型，但如果参照互联网企业激励机制，存量归属和维护的矛盾将无可回避。补充性货币的运用，可以助力商业银行根据补充性货币的运作流程和模式制定考评体系，而避免无据可依，无据可查的情况发生。

商业银行面临的第四个挑战，是如何保持自身战略定力，以金融场景生态建设推动行业转型。2021年发布的《金融场景生态建设行业发展白皮书》中可以看出，经历数年竞争发展后，各家商业银行都在自己相对擅长的业务领域聚焦产品服务、整合相关非金融服务搭建金融场景生态，为特定客群提供一站式全流程服务，实现场景化转型和业务拓展。后续的金融场景对弈，还需要商业银行保持资源和政策投入的战略定力。补充性货币的运用，将为商业银行提供未来的持续性战略方向。商业银行可以将各种资源投入在与补充性货币相关的业务拓展和开放上，不仅能让商业银行发挥自身优势，与时俱进，还能提升未来的竞争力和适应性。

商业银行面临的第五个挑战，是如何实现金融消费者权益保护的审慎性与非金融服务的便利性之间的平衡。金融场景下的消费者权益保护同样遵循审慎性原则，在金融业务运营过程中执行相较于非金融业务更为严格的标准。但如果完全依据金融消费者权益保护标准去运营整个场景，在涉及非金融业务时服务效果就会大打折扣。因此，商业银行如何在金融场景生态建设中以审慎性为原则做好消费者权益保护工作，同时确保整体营销服务的最佳效果，这个问题还需要持续探索。补充性货币的运用，能更好地实现金融消费者的权益保护，也能保持非金融服务的便利性，帮助商业银行解决这个矛盾。

当然，新型金融场景生态的建立也为商业银行的稳定发展提供了一定的机遇。首先，商业银行可以将金融服务与相关非金融服务进行融合，打造一站式客户服务与极致消费体验，全面满足特定客户的多元化需求。其次，随着移动互联网与电子商务的快速普及，商业银行会开展各类线上+线下混合业务，实现线上和线下各类业务的灵活转换，促进金融与非金融服务的有机融合，金融场景生态建设也更高效。此外，金融场景的选择能够帮助商业银行更合理地选择与自身禀赋相契合且发展潜力巨大的行业方向，全面分析当前的市场空间、生态格局、自身禀赋，作为合理规划和战略选择。最后，有利于在流量创造、用户画像、客户转化、价值挖掘等方面帮助商业银行结合目前的互联网盈利模式，探索一条与自身经营逻辑一致的建设路径。

而补充性货币也能够运用于新型金融场景生态的搭建和完善的全过程中，从而更好地发挥金融场景生态对商业银行的促进作用。

2. 商业银行发行的补充性货币的运用可能性

数字货币是数字经济发展到一定阶段的必然产物。因此，作为货币在数字经济时代的最新体现，数字货币的崛起，为各国货币当局带来了一场巨大的颠覆式"变革"。

当前，全球范围内法定数字货币正在加速推进。根据国际清算银行（BIS）等机构 2020 年 10 月发布的《央行数字货币：基本原理和核心特征》报告，全球 80%的中央银行均参与了对 CBDC 的研究，其中一半的中央银行同时关注零售型和批发型数字货币，有 10% 的央行已进入或完成试点运行阶段。这预示着未来全球数字货币的竞争格局将迎来实质性的变化。目前，中国的法定数字货币（DC/EP）已经在多地和多个场景下开展了有序试点，并且取得了较为稳健和符合预期的成效。

众所周知，商业银行作为金融中介机构，在法定数字货币的发行过程中扮演着重要的角色。法定数字货币的发行和推广给商业银行带来了很多机遇。

然而，商业银行在参与法定数字货币的发行、推广和运行的过程中，如果自行发行补充性货币（特别是虚拟性补充性货币），将法定数字货币与自行发行的补充性货币进行有机结合，可能会更充分发挥数字货币的强大优势，获得巨大的"协同效应"红利。

商业银行运用虚拟性补充性货币，既能保障商业银行最大程度发挥既有基础设施功能，还能促进其形成新的数字化转型升级优势。补充性货币可以降低商业银行运行成本（如现金管理成本），提高商业银行的客户黏性，提升商业银行在相关业务和管理方面的效率以及综合运营经验。虚拟性补充性货币可以充分运用于商业银行的支付系统、券款兑付、跨境结算、多币种商业化等各方面。同时，如果将补充性货币运用于各类交易场景（生活缴费、餐饮服务、交通出行、购物消费、政务服务甚至是婚恋匹配等），商业银行能进一步拓展获客渠道，特别是通过支付服务的提升在零售环节获得留客优势。此外，虚拟性补充性货币的运用还可以加快商业银行的数字化转型。虚拟性补充性货币本身就需要有区块链、人工智能、云计算等技术的支撑，随着补充性货币在商业银行中的运用，商业银行自身也将在数字化战略布局、敏捷组织转型、数据治理与数据安全、技术创新投入、业务融合应用以及开放生态建设等方面实现更大突破。

3. "双循环"的新发展格局与补充性货币运用的可能性

面对"双循环"新发展格局，商业银行如何积极参与到国内和国外经济各个环节的循环中，成为当前的重要问题。"双循环"的新发展格局下商业银行面临的挑战主要包括外部经济环境的不确定、客户的金融需求更加多元、国际化程度偏低等方面。补充性货币的运用，可能会使商业银行在面临这些挑战时，能更好地应对。

（1）外部经济环境的不确定。当前，世界正处于百年未有之大变局，国际政治经济环境的不确定性持续加剧。新型冠状病毒感染疫情肆虐、国际贸易和国际投资大幅萎缩、国际金融市场动荡、全球业务增长乏力、不良贷款规模逐步扩大、金融风险不断加大。在复杂多变的国际地缘政治背景下，商业银行在业务开展、全球布局等方面面临着更多、更大的困难。补充性货币的运用，为商业银行面对不确定的外部环境冲击，增加了应对的备选方案，发挥了"缓冲垫"的作用。

（2）客户的金融需求更加多元。随着新技术的迭代升级，客户的金融需求更加多元化和高端化。传统的一些标准式业务种类，可能无法完全满足各类客户的多方位需求。同时，在数字经济时代，客户的场景体验、资产配置的需求日益增加，客户的金融需求也可能更加多变。这就需要商业银行有着更多样化的金融供给方案，并随时根据客户需求能够灵活而及时地调整。此外，高端客户可能还会提出更严苛的金融需求，需要商业银行借助先进技术，对此进行精准式个性定制服务。商业银行就面临着数据收集、转化、存储、分析和运算效率低等问题，这会导致客户数据挖掘价值不足，难以为客户提供定制化、个性化服务，从而影响客户体验。加之商业银行受制于商业逻辑、运营成本、服务理念、技术革新等因素，如果缺少创新性的金融产品，无法有效满足客户日益升级的多元化金融需求，其全球化经营战略将面临严峻的考验。补充性货币的运用，能更大程度上满足客户的多元化需求，使客户有了更多的选择。

（3）国际化程度偏低。在数字经济时代，金融全球化的趋势更加凸显。商业银行的国际化水平，则体现了其国际竞争力的强弱。商业银行国际化水平，主要由境外机构体量、境外资产占比、客户基础组成、综合化跨境经营业务、跨境服务能力、风险控制、高端国际化人才等方面综合测算。补充性货币的运用，能推进商业银行国际化水平的提升。

另一方面，商业银行也面临着"双循环"新发展格局中蕴含的机遇。这个机遇，使商业银行在运行过程中使用补充性货币具有更大的可行性。

（1）深入布局国内市场重点行业领域。我国具有超大国内市场以及巨大内需潜力的优势，很多行业在国际上已经处于领先地位。同时，我国具备了构建"双循环"新发展格局的政策工具及空间。在"双循环"新发展格局的背景下，通过发挥内需潜力，使国内市场和国际市场更好地联通、促进，进一步盘活国际市场有效供给，向市场提供全球化的产品和服务。在形成"双循环"新发展格局的过程中，发达经济体的高端奢侈品和新兴经济国家的劳动密集型产品可能成为拉动中国进口增长的重点领域。在中国处于全球价值链上游的高铁、光伏面板、风力涡轮机、数字支付、机器人、电动汽车、智能手机等行业具有较大的发展潜力，将成为我国商业银行客户准入和国际化布局的重点领域。

（2）进一步推进消费金融有序发展扩大内需是"双循环"新发展格局的核心内容，也是出发点。以国内大循环为主体，国内国际双循环相互促进，需要发挥好中国超大规模的国内消费市场的综合优势，补齐消费市场的短板，加快建立完整的内需体系，确保我国消费市场的持续拓展与消费的不断升级，持续形成更具有潜力的消费新增长点，发挥好内需在"双循环"新发展格局中的战略基点作用，这也是商业银行零售业务未来战略转型的重要机遇。坚持扩大内需，加快生产性投资需求的稳步增长，提升公共基础设施投资的需求，挖掘消费投资端的潜力，塑造新市场与引领新供给，为商业银行拓展业务提供了新的机遇。

（3）促进金融更高水平开放。新发展格局下金融高水平的对外开放，可以提高我国金融业的整体竞争力，为金融业注入新的发展活力，同时也为"双循环"提供更大的动力。在"双循环"背景下，金融市场准入和国际资本流入条件逐渐放宽，全球金融机构加速布局中国市场。国际竞争对手的涌入将激活"鲶鱼效应"，促进我国金融机构快速提升风险管理、资产定价、信贷投放等核心能力，进而优化"内循环"的金融资源配置。专业化的机构投资者将逐渐成为金融市场的核心力量，长期资本占比将逐步上升，引导金融市场的预期及交易行为向多元和理性发展，为我国金融市场的长期稳定发展提供坚实的基础。

（4）推动数字化转型不断深入。近年来，作为科技创新的成果，数字经济成为我国增长最快的领域之一。进一步促进我国数字经济的发展，实现数字经济的产业化、经济治理的数字化、传统产业的数字化，将是新发展格局战略的应有之义，也将对我国商业银行的经营模式产生长远影响。大变局之下，商业银行应紧抓数字化转型新机遇，以客户需求为牵引，深化金融科技外循环，由业务模式的创新推动技术创新，让金融科技不断赋能银行业务发展。"双循环"新发展格局对商业银行的数字化转型提出了更高的要求，银行业应实施高效的金融科技创新，以更高水平的技术创新促进内循环，带动业务模式创新，充分发挥技术引领业务发展和业务推动技术创新的双重作用，让金融资源体现出更大的价值，更好地服务"双循环"新发展格局。

（二）微观视角下商业银行挑战与机遇

1. 利率市场化改革与补充性货币的运用可能性

在未来，利率市场化改革的不断完善会给商业银行带来一定的挑战与机遇。主要的挑战，体现在利率市场化将增加商业银行的风险。

第一，商业银行面临的利率风险会增加。利率风险是指由于利率的波动给商业银行造成损失的可能性。根据世界各国利率市场化的情况来看，利率市场化后利率上升几乎是一个必然趋势。利率的上升和利率的波动是利率市场化的主要风险。随着利率市场化改革的不断推进，利率波动的频率和幅度将增大，利率波动的增大，这将会使商业银行资产和负债的重新定价风险加大。同时，也会使收益曲线发生变化，使收益风险加大。再次，还会使存款利率和贷款利率的基准风险加大。此外，也会使银行业务中隐含期权的价值更高，增加客户提前支取存款或者提前归还贷款的可能，使选择权风险加大。

第二，商业银行的信贷风险会增加。金融市场信息不对称的存在，当利率上升之后，会导致信贷市场的逆向选择效应和逆向激励效应。逆向选择效应是指当利率上升后，在信息不对称的情况下，商业银行倾向于把贷款投放到愿意支付高利率的借款人。这样，那些具有高风险、高收益偏好的借款者愿意支付高的利率而获得银行资金。而那些具有偿还能力且风险较低的借款者没能力或不愿意支付高利率而退出信贷市场，优质贷款人被劣质贷款人逐出信贷市场。逆向激励效应是指获得贷款的借款人为了支付高额贷款成本倾向于选择一些高风险高收益的投资项目和经营活动，借款人为了获得高利润只能将资金投向投机性很强的高风险行业。逆向选择和逆向激励效应导致了银行的信贷风险增加。逆向选择和逆向激励效应又会导致投资和总体经济活动水平下降，如果持续发展下去，就有可能引发金融危机。

第三，商业银行面临的利润减少。利率市场化后，商业银行拥有了利率的决定权，可以自主定价。商业银行之间在存款和贷款领域的竞争加剧，既包括来自国内其他同类银行的竞争也包括来自外资银行的竞争。外资银行的进入所带来的新型管理手段和技术理念会给商业银行带来巨大的压力，各个银行为了争夺储蓄资源会展开利率定价的竞争，存款利率会逐步上升。而对优质贷款资源的争夺，会迫使商业银行降低贷款利率，最终导致利润减少，盈利水平下降。

面对利率市场化改革趋势下，商业银行利率风险、信贷风险增加以及面对利润减少的挑战，商业银行如果合理运用补充性货币，能更好地解决以上的问题。大部分补充性货币没有利息，且补充性货币本身的运行基础就是良好的信用；因此，商业银行运用补充性货币能有效弥补在传统货币业务中利率风险和信贷风险造成的损失。此外，传统货币业务利润的降低，也可能通过补充性货币相关的新型业务得到补偿。

另一方面，利率市场化改革也为商业银行提供了一定的机遇。在利率市场化改革的机遇下，商业银行运用补充性货币具有更大的可行性。

第一，利率市场化使商业银行的竞争能力得到了提高。在利率管制的情况下，利率的制定权和调整权掌握在政府手中，商业银行的存贷款利率是由中国人民银行严格控制的，商业银行只是利率的被动接受者，是不允许为其金融产品定价的，其自身不存在利率定价问题。利率市场化之后，商业银行拥有了利率的制定权可以自主定价，这样可以根据资金供求状况、业务风险程度、经营管理策略等，综合考虑经营成本、目标收益、同业竞争等因素，灵活确定利率水平，实行差别化价格策略。同时，商业银行的竞争方式将由非价格竞争转向价格竞争，资金价格将更多地参与市场竞争，成为市场竞争的重要手段。在这种情况下，商业银行的竞争能力会得到提高。我们认为，商业银行竞争力的提升，能推动商业银行为了维持垄断优势，投入更多的资源在补充性货币的运行研发和推广上，以期在未来依托补充性货币获取长期竞争优势。

第二，利率市场化改革有利于商业银行优化客户结构。利率市场化之后，商业银行以往单一的存贷利差收入不能满足其经营的需求，因此商业银行需要重新调整经营战略和业务结构。利率市场化使商业银行必须密切关注贷款市场的动态，根据客户对风险的承受能力以及经营特点，并结合商业银行自身提供贷款所需的资金成本、违约风险、手续费、管理费等因素来综合确定各自不同的贷款利率水平，促进商业银行客户结构的优化。而商业银行客户结构的优化，使商业银行更能够集中优势资源，投入补充性货币的运行研发和推广。

第三，利率市场化能促进商业银行金融产品的创新和发展。西方发达国家如美国在利率放松管制后的近几十年内推出了多样化的创新性金融工具，数量甚至高达上百余种。创新性的金融产品，提高了商业银行融资和筹资的灵活性和便捷度。前文所述，在利率市场化的条件下，利率风险成为商业银行面临的主要风险，而创新性的金融衍生产品主要就是用于规避利率风险的。此外，商业银行的存贷款业务与利率密切相关，在利率市场化后，各商业银行之间的激烈竞争将导致银行的存贷利差不断减少。因此，商业银行必须将注意力更多地转移到非利差收入业务，进行金融产品和服务的创新，寻找新的利润来源。在这样的情况下，商业银行不断加大金融创新力度，是必然趋势。金融创新的客观和主观要求，为商业银行运用补充性货币创造了有利的条件和机会。

2. 无人银行的发展与补充性货币运用的可能性

无人银行又称为自助银行，是指不需要银行职员帮助、顾客通过电子计算机设备实现自我服务的银行。我国最早的无人银行出现在上海建设银行，整个银行全由智慧柜员机、VTM 机、外汇兑换机等金融服务与体验设备组成。所有业务办理完全由客户自助操作。智能机器人就是"大堂经理"，引导客户进入不同服务区域完成所需交易。除了金融业务，无人银行还是"图书馆""游戏厅""小超市"，能为客户提供各种周到的服务。在未来，无人银行的发展也会给商业银行带来一定的挑战和机遇。

第一，无人银行对银行业的改革具有倒逼促进作用。商业银行在无人银行模式的倒逼压力下，会不断提升运用金融科技造成更大利润的能力，也会全力提升自身的科技水平。金融科技的广泛运用，也为商业银行运用补充性货币提供了技术条件。

第二，无人银行会给商业银行从业人员带来危机感。在无人银行，机器人替代了人的工作，这会迫使商业银行的从业人员不断学习新知识，提升新技能，适应新环境，增加自身价值，提高工作效率。高技能的从业人才，具有先进的管理和经营理念，敢于挑战新事物，勇于迎接新挑战。这也为商业银行运用补充性货币提供了可能性和可行性。

第二节　补充性货币对商业银行的影响

前文所述，补充性货币能发挥法定货币在一定条件下没有被完全满足的社会经济功能。补充性货币体现了货币供给与需求者之间的合作关系，能促进社会的互助与和谐。同时，它的收付不需支付利息，所以一般来说不会引发通货膨胀。从理论上看，补充性货币是社会经济发展的必然产物。它的存在，满足了借方、贷方和政府三方的需求，可以创造更多的社会价值。它蕴含道德价值判断，有助于消除传统货币存在的货币异化、货币拜物教等弊端。作为法定货币的一种补充，补充性货币对于促进商业银行乃至整个金融体系的发展具有十分重要的意义。

补充性货币能促进商业银行的发展，是由它所具备的独特优势所决定的。

第一，补充性货币能缓解商业银行运营中的现金流压力，减少"挤兑"可能带来的冲击。当商业银行的现金流紧张时，需要吸收大量社会存款或者进行拆借，但同时需要支付利息等交易成本。如果面临货币危机或者金融危机的情况，商业银行的现金流无法在短时间获得，就很可能面临挤兑风险，甚至导致破产。补充性货币的存在，可以弥补法定货币在金融市场上供给不足和供给不平衡的状况，从而帮助商业银行平稳过渡，获得筹措资金的宝贵时间，保持金融市场的稳定秩序。

第二，补充性货币可以作为一种资产，提高商业银行的风险抵御能力。很多补充性货币，本身就可以作为一种资产存在（如股票、债券等）。还有一些补充性货币，由于认可度和信用度高，受众广泛，因此也可以看作一种资产（如比特币）①。此外，商业银行自己发行的补充性货币（如花旗银行发行的花旗币）也可以作为一种资产，已备风险防范之需②。

第三，补充性货币能为商业银行拓展新业务提供新思路（如开展金融普惠业务），同时为实施"扶贫互助""关注弱势群体""实现共同富裕"提供新路径。一般来说，低收入人群和弱势群体中，大部分是未受过教育的妇女、身体有残疾的成年人、缺人照料的儿童、失去竞争能力的老年人，还有一部分是找不到合适工作的农民工。他们受自身条件限制，在社会中找不到合适的职业，赋闲在家，生活困难。其中，多数人为了改善生活状况，都有着强烈的劳动需求，但在社会中却找不到合适的岗位。商业银行如果以这类群体为服务对象，为他们提供创新性的金融产品或服务，发行特定的补充性货币在低收入群体中流通（如可以为他们专门开拓一类新业务，让他们自制的一些食品、生活用品、家务劳动或者按小时计算的照顾老人和小孩的服务等非正规的商品和服务拿到这一特殊市场上进行交易，换取特定的补充性货币，促进这一群体内部的成员之间形成互助共享、资源优化配置的良性循环机制。）这样，既可以合理利用社会上的闲置劳动力，又可以对社会弱势群体进行帮扶，提高弱势群体的福利，促进共同富裕。此外，商业银行也能积累更广泛的客户信誉度，扩大影响力，也能更多样化地拓展业务，提升竞争力，实现服务社会和盈利最大化的双向目标。

第四，补充性货币的存在，可能成为商业银行实现内部经营战略目标的物质资源和备选方案。根据传统货币理论，由于货币的稀缺性和增值功能，货币具有价值储藏功能。人们把钱外借出去，或者存入银行，就需要借入方以利息的方式来弥补借款人放弃即期消费的行为。利息内生于法定货币体系之中，对社会产生深远的影响。由于存在利息，人们便会通过储蓄货币来积累财富，从而使流通中的一部分货币退出流通领域，执行储藏功能。特别是在贫富差距加大的情况下，大量的货币控制在富人手中，使更多的货币执行储藏功能，而穷人却因为缺乏足够的货币流通，致使一些需要货币的地方得不到满足，从而限制了交易的产生，制约了经济发展。这也导致商业银行的经营战略可能因为中央银行宏观调控政策的约束而受到干扰。而补充性货币的存在，弥补了由于价值储藏行为而导致法定货币在金融市场上供给不足和供给不平衡的状况，从而能保持金融市场的稳定秩序。同时，很多种类的补

189

---

① 当然，有学者认为比特币的价格波动剧烈，具有很大的风险。但是，我们认为，比特币由于其稀缺性和广泛的使用覆盖面，在全球有着很高的认可度，虽然价格波动很大，但在较长的时间内不会影响它的信用。因此，比特币类的加密数字货币，可以作为一种资产

② 我们认为，商业银行自行发行的补充性货币是否能作为抵御风险的一种较稳定的资产，这和商业银行本身的经营能力、信用度、综合实力密切相关。如果商业银行的实力雄厚、信用度高，其发行的补充性货币自然受到市场的追捧和认可，其资产价值也较稳定。因此，商业银行本身的实力与其发行补充性货币的价值高低，共生共促，密不可分。

充性货币不需要支付利息，人们取得补充性货币的目的是换取相应的商品和服务，一般不会储存起来，这也保证了补充性货币良好的流动性，可以作为商业银行实现经营战略目标的重要工具。

第五，一般来说，大部分的补充性货币不会引发通货膨胀。现实经济运行中，由于受到宏观经济调控能力的限制，政府往往无法准确地估算出经济中法定货币的最佳需求数量。同时，受各种因素影响，政府也天生具有大量发行货币的冲动，这会导致法定货币供给量经常可能超出实体经济的需求。在这种情况下，通货膨胀便会成为一种常态，严重到一定的程度就会导致货币危机。而在补充性货币运行机制中，大部分的补充性货币（特别是用于特殊时期的补充性货币，如社区信用货币、消费券等）在每一笔资产产生的同时，就会创造出相应的负债。当人们参与反向交易时，补充性货币的数量也会自动削减。因此，我们认为，在大部分情况下，补充性货币不会引发通货膨胀。正因为如此，商业银行在经营的过程中，可以选取不会引发通货膨胀的合适的补充性货币作为法定货币的补充，制定合适的经营方案，从而利用这一特性更好地提高商业银行的绩效。

第六，补充性货币具有发行机构多样化的特点。补充性货币以社会信用为基础，具有自发性特征，可以由商业银行发行。商业银行发行的补充性货币，类似一种在平等自愿基础之上的协议，参与者自愿接受其所规定的价值标准和流通规律。因此，商业银行自然可以根据自身经营状况，自行决定发行补充性货币的类型、数量、规模、覆盖面、发行时间、使用范围等，以形成便利自身商业循环为目的的商业圈补充性货币，作为调节自身经营状况的工具。

第七，补充性货币有利于促进商业银行信贷业务的发展。补充性货币可以降低货币转账和汇款的交易成本。当补充性货币在一定的社区或者商业圈内迅速发展以后，会逐渐促进该地区的金融循环，建立起不完全基于市场价值的运行模式。在一定程度上，补充性货币可以与当地的商业银行建立合作关系，共同组织小额信贷，从而提高货币的运作效率，并降低补充性货币的运营风险，从而促进社会的可持续发展。

第八，补充性货币能促进商业银行的技术革新，强化商业银行的数字化转型创新动力。在未来，补充性货币的发展（特别是虚拟型补充性货币）有利于逼迫商业银行进行改革，利用区块链、云计算等先进技术完善对客户的了解，通过了解参与者，加强与客户之间现存的社会关系网络的相互联系。

第九，补充性货币能促进商业银行拓宽金融服务对象的范围。当前，中小企业贷款难的问题，是中国乃至其他国家都可能面临的问题。但是，商业银行如果能专门开拓面向中小企业服务的补充性货币形式的信贷业务，将补充性货币的流通控制在商业银行和中小企业内部，既可以缓解中小企业的资金压力，也可以扩大商业银行的知名度和信誉度，还能培育和获取长期的潜在优质客户，也能将风险控制在特定的范围。

第十，通过补充性货币的发展，能使商业银行对于社区成员的信用体系有充分的了解，能够降低不良贷款率，并且能够创建足够的信任，系统可以跟踪用户之间的所有交易，形成去中心化的分布式信任。相比于商业银行，部分补充性货币（如加密货币）经常因其民主和透明度而出名。补充性货币能够在互联网上汇集并分享一些金融或计算机资源来创建完善的基础设施，这有利于建立与商业银行网络体系不同的、去中心化的诚信激励机制。通过更加民主的社区方式，能够让所有成员看到各种变化，更加促进了"去中心化"和"自发"地协调系统发展。

第十一，补充性货币对商业银行现有的支付体系也会产生积极的影响。从目前来看，补充性货币的支付体系远不能与现有的商业银行的支付体系相抗衡。但在特定范围内，如本地小型社区或某个网络社区，补充性货币就显示出了自身的支付便利性和快捷性。当然，这一方面的优势不仅取决于人们对它的普遍接受意愿，也得益于支付技术和手段的先进性。在未来，补充性货币的支付体系可能会对商业银行现有的支付体系产生巨大的替代效应。这种替代效应，既可以看作是商业银行所面临的挑战，也可以看作是一种机遇。这不仅可以促进商业银行与补充性货币合作，将补充性货币纳入商业银行经营的备选方案中，也可以促进商业银行进行自我革新，不断提升其经营理念、管理技术和竞争力，与时俱进。

综上，我们认为，补充性货币对商业银行的经营和发展，具有积极的促进作用。当然，补充性货币也会在一定程度上对商业银行带来风险。但是，商业银行只要能选择合适的补充性货币类型、合理运用补充性货币，就能有效规避风险，发挥补充性货币自身优势，为商业银行的进一步发展助力。

第三节　补充性货币与商业银行国际化的相关性

要研究补充性货币与商业银行国际化途径的相关性问题，必然要研究补充性货币与商业银行机构国际化途径、业务国际化途径这两方面的相关性。我们认为，补充性货币的合理运用，既能对传统的商业银行国际化途径（新建投资、跨国并购、拓展跨国金融业务、入股或建立战略性合作关系等附属途径）产生很大的积极影响，从而间接地提升中国国有银行机构国际化和业务国际化水平，又能作为一种独立的新途径，在中国"新常态"宏观经济环境和特殊国情的背景下，直接作用于中国国有商业银行的机构国际化和业务国际化水平。补充性货币可以分为实物形态和虚拟形态两类。其中，实物形态分为金属补充性货币、实体信用货币、实体社区货币三种；虚拟形态分为虚拟社区货币、信用支付手段（虚拟信用货币）和密码支付手段三种。按照补充性货币的发展全过程来看，社区货币仅仅是补充性货币发展进程中处于初级至中级发展阶段的过渡形态。而补充性货币的高级阶段乃至未来发展总趋势，是以密码学为理论支持，信用为基础，互联网为平台，高科技为手段，多元化智能加密支付系统为主体的独立交易媒介，并逐渐表现出法定货币完全不具有的优势和特征，有着无限的发展空间和潜力。正因为如此，随着补充性货币体系的不断完善，各国乃至全球的经济将发生重大的变革，这也注定了补充性货币会作为商业银行国际化新途径以及形成现代补充性货币监管途径的必然。

商业银行的国际化程度，我们可以用下列公式[1]表示：

$$Y = Y' = \frac{1}{3}\left(\frac{A_1}{A_0 + A_1} + \frac{B_1}{B_0 + B_1} + \frac{C_1}{C_0 + C_1}\right) \tag{5.1}$$

这里，Y表示企业国际化水平；Y'表示企业跨国化水平指数；A_0为企业国内资产量；A_1表示企业国外资产量；B_0表示企业国内销售量；B_1表示企业国外销售量；C_0表示企业国内雇员量；C_1表示企业国外雇员量。

经改进后，公式可以表达为

$$Y = 0.494\,5 \times A'_1/(A'_1 + A'_0) + 0.172\,2 \times B_1/(B_1 + B_0) \text{ [2]}$$

补充性货币与商业银行国际化的关系有许多方面表现：

一、直接相关性：补充性货币与商业银行国际化

补充性货币与商业银行的国际化有直接的相关性。而补充性货币与商业银行国际化的直接相关性，是通过补充性货币作用于商业银行业务国际化的途径表现出来的。因此，根据这种相关性，我们对补充性货币的监管不仅有了依据，而且能寻找到有效监管途径。

商业银行的业务国际化是商业银行国际化的最终目标，主要可以分为商业银行的信贷业务国际化和商业银行的中间业务国际化两类。信贷业务是商业银行的传统业务，商业银行作为金融中介的核心功能就是化解资金需求和供给双方的信息不对称问题。在东道国的信贷市场，外资银行不能识别企业的风险类型，而东道国银行可以通过关系型借款优先获得信息而占据优势。因此，商业银行在东道国信贷市场上存在着难以获取可靠信息和辨识力差的天生缺陷，这也成为商业银行信贷业务国际化发展过程中难以突破的主要问题。

商业银行的中间业务属于银行非利息收入的业务。银行作为中间人，凭借自己拥有的资源优势（如技术、人才、信息、信用等）负责帮助客户完成其委托的各项业务，并收取一定的服务手续费用。随着金融创新的飞速发展，商业银行国际化进程也不断加快，中间业务的跨国拓展成为国际化的重要目标和衡量标准。因此，商业银行的中间业务也发展迅速，所占比重逐年增大。中间业务主要分为金融服务类中间业务和表外中间业务两大类。金融服务类中间业务不影响银行的资产负债表变动，是银行为客户提供各项金融性服务而获得收入的业务，包括支付结算、信托、咨询、代理、经纪、基金托管、银行卡服务等。表外中间业务又称为或有债权、或有债务类中间业务，是指未被银行列入资产负债表，但在特定条件下会转化为表内资产业务和负债业务的经营活动，主要包括承诺业务、担保业务、金融衍生业务和投资银行业务四类。中间业务国际化存在的主要问题，主要有跨国中间业务的环节繁多、程序复杂、客户偏好不一、风险来源广泛（包括市场风险、信用风险、经营

① 注：此公式被称为"HX"公式。参见：蒋海曦. 中国国有商业银行国际化水平的国际比较：2008~2013 [J]. 当代经济研究, 2015 (12)：76-81.
② 具体公式推导过程参见：蒋海曦, 王明哲, 李天德. 商业银行国际化水平测算模型的改进与应用 [J]. 数量经济技术经济研究, 2019 (7)：137-155.

风险、外汇风险、操作风险、流动性风险、定价风险等）等。因此，在商业银行中间业务国际化的过程中，需要考虑到如何简化程序、统一标准、规避风险等问题。弄清楚补充性货币与商业银行国际化的直接相关性，才能更好地找到对补充性货币监管的最佳途径。

（一）补充性货币与商业银行信贷业务国际化

补充性货币的使用，可以直接作用于商业银行的业务国际化途径，解决商业银行信贷业务国际化的信息不对称问题和中间业务国际化的风险问题，特别是投资业务国际化的风险问题并实施监管。

由于信息不对称问题的影响，商业银行信贷业务国际化的顺利实施将会遇到很多障碍。首先，由于逆向选择问题的存在，商业银行在信贷业务国际化的过程中，外国优质客户的数量会逐渐减少，外国劣质客户的数量会逐渐增多，使商业银行的国际信贷风险进一步增加。由于距离、市场壁垒、政府保护等原因，商业银行对东道国的金融环境和市场供求情况并不太了解，为了避免出现过多的坏账情况，商业银行只能将其贷款利率提高到当地市场风险的平均值以上。然而，这种相对于其他东道国本土商业银行来说较高的贷款利率对信誉度较高、还款能力较强的优质借款人而言，难以接受。于是，不愿意承担本应该由劣质客户承担贷款风险成本的那部分优质客户将大量流失。相反，由于本身的信誉度较低、财务状况较差，劣质借款人很难从本国的商业银行贷款，当他们发现从他国商业银行能较容易贷款时，将大量涌入。这些劣质客户可能会采取谎报经营情况、隐瞒不利信息等手段，利用信息不对称问题的便利求得贷款。于是，商业银行的海外信贷业务最终将面临极大的经营危机，东道国劣质客户群的形成将进一步降低商业银行在东道国金融市场上的整体品牌形象和同行口碑，巨大的信贷风险也会使商业银行的经营成本剧增。

其次，商业银行在信贷业务国际化的过程中，遭遇不良贷款的概率更高。如上所述，商业银行发放贷款后，外国借款人将所贷资金用于自身业务的运营总过程。由于信息不对称的问题始终存在，商业银行尚未完全融入东道国当地的市场环境，无法通过当地的内部同业信息渠道掌握借贷者的真实情况，无法对贷出资金的流向和用途进行全面追踪。因此，劣质借款者就有了可乘之机，他们可能会随意篡改反映自身经营状况的会计报表，谎报、虚报、漏报经营数据和财务业绩，甚至将所贷得的款项用于金融市场的高风险投资和投机项目（如股票、房地产、民间高利贷等）。商业银行将承受由于劣质借款者滥用贷款所造成的风险和利益损失，从而造成商业银行资金周转不灵、经营成本上升等严重后果。此外，由于劣质借款者本来就存在信用不佳的问题，他们会更偏好将贷款用于最后的"赌博"，一旦投资失误，这些劣质客户中的绝大部分人将选择直接宣布破产或跑路，逃贷、欠贷、赖贷等现象将造成商业银行的坏账烂账激增，商业银行也很难挽回所贷借款的损失。为了减少这些现象的产生，商业银行只能收紧贷款的数量，提高放贷门槛，进一步提高贷款利率。但是，这又将加剧外国优质借贷者的减少，造成经营的恶性循环，进一步加大商业银行从事海外信贷业务的经营难度。

再次，商业银行在信贷业务国际化的过程中，内部控制难度加剧。为了降低商业银行的海外经营成本，提高商业银行的国际化水平，商业银行会增加海外员工（非本国国籍的外国人）的雇佣数量。为了尽快适应东道国的金融市场环境，商业银行会特别增加东道国本地员工的雇佣人数。商业银行在对外国客户进行放贷的过程中，信贷人员直接面对外国借款者，而这些信贷人员中的东道国本地员工人数更多。商业银行委托信贷人员直接进行信贷业务操作，信贷人员对借款人的信用评价、财务状况评估、借贷资质审核等操作具有较大的自由度和权限。这种权限的放任，将造成信贷人员寻租和腐败的滋长。此外，商业银行对这些信贷人员（东道国当地员工）的激励和约束机制尚不健全，信贷员工可能产生偷懒和抱怨情绪，在放款前对借款者的资信状况不做全面调查，随意放款。商业银行无法有效监测信贷员工的工作质量和情绪变化，在对内部人员尤其是东道国本地员工的管理和控制过程中，也存在严重的信息不对称问题。

此外，商业银行在信贷业务国际化的过程中，还可能由于信贷风险防范过度而产生负面影响。当面临信息不对称问题造成的诸多后果，商业银行也会采取一些防范措施规避信用风险，减少损失。但是，商业银行如果照搬自己在母国实施的风险防范制度（如分级、分离审批制度等"三查"制度）运用在东道国市场，可能造成"水土不服"的情况。过多的信贷防范制度，会造成信息传递链条过长、信息传送滞后、环节复杂、手续冗繁等负面影响，不仅严重降低信贷业务国际化的运行效率，还可能增加贷款风险。

然而，补充性货币的合理运用及监管，恰好能解决商业银行由于信息不对称而产生的诸多问题。首先，银行通过对补充性货币的监管，对于外国借款人提出的贷款要求，可以提供其东道国当地流行的补充性货币作为贷款。当地的主流补充性货币，能被当地公众普遍地接受和认可，能突破国家之间的各种人文和环境障碍，从而保证商业银行的信贷业务能在东道国顺利开展。当信誉好和信誉不好的两个外国借款人同时向商业银行借款，而商业银行经过审核无法区分其信誉度时，可以将等额的补充性货币作为贷款同时发放给两个借款人。当借款人获得补充性货币后，需要到其所在的东道国当地市场兑换成相应的法定货币。而当地的补充性货币兑换点能较好地了解这两个借款人的信誉度，也就可以根据其不同的信誉度，按照不同的兑换比率，将他们所持有的等额补充性货币兑换成不等额的法定货币。这样，商业银行面对外国借款人可能存在的潜在信用风险，就转嫁给了所在的东道国，从而降低了由于信息不对称问题可能造成的损失。同时，补充性货币与法定货币是不同的价值衡量体系，因此，外国借款人能将补充性货币兑换成多少当地的法定货币，以及商业银行需要向外国借款人收取多少利息补偿，都只需要根据当地金融市场对这种补充性货币的供求关系来确定，这相当于商业银行利用补充性货币在东道国市场上自发地形成了市场汇率和市场贷款利率，进一步降低了信息不对称的风险性。综上，补充性货币的监管具有许多优越性。

其一，补充性货币能解决商业银行信贷业务国际化中的信息不对称问题。信息不对称问题是商业银行信贷业务中的最主要问题，在商业银行信贷业务国际化的过程中，这一问题更为凸显。信息不对称问题在商业银行信贷业务中体现为向银行借款者故意隐瞒对自己的不利信息，只给银行提供有利于贷款的信息，从而扰乱银行的放款决策。由于存在业务量繁重、人手不足、逆向选择及道德风险等问题，作为提供金融服务的银行无法保证完全精准地掌控所有贷款申请人的财务和资信状况等信息，一直处于信息缺失的劣势地位。信息不对称的问题在商业银行从事海外信贷金融服务时，表现得更为突出。不同国家之间本身就存在着政治、经济、文化、习俗、宗教、道德、价值观、意识形态等方面的较大差异，再加上民族偏见、排外性心理等不可控因素的影响，外国借款人更有可能无意或有意地传递出不正确的信息，直接影响商业银行进行海外信贷业务的效率，从而阻碍信贷业务国际化的进程和国际化战略决策的实施。而补充性货币监管可以弱化这类信息不对称问题。

其二，通过监管使补充性货币合理使用，可以降低商业银行信贷业务国际化中产生的不良贷款率。首先，外国借款人向商业银行贷款，商业银行可以将自己银行发行的补充性货币（如花旗券等）作为贷款发放给外国借款人，也可以发放借款人所在的东道国当地主流的补充性货币。外国借款人所贷的资金并不是法定货币，而是特定的补充性货币。由于补充性货币在一般情况下不会发挥储藏手段职能，外国借款人也不会恶意拖欠贷款。同时，当借款人得到商业银行发放的补充性货币后，需要在东道国当地兑换成法定货币再使用，当地的东道国银行也可以根据借款人的信誉和运营状况，进行二次审核，从而决定是否将借款人所持有的补充性货币兑换成法定货币，这样可以进一步降低不良贷款率。此外，当前的补充性货币逐渐走向虚拟形态的高级发展阶段，开始运用区块链等高科技作为其迅速发展的强大支持力。从本质上来看，区块链就是一串建立在密码学理论基础之上的签名链。区块链能详细记录每笔交易，具有很强的数据可追踪性，这对补充性货币的迅速扩张和发展具有变革性的意义。如果要试图重写或者修改交易记录，将花费很高的成本，而且也是相当困难的。因此，在区块链技术的支持下，商业银行对于贷出的每一笔补充性货币都能清晰地查明其流向和用途，外国借款人很难将贷款的交易记录修改和伪造。因此，补充性货币的使用，将为商业银行的信贷业务国际化提供有力的安全保障。

其三，通过监管使补充性货币合理使用，能激发"鲢鱼效应"，引入银行业内部的竞争机制，增加内部人员的危机意识，以解决商业银行在进行信贷业务国际化过程中存在的内部人员道德风险和懒惰的问题，从而直接降低商业银行信贷内控的难度和经营成本。由于补充性货币本身大量存在于东道国的社区，社区可以替代商业银行在海外的分支机构，执行海外分支机构的银行功能，且社区里的工作人员也可以替代商业银行海外分支机构内部的工作人员。这样，实际上就相当于商业银行的海外工作人员数量大幅度削减。此外，虚拟形态补充性货币的产生，本身也会降低海外分支机构的数量，从而减少海外分支机构人员的数量。人员的减少，自然能解决严重的内部失控问题。同时，由于补充性货币的一大特征即为信用互助货币，在社区内部的所有参与者会自觉遵守补充性货币的流通和使用规则，故也不会存在太严重的道德风险和懒惰问题。另外，信用互助货币在较大范围内流通和使用，能营造出一个互帮互助、和谐友爱、团结合作的社会氛围，经济参与主体的凝聚力和工作效率的提高，也能为金融市场创造更多的价值和效用。

其四，通过监管使补充性货币合理运用，能简化商业银行为降低信贷业务国际化风险而制定的繁冗的防范制度。如前所述，补充性货币可以较好地解决商业银行在信贷业务国际化过程中由于信息不对称而产生的问题。因此，商业银行也就无须制定复杂的流程和审核制度来防范风险了。过度复杂而繁琐的审核流程和信息传递链，有时不但不能起到降低信贷业务国际化风险的作用，还会进一步降低商业银行信贷业务国际化的工作效率，并影响国外贷款客户的情绪，适得其反。补充性货币的出现，直接有效地解决了以上问题，并且简化了商业银行的业务办理流程，具有很好地降低操作风险及其他各类风险、具有吸引客户的效果。

综上，补充性货币的使用推广及监管，能有效提升商业银行信贷业务的国际化水平，促进商业银行国际化的整体进程，而中国商业银行信贷业务国际化，又可以成为监管补充性货币的一条重要途径。

（二）补充性货币与商业银行中间业务国际化

补充性货币与商业银行中间业务国际化也有直接相关性，因而商业银行中间业务的国际化可以成为监管补充性货币的另一条途径。

根据《巴塞尔协议》的规定，商业银行的中间业务主要涉及客户资产管理、贷款承诺服务、担保业务和金融工具创新业务四大类。目前，中国商业银行的中间业务主要包括支付结算业务、担保业务、代理业务、交易业务、承诺业务、咨询业务、银行卡业务以及基金托管业务等。因此，商业银行中间业务国际化的主要障碍就是风险问题，而风险的来源主要存在于金融投资、业务竞争和金融创新等相关领域。

当前商业银行中间业务的国际化存在若干具体障碍，利用补充性货币并对其监管，既可保证商业银行国际化的顺利实施，又可以实现补充性货币监管途径的开拓和利用。

首先，商业银行中间业务国际化的风险测算难度较高。商业银行的海外中间业务主要集中在金融投资和创新方面，业务内容纷繁复杂，因此风险的种类也较多，主要包含了投资风险、管理风险、经营风险、战略风险、外汇风险、利率风险、市场风险、信用风险、操作风险、流动性风险、法律风险及国家风险等。这些风险互相作用，共同形成了影响商业银行中间业务国际化的主要阻力。因此，在多种风险因素的综合影响下，金融市场将以扭曲的形态呈现，商业银行很难准确衡量和测算中间业务国际化的风险程度。同时，由于不同国家的政策、制度、市场环境等因素存在较大差异，商业银行也无法直接套用母国的中间业务风险评估方法去测算东道国市场存在的风险。此外，商业银行为了扩大海外市场，迎合海外客户的需求，会不断创造新型的金融工具和金融衍生产品，其单笔业务量虽小但种类繁多，外国金融市场与国内金融市场的宏观环境也存在较大差异，这些因素将使中间业务国际化的风险进一步增大。商业银行中金融工具的交易有着明显的集中化趋势，再加上中间业务的高杠杆带来的不确定性，盈利的可能和亏损的风险同在。在对外国市场的信息无法完全掌控的情况下，商业银行推广金融产品的效果不得而知，任何冒进的决策和行动都可能造成巨大的风险和损失。同时，外国市场的风险衡量标准和母国市场的标准本身也存在差异，这又进一步加大了商业银行对风险评估和测算的难度。

　　其次，商业银行中间业务国际化的信息透明度较差。随着商业银行对中间业务内容的不断创新，中间业务国际化的经营和管理工作也增加了更多不可控因素。由于中间业务国际化中的许多具体业务内容在资产负债表上不能很好地体现，外国对资产的评估方法与国内存在较大差异，商业银行对外国市场的各类信息无法完全掌握，会造成商业银行的管理人员对中间业务潜伏的风险做出错误的判断和解析。商业银行在海外的中间业务大部分内容都与信用、投资、金融工具交易有关，这些业务内容本身也存在着商业私密性和潜在竞争，信息的传递更加不畅。因此，在这些不确定因素的干扰下，商业银行在海外经营的中间业务的风险性会加大，从而造成实际收益与预期收益差距较大的现象。这会挫伤商业银行继续在海外扩展中间业务的积极性和创新动力，为商业银行中间业务国际化乃至全面国际化造成阻碍。

　　然而，补充性货币的合理运用和监管，能较好地解决商业银行中间业务国际化的风险问题。

　　首先，补充性货币可以帮助商业银行较准确地衡量中间业务国际化的风险程度。目前，商业银行在不断创造新型的金融工具和金融衍生产品。如前所述，我们认为金融工具和金融衍生产品都属于补充性货币，而这些金融工具和金融衍生产品直接与法定货币挂钩，以法定货币价值为锚，属于低级或中级发展阶段的虚拟形态补充性货币。因此，本研究认为，要想有效降低商业银行中间业务国际化的风险，最重要的关键点在于创造更先进的补充性货币作为商业银行中间业务国际化的金融工具和金融衍生产品，从而脱离法定货币的价值标准，达到降低金融风险的目的。由于不同国家所使用的法定货币不同，如果商业银行使用以法定货币为锚的金融工具进行中间业务国际化，必然存在在海外市场上由于不同法定货币之间的转换而产生的风险。因此，商业银行如果能发行有着独立价值衡量体系的补充性货币作为金融工具，这些金融工具在从事中间业务国际化的过程中，就可以突破国家间的界限和障碍，形成具有统一价值尺度和风险衡量标准的金融产品和业务，从而降低中间业务国际化过程中的诸多风险。

　　其次，补充性货币的合理运用和监管，也能较好地解决中间业务国际化的信息透明度差的问题。如果商业银行能够发行具有独立价值尺度的补充性货币，这些补充性货币被作为金融工具和金融衍生品在海外市场流通，就会形成统一的价值评估标准和评估方法，自然也就能保障中间业务交易信息通过补充性货币这种媒介在海外市场和商业银行间自由地传递和流动。因此，具有独立价值尺度的补充性货币的使用和推广，是打破商业银行间的地域壁垒、行政壁垒、行业壁垒和中间业务操作"黑箱"、有效解决商业银行中间业务国际化过程中信息不对称问题的关键。

　　此外，补充性货币的合理运用和监管，还能提高商业银行中间业务的办理效率，整合监管过程中必须使用的资源，降低监管成本，发挥综合效能，突破子类业务间的界限和壁垒，从而有效提升监管效果。商业银行业务国际化的实施过程，是在传统的外汇存、贷、汇和结算业务的基础上，进一步扩展国际信托和委托、国际租赁、银团贷款、涉外保险、外汇买卖与国际投资等业务。以涉外保险为例，代理保险业务是商业银行的一项重要的中间业务。长期以来，商业银行作为保险代理业务的重要渠道，在保险业发展的不同阶段，发挥了重要作用。在商业银行中间业务国际化的过程中，跨国代理保险业务存在新的困难。主要表现在：第一，各国的保险业务的细分种类和受理标准、规章制度迥异；第二，由于不同国家民众的宗教、信仰、消费意识、偏好、发展状况、生活水平等方面的差异都很大；第三，各国投保客户对保险的重视程度和理解角度也不同，对不熟悉的商业银行和保险类别一般都持有怀疑态度，始终倾向于向本国的保险公司和银行购买保险等。综合上述种种原因，不难看出商业银行要推进跨国保险代理业务来扩大市场份额，国外市场较难突破。但是，补充性货币的使用，可能改善现有的困境。商业银行可通过运用补充性货币从而加速其国际化的过程予以克服。第一，如果中国商业银行愿意接受某东道国承认并使用的某种补充性货币作为东道国某企业向其购买保险服务的保险费用，东道国企业则可能或更愿意向中国商业银行购买保险。这是因为他们相当于用补充性货币进口了中国的某种服务商品，不需要将自己手里原有的东道国法定货币或人民币购买保险，这样使东道国企业降低外汇风险的损失，降低成本且提供了变相融资的可能性和现实性。而对中国的商业银行而言，无形地增大了代理保险的业务规模，获得更多的融资渠道，且进一步提升了业务国际化水平，也为对外来的补充性货币的掌控和监管提供了基础。当然，这要以补充性货币的局部性信誉作保证。第二，如果中国企业运用中国承认的部分补充性货币购买国内商业银行的代理保险服务，则为中国企业的融资增加了渠道，也为中国商业银行掌控国内补充性货币的发展情况提供了基础。同时，中国商业银行还可以将现有补充性货币与他国法定货币或补充性货币兑换，从而增大自己的经营业务规模，提升业务国际化水平。第三，即便某些国家暂时不承认补充性货币充当流通手段的情况下，东道国某企业也能通过使用补充性货币购买中国商业银行提供的代理保险业务。中国商业银行再将补充性货币与允许流通补充性货币的国家进行兑换，这样既可以避开东道国政府因为地方保护主义为中国商业银行开拓跨国代理保险业务造成阻碍的壁垒，又能够扩大自己的业务范围和规模，吸引东道国有意愿购买代理保险业务但之前受到东道国家限制的企业客户，从而提高自身的业务国际化水平。第四，尽管当前中国政府不承认部分补充性货币（如比特币等代币）的合法性，但从发展趋势来看，补充性货币在全球扩张是历史的发展趋势，这可以从不少国家坚持承认并使用比特币这类具有争议的补充性货币、越来越多的包括中国在内的国家积极研发数字货币的实践中得到证明。所以中国商业银行在海外拓展代理保险业务，即使允许国内外企业使用补充性货币购买其保险服务，也对大局无碍，且还能作为中国商业银行利用补充性货币提高业务国际化水平的一种新尝试，也为补充性货币在中国的监管和运用提供一种可能的途径。但以上实践的推行，必须以补充性货币具有可靠的局部性信誉为前提。

特别需要注意的是，上述四种情况均能达到补充性货币从无中心化过渡到虚拟中心（诸如发行补充性货币的企业、社区以及中国商业银行等机构），再最终上升到国家层面的中心化，从而实现对其监管的高效性和有效性，这是对补充性货币进行监管的实现机理。尤其是当代中国已实行银保结合的金融监管体制，这对于中国商业银行运用补充性货币提升国际化水平，同时又能对补充性货币的风险进行监管，提供了体制政策方面的保障。

二、间接相关性：补充性货币与商业银行国际化

综上，补充性货币能有效降低商业银行在中间业务国际化过程中存在的风险，解决中间业务国际化过程中的问题，从而全面提升商业银行的国际化水平。当然，反过来，我们通过监管商业银行的国际化水平，也能对补充性货币进行有效监管。

补充性货币与商业银行的国际化还有间接的相关性。这是因为传统的商业银行国际化途径可以分为商业银行机构国际化途径和商业银行业务国际化途径两类。而补充性货币的合理运用，能分别为商业银行的机构国际化和业务国际化带来积极影响。如前所述，商业银行机构国际化途径的具体内容，主要有新建投资途径、跨国并购途径及附属途径三类。补充性货币能对商业银行机构国际化的这三种具体途径产生影响，强化这三种具体途径对商业银行机构国际化的正向效应，从而间接地提升商业银行机构的国际化水平。因此，补充性货币与商业银行机构国际化途径有着间接的相关性。这也成为我们通过商业银行的国际化进行监管补充性货币的依据。

（一）补充性货币与新建投资

如前所述，新建投资途径主要应用于商业银行国际化的初级阶段。新建投资途径的显著优点是商业银行可以拥有较大的海外经营自主权和灵活性，能不受干扰地独立决策和制定国际化战略布局，如自主选择符合其战略目标的海外机构规模、机构设置区位、机构新建数量等。同时，商业银行可以长期保持其海外经营和管理的主导优势，商业机密和知识产权不会外溢。

新建投资途径存在的主要问题在于：

首先，商业银行通过新建投资的方式进入东道国，受到东道国法律法规、政策制度的约束。东道国监管当局对外资银行的进入都会给予较严格的管制，制定较多的限制措施。因此，商业银行能够通过新建投资途径在东道国经营的业务范围有限，商业银行的市场进入门槛和成本较高。

其次，商业银行在实施新建投资途径之前，需要进行大量的前期筹建和准备工作，这会花费大量的时间、资金、人力、物力和各种其他资源，这对商业银行本身的资本实力、经营实力、管理实力及综合实力都是较大的挑战，对海外业务的经营经验要求也较高。此外，商业银行在海外新建机构的筹备和组织工作也相当繁杂，如新建投资的可行性论证、具体实施方案规划、选址、经费预算、许可证申请、设施设备采购、员工选用、新建机构后期宣传等。这些工作，对于尚未熟悉东道国市场情况的商业银行来说，每一个步骤的进行要克服重重困难。

再次，新建投资过程中和过程后，商业银行需要完全承担投资风险，如出现市场定位、品牌定位的失误或者投资资源的浪费，特别是在海外设立大型分支机构更是如此。一般来说，新建投资途径的风险大小与商业银行耗费在新建机构上的时间长短成正比。这是因为，新建投资的前期投入资金较大，商业银行无法在短期内获得收益回报，如果国际市场或东道国市场的市场环境因某些特殊原因发生重大变化，会对商业银行的新建投资带来很大的风险。

199

同时，商业银行采用新建投资途径，则无法利用东道国银行现有的经营网络、客户信息等各种资源。当进入一个陌生的金融环境，商业银行将面临与母国完全不同的法律制度、政策规则和市场氛围，新建投资的海外分支机构也很难利用母国的国内资源开拓当地市场。资源整合难度高，会直接导致分支机构与母国的协同效应低下，技术人员和管理人才在长时期内都会短缺，因此商业银行无法迅速占领当地的金融市场。

另外，商业银行采用新建投资途径在海外建立分支机构的耗时较长，建成后到开始经营并盈利的进度较慢，整体过程的建设周期长，投资收益回收较慢。因此，投资后在很长一段时间内都要持续投资不能间断，也无法运用杠杆效应，投资的持续成本、沉没成本、固定成本及隐性成本都较高。

除此之外，新建投资途径还存在着一个无法忽略的问题，即新建的海外分支机构在投资后的经营过程中，会长期面临母国和东道国之间存在的人文冲突，如经营理念、管理方式、文化习俗、宗教信仰、道德等，海外分支机构与东道国的这些人文冲突，将长期存在且很难达成一致，这也将成为新建投资途径顺利实施的巨大障碍。因此，海外分支机构很难迅速适应当地的金融市场，难以被当地消费者接受和认可，甚至会遭到同业的排挤和打压，生存困难。

然而，补充性货币的合理利用和监管，将在很大程度上帮助商业银行在新建投资的过程中和过程后克服以上的困难，提高新建投资途径提升商业银行机构国际化水平的效率。

首先，商业银行在新建投资的过程中，可以着力新建补充性货币海外分支机构（实物或虚拟形态）。这些补充性货币海外分支机构可以在传统意义上的子银行或分行的基础上，专门独立开辟一个经营补充性货币业务的部门；但更应该致力于专门设置一种以补充性货币为核心的组织形式（可称为"补充性货币海外银行"），要有独立的法人实体，其经营业务不受相关法律限制，专门为东道国国家提供金融服务。补充性货币海外分支机构的主要作用，即是作为母国和东道国进行业务往来的沟通桥梁，间接性规避新建投资途径存在的自然或人文壁垒，使东道国金融市场能较快地接受和容纳商业银行的海外分支机构。

其次，商业银行在新建投资的过程中，可以大力新建设置补充性货币兑换网点（物理网点或虚拟网点），用于方便吸纳东道国使用较为广泛的补充性货币或者发行母国使用较为广泛的补充性货币，并将这些吸纳或发行的补充性货币汇总到所谓的"补充性货币海外银行"进行统一管理和运营。通过对这些补充性货币的发行与兑换，逐渐与东道国消费者建立稳定的客户关系，获取东道国客户的信任，从而使商业银行顺利进入东道国市场。

更为重要的是，商业银行在新建投资的过程中，可以充分利用补充性货币的特点和优势，根据东道国现有银行的区位布局，利用区块链技术，着力新建补充性货币线上和线下营销模式，努力营造与东道国的合作互助关系，建立以高信用度为基础的商业银行新型经营理念，从而增加商业银行进入东道国市场的成功砝码。

最后，有计划、有针对性地配合补充性货币的发行，大力进行商业银行海外分支机构的宣传工作，利用补充性货币所在的高科技网络平台，实现商业银行的商誉、品牌、知名度等无形资产的大规模推广。这种利用补充性货币作为工具进行宣传和推广的方法，将花费很小的成本，获得很大的影响力和良好的效果。

针对商业银行新建投资存在的问题，补充性货币监管具体的积极影响在于：

第一，补充性货币的合理运用及监管，可以较好地解决商业银行通过新建投资途径进入东道国市场的门槛较高及进入风险的问题。东道国对进入本国的外资银行通常会设置若干约束条件或法律限制，主要是为了防止大量外国法定货币涌入本国金融市场，对本国金融业产生巨大冲击，威胁本国金融机构的生存和发展。同时，大量外来法定货币的流入，也会加大东道国政府利用货币政策宏观调控本国经济的难度。然而，商业银行如果直接在东道国市场上建立以补充性货币交易为核心的分支机构，以自己的名义发行类似于"银行券"的补充性货币，或者以东道国已有的影响较大的补充性货币作为交易媒介开展部分海外金融业务，就可以避开东道国对外资银行设置的若干限制条件，迅速进入东道国市场。

这是因为，补充性货币的使用，能降低甚至打消东道国政府对外资银行采用新建投资途径会带来威胁的顾虑。首先，补充性货币本身不会产生利息，它建立在发行者的信用基础之上，发行的数量和规模容易控制，也不会因为其在金融市场上的流通而造成通货膨胀问题。相反，补充性货币的运用和推广，特别是以东道国的地区政府或机构的信用为基础所发行的补充性货币的使用和流通，还可能成为抑制通货膨胀，帮助东道国政府进行宏观调控的有效工具。此外，补充性货币的种类和表现形式很多，使用的方式灵活多样，互联网平台及区块链技术的支持也大大扩展了补充性货币的适用范围，东道国无法制定出限制商业银行利用补充性货币在互联网平台和区块链技术支持下经营跨国业务的硬性法律，还会鼓励以补充性货币为交易媒介的这种新型商业银行分支机构和经营模式的建立，从而间接地降低了商业银行进入东道国的门槛。

第二，补充性货币的合理运用及监管，可以解决商业银行采用新建投资途径需要进行大量前期筹备和组织工作的问题，并避免补充性货币对前期组织的冲击。补充性货币的一个最重要的特性，就是处于高级发展阶段的补充性货币，能以区块链技术为支撑，突破单纯新建物理形态的中心机构（如海外银行分支机构）来传递价值的局限。以补充性货币为传递价值对象的区块链技术的出现，实现了从传递信息的信息互联网向传递价值的价值互联网的进化，为商业银行进入东道国提供了一种新的更具有效率和效果的信任创造机制。区块链将交易的数据加密签名后存在在区块内部，所有拥有权限的使用者都可以随时查阅补充性货币的所有交易信息。这种公开透明的分布式账簿系统，将省去大部分新建投资途径所需的前期筹备和组织工作，商业银行只需要在实施新建投资途径之前，确保完成补充性货币的虚拟网络交易平台和区块链系统的构建工作，就可以运用高级形态的补充性货币着手开拓海外市场。

由此可见，补充性货币与互联网平台、区块链技术紧密结合，可以创造出新型商业银行经营模式，促进区块链上的金融共享和金融资源优化配置。这种新型的经营模式，可以极大地降低传统的新建投资过程中所需的前期筹备和组织工作，降低沉没成本、隐性成本和潜在成本。于是，新建投资途径的工作重心不再是修建海外分支机构，而是应该着力新建并完善以补充性货币为核心的去中心化的数字交易平台系统及相应的配套设施（包括软硬件、网点等），从而实现商业银行在东道国市场上低成本、无障碍、自由自主地从事跨国经营和交易。同时，商业银行还应该扩大以补充性货币为核心的区块链技术的应用范围，将商业银行的海外经营业务领域进一步扩展，完善补充性货币在东道国金融市场的兑换和流通规则，建立智能型合约。此外，商业银行还可以利用补充性货币在区块链中的各种资源，将自身的经营业务扩展到东道国乃至全球的各个领域，真正树立起互信互利、资源共享、信息透明的国际化品牌形象。

第三，补充性货币的合理运用及监管，可以解决商业银行新建投资过程中和过程后存在较大投资风险的问题。商业银行运用补充性货币，既可以在东道国投资新建有经营补充性货币的独立部门的分行或子银行，也可以只投资新建"补充性货币海外银行"，或设立若干补充性货币的经营网点或小型的办理处，甚至只需要投资新建虚拟的补充性货币交易平台和区块链系统。至于新建什么类型的机构，商业银行完全可以根据自身的资金情况或实际需要来决定，只要保证补充性货币能正常运行，商业银行通过新建投资途径实现国际化的效果就能显现。这样一来，商业银行投入的资金和承受的风险都会大大降低。此外，由于补充性货币本身可以由商业银行发行，也可以是东道国现有的，所以补充性货币的投入成本也较低。除了发行成本外，投资风险较之传统的新建投资风险几乎微不足道。目前，补充性货币可能存在的风险仅仅是区块链技术的加密算法的安全性问题，但随着区块链技术的不断进步，加密算法在时间戳 time stamp（一种数字加密签名技术）和智能资产的运用和支持下，已经越来越完善。区块链技术的自我改良，会提高系统的私密性、安全性、可追责性，极大地降低系统的信任风险和欺诈风险。因此，补充性货币的使用风险随着区块链技术的完善也可以基本忽略不计。

第四，补充性货币的合理运用及监管，可以解决新建投资途径无法利用东道国银行和母国银行现有资源的问题并保证资源利用的安全性。首先，补充性货币能在全球范围内流动，且形式多种多样，对金融市场有着重大的影响和作用。因此，国家政府也不会通过极端的强制手段对补充性货币进行完全的隔离和控制。补充性货币的表现形态各异，流通渠道无处不在，无论是实物形态还是虚拟形态，补充性货币的存在和发展都能促进全球金融市场的蓬勃发展和不断创新。随着补充性货币与区块链技术的紧密结合，虚拟形态的补充性货币已经实现了金融资源的全球共享，它的存在能减少金融信息的不对称问题，促进全球范围内资源的优化配置，使全球范围内的价值和信息都能自由、高效地流动。因此，补充性货币的运用，也可以突破国家的界限，将东道国银行和母国银行的现有资源进行高效整合，从而产生巨大的协同效应。

第五，补充性货币的合理运用及监管，可以解决新建投资途径建设周期长、投资收益回收慢的问题并回避相关风险。传统的新建投资途径之所以存在建设周期长的缺陷，主要是因为投入的资金、人力和物力等资源被大量用在了建设海外分支机构本身上。而补充性货币的使用和推广，将新建投资的工作方向和建设重点转移到了补充性货币的发行、推广、平台搭建、技术完善等方面，而这些投入所耗费的投资建设周期相对较短，且一旦完成，能很快获得收益，且获得收益的持续时间较长，一劳永逸。同时，补充性货币正处于向高级阶段发展的黄金时期。特别是与高科技密切结合之后，补充性货币展现出了不可思议的巨大发展潜力，对各国的经济都产生了很大的影响。因此，各国都对补充性货币的发展给予出了高度的关注。可以说，补充性货币在未来的发展前景充满着无数可能性，未来的价值更是无法估量。因此，如果商业银行能在自身的国际化战略中充分运用补充性货币，将会有着无限的发展潜力。

第六，补充性货币的合理运用及监管，可以解决采用新建投资途径后长期面临的母国与东道国之间的人文冲突问题并回避因冲突带来的风险。商业银行在进入东道国市场时，可以选择东道国现有的补充性货币作为交易媒介，并根据东道国客户的习俗、价值观、文化理念等人文偏好，设计一些宣传广告，投其所好，从而逐渐引导消费者接纳自己。如果商业银行选择自己发行补充性货币，则可以在发行的补充性货币上适当地加上符合东道国国家文化审美和思维理念的宣传性广告、标志、LOGO或金融产品介绍，或者进行一些品牌推广活动，直接引导东道国客户加深对商业银行的正面品牌印象和好感度，树立良好的口碑和形象，加强与东道国文化的融合。此外，以补充性货币为核心的区块链技术和互联网平台，本身就能简化交易流程和业务手续，强化东道国客户对补充性货币的信任体系，提升商业银行的国际化业务经营效率，避免国家之间的人文冲突。

归纳上述内容，我们可以认为，商业银行通过新建投资途径提升的国际化水平 Y_1、受准入门槛 x_1、协同效应 x_2、扩张速度 x_3、投入成本 x_4、业务范围 x_5、杠杆效应 x_6 和风险程度 x_7 的共同作用和影响，所以有如下公式：

$$y_1 = \sum_{i=1}^{7} f_{1,i}(x_i) \tag{5.2}$$

综上，补充性货币对新建投资途径有着积极的影响，可以提高新建投资对商业银行国际化的作用效率，与商业银行国际化水平的提高具有间接相关性。这也是监管补充性货币的另一个依据。

(二) 补充性货币与跨国并购

补充性货币与商业银行的跨国并购也有间接相关性，这种相关性成为我们利用跨国并购这种国际化途径对补充性货币进行监管的重要依据。如前所述，跨国并购包括跨国收购和跨国兼并两方面的内容。实施跨国并购途径进行国际化的商业银行，一般都具有很强的经济实力和丰富的国际化经验。商业银行通过直接购入目标银行的所有资产或一定数量的股权，将目标银行转化为自己的附属或联属机构，就能完成并购活动。

目前，跨国并购途径已经成为众多跨国商业银行国际化过程中普遍采用的主要途径，是进入国际市场最便捷、最有效的方式之一，是实现规模经济、推动盈利持

203

续增长的主要手段，这是因为它具有较多的优点。

首先，跨国并购途径有利于商业银行迅速进入东道国目标市场。商业银行直接并购东道国本土银行或东道国外资银行，能使商业银行在利用自身资源的基础上，整合被并购银行的原有资源（如客户群、人才库、设施设备、品牌等）和经营管理经验（如组织框架、经营理念、文化、管理制度等），低成本、高效率地直接进入东道国市场。由于商业银行并购的是东道国本土银行，东道国本土银行非常熟悉当地市场的所有情况，也能让商业银行在跨国经营过程中少走弯路，避免投资开发出现路线方针的失误或者投资的损失，迅速被当地消费者接受和认可。同时，跨国并购途径也不需要花费太多的成本来新建机构和投入软硬件设施，能进一步加快商业银行的国际化进程。

第二，跨国并购途径能绕开一些国家为外资银行进入本国市场所设置的人为限制和约束。一些国家为了保护本地金融行业不受到他国商业银行或金融机构的冲击，会实施一些地方保护政策，提高外资商业银行进驻本国的门槛，并对这些外资银行的经营业务进行严格限制。在这样的情况下，商业银行采取新建投资途径进入该国市场就比较困难。

然而，通过跨国并购途径商业银行可以直接将东道国的本土银行转化为自己附属的子银行。子银行拥有独立的法人资格，且可以超出母银行原有的经营范围独立地开展各项金融业务，因此子银行可以拥有更大的自主权选择自己认为适合东道国市场的经营方式和业务范围。同时，子银行非常熟悉当地市场的需求，能保证经营业务的顺利进行。这样一来，商业银行很容易通过对子银行的直接管理和控制，实现突破东道国市场壁垒，加速国际化进程的目标。

第三，跨国并购途径能使商业银行获得杠杆效应，从而减少国际化过程中的投入成本。由于商业银行要实现跨国并购，可以直接购买目标银行的所有资产，也可以通过控股的方式获得目标公司的控制权和经营权；因此，如果商业银行的资本充足率超过10%，则只需要拥有目标公司20%的股权就可以拥有目标公司的控制权，其杠杆效应高达1：50。此外，如果被并购的目标银行遭遇到经营风险发生了亏损，商业银行也只需要承担在自身持股比例内的损失即可。由此可见，跨国并购途径产生的杠杆效应，既能大幅度减少商业银行国际化的实际投入成本，也能降低商业银行的跨国经营风险。

第四，跨国并购途径能促进商业银行与被并购银行的优势互补。商业银行在顺利实施跨国并购之后，会与被并购的目标银行进行重组和整合，将两者的优势结合起来，实现强强联合，以发挥更大的协同效应，获得更大的收益。同时，商业银行还能和被并购银行实现优势互补，在业务、区域、品牌、财务、创新、市场等方面互相取长补短，以充分挖掘未来的发展潜力。优势互补能为商业银行的跨国经营带来很多益处，如分散区域风险、激发创新动力、扩大品牌影响、实现合理避税、提升市场股价、增强综合实力等。这些益处，对商业银行国际化的顺利发展，有着不可估量的推动作用。

当然，跨国并购途径也存在着显著的缺点：

第一，东道国监管当局针对外资银行的跨国并购活动也会设定一些限制，如并购的对象、区域、手续、流程、股权比例等。事实上，跨国并购途径对于资金实力雄厚的商业银行来讲，无疑是进入东道国市场的较好方式，但对东道国的本土银行业来说却是很大的威胁，带来更大的竞争压力和冲击。因此，很多国家实施的金融及法律政策都不鼓励外国银行通过跨国并购途径获得本国银行的所有权。它们也会为针对外国商业银行的跨国并购活动设置较多障碍，以保护本土金融业的稳定秩序。

第二，跨国并购途径的具体操作流程比较复杂，商业银行要通过跨国并购途径实现国际化，需要办理若干繁复的手续，如并购前对东道国银行的资产进行准确评估（包括有形资产和无形资产的调查、界定、可靠性等）。同时，由于东道国市场对于外国银行本身就具有排斥心理，商业银行要通过外国金融市场收集到目标银行的准确信息困难重重（如信息渠道少、信息可靠性差、无形资产评估困难等）。此外，不同国家的跨国并购办理程序存在差异，如果事先不做好安排和准备工作，可能会出现失误或者耗时较长的情况。

第三，在商业银行实施跨国并购的过程中，对东道国目标银行一般都是溢价收购。为了尽快吸引东道国目标银行的关注度，展示自身的资金实力，确保跨国并购的成功，促进跨国并购的进程，商业银行会在对东道国目标银行进行资产评估后，适当地提高收购的价格，以表示收购的决心和诚意。同时，在与东道国目标银行进行并购谈判的过程中，目标银行可能会运用谈判策略，竭力将并购的价格抬得更高。因此，在双方的共同推动下，跨国并购都会以溢价收购作为结局。而溢价收购无疑会增加商业银行的资金压力，使商业银行在并购后的跨国经营中出现资金周转不灵的可能性。

第四，商业银行顺利完成跨国并购的失败概率较大。究其原因，其一，在跨国并购的过程中，东道国的目标银行可能因为很多原因（如为了避税或逃避法律责任而伪造财务报表、掩盖商业机密等）提供相关的虚假信息，从而扰乱商业银行的并购计划，甚至故意引导商业银行在并购中制定出错误的战略决策。其二，由于国别，不同的国家可能会采用不同的会计准则和核算体系，跨国并购的评估标准和规则可能出现较大偏差，这也会影响到跨国并购的进度，增加跨国并购的难度。其三，跨国并购总是会涉及外汇风险，东道国目标银行会在商谈并购金额时加入外汇汇率变动的可能比例。另外，在跨国并购的过程中，商业银行本身的管理体系要与东道国目标银行的管理体系进行融合，形成全新的一套兼容的管理体系。然而，这个过程不是一蹴而就的，会存在很多人为的不和谐因素的干扰（如经营思想和理念差异、文化冲突、宗教信仰、思维方式等），导致管理体制整合难度大。

然而，补充性货币的合理利用及监管，将在很大程度上帮助商业银行在跨国并购的过程中和过程后克服以上的困难，提高跨国并购途径提升商业银行机构国际化水平的效率。

首先，促进和保护国际化共生循环生态链系统。商业银行的国际化与母国企业的国际化是一种共生关系，在跨国并购活动中，这一点尤为突出。母国企业的跨国并购活动，使自身的国际化程度提高，也会为商业银行带来更多的商机，激励商业银行提供与之匹配的金融服务、建立全球化经营服务体系，从而提高商业银行的国际化水平。反之，商业银行国际化程度的加深，也会为企业国际化奠定更好的资金基础。补充性货币的运用，能使母国企业在跨国并购的过程中，突破国界的限制和各种外界因素的干扰，顺利实现跨国并购。因而，商业银行在并购东道国目标银行的同时，可以激励与自己有密切合作关系的母国企业并购东道国当地的一些知名企业，或者与东道国当地使用补充性货币较多的社区达成合作关系，率先鼓励母国企业使用东道国当地的补充性货币或者自己发行的补充性货币来从事业务经营，从而间接地建立和保护"跨国企业-补充性货币-跨国银行"这种国际化共生循环生态链系统。

其次，降低跨国并购成本及并购失败的风险。使用补充性货币作为商业银行并购东道国目标银行的一部分并购资金并进行监管，不存在外汇风险问题，这将极大地降低商业银行的跨国并购成本和并购失败的风险。当然，跨国并购中使用的补充性货币，可以是母国商业银行或其他机构发行的、较有影响力的补充性货币，也可以是东道国原有的补充性货币，还可以是商业银行和东道国目标银行经过协商后共同选定的某种形式的补充性货币。同时，补充性货币占总共并购资金的比例大小，可由商业银行根据自身实际情况来决定。

再次，可以降低投入成本并增加并购成功的可能性。商业银行在对补充性货币进行监管的过程中，可以使用补充性货币作为收购目标银行股权的一部分股本，这样可以进一步降低商业银行收购目标银行股权的投入成本，也可以使目标银行的股权所有者进一步分化，增加并购成功的可能性。

最后，可以避免溢价风险。跨国并购存在的一个大问题，是东道国目标银行所拥有的无形资产（如商誉等）无法准确衡量，如用法定货币进行评估收购，往往溢价更多。如果通过监管，使用补充性货币作为商业银行并购东道国银行无形资产的并购成本，将避免溢价问题。因为补充性货币的价值也是随时变化的，灵活度大，且未来的潜力也无法确定。因此，商业银行可以自行估算补充性货币的价值，只要在谈判过程中确定一个双方都能接受的补充性货币价值来购买无形资产即可。

如前所述，补充性货币能解决商业银行采用跨国并购途径进行国际化时存在的诸多问题，其具体的积极作用如下：

首先，补充性货币的合理运用及监管，可以解决东道国监管当局对外资银行的跨国并购活动设置障碍的问题。补充性货币可以凭借互联网平台和区块链技术，实现全球范围内的资源优化配置和整合，自然能突破东道国监管当局对外资银行跨国并购活动所设置的若干限制和约束。东道国当局能限定跨国并购对本土银行股权购买的数量，但不能限制商业银行发行或使用补充性货币的数量。商业银行可以凭借补充性货币的发行和使用，在互联网和区块链平台上实现自身无形资产的不断增值，从而增加其进行跨国并购的实力和对东道国目标银行的吸引力。东道国国家除非在全国关闭互联网，否则无法利用法律条例限制补充性货币在本国市场上的存在。同时，如果商业银行的自身实力强大，东道国国家就算是再限制，也无法阻碍目标银行自愿被并购的意志。

第二,补充性货币的合理运用及监管,可以解决跨国并购活动的操作流程复杂、评估困难和信息可靠性差等问题。跨国并购之所以手续繁琐,流程复杂,主要就是由于东道国目标银行的资产评估困难、估算标准有国别差异以及存在信息不对称等问题。如果商业银行选用某种补充性货币作为价值尺度对东道国银行进行资产评估,就避免了法定货币价值的标准不统一、估算方式存在差异和信息不透明问题。商业银行可以用自己发行的补充性货币进行以上的操作,评估标准和信息获取都可以获得较大的主动权,自然降低了跨国并购的操作难度。

第三,补充性货币的合理运用及监管,可以解决在跨国并购过程中商业银行的溢价收购问题。如前所述,补充性货币可以充当衡量东道国目标银行无形资产的价值尺度,解决无形资产价值评估困难的问题。同时,如果商业银行在跨国并购中选择以区块链技术为支持的补充性货币作为虚拟金融资产,能使东道国银行对该商业银行的前景产生乐观的憧憬,有利于商业银行在跨国并购的谈判过程中,适当压低并购的价格,降低跨国并购的实际成本。

第四,补充性货币的合理运用及监管,可以解决跨国并购失败风险较大的问题。补充性货币本身不产生利息,在发行和使用过程中,发行机构是根据当前市场的需求和自身目标来制定补充性货币在市场中流通的数量和规模的。因此,补充性货币在跨国并购的过程中,没有外汇风险问题。此外,补充性货币的使用,可以使商业银行经营的业务自动划分为法定货币业务和补充性货币业务,而法定货币业务中涉及的财务报表作假或者核算体系存在差异等问题,在补充性货币业务中都不会涉及,因此不会影响补充性货币方面的业务在商业银行中的正常开展。因此,就算东道国目标银行因为财务报表作假或者其他原因,影响了商业银行跨国并购的进度,但补充性货币方面的业务不会受到影响,商业银行跨国并购的进程仍然可以继续推进。同时,由于补充性货币对于法定货币有着补充和替代的功能,在法定货币业务受到影响的情况下,补充性货币业务甚至可以在一定程度上弥补法定货币业务出现的缺失和负面影响,从而降低跨国并购失败的概率。

另外,补充性货币的合理运用及监管,可以解决跨国并购过程中的人文冲突等问题。如前所述,商业银行在跨国并购过程中,如果选择东道国现有的补充性货币作为沟通桥梁,将两国的文化、理念、管理方式等人文因素加注在补充性货币这个载体上,将缓解两国银行管理组织间存在的直接矛盾,人文因素冲突将通过补充性货币逐渐消化,最终在跨国并购后形成新的、具有兼容性的商业银行企业文化。

对上述分析进行归纳,我们可以认为,如果商业银行通过跨国并购途径对补充性货币进行监管,并利用补充性货币提升的国际化水平为 y_2,而 y_2 受到准入门槛 x_1、协同效应 x_2、扩张速度 x_3、投入成本 x_4、业务范围 x_5、杠杆效应 x_6、风险程度 x_7 的共同影响,就有:

$$y_2 = \sum_{i=1}^{7} f_{2,\,i}(x_i) \tag{5.3}$$

上式表明,补充性货币的监管和运用对跨国并购有着积极的影响,它可以提高跨国并购对商业银行国际化的作用效率,对商业银行国际化水平的提高具有积极作用。表明了补充性货币监管的必要性、必然性和重要性。

通过对补充性货币的监管和使用，可以提升商业银行的国际化水平。我们还可以将新建投资和跨国并购这两种商业银行机构国际化的对补充性货币监管的主要途径的相关内容进行对比，以供监管及使用补充性货币时进行选择。得出的具体指标及结论如表 5-1 所示：

表 5-1　新建投资途径和跨国并购途径的具体指标对比分析表

比较内容	新建投资(y_1)	跨国并购(y_2)
准入门槛(x_1)	根据东道国银行开放程度而定，相对较低	根据东道国银行开放程度而定，相对更高
协同效应(x_2)	与母行的协同效应低	发挥优势互补和规模效应，与母行的协同效应高
扩张速度(x_3)	新建机构和设施设备的速度较慢，相对较慢	可以立即实现机构国际化，扩张速度相对较快
投入成本(x_4)	新建的规模可控，投资金额分布灵活，存在隐性成本和持续成本，相对较低	一般都是溢价收购，资金量大，相对更高
业务范围(x_5)	受限制和约束较多、业务范围相对有限	可以从事被并购银行的所有业务，拥有多种金融牌照，相对较广
杠杆效应(x_6)	不存在	存在极大的杠杆效应，可以运用杠杆效应减少投入资金，分散风险
风险程度(x_7)	新建投资规模可以根据实际情况而定，比较容易控制，风险相对较小	成功的跨国并购可以产生协同效应，分散部分风险，但并购成功的概率不容易控制，风险相对较大①

此外，新建投资途径和跨国并购途径的区别还体现在组织形式和实施效果上。新建投资途径在东道国市场上的组织形式较为丰富，而跨国并购途径的组织形式一般只限于子银行或合资银行两种。新建投资途径取得的国际化效果短期内不明显，相反，跨国并购途径能在较短时间内获得较明显的国际化效果。

根据以上的对比可以看出，新建投资和跨国并购的机构国际化途径，在很多方面都存在差异。而补充性货币可以通过对这些方面的影响，来增加新建投资和跨国并购对国际化水平提升的效应。可用模型表现为：

$$y_1(x_1) < y_2(x_1) \tag{5.4}$$

$$y_1(x_2) < y_2(x_2) \tag{5.5}$$

$$y_1(x_3) < y_2(x_3) \tag{5.6}$$

$$y_1(x_4) < y_2(x_4) \tag{5.7}$$

---

① 注：据国外研究机构统计，仅仅 30% 的大规模企业通过并购真正创造了价值，依照不同的成功并购标准，企业并购的失败率在 50% 到 70% 之间。这就是说，并购既是企业成长壮大必须采取的方式，又是复杂程度最高、风险最大的战略行为，尤其是跨国并购。（引文来源：中国社科院世界经济与政治研究所研究员康荣平专访：跨国并购成功的七要素 [EB/OL].（2015 - 10 - 27）[2022 - 12 - 13]. http://www.kjcity.com/news_586048.html.）

$$y_1(x_5) < y_2(x_5) \tag{5.8}$$
$$y_1(x_6) < y_2(x_6) \tag{5.9}$$
$$y_1(x_7) < y_2(x_7) \tag{5.10}$$

即有

$$\begin{cases} \sum_{i=1}^{6} y_1(x_i) < \sum_{i=1}^{6} y_2(x_i) \\ y_1(x_7) > y_2(x_7) \end{cases} \tag{5.11}$$

则有

$$\sum_{i=1}^{6} y_1(x_i) + y_2(x_7) < \sum_{i=1}^{6} y_2(x_i) + y_1(x_7) \tag{5.12}$$

若设：

$$\Delta y = y_2(x_7) - y_1(x_7) \tag{5.13}$$

当 Δy 足够小或趋于 0，或 Δy 的风险效应（负效应）小于其他指标的总效应，即

$$\sum_{i=1}^{6} y_2(x_i) < \sum_{i=1}^{6} y_1(x_i) > 0(正效应) \tag{5.14}$$

时，跨国并购是较之于新建投资更佳的途径。这也是我们对补充性货币进行监管的重要途径。

（三）补充性货币与其他附属途径

对补充性货币的监管，商业银行国际化的其他附属途径也是重要的。商业银行机构国际化的其他附属途径主要包括跨境金融服务、战略联盟、联营、合并和境外上市或发行债券等。补充性货币的合理使用和监管，也可以强化这些附属途径对商业银行国际化水平的提升效用。

1. 补充性货币与跨境金融服务

跨境金融服务是商业银行国际化附属途径的一个重要组成部分，也是商业银行采用附属途径实现国际化的主要手段。跨境金融服务是指商业银行为海外客户提供各种个性化的金融服务，以满足海外客户实现资产在全球范围内优化配置的需求。跨境金融服务的主要内容包括跨境投资与融资、境外资产和财务管理、移民和留学金融服务、境外投资银行业务、境外咨询、跨境结算与清算、境外资产避险等。可以看出，跨境金融服务业务的范围和规模越大，商业银行的国际化程度越高。然而，商业银行从事跨境金融服务业务要承担的风险也较大。补充性货币的合理运用，同样可以使商业银行在提供跨境金融服务时降低遭受的风险。

目前，国家政府严控监管商业银行跨境金融服务的最主要目的之一，就是为了打击跨国洗钱犯罪活动。但随着社会经济的飞速发展和高科技手段的广泛运用，全球范围内资金流动、信息传播、商品交易、服务供需等经济活动变得更加便捷化、高效化、频繁化、科技化和国际化。追逐非法经济利益的跨国洗钱犯罪活动也随之表现出高科技化，洗钱者采取复杂的手法，经过种种中间形态，采取多种运作方式来洗钱，使国家相关部门想要通过银行账户上资金的流向来追踪洗钱者的"黑钱"来源和转移渠道、最终流向变得越发困难。比特币的兴起，使众多国家政府和学者

更加担忧。众所周知，犯罪分子通过比特币的非中心化和匿名化特点进行跨国洗钱或其他犯罪活动，会更为猖獗，因为他们更难被政府监管。但是，我们认为比特币只是补充性货币在由实体形态演化为虚拟形态过程中的一种具体形态，这种具体形态是虚拟密码支付形态的最初级、最原始的第一代。比特币的诞生和发展，代表了数字货币引领的新货币时代，因此它备受追捧。然而，当人们认识到了比特币可能引发的若干风险和可能造成的社会问题后，在其产生原理基础上，又创造了很多与之类似、但又更具有先进性的数字货币，被称为类比特币。这些类比特币既具有比特币的一些优良特性，也会针对其存在的缺陷进行不断改进和完善。较之比特币无中心性和发行人众多的特点，在绝大部分类比特币中，某一特定类比特币归属于某一固定的特定发行机构，这些发行机构可以看作这一特定类比特币的虚拟中心，掌握这一特定类比特币的所有相关交易信息。由此可见，类比特币可以看作是无中心性的比特币与国家中心性法定数字货币之间的中介桥梁。因此，尽管类比特币也存在匿名性特点，但国家可以通过对特定发行机构的监管，进而监管类比特币。各国不同机构和企业也在积极投入类比特币的数字货币研发之中（如 facebook 的 Libra，花旗银行的"花旗币"等），也就是说，在不久的将来，类比特币的广泛运用，将有效防范跨国金融服务过程中的犯罪活动，提升监管效率。比如，我们虽然很难直接通过比特币的跨国流动和交易追踪和回溯交易者的身份和渠道，但我们可以借助商业银行在各国设立的诸如"补充性货币海外交易点"或"补充性货币海外银行"等分支机构，通过补充性货币交易者在这些分支机构的交易账户相关信息监管补充性货币和其他国家法定货币之间的交易量、交易价格、交易时间、交易者账户个人信息等，从而追踪和回溯可疑交易，打击犯罪活动，维护商业银行的利益。

此外，国家政府也可以通过这些信息，针对市场上流通的已有补充性货币的数量、周转频率和速度，指导各个"补充性货币海外银行"采用灵活的补充性货币运行经营模式，来控制和保持补充性货币和法定货币发行的平衡、稳定和运行有效性，从而达到宏观调控的目标，也能同时进一步提升商业银行的国际化经营水平和知名度。又如，商业银行可以发行自己的补充性货币或目标市场上流行的补充性货币，进行跨境结算和清算。由于补充性货币的价值是以发行者的信用和市场认可度为基础的，只要发行者的信用度和市场的认可度高，补充性货币的价值就比法定货币更稳定。同时，商业银行从事跨境金融服务业务，可以部分使用法定货币，部分使用补充性货币，这种可以综合两种类型货币体系的优点，发挥各自的优势作用，从而分散风险。因此，补充性货币的合理运用及监管，可以有效降低跨境金融服务的风险，加速商业银行的国际化进程。

2. 补充性货币与战略联盟

战略联盟是指为了实现共赢的目的，商业银行和其他银行经协商后共同建立的具有合作或协作关系的联合体。这种联合体可以是实体形态，也可以是网络虚拟形态，具体的合作内容包括技术合作、代理业务、网络银行、战略投资、创新项目等等。战略联盟的成员会通过协商，明确分工和合作领域，实现强强联合和优势互补，从而增加协同效应，增强联盟的整体实力。这种战略联盟的形成，有着类似于跨国并购途径的优点,能降低商业银行国际化的投入成本,扩大规模效应和协同效应,增加跨国经营的实力和成功概率,且能发挥联盟各成员的比较优势,分散跨国经营的风险。协议式的战略联盟是当前最主流的银行结盟形式,各个商业银行通过协商后会达成结盟的合作协议,确定合作的内容和方式,以实现共同的国际化战略目标。

然而,战略联盟的劣势在于它具有不稳定性。联盟内部各成员之间存在社会文化、市场环境、政策法规、战略导向、客户偏好等方面的差异性,任何一个因素造成的意见分歧都可能导致联盟的破裂和瓦解。

补充性货币的合理使用及监管,可以较好地解决战略联盟关系的不稳定问题。高级形态的补充性货币以互联网为平台,区块链技术为基础,将战略联盟的各个成员按照区块链上的节点进行连接,信息传递快、透明度高、安全性强,且能突破国别的地域及人文环境、文化等方面的限制,建立充分的信用体系。由于区块链上的每个节点都能查看交易记录,任何成员的背叛行为都会在第一时间暴露给联盟内部的其他成员,因此也能有效抑制和约束成员的违约行为,维持联盟的长期稳定性。同时,补充性货币本身就具有互助共赢的特性,很容易在战略联盟成员之间建立信用,所以通过补充性货币的监管及使用,会极大地提高战略联盟途径的国际化效率。此外,如前所述,在各国政府间达成国家合作协议,通过国际协议监管补充性货币的运行,也是未来重要的监管途径之一,而各国商业银行形成战略联盟,其实也是形成补充性货币国际协议监管的具体实施实体,对未来补充性货币在全球范围内的有效监管具有深远的现实和实践意义。

3. 补充性货币与联营

联营又称合资,是指商业银行之间通过控股等方式形成的具有独立法人资格的永久性经营机构,是一种横向经济联合体。联营银行的股东通常是两家及以上、来自不同国家的商业银行,它们为了共同的商业利益,在自愿的前提下开展深度的合作。联营银行能迅速获得融资和经营经验,降低跨国经营成本,自由开展跨国性银行业务,并获得专业化、集约化、规模化的比较优势,是中小商业银行参与国际竞争时减少成本和风险的有效途径。

联营银行也存在着一些不足之处。由于各个股东的利益不同,在跨国经营战略和具体经营方针上常会发生争执和矛盾,这些矛盾一旦积累到一定程度,就会爆发出来,造成联营银行的内部经营和管理的严重问题。补充性货币在联营银行中的合理运用和监管,也能在一定程度上减少和化解各个股东之间的分歧和矛盾。比如,联营银行可以成立一个内部机构,专门从事补充性货币的经营管理。补充性货币也可以作为联营银行的一部分资产,按照股东的资金投入比例给予一定数量的补充性货币作为回报。同时,各股东有权利分享通过对补充性货币经营获取的利润。因此,股东对补充性货币的关注度会增加,也会为了共同推广和做强补充性货币的目标,减少分歧和摩擦,通过对补充性货币的监管和运用,从而提高商业银行国际化的水平。

4. 补充性货币与合并

合并是商业银行和东道国目标银行双方在自愿的基础上,为了扩大规模、获取

211

市场势力、节约成本、优势互补、提高竞争力等目标，执行契约或者法令完全归并为一家新的银行的经营活动。这种方法更普遍运用于商业银行在国内市场的扩张，对于商业银行的海外扩张运用非常的少，也很难实现。但是，如果双方真的有合并的意愿，补充性货币也可以作为两者合并的桥梁，促进双方合并的成功。所以，对补充性货币的监管及使用，从而提升新形成的商业银行的国际化水平是必须的。

5. 补充性货币与境外上市或发行债券

如前所述，商业银行可以通过境外上市或面向东道国目标市场发行债券的方式，扩大品牌效应和影响力，从而提升国际化水平。境外上市或发行债券还能使商业银行在短期内获得大量资金来源，扩充现金流和综合实力，提升在国际金融市场上的影响力。然而，我们认为商业银行在境外上市所发行的股票，或者向东道国金融市场发行的债券，都属于补充性货币的范畴，因此境外上市或发行债券的这种国际化附属途径，实际上已经运用了补充性货币。这种附属途径既可利用起来发挥补充性货币的作用，又可作为监管补充性货币的途径，从而提升自身的国际化水平。

从实质上看，通过商业银行国际化附属途径进行补充性货币的使用及监管，无论是跨国金融服务、战略联盟、联营、合并还是境外上市或发行债券，都是从其他方面实现与跨国并购途径类似的正效应。所以，这时附属途径实现的国际化，如通过跨国金融服务实现的国际化 y_3、通过战略联盟实现的国际化 y_4，通过联营实现的国际化 y_5，通过合并实现的国际化 y_6，通过境外上市或发行债券实现的国际化 y_7 等，都有

$$y_3 = \sum_{i=1}^{7} f_{3,i}(x_i) \qquad (5.15)$$

$$y_4 = \sum_{i=1}^{7} f_{4,i}(x_i) \qquad (5.16)$$

$$y_5 = \sum_{i=1}^{7} f_{5,i}(x_i) \qquad (5.17)$$

$$y_6 = \sum_{i=1}^{7} f_{6,i}(x_i) \qquad (5.18)$$

$$y_7 = \sum_{i=1}^{7} f_{7,i}(x_i) \qquad (5.19)$$

显然，如果一个商业银行综合运用直接新建投资和跨国并购及上述附属途径，则必有通过所有这些途径得到的国际化 Y，则有

$$Y = \sum_{z=1}^{7} y_z = \sum_{j=1}^{7} \sum_{i=1}^{7} f_{j,i}(x_i) \qquad (5.20)$$

三、补充性货币监管途径的政策意义

综上所述，在当今社会，补充性货币已成为法定货币的重要补充。而补充性货币也直接或间接地与商业银行国际化有着密切的相关性。这种相关性的存在，使得商业银行的国际化具有更重要的意义，使得对补充性货币的监管更显必要、重要。特别是在中国人民币加入了 SDR 之后，中国商业银行的国际化任务更为急迫。商业

银行国际化的传统途径主要是新建投资、跨国并购及一些附属途径。在迅猛发展的当代社会,这些传统途径已经无法完全满足商业银行加速提升国际化水平的需要。补充性货币的合理运用及监管,使得商业银行的国际化有了新的途径及机会,这些途径与机会的形成及存在,正是由于补充性货币的结构特征及与商业银行国际化的相关性所使然。补充性货币与商业银行的国际化相关性,可以用下面的鱼刺图(见图5-3)表示。

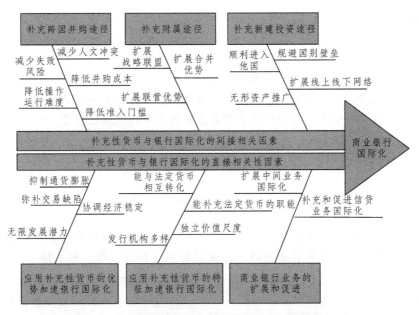

图5-3 补充性货币与商业银行的国际化相关性鱼刺图

而通过补充性货币监管的运用作用,将使商业银行国际化水平得到进一步提高,形成最终的国际化程度 Y',这时有

$$Y' = Y + \Delta y = \sum_{z=1}^{7} y_z + \Delta y = \sum_{j=1}^{7} \sum_{i=1}^{7} f_{j,i}(x_i) + \Delta y,\ \Delta y > 0 \qquad (5.21)$$

其政策意义在于:如果商业银行通过补充性货币的使用和监管,同时使用三种途径,在补充性货币作用下,其国际化水平的提升程度会更高。

显然,无论从补充性货币的直接相关性,还是间接相关性来看,补充性货币能积极推进中国商业银行的国际化水平。反过来,中国商业银行的国际化,又使得补充性货币对经济社会的冲击力更加强化,增强金融及经济风险,这就形成了对补充性货币进行监管的重要依据,从而通过监管商业银行的国际化,达到监管补充性货币的目的。而补充性货币的特点及优点,使得这种监管具有极大的可能性、必要性和必然性。

关键词

商业银行　单一银行制　分支银行制　集团银行制　连锁银行制　金融机构
跨国并购　新建投资　战略联盟

课后思考题

1. 商业银行和补充性货币之间有什么相关性？
2. 补充性货币是如何促进商业银行国际化的？
3. 补充性货币还可以运用在商业银行发展的哪些方面？请举例说明。
4. 请运用 HX 公式计算中国国有商业银行近 3 年的国际化程度。

补充阅读材料

材料 1：商业银行如何走好国际化步伐[①]

党的十九大报告明确指出："要以'一带一路'建设为重点，坚持引进来和走出去并重，遵循共商共建共享原则，加强创新能力开放合作，形成陆海内外联动、东西双向互济的开放格局。"随着我国经济实力增长及对外开放新格局的形成，中国商业银行的国际化发展也必将迎来新时代，出现一些新特征，也必然会面临一些新风险、新挑战。如何更好地识别、应对这些风险和挑战，把握机遇，关系到未来中资商业银行国际化发展的前景和全局，必须引起我们的高度重视。

一、新时代中国商业银行国际化将呈现出新特征

进入新时期，随着中国在全球经济地位的变化及国际经济格局的演变，以及新技术发展对金融业的冲击等，我国商业银行的国际化发展也将呈现出一些与此前不同的新特征，归纳而言有以下几个方面。

1. 网点布局将从原来的中国香港、中国澳门及欧美发达经济体为主向以"一带一路"沿线新兴发展中国家为重点转变。

中资商业银行国际化最早的主阵地是中国香港、中国澳门、中国台湾及欧美发达国家，主要是以全球各个主要的金融中心如美国、英国、德国、日本、中国香港、新加坡等为基地来拓展海外市场。随后再开始逐步向中国周边亚太地区扩展。

但近年来，随着我国"一带一路"倡议的纵深推进，中资商业银行都开始将"一带一路"沿线国家作为下一步海外机构布局重点目的地。银行业金融机构加快打造"一带一路"建设金融服务网，不断完善在"一带一路"沿线国家的金融机构布局。截至 2016 年年底，共有 9 家中资银行在 26 个"一带一路"沿线国家设立了

① 唐建伟. 商业银行如何走好国际化步伐［EB/OL］.（2018-03-12）［2022-12-21］. http://finance.sina.com.cn/zl/china/2018-03-12/zl-ifyscsmu6757224.shtml.

62 家一级机构，其中包括 18 家子行、35 家分行、9 家代表处。

同期，共有 20 个"一带一路"沿线国家的 54 家银行在华设立了营业性机构和代表处。政策性银行、商业银行和开发性金融机构分工协作，形成多元、开放式的金融服务体系，在为"走出去"企业和"一带一路"沿线客户提供差异化、特色化服务的同时，银行业金融机构自身国际化水平也稳步提高。未来，中资银行进入海外市场的方式也将更加多元，不再局限设立机构。中资银行通过代理行、并购等方式拓展业务也将日益兴起。

2. 中资银行业务范围将从原来的传统业务向新兴业务拓展，业务重心也将从原来的银行业务为主向综合化金融服务输出转变。

未来中资银行的海外业务将由单纯满足中资企业"走出去"需求向服务当地客户不断转化，业务空间也将逐步拓展。一是境外零售业务加强。银联官方数据显示，截至 2017 年年底，银联卡境外发卡量已经达到 9 000 万张，但和逾 60 亿的总发卡量相比，占比很小。未来仍有很大的发展空间。

二是境外理财业务仍是一片"蓝海"。在中国居民财富增长及金融机构综合化经营趋势下，中国居民财富的全球化配置将成为一种趋势，境外理财业务不仅能够成为中资银行新的业务增长点，还能够成为中资银行参与国际银行业竞争的战略型业务。

三是人民币国际化必然伴随着海外离岸人民币市场的快速发展。未来离岸人民币存贷款、人民币债券及汇率和利率衍生品等相关离岸人民币业务有着广阔的发展空间。中资银行对跨境人民币业务愈加重视，各家大型商业银行愈积极争取离岸人民币清算行资格，开展清算业务。

四是人民币国际化有助于促进商业银行综合服务创新，银行可以将其金融产品由单纯的结算、融资等基础性金融业务转到侧重为企业提供"一揽子"金融服务方案，比如，商业银行可以通过境内外分行联动，帮助企业在境外人民币市场以发债形式筹集人民币资金，并为企业设计境外人民币投行业务、跨境人民币融资、跨境汇款等服务为一体的综合金融服务方案。

3. 国际化发展将向全球化全功能银行阶段迈进。

纵观银行国际化发展的历程，我们可以将其分为四个发展阶段：第一阶段是国内银行阶段，主要业务仍在国内；第二阶段是国际银行阶段，开始将银行业务向国际延伸；第三阶段为国际全功能银行阶段，所有业务都开始国际化；第四阶段为全球全功能银行阶段，所有业务所有金融服务都实现全球化，到这一阶段，其海外资产及营业收入至少要占到 50%。目前来看，我国大部分银行还处在第二阶段。

中国银行等少数几家大型银行可能处在第三阶段。截至 2016 年，中国银行的境外机构资产占比最大，约 26%，境外净利润占集团利润的比达到 36.3%，机构数量占比也最高，约占 5%，反映出中国银行的国际化程度相对较高。未来随着中国经济在全球占比的提升及中资银行国际化水平的提升，我国可能会出现多家国际化业务资产及利润占比达到 50% 左右的全球全功能性银行。随着国际市场业务份额的逐步提升，重要性逐渐增强，其对国内业务及集团业务的风险传染也会加大。

4. 金融科技在国际化进程中将发挥重要作用。

中国是金融科技大国已成为全球共识，英国的《经济学人》杂志也盛赞中国金融科技的领先地位。同时，中国的金融科技也不再局限于国内市场，蚂蚁金服、陆金所、微信等金融科技的业界领袖已经开发海外业务。与这些金融科技巨头合作密切的中资商业银行也可借助或帮助这些巨头的"出海"而获得拓展海外市场的机会。

一是金融科技中的大数据，云计算等将便利中资银行全球化管理信息及业务系统的建设，使其更高效地运转。二是区块链、物联网等金融科技将在跨境资金结算、跨境业务开展、跨境业务合作等方面更多地使用，降低中资商业银行国际化业务开展过程中的成本，提升境内外业务联动的效率。三是国内领先的金融科技向外输出。目前中国已成为全球金融科技大国，第三方支付、线上线下互动的移动互联金融生态、各类新兴的现金贷等产品都是中国领先于全球其他国家的先进金融科技产品，未来将随着中资银行的国际化而走出国门，实现金融科技的输出，为当地居民提供便捷的金融服务，提升当地的金融服务效率。国内银行的业务已逐步全球化，在已经获得全银行牌照的市场，国内银行与中国金融科技企业的合作可以为整个行业带来巨大优势，从而为中资企业与中国金融科技的输出起到良好的示范性作用。

二、国际化发展新阶段对风险管理提出了更高要求

在中资银行国际化发展进入新阶段，全球经济、金融、政治存在较大的不确定性，国际化道路将面临更趋复杂的经营环境，将对中国商业银行国际化过程中的风险管理提出更高的要求。

1. 国别风险更加值得重视。

根据中国银监会 2010 年印发的《银行业金融机构国别风险管理指引》中给出的定义："国别风险是指由于某一国家或地区经济、政治、社会变化及事件，导致该国家或地区借款人或债务人没有能力或者拒绝偿付银行业金融机构债务，或使银行业金融机构在该国家或地区遭受其他损失的风险。"

未来随着我国银行业国际化发展从发达经济体向新兴市场的扩展，国别风险管理的重要性和难度都会有所提升。因为"一带一路"沿线的新兴经济体不管从经济发展水平还是金融市场成熟度角度来看，都不如欧美发达经济体。历史上每次发生全球性的金融危机，一些发展中国家就首当其冲受到波及，其经济金融体系脆弱性就暴露无遗。比如南美的阿根廷、亚洲的菲律宾等。而且很多发展中国家由于政治格局不稳定，很容易出现政府更替的政治风险。此前的北非地区，目前的中东地区等都面临这样的风险。比如当年利比亚卡扎菲政权被推翻之后，战乱和政权更替导致当时中国在利比亚的很多承包工程都无法继续，而中资银行给这些中资企业的对外承包工程提供了很多保函，工程公司与银行的利益同时受损。

2. 市场风险和流动性风险更高。

中资银行国际化进程越深入，海外金融市场波动性、海外流动性问题更值得关注。而且海外资产规模越大，对国内业务的影响及传染也就更大。市场风险涵盖了利率、汇率以及资产价格等金融市场波动密切相关的风险类别，是国际化进程中实现风险与收益的动态平衡的关键所在。

人民币汇率形成机制的市场化可能会加大汇率波动风险,对商业银行的境外业务将提出挑战。不仅会使商业银行自身的外汇投资和交易业务面临汇率波动损失,还会对银行外汇理财和其他外汇衍生业务的发展造成不利影响。

而海外流动性风险主要分为融资流动性风险和市场流动性风险。融资流动性风险是指商业银行在海外无法及时有效地满足资金需求的风险。市场流动性风险是指由于市场深度不足或市场动荡,商业银行无法以合理的市场价格出售资产以获得资金的风险。

这两种流动性风险随着中资银行业海外网点向新兴市场拓展及参与海外金融市场的深度都会有所上升。另外境外金融机构进入同业市场不仅增加了竞争,还可能把外部风险引入国内金融体系。因此,中资金融机构进入离岸金融市场,海外金融机构进入中国债券市场,都可能引发流动性危机。资本账户管制的逐步取消增加了银行存款波动性,使得跨境资金流动趋于频繁,流动性风险管理的重要性不言而喻。

3. 合规风险特别是反洗钱风险的重要性明显上升。

政治风险和法律风险是高压线,一旦触发此类风险,可能带来难以弥补的损失。近年来,国际反洗钱监管逐渐加码,受罚的金融机构越来越多,不乏全球知名的银行。所罚金额越来越大,甚至高达几十亿美元。范围也逐渐扩大,除了传统商业银行,新兴金融服务企业,如专注跨境支付的美国公司 Ripple 亦被罚过。

欧美国家对反洗钱合规方面的要求越来越高,越来越细。2015—2016 年两年时间内,就有中国银行意大利米兰分行、中国工商银行西班牙马德里分行、中国银行纽约分行、中国农业银行纽约分行等四家中资银行海外分支机构受到国际反洗钱调查。根据调查结果,中资银行主要在以下几方面存在不合规的风险:

一是未对国内客户按照反洗钱的规定开展客户尽职调查,未充分调查客户业务性质、与中资银行交易的原因、资金来源等;二是未对国企客户中政治公众人物进行加强型尽职调查,委托独立可靠的渠道了解其个人身份情况、个人信誉、公共岗位工作情况、个人资金合法性以及与境外交易对象受益关系等问题;三是未能有效提供贸易融资产品与军工产业无关的相关证明。中资银行整体的反洗钱意识仍然较弱,和海外的反洗钱体系差距较大。这很可能成为未来中资银行海外经营的重要风险点。

4. 技术风险及监管风险。

一是金融科技发展迅速,更新换代特别快,很容易导致出现技术风险。一方面,以大数据、云计算、区块链、人工智能、生物科技等为代表的新一代技术,成为金融科技业态的重要技术支撑。尽管技术是中性的,但技术与金融结出的果实未必都甜。

事实上,在软硬件系统高度集成、信息流与资金流充分融合的金融科技生态中,一旦技术风险发生,后果更不堪设想。二是不同国家对新技术的接受度不一样,监管政策也不一样,容易导致因监管标准不一致出现监管风险。金融科技的迅速发展,使技术创新往往超前金融监管,一些金融业务或产品可能超出监管要求,存在踩

"红线"行为。

例如，包括扫码支付、智能投顾、互联网消费信贷等在内的部分金融产品创新，都已经或正在突破金融监管红线。显然，这并不符合金融统一监管的理念。而且，由于金融科技是一项新事物，各个国家对金融科技的监管标准也并不一致，比如近期各国央行对待比特币这样的数字货币的态度就完全不一样。未来如何避免在海外经营中由于对金融科技监管标准不一致可能导致的风险，也是中资银行必须去面对的问题。

三、新时代加强中资银行业国际化发展风险防控的对策建议

1. 加强研究预判，制定全面国际化发展战略及风险应对策略。

能力越强，责任越大。当中资银行站上世界舞台彰显自身实力时，其必然受到来自不同国家与地区、组织与个人更为严格的要求。无论是分支机构的区位选择，还是进入市场的时机把握；无论是新设机构的形式取舍，还是跨境并购的往来谈判；无论是国际业务的拓展方向，还是新型手段的研究开发，都需要依托于每家银行清晰而审慎的发展战略。国际化发展牵涉众多，没有充分的战略规划极易造成银行对自身能力的认识不足，在国际化发展"热情"的推动下，盲目扩张而引发战略性风险。

2. 熟悉东道国环境，避免国别风险。

各国不同的政治、法律与文化环境为中资银行的国际化发展带来了极大的挑战，在进入东道国前了解当地人文背景、熟悉该国法律环境，对维护分支机构的设施安全、减少金融纠纷与诉讼案件、避免与当地人群发生摩擦均有极为重要的意义。

因此，中资银行在海外资本市场寻求融资时，要注意学习国外的"游戏规则"，加强与海外市场的沟通，及时发布有关信息，认真履行信息披露义务。重视投资者关系管理，打造专业化投资者关系管理人才队伍，建立完整的银行信息库，包括国家相关政策、银行历史发展、战略规划、财务报告、产品与行业介绍、投资者概况等，确保投资者可以随时随地了解到公司的准确信息。

银行业金融机构的国别风险管理体系应覆盖境外授信、投资、代理行往来、设立境外机构、境外服务提供商提供外包服务等各个环节；强化国别风险限额管理和监测，合理认定不同担保机构和担保方式带来的国别风险变化及转移，确保国别风险准备金计提充足；将国别风险纳入本行的压力测试，并根据压力测试结果制定相应的应急预案。

3. 加强合规意识，避免反洗钱风险。

中国的金融体系必须从上到下真正落实反洗钱法律法规的要求，及时了解和掌握相关法律条款和政策规定的变化，避免在国际化过程中遭遇相关法律纠纷，造成经济损失。首先是要完善反洗钱立法。

扩大反洗钱报告义务的主体范围，应将审计师、税务师、公证人及法律专业人士等纳入覆盖人群；将虚拟货币纳入反洗钱法律，填补虚拟货币监管尚无法律规制的现状，满足新形势下监管要求。其次是加强机制建设，完善反洗钱信息获取机制、建立反洗钱独立审计机制、强化反洗钱国际合作机制、完善反洗钱领域研究机制、研究反洗钱制裁应急机制和反制裁措施、加强反洗钱公众宣传和人员培训机制。

最后，要提升中资银行境外机构合规管理水平。要准确把握境外反洗钱监管态势，高度重视反洗钱合规管理。深入了解、全面融入东道国环境，加强与监管当局的沟通，及时准确掌握当地监管规则，严格遵照相关法律法规开展业务。完善洗钱黑名单管理机制，推动实现全球信息共享，高度重视银行声誉风险，强化海外分支机构高管人员合规意识。

4. 完善风险管理系统，在集团内部建立全球一体化的全面风险管控体系。

风险管理系统与业务范围以及机构布局同步推进，持续完善全球一体化的全面风险管理架构。一方面，遵循"业务落地在哪，法律合规在哪，风险管控到哪"的原则，切实提升境外业务风险管控水平，加强境内外风险一体化管理。另一方面，加强风险条线垂直管理，建立按部门统筹与按条线延伸相结合、相关部门协同管理的机制，提高风险管理的独立性、有效性和对整体风险的全面把控能力。

最后，要强化风险统筹，建立全球一体化的全面风险管控体系。这个全面的第一层含义是指全覆盖，风险管控体系要覆盖海内外业务的信用、市场、流动性、操作、国别、合规、科技等所有可能的风险领域，同时要将银行业务和所有子公司业务全部纳入全面风险管理框架；全面的另一层含义是全流程，风险管理系统要贯穿集团业务的前、中、后台全流程并包括前端的风险防范、中端的风险检测以及后端的风险处置等所有环节。

通过提升海外机构风险管理信息化水平，加强国别风险、监管风险、市场和流动性风险的研究分析，充分利用外部风险缓释工具，增进境内外机构的信息交流，强化联动业务的合规审查等手段，积极打造全球一体化的风险管控体系。

5. 紧跟科技发展，做全球金融科技的引领者，参与全球金融科技监管标准的制定。

首先，中国金融监管部门要积极参与全球金融科技监管标准的制定，做全球金融科技的引领者。在中国的金融科技成长过程中，中国的金融监管机构积累了大量的经验与案例。在平衡金融创新以及防范系统性风险方面，中国金融监管机构无疑是世界领先的。如果可以与各国的监管机构及政府部门分享其心路历程，同时积极参与全球金融科技监管标准的制定，对于帮助中资金融机构及金融科技走向全球必将有极大帮助。

其次，中资银行要学会利用科技手段加强境内外风险管理能力。适应信息化银行建设的要求，要加强与国内外相关专业机构的合作，进一步完善国别风险信息库、项目招投标信息库、企业信用风险信息库和跨境物流信息库，运用大数据的科技手段，加强对市场需求和风险信息识别与监控。

材料2：商业银行如何实施国际化经营[①]

1. 数字化与智能化运用

随着高科技智能运用的快速发展，商业银行需要运用各类人工智能技术，生物

---

① 问答财经. 商业银行如何实施国际化经营［EB/OL］.（2022-02-25）［2022-12-17］. https://baijiahao. baidu.com/s? id=1725663226787486108&wfr=spider&for=pc.

识别等技术，快速识别用户，匹配客户资料。有效提升银行运营效率，降低人工审核成本，通过大数据，云计算等技术，使得整体经营过程实现资源配置优化，以此提高客户体验感。

2. 升级业务模式和结构

面对未来复杂多变的国际化环境，商业银行的商务模式和结构需要进行调整，一方面需要对客户整体产品的运营有着更强的服务意识，另一方面需要对平衡的多项发展方向进行转型。

3. 做好对未来数字货币发展的应对

商业银行需要加大信息系统的升级服务，让商业银行信息快速更新升级，重塑整体系统的解决方案，商业银行在与第三方支付的竞争中，想要重新获得机遇，一定要提升客户对银行的需求，做好整体的调整，做好应对未来数字货币快速发展的准备。

材料 3：银行数字化重塑金融价值链[①]

2021 年是"十四五"的开局之年，随着产业数字化建设进入新的发展时期，中国银行业数字化转型也进入全面升级的新阶段，通过构建综合化、开放化、生态化的移动金融平台，银行业提出新时期数字化驱动金融服务能力提升的目标。

与此同时，加快机制、体制改革和新一代信息技术的场景应用创新，提升数据治理能力已成为商业银行数字化转型新阶段的实践共识。2021 年以来，相关监管政策频出，各家银行纷纷加大自身数字基建布局和投入，数字能力建设趋势加速凸显。

移动金融平台趋势凸显

受新型冠状病毒感染疫情冲击，传统金融机构的金融业务加速向全面线上化、智能化转变，商业银行数字化转型正在迈入全面升级的新阶段。

中国银行业协会党委副书记、秘书长刘峰 2021 年 11 月在"第五届中国数字银行论坛"上指出，近年来，银行业多措并举从战略规划、组织架构、业务流程、数据治理、人才结构等方面，全面推动数字化转型、提升金融科技基础能力建设，银行的产品服务模式向着线上化、数字化、智能化演进，银行的价值链也由封闭走向开放。

数字化转型发展全面升级的新阶段，构建综合化、开放化、生态化的手机端移动金融平台，成为各家银行发力数字化建设、提升业务赋能能力的重要抓手。

招联金融首席研究员、复旦大学金融研究院兼职研究员董希淼表示，在数字化时代，App 是银行能够触达客户的最重要渠道之一。在他看来，手机银行是"核武器"，银行只有打造强大的手机银行 App，才能更好地触达客户，真正让银行服务无处不在，进而才能进一步做好对客户的服务。

从增长趋势来看，2021 年以来商业银行手机银行客户规模及活跃率依然呈现稳健增长。易观分析最新披露的数据显示，中国商业银行手机银行 App 活跃用户规模

---

① 秦玉芳. 银行数字化重塑金融价值链［EB/OL］. （2022-01-01）［2022-12-20］. https://baijiahao.baidu.com/s? id=1720685624840351813&wfr=spider&for=pc.

由2021年一季度的5.84亿户增长到三季度的6.26亿户，并将持续保持稳健增长的态势。其中，第三季度以工商银行、农业银行、建设银行为代表的国有大行手机银行活跃用户规模增长迅猛，均超亿户。以招商银行、平安银行为代表的股份制银行手机银行活跃用户规模增长较为平稳。

某上市银行战略发展部业务负责人认为："近几年银行的业务基本全面线上化了，尤其2021年以来银行对手机App又进行了全面升级，零售业务基本都能在手机银行办理，甚至部分对公业务也能在手机银行上处理，离柜率超过九成。手机银行作为主要线上渠道，价值重要性越来越明显。"

多家银行业务人士也普遍表示，以手机银行为核心的平台化经营趋势越来越突出，各家银行都在将手机银行作为零售银行客户服务和数字化转型的前沿阵地，甚至有的银行已经将打造手机银行App平台生态，上升为银行的全行战略，下一步这一趋势或将更加明显。

易观分析也指出，2021年各大上市银行重点抢抓手机银行App建设，以场景化、生态化、数字化为方向，探索提供多场景、多行业、多渠道的线上金融服务。具体来看，手机银行版本及功能迭代加快，尤其在专属版本及财富管理等方面，另外叠加非金融场景应用的驱动；精细化运营助力活跃用户持续增长。

上述上市银行战略发展部业务负责人表示，银行从2020年开始就在对App平台进行战略重构，将更多的金融服务功能和非金融服务功能都聚合进来，围绕场景打造泛金融的服务生态，使其成为能够为"用户"提供综合金融服务解决方案的综合化平台。"可以说App平台的升级，集中呈现了这两年我们的数字化转型成果，是当前以及未来一段时间内银行实现精细化用户经营的主力阵地。"

随着移动金融平台发展趋势的凸显，银行针对手机App平台的整合也在加速。上述银行战略业务负责人指出，此前银行几个业务线都有自己的App端口，2020年开始就将这些App进行了整合，统一到一个平台上，不仅能节约运营资源提高效率，更重要的是可以实现统筹"用户"管理，真正实现"用户"经营的策略。

2021年11月份发布的《2021中国数字金融调查报告》（以下简称《数字金融报告》）显示，手机银行已然成为零售业务新的增长极，各银行积极推进战略调整，将手机银行定位于数字转型的主要抓手和落地平台，加码布局开放。

《数字金融报告》指出，手机银行迎来后App时代，未来，App将出现更多的一体化、数字化和生态化运营平台；各商业银行开启了"手机银行+"的移动端布局，着力提升获客、活客、留客、变现的能力，未来，手机银行会作为最重要的电子银行渠道，成为各商业银行发展的重点。同时，随着手机银行的金融属性逐渐弱化，取而代之将是"场景+社交"属性，即以基础金融服务为支撑，以手机App为载体，高频生活场景为驱动，重塑手机银行新业态。

数据治理建设全面升级

移动金融平台化经营的同时，商业银行也在积极加快数据治理、提升数据安全保护能力。

安永调研报告认为，大部分银行仍处于数字化转型的起步阶段，数据能力薄弱，

221

数字化人才短缺，难以赋能实际经营。

业内人士普遍认为，随着相关法律法规及监管政策的相继落地，加强数据保护、提高数据治理能力，正在成为各商业银行数字化转型全面升级的普遍共识。

2021 年年初，央行印发《金融业数据能力建设指引》，明确了金融业数据工作的基本原则，从数据战略、数据治理、数据架构、数据规范、数据保护、数据质量、数据应用、数据生存周期管理等方面划分了 8 个能力域和 29 个对应能力项，提出了每个能力项的建设目标和思路，为金融机构开展金融数据工作提供全面指导。

各地监管部门也相继启动金融数据综合应用试点，推进金融数据高效治理、安全共享，实现跨层级、跨机构、跨行业数据融合应用。

有专家指出，在纵深推进银行业数字化的过程中，需要因地制宜、有的放矢地解决中小银行数字化进程中出现的问题，要高度重视数据治理工作，全面激活数据要素潜能，也要构建复合型数字化人才队伍，弥补人才短板。

多家城商银行科技部人士透露，对于中小银行来说，数据获取不够丰富、复合型数字化人才短缺等都是制约银行数据治理能力提升的重要因素，也是下一步中小银行数字化建设过程中需要重点发力的方向。

随着监管政策的落地，2021 年商业银行在数字化能力建设方面更加积极主动，纷纷加快信息保护问题整改，加大数字基建布局力度，全面升级数据治理体制和机制，数据能力建设布局力度提升。

整体来看，2021 年商业银行在数据治理方面的布局和投入力度更大，加速敏捷化架构构建，搭建数据获取、智能分析、风控管理等大数据平台的同时，金融机构纷纷增加数据治理、数据建模等领域的人才储备，以提升数据治理能力。

微众银行副行长马智涛认为，数字经济发展阶段，数据是重要的生产要素，数据的流通尤为关键。但以往在法律法规不完善的情况下，监管不足，各领域数据运用呈现无序发展状态，存在数据泄露、隐私保护等诸多风险和挑战。"要解决存储、传输、协同生产等过程中存在的数据安全问题，关键在于完善数字基建设施。"

材料 4：大型银行国际化发展呈现新特征 跨境金融服务模式面临新突破①

2020 年，以五家大型商业银行为代表的中国银行业国际化业务保持了相对平稳的发展态势，布局扩张速度有所放缓，但覆盖范围已相对全面。受境外机构盈利下滑影响，五大行整体国际化程度有所下降，境外业务规模有所收缩，收入结构不断多元化。境外机构资产质量的相对优势逐渐减弱，但经营情况整体优于 2008 年金融危机时。全球化新形势下，五大行积极探索数字化业务发展模式，持续优化跨境贸易融资服务模式，进一步完善境外机构管理机制和组织架构。展望未来，建议中国银行业坚持以助力双循环发展新格局为己任，不断优化国际化布局，加大科技、人才投入，增强跨境金融服务的精细化程度，优化境外机构管理与考核机制，提升境外机构经营效率。

---

① 原晓惠. 大型银行国际化发展呈现新特征 跨境金融服务模式面临新突破 [EB/OL]. (2022-04-08) [2022-12-18]. https://baijiahao.baidu.com/s? id=1729588312436346521&wfr=spider&for=pc.

2020 年新型冠状病毒感染疫情后，全球面临经济衰退、产业链重塑、跨境贸易投资收缩等严峻挑战，给银行业跨境金融业务发展带来了巨大考验，主要影响包括盈利下滑、布局收缩、资产质量恶化等。在此背景下，中国银行业国际化发展依然保持了相对稳健的经营态势。

2020 年，我国 54 家上市银行中，仅工、农、中、建、交五家大型商业银行和 10 家上市股份行明确提到了国际化战略。上市城商行和上市农商行仍以国内业务为主，较少涉及境外业务，立足本地以便于匹配当地的金融服务需求。分机构类型看，大型商业银行中，中国银行的境外渠道、业务、员工等方面保持绝对的领先优势，国际化能力较为突出；工商银行、建设银行加速拓展海外业务，但在境外机构布局、盈利能力方面依然有较大的提升空间；农业银行、交通银行与前三家银行的国际化水平存在较大差距，境外机构布局、覆盖范围、员工数量等都相对较少。上市股份行中，招行、中信银行（601998）、光大银行（601818）、浦发银行（600000）的国际化水平程度相当，其余银行的国际化发展在亚太和欧美的主要国际性金融中心布局有所拓展，但业务规模和网点人员数量都相对有限（见表5-2）。

表5-2　2020 年我国上市银行国际化发展概况

银行类型	银行名称	境外覆盖国家/地区数量/个	境外机构资产/万亿元	境外税前利润/亿元	境外机构/个	境外员工/人
大型商业银行	中国银行	61	6.40	576.30	559	25 772
	工商银行	49	2.75	186.55	426	16 000
	建设银行	30	1.43	−5.84	206	6 285
	交通银行	18	1.24	84.53	69	2 591
	农业银行	17	1.21	84.07	21	732
	邮储银行	—				
股份制银行	招商银行	7	0.22	16.05	8	576
	中信银行	6	0.35	16.73	—	—
	光大银行	5	0.23	16.30	4	321
	浦发银行	3	0.20	60.96	—	349
	兴业银行	1	0.18	—	1	261
	民生银行	1	0.17	43.79		232
	浙商银行	1	0.03			68
	平安银行	1	0.02			62
	华夏银行	1	—		1	43
	渤海银行	1				

　　注：银行排序综合参照各家上市银行境外机构覆盖国家／地区数量及境外机构资产规模从高到低顺序列示。符号"—"代表未披露，部分银行境外含附属机构。

　　资料来源：上市银行年报，下同。

223

鉴于目前我国上市银行国际化发展仍然以工商银行、农业银行、中国银行、建设银行、交通银行五家大型商业银行（以下简称五大行）为主，本文主要聚焦五大行分析其 2020 年国际化的发展特征。

五大行境外机构布局情况

五大行境外布局扩张速度明显放缓。2020 年，五大行新开业的机构分别是工商银行奥克兰分行、巴拿马分行、中国银行（秘鲁）有限公司、建设银行欧洲匈牙利分行和交通银行南非约翰内斯堡分行，合计共 5 家，数量较上年减少了 3 家。从覆盖的国家和地区数量来看，仅工商银行、交通银行有所增加，分别是在巴拿马和南非。

2009—2019 年，五大行境外机构辐射范围明显扩大，平均每年每家银行都会延伸到 2 个新的国家和地区。最高峰为 2015 年，建行、中行、交行、工行和农行的机构辐射范围分别新增了 8、5、3、1 和 1 个国家或地区（见图 5-4）。2020 年五大行新覆盖的国家和地区的数量为近十年来最低值（见表 5-3）。

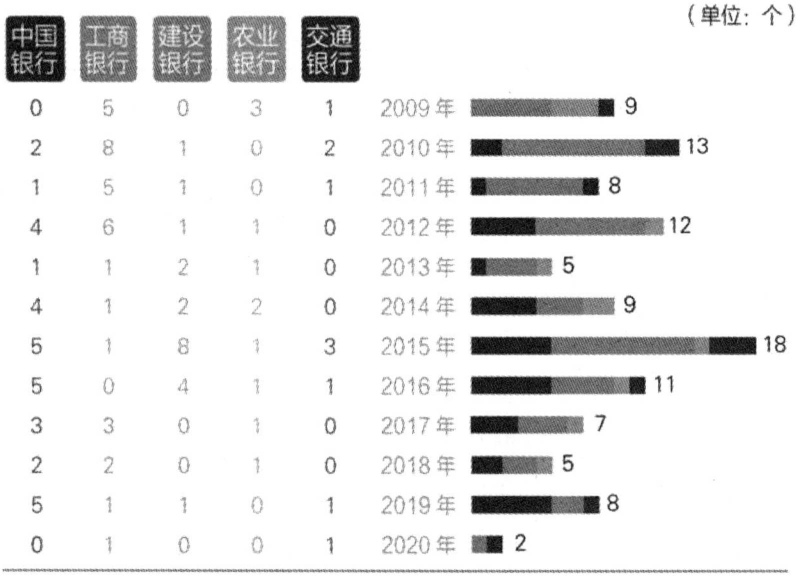

图 5-4　2009—2020 年五大行境外机构新覆盖的国家/地区数量

表 5-3　2020 年末五大行境外机构覆盖的国家/地区情况

单位：个

银行名称	中国港澳台	亚太（除港澳台）	欧洲	美洲	非洲	合计	2020 年新增
中国银行	3	25	18	9	7	61	0
工商银行	2	21	15	7	1	49	1
建设银行	3	10	11	5	1	30	0
交通银行	3	4	6	4	1	18	1
农业银行	3	6	3	4	1	17	0

境外机构网点数量连续两年下降。2020年年末，五大行境外机构网点数量合计1 281家，较上年下降5家。五大行境外机构网点数量较2016年峰值减少了180家。境外机构网点收缩的原因主要有三点。一是近年来精简组织架构、优化人员和实体网点配置成为全球银行业转型发展的一大趋势，从五大行集团层面来看，网点数量连续五年下降，2020年年末合计166.9万个，较历史峰值减少了8万多个。二是线上非接触式的拓客获客模式逐渐成为全球银行业拓展海外业务的重要手段，疫情进一步催化和加速了数字化海外银行服务模式发展。三是中国银行业境外机构大多处于新设或刚成立几年不久的状态，网点数量受机构整合或调整需求而发生变化。

境外布局辐射范围已相对全面均衡。截至2020年年末，中行、工行、建行、交行和农行境外机构覆盖的国家和地区数量分别达到61、49、30、18和17个，境外布局辐射范围接近花旗、汇丰、渣打等国际化程度较高的全球大型银行（见图5-5）。分区域来看，五大行的布局已基本实现港澳台全覆盖；2013年以来受"一带一路"建设推动，五大行在亚洲、欧洲的布局进一步完善，目前已实现亚欧主要国家全覆盖；五大行在北美洲主要国家基本实现全覆盖，在南美洲地区通过自设、并购等方式辐射范围逐步扩大；五大行在非洲均已突破"零布局"（见表5-3）。目前五大行的布局空白主要集中在南美洲和非洲，而近年来南美洲、非洲等新兴市场国家外债风险、汇率风险、金融市场风险明显加大，一定程度上抑制了银行布局扩张动机。

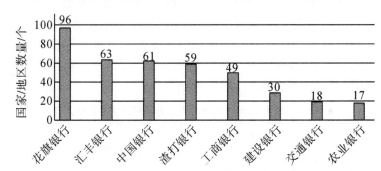

图5-5 2020年年末国内外主要银行境外机构覆盖的国家/地区数量
（注：花旗、汇丰、渣打是国际化程度较高的全球大型银行，五大行与其对比具有代表性意义）

五大行境外机构经营情况

整体集团贡献度明显下降，主要受盈利下滑拖累。2020年，五大行境外资产规模的集团贡献度由11.6%降至10.5%，建行降幅最大，为1.7个百分点；境外税前利润的平均集团贡献度由9.5%下降至7%；境外员工人数的集团贡献度由3%上升至3.1%，其中中行、交行分别提升了0.1个百分点。以资产规模、税前利润和员工人数等三方面的平均集团贡献度作为国际化水平的衡量指标来看，五大行国际化水平已连续两年出现下降（见图5-6）。

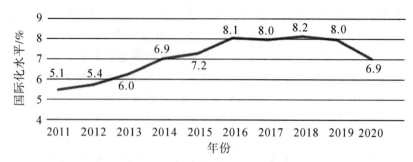

图 5-6   2011—2020 年五大行国际化水平

（注：国际化水平衡量指标通过境外机构资产规模、税前利润和员工人数等的集团贡献度算术平均而得）

境外机构盈利明显下滑是国际化水平下降的主要驱动因素。2020 年五大行境外机构营业收入规模合计 3 387 亿元，同比下降 0.5%，为近十年来第二次负增长；税前利润合计 926 亿元，同比下降 26%。相比而言，五大行集团层面的营收和税前利润均实现平稳增长，使得境外机构盈利贡献度明显下滑。

境外业务规模有所收缩，存贷款增速分化明显。受海外疫情影响，中国银行业境外业务规模扩张速度明显受阻。2020 年年末，五大行境外机构资产规模合计 13 万亿元，同比下降 0.8%，为 2009 年全球金融危机后首次负增长，规模增速连续两年低于集团水平（见表 5-4）。疫情下主要海外市场的授信审批和风险控制进一步审慎化，存贷款增速明显分化。2020 年五大行境外机构贷款规模合计 5.68 万亿元，同比下降 5.3%，为近十年来首次下降。相比而言，各行境外机构存款平均同比增幅达 1.4%，较上年增速提升 0.8 个百分点。

表 5-4   2020 年五大行境外机构与集团层面主要指标对比

指标	境外机构		集团层面	
	金融/亿元	同比增速/%	金融/亿元	同比增速/%
资产总额	130 337	−0.79	1 237 826	9.45
贷款总额	56 761	−5.29	697 228	10.45
存款总额	49 736	1.40	895 410	10.17
营业收入	3 387	−0.51	31 082	4.65
税前利润	926	−26.15	13 266	0.21

收入结构不断丰富多元。受全球低利率环境影响，五大行境外利息收入空间持续收窄，营收贡献度连续两年下降。2020 年五大行境外机构利息净收入合计 1 169 亿元人民币，同比下降 0.96%，占境外营收总额的 34.5%，占比较上年同期下降 0.2 个百分点（见图 5-7）。境外非利息收入中，手续费及佣金收入合计规模为 356 亿元人民币，同比下降 1.15%；其他非利息收入（如投资收益、汇兑收益等）合计规模为 1 863 亿元人民币，同比下降 0.11%，降幅明显低于传统利息收入和手续费及佣金收入。

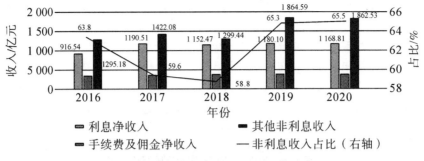

图5-7 2016—2020年五大行境外营收结构

境外机构资产质量明显下降。过去，五大行境外机构由于信贷规模相对较小，加上部分内保外贷项目的风险分担影响，资产质量一直明显优于集团水平。但近年来，境外机构资产质量持续下行。2020年五大行境外机构加权平均不良贷款率为0.75%，较上年同期提升了28个百分点，已为连续三年上升。相比而言，五大行集团层面的加权平均不良贷款率为1.56%，较上年同期提升了15个百分点。五大行境外机构与集团层面的不良贷款率差距从2015年的1.36个百分点缩小至2020年的0.81个百分点（见图5-8、图5-9）。

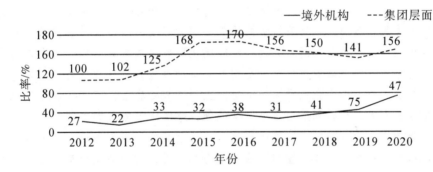

图5-8 2012—2020年五大行境外机构与集团不良率比较

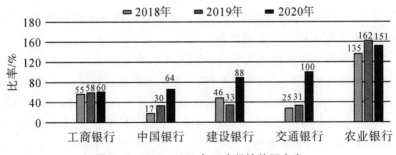

图5-9 2018—2020年五大行境外不良率

五大行国际化发展呈现明显差异化态势。经过十余年的拓展，五大行逐步形成以中行为主，工行、建行追赶，农行、交行补充的国际化发展格局。受发展阶段不同、海外市场差异程度较高、集团战略调整等因素影响，近年来五大行国际化发展步伐并不一致，差异化态势愈发明显。其中，中行、工行国际化步伐相对平稳，中行

227

近三年境外机构资产规模、营收和税前利润的年均同比增速分别为6%、4%和-4%，工行分别为6%、8%和-8%。建行国际化发展有所收缩，近三年境外机构资产规模、营收和税前利润的年均同比增速分别为-6%、-3%和-57%。交行、农行的境外机构覆盖范围和规模体量相对较小，但增速较快，其中交行近三年境外机构资产规模、营收和税前利润的年均同比增速分别为9%、7%和7%，农行分别为9%、9%和21%。

经营情况整体优于2008年全球金融危机时。2008年金融危机与2020年全球新型冠状病毒感染疫情期间，五大行境外机构均出现利润下滑、不良率抬升等现象。但是当前各行境外机构经营发展保持了相对强的韧性，盈利和资产质量下降空间明显收窄。2008年，五大行境外营收同比下降8%，2020年仅下降1%，业务收入规模保持相对平稳。2008年五大行境外机构税前利润同比下降63%，2020年仅下降26%。2008和2020年，五大行境外机构加权平均不良贷款率分别较上年提升了0.29和0.28个百分点。以国际化程度最高的中国银行为例，2008和2020年境外机构不良贷款率分别提升了0.4和0.34个百分点，提升幅度收窄。

五大行境外业务模式呈现新特点

2020年以来，中国银行业积极探索境外业务新模式和新方法，跨境金融业务呈现新亮点新突破。

亮点一：持续优化跨境贸易融资服务。新型冠状病毒感染疫情发生以来，受上下游供应链受阻、各海外市场疫情防控政策等因素影响，跨境贸易融资需求明显下降，服务拓展难度也不断提高。五大行及时优化调整服务模式，积极助力外向型企业拓宽融资渠道、降低融资成本。一是创新多举助力稳外贸、稳外资。例如工行向重点支持的境内外贸外资企业及境外供应链上下游核心企业，定向提供专项融资规模及优惠融资利率；建行利用白名单、信保贷、政银保等方式为外贸企业提供融资便利。二是持续推动贸易投资结算便利化，包括落实外汇绿色通道、办理线上跨境业务、与海关合作线上"单一窗口"金融服务功能等，为企业提供更加准确和便捷的跨境资金服务，助力产业链畅通运转。三是积极服务小微企业跨境融资需求。例如，中行针对中小企业的跨境撮合对接会已举办72场；工行积极创新"杭信贷""苏贸贷"等支持中小外贸企业的信贷产品；建行推出服务小微外贸企业的全线上、无抵押、纯信用"跨境快贷"系列产品。

亮点二：探索数字化业务发展模式。2020年，中行、工行、建行的科技投入占营业收入的比重分别达3%、2.7%和2.9%。近年来业务流程线上化成为各大银行拓展境外业务的新趋势和新亮点。一是不断优化完善线上服务渠道。2020年年末中行的境外企业网上银行已覆盖51个国家和地区，支持14种语言，海外个人手机银行服务范围拓展至30个国家和地区；工行的境外网上银行、手机银行等线上渠道已覆盖41个国家和地区。二是创新推出专业化线上综合服务平台。中行的中银跨境撮合系统（GMS）搭建了境内外企业洽谈对接的线上合作平台；工行推出在线跨境贸易洽谈合作平台"环球撮合结算荟"；建行"跨境e+"国际结算服务平台的服务范围不断扩大。三是加快数字化跨境业务产品创新力度。主要银行的区块链贸易融资平台建设不断完善，一站式综合金融服务模式不断升级，金融市场服务的特色化定制化服务不断提升。例如，中行成功办理上海票据交易所跨境人民币贸易融资转让服务平台全球首单业务、全国首笔区块链跨境电子提单信用证；工行利用区块链技术研发了"中欧 e 单通"产品；建行推出 BCTrade 区块链贸易金融平台，交易量超 7 000 亿元，加盟同业 75 家。

亮点三：积极助力构建双循环新发展格局。双循环新发展格局的构建过程中，国内大市场将成为跨境金融业务发展的重要阵地，各大型银行积极优化服务策略，加快促进国内国际双循环。一是助力"一带一路"高质量发展。近年来各银行积极加快沿线国家布局和业务拓展，目前中行、工行的网点布局已分别覆盖了 25 和 21 个"一带一路"沿线国家和地区。2020 年年末，中行在"一带一路"沿线累计跟进境外重大项目超过 600 个，累计完成各类授信支持超 1 851 亿美元；工行已累计支持"走出去"和"一带一路"项目 400 多个。二是持续加大对人民币跨境使用的推广。中行推出"互联网+跨境人民币结算"，持续加大对第三方支付机构跨境人民币结算支持力度；工行以重点企业跨境人民币服务场景为切入点，推进大宗商品、对外承包工程领域的跨境人民币全流程闭环使用。2020 年，中行、工行、建行、交行、农行分别办理跨境人民币结算量 9.20 万亿元、7.2 万亿元、2.17 万亿元、2.03 万亿元和 1.73 万亿元，合计同比增长 26%。三是积极对接自贸区、粤港澳大湾区等对外开放新高地。主要银行积极为进博会、广交会、服贸会等提供综合金融服务支持，并积极抢抓自贸区、大湾区等发展机遇拓展业务。工行推出"湾区账户通"等大湾区民生便利化产品，中行在北京、湖南、安徽、浙江等四地率先拓展自贸区业务。

亮点四：进一步完善境外机构管理机制和组织架构。中行致力于打造高效扁平的矩阵式管理、差异化经营模式，主要举措包括深化东南亚和欧洲等境外区域总部管理和建设，优化欧非银团中心的运营管理模式，提升各海外信息中心服务水平等。同时，实施境外机构分类管理，制定差异化发展策略，提升境外机构可持续发展能力与集团协同效能。建行推进伦敦机构整合工作，将存量业务有序向伦敦分行划转。工行以卢森堡设立的工银欧洲为主体，持续推进欧洲业务整合和系统性管理工作。

五大行国际化未来发展建议

全球经济金融形势发生深刻变化，中国银行业应克服挑战、紧抓机遇，持续推动国际化业务高质量发展，助力构建双循环发展新格局。

一是助力双循环发展新格局，提升金融服务水平。中国银行业应充分依托国内大市场，坚持"立足中国、服务全球"，深入研判当地经济金融市场情况，结合我国与各国双边关系动向，根据各海外市场的特定情况，及时优化各境外市场的资源投入、经营策略和资产业务结构。应坚定不移服务国家战略，全面服务"走出去"客户，深挖客户全球化发展需求；发挥海外机构布局优势，将"引进来"客户的先发优势转化为价值创造。要紧抓粤港澳大湾区、上海国际金融中心、海南自贸港等建设机遇，继续做强亚太地区市场，发掘东南亚、南亚地区跨境贸易优势带来的跨境联动业务需求。要做稳"一带一路"沿线国家市场，支持国际产能合作、第三方市场合作，在审慎评估国别风险的基础上，有选择地参与商业可行项目。

二是结合内外部环境变化，优化国际化布局。当前五大行的国际化布局已相对完善，中行、工行、建行基本与国际大型银行布局水平相匹配；交行、农行初步形成了覆盖主要国际性、区域性金融中心和双边往来密切国家（地区）的跨境金融服务网络。疫情后全球化发展面临产业链重塑、逆全球化抬头等挑战，区域内的跨境经济金融合作将更加紧密，各银行应充分利用"一带一路"、RCEP、中欧全面投资协定等发展机遇，有侧重地优化国际化布局。除五大行以外，参与国际市场的金融机构越来越多，例如股份制银行及保险公司、证券公司等非银机构积极拓展海外布局。在"走出去"市场竞争日益激烈的背景下，各机构应根据自身资源禀赋和经营优势，有针对性地实现错位布局，助力形成协同发展、差异化竞争的中国金融业国际化布局体系。

三是加大科技、人才投入，增强跨境金融服务的精细化程度。全球低利率环境长期持续的背景下，非利息收入将成为银行国际化的重要收入来源。近年来五大行境外机构的非利息收入占比逐步提高，但仍以手续费佣金收入、自营投资收益、汇兑收益等为主。各银行应充分调动集团牌照和机构资源，加快发展财务咨询、投资银行、财富管理等轻资产综合化业务，进一步丰富多元化境外机构收入来源，提升境外机构综合金融服务能力。加大对境外业务的科技与人才投入，对成效较好的金融科技应用试点业务要加大推广力度，如区块链贸易融资平台、人工智能在反洗钱合规工作中的应用等，不断提升境外机构金融服务效率和质量。

四是完善境外机构管理与考核机制，提升境外机构经营效率。目前中国银行业在境外机构布局方面多以"插旗设点"式分散布局为主，尚未形成全球一体化、集约化的管理架构。建议结合英国脱欧、中美关系变化等外部环境动向，动态调整境外机构布局，持续推动对欧盟、东盟等区域内的境外机构整合工作。积极打造以客户为中心的全球客户经理制度、全球统一授信平台、全球客户分层管理体系等，加强境外机构信息沟通和资源共享水平，提升全球一体化综合服务效率。加强对重点境外市场的国别研究和经济金融风险研判，探索境外机构差异化管理考核体系，强化境外机构实现因客、因机构、因人的差异化业务发展模式。加强对境外机构EVA、RAROC等考核要求，对经营情况长期恶化的境外机构可及时考虑调整业务策略、退出市场等。

材料5：商业银行的数字化转型[①]

随着以5G、区块链、物联网、大数据、云计算、数字孪生、人工智能等数字科技为引领的第四次工业革命的兴起，产业互联网发展进入快车道，居民消费转向线上并呈现个性化、定制化、多元化的趋势。为了把握这个短暂的转型窗口期，大部分商业银行都纷纷进行数字化转型，其对于数字化转型的本质、难点仍在探索阶段。因此，笔者以在商业银行的实际管理经验为基础，借鉴智能工业数字化的历程，探讨商业银行数字化转型的实际方法。

① 罗勇. 商业银行的数字化转型 [EB/OL]. (2022-01-25) [2022-12-21]. https://baijiahao.baidu.com/s? id=1722903962457977196&wfr=spider&for=pc.

数字化转型的本质：数据流动的自动化

信息技术爆发式进步对商业银行的本质影响，是将商业银行置于不确定性的环境中。数字科技直接拉近了银行与客户之间的距离，在竞争激烈的互联网环境下，银行必须在金融交付方式上满足客户个性化需求，以此获取、激活并粘住宝贵的客户资源。在数字时代，银行必须以有限的人力、财务、研发等资源，以创新的金融服务快速响应客户不确定的金融需求。对于任何一家银行来说，资源都成了最为紧缺的要素，只有提高资源的配置效率，才可能缩短产品研发周期、提升服务体验、敏捷预测金融需求等。因此，在不确定性的环境中，银行竞争的核心就是资源配置效率的竞争。

资源配置的背后，是银行在研发、设计、交付、定价、客服、营销等每一个环节的决策。在数字时代，决策是否智能，决定了资源配置效率的高低。此处"智能"，是指一个主体对外部市场环境的变化作出响应的能力。以智能制造为参考，美国 NSIT 强调智能制造解决的三个基本问题是：差异性更大的定制化服务、更小的生产批量、不可预知的供应链变更，其本质就是响应外部环境的不确定性变化。

银行的智能决策，不仅仅是物理世界中看得到的机器设备自动化，还表现为虚拟世界中看不到的数据流动的自动化。数据流动的自动化要求实现"五个正确"，即把正确的信息，在正确的时间，用正确的方式传递给正确的人，以此为依据做出正确的决策。例如，客户需求信息被采集之后，在银行的经营管理、产品设计、体验设计、产品研发、产品测试、产品维护等每一个环节流动，信息不断被加工、处理、执行，进而实现在正确的时间将正确的数据以正确的方式传递给正确的人和机器。正是信息技术、物联网、大数据等数字科技的进步，保障了数据流动的自动化，从而帮助银行构建更加高效、低成本、精准、科学的智能决策体系。

基于以上分析，商业银行数字化转型的根本动机，是以数据流动的自动化来化解复杂环境的不确定性。传统机器设备的自动化替代了体力劳动，数据流动的自动化则替代了脑力劳动。判断银行内部决策是否智能，就是看在数据流动的每个环节，是不是需要越来越少的人参与。基于智能决策的要求，数据流动的内涵也有了巨大的变化，过去的数据流动是基于文档的流动，今天的数据流动是基于模型、风控、反欺诈、交易要素的流动。因此，商业银行数字化转型的本质可以定义为：在"数据+算法"定义的世界中，以数据流动的自动化化解复杂系统的不确定性，对外部的环境变化作出高效响应，最终目的在于提高资源配置的效率。

数字化转型的最大难点：集成应用困境

数字化集成的本质，是不同业务系统之间的数据能够实现互联、互通、互操作。集成是智能制造的核心概念，德国工业 4.0 提出三个集成（横向集成、纵向集成、端到端集成），中国工业和信息化部提出两化融合的四个阶段（基础建设、单向应用、综合集成、创新引领），都在强调将单向应用系统打通。集成之所以对银行数字化转型同样重要，是因为银行信息化的投入和收益并不是线性相关的，收益只有在投入跨越了某一临界点之后才会呈现指数化增长。因此，银行数字化转型从单向应用、企业级集成、产业金融链集成到产业金融生态集成，只有在集成跨越了某一拐点之后，数字化转型的效益才能体现出来。如果说，工业互联网所要解决的核心问题是在产业链和产业生态层面上构建一个新的数字化转型的体系，那么当前银行核心系统下移与分布式系统上行所要解决的核心问题是在金融交易服务与金融生态服务上构建一个新的数字化转型体系。遗憾的是，当前所能提供的商业银行数字化转型的解决方案，更多针对的是单向应用。

正如"中等收入陷阱"一样，从单向应用迁移到集成应用将面临诸多挑战，我们称之为"集成应用陷阱"或"集成应用困境"。无论是在智能制造领域还是金融科技领域，真正实现内部集成是非常困难的。基于对国内十多万家企业集成水平的评估，能够在产品设计、工艺设计、生产制造、生产过程控制、产品测试、产品维护等环节打通的领先企业数量非常有限。基于对国内外一万多家商业银行集成水平的评估，能在金融产品需求、研发、测试、上线、营销、风控、反欺诈、API 对接、ISV 等环节打通的领先银行数量同样非常有限。但是国内一些互联网银行，如网商银行、微众银行，已经成为商业银行数字化转型的标杆企业。互联网银行能够跨越集成应用困境，主要因为天生具备互联网生态基因，在建设产品体系时有集成的意识，且多以 C-Bank 模式从零开始建设，集成难度相对较小。

集成应用困境的核心矛盾是企业全局优化的需求和碎片化的 IT 供给之间的矛盾。当前商业银行竞争的核心是资源优化配置效率的竞争，需要在更大的范围、更广的领域、全流程、全生命周期、全场景推动数字化转型，只有实现全局集成、全局优化，才能创造更多的价值。但是当前商业银行的 IT 供给依然是碎片化的，这源于过去 60 年里碎片化的 IT 供给史，无论是核心系统研发，还是金融产品研发，解决问题的基本思路都是先解决局部问题，再把一个点的问题拓展为一个线的问题。碎片化供给的思路延续至今，导致当前商业银行往往出现几百套相互孤立的"烟囱式"产品系统，能够实现开放式的银行体系只是凤毛麟角。商业银行数字化转型，不仅需要点、面的解决方案，更需要一个生态级别的解决方案。

"数字化转型 2.0" 商业模式解决方案

当前商业银行的核心系统、产品系统已经变得越来越复杂，而传统 IT 技术架构解决方案与支撑复杂产品系统的要求差距越来越大。为解决企业全局优化的需求和碎片化 IT 供给的基本矛盾，商业银行必须在边缘计算、云计算、移动端架构体系之上构建一套新的商业模式解决方案，即"数字化转型 2.0"。如果说"数字化转型 1.0"是基于传统 IT 架构和桌面端，那么"数字化转型 2.0"是基于边缘计算、云计算、移动端为代表的 IoT 的新技术渠道。

"数字化转型 2.0"可以划分为需求端、供给端、供需端、数据价值四个层面。在需求端，银行不再基于相对确定的需求来实现低成本、高效率，而是基于更加个性化定制、碎片化的不确定性需求，进行商业模式创新（包括业务创新、产品创新、商业模式创新、组织创新）。在供给端，面向流程、面向局部的封闭技术体系已不够，需要构建一个面向角色、面向场景、面向需求、全局优化的开放技术体系。在供需端，交付软硬件不再是全部任务的结束，而是运营工作的开始，和客户一起运营为客户的客户提供更有价值的解决方案。在数据端，围绕数据价值实现层面，包括业务数据化和数据业务化两个层次，即在数据底座之上，基于客户实时需求，利用基于云的技术中台、业务中台、数据中台快速构建与迭代解决方案。

商业银行原有技术体系复杂，在实现"数字化转型2.0"时，必须解决原有架构体系向新架构体系迁移的问题。以工业互联网为参照，工业互联网把工业的技术、经验、知识、最佳实践等封装为各种各样的组件，通过提高共性技术知识的沉淀与复用水平，重构工业知识创造、传播和应用的新体系，降低了创新的成本和风险，提高了研发生产服务的效率。商业银行将传统架构体系向"数字化转型2.0"迁移，可以按照以下四个步骤执行：一是解构数据，不断地用软件去解构和分解当前产品系统的数据；二是构建微服务池，基于数据组件，构建新的微服务池；三是链接平台，针对金融产品解决方案，调用和链接相关微服务；四是重新构建一个面向角色、面向场景的App。"解构—微服务池—调用—面向场景App"体系也将员工从重复性工作解放出来，使其可以投入精力和时间从事创造性的工作。

"数字化转型2.0"的未来，是构建一个虚拟的数字"孪生世界"。在虚拟世界里，商业银行可以更加高效、低成本、精准地模拟现实世界，智能地做出决策，并将决策结果反馈到现实世界，最终迈向零成本试错之路，最优化地响应不确定性环境。

材料6：商业银行数字化转型——路径与策略①

由《银行家》杂志社主办的"中国金融创新论坛"暨2021中国金融创新成果线上发布会在京召开，本次论坛主题为"银行数字化转型：路径与策略"，在主题"中小银行数字化转型的实践探索"的圆桌论坛环节，中央财经大学中国互联网经济研究院副院长欧阳日辉教授主持了圆桌论坛，与商业银行数字化转型的实践者进行了专业探讨。

在主持这场精神盛宴中，笔者相当于开展了一场广泛深入的调研，对商业银行数字化转型有了较全面的了解。归纳起来，近年来我国商业银行数字化转型达成了以下共识，或者说实践者大都在认识上趋同，认可这些数字化转型的一些"规定动作"。

第一，做好银行数字化转型的顶层设计。数字化转型是毋庸置疑的问题了，需要讨论的是如何进行转型。目前，我国商业银行数字化转型处于起步阶段，商业银行数字化转型是一个渐进的过程，需要充分认识转型的趋势和发展的规律，数字化转型需要与业务战略保持一致循序渐进。数字化转型是一个全局性的工作，数字化转型的顶层设计非常必要，大部分银行在推动数字化转型的过程中都始终"战略先行"，制订包括IT系统架构、数据治理、业务与科技融合等方面的顶层规划。一些银行成立了数字化转型领导小组，保障数字化转型规划顺利实施。数字化转型应该因地制宜，根据每个银行的历史发展、资源禀赋、人才集聚等情况，制定与业务发展方向一致的发展策略，打造商业银行特色数字化转型之路。区域性银行将逐渐回

233

---

① 欧阳日辉商业银行数字化转型——路径与策略［EB/OL］．(2021-12-01)［2022-12-21］．https://bai-jiahao.baidu.com/s？id=1718993237200420198&wfr=spider&for=pc.

归本源、服务地方，结合地域特色和客群特点，从夯基础、重体验和拓生态三个方面推动转型，打造成为经营特色化、内外敏捷化、全域智能化的区域数字银行。

第二，数字技术和数据要素双轮驱动业务创新。大部分银行的数字化转型路径是：建设两大体系，提升"平台+数据+模型"基础能力，实现"系统化、信息化、智能化"。加强科技能力体系和数据综合利用能力体系建设，通过数字化转型创新金融产品服务，优化数据应用系统和业务应用系统，提升数字化营销、运营和风控能力。"数据治理"能力正成为银行业开展各项业务的基础，是银行数字化转型的"必修课"，银行高度重视推动内外部数据的互联互通和有效整合、提升数据创造价值的能力，解决数据不可知、不可控、不可取和不可联等痛点。数据体系的建设也包括私域流量的使用，比如，西安银行用企业微信搭建了私域流量平台，尝试社群运营。数据体系建设与能否做到市场下沉密切相关，向农村金融市场求发展面临的最大考验是农村的数据不全，由此影响到客户维护、客户体验提升、风控等方面。未来银行需要基于数据建立完善的客户价值判断标准和体系。

第三，金融业务比数字技术更重要。在数字化转型中经常遇到的问题是，技术部门是听业务部门的，还是业务部门按照技术部门的设计去开展业务。其实，商业银行数字化转型的实质是技术和数据驱动的业务转型，技术要服从和服务于业务，运用技术重塑业务模式。比如，郑州银行把数字化转型的目标设为银行的业务提升和商业模式重塑，成立敏捷小组改善跨部门协调问题，比如，包括人工智能在内的很多金融科技逐渐成为银行的标配技术，但在实践中绝非仅仅技术驱动，而是基于业务上的定位，结合业务驱动，后面是科技的支持，需要考虑业务发展如何与各类智能技术的融合，由点到面推广各类应用，将智能方案逐步用在业务操作流程中。银行打造科技能力可以借助外部力量，与科技公司合作建设低成本、分布式可扩展、满足信创要求的信息化基础设施，打造快速可获得的、有弹性、数字化和智能化的基础设施能力。但是，银行的业务创新能力和风控能力建设，必须牢牢掌握在自己手中。

第四，构建线下线上融合的金融生态圈。打造开放共赢的金融生态圈，构建场景金融，是银行拓展业务的主流方向。主要的做法有两种：一种是银行依托衣、食、住、行、医、学等生活场景和政务服务场景，通过建设开放银行将金融服务嵌入到客户的生活场景中，获取持续的用户流量，挖掘客户场景化需求，提高银行数字营销的精准化水平，提供全场景金融服务，做好本地化经营；另一种是与外部资源合作共建金融生态圈，通过与银行业金融机构、保险公司等金融机构和小额贷款公司、融资担保公司、电子商务公司、非银行支付机构、信息科技公司等非金融机构合作，构建无界融合、良性互动、优势互补的经营生态圈。

第五，数字化转型需要以人为本。银行的产品创新、业务开拓、管理创新都必须以人为本。数字技术的应用，实现线上化、自动化、智能化的精准营销，都必须以人的个性化需求、服务体验提升、科技向善为考量重点，打造"以人为本"的数字化营销体系，构建"以人为本"的金融生态。"数字化核心人才短缺"是制约银行数字化转型的最主要因素，地处三四线城市的中小银行亟需人才。数字化转型对银行员工素质要求提高，需要配套相应的一些机制来培养复合型、知识型和创新型数字化人才，营造鼓励创新、鼓励试错的氛围，进一步将个人的转变与科技/业务的转变结合起来，推进数字化转型的落地。比如，招联消费金融的科技人员占比约50%，科技背景人员占比70%以上，实际上已经偏于互联网科技公司性质了。

总的来说，与会的银行高管们都认同我国银行数字化转型仍处于起步阶段，都已经开展了数字化转型，并将数字化提升到了核心战略或辅助战略的顶层设计高度；银行高管们既对未来充满了希望，也对转型过程中的人才、数据、机制、对外合作等问题忧心忡忡。依靠中小银行自身解决数字化转型中面临的问题是有难度的，需要借助金融科技公司、咨询公司和科研院所的力量提供技术和数字化解决方案，合作共建高频场景生态，联合培养数字化人才。

材料7：商业银行全面推进数字化转型 科技能力须深度赋能金融业务[①]

"2022数字化转型发展高峰论坛"日前在北京举行，金融行业数字化转型成为其中一个重点议题。专家认为，全面推进数字化转型已经成为包括银行业在内的金融行业的共同目标，而近两年疫情的影响更是加速了银行业数字化转型的步伐。当前，包括市场、政策等多方面因素都在推动银行等金融企业全面推进数字化转型。

今年伊始，银保监会和央行相继发布了《关于银行业保险业数字化转型的指导意见》和《金融科技发展规划（2022—2025年）》，两份文件为包括金融业下一步数字化转型划定了方向和路径。业内人士认为，未来的银行数字化转型必须要充分释放数据的价值以及确保数据安全，与此同时，科技和业务层面的融合必须要更进一步，真正以技术赋能业务。

近年来，在金融科技浪潮之下，商业银行也加快金融科技创新，推进数字化转型。8月10日举行的"2022数字化转型发展高峰论坛"发布最新报告《新IT重塑企业数字化转型（2022年）》指出，据不完全统计，截至2021年年底，已有至少16家商业银行成立了金融科技子公司。年报显示各银行金融科技投入均有所加大，在投入金额方面，工商银行2021年在科技投入方面超过250亿元，位列榜首；在投入占比方面，招商银行2021年信息科技投入超过130亿元，占该行营业收入的4.37%，同比增长11.58%。

不过报告也指出，受经济环境和金融发展的影响，我国金融机构发展战略和定位较为趋同，各金融机构利用数字化技术在产品服务层面相似度高，业务同质化严重，难以形成独特优势的数字化产品在市场竞争中脱颖而出。现阶段，数字化转型对业务的底层逻辑及产品服务模式尚未发生根本改变，科技更多地改变了客户与银行的交互方式，如人脸识别、指纹识别、AI客服机器人等。

中国银行业协会首席信息官高峰指出，客户极致体验、产业数字金融、价值体系重构将成为银行数字化转型的重点方向和领域。洞悉客户感受，建立客户极致体验是银行数字化转型永恒的定律。他特别指出，产业数字金融是当前银行业数字化

① 经济参考报. 商业银行全面推进数字化转型 科技能力须深度赋能金融业务［EB/OL］.（2022-08-12）［2022-12-14］. https://baijiahao.baidu.com/s? id=1740908224343050492&wfr=spider&for=pc.

转型的重点方向，也是银行数字化转型新动能。产业发展与数字技术、数字金融的融合更加紧密，对金融服务提出了更高要求，产业数字金融势在必行。

值得注意的是，业内人士已经形成共识，那就是充分释放数据的价值以及确保数据安全是银行业数字化转型过程中需要重点关注的内容之一。

思特沃克新兴技术总监肖然在接受《经济参考报》记者采访时表示，在银行数字化转型过程中，要"真正把数据用起来"。他坦言，虽然现在很多银行建立了诸多的数据平台或数据库，但是有的只是停留在数据的归集上，并没有真正地把数据产品化或者深挖其内在的价值。

中国农业银行研发中心副总经理徐伟表示，要把数据当作最重要的要素之一，把数据的思路、方法和理念贯穿于经营管理的全过程，也要融入对产品的设计、决策、营销以及风控的方方面面。

他坦言，在把数据作为核心要素进行数字化转型的过程中，也面临一些挑战。包括在把数据作为生产要素深入人心、自觉融入工作实践的过程中，还存在比较大的困难；数据的获取和加工对系统提出了更高要求，但是目前距离数据友好型的系统还存在一定差距；虽然已经加大了人才培养力度，但是具备业务、技术和数据三方面能力的复合型人才目前还较为匮乏，与总体发展要求仍有较大差距等。

除了进一步挖掘数据价值之外，数字化转型过程中对数据安全的要求也非常之高。

2022年5月19日，中国银保监会就《银行保险监管统计管理办法（征求意见稿）》公开征求意见。该办法明确数据质量责任，强调数据安全保护，对接数据治理要求以及重视数据价值实现。"这其中提到，在推进数字化转型过程中，银行数据安全是一项重要的工作，银行基于数据资产和数据化技术开展金融创新，前提是构建从数据的产生、采集、传输、存储、使用、共享和销毁等生命周期的数据安全能力。所以，监管部门提出强化安全访问控制和全生命周期安全闭环管理，加强对于合作中的数据安全管理，关注外部数据源合规风险，明确数据权属关系，加强数据安全的技术保护。"高峰说，数据安全能直接影响到数字化转型能"走多远"和"走多稳"。

展望未来，接受《经济参考报》记者采访的业内人士普遍认为，这一轮银行数字化转型过程中，科技和业务层面的融合必须要更进一步。

肖然表示，银行数字化转型不能仅停留在银行技术条线的变革或者只是满足于建立一个新的企业IT架构等。其核心应是"以科技引领业务"，将科技能力深度赋能业务，从而引领业务的创新。"融合"应是下一步银行数字化转型的应有之义。

中关村科金业务咨询合伙人张庆对记者表示，数字化转型应该是业务驱动，而非技术驱动。从转型的方法论来看，需要从企业架构设计入手，特别是业务流程规划和梳理，需要IT团队深入理解银行自身的业务场景特征、客户特点及模式等问题，根据问题提供解决方案。仅依靠专精的IT团队单打独斗，或者仅对系统进行版本更新，很难实现数字化转型。

第六章
补充性货币与人民币国际化

【本章学习目的】

通过本章学习，你应该能够：
- 掌握人民币国际化的发展过程。
- 理解人民币国际化面临的挑战。
- 分析补充性货币对人民币国际化的相关性。
- 掌握补充性货币对人民币国际化的重大影响和作用机制。

** 引导案例 **

2021 年 3 月，主题为"迈上现代化新征程的中国"的中国发展高层论坛隆重举行。在会上，北京大学国家发展研究院副院长、北京大学数字金融研究中心主任黄益平就"数字货币的前景"这一主题进行了发言分享。谈及数字货币和人民币国际化的关系问题，黄益平认为，人民币数字化不等于人民币国际化，但在将来推进人民币国际化的过程当中，数字化货币的推出对于人民币国际化是有帮助的。"因为你到海外去，虽然钱可以放在你的电脑里或者是拿着你的纸版人民币到国外去，如果没有被普遍地接受，带到国外是没有用的，它不等于是人民币国际化，这两者之间其实没有直接的关系。但我们的数字货币推进进度已经是非常快的了。"黄益平说。

黄益平还指出，在跨境贸易和投资结算方面，将来如果对外推进人民币国际化的时候，假如我们能用数字人民币，也许效率会更高，接受起来相对来说会更加容易。"但我们从现在这一步到那一步还有比较大的距离，即便从数字人民币这个角度来说，因为我们现在的数字人民币主要还是在零售领域，是小的一些支付，我们讲的人民币跨境的贸易和结算其实更重要的是批发的领域，所以下一步还有更多的要做。"黄益平表示。黄益平认为，我们要参与那个竞争，还有很多门槛要跨过去。数字人民币可以到国外去，但能不能在国外发挥作用，取决于我们的人民币有没有国际化。

1. 你认为人民币国际化面临哪些机遇和挑战？我们应当如何把握机遇，应对挑战？

2. 请你举例说明补充性货币对人民币国际化的促进作用？

3. 请谈谈补充性货币对人民币国际化有无负面影响？为什么？

第一节　人民币国际化的发展阶段与历史

一、人民币国际化的发展历史

众所周知，国际货币体系的变革根源于国际政治、经济格局的调整，每个国家都在进行着无休止的博弈和竞争。而各国综合实力和国际地位的变化，是影响其法定货币国际化进程的重要因素。从货币史的角度来看，货币实现国际化必须具备以下条件：第一，货币发行国具有货币国际化的意愿。从货币史上看，并不是所有的国家（地区）都支持其货币国际化，有的国家（地区）为了实现某些政治战略，甚至采取各种措施限制货币的国际化发展。因此，只有货币发行国支持其货币国际化，才能保证货币国际化迈出成功的第一步。第二，货币发行国具有长期稳定的政局。只有具备稳定的政治环境，货币发行国才能具备取得国际政治的议价能力和影响力，有实力建立和维护货币的核心地位。第三，货币发行国具有较强的经济实力。主要体现在货币发行国的经济增长快、经济结构优化、产业布局合理、经济贸易体量大等几方面。第四，货币具有稳定的币值，货币发行国的通货膨胀率较低且相对稳定。只有具备稳定的币值，民众才会对该货币具有乐观的信心，该货币在全球金融市场中才能顺利流通，其他国家也才会认可和接受该货币。第五，货币发行国具有较完善、成熟、开放的金融体系，金融交易频繁而活跃，金融产品丰富多元，二级市场发达，能满足该货币的短期和长期需求。第六，货币发行国能获得其他国家的支持。货币国际化能否顺利实施，其他国家的支持和配合是一个重要因素。随着金融全球化的不断加深，各国的合作和互动也日益频繁。一国的货币如果能得到其他国家广泛的认可与使用，就能够走进国际金融舞台的中心。

此外，一国货币如果具备了以上的货币国际化条件，也并不代表其货币国际化一定能获得成功。货币国际化并没有固定的实现模式和成功路径，每个国家的国情不同，实现货币国际化的模式和路径会存在差异。同时，货币国际化产生的效应也会不同。因此，虽然前有英镑、美元、欧元和日元的国际化先例，但人民币要实现国际化，并不能照搬照抄他国的货币国际化经验和模式，必须要结合我国独特的国情和实际发展水平，探索具有中国特色的人民币国际化模式和路径。

当前，人民币国际化取得了一定的成绩。但人民币国际化不是一蹴而就的，而是一个长期的、渐进的过程。要使人民币的国际化迈向新的台阶，就必须对人民币国际化的现状有充分的了解和反思，从而探索出推动人民币国际化深入发展的内在客观规律。

我们认为，人民币的国际化进程可以分为以下阶段：

（一）人民币国际化的起步阶段

众所周知，货币国际化的前提条件是货币的可兑换。因此，人民币的国际化也是随着人民币可自由兑换的逐步实现开始发展的。在改革开放初期，我国边境地区居民与周边一些国家就存在着地下边境贸易。当时的交易方式以物物交换为主，货币并没有发挥出其交易媒介的职能。改革开放后，为发展地方经济，很多边境城市开始大力鼓励边境贸易的发展。随着边境贸易规模不断扩大，交易结算货币的问题被日益重视。20 世纪 90 年代初，我国政府陆续与俄罗斯、越南、蒙古等周边国家签订双边边境贸易本币结算协定。这促进了人民币经常账户的可兑换，人民币首次在境外发挥了货币的职能。1996 年 12 月 1 日，我国宣布正式接受国际货币基金组织第 8 条款，实现经常项目下人民币的自由兑换。按照条款要求，我国取消了对经常性支付或转移的限制，包括经常性国际交易支付和转移、所有无形贸易的支付和转移等。经常项目可兑换的实现是推进中国外汇管理体制改革的重要标志，也为汇率市场化改革提供了原动力。

更早之前，作为资本项目自由兑换的必要前提，我国汇率制度改革也在稳步推进。1994 年，人民币汇率市场化改革迈出了标志性的一步。我国正式结束了官方汇率与调剂市场汇率并存的时代，开始实行以市场供求为基础的、单一的、有管理的浮动汇率制度。同年 4 月，银行间外汇交易市场正式运营。各外汇指定银行在中国人民银行公布汇率的基础上，依据外汇市场供求情况可在一定的幅度内调整挂牌汇率。与此同时，境内企业和个人不再划分外汇留成和上缴，而是采取强制的银行结售汇制。1994 年的"汇改"为人民币国际化的起步创造了前提条件。

1997 年亚洲金融危机爆发。这次金融危机对中国经济是一次严峻的考验，也对亚洲国家特别是美元化程度较高的东南亚国家产生了重大冲击。中国政府宣布"人民币不贬值"，一些东南亚国家由于对美元产生了信任危机，开始将人民币纳入外汇储备，亚洲区域金融合作也迈上一个新台阶。这为刚刚开始周边化的人民币开启了向区域化迈进的大门。在朝鲜、越南、蒙古等国境内，人民币的接受程度和被认可度日益提升。中国在这场金融危机中充分展现出"有担当、乐助人"的大国风范和强大的抗冲击能力，人民币的世界声誉空前提高，为人民币国际化的顺利起步创造了有利的契机。

（二）人民币国际化的逐步推进阶段

2000 年 5 月，东盟与中日韩在原有东盟国货币互换协议的基础上，建立了"10+3"的区域性货币互换网络协议，即《清迈倡议》（Chiang Mai Initiative）。《清迈倡议》实际上是建立了一个东盟和中日韩共同参与的美元资金池，在协议成员国受到国际金融危机冲击而急需国际流动性时，可以通过共同储备基金得到援助。《清迈协议》签订后，东亚货币合作机制不断完善。尽管东盟与中日韩组建的共同储备基金仍然是以美元为载体，但这种外汇储备共享机制减少了各国自身美元外汇储备的金额体量，是去"美元化"的一种有效机制，也为人民币在东亚地区的区域化减少了阻力。

2001 年 12 月 11 日，中国正式加入世界贸易组织。这一事件标志着人民币的国际化进程有了重要的突破和推进。加入世界贸易组织后，中国逐步实现货物贸易、服务贸易和贸易投资的自由化，更深程度地融入了世界贸易体系，贸易量迅速增长。而贸易量和贸易份额的提高，为人民币在全球发挥交易媒介职能提供了条件和基础。同时，世界贸易规则关于放松资本管制的规定也一定程度上倒逼着国内金融市场进一步改革和扩大开放，也为人民币走向资本项目自由兑换增加了外部推力。于是，中国货币当局在资本账户未完全开放的情况下，通过推出合格境外机构投资者（QFII）和合格境内机构投资者（QDII）制度，在风险可控的情况下打开了资本项目通道，对人民币国际化的平衡推进有着积极的作用。

与此同时，中国的汇率形成机制改革也在稳步推进。2005 年 7 月 21 日，中国人民银行宣布，自当日起，我国开始实行以市场供求为基础、参考一篮子货币进行调节、有管理的浮动汇率制度。人民币不再只盯住美元，而是参考一篮子货币。至此，人民币开始了长达十年的升值走势。在人民币稳步升值预期的引导下，人民币境外使用更加广泛。2007 年 6 月，第一只人民币债券在中国香港发行，中国香港作为人民币离岸金融市场的地位正式确立。2008 年 7 月，中国人民银行增设汇率司，并赋予汇率司"根据人民币国际化进程发展人民币离岸市场"的职能。这是中国官方首次正式提出"人民币国际化"的概念，人民币国际化的进程有序推进。

（三）人民币国际化的加速发展阶段

2008 年的次贷危机，使全球经济再次陷入动荡，人民币再次受到世界各国，特别是新兴市场经济体的认可和赞许。在此期间，人民币也趁势而起，在国际化的进程中大步向前。这一阶段主要的进展表现在跨境贸易人民币结算的实现、双边本币互换协议的扩大、资本项目开放的持续推进、人民币离岸市场的建立等方面。

2008 年年底，我国开始启动跨境贸易人民币结算，2011 年跨境贸易人民币结算范围推广至全国；2015 年，人民币跨境支付系统（一期）正式上线运行，人民币跨境结算基础设施建设取得重大进展；2016 年，中国人民银行全口径跨境融资宏观审慎管理覆盖全国，人民币跨境结算风险监测和保障机制初步建立。

同时，中国积极推动与世界范围内的各国的双边本币互换协议的签订。双边本币互换机制的推进一方面了降低了中国与对象国双边贸易的汇率风险，稳定了中国与对象国之间的经贸联系；另一方面也进一步扩大了人民币在国际贸易中的使用和接受范围，有利于提高人民币的国际影响力。

另外，我国资本项目开放遵循着"先长期后短期、先开放流入后开放流出"的基本原则稳步推进。从政策框架上，主要是围绕合格境外机构投资者（QFII）、合格境内机构投资者（QDII）、境外直接投资（ODI）和外商直接投资（FDI）的深化展开。2011 年，QFII 制度得到了进一步升级和深化。中国人民银行和中国证券业监督管理委员会下发了关于开展人民币合格境外机构投资者（RQFII）的通知，准许合格境外机构投资者直接用人民币投资于中国境内，也可以将在海外募集的人民币资金在一定规模内投资于中国境内证券市场。RQFII 的开通为人民币回流中国境内拓展了渠道，向境外人民币持有者提供了更多的投资选择和投资收益方式，完善了人民币离岸和在岸市场的循环路径，间接支持了人民币离岸市场的发展，对人民币国际化起到了很好的推动作用。2015 年 12 月，中国人民银行印发《关于人民币合格境内机构投资者境外证券投资有关事项的通知》，正式推出人民币合格境内投资者（RQDII）制度。QDII 和 RQDII 在投资主体和投资方向上与 QFII 和 RQFII 正好相对，我国境内机构经过相关部门批准后，可以在一定额度内通过将人民币兑换成外币或者直接使用人民币投资于海外的股票、债券等资本市场。合格境内机构投资者和人民币合格境内机构投资者制度提高了我国金融和资本市场的向外开放度，与合格境外机构投资者和人民币合格境外机构投资者形成了外汇和人民币资金的双向流动闭环，有利于人民币国际化的均衡和长远发展。此外，我国也在积极推进人民币在我国企业对外直接投资（ODI）和外商直接投资（FDI）中的使用。2011 年，中国人民银行对因我国境内企业境外直接投资和外商直接投资而产生的人民币结算业务办理流程做出了规定和细化。境外主体在我国境内进行投资活动所涉及的人民币结算业务的办理手续和资料进一步便利化和简化。这一举措增强了人民币作为投资货币的职能，推进了人民币国际货币职能的演进。人民币外商直接投资和 QFII、RQFII 共同构成了境外主体以外币和人民币投资中国市场的完整的制度框架体系。

2014 年，在中英两国货币当局的积极磋商下，中国人民银行授权中国建设银行伦敦分行成为英国的人民币业务清算行。伦敦人民币离岸中心的发展对于人民币国际化意义深远。多年来，中国香港作为最重要的人民币离岸市场，为境外人民币资金的循环提供了支持，既为防范国际金融风险对国内实体经济的冲击提供了缓冲区，也为金融市场的双向开放开通了安全的通道。但伦敦离岸市场的建设，标志着人民币在亚洲以外的区域获得了肯定和认可，使人民币离岸金融产品更加适应国际投资者的需求。

（四）人民币国际化的调整巩固阶段

2014 年，美元重新进入新一轮的上涨周期。从 2014 年下半年开始，市场对美元升值、人民币贬值的预期不断增强。2015 年"8.11 汇改"后，人民币汇率的决定完全交给了做市商。然而市场化改革并没有提升市场对人民币的信心，反而使人民币在一个不短的时间内持续贬值。受此影响，从 2015 年第四季度开始，人民币国际化相关指标出现下降趋势。中国人民大学发布的数据显示，截至 2016 年四季度，人民币国际化指数（RII）为 2.26，比 2015 年第四季度下降近三成，人民币国际化进入了调整巩固期。

2017 年，人民币兑美元汇率走势出现反转，中国经济增长也好于预期，人民币国际化提速窗口期重新打开。2018 年，人民币国际化指数（RII）波动加剧，二季度上升至 4.91 的历史新高，一度超过英镑和日元，位列全球第三大国际货币。但下半年快速回落，至 2018 年年末，RII 为 2.95，同比下降 0.18 个百分点，但仍处于历史较高区间。2019 年，人民币支付货币功能不断增强，投融资货币功能持续深化，储备货币功能逐渐显现，计价货币功能实现一定突破，人民币国际化再上新台阶。

2020 年，面对新型冠状病毒感染疫情，中国政府有效统筹疫情防控和复工复产，人民币资产在一定程度上成为"安全资产"。人民币跨境使用仍保持韧性并呈现增长，人民币国际化在特定的历史条件下，取得了新进展。2021 年以来，人民币跨境收付金额在上年高基数的基础上延续增长态势。2021 年，银行代客人民币跨境收付金额合计为 36.6 万亿元，同比增长 29.0%，收付金额创历史新高。人民币跨境收支总体平衡，全年累计净流入 4 044.7 亿元。环球银行金融电信协会（SWIFT）数据显示，人民币国际支付份额于 2021 年 12 月提高至 2.7%，超过日元成为全球第四位支付货币，2022 年 1 月进一步提升至 3.2%，创历史新高。国际货币基金组织（IMF）发布的官方外汇储备货币构成（COFER）数据显示，2022 年一季度，人民币在全球外汇储备中的占比达 2.88%，较 2016 年人民币刚加入特别提款权（SDR）货币篮子时上升 1.8 个百分点，在主要储备货币中排名第五。2022 年 5 月，国际货币基金组织（IMF）将人民币在特别提款权（SDR）中权重由 10.92%上调至 12.28%，反映出对人民币可自由使用程度提高的认可①。

二、基于国际货币功能视角看人民币国际化的进程

根据国际货币基金组织（IMF）的定义，货币国际化的本质是以本币实现全面可兑换、资本项目完全开放为基础，以本国发达的金融市场为依托，通过本币流出与回流机制向全世界提供流动性的过程。由上述定义可知，人民币要成为真正意义上的国际货币，就必须同时扮演好贸易结算货币、投融资货币、储备货币这三种角色。也就是说，只有人民币具备了贸易结算货币功能、投融资货币功能和储备货币功能，人民币的国际化才能真正地实现。

（一）贸易结算货币功能

一国的货币国际化始于贸易项下的结算便利。货币的贸易结算功能主要包括贸易收付和计价货币两个方面。货币的贸易收付规模是实现计价货币的基础，而计价货币功能的实现可以促进人民币在各国贸易收付领域的广泛应用。

2009 年 7 月，中国人民银行等六部门联合发布《跨境贸易人民币结算试点管理办法》，标志着人民币走上国际化的道路。我国逐步解除跨境交易中使用人民币的限制，人民币的跨境使用在国际贸易和金融交易中都取得了显著的进展。2021 年，人民币跨境收付金额合计为 36.61 万亿元，同比增长 29.0%。其中，实收 18.51 万亿元，同比增长 31.3%；实付 18.10 万亿元，同比增长 26.7%，收付比为 1∶0.98，净流入 4 044.70 亿元，上年同期为净流出 1 857.86 亿元。人民币跨境收付占同期本外币跨境收付总额的 47.4%，较 2020 年全年提高 1.2 个百分点。2022 年上半年，人民币跨境收付金额为 20.32 万亿元，同比增长 15.7%，在同期本外币跨境收付总额中占比上升至 49.1%。

2021 年，大宗商品贸易领域人民币跨境收付保持较快增长。全年原油、铁矿石、铜、大豆等主要大宗商品贸易人民币跨境收付金额合计为 4 054.69 亿元，同比

---

① 以上数据来源于《2020 年人民币国际化报告》《2021 年人民币国际化报告》《2022 年人民币国际化报告》。

增长 42.8%。全锂、钴、稀土等新能源金属大宗商品贸易跨境人民币收付金额合计 1 005.63 亿元，同比增长 27.7%①。

由此可见，随着我国综合实力的不断提升和对外贸易的发展，人民币的贸易结算货币功能也有了很大程度的增强。

（二）投融资货币功能

投资和融资是进一步推进人民币国际化进程的关键。2020 年 5 月，中国人民银行等四部门出台的《金融支持粤港澳大湾区建设意见》，是金融市场开放推进人民币国际化的开端。

在直接投资方面，中国人民银行 2011 年发布《境外直接投资人民币结算试点管理办法》和《外商直接投资人民币结算业务管理办法》，促进了直接投资项下的人民币双向流动。在证券投资方面，人民币作为投资货币在我国证券市场上投资功能的实现与金融市场的开放程度密切相关。2021 年 9 月，中国人民银行宣布"债券通"（南向通）业务正式开通，标志着"债券通"实现了双向通车。此举有利于完善我国债券市场双向开放的制度安排，进一步拓展国内投资者在国际金融市场配置资产的空间。

在融资货币功能方面，融资属性是人民币对外输出的渠道之一。2021 年 10 月，深圳市和广东省政府分别在中国香港和中国澳门发行了首笔离岸人民币地方政府债券，实现了交易市场和发行人类型多元化的突破，填补了离岸政府债券发行的空白，是地方政府债券对外融资历史上的重要事件。在深圳市首发的 50 亿元地方政府债券中有 39 亿元为绿色债券，聚焦水治理、清洁交通等项目，是绿色金融支持低碳经济循环的国际化实践，体现了高水平、高质量的对外开放新格局。2022 年 2 月，中国人民银行通过香港金融管理局债务工具中央结算系统（CMU）债券投标平台招标发行 2022 年第一期和第二期中央银行票据，调节离岸人民币流动性，稳定市场预期。截至 2021 年年底，离岸人民币市场债券历年发行总规模达到 4 万亿元。自 2007 年首次发行债券至今，离岸人民币债券市场历经曲折前进的 15 年，正进入新发展时期②。

由此可见，人民币的投融资货币功能有较明显的加强，但各项功能的提升还具有发展不平衡的结构性差异，人民币作为国际金融市场融资货币的功能尚未充分发挥。

（三）储备货币功能

货币在各国的国际储备当中占主导地位，是货币国际化水平达到高水平的重要标志，是贸易功能和投融资功能的综合实力的体现，反映各国在真实的经济往来中对该种货币的刚性需求。据国际货币基金组织（IMF）数据，截至 2022 年一季度，全球央行持有的人民币储备规模为 3 363.86 亿美元，人民币在全球外汇储备中占比为 2.88%，较 2016 年人民币刚加入特别提款权（SDR）时提升 1.8 个百分点，在

243

---

① 以上数据来源于《2022 年人民币国际化报告》。
② 新浪财经. 中银研究：在双循环新格局中推进离岸人民币债券市场发展 ［EB/OL］.（2022-05-30）［2022-07-12］. https://baijiahao.baidu.com/s? id=1734240591794312088&wfr=spider&for=pc.

主要储备货币中排名第五位。据不完全统计，有 80 多个境外央行或货币当局将人民币纳入外汇储备①。

从以上数据可见，人民币作为储备货币的功能较 2016 年相比，有较大的提升。但以我国的综合国力和经济实力来看，人民币的储备货币功能还需进一步加强。

数据显示，截至 2022 年 4 月，人民币在环球同业银行金融电讯协会（SWIFT）系统中的占比为 2.14%，美元和欧元分别占 41.81% 和 34.74%。人民币在 IMF 官方外汇储备货币构成中的占比为 2.88%，美元和欧元各占 58.88% 和 20.06%。人民币在全球外汇交易总量中的占比为 2.2%，在全球国际银行业负债总额中的占比为 1.1%，在全球国际债务证券融资总量的份额占比为 0.3%，而在这些占比方面，同样是美元、欧元、日元等发达国家的货币遥遥领先。可见，作为一种新兴的国际货币，尽管与美元、欧元等发达国家货币仍有不小的差距，人民币已经在不同程度上充当国际性交易媒介、计值工具和价值储藏载体。

综上，不难看出，作为贸易结算货币，人民币在贸易收付方面的功能发挥相对充分。在投融资货币功能上，人民币在证券投资方面增长相对较快。在融资货币功能方面，人民币的债权融资有了较大突破，股权融资功能有所增强。在储备货币功能方面，人民币的地位有所提升，但其储备货币功能仍与我国的经济体量相差较大，还有较大的上升空间。此外，人民币的国际化进程中还存在诸多问题，如人民币跨境使用的规模不够稳定，境外非居民持有境内人民币金融资产数量波动较大，离岸金融市场人民币存款分化明显等。由此可见，人民币的国际化道路还长，任务还重，我们仍需继续努力。

第二节　人民币国际化的影响因素

要寻求有效推进人民币国际化进程的路径和方法，就必须分析影响人民币国际化进程的因素。我们认为，影响人民币国际化的因素很多，但主要因素有微观因素、宏观因素、技术因素这几个方面：

一、微观因素

（一）人民币的币值稳定性

货币币值的稳定性具有对内和对外两方面的含义。货币币值稳定的对内含义是指要保持物价稳定，维持较低的通货膨胀率，管好货币总闸门。对外含义是指要保持汇率在合理均衡的水平上且基本稳定。一国货币要充当国际货币，汇率稳定是其对外价值稳固的重要体现。汇率的频繁大幅波动，对一国货币的国际化发展有很大的负面影响。货币史表明，英镑和美元都是处于固定汇率时期成为国际货币的。欧元的崛起，也与其稳健的货币政策、相对稳定的内在购买力紧密相关。日元经历了

---

① 以上数据来源于《2022 年人民币国际化报告》。

广场协议后汇率的大幅升值以及亚洲金融危机后的大幅贬值，大幅度的汇率波动带来的悲观市场预期，使日元的国际化道路十分曲折。因此，人民币国际化进程要顺利推进，就必须使人民币汇率在合理均衡水平上基本稳定。为此，就应该增强人民币汇率弹性，加强跨境资本宏观审慎管理，引导社会预期，把握好内部均衡和外部均衡的平衡①。

（二）人民币的流动性

货币国际化需要满足其持有主体的流动性需求，尤其是跨空间和危机时刻的流动性安排。一国货币要提供国际支付的流动性需满足国际收支逆差的条件，这种逆差建立在本币结算逆差的基础上。英国和美国曾利用贸易逆差、对外投资和融资安排，鼓励银行机构对外提供贷款，为英镑和美元在境外的使用提供了流动性，并形成了有效的货币供给和境外留存。日元国际化也保持了长期的经常项目与资本项目"一顺一逆"的状态。因此，我们认为，推进人民币国际化的关键是增强其流动性。作为资产收益性、流动性、风险性的"三性"之一，人民币资产流动性是投资者最关注的人民币资产属性，因此提高人民币资产流动性就成为提升人民币国际化进程的趋势和方向。央行发布的《2022年人民币国际化报告》中指出，下一阶段要推动金融市场向全面制度型开放转型，提高人民币金融资产的流动性。提高人民币的流动性，是人民币国际化的制度保障、市场基础、有效途径和良好契机。

2022年6月22日，国际清算银行（BIS）发布官方新闻通告，宣布该组织已通过一项与中国人民银行共同制定的人民币流动性安排（RMBLA）。RMBLA是国际上第一个多边性质的人民币流动性安排。这一安排将以储备资金池计划的方式，向参与此安排的亚太地区中央银行提供流动性。根据这一安排，每个参与的中央银行须认缴不低于150亿元人民币或等值美元，存放在国际清算银行，形成一个储备资金池。这些央行可以在未来市场波动时寻求此安排项下的资金支持。这些中央银行不仅可以在此安排项下提取其认缴的份额，而且还可以通过国际清算银行运作的抵押流动性窗口借入额外资金，其最高可借入的额外金额相当于该中央银行在抵押流动性窗口所占的份额。该安排的首批参加方主要是亚洲和太平洋地区的中央银行，包括印度尼西亚中央银行、马来西亚中央银行、香港金融管理局、新加坡金融管理局和智利中央银行和中国人民银行。据悉，来自亚洲、非洲和拉丁美洲的一些其他经济体有意并正在积极准备加入此安排。

当前，全球经济金融正处于一个动荡时期，国际货币体系也正面临重大的调整与变革。人民币流动性安排（RMBLA）的设立，将有利于促进全球金融安全网建设、亚太地区货币金融合作与稳定和人民币国际化。RMBLA的设立，本身就是人民币国际化发展的最新进展，其意义堪比人民币加入特别提款权（SDR）货币篮子。RMBLA可以稳定人民币离岸市场的交易和汇率。随着有关规则和制度的逐步完善，借助不断增强的网络效应，预计将会有越来越多的中央银行参与进来。从长远看，当其规模足够大之后，由中国人民银行支持的RMBLA有可能在全球人民币体系中

245

扮演"最后贷款人"的角色，进而不断提升人民币在多元储备货币体系中的地位①。

（三）人民币的收益性

一国的金融市场越发达、流动性越强，其货币的流动性溢价和国内市场的短期利率越低，交易成本降低，从而收益会增加。由于这种货币的持有成本低，其信誉度、认可度、使用率、流通性都会大大提高，其国际化的进程也会加快。随着其国际化程度的提升，其流动性溢价和短期利率会进一步下降，从而形成货币运行机制和国际化推进机制之间的良性互动和循环。随着该货币的国际影响力的提升，一定规模的国际交易网络和社会关系网络也会逐步建立和完善，网络外部性和溢出效应也会进一步增加该货币的收益，促进货币国际化的发展。

环球银行金融电信协会（SWIFT）数据显示，人民币国际支付份额于 2021 年 12 月提高至 2.7%，超过日元成为全球第四位支付货币，2022 年 1 月进一步提升至 3.2%，创历史新高。央行发布的《2022 年人民币国际化报告》中显示，人民币在全球支付中的占比进一步提升，与我国外贸高景气度及人民币资产吸引外资持续流入的表现基本一致，而人民币在全球外汇储备资产中的占比稳步提升，同样反映了全球央行对人民币资产青睐有加。2022 年 5 月，国际货币基金组织（IMF）执董会完成了 5 年一次的特别提款权（SDR）定值审查，这是 2016 年人民币成为 SDR 篮子货币以来的首次审查。执董会一致决定，维持 SDR 篮子货币现有构成不变，即仍由美元、欧元、人民币、日元和英镑构成，人民币权重保持第三位，并将人民币权重由 10.92% 上调至 12.28%。这反映出国际社会对人民币可自由使用程度提高的认可，对中国改革开放成果的肯定，有助于进一步提升人民币国际储备货币地位，也彰显出人民币资产对国际资金的吸引力。

上述事实充分说明，由于人民币的收益性，人民币在国际金融市场中受到广泛的认可和肯定，人民币国际化的进程也在顺利推进。

二、宏观因素

（一）中国的综合实力

货币发行国的经济规模、综合实力是一国货币实现国际化的重要基础，也是一国货币信誉度和被接受度的重要保证。国际货币格局变化的背后体现了国际货币发行国综合实力的此消彼长。国际货币的交替更迭体现了国际政治经济中心区域的转移。货币发行国的综合实力包括该国的经济增长率、GDP 的水平、军事实力、科技发展水平、对外贸易投资的水平、国际分工中的优势地位和其在国际政治领域与货币体系中的话语权及影响力等方面。从货币史来看，英镑、美元、日元、德国马克的国际化进程都伴随着经济的高速增长和贸易额的持续增加。从历史的经验可见，人民币国际化进程的推进，也必须以中国综合实力的提升为基础和保证。人民币国际化是一个长期过程，是国家综合实力和金融市场发展的结果。人民币逐步走向国际化是我国国力增强和改革开放的历史必然，人民币国际地位提升，也反映出国际

---

① 张礼卿：理解人民币流动性安排的重要意义 [EB/OL]. (2022-08-05) [2022-07-18]. https://baijia-hao.baidu.com/s? id=1740306186814353468&wfr=spider&for=pc.

社会对中国经济发展的信心和对中国综合实力的认可。

（二）中国金融市场发展和资本开放程度

金融市场的深度、广度、流动性对货币国际化有着重要的影响。一个成熟开放、发达高效的金融市场对于提升非居民认可度、充分发挥本币的国际交易投资和储备功能、助推本币国际化具有十分重要的作用。从货币史来看，建立开放完善的金融市场是货币国际化取得成功的必经之路。在过去300年里，主导性货币发行国均包含重要的国际金融中心，拥有自由的国际金融市场。金融市场的发展，必然会促进国际金融中心的建立和开放，从而加速资本在国内和国际的自由流动。美元、英镑、日元、欧元的国际化发展都离不开以纽约、伦敦、东京、法兰克福等国际金融中心的有力支撑。而成功的货币国际化过程通常伴随着资本的自由流动和国内金融市场开放。目前，中国香港拥有全球最丰富的离岸人民币产品，是全球最大的人民币离岸业务中心，且中国上海的国际金融中心战略地位也日益凸显。中国金融市场的发展前景光明，为人民币国际化提供了良好的发展土壤和条件。

资本项目是指国际收支平衡表中的资本与金融项目，资本和金融账户是对资产所有权在国际流动行为进行记录。资本项目可兑换就是实现货币在资本与金融账户中各交易项目的可兑换。经常项目、资本项目是国际收支平衡表的主要项目，经常项目反映的主要是货物与服务贸易往来，资本账户包括资本转移和非生产、非金融资产的收买或放弃。简单而言，经常项目兑换就是指涉及货物与服务买卖时的人民币兑换，而资本与金融项目涉及的是投资、资本转移中的人民币兑换。资本与金融项目可兑换是货币国际化的必要条件和前提基础，两者可相互影响和相互促进。这是因为，资本项目的不可兑换会大幅增加该种货币的交易成本，阻碍外部持有者投资境内金融市场实现资产保值增值，从而成为货币国际化不可逾越的障碍。随着国际化进程逐步深入，资本项目可兑换成为国际储备货币必须具备的条件。货币的可兑换程度是衡量一种货币便利性程度的重要指标。按照国际货币基金组织定义，一国实现经常项目可兑换其货币即可称为是可自由兑换货币，但资本项目的可兑换程度更是决定一国货币能否成为国际货币的关键因素。以日元为例，1964年，日本实现经常项目可兑换。1980年，日元在资本项目开始放开限制，这成为日元国际化的重要标志。

就金融开放的程度而言，我国在经常项目已经放开兑换，但是资本与金融项目还有诸多限制。资本项目可兑换意味着一国取消对一切外汇收支的管制，居民不仅可以通过经济账户交易，也可自由地通过资本账户交易。所获外汇既可在外汇市场上出售，也可自行在国内或国外持有。资本性项目放开后，资本转移也就更加便捷了，人民币汇率可能会变得不稳定。随着我国金融市场的不断成熟，金融监管体系不断完善，抗风险能力也不断增强，资本项目也开始逐步放开。这说明我国有实力也有信心抵御资本项目开放带来的汇率风险，也体现了我国稳步推进人民币国际化的决心。2021年11月19日，央行发布2021年第三季度中国货币政策执行报告。报告中强调持续稳步推进人民币国际化，开展跨境贸易投资高水平开放试点，提高人民币在跨境贸易和投资使用中的便利化程度，稳步推进人民币资本项目可兑换。

（三）中国的国际贸易总量与结构

一国的国际贸易状况与该国本币的国际化程度及进程有着紧密的联系。一般来说，国际贸易规模对货币国际化有着积极的推动作用。一国的国际贸易总量越大，贸易结构越优化，交易范围和覆盖面就越广，该国货币的使用率和认可度就会越高。货币发行国在国际贸易中建立的贸易网络会促使该国货币在国际市场广泛流通。这种网络效应会使国家之间的贸易合作伙伴关系更加稳固，也会形成正向网络外部性的溢出效应，增加持有货币者的信心和乐观预期，降低交易成本和风险。而成本和风险的降低又会促使该货币在国际范围内使用率的提升，从而推进货币国际化的进程。货币史表明，货币国际化的早期阶段主要是依靠国际贸易来推进的，因此贸易因素对货币国际化非常重要。只有经济体具有强大的对外贸易实力，该经济体的货币才有可能成为国际贸易中的计价货币，从而构筑货币国际化的基础和条件。

需要强调的是，一国的国际贸易结构也是影响货币国际化进程的重要因素。我国是一个贸易大国，但在出口贸易中人民币的使用比例仍然偏低，在进口贸易中人民币又面临着美元的强势压力。这种情况在我国的国际贸易中长期存在，与我国的贸易结构有着直接的关系。我国在全球贸易价值链的分工地位中处于较低端，进出口的产品以劳动密集型和低附加值为主，这就决定了我国在出口贸易中的话语权较弱，也会阻碍人民币在国际贸易领域中的推进。只有不断优化我国的经济和贸易结构，加大创新力度，提高我国产品的技术含量和附加值，积极鼓励进口企业的人民币结算，才能够促进人民币在国际贸易中的更广泛使用。

《2022 年人民币国际化报告》中强调，发展外贸新业态新模式是推动贸易高质量发展，培育参与国际经济合作和竞争新优势的重要举措。为鼓励提供配套金融服务，中国人民银行会同相关部门先后出台多项政策措施支持离岸国际贸易、跨境电商、海外仓等外贸新业态新模式发展，引导银行和相关机构结合外贸新业态新模式特点，为激发市场主体特别是中小微外贸企业活力提供良好的营商环境。2022 年上半年，跨境电商人民币结算金额为 4 317 亿元，同比增长 20.7%。中国政府的这些政策和举措，都充分说明了中国为改善国际贸易环境、寻找国际贸易新优势做出了不懈的努力，也说明中国正通过促进贸易高质量发展，稳步推进人民币国际化的进程。

（四）历史上形成的网络外部性和路径依赖

网络外部性指连接到一个网络的价值取决于已经连接到该网络的其他人的数量。梅特卡夫法则（Metcalfe Law）提出，网络的效益随着网络用户的增加而呈指数增长，网络对每个人的价值与网络中其他人的数量成正比。从这个意义上来说，人民币在国际化的过程中形成的网络效益和价值，是随着国际金融市场上认可和使用人民币的用户数量增加而增加的。要进一步提升人民币的国际化水平，就需要尽可能地提高人民币的使用率。补充性货币的存在，能间接地增加人民币的使用率（如人民币与补充性货币的"捆绑营销"策略），从而实现推进人民币国际化进程的目标。其次，如何高效地推进人民币国际化的进程，寻找到合适的发展路径十分重要。人民币国际化的顺利推进，需要我们探索出适合中国实际国情、具有中国特色的发展路径。我们认为，运用补充性货币助力人民币国际化进程的路径，无疑是上佳之选。

三、技术因素

（一）离岸人民币市场的建立

离岸货币（Offshore Money）是指存放在货币发行国境外银行的货币存款，没有离岸的传统货币存款称为在岸货币（Onshore Money）。相对应地，经营离岸货币借贷和交易的金融市场称为离岸金融中心（Offshore Market or Offshore Center）。经营非离岸的传统货币借贷和交易的金融市场称为在岸金融市场（Onshore Market）。离岸货币市场能搭建境内外的资金循环渠道，满足境外货币使用的需求。相比在岸金融市场，离岸金融市场管制更少、市场化程度更高，能够形成货币的自我循环。离岸市场丰富的投资工具和渠道能够为货币提供充足的流动性，推动一国经济和金融的全球化。因此，离岸货币市场的发达程度，可以衡量该国货币的国际化程度，也是该国货币国际化顺利推进的重要物质条件。国际经验表明，全球主要货币的离岸市场规模都超过在岸市场，并且通过在离岸市场上的活跃交易，增强全球流动性，提升其国际地位。其中最具代表性的就是欧洲美元（Eurodollar）市场。欧洲美元市场从 20 世纪 60 年代开始在伦敦建立并迅速发展，逐步扩大美元的国际使用并加速美国资本的全球转移，从而建立了美元的国际货币地位。将货币兑换等投融资业务的主体放在离岸市场，顺应了货币国际化的市场规律。

人民币流入国际市场后也自然形成了外汇交易离岸市场远大于在岸市场的局面。2019 年以来，人民币外汇交易的七成发生在离岸市场。近年来，离岸人民币市场已经形成以中国香港为主，英国伦敦、新加坡、欧洲及东南亚地区多点并行的格局。人民币离岸市场体系在枢纽节点、产品种类、基础设施、规则建设上都得到了稳健的发展，显著提升了人民币在国际货币市场中的地位，对人民币国际化长期可持续的发展起到了积极作用。中国香港充分发挥其作为全球离岸人民币业务枢纽的作用。一方面，逐步扩大境外人民币资金池，通过完善离岸人民币清算枢纽设施，为全球人民币业务发展提供充足的资金保障；另一方面，不断丰富离岸人民币产品体系，通过与国际市场联动，配合中国整体金融开放部署，建立并促成人民币境外投资与交易。伦敦已经成为仅次于中国香港的全球第二大人民币离岸市场，具有人民币外汇交易中心的重要地位，在连接欧美市场、保证离岸人民币全天候运行方面发挥不可替代的作用①。目前，我国的离岸人民币市场还需要进一步增加投资产品种类，扩大市场规模和影响力，拓宽市场覆盖面，为人民币国际化的推进增加更多更大的新契机。

（二）跨境贸易投资结算的本币化

长期以来，基于经常项下的跨境贸易结算一直是人民币国际化进程的基础驱动力。近年来汇率波动有所加大，让越来越多企业认识到汇率避险和本币结算的重要性。对于外贸外资企业来说，在跨境贸易投资中使用人民币，可以减少汇率风险、

---

① 新浪财经. 韩竹：离岸市场推动人民币国际化［EB/OL］.（2022-08-26）［2022-07-18］. https://baijiahao.baidu.com/s？id=1742194285386731116&wfr=spider&for=pc.

降低汇兑成本。在跨境贸易中使用本币结算，比任何汇率避险工具都更加便利、成本也更低。随着一国跨境贸易投资结算的本币化程度不断提高，该货币在国际市场中的使用范围会不断拓宽，继而形成各国在贸易经济交往中对该结算币种的路径依赖，提升该货币的国际化水平。因此，我国在全面稳慎推进人民币国际化的进程中，也特别注重提升跨境贸易投资结算的人民币占比。

2021 年以来，中国人民银行持续优化跨境贸易投资人民币结算环境，取得了较明显的成绩。2021 年 9 月 6 日，中国人民银行和印度尼西亚银行宣布，正式启动中印尼本币结算合作框架。继越南、老挝、俄罗斯等 9 国之后，印度尼西亚成为又一个与我国建立双边本币结算协议的"一带一路"沿线国家。自 2009 年试点至今，人民币跨境结算不断"出圈"，拓展至更广阔领域。中国人民银行表示，此举是两国央行深化货币金融合作的重要里程碑，有助于形成人民币/印尼卢比直接报价，扩大两国经贸往来中本币使用，促进贸易投资便利化。本币结算协议不仅可以提升本国货币的双边贸易和结算功能，还可深化国际经贸合作往来，更有助于促进其他国家使用人民币进行贸易结算。

同时，为了给人民币跨境结算提供资金支持基础，推动人民币跨境使用，中国人民银行先后与多国中央银行或货币当局签署了双边本币互换协议，加强国际金融合作与联系。早在 2018 年，中国人民银行与印度尼西亚银行就已续签双边本币互换协议，协议规模为 2 000 亿元人民币/440 万亿印尼卢比，协议有效期 3 年①。而 2021 年，中国人民银行与印度尼西亚银行签订的双边本币结算协议，是两国本币互换协议的"升级"。从本币互换协议，到本币结算合作框架，意味着两国将使用本国货币直接进行商品与服务贸易结算，这一变化将进一步降低两国跨境支付结算成本与汇率风险，加快两国经贸往来。同时，中国和印尼达成本币结算协议，或将推动其他东盟国家（包括马来西亚、菲律宾等与中国进出口贸易和投资往来较多的伙伴）在未来展开类似的本币结算协议，深化人民币在东盟区内的跨境使用和结算功能，进一步增加人民币在国际市场流动贸易的占比，降低东盟国家对美元的依赖，推动人民币国际化。

中国人民银行召开 2022 年下半年工作会议进行工作部署时特别提及，稳步提升人民币国际化水平的具体措施包括加强本外币政策协同，夯实贸易投资人民币结算的市场基础。稳步开展更高水平贸易投资人民币结算便利化试点，鼓励银行将更多优质中小企业纳入便利化政策范畴；支持银行"因企施策"满足外贸企业汇率避险需求；为跨境电子商务、海外仓等市场交易主体及个人提供经常项下跨境人民币结算服务；鼓励银行简化结算流程，为优质企业提供便捷高效的跨境人民币投融资服务等②。

---

① 人民咨询. 贸易投资本币结算"朋友圈"扩至 10 国 ［EB/OL］. （2021 - 09 - 08）［2022 - 08 - 01］. https://baijiahao.baidu.com/s？id=1710293821622123615&wfr=spider&for=pc.
② 金融时报. 人民币国际化水平稳步提升，稳定位居全球主要货币前列 ［EB/OL］. （2022 - 08 - 05）［2022 - 08 - 01］. https://baijiahao.baidu.com/s？id=1740325552514964408&wfr=spider&for=pc.

第三节　补充性货币对推进人民币国际化的作用

鉴于上述对人民币国际化的影响因素分析，我们认为，补充性货币能促进人民币国际化的发展，是由它所具备的独特优势所决定的。补充性货币能从以下方面对推进人民币国际化产生积极作用。

一、直接作用

第一，补充性货币能帮助人民币维持其币值的稳定性，从而推进人民币的国际化进程。如前所述，一国货币的币值稳定性对内体现在较低通货膨胀率的稳定性上，对外体现在汇率的稳定性上。现实经济运行中，由于受到宏观经济调控能力的限制，政府往往无法准确地估算出经济中法定货币的最佳需求数量，故而有时会造成法定货币超发的情况。同时，在一些特殊时期（如战争、瘟疫、自然灾害等），物价飞涨，法定货币贬值，通货膨胀率会居高不下。国内的高通货膨胀率必然会通过传导机制以法定货币在国际金融市场上的汇率变动体现出来，从而严重影响居民和非居民持有法定货币者对该种法定货币的信心和预期，进一步影响该种法定货币在国内和国际市场上的币值。一旦出现这样的情况，如果货币当局无法立即做出应对，法定货币的币值很难在这样的恶性循环中保持稳定，甚至会重蹈阿根廷比索的覆辙。一般来说，大部分的补充性货币不会引发通货膨胀。由于有这样的特性，政府如果在发行和使用法定货币的同时，能有计划地搭配使用一定比例的补充性货币，用补充性货币的数量冲抵掉一部分法定货币的数量，一方面可以在通货膨胀发生时缓解其严重程度，另一方面也可以降低通货膨胀发生的概率。如果选取不会引发通货膨胀的合适的补充性货币作为法定货币的补充，运用补充性货币会使国内的通货膨胀得到有效控制，必然也能在国际金融市场上稳定法定货币的汇率与信誉度。此外，在特殊时期，如果法定货币不断贬值且运行机制受滞，国家也可以通过其发行的补充性货币（如消费券、社区券等）替代法定货币履行相关职能，保证国家的信誉，从而在国内和国际市场维护法定货币的信用，尽可能降低和减小法定货币的信用损失，维持法定货币的币值，重拾法定货币持有者对未来的信心。

第二，补充性货币能帮助人民币提升跨境贸易和投资本币化的效率，从而推进人民币的国际化进程。如前所述，跨境贸易投资的本币化，能推进人民币国际化的进程。在多年的国际贸易和投资实践中，我们做了很多努力，与多国签订了货币互换和贸易本币化协议，取得了人民币国际化的新进展。但是，这些协议是有时效的，灵活性高，且与各国进行磋商、谈判也费时费力，无法保证成功率，效率较低。同时，国家与国家的情况不同，无法保证所有国家都有签订合作协议的意向。然而，如果在国际贸易和投资中允许一定比例、数量和种类的合适的补充性货币参与，相当于中国在国际贸易和投资过程中提供了更多元化的支付币种供对方选择。补充性货币作为跨境贸易和投资的币种新选择，突破了过去仅局限于使用人民币作为贸易投资工具的桎梏，从而会大大增加中国在国际贸易和投资中的成功概率。由于我国所提供的补充性货币，可以选择由我国政府、企业、金融机构等发行，自然能掌握优先主动权，在跨境贸易和投资中占据先机。需要注意的是，补充性货币的使用，并不意味着没有坚持本币化，反而是坚持本币化的体现。这是因为，我国在跨境贸易和投资中发行和使用的补充性货币，必然是人民币的替代品和补充品，其目的是在对方不愿意接受人民币作为流通手段、支付手段或储藏手段的时候，能提供代替人民币履行相同职能的补充性货币让对方选择。这样，一方面可以增加跨境贸易和投资的成功概率和体量，另一方面也能间接地避免对方选择对我方不利的其他法定货币币种。

第三，补充性货币能提高人民币的流动性，从而推进人民币的国际化进程。如前所述，如果人民币的流动性增强，将便利境外投资者进入中国市场投资和配置人民币资产，能吸引国际交易和支付更多地采用人民币进行结算，为国际范围内的资产转移、资金流动提供低成本的服务，从而有助于提升人民币的国际货币地位。因此，高流动性，是推动人民币国际化的重要影响因素。我们认为，补充性货币之所以能提高人民币的流动性，一个重要原因在于补充性货币的多样性和可资产化性。补充性货币的种类很多，且各具特点和优势。补充性货币作为投资资产，有的流动性较强，有的流动性较弱，投资者可以根据自身需求选择。这导致了补充性货币的灵活性大，可选择面广。此外，在特定的情况下，补充性货币的流动性的强弱还会发生变化。正因为不同种类的补充性货币的流动性存在差异，反而促使了补充性货币的受众面广，从而整体的流动性更强。因此，在跨境贸易和投资中，贸易对象或者投资者可以根据自身实际情况和偏好，选择自己青睐的补充性货币种类作为贸易支付手段或者投资对象。而补充性货币的流动性强，人民币也会因为受到其溢出效应的影响而增强自身的流动性（因为补充性货币是由我国发行和流通的，必然会和人民币有更强的联系或者发生兑换关系）。另一方面，当人民币的流动性受滞，补充性货币可以起到桥梁作用，搭建起人民币——补充性货币——其他法定货币的流动性链条，通过中介效应帮助人民币恢复流通性。如果人民币因为某些特殊原因，流通性严重受阻，补充性货币还可以暂时替代人民币履行其流通手段职能，等待人民币的流通性恢复如初，再重新退回"候补"位置。

第四，补充性货币能提高人民币的风险抵御能力，从而推进人民币的国际化进程。补充性货币的存在，可以弥补法定货币在金融市场上供给不足和供给不平衡的状况，在国际金融市场出现大幅波动或者是危机的情况下，能替代或补充人民币在国际金融市场中履行人民币职能，从而维护人民币的信誉，协助人民币共同抵御风险。补充性货币的使用，能帮助中央银行平稳过渡，获得筹措资金的宝贵时间，从而提高人民币的抗风险能力。

第五，补充性货币能促进人民币拓宽跨境贸易和投融资服务对象的范围，助力人民币突破美元桎梏，从而推进人民币国际化进程。虽然目前人民币国际化取得了一定的成绩，但是仍有较长的路要走。人民币在东南亚范围内的认可度较高，但在欧美市场还有较大的突破瓶颈。针对人民币国际化目前发展遭遇的突出瓶颈——美元的世界霸权体系，补充性货币有望实现突破，冲出桎梏。补充性货币的种类很多，且灵活性强，在跨境贸易和投融资服务中能提供给客户更多的选择，满足其多样化的需求。因此，这无疑能拓宽服务对象的范围，为人民币的国际化奠定更广泛的客户群资源。在提供跨境贸易和投融资服务时，我国可以考虑将补充性货币与人民币进行"捆绑营销"，如用户在选择使用补充性货币时，需要注册一个人民币账户，在人民币账户中使用补充性货币。这样，客户在使用补充性货币时，自然也能获得更多有关人民币的信息，也能对人民币有更多的熟悉机会，从而提高其对人民币的接受度。

第六，补充性货币具有发行机构多样化的特点，这一特点有利于推进人民币国际化进程。补充性货币以社会信用为基础，具有自发性特征，可以由国家、企业、金融机构或个人发行。因此，作为国家政府代表的中央银行自然也能发行补充性货币。中央银行自然可以根据当前国际和国内宏观经济形势、国家战略发展目标、国内金融市场情况、人民币在国际化过程中的瓶颈问题等，自行决定发行补充性货币的类型、数量、规模、覆盖面、发行时间、使用范围等，以利用补充性货币的灵活性，作为解决人民币国际化过程中出现的各种问题的调节工具，与人民币产生协同互动效应。

第七，补充性货币能增加人民币的收益性，从而推进人民币国际化进程。补充性货币的存在，无疑可以提高国际支付的便利程度，能在国际贸易和国际金融市场上帮助人民币树立品牌和口碑，拓宽贸易和投资的渠道，增加成功的概率，增加我国国际贸易总量。我国央行可以借助补充性货币的多元化特征和优势，打造补充性货币——人民币的共生服务产品，增加人民币的收益性和品牌价值。

第八，补充性货币能增强我国金融市场和资本项目的开放程度，从而推进人民币国际化的进程。目前，我国的金融市场发展迅速，资本项目的开放进程也逐步加快，这都促进了人民币国际化的发展。补充性货币的存在与发展，能激发金融市场的活力，增加多元化的金融产品，打造灵活性的金融产品组合，创新以高新技术为载体的新兴金融产品和业态，加强我国金融市场与国际金融市场的互动和深度融合，增强我国金融市场的适应性，提升离岸人民币市场的成熟度，提高我国金融市场的竞争力。而我国的资本项目开放仍存在较大的提升空间，主要原因在于资本项目开放仍面临很多风险。如国际游资以各种高流动资产形式出现，对一国货币汇率的稳定性会带来较大威胁。特别是在中国利率和汇率市场化形成机制不完善的条件下，资本实现可兑换容易导致大规模的净资本流出，将可能造成外汇储备流失，加剧人民币贬值压力。同时，可能会增加资本交易波动、套利活动、货币错配等风险问题。补充性货币的存在，特别是以国家政府按计划和特定目标精准发行和投放的补充性货币的存在，能弥补因客观条件限制而尚未完全开放的资本项目的缺陷，在合理合法合规的前提下以较稳定的资产形式出现在国际金融市场上，满足国际金融市场上客户的多样化、个性化需求，从而推进我国资本项目的逐步开放。

二、间接作用

如前一章所述，商业银行的国际化与人民币的国际化有着紧密的关系，可以说，

253

商业银行的国际化是实现人民币国际化的一条重要途径和渠道。补充性货币的存在和发展，则能促进商业银行的国际化，从而对人民币国际化有间接的促进作用。因此，补充性货币能通过助推商业银行的国际化，从而推进人民币国际化进程。

首先，补充性货币有着补充性职能，能在特定时期、特定空间发挥人民币无法发挥的作用和职能。因此，运用补充性货币，能为我国金融机构（如商业银行）在国际金融市场上拓展新业务提供新思路（如开展国际金融普惠业务、"一带一路"倡议下的援助非洲国家业务等），同时为实施"扶贫互助""关注弱势群体""实现共同富裕""构建人类命运共同体"提供新路径。而这些新业务的创新拓展，既是我国发展战略的必然要求，也是我们在国际金融活动中凸显中国式创新的重要体现。在这些新业务的拓展过程中，我们运用补充性货币，能扩大受众群体，推进商业银行的国际化发展，在全球更大范围内打响人民币品牌，展现中国的风采。其次，补充性货币能促进商业银行的技术革新，强化商业银行的数字化转型创新动力。在未来，补充性货币的发展（特别是虚拟型补充性货币）有利于逼迫商业银行进行改革，利用区块链、云计算等先进技术完善对客户的了解，通过了解参与者，加强与客户之间现存的社会关系网络联系。商业银行的技术革新，也能促使商业银行与时俱进，提高商业银行的国际竞争力和国际化水平。第三，补充性货币有利于促进商业银行信贷业务的发展。第四，通过补充性货币的发展，能使商业银行对于社区成员的信用体系有充分的了解，形成去中心化的分布式信任，降低商业银行的风险。补充性货币作为一个信用金融产品，可以拓宽信用服务覆盖面，具有化解信息不对称下信用风险的功能。随着市场经济的发展，经济主体间各类交易活动的深度与广度日益加大，信息不对称这一客观现实的存在造成的交易成本巨大。健全的社会信用服务体系可以使交易双方便捷快速地掌握哪些企业是守信的，哪些企业曾有失信的记录，不仅可以降低交易双方搜寻信息的成本，而且可以根据对方的信用等级和可能存在的信用风险寻求规避和分散的措施，使信用风险得以事前的防范和控制，从而提高市场整体的运行效率。第五，补充性货币对商业银行现有的支付体系也会产生积极的影响。

综上，我们认为，补充性货币从直接和间接两个方面对人民币国际化都有很大的促进作用。不可否认，有些种类的补充性货币（如比特币类的加密虚拟型补充性货币）自身也存在着较大风险，但补充性货币的种类繁多，不是所有的补充性货币都有很大的风险。同时，对于存在潜在风险较大的补充性货币类型，也可根据其自身特点，在国家政府相关监管部门的引导和管控下，有目的地规避风险、发挥特征性优势，实现良性发展，最终推动人民币国际化进程。

第四节　补充性货币对人民币国际化的影响机制

补充性货币对人民币国际化的内在影响机制主要有如下几个方面：

一、人民币币值稳定机制

由货币经济学理论可知，货币的供给量对物价具有关键性影响。当流通中的货币数量增加时，物价就会上涨，反之则反。补充性货币的存在，使流通中的法定货币与补充性货币可以搭配使用，补充性货币还能在特殊时期履行替代性和补充性职能，减缓法定货币供给量的增加速度，从而避免高通货膨胀率，实现人民币币值稳定的目标。补充性货币的替代性和补充性职能，使其能在很大程度上替代 M1 从而不增加人民币的数量。同时，由于补充性货币的使用者在使用过程中可以在人民币与补充性货币之间自由转换，这会倒逼银行增加超额准备金以满足客户灵活的货币需求。这在一定程度上也能降低货币乘数的影响，从而抑制物价飞涨，稳定人民币的币值。人民币币值的稳定，是推进人民币国际化的重要影响因素。

二、金融市场的发展促进机制

前文所述，一国金融市场的发展状况会对该国的货币国际化进程产生重要影响。金融市场的发展，主要体现在开放性、流动性、成熟度、深度和广度等方面。一国拥有发达的金融市场，意味着其有着完善的金融监管法规、井然有序的金融秩序、稳定安全的金融环境、开放包容的金融制度、多元丰富的金融产品、与时俱进的金融创新理念等。金融市场的成熟，会吸引境外市场主体购买以该国货币标识的金融资产，该国的货币会成为具有影响力的世界货币。补充性货币的出现，将为我国的金融发展提供强劲动力，吸引更多的境外投资者参与中国的金融活动，从而提高人民币在国际市场上的接受度和认可度，以推动人民币的国际化进程。

255

三、网络外部性扩展机制

前文所述，网络外部性对提升人民币国际化水平十分重要。补充性货币的出现，则能够在很大程度上扩展人民币的网络外部性。要提高人民币的网络外部性，就必须扩大人民币的流通规模，增加人民币的国际使用率，鼓励越来越多的国际市场参与主体主动积极地使用人民币。然而，要提高人民币的国际使用率，就必须降低使用人民币的交易成本，提升使用人民币的收益。事实证明，补充性货币的发行成本较低，且存在规模效应。同时，在区块链、大数据、云计算等高新技术的支持下，补充性货币在流通效率、清算成本等方面较之传统法定货币均有很大的垄断优势。因此，补充性货币能对市场主体使用人民币产生激励性，从而有效扩展人民币的流通规模，提高人民币的网络外部性。

四、商业银行国际化中介机制

我们认为，补充性货币能通过促进商业银行的国际化水平，从而助推人民币国际化的进程。在前一章节，我们已经从多角度详细地论证了补充性货币与商业银行国际化的相关性和影响机制，这里就不过多赘述。

关键词

人民币国际化　补充性货币　双边互换　资本项目开放　人民币离岸市场
网络外部性机制

课后思考题

1. 国际历史上有无类似的补充性货币推动该国货币国际化的案例？它们和人民币国际化的异同是什么？

2. 应该如何对补充性货币进行良性引导整改，使其保持生命力的同时促进经济发展和人民币国际化？

3. 补充性货币可以直接参与国际贸易，作为人民币国际化的直接推手吗？请谈谈你对这个问题的看法并说明理由。

补充阅读材料

材料1：人民币国际化水平稳步提升　稳定位居全球主要货币前列①

当前全球疫情发展和国际形势演变错综复杂，但中国经济运行基本平稳，双向开放势头不减。人民币国际化稳妥有序推进，国际贸易计价结算职能进一步巩固，国际金融计价交易职能基本稳定，国际储备职能不断增强。中国人民大学财政金融学院副院长、国际货币研究所副所长王芳表示，人民币国际使用规模与市场认可程度总体延续增长态势。人民币更加全面地发挥国际货币职能，稳定位居全球主要货币前列。

人民币国际化的水平从一个指标中可以得到直观的体现——在特别提款权（SDR）货币篮子中的权重。今年，人民币成功通过加入国际货币基金组织 SDR 货币篮子以来的首次审查，权重从 10.92% 上升至 12.28%，权重仅次于美元和欧元。人民币在 SDR 中的权重提升，有助于进一步提升人民币资产对全球资金的吸引力。

日前，中国人民银行召开 2022 年下半年工作会议进行工作部署时特别提及，稳步提升人民币国际化水平。具体措施包括：加强本外币政策协同。夯实贸易投资人民币结算的市场基础。支持境外主体发行"熊猫债"，稳步推动"互换通"启动工作，提高人民币金融资产的流动性。支持离岸人民币市场健康有序发展。

跨境贸易投资人民币结算环境持续优化

一直以来，基于经常项下的跨境贸易结算始终是人民币国际化进程的基础驱动力。近年来，汇率波动有所加大，让越来越多企业认识到汇率避险和本币结算的重

---

① 李国辉. 人民币国际化水平稳步提升　稳定位居全球主要货币前列 [EB/OL]. (2022-08-05) [2022-08-14]. http://www.safe.gov.cn/shanghai/2022/0805/1785.html.

要性。对于外贸外资企业来说，在跨境贸易投资中使用人民币，可以减少汇率风险、降低汇兑成本，本币结算比任何汇率避险工具都更加便利、成本也更低。

稳步开展更高水平贸易投资人民币结算便利化试点，鼓励银行将更多优质中小企业纳入便利化政策范畴；支持银行"因企施策"满足外贸企业汇率避险需求；为跨境电子商务、海外仓等市场交易主体及个人提供经常项下跨境人民币结算服务；鼓励银行简化结算流程，为优质企业提供便捷高效的跨境人民币投融资服务……今年以来，人民银行持续优化跨境贸易投资人民币结算环境。

光大银行金融市场部宏观研究员周茂华认为，围绕实体经济需求，在符合跨境资金流动宏观审慎管理的原则下，推动人民币跨境使用便利化水平再上新台阶，有助于推进高水平贸易和投融资双向开放，提高人民币国际化水平，更好服务实体经济。

数据显示，今年上半年，跨境贸易人民币结算业务发生 4.58 万亿元，直接投资人民币结算业务发生 3.01 万亿元，去年同期这两项业务分别发生 3.6 万亿元和 2.54 万亿元。

人民币作为金融货币的表现继续亮眼

在跨境人民币结算环境不断优化、人民币作为贸易货币的职能进一步巩固的同时，人民币作为金融货币的表现继续亮眼，这得益于中国金融市场对外开放的进一步深化。

近年来，随着债市开放程度的不断加深，中国债券先后被纳入彭博巴克莱、摩根大通和富时罗素等全球三大债券指数。这反映了中国债券市场不断提升的国际影响力和吸引力，也反映了全球投资者对于中国经济长期稳定发展、金融市场持续扩大开放的信心。截至 2022 年 6 月末，境外机构在中国债券市场的托管余额为 3.64 万亿元，占中国债券市场托管余额的比重为 2.6%。其中，境外机构在银行间债券市场的托管余额为 3.57 万亿元。分券种看，境外机构持有国债 2.3 万亿元，占比 63.4%；政策性金融债 0.9 万亿元，占比 23.6%。

在债券市场国际影响力和吸引力不断提升的基础上，今年 5 月，人民银行、证监会、外汇局发布联合公告，将境外机构投资者可投资范围扩展到交易所债券市场。这样一来，境外投资者投资我国债券市场的政策得到统一，中国债券市场制度型开放迈出了重要一步。

今年 7 月，在债券通开通五周年之际，中国人民银行会同香港证监会、香港金管局发布联合公告，开展内地与香港利率互换市场互联互通合作（以下简称"互换通"），便利境外投资者通过两地基础设施连接完成人民币利率互换的交易和集中清算。同时，中国人民银行与香港金管局签署人民币/港币常备互换协议，将双方自 2009 年起建立的货币互换安排升级为常备互换安排。

在国际市场上，利率互换一直是成交量最大、交易最活跃的利率衍生品，在风险对冲、资产组合管理等领域具有重要作用。中国银行上海人民币交易业务总部负责人表示，"互换通"的上线，是人民币利率衍生品业务对外开放的一项重大创新，是对人民币利率互换产品现有结算代理模式的有效补充，是继债券通之后我国债券市场高质量发展和人民币国际化的又一重要里程碑。

人民币国际化要着眼长远、扎实推进

"正值世界百年未有之大变局，随着主要货币力量对比分化，国际货币格局进入动荡调整期。"王芳认为，越是在这种复杂局面下，越是要沉心静气、做好本分。人民币国际化要着眼长远，一步一个脚印地扎实推进：要推动可持续高质量发展，继续巩固经济大国和贸易强国地位，稳住人民币贸易结算基本盘；要深化金融改革，尽早实现人民币从一般结算货币向战略性商品计价货币的跨越；要努力建设新型区域合作关系，不断丰富人民币的应用场景，全面增强其国际货币职能。

人民币国际化与金融业对外开放是相伴同行的。在扩大金融高水平开放方面，中国人民银行副行长陈雨露此前在"中国这十年"系列主题新闻发布会上表示，在安全可控的前提下，对标国际高标准，推动形成以负面清单为基础的更高水平开放，实现系统性、制度性开放。一是进一步完善准入前国民待遇加负面清单的管理模式，落实好《区域全面经济伙伴关系协定》（RCEP），对标高水平国际金融规则，做好加入《全面与进步跨太平洋伙伴关系协定》（CPTPP）和《数字经济伙伴关系协定》（DEPA）的准备工作。二是进一步提升境外投资者投资中国金融市场的便利性，丰富可投资的资产种类，完善配套制度规则，持续改善营商环境。三是构建与金融高水平开放要求相适应的监管体系，提高金融监管的专业性和有效性，建好各类"防火墙"，坚决守住不发生系统性金融风险的底线。

材料2：人民币国际化：既要"扬鞭"，又须稳慎①

中国商务新闻网 人民币国际化进程又迈进一步。中国人民银行近日发布的《2022年人民币国际化报告》显示，人民币国际支付份额于2021年12月提高至2.7%，超过日元成为全球第四位支付货币，今年1月进一步提升至3.2%，创历史新高。

报告在详细介绍人民币国际化进展的同时指出，要统筹好发展和安全，以市场驱动、企业自主选择为基础，稳慎推进人民币国际化。

如何理解"稳慎"？人民币国际化接下来该怎么走？

有计划、分步骤地稳步推进

报告指出，人民币国际化各项指标总体向好，人民币支付货币功能稳步提升，投融资货币功能进一步深化，储备货币功能不断上升，计价货币功能逐步增强。

其中，多个重磅数据显示，2021年，银行代客人民币跨境收付金额合计为36.6万亿元，同比增长29.0%，收付金额创历史新高。国际货币基金组织（IMF）发布的官方外汇储备货币构成（COFER）数据显示，今年一季度，人民币在全球外汇储备中的占比达2.88%，比2016年人民币刚加入特别提款权（SDR）货币篮子时上升1.8个百分点，在主要储备货币中排名第五。今年5月，IMF将人民币在SDR中的权重由10.92%上调至12.28%，反映出对人民币可自由使用程度提高的认可。

同时，随着中国金融市场开放持续推进，人民币资产对全球投资者保持较高吸

---

① 白舒婕. 人民币国际化：既要"扬鞭"，又须稳慎 [EB/OL]. (2022-10-01) [2022-10-15]. https://baijiahao.baidu.com/s? id=1745359166950129876&wfr=spider&for=pc.

引力。报告显示，截至 2021 年年末，境外主体持有境内人民币股票、债券、贷款及存款等金融资产金额合计 10.83 万亿元，同比增长 20.5%。离岸人民币市场逐步回暖，交易更加活跃。截至 2021 年年末，主要离岸市场人民币存款接近 1.5 万亿元。

中国政策科学研究会经济政策委员会副主任徐洪才对国际商报记者直言，目前综合来看，作为储备资产、外汇交易市场规模和境外债券发行规模在全球所占的比重，人民币的作用在 3% 左右。换言之，中国是当之无愧的贸易大国，在一定程度上也是贸易强国，但是金融"大而不强"，是一块明显的短板。

"要弥补金融这块短板，就必须加快推进人民币国际化。未来，中国应该有计划、分步骤地稳步推进，逐步将人民币国际化指数（RII）和人民币在 SDR 中的比重提升至与中国经济的国际地位相匹配的水平，以此为战略目标推进人民币国际化进程。"徐洪才说。

做大"熊猫债"市场 守住风险底线

在徐洪才看来，提升人民币国际化水平，须从贸易计价、金融交易和外汇储备等三个方面整体推进。从金融交易的角度看，发展"熊猫债"券无疑是一个可行选择。

值得注意的是，央行在报告中要求"推动金融市场向全面制度型开放转型，提高人民币金融资产的流动性""支持境外主体发行'熊猫债'"。

据统计，以债券起息日计，截至 8 月 2 日，今年以来"熊猫债"发行总额合计 566 亿元，涉及发行主体共 17 家，发行债券总计 35 只，分别比去年同期减少 12.88%、15% 和 20.45%。虽然总体发行规模有一定收缩，但也不乏亮点。比如，5 月 18 日，金砖国家新开发银行在银行间债券市场成功发行一笔"熊猫债"，债券规模 70 亿元，期限 3 年，票面利率 2.70%。这是迄今为止超主权机构在中国银行间市场发行的最大一笔"熊猫债"，充分体现了中国债券市场在全球金融市场中的重要性。

中诚信国际业务评级总监兼国际业务部总经理张婷婷表示，纯境外主体发行的"熊猫债"吸引了众多优质境外机构投资者参与中国债券市场，也从投资端助力了人民币国际化。

今年以来，美联储大幅加息，而中国央行降准降息，9 月 28 日美国 10 年期国债收益率触及 4%，创 2010 年以来新高。中美 10 年期国债收益率倒挂超过 120BP。"从发行人的角度看，目前无疑是扩大发行'熊猫债'的有利时机。"徐洪才说。

然而，人民币国际化任重道远，不能一蹴而就。报告指出，要稳慎推进人民币国际化。徐洪才解读道："加快金融对外开放、推进人民币国际化需要审慎稳健。金融开放往往面临输入性金融风险，国际金融市场投机资本非常多，可能会对国内金融稳定和实体经济造成负面影响。因此，必须坚持稳中求进的工作基调和指导原则。近几年，通过自贸试验区，并利用香港国际金融中心这个平台，人民币国际化进程大步推进。但在资本项下的人民币自由兑换，我们采取稳健的政策，并没有完全放开，这是十分必要的。"

报告指出，下一阶段，中国人民银行将持续完善本外币一体化的跨境资本流动宏观审慎管理框架，建立健全跨境资本流动监测、评估和预警体系，牢牢守住不发生系统性风险的底线。

材料 3：2022 年人民币国际化报告[①]

2021 年以来，中国人民银行坚持以习近平新时代中国特色社会主义思想为指导，坚决贯彻党中央、国务院决策部署，完整、准确、全面贯彻新发展理念，坚持改革开放和互利共赢，以市场驱动企业自主选择为基础，稳慎推进人民币国际化，为实体经济平稳运行提供有力支撑。人民币国际化各项指标总体向好，人民币支付货币功能稳步提升，投融资货币功能进一步深化，储备货币功能不断上升，计价货币功能逐步增强。

2021 年以来，人民币跨境收付金额在上年高基数的基础上延续增长态势。2021 年，银行代客人民币跨境收付金额合计为 36.6 万亿元，同比增长 29.0%，收付金额创历史新高。人民币跨境收支总体平衡，全年累计净流入 4 044.7 亿元。环球银行金融电信协会（SWIFT）数据显示，人民币国际支付份额于 2021 年 12 月提高至 2.7%，超过日元成为全球第四位支付货币，2022 年 1 月进一步提升至 3.2%，创历史新高。国际货币基金组织（IMF）发布的官方外汇储备货币构成（COFER）数据显示，2022 年一季度，人民币在全球外汇储备中的占比达 2.88%，较 2016 年人民币刚加入特别提款权（SDR）货币篮子时上升 1.8 个百分点，在主要储备货币中排名第五。2022 年 5 月，国际货币基金组织（IMF）将人民币在特别提款权（SDR）中权重由 10.92% 上调至 12.28%，反映出对人民币可自由使用程度提高的认可。

实体经济相关跨境人民币结算量保持较快增长，大宗商品、跨境电商等领域成为新的增长点，跨境双向投资活动持续活跃。人民币汇率总体呈现双向波动态势，市场主体使用人民币规避汇率风险的内生需求逐步增长。人民币跨境投融资、交易结算等基础性制度持续完善，服务实体经济能力不断增强。

我国金融市场开放持续推进，人民币资产对全球投资者保持较高吸引力，证券投资项下人民币跨境收付总体呈净流入态势。截至 2021 年年末，境外主体持有境内人民币股票、债券、贷款及存款等金融资产金额合计为 10.83 万亿元，同比增长 20.5%。离岸人民币市场逐步回暖、交易更加活跃。截至 2021 年末，主要离岸市场人民币存款接近 1.50 万亿元。

下一阶段，中国人民银行将坚持以习近平新时代中国特色社会主义思想为指导，坚决贯彻落实党中央、国务院决策部署，统筹好发展和安全，以市场驱动、企业自主选择为基础，稳慎推进人民币国际化。进一步夯实人民币跨境使用的基础制度安排，满足实体部门的人民币使用需求，推动更高水平金融市场双向开放，促进人民币在岸、离岸市场良性循环。同时，持续完善本外币一体化的跨境资本流动宏观审慎管理框架，建立健全跨境资本流动监测、评估和预警体系，牢牢守住不发生系统性风险的底线。

[①] 朱豫. 2022 年人民币国际化报告［EB/OL］.（2022 - 09 - 24）［2022 - 10 - 12］. http://www.gov.cn/xinwen/2022 - 09/24/content_5711660.htm.

材料4：后疫情时代人民币国际化发展机遇与前景①

国际货币秩序是全球政治经济格局的延伸。后疫情时代，随着百年变局加速演进，国际货币体系步入调整期，人民币国际化的将面临新机遇、新挑战。本文客观分析疫情以来人民币国际化趋势与特征，从国际货币体系变革的视角，探讨人民币国际化面临的新机遇及发展瓶颈，并提出一些有益建议。

人民币国际化克服疫情挑战稳步前行

过去几年，面对复杂多变的国际形势，我国兼顾经济增长与疫情防控，加快构建新发展格局，高质量发展取得新成效。在市场驱动与政策支持下，人民币国际化基础进一步夯实，并呈现一些新特征。

人民币支付功能稳步提升，我国跨境收支美元依赖度显著降低。过去十年，人民币在国际支付中的份额稳步上行，由0.57%增长至2.15%，排名从第十四位晋升至第五位，甚至一度超越日元，跻身第四大国际支付货币。在疫情期间，人民币币值稳定，支付功能得以强化，国际市场份额提高0.21个百分点，跨境收付使用比例创历史新高。据中国银行的《人民币国际化白皮书》，2020—2021年，近八成的受访境内外企业进一步提升了人民币在跨境收付结算中的使用比例。2022年的前5个月，人民币在我国银行代客涉外收付中的份额达41.5%，较10年前增长了2.5倍（见图6-1），与美元的份额差距由66个百分点收窄至12个百分点，跨境收支币种结构显著优化。

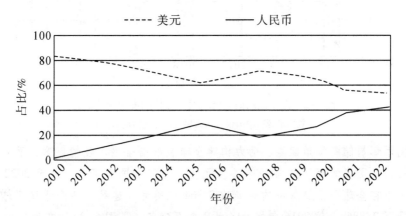

图6-1 我国银行代客涉外收付款中人民币与美元使用占比

（数据来源：国家外汇管理局）

从经常项目向资本金融项目拓展，人民币投资交易功能大幅增强。自2009年的跨境贸易结算起步，人民币国际化进程已稳步有序地拓展至直接投资、金融交易等国际收支各领域。截至2021年，跨境人民币收支金额达36.6万亿元，较疫情前

---

① 钟红，赵雪情. 后疫情时代人民币国际化发展机遇与前景［EB/OL］.（2022-08-20）［2022-09-30］. https://view.inews.qq.com/a/20220820A08ZMP00.

（2019 年年末，下同）增长超过 86%。随着我国市场的加速开放，人民币合格境外机构投资者（RQFII）、境外机构投资者直接入市、沪深港通、债券通、理财通、互换通等机制安排的设立与优化，特别是在全球疫情动荡与低利率环境下，越来越多的境外投资者配置人民币资产。截至 2022 年 3 月末，境外机构和个人持有境内人民币金融资产达 9.8 万亿元，同比增长 4.4%，较疫情前扩张了 52.9%。我国深度融入全球金融体系，证券投资、其他投资在跨境人民币收支中占比由 2015 年的 21% 上升至 2021 年的 63%，已经成为人民币国际化的重要驱动力量。

人民币从结算货币向计价货币迈进，大宗商品期货市场稳步有序开放。疫情以来，国际市场大幅波动，人民币汇率相对稳定，价值尺度功能进一步增强。更多的企业在涉外交易中倾向使用人民币计价。中国银行的《人民币国际化白皮书》显示，出于"汇率风险中性"考虑，2021 年坚持人民币计价的境内企业占比达 20.9%，较 2015 年增加了近 5 个百分点（见图 6-2）。在大宗商品市场上，我国有 9 个特定期货品种对外开放，人民币计价功能取得重要突破。目前，上海原油期货已成为仅次于 WTI 和布伦特的第三大原油期货，其境外客户占比从起初的 10% 提升至 25%；20 号胶期货市场规模跃居全球首位，成为我国近三成天然橡胶实物贸易的定价基准。

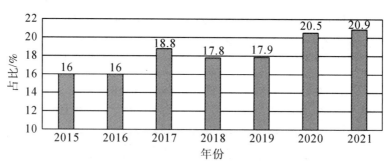

图 6-2　汇率波动时坚持人民币计价的境内企业占比

（数据来源：中国银行《人民币国际化白皮书》）

人民币彰显储备货币职能，助力构建全球金融安全网。疫情以来，面对国际经济金融动荡，更多的经济体推动储备多元化，增持人民币资产。截至 2022 年一季度，人民币在全球外汇储备中的金额达 3 364 亿美元，连续十四个季度正增长，全球占比升至 2.88%，较 2016 年提升了 1.8 个百分点（见图 6-3）。在新一轮 SDR 定值审查中，人民币的货币篮子权重由 10.93% 上调至 12.28%，国际社会对人民币的信心进一步增强。在金融治理方面，人民币正在发挥更加重要的作用。一方面，双边本币互换安排不断扩容，2022 年 6 月末累计规模近 3.7 万亿元；另一方面，人民币流动性安排（RMBLA）发起设立，通过储备资金池，为参与方提供流动性支持与安全保障。

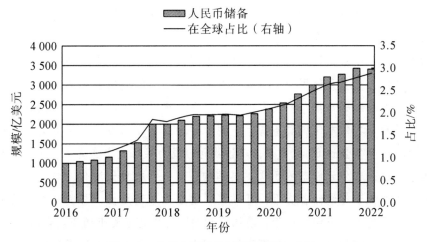

图 6-3　全球人民币外汇储备规模与占比

（数据来源：IMF）

后疫情时代国际货币体系的演进与人民币国际化发展机遇

2022 年以来，世纪疫情尚未退潮，百年变局加速演进。地缘冲突致使全球政治格局分化，经济复苏步伐受阻，金融周期加快转向，国际货币体系呈现新趋势，面临新调整，人民币国际化的深度发展迎来了历史性的契机。

安全考量凸显

地缘政治变局下安全考量优先，人民币成为全球资产配置的重要选项。纵观国际货币体系演进，以美元为核心的基本秩序并未发生根本改变。在国际支付、外汇交易、国际债券及外汇储备中，美元使用占比分别为 41%、44%、47% 和 59%；美元、欧元、英镑、日元四大"传统"储备货币在上述领域的合计份额分别达 86%、75%、95% 和 89%。然而，近年来，随着国际货币格局系统性缺陷暴露，美联储货币政策外溢效应增大，大国博弈日趋激烈，各类市场主体不仅关注收益与流动性，更加注重安全考量，开始主动推进配置货币多元化。21 世纪以来，美元在全球外汇储备中的比重下降了 12 个百分点，欧元、英镑、日元份额并未显著增加，其中约四分之一流向人民币资产，四分之三流向澳元、加元等其他非传统储备货币（见图 6-4）。

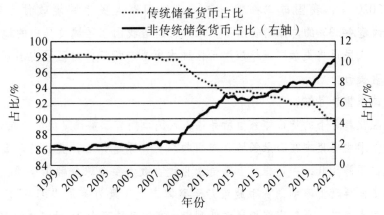

图 6-4　全球可识别外汇储备结构变化

（数据来源：IMF）

263

2022 年爆发的俄乌冲突将进一步加剧全球"去美元化"趋势，为非传统储备货币带来快速拓展机会。在本次冲突中，西方国家首次将俄罗斯这一系统重要性主权国家的央行纳入制裁范围，完全冻结其储备资产，阻断国际金融往来交易。可以预见，世界各国，尤其是俄罗斯、白俄罗斯和伊朗等面临制裁威胁的国家，以及对华经贸往来紧密的新兴市场与发展中国家，将进一步降低传统储备货币依赖度，更多地转向人民币与其他非传统储备货币。例如，2022 年 7 月 6 日，俄罗斯莫斯科交易所人民币日均交易量达 80 亿卢布，超过欧元，成为第二大交易货币。新兴市场与发展中国家约占全球外汇储备的 56%，其结构调整将带来重大变化。与此同时，人民币的夏普比率优于传统储备货币，可以兼顾收益性与稳定性，与美元货币政策周期分化，有助于对冲投资组合风险，在国际动荡环境中将备受市场资金青睐。

区域经贸合作加深逆全球化下区域经贸合作加深，将为人民币突破惯性、扩大使用提供广阔平台。贸易结构往往是汇率锚的基础。2008 年以来，随着全球贸易结构变化，以及主要货币汇率剧烈波动，单一盯住美元、欧元的货币占比由 47.4% 降至 32.7%。未来，随着逆全球化趋势的逐步深化，各国以安全为导向，重塑供应链，经贸合作将从全球化转向区域化。这将在一定程度上代替原有的多边秩序，削弱货币惯性，增进区域货币合作，促使新的区域内货币脱颖而出。

依托实体经济、服务经贸合作是人民币国际化的天然优势与基本目标。2008 年全球金融危机后，美元等主要货币汇率剧烈波动，不少国家对我国提出了贸易本币结算的需求，成为人民币国际化的开端。在后疫情时代，随着"一带一路"倡议的推进，区域全面经济伙伴关系协定（RCEP）合作深化，人民币区域使用的条件将更加成熟。2022 年上半年，我国与"一带一路"沿线国家贸易增长 17.8%，远超 9.4% 的外贸整体增速。一方面，我国在生产与贸易中居核心地位，基于紧密的经贸联系，该区域对人民币接受度较高。另一方面，我国与 20 多个沿线国家建立了货币互换机制，在 10 多个沿线国家建立了人民币清算安排，该区域的人民币使用设施更加完善。2020 年，我国与"一带一路"沿线国家人民币跨境收付金额增速达 65.9%，远超 44.3% 的总体增长水平。未来，随着我国在区域贸易中的地位进一步巩固强化，人民币将更加广泛地应用于区域内贸易与投资，对区域内国家货币的影响力将显著提升。

货币体系重新寻锚

去金融化趋势下的货币体系重新寻锚，人民币拥有三重稳定优势。相较于欧元，美元国际使用主要集中在金融领域。布雷顿森林体系解体后，美元与黄金脱钩，但其国际地位不降反升，一定程度上正是源自过去数十年全球金融化浪潮。各国由固定汇率制走向浮动汇率制，货币政策乃至整体宏观政策为美元"绑架"，金融资本在全球范围内流动，金融资产规模在低利率、高流动性下由 21 世纪初的 132 万亿美元膨胀至 463 万亿美元，占 GDP 的比重由 404% 攀升至 628%。

　　然而，在未来一段时期，全球将迈向去金融化阶段，货币政策周期转向，美元锚货币的基石将受到影响。

　　美元币值信用受损。在滞胀背景下，商业银行美元信用扩张受限，美国财政赤字举债压力上升，市场对于美元保值的信心将出现动摇。2022年以来，外国投资者加速抛售美国国债3 261亿美元，外国投资者在美国国债总额中持有占比已由34%的高位降至24%（见图6-5）。与之形成鲜明对比的是，境外机构增持中国国债，记账式国债托管量由2015年年初的2 313亿元增加至2022年5月的23 755亿元，持有占比由2.7%快速攀升至10.3%。我国货币发行稳健而克制，财政赤字与通胀涨幅可控，为人民币币值信用奠定了坚实基础。

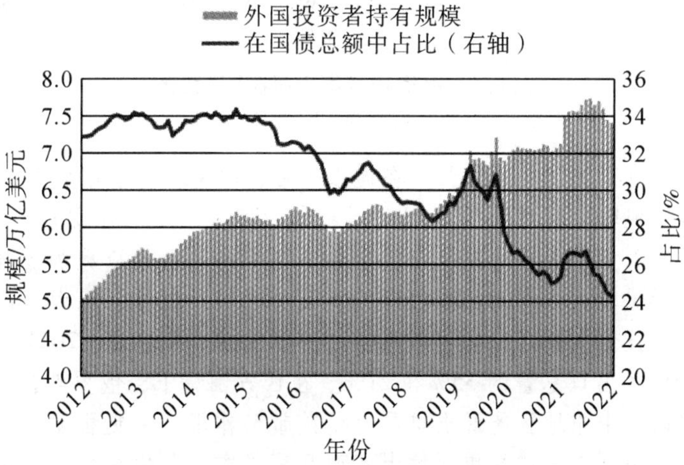

图6-5　外国投资者持有美债规模变化

（数据来源：美国财政部）

　　紧缩周期倒逼国际融资结构调整。2022年以来，美联储加快收紧货币政策，美元走强致使国际债务承压。特别是在新兴市场，美元债务压力急速攀升，约三分之一外币计价主权债券收益率超过10%，接近2008年国际金融危机以来历史高位。据国际货币基金组织（IMF）测算，约30%的新兴市场和60%的低收入国家将陷入或濒临债务困境。可以预见，随着各国，特别是新兴市场与美国产生经济分歧，以及货币摩擦的增大，将不得不降低对美元的过度依赖，进而减弱美联储货币政策的外溢冲击。在全球紧缩周期下，我国强化跨周期、逆周期调节，实施稳健的货币政策，保持流动性适度充裕，中美10年期国债利差由疫情期间的2.5%逐步收窄，并倒挂为-0.2%水平（见图6-6）。由此，人民币"融资贵"问题有所缓解，融资货币功能将得到提振并回升。

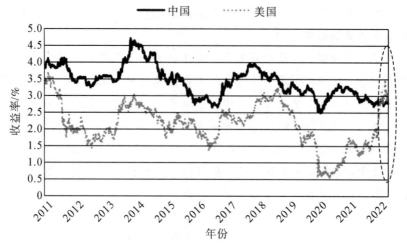

图 6-6　中美 10 年期国债收益率变化
（数据来源：Wind、美联储）

　　大宗商品的货币锚定属性增强。在通胀高企、地缘政治冲突等多重因素影响下，大宗商品价格出现较大幅度上涨，部分国家和地区甚至陷入能源危机和粮食危机。大宗商品市场步入供给主导阶段，与实体经济周期的联动效应更加显著，与美元的负相关性将有所减弱。尽管商品本位币并不具有现实可行性，但大宗商品对于货币的支撑作用得到强化。同时，俄罗斯在能源领域占据重要地位，2021 年分别贡献了全球原油及天然气出口总量的 35% 和 21%。在西方围堵下，俄罗斯推动能源交易卢布结算，对伊朗、中东地区能源出口具有示范带动作用，一定程度上影响了石油美元的环流机制。中国是全球最重要的大宗商品需求方，与供给方总体保持良好稳定关系，这为人民币更多地参与商品计价结算和强化锚货币属性提供了有利条件。

　　货币支付数字化浪潮涌起，人民币国际化开启新赛道。疫情以来，数字化转型按下加速键。根据国际清算银行（BIS）调查，2021 年约有 90% 的央行和货币当局参与了不同形式的央行数字货币（CBDC）开发，达到历史最高水平。同时，改进跨境支付效率日益成为 CBDC 开发的关键驱动因素。传统的全球跨境支付体系存在准入门槛高、竞争程度低、交易链条长、数据标准及运营碎片化等问题。以 CBDC 进行跨境支付的多边央行数字货币桥（mBridge）计划可以将支付成本降低 50%，支付时间从几天缩短到几秒钟。未来，为了更好地实现效率与安全双重目标，越来越多的央行与货币当局将加快 CBDC 开发，探索双边，区域支付系统互联，货币支付体系数字化转型成为大势所趋。

　　人民币具备先发优势，在主要货币中率先投入数字试点。在新一轮变革浪潮中，我国数字经济增速居世界首位，预计 2025 年数字经济核心产业在 GDP 中的比重将达 10%。这将推动金融效率提升与模式变革，为数字货币应用发展奠定基础。2019 年年末以来，我国数字人民币试点有序启动，范围不断扩大，应用场景日趋丰富。至 2022 年，数字人民币试点从"10+1"地区拓展到 15 个省的 23 个地区。同时，我国积极参与国际合作，探讨分布式账本技术与 CBDC 在跨境支付领域的潜力，数字时代的金融话语权有望提升。

人民币国际化发展的瓶颈与挑战

经过十余年的发展，人民币国际化取得了丰硕成果，并将在国际货币体系变革中实现新跨越。然而，人民币国际化是一个长期的系统性发展过程，需要立足内外部形势，动态调整演进，不断突破瓶颈与挑战。

短期资本流动管理面临较大挑战。尽管货币国际化并不必然等同于资本项目完全可兑换，但二者协同推进的大方向没有改变。某种程度上，人民币国际化伴随着更大规模、更高频率的短期资本流动。截至 2021 年年末，我国证券投资与其他投资规模逾 7 万亿美元，在对外资产负债中占比从 10 年前的 29% 攀升至 42%（见图6-7）。短期资本流动具有敏感易变、套利性、非均衡等特征，将影响宏观政策有效性，强化金融波动与顺周期风险。未来一段时期，国际形势复杂严峻，我国可能在极端情形下出现外资回撤与内资外流相叠加的局面，金融管理难度进一步增大。

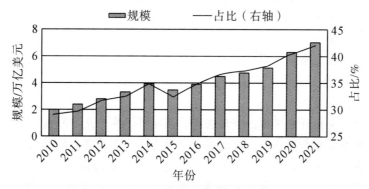

图6-7　中国国际投资头寸中证券投资、其他投资规模及占比

（数据来源：国家外汇管理局）

离岸人民币流动性供给机制有待完善。考虑到内外部形势，中短期内，我国资本账户难以完全开放，这就需要充分发挥离岸市场作用，搭建人民币国际使用与循环的重要桥梁。然而，2017—2020 年，我国人民币流出主要依赖于贸易渠道（见图6-8），流动性供给差额平均为 8 725 亿元，难以充分满足离岸人民币需求。离岸人民币市场资金处于低位，甚至时而出现流动性紧张局面。随着人民币国际需求扩张，离岸市场有待建立流动性供给的长效机制。

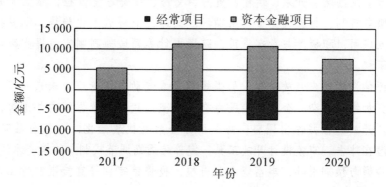

图6-8　跨境人民币收支差额

（数据来源：中国人民银行）

人民币国际定价主导权缺位。近年来，大宗商品人民币计价结算取得突出进展，但定价权仍然有限，这主要源于三方面障碍：一是国际主要交易所大宗商品交易均以美元挂牌，我国的期货价格基准有待夯实；二是大宗商品产业链上下游大多以美元计价，更改计价币种面临较高成本，可能带来货币错配风险；三是人民币金融市场与产品体系有待丰富，目前尚无法充分满足交易商参与大宗商品交易带来的兑换保值以及风险管理需求。扭转全球大宗商品市场"西方定价、美元计价"格局是一个长期过程，需要系统性设计与推进。

发展建议

未来，全球政经格局加速演进，我国需在变局中抓住机遇、抵御风险，稳慎推进人民币国际化，从金融大国向金融强国迈进。

回归人民币国际化本源，提升服务实体经济质效。在计价、支付、结算、交易等领域，鼓励本币优先使用，逐步降低单一外币依赖度。优化人民币跨境使用政策，提高贸易投资结算便利度，引导更多境内外人民币资金流向经济社会发展的重点领域。加大人民币贸易金融、供应链金融、绿色金融等创新，丰富人民币对"一带一路"、RCEP国家外汇交易与风险管理工具，完善人民币区域使用场景与循环路径，推动建立新型互利合作关系。

整合并优化金融开放渠道，推动在岸、离岸市场良性互动发展。坚持市场驱动，重点完善人民币金融市场机制，打通各子市场之间的流通交易阻碍。在规模、额度、投资范围、区域等方面，进一步拓展互联互通。巩固上海国际金融中心地位，打造全球人民币资产管理中心，健全长期债、高收益债、商品类基金等产品体系。完善双边货币互换机制，灵活安排使用范围、额度与频率，从危机应对更多地转向服务双边经贸往来以及金融投资交易。在上海临港新片区与海南自贸港探索离岸金融框架，推动人民币在岸市场与离岸市场良性互动发展。完善离岸市场人民币流动性补充机制，有侧重地调整人民币跨境收支结构，考虑拓展南向通道，增加国债、央票发行频率，形成完整的收益率曲线。

把握时代变革契机，强化人民币国际化新动能。我国应加强顶层设计，逐步推动期货市场开放发展。积极深化国际交易所间合作，推动更多产品互挂与人民币计价合约上市。从勘测、开采、运输、贸易、交易、投资等全流程，建立大宗商品人民币计价服务机制，打通人民币使用循环。同时，把握数字化趋势，稳妥推进数字人民币试点应用，积极参与数字货币、跨境支付等领域规则制定，提高数字时代国际金融话语权。

重新评估资本账户开放进程，加强短期资本流动监测管理。未来一段时期，国际环境将更加错综复杂，金融风险压力有增无减。我国要依据国内外形势，深度评估资本账户开放进程并作出调整，防范西方金融制裁政治化，构筑金融安全屏障。面对外部潜在冲击，审慎设计开放工具，完善跨周期调节机制与跨境资本流动管理。注重市场沟通与预期引导，丰富资本利得税，投资锁定期等直接限制性工具，防范潜在的系统性风险。

中资银行业要把握机遇、勇于担当，积极开拓人民币国际化新局面。银行全球化拓展与货币国际化发展是相辅相成的，中资银行受益于人民币国际化，也是人民币国际化的重要参与者与推动者。未来，中资银行要继续以客户为中心、以市场为导向，完善全球经营与服务网络，拓展人民币国际化业务覆盖范围。积极调动境内外资源，加大客群拓展与国际合作。中资银行要加大金融创新，提供跨境清算、外汇兑换、全球托管、资产管理、交易做市、证券承销、风险对冲、市场研究等全方位产品与服务，以专业优质的金融服务，助力提升人民币国际竞争力。同时，乘人民币国际化东风，中资银行要积极开拓离岸人民币市场，加强流动性支持，从人民币清算行转向人民币做市行，为人民币国际化与我国金融崛起贡献力量。

材料 5：Libra 演进与数字货币国际化[①]

新型冠状病毒感染疫情对于全球经济产生了极其深远的影响，为防止疫情扩散而执行的"封城"等行为，对经济全球化造成了直接冲击。国际贸易发展受阻，各国普遍产生了不同程度的美元流动性危机。为了避免美元流动性危机可能引发的全球系统性金融风险，美联储从 2020 年 3 月起，持续增强离岸市场美元流动性。

当前的结构性美元流动性危机，从长期来看会造成美元的贬值压力，但也因使用深度与广度得到加强，客观上将进一步巩固美元的主权货币地位。新型冠状病毒感染疫情也成为继 1971 年布雷顿森林体系瓦解之后，促使美元国际地位走强的一个集中力量。50 余年来，包括欧元、日元、英镑在内的各主权货币均未能对美元产生实质性挑战，说明在现行国际货币体系框架下，主权货币竞争很大程度上依赖于经济总量竞争。

Libra 对数字货币的挑战

2019 年 6 月，全球影响力最大的社交媒体之一 Facebook 宣布，将以区块链作为底层技术，发行全新数字货币 Libra，引发市场及监管层面的强烈关注。Facebook 随后宣称，Libra 主要用于支付，不会与主权货币竞争，但以储备资产作为稳定币值手段、以第三方独立治理机构进行货币治理的设计构想，显示了 Libra 想要发展成为超主权货币的未来发展目标。

从短期来看，Libra 将与数字货币跨境支付市场展开竞争。目前区块链技术在并发量与交易速度上还不能完全满足本地支付的需求，但在跨境支付场景中，区块链架构完全能够满足要求。由于区块链技术可以帮助跨境支付实现去中心化，解决传统跨境支付中心化账本复杂、交易时间长、手续费高等痛点，因而一直备受市场期待。作为全球最大的社交平台，Facebook 拥有近 21 亿用户，储备了海量跨境支付需求，待国际贸易逐渐恢复，Libra 的去中心化跨境支付服务一旦落地，将有很大机会激活海量需求，迅速形成网络平台效应，进而与数字货币在跨境支付市场展开竞争。

从中期来看，Libra 存在成为超主权货币的可能。能否全面进入本地支付市场是 Libra 成为超主权货币的关键所在。技术创新、商业竞争与本地监管构成了重要的影响变量。目前的区块链技术暂时还不能满足本地支付的需求，Libra 应用于本地支付

---

① 人民资讯. Libra 演进与数字货币国际化［EB/OL］.（2021-01-27）［2022-07-18］. https://baijiahao. baidu.com/s? id=1690032706493364779&wfr=spider&for=pc.

首先面临技术层面的挑战。一些国家建立了相对完善的电子支付体系并占领了本地市场，客观上构筑了对 Libra 的进入门槛。同时由于担心 Libra 进入本地支付市场后侵蚀主权货币，很多国家可能会通过强力监管禁止或限制 Libra 进入本地市场。尽管存在诸多不确定性，但 Libra 只要能解决技术障碍，在区块链架构上突破账本效率约束，同时结合自下而上的消费者参与，极有可能令各国放松对其在本地支付领域的监管，从而向超主权货币的方向迈进。

从长期来看，Libra 可能影响国际货币体系的重构。如果 Libra 发展成为超主权货币，其一篮子货币储备（eSDR）的构成将对各国货币的竞争力产生直接影响。从目前 Libra 在篮子中赋予美元 50%权重的这一制度安排来看，未来 Libra 与美元继续相互加持的可能性极大，美元的全球地位也会随着 Libra 的扩张而进一步得到加强。即使 Libra 仅在跨境支付领域成功，也会成为一支重要力量进入全球货币金融体系之中。第一，Libra 涉及与多国货币的兑换、清算和流动性支持等，必然会与各央行建立密切的清算机制；第二，基于宏观审慎监管的需要，各国会要求介入对 Libra 发行总量、一篮子货币储备比例等问题的治理；第三，基于微观审慎监管的需要，各国会要求 Libra 全面配合反洗钱（AML）、反恐融资（CTF）与客户隐私（KYC）监管。Libra 与各国监管的相互渗透，一定会改变全球金融监管与治理话语结构。

加快央行数字货币的国际化进程

Libra 的出现，贡献了一条非常重要的主权货币竞争思路，即通过数字货币超主权货币，绕开经济总量对于货币竞争的约束性影响。新型冠状病毒感染疫情背景下的"网络购物"与"非接触式支付"的兴起，客观上加速了各国政府对数字货币的研发进程，一场全球性的数字货币竞争已不可避免。面向未来，加速推进主权数字货币国际化是题中应有之义。

中国政府早在 2014 年就开始布局央行数字货币的研发，2020 年在深圳等地开展数字人民币试点工作，获得了数字货币发展一定程度的先发优势。但面对 Libra 的超主权货币特征，央行数字货币应该主动应战，加快国际化步伐。

首先，为央行数字货币营造积极正面的形象。Libra 白皮书的公布，塑造了 Libra 致力于普惠金融的公众利益追求者形象、以区块链为基础的技术领先者形象以及有储备资产的安全数字货币形象，提高了消费者好感度及信任度。用户争夺是数字货币竞争的关键所在，央行数字货币亟须在国家信用之外，加快多维品牌形象塑造，赢得全球用户。具体来讲，包括以下几个方面。

第一，以抗击新型冠状病毒感染疫情为契机，主权数字货币可以深度介入全球公共卫生管理过程，积极参与疫后金融救助，通过塑造公益形象提高主权数字货币的消费者接受度；第二，目前主权数字货币并没有预设技术路线，仅向国内银行、商业机构发出合作研发的邀约。考虑到数字货币的用户竞争很大程度上也是技术竞争，主权数字货币可以借鉴互联网的技术开发思维，尽快清晰技术路线，构建面向普通用户开放的技术开发社区，利用全球科技从业者的力量推动技术进步；第三，未来在跨境支付与境外本地支付中，主权数字货币极有可能会内置到支付宝、微信支付等电子支付工具中，把主权数字货币的技术优势品牌化，能起到类似 Intel inside 的传播效果，推动电子支付工具在全球的扩张；第四，稳步加快我国资本账户开放和人民币可兑换的改革，提升央行数字货币的跨境自由流动水平。同时，逐步将央行数字货币的应用由 M0 扩大到 M1、M2，增加国家信用对央行数字货币的背书，研究推进央行数字货币的储备资产问题，从货币价值角度提升安全性。

其次，借助协同效应加速人民币国际化。Libra 所开启的全新数字货币竞争，其广度与深度远超以往。中国主权数字货币需要全方位调动各种资源协同应对竞争。

第一，依托社交媒体平台（微信），借助其与其他电子支付工具（支付宝、微信支付）在基础设施建设和运营经验上的优势，通过植入央行数字货币的信用代币（Token），与 Libra 在跨境支付市场展开正面竞争。第二，央行数字货币的推出，在国内支付市场与支付宝、微信等支付工具直接形成竞争关系，为此，要通过产品结构设计，把竞争关系转化为合作关系，既保证行业数字货币安全落地，又巩固中国电子支付在全球的竞争优势。第三，针对 Libra 目前在各国本地支付市场并不具有竞争优势的特点，全面支持中国电子支付企业进军各国本地支付市场，与跨境支付市场形成呼应。第四，从国家层面推动相关企业参与这场事关未来世界金融格局的竞争，同时借助"一带一路"倡议，通过多元渠道在境外布局中国主权数字货币支付系统。

最后，积极参与全球监管。Libra 欢迎全球监管的态度，很大程度上能加速推进其国际化进程。中国央行应该抓住契机，通过参与全球监管，使行业数字货币积极融入国际化。第一，加强与各国央行及国际组织的合作，积极参与对 Libra 的监测与监管行动，争取在国际数字货币监管领域的话语权。第二，联合新加坡、英国、加拿大等央行数字货币研发走在前列的国家，在协同监管的前提下进行央行数字货币的跨境试点，以点带面，推动国际化。第三，积极参与构建国际央行数字货币监管机制，支持国际金融组织对跨境支付、客户身份识别、数据安全等方面的监管，主动拥抱全球监管，以监管促发展。

材料6：周小川：Libra 预示着未来会出现更加全球化的强势货币[①]

周小川表示，Libra 在过去加密货币的基础上，至少做出了两方面的改进：第一，它吸收了加密货币以往过于求成的教训，能够避免币值的大幅波动和投机成分；第二，Libra 瞄准了跨境领域的硬需求。

"未来可能会出现更加国际化、全球化的一种货币，是一种强势的货币，导致主要货币和它产生兑换关系。这个东西并不一定是 Libra，但从最近几年的趋势看，会有不少机构和人员试图建立一种更有利于全球化的货币。"7月9日，在"中国外汇管理改革与发展"研讨会上，中国金融学会会长周小川围绕 Libra 的发行，对全球化形势下未来货币的发展，以及人民币需要作出的应对进行了探讨。

随着全球化程度不断提高，中国经济参与国际经济的力度、深度都大幅提高。周小川指出，外汇领域也出现了更加注重本外币趋同的趋势，人民币成为 SDR 的组

---

① 胡越. 周小川：Libra 预示着未来会出现更加全球化的强势货币［EB/OL］.（2019-07-09）［2022-07-24］. https://www.haiwaimoney.com/h-nd-2865.html.

成部分，标志着人民币自由使用程度的大幅度提高，未来也会出现本外币更大程度上一体化的趋势，在国际上也出现了能够更有力促进全球化货币方面的举措，其中一个正是加密货币。

周小川指出，这实际是一个强势货币取代、侵蚀弱势货币的问题，货币用途的扩展导致资本流动，在利差的驱动下，资本可能会流向强势货币地区，寻找安全港。现阶段来说，全球的强势货币主要是美元，近年来美元化的过程也一直在进行，例如已经废除本币、转向使用了美元和其他货币的津巴布韦就是典型例子，在中东欧地区也出现了较为明显的美元化趋势。周小川表示，Libra 本身能不能成功仍然要打一个问号，但至少它提出了一个想法，这就会产生冲击。这不仅是对传统业务和支付系统的冲击，它企图盯住一篮子货币的想法，代表了未来可能出现一种全球化货币的趋势。

第七章
补充性货币的风险

【本章学习目的】

通过本章学习，你应该能够：

- 掌握补充性货币可能存在的风险类型。
- 了解补充性货币不同风险的应对方法。
- 理解补充性货币的风险防范机理。

✳✳ 引导案例 ✳✳

惊天大案！330 亿元比特币被盗案告破，雌雄大盗落网①

2016 年 8 月，一家名为 Bitfinex 的加密货币交易所遭到了黑客攻击，大约 12 万枚比特币被盗。这些比特币如今价值达 52 亿元美元（约合人民币 330 亿元）。

美国当地时间 2 月 8 日，美国司法部宣布，他们查获了 5 年前被盗比特币中的 9.4 万余枚，并且逮捕了两名涉嫌洗钱的嫌疑人，是一对年轻夫妻。美国政府表示，从其夫妻二人手中没收了价值约 36 亿美元的加密货币（折合人民币约 230 亿元），是有史以来最大的金融扣押。

随着比特币的暴涨，美国政府查获的这 9.4 万余枚比特币价值，如今接近 41 亿美元（约合人民币 260 亿元）。

根据央视财经报道，美国司法部近日宣布，他们查获了 2016 年某加密货币交易所遭到黑客攻击时被盗的大量比特币，同时相关机构逮捕了两名涉嫌洗钱的嫌疑人。

据悉，这些被查获的比特币有 94 636 枚之多，按照最新交易价格计算，这些比特币的价值高达约 41 亿美元，约合人民币 260 亿元。据悉，这是美国司法部有史以来涉案金额最高的一次追缴行动。

美国司法部副部长丽莎·莫纳科表示："这是美国执法部门追缴的最大一笔加密货币，也是美国司法部有史以来涉案价值最高的一次金融追缴行动。我们给犯罪

---

① 证券时报. 惊天大案！330 亿元比特币被盗案告破，年轻夫妻在纽约落网……9.4 万枚比特币是如何追回的？[EB/OL]. (2022-02-13) [2022-08-14]. https://baijiahao.baidu.com/s? id = 1724619155549388036&wfr = spider&for = pc.

分子的信息很明确，那就是加密货币并不是犯罪分子的避风港，无论采取什么隐蔽形式，我们都有能力追回。"

美国司法部官员 2 月 8 日表示，现年 34 岁的伊利亚·利希滕斯坦和他 31 岁的妻子希瑟·摩根当天上午在纽约曼哈顿被捕。这对"雌雄大盗"被控涉嫌合谋洗钱，将被窃取的比特币洗白。图 7-1 为夫妻二人与其律师。

图 7-1 希瑟·摩根（左）和丈夫伊利亚·利希滕斯坦（右）
于 2 月 8 日在纽约联邦法院与他们的律师坐在一起

（资料来源：Elizabeth Williams/AP）

不过他们并没有被指控实施了当时的黑客攻击，相关调查美国司法部依然在继续进行。据介绍，利希斯坦和摩根涉嫌用洗钱的非法所得购入了多种资产，包括黄金、非同质代币（NFT）和沃尔玛礼品卡等，其中数百万美元的交易是通过比特币自动取款机兑现的。

据悉，2016 年，一家名为 Bitfinex 的加密货币交易所表示，他们遭到了黑客攻击，大约 12 万枚比特币被盗，按当时的交易价格，这些被盗比特币价值约为 7 000 万美元。不过由于比特币价格 2016 年以来已经大幅飙升，这些比特币如今价值达 52 亿元美元，此次追回的不到 80%。

根据 NBC 报道，哥伦比亚特区的美国检察官 Matthew M. Graves 说："加密货币及其交易的虚拟货币交易所构成了美国金融体系不断扩大的一部分。但数字货币盗窃案可能会破坏人们对加密货币的信心。"

联邦调查局副局长 Paul M. Abbate 说："犯罪分子总是会留下痕迹，这起案件提醒人们，联邦调查局拥有追踪数字线索的工具，无论线索指向何处。"

9.4 万枚比特币是如何被追回的？根据华尔街日报报道，在 2016 年的一次黑客攻击中，加密货币交易所 Bitfinex 被窃走了约 12 万枚比特币。根据美国联邦政府的控诉，这对夫妇通过 AlphaBay 等网站转移被盗资金，它们存在于所谓的暗网（dark web）中。所谓暗网是互联网的一部分，但人们只能通过一些可以隐藏身份的特殊浏览器才能访问。同时，这对夫妇使用了加密混合器服务，将加密交易进行分解，使其更难追踪。据政府称，他们使用了大量电子邮件地址，诸多未托管的钱包和大约 10 家其他加密货币交易所的虚拟账户。这对夫妇的律师 Anirudh Bansal 在 2 月 8 日告诉法官，他的客户去年 11 月就知道政府正在调查该案例，没有试图逃出美国。

2 月 8 日，这对夫妇在纽约曼哈顿被捕，并被指控涉嫌合谋洗钱，将被窃取的比特币洗白。

2017 年 7 月，美国司法部查封并关闭了 AlphaBay。政府称，AlphaBay 有 20 万用户买卖被盗身份证件、假货、恶意软件、枪支和其他非法物品。

检察官本周并没有详细说明他们最初是如何将伊利亚·利希滕斯坦和希瑟·摩根夫妇与 6 年前的比特币失窃案联系起来的。

据加密货币分析公司 Elliptic 公司的联合创始人汤姆·罗宾逊（Tom Robinson）称，政府很有可能是通过 AlphaBay 市场识别了这对夫妇。根据检察官提供的资金流程图显示，这笔被盗的资金正式从 Bitfinex 流向 AlphaBay，并通过比特币区块链转移到这对夫妇的其他账户。不过，对于上述说法，美国司法部未予置评。

起诉书显示，当局表示，他们追踪了通过未托管钱包和交易所的资金流动，发现两名涉嫌洗钱的夫妇在交易所账户中的交易采用实名。在一个案例中，其中两个账户共享了来自纽约同一地点的登录名。检察官称，约 290 万美元从这些账户转入了伊利亚·利希滕斯坦和希瑟·摩根夫妇名下的银行账户。

据悉，当局还追踪到了部分资金的走向，比如 2020 年利希滕斯坦用它来购买了一些礼品卡。这对夫妇还称，他们将部分比特币兑换成了其他加密货币，并通过比特币自动柜兑现了部分比特币，并用被盗资金购买了 NFT。美国财政部上周在一份报告中称，这些数字收藏品最近成为加密窃贼洗钱的一种新方式。

起诉书显示，1 月 31 日及 2 月 1 日，美国司法部的特工执行了搜查令，并从网上钱包中没收了这对夫妇的比特币。据悉，美国联邦当局有一个自己的加密账户，专门用来存放被扣押的加密资产。过去 10 年中，美国政府建立了追踪加密资产盗窃案的基础设施，来调查比特币等不受监管的数字资产。

据华尔街日报报道，尽管 SEC 尚未宣布对大型加密货币交易所采取重大行动，但该委员会威胁要起诉提供加密贷款的公司。此外，联邦政府与 ChainAnalysis、Elliptic 等分析公司签订了合同，以开发能够追踪区块链上非法资金的软件程序。虽然区块链能够公开追踪每一笔比特币交易，但当局仍需追查数亿笔用假名进行的交易。

该名检察官还表示，有合法诉求的黑客受害者可以要求返还资金，法院将最终决定如何分配追回的资金。

思考题

1. 上述案例可以看出比特币存在什么风险？

2. 你认为如何防范比特币存在的风险？

3. 你认为比特币还存在哪些风险？应该如何防范？

我们认为，补充性货币能促进经济社会的发展需要有一个前提条件，即补充性货币应该得到合理利用及监管。如果补充性货币并未得到合理运用及有效监管，或者有外部因素干扰补充性货币的运行机理而未及时摒除，补充性货币的正向效应（如对货币政策的扩大效应、人民币国际化和商业银行国际化的传导效应等）则无法充分表现出来，甚至会造成负面效应。即是说，补充性货币如果监管利用不当，也可能给中国的金融体系带来巨大的风险。当然，这些风险是排除了系统性风险以外的非系统风险，也即是说，我们在清晰认识到补充性货币可能带来的潜在风险种类后，可以采取各种措施减小风险事件发生的可能性，或者把可能的损失控制在一定的范围内，以避免在风险事件发生时带来的损失。我们认为，对补充性货币可能带来的潜在风险采用的监管和控制方法应是综合的，其实现的目标是：风险回避、损失控制、风险转移和风险滞留。而在对补充性货币进行监管时，应多部门协调配合。正如学者们认为的那样，"不同的监管机构要相互配合""与各类金融市场的监管者保持频繁公开的对话，从而增加市场的稳定性"①。而补充性货币造成的经济社会冲击及风险促使我们积极探索对中国补充性货币进行监管的对策和方法。当然，就大的分类，风险分为系统性风险和非系统性风险。但我们这里主要从风险的具体内容来考虑。这些具体风险主要有政策性风险、技术性风险、心理性风险、经济性风险、社会安全性风险等，因此，我们也主要重点分析对应这些风险应采取何种相应的监管措施和方法。

第一节　补充性货币的政策性风险、技术性风险及监管方法

一、政策性风险及监管方法

政策性风险指由于补充性货币造成政策不确定，从而产生对经济社会的冲击的风险。众所周知，当前人民币存在着国际流通总量增长迟缓、对外价值波动较大、国际标准化程度不高等问题。再加之"新常态"的经济形势和国内金融市场本身存在的制度缺陷、深度和广度的"先天不足"等原因，商业银行及人民币国际化迅速提升的目标在短期较难实现。然而，补充性货币之所以能补充和替代法定货币的缺失职能，突破时间和空间的限制，在全球范围内自由流动和交易，是因为它具有的特性和优势。特别是大量的金融衍生品都属于补充性货币范畴，而"衍生工具都是高杠杆效应的，可以带来巨额利润，也可能成为阿喀琉斯之踵"②。处于高级发展阶段的补充性货币，由实体形态逐渐演变为以虚拟形态为主，具有智能化、高科技化和独立价值衡量标准的交易媒介，且很容易与其他产业渗透和融合。因此，中国商业银行如果运用自由流动、形态多样、高科技含量的补充性货币代替人民币参与各类跨国业务的经济活动，创新以补充性货币计价的金融投资工具和衍生产品，以补充性货币进行国际贸易结算，从而扩大中国商业银行在海外金融市场的占有量，就能迅速提高自身的国际化水平。

然而，中国政府对补充性货币特别是对各类票证、虚拟形态的补充性货币并不持宽容开放的态度，反而给予了诸多严苛的限制和约束。可以说，中国是当前全球众多国家中对补充性货币监管最为严格的国家之一。究其原因，是由于较之其他西方发达国家，中国的金融市场起步较晚、基础较差、体系脆弱所致。为了确保中国金融市场的稳步发展，稳固人民币的法定地位，减少外来竞争冲击，维持正常的市

---

① 刘明康，吴敬琏. 控制系统性风险改革之路 [M]. 上海：上海远东出版社，2010：104.
② 罗伯特·普林格，卡文. 中央银行风险管理的新视野 [M]. 方洁，张立勇，译. 北京：中国金融出版社，2010：104.

场秩序，防范洗钱等犯罪风险，中国对补充性货币的监管和控制非常严格。例如，当比特币在全球范围内兴起时，中国人民银行和其他相关部门在2013年专门发布了《关于防范比特币风险的通知》[①]，严禁比特币作为货币在市场上流通使用，并要求从事比特币交易的互联网中介平台应该依法在电信管理机构备案。至今，中国对虚拟形态的补充性货币的监管模式仍然是明令禁止，没有改变。

比特币是补充性货币在向高级发展阶段演变过程中最初始的虚拟形态，它从诞生之日开始就迅速在各个国家扩张开来，受到全球的热烈推崇。然而，中国政府却明令禁止比特币在中国的扩张，直接将比特币排除在了中国金融体系之外。在这种情况下，具有国企性质的中国国有商业银行也不可能有机会运用比特币或类比特币等虚拟形态的补充性货币推进自身的国际化进程。因此，这种政策性风险的存在，导致补充性货币无法在中国国有商业银行内部使用和推广，使补充性货币丧失了作为提升商业银行国际化水平的展示机会。

根据这种政策性风险的特点，本研究认为只要中国政府能借鉴其他发达国家，如新加坡、日本等，根据中国国内的实际情况，适当放开金融机构对类比特币的虚拟形态补充性货币在中国金融体系中的运用限制，并利用国家政府的力量加以有效监管和控制，中国国有商业银行就有机会运用补充性货币的优势提升自身的国际化水平并防范风险。中国政府可以先选定1~2个中国国有商业银行的分支机构作为试验点，对这些试验点进行为期3~5年的观测和监控，就可以得到使用类比特币的虚拟形态补充性货币后银行国际化水平提升的结果。这种监管方式，类似于"监管沙盒"模式，只不过这种"监管沙盒"的审核条件更苛刻，对待试验补充性货币的类型挑选也应该更谨慎，并且应该根据在试验过程中暴露出的风险问题进行随时监测、处理和改进。事实上，中国已经初步具备设立"监管沙盒"的基础物质条件和技术条件。"监管沙盒"的实现基础，是需要有金融科技创新的强力支持。因此，"监管沙盒"能在中国的建立，无疑是一种大胆创新。目前，在北京、海南、贵州等地都开始了金融科技领域"监管沙盒"的试验，虽然不是针对补充性货币的"监管沙盒"，但这也为以后的补充性货币"监管沙盒"的建立给予了示范性的借鉴参考。"监管沙盒"这种风险控制方法，就是风险转移。即是将补充性货币可能带来的风险转移到少数实验点，待实验结果出来后再进行合理决策制定相应政策和推广。

二、技术性风险及监管方法

补充性货币存在的技术性风险，主要在于几个方面：其一，由于补充性货币在金融市场上的实际运用场景还处于逐渐开拓和探索阶段，之前并没有太多的历史经验和成功案例可以提供参考。因此，对于中国金融监管的管理者和决策层来说，怎样将补充性货币的优势充分利用在促进中国金融发展方面，还需要不断地尝试和实践。这种尝试和实践需要时间来检验其有效性，也需要付出物质成本、精力、勇气和耐心。其二，补充性货币分为实体形态和虚拟形态两种类型，且种类繁多，各具

[①] 文件全名为：《中国人民银行 工业和信息化部 中国银行业监督管理委员会 中国证券监督管理委员会 中国保险监督管理委员会关于防范比特币风险的通知》（银发〔2013〕289号）。

特点，我们无法参考之前某一具体类型的补充性货币的监管经验来设计另一种补充性货币的监管方案。也无法将实体形态补充性货币的监管方案照搬到对虚拟性补充性货币的监管上。同时，随着补充性货币更多地向虚拟形态发展，补充性货币变得更为复杂多样，我们找寻虚拟形态补充性货币的普适性监管方案、相关监管数据和监管例证就更加困难。正如一些专家认为的那样，以数字货币为形式的补充性货币，"是多学科融合的产物，典型的技术密集加知识密集。其技术原理复杂，包含了金融学、密码学与加密算法、分布式网络、共识算法、数字签名、区块链、职能合约等多个领域"①。第三，中国的金融监管模式已经由过去的分业监管逐渐转为了混业监管，在金融发展的第二阶段，补充性货币的监管也应被纳入现有的金融监管框架之中。然而，中国的金融监管模式已发生了重大的变革，这也意味着过去的传统监管方法和监管标准（如对核心资本率的监管等）可能不再适用于新的监管模式。而补充性货币的监管方案本身就是处于探索性问题，监管的难度更大，监管的技术性要求更高。第四，随着互联网的普及和金融科技的飞速发展，许多创新性的金融产品、金融业态、金融活动层出不穷，也自然要求有更高级更先进的金融科技管理手段和监管技术对这些新事物进行监管（如客户个人隐私保护技术、生物识别与支付技术、复杂网络与机器学习技术、态势预测与感知技术、特征提取技术、金融网络分析技术等）。传统的金融监管机构和监管方案无法适应这些创新性的事物。与此同时，这些创新性事物与复杂多变的补充性货币相互交织，更增加了在金融科技迅猛发展背景下产生的各类新型虚拟形态补充性货币的监管难度，出现了很多监管的灰色区域。

虚拟形态的补充性货币的技术性风险存在于其技术性逻辑算法原理设计、产生、交易发生的各个环节。前文所述，虚拟形态的补充性货币比实体形态的补充性货币监管更为困难。虚拟形态的补充性货币主要由三层结构组成，即底层、中间层（金融账户）和顶层（身份验证）。这三层结构的每一层都存在着复杂的加密要求，特别是中间层和顶层，需要进行金融账户、征信、生物特征等多方面的加密和解密过程。因此，加密和解密、监管机构和组织的跨时空监管协作、信息传递和共享、资源的匹配等技术，都是急需的监管技术。由于当前的虚拟形态补充性货币以比特币为主要典型代表，因此这里我们以比特币为例，来说明补充性货币可能存在的技术性风险。要了解其技术风险，我们需要理解比特币背后的设计思路、数学基础及底层技术原理。然后在掌握其技术原理的基础上，其潜在的技术性风险才能被我们及时发现并迅速弥补。

（一）比特币的货币发行所用算法与模型

比特币的产生，需要以密码学及加密算法和模型作为底层技术基础。在其发行过程中，主要所涉及的底层技术加密算法和函数、模型主要是哈希函数及算法。比特币类加密性补充性货币使用的哈希算法起源可追溯到 1990 年 MIT 的 Ronald L. Rivest 教授提出的 MD4 算法，算法在 MD2 基础上引入了 Merkle-Damgard 结构，输

---

① 李涛，丹华，邬烈瀚. 区块链数字货币投资指南［M］. 北京：中国人民大学出版社，2017：91.

出为 128 位，是目前常用的哈希算法的雏形。第二年 Den Boer 和 Bosselaers 指出 MD4 的安全隐患，同年，Rivest 教授在 MD4 基础上增加了"安全带（safety-belts）"，形成了 MD5 算法，并 RFC 1321 标准中被加以规范。在后十余年，MD5 算法已成为主流的哈希算法，比特币还使用的 RIPEMD160 算法也是 MD5 的变形。下面，对哈希函数和哈希算法进行详细论述。

哈希（Hash）函数又称散列函数或杂凑函数。哈希函数是区块链的基石，而算法的安全性决定了加密货币的安全性。函数能将任意长度的输入转化为固定长度的输出，且输出满足以下条件：

1. 正向快速：给定明文，能很快计算出哈希值；

2. 单向性：无法根据哈希值逆向计算出输入；

3. 输入敏感：对输入进行微小的改变，会导致哈希值发生很大变化；

4. 抗冲突性：已知明文 m 的哈希值 $Hash(m)$，找到另一串与 m 不相同的明文 m' 满足 $Hash(m) = Hash(m')$ 是计算不可行的。

比特币的货币发行通过"挖矿"的方式进行，本质是求解一种难以计算但容易验证的数学问题。"矿工"通过公布数学问题的答案，并由全网验证结果的正确性，实现加密货币的发行。在密码学中，哈希函数的单向散列特性难以求逆但验证容易的特性，在加密货币中得到广泛应用。例如比特发行（挖矿）算法采用 SHA256 函数，挖矿需要求解的数学问题如下，其中，block_header 为 80 字节的区块链的头部，Target 与挖矿难度相关（挖矿难度全网动态调整），具体格式见表 7-1。

$$SHA256(SHA256(block\_header)) < Target$$

表 7-1　区块链的头部 block_ header 的具体格式

域	用途	更新情况	长度/字节
版本号	区块版本号	由当前协议指定	4
前一个区域哈希 hashPrevBlock	256-bit 长度的前一个区域哈希值	新区块的建立	32
默克尔根哈希 hashMerkleRoot	256-bit 长度，由所有的交易组成的默克树计算得到	1. 新交易加入 2. 修改第一个交易的文本描述（挖矿时可修改）	32
时间戳	从 1970 年 1 月 1 日起的时间戳	随时间变化更新	4
Bits	当前挖矿难度（Target）的编码	全网协商修改挖矿难度时	4
Nonce	32bit 的随机数	挖矿时更新	4

资料来源：https://en.bitcoin.it/wiki/Block_hashing_algorithm，经作者自行整理。

可见，挖矿算法本质上是不断的修改随机数 nounce 和第一个交易的文本描述，找到一个取两次 SHA256 后小于 Target 区块头部（block_header）。

279

例如，第 277316 区块的 Target 为

0000000000000003a30c0000000000000000000000000000000000000000

则挖矿的目标是找到合适的随机数，满足其双重 SHA256 的计算结果小于
Target，即 62 个 bit 必须为零，实际挖掘结果为

0000000000000001b6b9a13b095e96db41c4a928b97ef2d944a9b31b2cc7bdc4

由于哈希的单向散列特性，无法根据特定的哈希值反向计算出满足要求的输入
文本，因此挖矿过程只能通过穷举的方式进行。

默克尔树（Merkle）通常也被称作 Hash Tree（哈希树）（见图 7-2）。顾名思
义，就是存储 hash 值的一个树状结构模型。Merkle 树的叶子是数据块的 hash 值
（数据块：文件或者文件的集合）。非叶节点是其对应子节点串联字符串的 hash。默
克尔树（Merkle）是一种二叉树，除叶子节点外的每一个节点都是其下属两个子节点
数据拼接的哈希值。

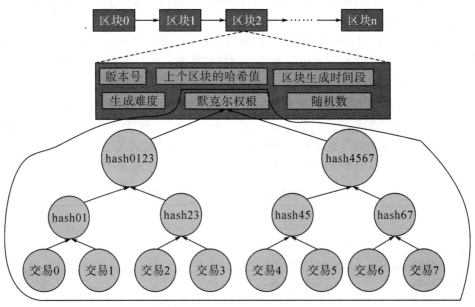

图 7-2　默克尔树结构

（资料来源：作者自行绘制）

图 7-2 中，画圈部分构成一个默克尔树，具体结构特征如下：

（1）叶子节点为交易 0~交易 7；

（2）Hash01 为 HASH（交易 0 ‖ 交易 1），hash23、hash45、hash67 类似；

（3）Hash0123 为 HASH（hash01 ‖ hash23），hash4567 类似；

（4）默克尔根的计算为 HASH（hash0123 ‖ hash4567）。

因此，若需要验证交易 4 的正确性，我们需要下载交易 5 的数据、hash67 及
hash0123，验证方式如下：

（1）计算 hash45 = HASH（交易 4 ‖ 交易 5）；

（2）计算 hash4567 = HASH（hash45 ‖ hash67）；

（3）计算默克尔根 = HASH（hash1234 ‖ hash4567），并比较与期望是否相符，

若相符，则验证通过。

（二）比特币的货币发行可能存在的技术性风险及监管方法

在上述哈希函数的原理基础之上，不难发现，哈希函数存在一些固有的技术设计缺陷。而这些缺陷，将会为补充性货币的发行带来潜在性技术风险。若哈希函数存在安全隐患，即攻击者可以在较短时间内找到明文 m' 满足 $Hash(m)=Hash(m')$，则攻击者可以造成以下危害：

1. 加速挖矿进程，无中心情况下，破坏的货币发行秩序；

2. 伪造签名文本，如将"Alice 转给 Bob 的 100 个 bitcoin"修改为"Alice 转给攻击者的 1000 个 bitcoin"，并通过全网验证；

3. 可以破坏数据的完整性，任意修改账本。

随着哈希分析技术的不断深入发展，人们提出了许多针对 MD5 的攻击算法，使得算法的抗冲突性受到极大挑战。于是，美国国家安全局（NSA）与技术研究院（NIST）发布了安全哈希算法（Secure Hash Algorithm），简写为 SHA。

1993 年 NIST 发布了最初的安全哈希算法标准，该算法现在常称为 SHA0。然而，在发布后由于安全隐患很快被撤回，并于 1995 年发布了修订版的 SHA 算法，即 SHA1。SHA0/SHA1 算法完全继承了 MD4/MD5 的算法的框架（Merkle-Damgard 结构），通过修改算子、增加迭代轮数、增加输出哈希值长度提升算法的安全性。随着哈希分析技术的发现，人们陆续提出了针对 SHA0/SHA1 算法的攻击技术。其中，以 2005 年王小云等人的研究最为有名，通过王小云的哈希分析算法，能在 15 分钟左右攻破 MD5 算法，同时算法也能将攻破 SHA1 的尝试复杂度降至 2^{63}。

为对抗哈希分析技术的发展，NIST 于 2002 年正式发布了 SHA2 算法族，包括 SHA256、SHA384、SHA512 三个算法，并在 2004 年加入了 SHA224 算法。SHA2 算法族沿用了 MD4/MD5 的算法框架，并针对当时的哈希分析算法，针对性地修改了算子，并进一步增加迭代轮数和哈希输出长度。目前，SHA2 算法族已成为应用最广泛的哈希函数。虽然尚未找到有效的针对 SHA256/SHA384/SHA512 的攻击，但由于安全原因专家已建议不使用 SHA2 家族中输出最短的 SHA224 算法。

MD5 及后的 SHA0/SHA1/SHA2 哈希函数均属于 MD4 家族，算法框架均采用 Merkle-Damgard 结构，只是在算子、迭代长度、输出哈希长度等方面进行了修改，因此，对 MD5/SHA1 的攻击同样会导致 SHA2 的安全性下降。为寻找新的算法，NIST 举办了 HASH 函数的竞赛，对 51 个候选算法进行了数年的评估，在 2012 年，NIST 最终选择了 Keccak 算法（读作"ket-chak"）作为 SHA3 标准，并通过配置不同的参数得到不同的算法，包括四个固定输出长度的函数 SHA3-224、SHA3-256、SHA3-384、SHA3-512 及两个可变长输出的函数 SHAKE128 及 SHAKE256。Keccak 算法采用创新的"海绵引擎"（sponge structure）作为加密算法的框架，可抵御当时已知哈希分析的攻击。以太坊使用 SHA3 作为哈希函数，然而，目前 SHA3 算法的应用不如 SHA2 广泛，针对 SHA3 的分析技术研究也没有 SHA2 成熟，因此 SHA3 的安全性还需时间检验。

除了国际密码算法标准外，我国国家密码管理局于 2010 年 12 月 17 日发布国产哈希算法 SM3（相关标准为"GM/T 0004—2012"）算法采用 Merkle-Damgard 框架，输出哈希长度为 32 字节，与 SHA256 安全强度相当。哈希算法发展一览表见表 7-2。

表 7-2 哈希算法发展

年份	函数	结构	输出哈希长度/字节	安全性
1990	MD4	Merkle-Damgard	16	不安全，可很快构造出碰撞
1991	MD5	Merkle-Damgard	16	不安全，可很快构造出碰撞
1993	SHA0	Merkle-Damgard	20	不安全，可很快构造出碰撞
1995	SHA1	Merkle-Damgard	20	不安全
2004	SHA224	Merkle-Damgard	28	高安全场合不推荐
2002	SHA256	Merkle-Damgard	32	目前安全，比特币使用
2002	SHA384	Merkle-Damgard	48	目前安全
2002	SHA512	Merkle-Damgard	64	目前安全
2010	SM3	Merkle-Damgard	32	国产密码，安全性与 SHA256 相当，目前安全
2012	SHA3-224	海绵引擎	28	目前安全
2012	SHA3-256	海绵引擎	32	目前安全，以太坊使用
2012	SHA3-384	海绵引擎	48	目前安全
2012	SHA3-512	海绵引擎	64	目前安全
2012	SHAKE128	海绵引擎	可变长，NIST 要求不低于 32 字节	目前安全
2012	SHAKE256	海绵引擎	可变长，NIST 要求不低于 32 字节	目前安全

（三）比特币的交易过程

1. 数字货币的交易（transaction）

如前文所述，数字货币交易过程相对简单，只需一方通过签名将数字货币转至另一方即可，对于比特币，签名算法采用 ECDSA。例如 Alice 要转一个比特币给 Bob，具体流程如图 7-3 所示。

比特币的地址生成采用两个散列函数 SHA256 和 RIPEMD-160 对公钥 T 求散列生成，如式（7.1）、式（7.2）所示：

$$HASH160 = RIPEMD160(SHA256(T)) \tag{7.1}$$

$$address = base58\{0x00 \parallel HASH160 \parallel \lfloor SHA256[SHA256(0x00 \parallel HASH160)]/2^{224} \rfloor\} \tag{7.2}$$

其中 base58 为二进制到文本的转化函数，$\lfloor x/2^{224} \rfloor$ 代表取 x 的前 224 位。可见，Bob 的比特币地址只与公钥相关，通过公钥可迅速计算出 Bob 的地址。由于散列函数的单向性，只知道地址不能反求出 Bob 的公钥，需要在网上查询或向 Bob 发送消息询问。

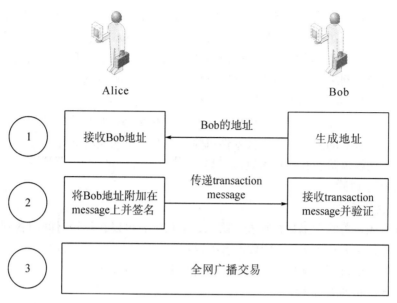

图 7-3 比特币交易流程

为保障区块链（block chain）的完整性，散列函数的输入除了包含 Bob 的比特币地址及 Alice 附加的交易消息，还包括前一个区块（block）。接下来，Alice 将利用自己的私钥签名，并附在区块（block）后面，形成区块链（block chain）中的新的 block，并链在原区块链的最后。因此，若攻击者试图修改区块链的任意交易历史，将导致完整性验证和签名验证不通过。交易消息可参考图 7-4。

283

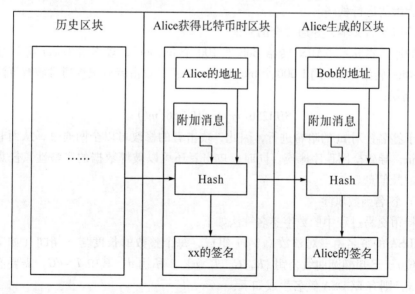

图 7-4 交易消息生成

当 Alice 签名将比特币转至 Bob 时，Alice 就失去了对比特币的所有权，该比特币只有通过 Bob 的签名才能发生转移。然而，Alice 可能对 Bob 和 Eve 同时签名，即"重复使用"问题。对于有中心节点的网络，可通过中心节点再次签名实现交易的不可逆性。而对于比特币这种分布式网络，通过全网广播的方式验证 Alice 是否已经事先将该比特币花掉。若已经事先花掉该比特币，Bob 及相关全功能节点将收到 Alice 花掉该比特币的区块链，并根据签名所有全功能节点均可验证证据的正确性。可见，在比特币网络中，分布式全能节点扮演交易中心的角色。

（四）比特币的交易过程存在的技术性风险及监管方法

由上述分析可知，比特币等虚拟补充性货币在交易过程中会因为其底层技术基础本身存在环节上的漏洞而产生技术性风险，主要的技术性风险可分为密码学风险、私钥遗失、泄露风险和其他技术风险三类。

1. 密码学风险

（1）哈希函数风险

如前所述，若哈希函数存在安全隐患，即攻击者可以在较短时间内找到明文 m' 满足 $Hash(m) = Hash(m')$，则攻击者可以：

①加速挖矿进程，无中心情况下，破坏的货币发行秩序。

回顾 bitcoin 挖矿函数：

$$SHA256[SHA256(block\_header)] < Target$$

若 SHA256 函数被破解，由于挖矿函数是两层哈希，我们令 Target = 0，即可在较短时间内找到文本 m，满足 $SHA256(m) = 0$；同时再利用该算法在较智囊时间内文本 m' 满足 $SHA256(m') = m$：

$$SHA256[SHA256(m')] = 0 < Target$$

可见，无论当前难度多少攻击者均可利用破解算法快速挖出所有的比特币，从而破坏货币的运行秩序。

②伪造签名文本，并通过全网验证。

例如原文本 $m =$ "Alice 转给 Bob 的 100 个 bitcoin"，攻击者 Oscar 将其修改为 $m' =$ "Alice 转给 Oscar 的 1 000 个 bitcoin + string"，攻击者可很快通过破解算法得到 string，满足：

$$SHA256(m) = SHA256(m')$$

由于签名针对 m 的哈希进行，因此，攻击者的修改可以全网通过，从而非法获得 bitcoin，导致全网秩序瘫痪。同时，攻击者还可以破坏数据的完整性，任意修改账本的记录信息。

（2）签名函数风险

比特币交易过程中的数字签名算法如下：

ECDSA 的签名由一对整数 (r, s) 组成，每个整数的长度与 n 相同（如 256 位和 512 位）。已知椭圆曲线公钥 $\{E, G, T, n\}$、私钥 d，其中 $T = dG$，需要签名的消息为 x，则有 ECDSA 签名生成如下：

①随机生成临时密钥 k_E，满足 $1 \leqslant k_E < n$；

②计算点 $R = (x_R, y_R) = k_E G$；

③设置 $r = x_R$；

④计算签名 s：

$$s = \frac{h(x) + d \cdot r}{k_E} \bmod n$$

⑤输出签名 (r, s)。

在交易双方实施签名的过程中，容易产生的技术性风险主要在于：部分软件或计算机生成随机数函数存在瑕疵，若临时密钥的某次签名一致，则将导致攻击者可以计算出私钥，具体算法如下：

令第 a 次签名结果为 (r_a, s_a)，第 b 次签名结果为 (r_b, s_b) 其中第 a 次和第 b 次使用的临时密钥（随机数）k_E 一致；则根据

$$r_a = r_b = (k_E G \quad 取 x 轴)$$

可得到 $r_a = r_b$。其中，m_a、m_b 为第 a 次和第 b 次签名的文本正文，$h(\ )$ 为协议规定的哈希函数。为便于交易者验证交易数据的合法性，m_a、m_b、(r_a, s_a)、(r_b, s_b) 必须在网上公开。因此，攻击者可以搜索全网的签名数据，一旦发现存在签名的 r 一致，则表明使用了相同的临时密钥，于是可根据以下公式计算出私钥 d：

$$s_a = \frac{h(m_a) + d \cdot r_a}{k_E} \bmod n$$

$$s_b = \frac{h(m_b) + d \cdot r_b}{k_E} \bmod n$$

$$\frac{s_b}{s_a} = \frac{h(m_b) + d \cdot r_b}{h(m_a) + d \cdot r_a} \bmod n, \quad 注意 r_a = r_b$$

$$\frac{s_b - s_a}{s_a} = \frac{h(m_b) - h(m_a)}{h(m_a) + d \cdot r_a} \bmod n$$

$$\frac{s_a}{s_b - s_a} = \frac{h(m_a) + d \cdot r_a}{h(m_b) - h(m_a)} \bmod n$$

$$d = \frac{\left(\frac{s_a(h(m_b) - h(m_a))}{s_b - s_a} - h(m_a) \right)}{r_a} \bmod n$$

由此可见，根据以上算法的原理，一旦获得了私钥，攻击者便等效获得了所有的私钥名下加密货币的所有权，从而可以自由破坏和篡改交易记录和交易数据，进行犯罪性活动。

2. 私钥遗失、泄露风险及其他技术性风险

如前所述，比特币的持有人都会拥有一个独一无二的私钥，来确保比特币的安全性并证明实际的所有权。但是，正是由于私钥的独一无二的特性，也不可避免地带来技术性风险。如果比特币的持有人不慎将私钥遗失，则意味着这个私钥对应的比特币已经永远在世界上消失，无法找回。因为比特币的一个自身特点就是去中心性，也就意味着它没有一个固定的发行中心（中心节点）可以有权转移其财产，无法像客户不慎遗失银行卡那样可以凭借身份证明到银行办理挂失手续，重新找回这个银行卡。所以，一旦私钥丢失，比特币就无法找回。因此，私钥遗失的技术性风险一直存在。当然，由于中心化的发行中心可以有权转移财产，因此也存在着不可

忽视的操作风险、道德风险、信用风险等（如银行工作人员利用职权擅自挪用银行公共存款等），但这些风险的防范和监管体系已经相对完善和成熟，银行可以从制度、法律、技术、规范、道德教育等方面入手，有效解决这些风险问题。而无中心化所造成的技术性风险，目前还是一个比较棘手的监管性难题，亟待解决。

此外，如果比特币原持有人不慎将自己的私钥遗失，而被第三人知晓，则第三人将凭借这一私钥，成为比特币的新主人。比特币的自身特性，决定了私钥是证明比特币所有权的唯一凭证，因此私钥在谁手中，谁就拥有比特币的所有权。在私钥遗失又被第三人盗取或占为己用的过程中，还会出现原持有人存储在私钥上的所有相关信息都被第三人掌握的信息泄露风险。

当然，比特币类的补充性货币还可能存在其他的技术性风险。比如，虽然全世界范围内的比特币总量只有2 100万枚，具有稀缺性，但要创造一个全新的和比特币功能类似的加密数字货币技术难度并不大。即比特币类补充性货币的技术模式较容易被复制。例如：对于补充性货币的发行来说，比特币的产生是采用"挖矿"为获取途径的，而其他类似的新型货币的发行，则可以通过免费注册、低价购买或者凭借比特币以一定的比率兑换，或者另一种形式的"挖矿"来产生。而新型补充性货币的产生初期，往往会以新颖的方式和低廉的价格吸引更多的民众去持有和推广，一旦在较广泛的区域内被大众接受并使用，就很可能超越比特币，成为一颗新星。再如，在新发行一种类比特币的数字货币之后，其货币在市场上的运行和流通模式，完全可以照搬比特币的运行和流通模式，甚至可以结合当前的新技术（如智能合约等），凸显出超越比特币的特性和功能。因此比特币一旦被其他类型的新型类比特币货币替代，其在市场上的价格将受到巨大的冲击而很快变得一文不值。一旦这样的情况出现，持有比特币的投资者或者相关机构将会遭受巨大的经济损失，相应的金融市场也会遭遇一场难以想象的暴风雨，甚至可能引发新一轮金融危机。

3. 比特币在交易过程中的技术性风险监管方法

综上可知，针对比特币在交易过程中存在的技术性风险，较有效的监管方法应该从完善及改进其分布式账本的路径入手。主要的监管方法如下所示：

（1）实施中心化，要求每位交易对象对中心实名（见图7-5）。这样做的优点在于：

①中心化后可以提供挂失功能，用户对中心实名，但交易过程匿名。中心提供智能合约功能，个人对中心节点实名，但可有多个子账户。在交易时非实名，以公钥、昵称代替。这样只有监管机构可以查到实名化的交易信息，交易双方对监管机构实名；其他商业机构（如超市）或个人不能知道对方隐私（除非监管机构告之）。

此外，交易过程中分为多个子账户也具有明显的优点，具体如下：

• 若某个账户私钥泄露，不会导致其他账户风险。

• 若私钥遗失，监管机构可新建账户。

这样，就有效地解决了之前所提到的私钥遗失或泄露造成的账户风险等技术性风险。

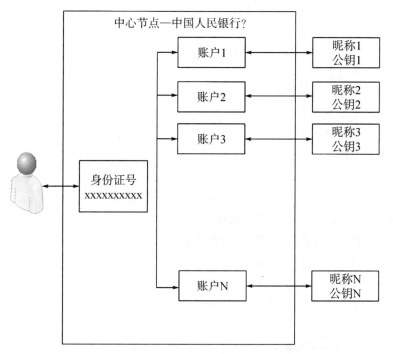

图 7-5 补充性货币中心化后受监管的技术路线

此外，交易过程中建立多个子账户，在本质上是智能合约的一种实现方式。比特币类的补充性货币的交易本质就是对交易消息的签名链，包括以下三元组：

※对方公钥；

※附加消息记为 *message*，如"转 1 000 块给 Alice"；

※签名元组 (r, s)。

对于智能合约的一种实现方式，只需要将 message 进行修改，加入可执行的指令即可，例如对于上述交易，将 message 修改为"2019 年 12 月 12 日上午 8：00 分 00 秒转 1 000 块给 Alice"，并将其签名后的三元组 {Alice 公钥、message、签名 (r, s)} 发送给可信中心节点，中心节点将自动执行该指令，再在指定时间执行指令，若成功，将其加入分布式账本中，若失败（如账户余额不足）则取消该交易并返回错误。可见，交易功能可视为智能合约功能的子集。如果存在中心节点，则中心节点可以吊销任意子账户的公钥，实现挂失功能。其吊销方式与智能合约类似，但必须满足以下几个条件，挂失才能顺利完成：

※必须是中心节点，或中心授权的节点；

※附加消息为挂失或吊销相关信息，如"挂失 Alice 账户"；

※三元组如下：

（a）被挂失的公钥；

（b）附加消息；

（c）中心节点（或授权节点的签名）(r, s)。

※上述三元组可分布式存储，若任意其他用户希望查询 Alice 账户是否挂失时，

287

任意存储该信息的节点可直接返回上述三元组，证实 Alice 账户已被挂失，无需中心节点响应。

②可升级密码算法的功能，以有效监管和防止算法漏洞出现的技术性风险。如前所述，如果在比特币类补充性货币的底层技术算法设计中，其哈希和签名算法都采用国密算法，则能有效防止其他算法可能存在未公开的技术性漏洞和风险。若哈希分析技术取得突破，SM3 可能存在安全隐患，则应该立即考虑并着手进行密码算法的升级。对于有中心的情况，算法升级较简单，只需要中心修改服务器，客户端同步升级软件即可。但对于历史区块，则可通过新算法保证其完整性不被破坏。比如：

$$data' = (new\_r, new\_s) \parallel data$$

其中 $data'$ 为升级算法后的数据，其中 (new_r, new_s) 为授权节点（如中心节点本身），可以利用新的哈希及签名算法对历史数据进行签名。

此外，如要保证软件在下载历史数据验证交易的正确性，还需要进行如下步骤的操作：

※下载历史数据和期望哈希值的 $data'$；

※利用新的哈希算法计算下载数据的哈希；

※下载授权节点的公钥；

※验证签名是否为授权节点正确。

由上述比特币的分析可知，类比特币的加密补充性货币是使用区块链技术通过算法自动产生的。区块链技术可以应用于这类加密补充性货币的产生、分发、交易、销毁等各个环节。区块链技术的可信、共识、防篡改等特点为构建加密补充性货币的网络环境提供了技术保障，但其自身也存在多种安全风险。

首先，加密算法存在被破解的风险。区块链运用了大量的加密算法来保证系统的安全性，例如通过使用非对称加密的数字签名算法，确保交易的身份验证和不可抵赖，通过使用多种哈希算法来实现工作量证明等共识机制。如果这些用于实现身份验证、账户身份信息保护、共识机制的加密算法被破解，则可能造成身份冒用、个人用户信息泄露、数字货币丢失、系统被控等风险，给个人财产安全以及社会发展稳定带来严重危害。从技术发展来看，随着密码学和量子计算等新技术的应用和发展，目前广泛应用的加密算法将面临被破解的风险，可能导致数字货币被非法获取或个人隐私泄漏等风险。例如，当前在区块链中普遍使用的椭圆曲线加密算法，其安全性是基于椭圆曲线上的有理点构成 Abel 加法群上椭圆离散对数的计算难题。最新资料显示，通过量子攻击破解 128 位密钥长度的椭圆曲线加密算法大约需要 2 330 量子比特，而 IBM 发布的量子技术路线图显示，2023 年就可以突破千个量子比特，2029 年就可以实现百万量子比特[1]。

其次，协议安全需要更严格的证明和考验。区块链使用了大量的底层协议，如共识机制、数据发布规则等。如果这些协议存在安全问题，会给基于区块链的数字

---

① 今日头条. 基于区块链技术的数字货币安全风险及应对措施研究中国信息安全 [EB/OL]. (2021-05-08) [2022-08-13]. https://www.51cto.com/article/661468.html.

货币系统造成严重的破坏，并且可能会导致系统面临硬分叉的风险。由于共识机制的不一致性，当解决区块链的安全问题或其他错误时，进行区块链协议升级就会造成分叉。其中硬分叉是共识发生改变时，未升级的节点拒绝验证已经升级的节点产生的区块，已经升级的节点可以验证未升级节点产生的区块，两种节点各自延续自己认可的链，导致形成两条不同的链。硬分叉可能会影响整个区块链系统的一致性，破坏区块链系统的抗干扰性能，并影响数字货币系统的安全和可靠程度。例如以太坊的 THE DAO 事件之后，为了降低损失进行协议升级，因为软分叉修复方案全部失败，最终导致系统硬分叉，以太坊分裂成为 ETH 和 ETC 两条链，这违反了区块链的最长链原则以及唯一性①。

第三，区块链将面临智能合约漏洞风险。智能合约是以代码形式表现的一系列承诺，包括相关方履行这些承诺的协议，是区块链技术中的重要技术。智能合约的特点是自动化执行、不可逆转。但是，智能合约语言本身和合约设计中可能存在安全漏洞。以以太坊为例，目前已知的智能合约漏洞包括交易顺序依赖、时间戳依赖、误操作异常、可重入攻击等。在调用执行合约时，利用这些漏洞可能会造成相关方的财产损失。新加坡和英国多位研究人员的技术报告《对贪婪、挥霍以及自杀性合约的大范围调查》指出，包含 440 万个以太币的 34 000 多份以太坊智能合约技术由于信息编码体系不完善，可能存在容易被攻击的漏洞，以及未完成独立审计的智能合约的风险。发生在 2017 年的智能合约代码问题就导致 5 亿美元损失，一半金额涉及以太币。

第四，网络攻击风险仍然不能忽视。区块链技术采用对等网络结构和消息广播机制，节点可以自由加入或退出网络，路由欺骗、地址欺骗等攻击将导致节点一致性算法结果的波动。如果基于区块链的数字货币系统缺乏协调控制机制进行管理，一个节点遭受攻击时，与该节点连接的用户将无法进行相应的操作。例如，麻省理工学院研究专家发现比特币网络面临日食攻击的问题，当攻击者针对某个管理节点发起日食攻击时，可以垄断被攻击节点的所有进出，将其与网络中其他节点隔离开，从而获得该节点的控制权。

第五，可能面临监管缺失风险。随着数字补充性货币的应用场景、应用领域不断深化，现有监管体系将面临监管政策不健全、监管模式与数字补充性货币市场不匹配等问题。数字补充性货币作为新生事物，外界对其法律属性缺乏统一认识，主要经济体均呈现多元主体混合监管模式，容易导致真空监管。基于区块链和数字代币的联盟网络交易导致监管难度和监管成本增加。监管缺失风险具体体现在：多部门混合监管、监管职责不明确、存在监管边缘地带。数字货币往往涉及跨部门的监管领域，对于数字补充性货币流通和应用领域缺少对应的监管职责和操作方案，特别是一些衍生业务游走于监管边缘地带，容易带来监管真空问题。其次，数字补充性货币法规体系滞后，缺少金融监管的标准和规范。现有法规对于数字补充性货币的金融纠纷缺少细化性职责划分并难以作出解释，同时没有具体说明相应的系统性、

289

① 以太坊的 DAO 事件请参看补充拓展资料。

可操作性数字货币交易的相关标准。各国监管标准存在差异，缺少全球统一协调的监管机制。对于各国数字补充性货币以及跨境数字金融产品的监测缺少全球统一协调机制，国际领域尚没有成熟的机制盯住区块链上的暗网交易。

（五）普适性的技术性风险监管方法

我们在前面以比特币为例，分析了它的运行原理、特性、可能存在的技术性风险、具体的技术性风险监管方法等问题。但是，补充性货币的种类繁多，继比特币之后的虚拟性补充性货币更是如雨后春笋。不同的虚拟性补充性货币具有不同的特点，比特币仅是其中的典型代表。因此，针对种类各异的虚拟性补充性货币，我们也希望能找到一些具有普适性的技术性风险监管方法。

我们认为，首先应该大力支持监管科技的发展，并将金融科技公司作为虚拟性补充性货币技术性风险监管的主力军。前文所述，虚拟性补充性货币的产生和发展，与金融科技的崛起有着密切共生的关系。虚拟性补充性货币的底层技术，正是金融科技不断革新和发展的产物。按照逻辑，要对虚拟性补充性货币的技术性风险进行监管，自然也需要更强大的金融科技才能实现。当前，在金融科技的催生下，大量的金融科技初创公司应运而生，这些公司能运用金融科技专注于提供风险数据管理、风险分析、风险报告及避险方案的服务。由于有这些金融科技公司的存在，银行等金融机构可以和这些公司合作，在使用补充性货币的同时，根据自身实际情况精准选取所需监管服务，将对虚拟性补充性货币监管过程中的难题交付给专业化的技术性金融科技公司解决。这些公司可以提供的服务如：分布式账本概念验证项目、数据安全、监控交易、合规监管、客户信息管理、反洗钱监管、监管报告撰写及汇报、监管决策改进规划等。所以，将金融科技公司作为补充性货币技术性风险的监管主力军，可以分担银行等金融机构的监管压力，且极大地解决技术性难题。

第二，加大对技术监管的重视程度，充分利用先进的技术监管方法对虚拟性补充性货币的技术性风险进行全过程的管理和控制。在实施技术监管的过程中，应该更加注重事前和事中监管，并及时更新升级最新监管技术，确保技术监管的有效性。这些技术监管的具体内容包括对虚拟性补充性货币的交易系统的稳健性和交易认证进行监管；对交易结算的安全性和隐私保护进行监管（如使用生物特征解锁技术、多层加密技术、个人信息追踪技术、反黑客攻击技术等）；对使用虚拟性补充性货币从事金融活动产生的相关数据和记录进行实时备份等。

第三，利用先进技术，加强对虚拟性补充性货币在运行过程中产生的技术性风险的环节监管。虚拟性补充性货币的去中心化的特性，导致了被监管者的身份模糊化，监管实施主体需要有更先进的技术去追踪、发现、鉴别被监管者，同时对虚拟性补充性货币运行的全过程也需要分环节逐一监管。在这样的监管要求下，监管实施者除了对虚拟性补充性货币的发行（ICO）进行技术监管外，其交易平台自然也成为环节监管的重点和中心。这些交易平台本身就依托当前的金融科技运转的，而要对这些交易平台进行技术监管，意味着必须有更先进的技术，针对补充性货币交易平台的收入规模、交易业务及规模、安全性、评级、合规性、交易费用、融资活动等进行有效监管，防止黑客攻击、内幕交易、虚假交易、洗钱、诈骗、恐怖融资等。因此，要对虚拟性补充性货币交易平台的技术性风险进行监管，必须采用最先进的、以金融科技为支持的监管技术，贯穿于交易平台和交易系统的每一个环节。此外，在具体实施技术监管的实践中，还必须要根据交易平台的实际功能和提供的服务层次，选择与之匹配的、精准的技术监管方法。交易平台的行业归属不同，技术性监管的方式和手段也会有很大差异。常见的几类交易平台的具体技术监管方法如下：

（1）咨询服务交易平台。这类交易平台主要为用户提供交易信息和协助决策的服务，核实交易实时信息，提供基本面和技术面分析结果，不参与实际交易过程。监管实施者对这类交易平台的技术性监管，是要确保这些平台提供的信息的真实性，并实时追踪监测其提供的咨询决策服务是否合规合法，是否存在欺诈行为。

（2）结算与融资服务交易平台。这类交易平台通过提供金融交易的便利，向用户收取服务费用和融资利息，因此属于金融业务类交易平台。此类交易平台的技术性风险主要来源于交易的过程。在进行技术监管的过程中，用户的隐私信息保护、交易的安全性、黑客攻击等问题是需要关注的重点。

（3）做市商服务交易平台。这类交易平台通常具有一定的信誉度、资本实力和融资能力，为市场提供流动性。虽然这类交易平台可以通过自身的操作抑制其他交易者的交易操纵行为，但由于其本身也具有强大的实力，不排除受利益驱动而自身对交易市场进行不正当操纵的行为。因此，在对此类交易平台进行技术监管时，应采用先进技术实时、长期、常规性观测此类交易平台的持续交易行为，以防止其不正当操作和交易活动。

通过以上对技术性风险的产生原理和监管方法的分析和论述，我们不难发现，处于高级发展阶段的补充性货币，以其特有的区块链技术为基础，为全球的经济秩序和经济实体带来了前所未有的机遇和挑战。我们如果要想把握时机，借助高级发展阶段的虚拟形态补充性货币的自身独特优势来发展金融，就必须与世界接轨，跟上时代的步伐。首先，我们应该对补充性货币及背后的科学技术和知识尽数掌握；其次，应该对目前运用补充性货币的国家和机构进行了解，把握它们的相关研究动向及最新发展情况；再次，应该将自身的发展情况进行比较研究；最后才能提出应对技术性风险的具体策略。值得一提的是，区块链的智能合约技术、创新交易机理、点对点交易模式，使虚拟形态的补充性货币可以运用在国际金融市场的各个领域，如建立全球分布式清算结算体系，提高跨境支付效率，P2P 分布式借贷网络平台，降低借贷成本并实现全球无障碍安全交易等。这些技术，都需要我们能充分掌握并分析判断其利弊和隐藏风险，以便能顺利规避这些技术性风险。虽然补充性货币背后蕴藏着巨大的技术支持，但这也意味着其存在无法避免的技术性风险。在核心技术缺失的情况下，单纯将金融服务外包或信息技术外包，都将面临极大的不可控风险①。补充性货币的加入，更会加剧这种风险。如果我们自身缺乏具有这些技术和知识的人才，无法了解补充性货币背后的技术机理，又或者是我们对这些技术理解

291

---

① 闫海峰. 金融服务外包风险管理［M］. 北京：经济管理出版社，2013：75.

有误，不仅没有办法正确合理地运用补充性货币，反而有可能造成巨大的损失和严重的后果。

操作性风险是典型的一种技术性风险。如果金融业务通过补充性货币由线下移到线上，则"币流"成为直接的信息流。于是，不法分子完全可以对金融"数据仓库"进行攻击，造成失密、资金转移、欺诈甚至"币流"阻断。因此，要弄清操作风险的关联因素和产生原因，针对投资银行业务、金融市场业务、电子银行业务、互联网金融业务、供应链金融业务等实施全面监管。"形成各部门齐抓共管的联动态势"[①]，杜绝风险造成损失。所以，由于操作风险的重要性，《巴塞尔新资本协议》引入了操作风险的概念[②]。

然而，补充性货币以及其背后的技术性风险是无法完全避免的。将补充性货币广泛运用在促进中国商业银行国际化、人民币国际化和金融相关的其他各类场景中，这本身就是大胆的尝试和创新。如果我们因为害怕这些风险就墨守成规，停滞不前，那么注定无法进步。只有直面技术性风险的挑战，勇于挑战，不懈探索，才能在风险中找出内在规律，并寻找到降低技术性风险的可能方法。因此，本研究认为，对于补充性货币可能存在的技术性风险，我们需要采用风险保留的解决方法。只有在充分了解技术性风险的产生原理、存在表现、来源、特性及可能带来的后果，并让存在的技术性风险完全暴露出来，我们才能根据具体问题，运用金融科技手段，寻找到解决风险的途径。

第二节 补充性货币的心理性风险、经济性风险及监管方法

一、心理性风险及监管方法

我们运用补充性货币的同时，还可能会造成心理性风险。虽然中国各企业或者金融机构可以发行自己的补充性货币或者直接使用东道国当地的主流补充性货币作为经营跨国业务的交易、结算工具，但这种交易、结算工具要被东道国及其他国家的客户广泛接纳，还需要一定的时间。尽管补充性货币的使用，能促进人民币走出中国国界，甚至能替代人民币进行全球范围内的金融活动，且不会受到东道国为了防范他国法定货币"侵入"本国造成汇率风险而设置的若干规则约束，但由于补充性货币的发行者通常是非国家政府的中国商业银行或者东道国银行及东道国社区，其最初的流通与交易也只局限在一定的地域范围，并未被东道国所有的居民熟知。如果是东道国当地主流的补充性货币，东道国客户可能会较快地接纳和使用，但如果是中国商业银行自行发行的补充性货币，东道国客户可能会存在不信任及疑虑，要说服他们接纳并使用，需要较长的时间。这是一种心理性的风险，人们在面对自己不熟知的事物和领域时，通常会以消极观望或直接拒绝的态度来对待，以保证安

---

① 中国监察学会建设银行分会. 国有控股银行操作风险防范与管理 [M]. 北京：经济科学出版社，2015：307.

② 封晓玲，于秀艳. 银行操作风险传导与机制 [M]. 北京：清华大学出版社，2014：24.

全。此外，由于中国商业银行发行的补充性货币对东道国客户来说，是外国的货币，其内在价值完全在于中国商业银行本身的综合实力、信用度和商誉。因此，为了尽量缩短东道国客户对补充性货币的接纳期限，中国商业银行必须扩大宣传力度，提高海外知名度，树立良好的品牌形象，增加补充性货币的海外价值。同时，还应该充分利用一切现有资源和平台来强化补充性货币的运行基础，比如将补充性货币的运用与自贸区联盟、社会关系网络体系等资源和平台相结合，强化补充性货币对海外市场的影响力和作用。此外，东道国客户本身可能会因为宗教信仰、道德标准、价值观念、文化习俗、民族特性等原因对中国产生排斥心理，而这种心理会扩散到有关中国的所有事物。补充性货币在这些对中国具有排斥心理的东道国范围内很难被接纳，这是一种可能存在的现实。这种心理性风险一般较难降低，只能靠长期的努力来改变。对于这些心理性风险，能解决的方法则是风险保留，即正视这样的风险存在，并尽量做好应该做的工作。同时，对此风险造成的负面效应和努力后的结果，不盲目乐观，应该随时保持冷静的态度，从容地对待，并做好心理准备解决有可能出现的一切问题和后果。

二、经济性风险及监管方法

补充性货币的运用不当，也可能会给中国金融市场带来较大的经济性风险。前文所述，中国金融市场由于起步较晚，还处于不成熟的脆弱发展期，比较容易受到外部冲击而造成动荡。正因为如此，中国政府对补充性货币的限制和监管非常严格。由于补充性货币的表现形态丰富、种类繁多，且具有法定货币不具备的新功能和优势，很容易在市场范围内流动，也就更具有对法定货币的威胁力。特别是补充性货币一旦进入风险投资领域，则它形成的风险会进一步加大。在许多情况下，以补充性货币作为风险投资的行为，是一种高复杂性、高技术性、高经济性的行为，其领域"涉及评估、投资、管理、审计和高技术知识等多方面学科"[1]，因此，必须高度重视。并且，补充性货币的发行，也可能使金融市场上对法定货币的需求量增加，从而引发通货膨胀。这种情况会加速人们对法定货币的不信任和对国家未来经济形势的悲观情绪，甚至会爆发经济危机。早在2008年全球金融危机爆发前夕，不少学者就敏感地意识到，随着大量的金融工具创新品种频出，大量补充性货币出现，使得"金融脱媒"日益严重，进而各类市场经济主体"风险承担能力堪忧，加剧了投资品种高风险性与投资者低风险承担能力的错配"[2]，从而引发危机。事实证明，的确如此。同时，如果中国商业银行引入补充性货币作为经营跨国业务的主要使用币种，也可能会创造出各种实体或虚拟的补充性货币，加速金融市场上补充性货币的数量、种类和创新速度的发展。补充性货币的空前发展，很有可能给中国的金融市场带来巨大的冲击和挑战。如果中国企业或商业银行等金融机构的自身实力不足，则有可能无法驾驭自己创造的补充性货币，最终造成损失和负面后果。因此，我们要使用补充性货币作为促进金融市场发展的工具，就必须充分认识到补充性货币可

293

---

① 刘建香. 风险投资的投融资管理及发展机制研究 [M]. 上海：上海交通大学出版社，2012：68.
② 孟辉，杨如彦. 中国金融工具创新报告 [M]. 北京：中国金融出版社，2008：8.

能会带来的经济性风险。本书认为，面对这些经济性风险，我们采用的控制方法应该是"预防为主，防治结合"，即预先考虑到各种可能发生的经济性风险，并事先做好风险防范预案，尽量将经济性风险可能带来的损失降至最低。经济性风险是可控风险，如果我们能了解经济性风险产生的根源，就能对症下药，实施有效的风险控制方案，从而有效降低经济性风险造成的损失。

第三节 补充性货币的信用风险、流动性风险与市场风险

一、信用风险

信用风险主要是交易对手因各种原因未能及时、足额进行兑付的风险。此风险主要存在于补充性货币中的信用支付手段这一类。信用支付手段是指以网络为平台、定期清算、有规则的信用记录系统，包括时间货币、易贷记账、互助信贷以及各类以信用为支付基础的全球地区交易系统。建立在信用基础上的这一类补充性货币对信用的要求较高，面临的信用风险也更大，例如"时间银行"。

"时间银行"是劳务的"非实时但对等交换"，从提供服务到获得回报，时间周期可能会相当漫长而且难以确定，是一种特殊且复杂的信用产品，类似于延期支付的信用支票。尤其是其应用到低龄健康老年人帮助高龄、失能老年人的互助养老服务领域后，信用产品属性更为明显。这一属性客观要求"时间银行"应当由公信力强的大型机构来承接运行，给予信用背书。从既有试点看，"时间银行"在大部分地区以街道、社区居委会或社会组织自发实施，在运行层面缺乏信用担保，因此参与者对存取时间的兑换缺乏信任。一些地方试点所储蓄的服务时间，因居民搬迁、居委会人员更迭、记录丢失、缺乏后续参与者等各种原因成为坏账而无法支取，更加剧了居民对"时间银行"的不信任感。以政府信用背书，在更高层次、更大范围内试点"时间银行"，可以破解居民不信任的问题，但是也带来潜在风险。比如，如果因为人口老龄化等不可逆因素，导致此前时间兑换的大面积、系统性违约，则政府的公信力会受到冲击，并且覆盖范围越大，加入的人群越多，积累的信用风险也就越大。

虚拟货币由于不具备中心机构，因此存在很高的信用风险。首先，虚拟货币没有国家信用作为担保，在市场因素、技术因素等多方面因素影响下，虚拟货币可能出现价值暴跌、交易受阻等问题，容易出现信用问题。其次，在虚拟货币交易过程中，可能出现"双花"风险，简单说就是一币两卖，一名卖家同时与两名买家交易，由于虚拟货币存在唯一性，因此只有一名买家可以交易成功，另一名就会被骗出现经济损失。

虚拟数字货币交易平台的不确定性同样带来了信用风险。关于虚拟货币交易平台，目前世界各国还存在监管法律空白、监管责任主体不清等问题，很容易引发较大的资产损失风险。一是交易平台存在停业、破产、"跑路"的可能。2013 年，国内比特币交易平台 GBL 以遭黑客攻击为由突然"跑路"，用户直接损失超过 2 000

万元。2014 年 2 月，曾经是世界上最大的比特币交易所门头沟公司（Mt. Gox）因无法到期兑付投资者存于该公司的比特币而宣告倒闭，致使大批投资者遭受重大信用风险，血本无归。二是交易平台本身坐庄操纵价格。由于监管法律的空白，虚拟货币交易业务极不透明，交易平台很容易通过自买自卖、刷单等方式操纵交易价格获利，损害投资者利益。三是交易平台本身存在欺诈风险。许多交易平台的 ICO 项目打着区块链、数字货币的名目虚构项目募集资金。

二、补充性货币的流动性风险

比特币、以太币等虚拟货币 5 月出现大幅震荡，真切反映了虚拟货币交易炒作带来的负面影响。暴涨暴跌的虚拟货币更在警示，应密切关注全球货币流动性泛滥背后的巨大风险。

5 月 19 日，比特币价格暴跌。芝加哥商品交易所 5 月交货的比特币期货价格当天盘中最低跌至 30 205 美元，与前一交易日收盘价相比下跌 30%，当天收于 39 340 美元，跌幅为 8.8%。而"比特币柜台"网站数据显示，当天以太币、瑞波币、艾达币和恒星币等虚拟货币价格震荡幅度更大。虚拟货币的暴涨暴跌已不是首次发生。有分析认为，近期震荡反映出虚拟货币市场尚不成熟、容易被消息面左右、高波动性特征十分明显等特点。更要看到，虚拟货币虽然打着"货币"旗号，但并不是由货币当局发行，不具有法偿性与强制性等货币属性，仍是一种特定的虚拟商品，其涨跌起伏与其他商品并没有本质区别。比特币等虚拟货币的出现，与国际金融危机之后欧美主要经济体货币宽松政策出台相伴而生，是全球资本追逐资产保值增值和避险需求的副产品。疫情发生以来，欧美等主要经济体纷纷推出大规模非常规财政货币政策刺激经济复苏，加剧全球货币流动性泛滥，推升全球通胀预期，各类资产风险更是大大提升。从这个角度看，这一轮虚拟货币的震荡是缩影也是警示信号，提醒着全球货币流动性泛滥背后蕴藏的各种巨大风险。

首先，全球债务规模高位运行。国际金融协会最新数据显示，截至 2021 年一季度，全球债务规模高达全球经济规模的 360%，较 2020 年年底的 355% 进一步提升。大多数国家已对宽松货币政策形成依赖，"债多不愁"已成现实的无奈写照，未来全球债务仍将高位运行。

其次，全球通胀预期明显提升。自 2020 年 3 月以来，美国已累计出台总额逾 5 万亿美元的经济刺激措施，近期更不断推出各种巨额刺激计划。美元泛滥推动以美元定价的大宗商品价格飙升，在全球供求并没有明显改变的情况下，玉米、大豆、小麦等食品期货以及钢铁、铜、铝等先后出现大幅上涨。流动性泛滥叠加国际游资的过度投机炒作，对价格上涨产生了推波助澜的作用。

此外，美联储政策走势成为悬在世界经济复苏头上的定时炸弹。美联储 5 月 19 日公布的 4 月货币政策会议纪要显示，部分官员认为如果美国经济强劲回升则有必要开始讨论收紧货币政策。随着近期美国通胀指标持续攀升，对于美联储政策转向的担忧明显增加，而市场也一如既往地通过"撒泼打滚"的办法尽量拖延。但是，随着通胀形势的发展，美联储政策反转的可能性不断增大。一旦发生逆转，脆弱复苏的世界经济将再次承受巨大冲击。各国应该高度重视，转变思路采取新的应对举措。

"时间银行"要实现存取时间和提取时间的供需均衡，关键在于"接力服务"。存取的时间多、提取的时间少，则会出现"时间盈余"，反之必然出现"时间赤字"，不可持续。从这个角度而言，养老服务领域的"时间银行"模式近似于"现收现付"的养老保险模式，这一模式比较适合年轻型或成年型人口年龄结构，不太适合老年型人口年龄结构，而且老龄化程度越高，现收现付模式越难以持续。

另外，现收现付的养老保险模式存取和提取的都是货币，养老服务领域的"时间银行"模式则不同，服务匹配的复杂性更大，一个人存取一小时的 A 服务将来提取的可能是一小时的 B 服务，因此需要更大的潜在"存提比"来确保服务的匹配。如果以 60~69 岁低龄老年人口为潜在"存取时间"人口，70 岁以上中高龄人口为潜在"提取时间"人口来计算，伴随我国人口老龄化程度的加深，存取与提取人口比例将由 2020 年左右的 1.5∶1，提升到 2035 年的 1.1∶1，进一步提升到 2050 年的 0.78∶1，可持续发展压力明显加大。

三、补充性货币的市场风险

市场风险是指由于基础资产市场价格的不利变动或者急剧波动而导致衍生工具价格或者价值变动的风险。

补充性货币一般以发行方的商业信用为基础，且基本被各国货币当局定性为特殊商品，并要求不得与法定货币挂钩，通常也不能与法定货币双向兑换。这种单向流动的制度安排，加上缺乏经法定货币锚的稳定作用，很容易产生市场操作，导致货币价格过度波动。

据不完全统计，目前全球市场上存在的虚拟货币有 7 000 多种，其中有一定的交易规模或存在交易市场的大致有 900 多种。虽然数量众多，但大多是在比特币的源代码基础上进行修改得到的，因此运作体系比较相似。目前数字货币市场集中度很高，仅比特币和以太币这两种数字货币市值占市场总市值的 60% 以上，而剩下的大多数虚拟货币基本没有交易量。同时，市场上还存在大量的空气币、山寨币，甚至是传销币。

虚拟货币的币值差异非常大，同时货币价格波动巨大。以比特币为例，2010 年一个比特币价格不足 14 美分，2013 年飙升至 1 242 美元，增长 8 871 倍，2015 年回落至 66 美元。经过一定的调整和震荡后，2021 年比特币迎来一轮暴涨暴跌。2020年 10 月以来比特币价格一路攀升，2021 年 4 月达到历史最高值，突破 6 万美元，然而仅仅几天后价格就直线下跌，维持在 3 亿美元左右。在比特币价格波动的影响和带动下，其他主流虚拟货币价格均出现过暴涨暴跌的情况，甚至一些货币在经历了"过山车"式的波动后，直接退出市场。

此外，加密数字货币洗钱风险加剧。正是因为加密数字货币的隐匿性，利用加密数字货币洗钱犯罪屡屡出现，已经成为加密数字货币的主要负面影响。犯罪分子正在要求使用加密数字货币，特别是比特币，作为勒索软件攻击付款方式或欺诈性网站上的假货付款方式。

政策环境的变化是影响补充性货币市场风险的重要外部因素。当前数字货币的交易节点主要分布在美国、中国、欧盟以及日本等国家及地区，这些国家及地区对于数字货币的态度以及出台的相关政策对于数字货币的价格有着更为直接的影响。在数字加密产生初期，监管的宽松为加密货币价格打开了上升空间。以比特币为例，在 2010 年至 2013 年比特币第一次价格牛市阶段，各国对于新生的比特币了解尚浅，没有表明对于比特币的监管态度，因而这一阶段监管的确实助长了比特币价格的飞速上涨。而后由于各国监管开始加强，需求被政策压制，价格一段时间内都被腰斩。

数字货币的价格对于诸如中国、美国、欧盟等主要国家及地区的监管政策反应敏感，当政策趋向于加强监管或者否定加密货币，加密货币的价格在短期内会立即下跌。当政策释放出利好消息，加密货币价格会在短期内上升。以比特币为例（见表7-3），从表中可以看出，当政策当局承认比特币地位，或者释放出善意时候，比特币当日的上涨幅度一般会超过 5%；当负面消息被释放，比特币当日下跌幅度也较为剧烈。

表 7-3 政策变动影响比特币价格

时间	事件	价格变化
2013 年 5 月 15 日	Mt. gox 交易平台银行账户遭美国国土安全局冻结	-4.21%
2013 年 8 月 14 日	印度央行宣称，暂不管制比特币	6.68%
2013 年 8 月 19 日	德国承认比特币作为金融资产的合法地位	4.5%
2013 年 12 月 5 日	中国发布《关于防范比特币风险的通知》	-6.74%
2013 年 12 月 17 日	支付宝关闭比特币交易通道	-14.42%
2014 年 1 月 10 日	新加坡承认比特币的合法地位	7.78%
2014 年 2 月 10 日	俄罗斯全面禁止比特币流通	-6.64%

资料来源：blockchain 网站。

第四节 补充性货币的社会安全性风险及其他风险与应对方法

一、补充性货币的社会安全性风险及监管方法

我们已经知道，补充性货币可以作用于提升商业银行的国际化水平和法定货币的国际化水平，也能扩大货币政策的效应。我们认为，对中国而言，将补充性货币运用于金融领域可能产生的社会安全问题是最大的隐患和威胁。由于人民币尚未完成国际化进程，中国政府对金融市场的资本管制非常严格。但是，随着中国资本账户开放度不断增大，社会安全性风险也随之增大。当开放度超过 0.7 以后，社会安全性风险更加巨大[1]。而补充性货币的加入，将起到推波助澜的作用。因此，将补

[1] 中国人民大学国际货币研究所. 人民币国际化报告（2015）[M]. 北京：中国人民大学出版社，2015：53.

充性货币引入中国金融市场，可能会打破中国对金融市场有效监管的正常秩序。此外，补充性货币的运用，存在着发生洗钱和庞氏骗局等犯罪风险的可能性。例如，2016 年 1 月 27 日，瑞典警方正式宣布"维卡币"的运营方式为金字塔式传销，违反了瑞典的相关法律。显然，利用"维卡币"等类比特币进行犯罪活动，并不是唯一的案例。

　　长期以来，补充性货币的滥用及相关违法犯罪活动一直威胁着中国的社会安全。比如，由于对虚拟形态补充性货币的投机行为可能获得极为丰厚的利润，社会公众很可能用全部的储蓄参与到这种高危投机活动中。由于中国的金融市场监督体系尚未健全，很多利用补充性货币进行虚拟传销的投机者将恶意哄抬或压低补充性货币的价格，以牟取更高的不法利益。这些金融欺诈或骗局，很可能在短时间内耗光社会公众的全部积蓄，更会严重扰乱与补充性货币相关的所有投资项目和合法交易的正常运行秩序，激发社会动荡和经济危机。又如，由于补充性货币的约束体系、问责体系、惩罚体系都还在完善之中，中国金融市场对补充性货币的监管机理尚不成熟，会为金融恐怖主义分子和金融犯罪分子滋生进行非法活动的温床。2015 年，香港发生的富豪绑架案中，绑匪要求以比特币作为人质的赎金，就是因为比特币的匿名性特征。再如，随着补充性货币交易所的兴起（如火币网等），补充性货币对中国金融市场的影响力越来越大。而人民币的不断贬值，将引导社会公众将补充性货币作为新的财产保值方式不断购进。在缺乏有效管理和监督机理的情况下，补充性货币的不断走强，很可能进一步拉大社会贫富差距，激化社会内部矛盾，增加社会诸多棘手的安全隐患和风险。

　　由此可见，补充性货币对中国金融业存在着安全性风险，一旦补充性货币被引入中国的金融系统，各类对补充性货币的滥用、非法使用或洗钱等犯罪行为极有可能增加。但是，从另一方面来看，中国的金融市场乃至全球的金融市场，对于补充性货币的需求也是不断上涨的。这种巨大的潜在需求量，对中国商业银行来说，无疑是开拓海外市场的难得契机。因此，中国商业银行迫切需要找到合理利用补充性货币的有效方法，特别是应对补充性货币在全球金融市场上被非法使用等问题的解决方法。本研究认为，要解决补充性货币可能引发的社会安全性风险，除了国家相关部门要颁布法令，对补充性货币的运行进行规范约束和调控外，中国商业银行也必须主动担负起维护国家金融市场稳定的重任，积极参与打击各种利用补充性货币进行非法活动的犯罪行为。同时，中国商业银行也应该从实际管理补充性货币的角度入手，配合相关部门通过研究犯罪分子各类犯罪手法和行为，找出补充性货币可能存在的各类社会安全性风险及漏洞，并及时进行风险防范和损失控制，将补充性货币的运作引入合法路径，从而在不影响社会安全稳定的同时，有效提升自身的国际化水平。需要强调的是，国家层面对补充性货币的约束和管制很严，就是因为缺乏对补充性货币的信任。而要使国家的约束机理做到张弛有度，为补充性货币营造一个适合生存和发展的环境，中国商业银行必须表现出高度的责任感，在运用补充性货币进行国际化的同时，就应该制定相关的安全性风险防范措施，将这些安全性风险扼杀在萌芽状态，为国家相关部门减轻负担，从而强化国家相关部门对补充性货币的信心，促进补充性货币在中国的健康发展。

二、补充性货币的其他风险及监管方法

除了上述补充性货币的风险及监管方法之外，还有其他的风险，当然也会形成相应的监管方法。例如，其一，企业风险及监管。企业风险主要指补充性货币造成的对企业加大财务杠杆，从而影响企业投融资及正常运行的风险。那么，应对此类风险，专家们一般认为主要加强企业的内部控制的设计流程、进行内部控制整体框架设计、组织架构内部控制设计、发展战略内部控制设计，人力资源内部控制设计、社会责任内部控制设计、企业文化内部控制设计、资金活动内部控制设计、采购业务内部控制设计以及资产管理、销售业务、研究与开发、工程项目、担保业务、业务外包、财务报告、全面预算控制、合同管理、内部信息传递及信息系统内部控制的设计①。其二，操作性技术风险及监管方法。这类风险主要是指在市场主体内部具有不完善的内部程序和系统，特别是外部事件及人员操作失误形成的风险。它可能对市场主体的财务状况、员工队伍、声誉等多方面造成重大损失。它可以表现为通过补充性货币的作用，因内外部欺诈、安全事件、客户或业务的活动、业务中断或系统失效、执行或交割管理不当所形成的。这种风险有涉及面广、风险覆盖面大、收益与风险不成正比、风险与业务规模及复杂度成正比、主要源于市场主体内部等主要特点。针对此类风险，我们主要根据《巴塞尔新资本协议》的要求，将操作风险作为资本监管的范畴，纳入资本充足率计算公式进行考量，监管操作风险资本的过程，并根据基本指标法、标准法、高级计量法进行风险资本的监管。学者们还提出了"第一、二、三支柱中的操作风险的监管方法"②。其三，国际互动风险与监管方法。国际互动形成的风险主要是金融市场间发达国家以证券为代表的补充性货币的互动效应、中国金融市场与国外金融市场补充性货币的互动效应及国内各金融子市场之间的互动效应之间的关系形成的风险。这种风险会在国际的证券市场上迅速形成传染效应，从而直接冲击国家的金融体系。而重大事件往往成为互动影响的重要因素。专家们认为，中国金融市场自身波动的风险全球最大③。而对互动性风险的监管方法主要在于主动进行预警与化解。其四，信息系统研发风险及监管方法。现代企业及商业银行的经营对信息系统的高度依赖性，特别是信息系统的复杂度增加，使得信息系统的研发风险日益增大。它主要表现在安全设计风险、系统漏洞风险、变更维护风险、合规性风险、外包性风险等。而信息系统研发风险的监管方法主要是进行安全培训、风险评估、安全评审、安全检查和测评以及安全评价与考核等方面，大都反映在技术层面。而专家们总结了国外许多类似的监管实例，给我们对补充性货币形成信息系统研发风险监管方法很好的启示④。其五，金融衍生品交易风险及监管方法。大多数金融衍生品，实际上是补充性货币。它们在交易中形成

---

① 李三喜，徐荣才. 基于风险管理的内部控制［M］. 北京：中国市场出版社，2013：11.
② 周玮. 商业银行操作风险管理暨内部控制评价理论与方法［M］. 北京：中国金融出版社，2014：10.
③ 杨威月. 中国金融市场的国际互动与风险控制［M］. 北京：中国金融出版社，2015：19.
④ 蔡创，张方，陈典友，等. 商业银行信息系统研发风险管控［M］. 北京：机械工业出版社，2016：39.

的综合风险即为交易风险。而交易风险大都是操作风险、交易对手风险、流动性风险及法律风险的综合。因此，这类风险在监管的方法上也必须是综合的，有针对性的。一些学者通过国内外案例的总结，说明了风险监管的具体实施方法，可资借鉴①。实际上，根据学界及实践界的研究成果，补充性货币引发的风险主要引起金融安全网的系统性风险，再通过金融市场传导到实体经济，从而影响到整个经济社会。尽管在法定货币的系统性风险监管及防范中，我们可以通过最优存款保险制度、资本充足率监督、最后贷款人作用、强调银行监管和存款保险纪律及加强国际的系统性金融风险管理合作等方法来化解，但法定货币形成的系统性风险与补充性货币形成的系统性风险尚有区别，其监管方法也应有区别。然而，从各方面构筑安全的金融网来对风险进行监管的确是一个重要思路。

关键词

政策性风险 技术性风险 心理性风险 社会性风险 经济性风险 风险应对防范机理

课后思考题

1. 请结合实际，举例说明补充性货币存在的某种风险带来的负面危害，并谈谈应该如何防范？

2. 请思考，较之一般的传统补充性货币，新型补充性货币的风险为什么更大？

补充阅读材料

材料1：央行报告：比特币可能带来三大风险②

中国人民银行发布的《中国金融稳定报告（2013）》指出，从属性看，比特币不是真正意义上的货币。比特币更多的是作为投机工具，而非实体经济中的支付工具，持有比特币的人更愿意把它收藏起来而不是用于购买其他商品。社会公众对比特币还缺乏足够了解，一些个人出于跟风或者投机的心理持有、使用和交易比特币，可能带来风险。

央行报告指出，比特币（Bitcoin）自2009年诞生以来，发展迅速。2013年年初，比特币价格仅为13美元，4月初突破100美元关口，12月最高价超过1 000美元。

比特币的迅速发展引发了人们对虚拟货币是否是真正意义上的货币的思考。有人认为比特币的出现是对现行货币体系的巨大挑战，甚至有人称其是"未来的黄金"。

---

① 卢俊巍，等. 当代金融衍生供给交易风险控制案例教程［M］. 北京：经济科学出版社，2011：49-100.

② 姜楠. 央行报告：比特币可能带来三大风险［EB/OL］.（2014-04-30）［2022-08-22］. https://www.cnfin.com/rmb-xh08/a/20140430/1321045.shtml.

从属性看，比特币不是真正意义上的货币。

第一，比特币没有国家信用支撑，没有法偿性和强制性，因此比特币的流通范围是有限的、也是不稳定的，难以真正发挥流通支付手段的作用。

第二，比特币规模存在上限，难以适应经济发展的需要，若比特币成为货币，会导致通货紧缩，抑制经济发展。

第三，比特币缺乏中央调节机制，容易被过度炒作，导致价格剧烈波动，无法成为计价货币和流通手段。目前接受比特币支付的商品，其标价货币大多仍是该国的本位货币。

第四，比特币具有很强的可替代性，很难固定地充当一般等价物。任何有自己的开采算法、遵循P2P协议、限量、无中心管制的数字"货币"都有可能取代比特币。

目前，比特币更多的是作为投机工具，而非实体经济中的支付工具，持有比特币的人更愿意把它收藏起来而不是用于购买其他商品。

报告中，央行以"规范同业业务"为专栏，指出比特币可能带来的风险。

一是比特币的网络交易平台、过程和规则等都缺乏监管和法律保障，容易产生价格操控和虚假交易等行为，其账户资金安全和清算结算环节也存在风险。

二是比特币价格缺少合理的支撑，其涨跌主要取决于参与者的信心和预期，甚至主要依赖于比特币未来将成为"世界货币"这一假想，容易沦为投机炒作的工具，一旦市场或政策出现风吹草动，就有可能泡沫破裂。

三是比特币交易具有较高的隐蔽性、匿名性和不受地域限制的特点，其资金流向难以监测，为毒品、枪支交易和洗钱等违法犯罪活动提供了便利。

2013年12月，中国人民银行等五部委发布《关于防范比特币风险的通知》，要求各金融机构和支付机构不得开展与比特币相关的业务；提供比特币登记、交易等服务的网站应当在电信管理机构备案，并切实履行反洗钱义务，对用户身份进行识别、报告可疑交易；相关部门和金融机构、支付机构要加强对社会公众货币知识的教育，引导社会公众树立正确的货币观念和投资理念。

材料2：数字货币Libra的潜在风险是什么①？

中亿财经网2020年8月17日讯，Libra在技术成熟度、稳定性、安全性、应用场景等方面均占有优势，也将带来种种潜在风险，增大各国外汇管制难度，弱化各国货币政策实施效果，增加反洗钱和反恐怖融资的难度。

使用真实资产（称为"Libra储备"）作为抵押，使得Libra成为一种价值"稳定"的数字加密货币，即以一揽子低波动性且信誉良好的法定货币以及短期政府债券构成。选择一揽子不同的法定货币，类似于国际货币基金组织（IMF）的特别提款权（SDR），SDR同样是以按一定比例构成的一揽子货币做储备金，会员国在需要时可以使用SDR向国际货币基金组织支取外汇来应对国际收支逆差，或直接使用

---

① 中亿财经. 数字货币Libra的潜在风险是什么？[EB/OL]. (2020-08-17) [2022-08-26]. http://www.dyhjw.com/gold/20200817-25624.html.

SDR 偿付、偿还债务。一揽子法定货币做抵押不仅可以稳定 Libra 与法定货币兑换时的价格，还可以让 Libra 在初期获得使用者的信任，获得更好的流动性。

Libra 储备资产投资收益将主要用于 Libra 网络运行、维护和 Libra 推广活动，不会分配给 Libra 稳定币的持有者。总部设立在瑞士日内瓦的 Libra 协会是独立的非营利组织，主要负责 Libra 区块链的运营、网络验证节点以及储备资产的管理。

用户通过 Libra 协会的授权代理商实现法币与 Libra 稳定币双向兑换，即用户使用本国法定货币向授权代理商购买 Libra 稳定币，授权代理商将法币兑换为 Libra 储备货币后，向 Libra 协会支付 Libra 储备货币，同时 Libra 协会发行相应数量的 Libra 稳定币做交换。用户赎回 Libra 稳定币的过程与买入相反，Libra 协会作为"最后的买家"，回收并销毁 Libra 稳定币，确保流通中的 Libra 稳定币与 Libra 储备中的一揽子法币相一致。用户买入和卖出实现了 Libra 稳定币和法币的双向兑换。Libra 网络中主要流通的代币除了稳定币 Libra，还有一种投资人持有的代币 Token（通证），该 Token 用于 Libra 协会向投资人发放项目收益。按照上文稳定币分类，以一揽子真实资产做抵押的 Libra 稳定币属于链下抵押型稳定币。

另外，虽然 Libra 每秒最多可以处理 1 000 笔交易，仍远远落后于 Visa 等每秒 5.6 万笔交易的传统支付服务提供商，但与每秒 7 笔交易的比特币或每秒 15 笔交易的以太坊相比，有着明显进步。在稳定性、安全性方面，以多种真实资产做抵押的稳定币 Libra 获得各国监管当局许可后方可进入市场流通，在未来其价值很可能波动风险更小，更加稳定。

Libra 的潜在风险

Libra 的设计宗旨是"能够集世界上最佳货币的特征于一体：稳定性、低通货膨胀率、全球普遍接受和可互换性。"作为一种功能齐全的货币，它不仅将是一种支付手段，而且是一种价值储存手段和记账单位。我们认为，Libra 稳定币具有货币和投资凭证双重属性。具有货币属性的 Libra，同样需要面对商业银行通常存在的类似风险。

一是超发的风险，Libra 协会按照存入 Libra 储备的抵押资产的价值发行相对应的 Libra 稳定币，如监管不到位及储备资产不透明时（比如缺乏独立第三方审计），很难保证发行方不会超过抵押资产发行稳定币 Libra。

稳定币 Libra 存在形态实为计算机代码，Libra 的价值来自其锚定的资产。Libra 和某类标的资产价值挂钩的过程，离不开可信的中心化机构。用 Libra 承载资产，在发行规则上，发行方必须基于标的资产严格按 1 : 1 关系发行 Libra。在双向兑换规则上，发行方必须确保 Libra 与标的资产间能双向 1 : 1 兑换。在可信规则上，发行方必须定期接受第三方独立审计，披露财务等关键信息，确保发行储备的标的资产真实性和充足性。以此为基础，1 个单位 Libra 才具有 1 单位标的资产的价值。若不能遵循上述要求，则必然容易出现 Libra 超发风险。

二是流动性风险，一旦有节点成员、资产托管机构破产或出现负面新闻，稳定币 Libra 持有者可能产生恐慌心理，短期内 Libra 的持有者大规模挤兑将引发 Libra 流动性风险。

三是隐私和用户数据风险。任何人只要根据区块链的代码规则，即可以拥有甚至无限生成任意区块链的地址。从目前所披露的白皮书来看，将来某一区块链地址具有匿名性，并未与某一 Libra 持有者的特定身份关联。这种模式有助于保护 Libra 持有者的隐私，Libra 区块链只记录钱包地址、交易金额、时间等必要信息，但 Libra 钱包会因 KYC（用户识别）、反洗钱、反恐怖融资等监管要求，或 Libra 钱包提供商因自身商业目的而收集用户个人信息，甚至包括用户跨境支付、交易、转账等数据，大量用户数据聚集存在泄露和非法使用的风险。

Libra 储备实际上是一个投资重点为国际银行存款和短期政府债券的大型国际货币市场基金，因此，稳定币 Libra 可以被视为一种投资凭证，相对于传统意义上的投资凭证，Libra 稳定币的特殊优势在于可以作为一种国际支付手段在基于 Libra 区块链的客户之间直接转让股份。从 Libra 稳定币持有者的角度来看，存放在 Libra 储备中的投资组合的价值主要由两个因素决定：储备资产的价格和这些资产所计价货币的汇率。长期来看，Libra 储备中美元和欧元的汇率相当稳定，然而，短期内 Libra 储备中的美元与欧元汇率波动达 30%。因此，短期内，Libra 持有人面临很大的汇率波动风险。

Libra 是由 Facebook 牵头发起，Libra 协会实际控制 Libra 稳定币的发行与销毁以及储备中各资产比例，Libra 具有典型的"非国家化创造"的特性。Libra 稳定币在使用范围和信用达到一定程度时，其很有可能冲击现有的货币体系和监管体系：

一是替代部分国家主权货币。对于经济体量较小、本国通货膨胀严重、金融基础设施落后、资本开放有限、信用差的主权货币，民众会选择使用信用更好更保值的稳定币 Libra，则本国主权货币的使用量逐渐下降。在极端情况下，Libra 最终可能替代上述国家主权货币。

二是增大各国外汇管制难度。稳定币 Libra 点对点传输以及其与法定货币双向兑换，为外汇管制严格的国家的公民非法买卖外汇提供了便利渠道，很有可能造成这些国家外汇管制政策的失效。

三是 Libra 可能弱化各国货币政策实施效果。Libra 协会声称"决不制定自己的货币政策，而是继承储备金中所代表的央行的政策"。考虑到 Libra 对应的法币组成中，美元占 50%，Libra 的货币政策反映的将是以美联储为主导，包括欧洲央行、日本央行和英国央行等主权货币的货币政策按所占比重的加权。

材料 3：数字货币风险管理与监管①

一、虚拟货币风险防范

中国政府和监管当局从保护投资者利益、防范金融违法和维护金融稳定出发，对比特币等数字货币交易及相关业务一致采取较为严格的监管和控制。2013 年，中国人民银行等五部委联合发布《关于防范比特币风险的通知》，禁止银行及相关清算机构从事数字货币业务活动。2017 年，随着数字货币的发展，利用发行代币进行

---

① 黄国平. 数字货币风险管理与监管 [EB/OL]. (2020-05-23) [2022-08-12]. https://baijiahao.baidu.com/s? id=1667447189581404298&wfr=spider&for=pc.

融资（ICO）盛行。鉴于数字货币交易平台违法融资融币和利用数字货币洗钱和诈骗等违法行为频发，对我国金融稳定和金融安全造成严重危害。2017年9月，中国人民银行等七部委发布《关于防范代币发行融资风险的公告》，及时停止ICO融资活动，旨在维护金融市场稳定，保护消费者利益，随后，相继关停了数字货币交易平台的注册渠道和提现业务，全面封杀比特币等数字货币交易渠道。

1. 政府部门加强监管

从目前实际来讲，比特币等虚拟货币，在我国处于禁止行列，禁止企业、机构等从事比特币等虚拟货币的交易。但是，这并未阻断比特币在我国的流通，出现了很多地下交易场所，导致虚拟货币行业乱象丛生。正所谓堵不如疏，对于虚拟货币，应该由政府部门和金融机构为主导，对虚拟货币加强监管。第一，要通过立法，对虚拟货币的法律地位予以明确，明确虚拟货币的法律性质、交易规则等，让虚拟货币可以在法律框架范围内发展。第二，要成立专门的虚拟货币监管机构。虚拟货币属于一个新生事物，目前金融监管部门，尚未形成专门的虚拟货币监管职能机构，导致一些虚拟货币活动异常没有得到控制。因此，就要依据虚拟货币的发展需求，成立专门的监管机构，依照具体的法律规范，对虚拟货币加强监督管理，尤其是针对交易平台、企业等重点管控，对于出现洗钱、诈骗、传销等行为的机构企业，要严厉处罚，以儆效尤。第三，要提高虚拟货币的准入门槛。虚拟货币存在较大的成本风险，并不适宜个人单独进行。加之市场风险和技术风险的存在，个人难以有实力支撑虚拟货币的挖掘、交易等活动。因此，要降低成本、市场和技术方面的风险，就应该提高准入门槛，让有实力、有能力的企业、机构或者个人进入。尤其是对于交易平台，要构建起准备金制度和账户资金托管制度，从源头上保障资金安全。第四，要推行实名制管理。虚拟货币由于存在匿名性，导致成为违法活动非常青睐的新形式。要避免虚拟货币卷入违法活动，就需要推行实名制管理，虽然虚拟货币本身无法实名，但是要对交易行为予以实名认证，验证真实身份，这样可以减少违法活动。

2. 建立风险预警机制

针对加密货币价格波动大，市场风险较高的特点，相关部门应当根据比特币、以太币等主要加密货币的特点，展开相对应的技术研究和监管办法研究，完善对于加密货币交易的跟踪系统。同时，建立风险跟踪机制，根据加密货币的相关特征，打造动态的跟踪体系，并且根据监测结果对各类风险进行预判。例如，可以从比特币价格变动以及价格影响因素变动建立完整的监测系统。进而，通过规范信息披露制度，及时向公众预警加密货币的相关风险，做到防患于未然。

3. 建立国际合作机制

加密货币作为一个去中心化货币，一个很重要的特质是可以在全球网络流通。加密货币的国际化流通，也就意味着加密货币风险也是全球蔓延性质的。并且加密货币的技术更迭迅速，仅仅依靠少数监管部门很难做到动态监管。因而，应该建立国际合作机制，与世界各国合作，共同防范加密货币风险。

4. 加强宣传科普提高投资者认识

部分投资者容易陷入虚拟货币骗局或是违法活动，从根源上来说，主要原因在于很多投资者对于虚拟货币缺乏认识，被一些机构一顿"忽悠"，就落入圈套之中。因此，需要加强虚拟货币的宣传科普，提高投资者的认识。首先，要对虚拟货币的性质加强科普，可以通过目前流行的新媒体，如微信公众号、微博、抖音等渠道，对虚拟货币的原理、性质进行科普，增加人们对虚拟货币的认识。其次，要加强虚拟货币的风险宣传。虚拟货币存在多方面的风险，对于这些风险，要切实宣传，让投资者能够清楚认识虚拟货币的风险，避免一时冲动盲目投资。

5. 个人投资者风险防范

个人投资者，尤其中国投资者，是目前加密货币市场的参与主体，也是当前加密货币市场主要的需求方，因而个人投资者对于加密货币的供需也将影响加密货币的价格波动。对于加密货币的个人投资者而言，提升个人投资者的参与素质，正确认识加密货币市场变得尤为重要和关键。首先，个人投资者在进入加密货币市场前，应当对加密货币本质和市场环境进行深入了解。工欲善其事必先利其器，投资者在选择投资标的的时候，应该回归理性，先了解加密货币的相关理论，辩证地看待加密货币。不仅应该认识到加密货币作为数字货币难以应用落地、投机性强、价格波动剧烈等不利因素，也应该认识到其底层区块链技术具有很强的应用前景。投资者只有更加客观辩证地看待加密货币，才能在系统性认识下，做出理性的投资决策。其次，投资者应当提高风险防范意识，做好相关的风险管理措施。加密货币市场一个显著特征就是价格波动剧烈，市场风险大，市场投机性严重。伴随着数字货币的价格风险，还有加密货币的技术风险、监管风险等。面对这些风险，投资者更应该在进入市场前，做好相应的风险准备，提高风险抵御能力。当投资者进入加密货币市场，不仅应该选择资质良好的加密货币平台以提高抵御技术风险能力，同时应该做好风险管理，避免投入过多资金在加密货币市场。

二、"时间银行"风险防范①

1. 跨越"建设主体"关

我国目前"时间银行"的建设主体大多数是街道办事处、社区居委会或社会组织，由于其层次相对较低，导致变动性较剧烈，一些地区出现了因居委会人员更迭、记录丢失等各种原因导致被服务时间暂时无法支取的问题，这种情况直接降低了参与者对"时间银行"的信任度。因此，推广"时间银行"要在增加信任度和防范信用风险之间进行有效的平衡。一方面，可以在更高层次、更大范围内进行"时间银行"试点，借助大数据和区块链技术，将"时间银行"的数据交由政府相关部门或机构进行统一备案和管理，实现跨组织、跨地区的"通存通兑"，这样通过"政府信用背书"，提升"时间银行"的公信力，提升参与者的信任度。另一方面，要对由此可能给政府信用带来的潜在风险予以充分的关注。在政府信用的背书下，如果"时间银行"出现兑付违约现象，势必会对政府信用带来损害，因此要提前建立托底保障机制，比如在项目启动时设立托底性担保资金，在"时间银行"项目出现兑付违约风险时由担保资金向市场购买同类服务。

---

① 李志宏. 充分预估风险 稳妥推进时间银行可持续发展 [J]. 中国社会工作, 2021 (4)：20-22.

2. 跨越"通存通兑"关，防范流动性风险

能否实现参与者服务时间的通存通兑是"时间银行"能否发挥效用的关键，目前我国试点的"时间银行"还只局限在小的区域，还没有在国家层面或省域内形成统一的联合网络，因此无法实现"通存通兑"，从而影响了"时间银行"的进一步发展。首先，赋予"时间银行"法律地位是"通存通兑"的前提。我国已经出台了慈善事业促进法、志愿服务记录办法等与"时间银行"有关的法律法规、制度文件，但这些法律法规、制度文件主要是原则性条款，针对性、约束性都不强。因此，我国应该借鉴国外关于"时间银行"立法的框架和内容，尽快从法律层面明确"时间银行"法律地位。其次，全国范围内推行统一、固定、符号化的"时间货币"是"通存通兑"的基础。要在全国范围内推广统一、固定的定价标准，实现不同"时间银行"组织之间的标准一致，为"通存通兑"提供保障。再次，信息的互通共享是"通存通兑"的保障。"时间银行"的运作涉及"储户"基本信息、存取时间数量等庞大的信息量，西方发达国家早已有自己成熟的记录系统。我国应加快推动"时间银行"信息管理平台建设，尽快建成数据共享、信息互通、服务相容的"时间银行"信息管理平台，助力"时间银行"的进一步发展。

3. 要强化激励功能

着力淡化时间交换色彩，"时间银行"是"慈善银行"而非"时间交换银行"，应该是利他精神的体现，而非先利他再利己的"交换主义""功利主义"精神的体现。事实上，对很多中青年群体而言，存入服务时间可能是为了在晋升、就业、职称、升学等方面获得更多的奖励和优待条件。应建立鼓励社会成员参与"时间银行"的激励机制，而非以交换机制替代激励机制。将时间币转化为个人的奖励和优待，这是破解"时间银行"不可持续问题的根本举措之一。

4. 要扩大参与主体范围

个别地方试点，将"时间银行"局限于"老老互助"，更加剧了这一模式的不可持续风险。应实行"老老互助"+"代际互助"的模式，鼓励更多的中青年群体加入"时间银行"，降低潜在的"存提比"。比如，德国"时间银行"模式，只要是年满18岁的公民都可以参与到"时间银行"互助养老机制中来，将养老服务"代内互助"扩展到"代际互助"中去，确保"接力服务"可以延续。

5. 要规范化推进"时间银行"

短期内，因地制宜的试点有利于激发各地的积极性，但长期来看，必然导致"时间银行"模式碎片化，在相对较小的区域内部孤立运转，更加难以通存通兑。因此，一方面要在全国范围内逐步推行统一、固定、符号化的时间货币形式，使得时间币可以在全国范围内进行交换、流通，并发挥养老服务中介、价值标准甚至是财富贮藏的手段和功能。另一方面，要对"时间银行"的服务流程、服务内容、服务标准及质量评估等进行统一规范，促进"时间银行"标准化、制度化发展。

6. 要统一整合信息平台

在"互联网+"养老的框架下，推动"时间银行"信息管理平台建设，实现"时间银行"志愿者和服务对象注册、需求发布、服务过程、时间存入及转移、服务评价的严密精准管理，加快推动形成数据共享、信息互通、服务相容的"时间银

行"信息管理平台。这一平台并不需要单独建设，而应与各地现有居家社区养老服务信息平台形成整合。此外，政府可以将"时间银行"的信息管理系统软件作为公共产品供给。比如，美国"时间银行"（Timebanks USA）设计了 Community Weaver 软件，该机构联盟下的"时间银行"统一使用该软件，并形成了全国通兑的局面。

7. 要实行托底保障

从此前试点情况看，部分地方"时间银行"由于各种原因出现试点工作中断、难以为继的现象，导致储蓄时间成为坏账无法支取，造成公信力的透支，降低了其他社会成员加入"时间银行"的意愿。针对这种情况，应建立购买服务的托底保障机制应对信用风险。比如，在项目启动时设立托底性担保资金，在试点区"时间银行"项目不能运转、无法向服务提供者兑换存储的服务时，由该担保资金向市场购买同类服务，确保服务提供者的兑换需求得到满足。

材料4：案例：以太坊硬分叉（The DAO）事件始末

The DAO 项目是区块链物联网公司 Slock. it 发起的一个众筹项目。原本该公司只想采用 DAO（去中心化自治）来运作自己的系统 Universal Sharing Network (USN)。后来发现这个机制也适合其他项目，因此决定创建 The DAO，意为"DAO 之母"。

由于智能合约上存在重大缺陷，当时区块链界最大的项目，The DAO 被攻击，具体经过如下：

1. 2017 年 6 月 15 日，此攻击合约被创立，6 月 17 日攻击开始，Vitalik Buterin 得知攻击消息后立刻通知了中国社区。TheDAO 监护人提议社区发送垃圾交易阻塞以太坊网络，以减缓 DAO 资产被转移的速度。随后 V 神在以太坊官方博客发布"紧急状态更新：关于 DAO 的漏洞"公告。解释了被攻击的一些细节以及提出软分叉解决方案，不会有回滚。不会有交易和区块被撤销。软分叉将从块高度 1 760 000 开始把任何与 The DAO 和 child DAO 相关的交易认作无效交易，以此阻止攻击者在 27 天之后提走被盗的以太币。这之后会有一次硬分叉将以太币找回。以太坊社区的 Ethcore 团队发布了支持软分叉的 Parity 客户端。

2. 6 月 19 日，自称攻击者的人通过匿名访谈宣布会通过智能合约的形式奖励不支持软分叉的矿工 100 万以太币和 100 比特币，来对抗以太坊基金会提议的软分叉。当日攻击又起，但只有少量 DAO 被分离。

3. 6 月 22 日，白帽黑客开展罗宾汉行动将 TheDAO 资产转移到安全的子 DAO 中。随后黑帽黑客（攻击者）开始攻击白帽黑客所创建的为安全转移 TheDAO 资产的智能合约。

4. 7 月 20 日晚，备受瞩目的以太坊区块链硬分叉已成功实施，中国的以太坊矿池 BW.com 成功挖得以太坊 192 000 个区块，几秒钟过后，该矿池还挖到了新区块链的首个区块。也预示着由未知黑客持有的价值约 4 000 万美元的以太币，已被转移到了一个新的地址（0xbf4ed7b27f1d666546e30d74d50d173d20bca754），从而"夺回"黑客所控制的 DAO 合约的币。从而形成两条链，一条为原链（ETC），一条为新的分叉链（ETH），各自代表不同的社区共识以及价值观。

307

第八章
补充性货币的监管

【本章学习目的】

通过本章学习，你应该能够：

- 了解补充性货币监管机理。
- 掌握发达国家对补充性货币的监管现状。
- 掌握发展中国家对补充性货币的监管现状。
- 理解中国对补充性货币的监管现状。

** 引导案例 **

央行最新表态！正研究对比特币监管规则[①]

央行副行长李波在博鳌亚洲论坛 2021 年年会数字支付与数字货币分论坛上指出，正研究对比特币、稳定币监管规则，将来任何稳定币如果希望成为一个得到广泛使用的支付工具，必须要接受严格监管，就像银行或准银行金融机构一样受到严格监管。

谈及加密货币的监管问题时，李波回应称，要确保对于这类资产的投机不会造成严重的金融风险，这是必须要做到的。李波表示，加密资产是投资的选项，它本身不是货币，是另类投资。所以我们认为加密资产将来应该发挥的作用，是作为一种投资工具或者是替代性投资。把它作为一种投资工具的话，很多国家包括中国也正在研究，也就是对于这样一种投资方式应该有怎样的一种监管环境。虽然这个监管规则是最低的监管规则，但是仍然要有监管规则。

此外，央行前行长周小川谈到比特币时表示，不管数字货币还是数字资产，都要为实体服务。数字资产对实体经济的好处是什么？现在大家对这个问题持有谨慎态度。"我们经历过 2008 年的全球金融危机，发现金融脱离了实体，比如影子银行、衍生品这些纯粹变成了金融机构之间的投机交易，和实体没有联系了，就容易出问题，

----

① 新浪财经. 央行最新表态！正研究对比特币监管规则［EB/OL］.（2021-04-19）［2022-08-19］. https://baijiahao.baidu.com/s? id=1697422420919212791&wfr=spider&for=pc.

以至当时一些国际大行的领导、交易员们看不懂，很难做好内部控制。"周小川表示，要区分数字货币和数字资产，对于比特币这类数字资产，并非现在要下结论，但是要提醒，要小心，在中国，金融创新的东西都要说清楚它对实体经济的好处。

思考题

1. 上述案例说明中国对比特币类的补充性货币持什么样的态度？
2. 为什么中国对比特币类的补充性货币持以上的态度？
3. 请结合自己的经验，谈谈你认为应该对比特币如何监管。

第一节　补充性货币的监管模式及机理

在弄清补充性货币的内涵、种类、特征，了解其在中国乃至全球的演变及发展过程后，通过一定的方法，选择适当的途径，借鉴国际经验，立足中国实际，我们就可以较好地对补充性货币进行监管。但是，在监管过程中，不同国家在各个方面毕竟存在较大的差异，特别是人文、历史、市场、制度、传统习俗均不同，可能会形成对补充性货币监管的不同模式。在当代中国，由于外国的模式不能照搬，故有必要建立具有中国特色的补充性货币监管模式。

一、监管模式与补充性货币监管目标

所谓模式，是指事物的发展过程中遵循一定规律，形成的稳定的形式。补充性货币的监管模式，是指在补充性货币的监管过程中，根据其内在规律形成的一种稳定的监管形式。当然，这种形式在不同历史文化、制度习俗的国家是不相同的，而在同一国家发展的不同时期，补充性货币的监管模式，也有不同的特点。一个国家补充性货币监管模式的形成，除前述与这个国家的历史文化、制度习俗有关之外，最主要的是取决于补充性货币监管的目标。一般而言，一个国家的历史文化、制度习俗等是难以改变的。这就决定了这个国家补充性货币的监管模式整体框架的稳定性。在这个稳定框架中，随着补充性货币监管目标的调整，我们即可采用加以应对具体的模式。如前所述，补充性货币在中国的发展经历了若干不同的时期，如初级发展时期、中级发展时期，逐渐向高级发展时期演进。而在以实物票证、实物贵金属作为补充性货币（此时贵金属已不作为法定货币）之时，因其所引发经济社会危机的可能性小，政府对其的监管目标不在于限制它们的扩展，反而是鼓励它们扩展，以期望通过它们对法定货币的职能补充促进金融的发展。前述"中华红色经济之都"的补充性货币的监管实践即是如此。而在实体股票、债券或信用卡之类盛行的补充性货币发展的初期阶段，股票、债券等对经济社会的冲击力剧增，一方面政府希望补充性货币发挥自己的积极作用，另一方面又担心这个时期的补充性货币发生的巨大风险。因此，这个时期对应的监管模式必然在前一时期的监管模式基础上有所调整。当然，我国当前正处于补充性货币初级发展阶段向中级发展阶段的过渡期，补充性货币监管模式也随着政府的监管目标而调整。例如，国家提出在2018年完成调控三大目标之首即是化解金融风险。而当今中国的金融风险在相当的程度上在于补充性货币的冲击。2015年中国股市债市振荡以及与金融系统紧密相连的房地产市场振荡即是最好的说明。所以，2018年上半年，中国政府适时提出"宏观审慎"的金融目标，实际上也包含了补充性货币的监管目标，必须围绕"去杠杆"的"宏观审慎"目标实施。当然我们正处于当代高新科技迅猛发展，补充性货币迅猛发展的阶段，处于补充性货币、货币低级发展阶段向中级发展阶段演进的过渡时期，中国的补充性货币的监管模式应有这种时期的适应性，并随着补充性货币发展而发展着。而补充性货币发展阶段与中国补充性货币监管模式的关系如图8-1所示。

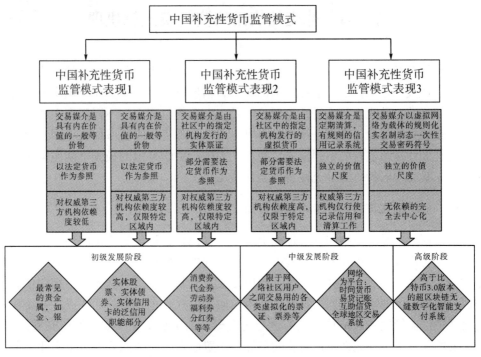

图8-1 补充性货币发展与中国补充性货币监管模式

显然，在中国补充性货币监管模式的作用下，补充性货币一定能消除其消极影响因素，在当今中国发挥自己的重要作用，从而实现高效健康的发展。

二、补充性货币的监管模式类别

如前所述，全球各国都根据本国国情和金融环境，制定了适合自身金融发展需要的补充性货币监管方式和策略。很多发达国家，都认识到补充性货币对本国金融发展的重要作用，对补充性货币的监管方式，也主要采取了三类：将补充性货币监管纳入现行金融监管框架体系、为补充性货币制定独立的监管框架体系、对补充性货币实施"监管沙盒"等。第一类监管方式的代表国家是美国。美国采用这种监管模式，既给予了补充性货币一定的发展空间，又要求其必须适应现有的监管框架。这种监管方式的优点在于，只是在原有监管框架基础上进行调整和创新，不会带来过度的颠覆性调整，能尽可能在最大程度上确保国内金融市场的稳定性。第二类监管方式的代表是日本。作为全球为数不多的为补充性货币提供法律保障的国家，在2016年，日本修订了《资金结算法》及其他一些相关法律。日本将补充性货币纳入日常监管，并从国家立法层面搭建了专门的监管框架①。在2019年至今，日本不断完善相关法律法规，逐步加强和完善了对补充性货币的监管规范。第三类监管方式是对补充性货币实施监管沙盒测试。英国、新加坡等国家是实施这类监管方式的典型代表。这类监管方式只在特定的范围内、对特定的金融机构或企业给予特定的较宽松的金融创新权利，从而给予补充性货币一定的发展空间。这种监管模式将测试区域和测试对象与非测试区域和非测试对象进行了严格的分割，因此较之前两种监管模式，更显谨慎。

在了解当前主要发达国家对补充性货币的具体监管做法和监管模式后，我们开始探索在未来适合中国的补充性货币监管之路。当前，中国对补充性货币的监管方式和上述提及的三大主流监管方式完全不同，对补充性货币的发行、流通等采取了严格的监管方法，实施的是"一票否决制"，即通过行政强制命令，禁止关于补充性货币的一切活动。中国不承认补充性货币的法律地位，并将补充性货币的发行、流通和交易等活动定性为非法金融活动，严禁任何组织和个人从事此类活动，并禁止各个金融机构和支付机构开展与虚拟性补充性货币（如比特币、类比特币等）相关的业务。

我们认为，中国当前采用的禁令模式，是符合自身的国情和金融市场发展现状的。与发达国家相比，中国的金融市场起步较晚，金融体系发育仍然不足，抵御金融风险的能力还较欠缺。在这样的情况下，对补充性货币采取严令禁止的监管方式，无疑是最稳妥最安全的做法。但是，补充性货币种类繁多，且有着自身的优势和特点，如果加以合理运用，必然能为金融发展做出积极贡献。同时，虚拟性补充性货币与金融科技的联系非常紧密，随着金融科技的深度渗透和广泛使用，虚拟补充性货币的优势和作用也会越来越凸显，补充性货币的长期存在和不断发展，将成为未来金融深度发展的一个趋势。此外，虽然中国采用了禁令监管模式，但全球其他国家对补充性货币的态度和监管方式都相对更加缓和宽松，这些国家的监管模式将有利于补充性货币在全球的扩张和发展。因此，在全球一体化的背景下，中国与其他国家有着频繁的金融活动，而其他国家的补充性货币的崛起，必然也会对中国产生溢出效应。中国对补充性货币的禁令在短期不会解除，但从全球金融发展的整体趋势来看，这种禁令监管模式在未来终会随着中国金融市场的日趋成熟和全球金融市场的不断融合而逐渐解封。在未来，如果中国放开了对补充性货币的严令，寻找到适合中国国情、行之有效的监管模式就成为一项非常重要的任务。

那么，补充性货币的监管要由谁来管理？由谁来负责？监管的目标是什么？监管的工具和手段是什么？可采用的监管的政策有哪些内容？这些问题，都是值得我们深入研究的。要回答这些问题，我们必须要厘清中国补充性货币的监管机理。而要研究中国补充性货币的监管机理，首先就必须了解中国现行采用的金融监管体系。

---

① 贺同宝. 国际虚拟货币监管实践研究 [J]. 北京金融评论, 2018（3）: 3-7.

众所周知，世界现行的金融监管体系主要分为三种模式，即单一（统一）监管模式、多元（多头）监管模式和双峰监管模式。单一监管模式是指由一家金融监管机构对金融业实施高度集中、中央集权式的监管。当前世界上大多数中小国家偏向采用这种监管模式。英国在 1998 年改制前，也采用过单一（统一）监管模式。多元（多头）监管模式是指不同机构主体监管不同金融业务。这种模式虽然分工较细，但错综复杂，机构监管主体之间的协调性要求很高。美国是多元（多头）监管体制的典型代表。双峰监管模式的主要特征是把审慎监管与行为监管进行了分离。前者主要监管银行业和保险业市场，后者主要负责证券业市场。这种模式旨在实现宏观政策和微观监管密切沟通互动的监管目标，分业监管，分工协作，协调性高，且权责分明。荷兰、加拿大、澳大利亚和现在的英国，都主要实施双峰监管模式。同时，审慎监管又分为宏观审慎监管和微观审慎监管，前者重点防范系统性风险，通过考察各类宏观指标（如货币供需总量、资产价格、信贷总量、机构杠杆率等）从宏观层面关注整个金融体系的运行情况及其与宏观调控政策（如货币政策、汇率政策、财政政策等）、实体经济的关联度。微观审慎监管重点防范个体风险，通过考察各类微观指标（如流动性、不良贷款率、资本充足率等）从微观层面关注单个金融机构的运行情况和潜在风险行为。

这三类监管模式各有特点，没有绝对的孰优孰劣。不同国家根据自身的实际情况，选择适合的监管模式，以实现监管效率的最优。但相较于其他监管模式，双峰监管模式在 2008 年金融危机之后更受追捧。双峰监管模式造就了监管机构各司其职、彼此独立的监管样态，其特点主要表现在三个方面：第一，能尽量避免金融监管中价值目标的多元化导致的利益冲突。第二，能促进监管协调性，从而较好弥补规则制定滞后性的缺陷，较有效地避免监管真空的状态。第三，能将监管机构按照监管目标重新整合，符合国际监管体制改革的趋势。

当前，中国实施的也是双峰监管模式，并非常注重宏观审慎监管。2016 年，中国人民银行就将现有的差别准备金动态调整和合意贷款管理机制升级为宏观审慎评估体系。2018 年 3 月 13 日，在十三届全国人大一次会议第四次全体会议上正式宣布，中国金融监管全新框架正式形成。自 2004 年开始实施的"一行三会"金融制度（中国人民银行、中国银行业监督管理委员会、中国证券监督管理委员会、中国保险监督管理委员会），正式更新为"一委一行两会"的架构（中华人民共和国国务院金融稳定发展委员会、中国人民银行、中国证券监督管理委员会、中国银行保险监督管理委员会）。金融监管新框架标志着我国的金融监管由分业监管向混业监管转变。党的十九大报告首次将宏观审慎框架和货币政策并列，并称其为"双支柱"调控。这些举措，都充分说明了中国宏观审慎框架的不断完善和金融监管体系的逐步成熟。

在中国的金融监管体系逐渐趋于完善、宏观审慎监管被高度重视的条件下，未来补充性货币在中国也会有发展的空间，对补充性货币的监管模式也会发生变革。

那么，在未来，适合中国补充性货币监管的模式是什么样的呢？

我们认为，由于中国现行的金融监管体系是重视宏观审慎监管和微观审慎监管相结合、行为监管并行的"双峰"监管模式和"一行两会"的新金融监管框架（见图 8-2），这对于补充性货币的监管创造了非常优越的条件。双峰监管将监管的矛头指向了金融领域的整体风险，而不再仅仅关注金融机构自身。通过审慎监管防范金融体系发生系统性风险，保持金融市场的稳定，通过行为监管对于金融机构的投机性经营进行规范，打击市场中的不正当竞争，同时还要保护金融消费者和投资者的合法权益。虽然中国的金融市场发展仍落后于发达国家，但"双峰"模式能从宏微观两方面对补充性货币的运行进行更有效率的监管。

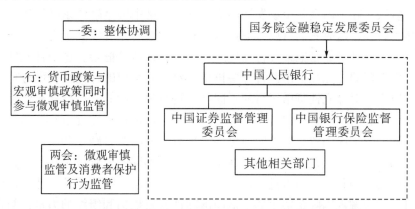

图 8-2 中国现行的"一委一行两会"双峰模式金融监管框架

我们认为，补充性货币的监管虽然涉及多个方面，但按照监管的范围，可分为广义的监管和狭义的监管两类。广义的监管指具有广泛意义，可扩展到全社会乃至国际社会的监管。而狭义的监管则是指具体层面、具体环节的监管，这种监管仅涉及或覆盖一个国家内的某些地区、行业及部门乃至补充性货币的某具体运行环节。因此，对中国补充性货币的监管，应该根据中国金融体系发展的成熟程度，实施动态的、阶段性、广义和狭义层面的监管模式和方案。这个具有中国特色的补充性货币监管思路回答了补充性货币的监管者、监管责任主体、监管目标、监管工具和手段、监管政策等问题。我们设计的具有中国特色的补充性货币监管思路分为以下三个监管阶段。

第一阶段：在中国金融市场发展的初中期，抗风险能力较弱，因此可以采用严明禁令的监管模式，直接禁止一切补充性货币相关活动。

第二阶段：在中国金融市场发展的成长期，在中国金融宏微观审慎监管并存的框架下，可以考虑将补充性货币直接纳入现行监管体系，并根据现行监管体系实施的监管模式，选择灵活的监管方案。如中国之前实施"一行三会"分业监管，对补充性货币的监管就可以选择"多头模式"与之匹配，并成立专门的补充性货币监管机构负责补充性货币的具体运行监管。但如前所述，多头监管模式由于负责监管的机构和部门过于复杂，会存在监管职权不明晰，监管机构协调度不高的问题，必然会影响到补充性货币的监管效果。而现阶段中国实施了"双峰"监管模式，中国人民银行主要负责宏观审慎监管并参与微观审慎监管，新成立的银保监会和证监会主要承担微观审慎监管和各金融机构行为监管的职责，那么我们对补充性货币的监管也可以选择"双峰模式"与之匹配，即可以考虑将对补充性货币的宏观监管权归于中国人民银行，而银保监会和证监会根据补充性货币的具体类型分别实施微观审慎监管（如消费券、类比特币等属于银保监会的监管范围，证券类补充性货币归于证监会监管范围等）。同时，还可以考虑有选择性地使用"监管沙盒"模式，根据各省份金融市场发展的实际程度，有针对性、有步骤地对某些类型补充性货币进行松紧不一的监管测试。如果在某一地区，补充性货币在监管沙盒测试区域内运行较好，可以逐渐扩大沙盒的规模和适用范围。

第三阶段：在中国金融市场发展的成熟期，即是中国金融体系已经较完善，且抗风险能力较强，这时我们可以考虑将对补充性货币的监管独立于现行金融监管体系，构建与现有金融监管框架并行互通的补充性货币监管框架。这个补充性货币监管框架下设专门的补充性货币监管分层机构，对不同类型的补充性货币进行更加细致的分类监管；对补充性货币运行的不同活动进行过程性监管；对补充性货币监管与法定货币监管的交互进行协调监管。这一阶段，负责补充性货币监管的相关机构职责更明晰、分工更细致、监管能力更强，且有完整的监管路径和法规体系。针对不同类型的补充性货币，也能根据具体情况，采用不同的监管技术。此外，积极发挥行会、民间机构和民众的力量，鼓励和支持非政府监管组织为补充性货币监管出力。同时，积极融入国际金融市场，借助国际性权威机构和组织的力量，与多个国家实现以联盟监管、国际国内接轨监管为手段的监管模式，从而在更大程度上充分发挥补充性货币的优势，促进中国金融业的发展。

以上我们对未来中国补充性货币的监管模式进行了思路设计，可以看出，在第一、第二阶段主要是狭义监管，第三阶段则是狭义监管和广义监管的结合。本研究也就是着重研究第二、三阶段补充性货币在中国的监管模式。那么，补充性货币在中国采用上述提及的监管方案，是如何具体确保其行之有效，具有可操作性的呢？要回答这个问题，我们就需要分析补充性货币的监管机理。

三、补充性货币监管机理的实质

纵观世界货币发展史，货币形态经历了商品货币—金属货币—信用货币三个阶段。而在这个过程中，大量补充性货币不断诞生。货币作为商品的一般等价物，最大的特征在于人们对其价值的普遍认可，即最本质的特征还是基于人与人之间的信用。从货币形态演变的规律可以发现，每一次货币形态的演变都是为了使得商品交换更加方便，即都会减少商品交易的搜寻成本和交易成本。随着经济的快速发展，货币形态已经逐渐趋于数字化，其中以比特币、莱特币及其他虚拟性补充性货币为代表。毋庸置疑的是，无论是实体形态，还是虚拟形态，补充性货币在履行及扩展货币职能的同时，已经作为一种新型的货币工具逐渐被人们普遍认可和接受。补充性货币的监管实质，在于防止过分的金融扩张及消除金融的脆弱性，避免补充性货币弱化积极金融政策的效应。

前文所述，在中国金融发展的第二阶段，我们可以把对补充性货币的监管纳入现有"双峰"监管框架中。中国人民银行主要负责宏观审慎监管并参与微观监管，银保监会和证监会主要负责微观审慎监管和具体行为监管。那么，中国人民银行对补充性货币的宏观审慎监管是如何实现的呢？其中的监管机理是如何的？

众所周知，中国采用的是由中央银行直接控制基础货币的供应模式，中央银行还通过货币乘数的影响来控制市场上的货币供求变动。而从人民币供给量模型来看，补充性货币的发行和使用可以提高货币乘数，并在增加人民币供给量的同时使其更容易输出到海外，避免造成国内经济的通货膨胀。根据货币乘数理论，设人民币供给量为 M，则有 $M = C + D$，其中 C 为现金余额，D 为存款余额；中央银行基础货币 $B = R + C$，其中 R 为准备金余额，C 为现金余额。由货币乘数模型 $m = M/B$（M 为货币供给量）可以派生得到货币乘数[①]：

$$\frac{M}{B} = \frac{C + D}{R + C} = \frac{\dfrac{C}{D} + 1}{\dfrac{R}{D} + \dfrac{C}{D}}$$

其中，$\dfrac{C}{D}$ 是现金与活期存款的比率，$\dfrac{R}{D}$ 是准备金率。若在模型中考虑补充性货币后，将补充性货币定义为 E，那么货币的供给量为

$$M = C^* + D^* + E$$

其中，C^*、D^* 分别是使用了补充性货币之后的现金余额和存款余额，则货币乘数为

$$\frac{M}{B} = \frac{C^* + D^* + E}{R^* + D^*} = \frac{\dfrac{C^* + E}{D^*} + 1}{\dfrac{R^*}{D^*} + \dfrac{C^*}{D^*}}$$

比较 $\dfrac{M}{B} = \dfrac{C + D}{R + C} = \dfrac{\dfrac{C}{D} + 1}{\dfrac{R}{D} + \dfrac{C}{D}}$，$\dfrac{M}{B} = \dfrac{C^* + D^* + E}{R^* + D^*} = \dfrac{\dfrac{C^* + E}{D^*} + 1}{\dfrac{R^*}{D^*} + \dfrac{C^*}{D^*}}$

假如在发行补充性货币前的准备金率 $\dfrac{R}{D}$ 与发行了补充性货币之后的准备金率 $\dfrac{R^*}{D^*}$ 相等，当发行补充性货币代替传统货币，且补充性货币不真正转换为人民币时，现金存款与存款比率 $\dfrac{C^*}{D^*}$ 显然比发行了补充性货币之前的比率 $\dfrac{C}{D}$ 低，此时 $\dfrac{C^* + E}{D^*}$ 的值与 $\dfrac{C}{D}$ 的值相等。因此在考虑了补充性货币之后的货币乘数会增大，也即是说，补充性货币的发行能增加货币乘数对金融市场的影响作用。

我们可以发现，补充性货币的一个明显优势在于，除了其本身具备的支付和提

---

① 贝多广，罗煜. 补充性货币的理论、最新发展及对法定货币的挑战[J]. 经济学动态，2013(9)：4 - 10.

款功能外，还可以成为具有投资价值的金融工具。根据传统的货币乘数理论可以看出，补充性货币在充当可投资的金融工具的同时，又可以行使货币的基本职能如交换媒介、储存手段等。因此，补充性货币的发行不仅可以拓宽人民币向外输出的渠道，还可以增加使用和拥有人民币的主体。这对于中国创新金融工具，完善国内金融体系，加速资本市场的成熟和实现人民币国际化进而实现中国国有商业银行的国际化都有重大的意义。当然，我们也要尽量防范它带来的巨大风险，应当对它进行有效的监管。正是因为补充性货币有这样的特点，也为中央银行对补充性货币进行宏观审慎监管的可行性提供了依据。

我们认为，补充性货币监管机理的实质，是补充性货币本身就是货币，在市场里流通后，会对原有法定货币的供给和需求造成影响，并直接作用于法定货币在金融市场中的货币乘数的影响力，中央银行原本采用货币政策调节和控制法定货币的流通和运行的效果会发生扭曲，在使用货币政策调控和监管法定货币运行的同时，也对补充性货币的监管能起到类似的作用，且在货币乘数的影响下，监管效果更为凸显。也即是说，中央银行对法定货币的原有监管手段和调控工具（如货币政策）对补充性货币的监管仍然适用。

四、广义的补充性货币监管机理

前文所述，广义的补充性货币监管是指监管主体和监管范围更加广泛，可扩展到全社会乃至国际社会。我们认为，对于广义的补充性货币监管，可以分为四种实现途径，一是常规性监管；二是国际协议监管；三是跨时空监管（即网络监管）；四是国际化监管。当然，要完成广义的补充性货币监管，往往是上述各方面的综合运用。但在一定的条件下，这些监管途径又有所侧重。因而不同的监管途径，其机理亦不尽相同。

（一）常规性监管的机理

常规性监管实际上是一种运用法律、经济、行政等手段，以政策法规为表现形式，通过一定途径，运用一定方法，限制和制止风险的一种监管途径和策略。2017年9月，鉴于比特币投机性太强，可能对我国宏观经济产生冲击，我国出台了禁止比特币业务在中国开展的法规和政策，使得比特币的流通在中国受到干扰。这是运用国家行政法规和政策对补充性货币实施监管的最典型例子。一般而言，补充性货币属于对宏观经济层面影响较大的事物，出台进行监管的政策也往往带有全国性、全面宏观性的特征。当然，如果补充性货币仅在一些地区范围内产生影响，那么这些地区的地方政府也可以出台相应的法律法规及相应的政策对其进行监管。一般而言，常规性监管一般是要在补充性货币运行过程中，国家政府认为其运行和扩张可能会对经济社会产生巨大负面冲击的情况下实施，并要根据所出台的相应政策的监管效果随时进行调整和完善。这种监管的调整方案和力度是在补充性货币受到法律、政策、宏观经济环境等制约条件下运行而获得的反馈结果所确定的。如果反馈的结果好（正反馈），则国家相关监管部门会继续加大这种常规性监管的力度，延长监管政策或法规的实施或生效时间。如果反馈的结果不好（负反馈），则国家相关监管部门会及时停止或修正这种常规性监管所颁布的政策或法律法规，使监管效果重新转好。这样，相关监管部门会随时关注和监测补充性货币在常规性监管实施下的运行状况和所取得的监管效果，不断地获得反馈（包括正反馈和负反馈），从而不断地调整监管政策，旨在最终获得最佳的监管效果。常规性监管可以直接通过出台宽松或者严苛的法律法规、政策，对补充性货币的流通规模进行控制，从而控制其对法定货币的货币乘数大小，从而实施有针对性的灵活监管。常规性监管的实施主体，一般来说就是中央银行。其监管机理运行的示意图见图8-3。

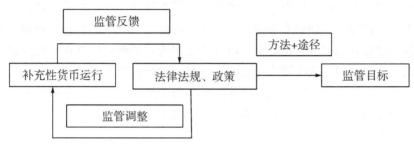

图8-3　常规性监管机理运行

（二）国际协议监管机理

国际协议监管是指针对补充性货币的运行情况，特别是补充性货币可能通过造成对某国或其他国家经济社会的强大冲击引起社会震荡的风险，若干国家联合起来通过一定途径，采用适当的监管方法，经过多轮谈判，达成协议对补充性货币进行监管的途径和策略。国际协议监管的最大好处在于可在国际形成对补充性货币的监管系统，防止补充性货币向其他国家释放风险，造成国际社会的经济震荡，从而把国际的经济损失减小到最低的程度。

当然，进行国际协议监管，一个重要的前提在于受到补充性货币运行冲击时的表现，这种冲击表现为：其一，对协议国家都要造成风险危害；其二，各协议国对补充性货币在运行中可能形成的风险危害要达成共识；其三，各协议国中任何一个成员国不得利用补充性货币的风险向他国转移，危害他国安全且损害他国利益；其四，在签订协议后，各协议国应共同遵守及维护有关签订的协议，并随时沟通共同解决新出现的问题。

事实上，国际社会各国间就普遍出现的共同问题互相协调，签订协议，共同遵守的事例屡见不鲜。例如"防止核扩散协议""全球环境保护协议""区域全面经济伙伴关系协定"（RCEP）等。但类似地，这些协议毫不例外都必须像补充性货币的监管协议一样，具备上述四个前提。这是因为，其一，补充性货币如果不给各个协议国带来同样的危害的话，必然产生无危害国的消极对待，造成各协议国的利益冲突和不和谐；其二，如果各协议国对补充性货币运行过程中造成的危害没有共识，同样会造成各协议国的不一致，从而行动无法统一，协议不能协调，补充性货币运行风险无法有效监管；其三，如果各协议国中有成员国利用补充性货币运行风险为本国谋取利益，则一定会破坏协议国之间的团结，则在任何时候都不可能形成真正意义上的合作协议，则补充性货币的监管也无法实施；其四，如果各协议国之间即使达成了对补充性货币的监管协议，但如果其中有的协议国不予遵守，不加维护，则该协议只能是一纸空文，毫无意义。因此，这同样无法对补充性货币进行有效监管。

所以，在上述前提条件具备之后，补充性货币的监管就可以在较广泛的范围内实现，从而有效地防止补充性货币在运行中的各种不利因素。其监管机理在于：当补充性货币相关运行信息传导到各协议国后，各协议国之间进行协商，形成协议，并按协议实施。在实施过程中，一旦实施结果反馈到各协议国之后，各协议国将再协议，再实施监管。从理论上来说，这个过程将会是一个不断循环、周而复始的过程。国际协议监管的实质，是若干个协议国之间通过协商达成共识、互通消息，在国际协议监管成员国区域内调节补充性货币对金融市场的货币乘数大小。监管的实施主体一般是由国际协议监管成员国共同推举的领袖国，或者各成员国经协商后共同建立的国际协议监管机构（如国际协议监管委员会等）。国际协议监管的机理运行示意图见图8-4。

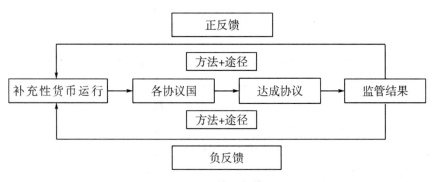

图8-4　国际协议监管机理

（三）跨时空监管机理

跨时空监管有两个方面的含义，一方面是国内的跨时空，一方面是国际的跨时空。由于互联网的大范围普及和深入发展，国内的跨时空监管往往是融入国际性跨时空监管之中的。

一般而言，在一国范围内，跨时空监管主要是运用以互联网为主的高科技手段，从信息化方面着手予以监管的。如果是作用于实体性补充性货币的监管，主要是运用信息化手段对其运行状况实施全面监控，并将监控到的信息反馈至监管部门，由监管部门制定相应的监管方案，从而实施监管的。而对于虚拟性补充性货币，则可以根据虚拟性补充性货币的实际运行状况，直接运用信息化手段对其予以管理控制，直至减小或消除其带来的负面影响，必要时甚至可以阻止其运行。

其监管机理运行如图8-5所示。

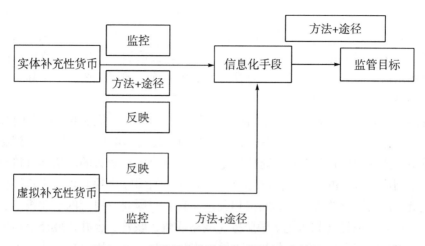

图 8-5 一国范围内补充性货币跨时空监管机理

但作为国际社会的跨时空监管情况就要复杂得多了。首先，对补充性货币实施国际社会的跨时空监管，与国际协议监管类似，需要相关国家共同协议以协调矛盾，并通过信息化手段实现协议国之间的联网互通以便实时监控；其次，对补充性货币实施国际社会的跨时空监管，侧重监管对象应该为虚拟性补充性货币的监管，流程如图 8-6 所示。实体性补充性货币的监管则如上所述，由各国依据自己的实际情况各自运用信息化手段予以监管。

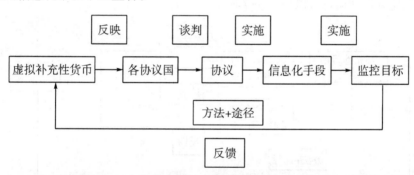

图 8-6 国际社会虚拟补充性货币跨时空监管机理

无论是国内的跨时空监管，还是国际的跨时空监管，跨时空监管的实质，都是监管主体灵活运用高科技手段，对补充性货币的运行情况进行实时追踪、监测、传递、反应和高速处理，以更迅速、更高效的方式，调节和控制补充性货币作用于不同时间和空间的金融市场的货币乘数大小。跨时空监管的实施主体包括宏观审慎监管主体（中央银行）、微观审慎监管主体和行为监管主体（如银保监会、证监会）以及其下属的金融科技监管部门、社会民间组织等。

（四）国际化监管机理

随着经济全球化的快速发展，中国经济社会的国际化进程也不断加速。特别是与补充性货币密切相联系的人民币国际化、商业银行国际化的进程的加快，使补充性货币的正负效应都成倍扩大。因此，对补充性货币实施国际化监管是一条十分重要的途径。当然，长期以来，我们通过"企业走出去"战略促进了人民币的国际化，但效果仍然有限。一些学者的研究成果表明，中国商业银行国际化是人民币国际化乃至各领域国际化的关键所在。即使近年来人民币加入 SDR，商业银行国际化的重要作用依然没有改变。所以，对补充性货币实施的国际化监管，实际上就转化为通过中国商业银行的国际化途径、综合应用对应的方法实施的监管策略。

我们认为，补充性货币与中国商业银行的国际化具有直接相关性和间接相关性①。通过充分利用和适当调整中国商业银行国际化的影响因素，以期达到影响中国商业银行国际化进程乃至对补充性货币实施国际化监管的目的。从其直接相关性而言，中国商业银行的信贷业务国际化、中间业务的国际化的监管，将直接作用于补充性货币的国际化监管。就其间接相关性而言，中国商业银行的新建投资、跨国并购及其他附属途径（如跨境金融服务、战略联盟、联营、合并、境外上市发行债券等），同样也作用于补充性货币的国际化监管。事实上，基于补充性货币与中国商业银行国际化的紧密关系，我们可以发现，中央银行和银保监会对商业银行进行宏观和微观审慎监管的各项措施和政策，均能沿着"商业银行国际化——人民币国际化——补充性货币"这一条传导途径影响补充性货币在金融市场上的活动和表现。因此，国际化监管的实质，是国家宏观审慎监管、微观审慎监管和行为监管的结合运用。国际化监管的实施主体，是由中央银行、银保监会（共同协作、实施外部监管）；商业银行（积极配合、进行内部自查监管）组成的。因此，补充性货币的国际化监管机理运行可以如图 8-7 所示。

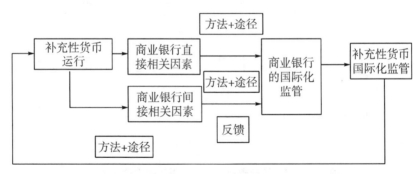

图 8-7　补充性货币国际化监管机理

当然，上述四种广义补充性货币的监管机理，虽然不尽相同，但都从不同的途径、角度为补充性货币的运行带来了很大的影响，从而能实现对补充性货币进行有效监管的目标。

五、狭义补充性货币监管机理

在整个国家层面乃至国际社会层面对广义上的补充性货币监管，其机理与狭义上的补充性货币监管有所不同。前文所述，狭义的监管是指具体层面、具体环节的

---

① 蒋海曦. 补充性货币与商业银行国际化途径的间接相关性 [J]. 四川大学学报（哲学社会科学版），2017（6）：120-130.

监管。这种监管仅涉及或覆盖一个国家内的某些地区、行业及部门乃至某一事物的某具体运行环节。因此，对于一个行业、一个机构来说，通过内部的相应环节和特定的具体措施所实施的对补充性货币的监管，称为狭义的补充性货币监管。

狭义的补充性货币监管能更直接、更迅速地将监管效应传导到待监管目标，从而达到局部地区、相关单位或机构有效监管补充性货币的目的。与广义的补充性货币监管相比，狭义的补充性货币监管具有监管力度更强、监管效率更高、监管效果更明显的特点。一般而言，补充性货币给经济社会带来的负面冲击，首先会表现为动摇原有金融市场的稳定状态和正常秩序，然后再通过金融市场传导到其他领域和行业，对经济社会造成其他形式的负面冲击和影响，严重时或将扰乱整个国家或世界范围内经济社会的稳定状态。学者们通常会将金融稳定的衡量指标分为一般衡量指标和特定稳定指标两类[①]。如果说广义的补充性货币监管机理在于通过一些更直接、更宏观的方式遏制补充性货币对一般衡量指标带来的负面冲击的话，则狭义的补充性货币监管机理就在于遏制补充性货币对特定稳定指标带来的负面冲击。而狭义的补充性货币监管，也存在着多种具体的监管机理。

（一）监管的"权力制衡"机理

关于"权力制衡"思想，是政治学家亚里士多德最早提出的，他将国家机构分为三个部分，分别是议事、行政管理和审判。这种思想被西方国家广泛利用，存在有局限性和政治虚假性。但在微观层面上看，企业和金融机构利用这种思想，也能实现有效监管补充性货币的目标。三权分立，相互协调制约，保证权力科学合理运用，是"权力制衡"机理的核心。事实上，在一些国家，这种机理被运用得很好。"权力制衡"的运用促使了美国很多的银行或金融机构形成适合自身发展的经济管理模式。以美联储为例，美联储的"权力制衡"机理运用得较好。美联储作为美国货币政策最高决策机关，它的运行促进了美国金融市场的繁荣发展。美联储的"权力制衡"体现在它的 7 名最高理事会成员是先经过总统提名再由参议院同意来决定的。在美联储的运行机理中，内含着独立与制衡两个基本原则。对货币政策进行决策时，理事会的 7 名理事会各持一记名投票，采用合议表决制。在独立性方面，人事与预算独立是美联储一直坚持的原则，理事会理事一旦确定，即可任期 14 年之久。董世坤 2012 年指出，美联储是世界公认独立性最高的中央银行[②]，美国经济既稳定又快速的发展态势离不开美联储的相对独立性。在中国，不少企业及金融机构也都有类似三权分立的机构和运行机理。由于补充性货币特别是类比特币等新型数字加密货币具有去中心化、交易费用低、信息透明和中立自由等优点，所以当补充性货币进入企业或金融机构时，能自由地在企业和机构内部流动，所有循环或交易信息都能透明公开并被记录，故能保证企业或金融机构内部类似"三权分立"的各职能部门之间的沟通更加顺畅，消除信息不对称的协调障碍和死角，平衡各部门之间的利益关系，提升类似"三权分立"各部门的联动性和凝聚力。这样一来，对补充性货币实施"权力制衡"监管运行机理的效率和效果也将随之提升。由此可见，

---

① 傅冰. 货币国际化进程中的金融风险与对策［M］. 北京：冶金工业出版社，2013：12.

② 董世坤. 美联储独立性的影响因素分析——政治系统论的视角［J］. 亚太经济，2012（1）：75-79.

补充性货币与"权力制衡"监管运行机理之间存在着相辅相成的关系。因此，当企业或金融机构突然遭遇补充性货币带来的外部负面冲击时，可以考虑通过内部的权力部门各个环节的独立作用和相互联系，暂时启动类似"三权分立"的运行协调方案，通过"权力制衡"的运行机理，抵御补充性货币所带来的外部冲击从而实现对补充性货币的监管目标。因此，中央银行作为一级，银保监会和证监会作为一级，企业或金融机构作为一级的中国式"三权分立"权力制衡监管机理的运用，对补充性货币的监管能起到极大的成效。

（二）监管的委托代理机理

委托代理是对补充性货币监管的又一机理。当企业处于单个业主制度时，企业由企业所有者亲自管理。随着资本的不断积累和企业规模的不断扩大，企业的制度也随之变为合伙制。企业的合伙人通过招聘或其他方式来引进人才管理企业，信任是他们进行合作的桥梁。20世纪初以后，企业的组织形式多变，企业规模扩大化，企业股东日益增多，主要的组织形式体现为公司制。公司企业制度在运行过程中，企业开始多元化发展，经营管理的难度加大，对决策者的能力要求也不断提高。因此，企业的所有者开始逐渐退出管理领域，转向雇佣专业化的人才并授权给他们来经营管理企业。从而形成了现代企业制度，其表现出"所有权与资产控制权相分离"的特点。委托人与代理人的行为关系易产生矛盾，因而美国经济学家伯利和米恩斯提出了"委托代理理论"。这一理论中的"委托人"和"代理人"均源于法律，当A授权B从事某项活动时，委托人即为A，代理人即为B。该理论的主要思想用以上的委托代理关系表达就是：A授予B一定的权力，同时要求B按照A的意愿服务。在现实中，显然B的自身利益与A的利益存在差异，即两者的目标函数不同。由于存在信息的不完全和信息的不对称，B的行为极有可能偏离A的目标函数，而A又无法清楚看到偏离，因此很难避免此类问题的产生。委托代理关系在经济学上更加广泛，在任何一种关系到信息不对称或信息不完全的交易中，代理人往往拥有信息优势，而委托人不具备有信息优势。这就促使代理人在委托人不知情的情况下，做出有利于自身利益而损害委托人利益的行为。如果要避免这种问题的发生，委托人需要花费大量的人力、物力和财力去观察代理人的行为，这种代价就是代理成本。

委托代理关系被经济学家视为一种契约，委托人与代理人通过这种契约关系进行交易，委托人可以通过契约来约束和激励代理人的行为获得利益。这一过程中代理关系就已形成，代理成本和代理收益也随之产生[①]。代理成本是指代理人为了自身利益给企业带来的损失和委托人监督代理人支付的费用，主要包括风险成本和激励约束成本。风险成本是指代理人没有完全按照契约尽职尽责履行责任和义务，导致委托人的相关利益未能达到最大化所带来的相关损失。激励约束成本的相关费用支出是委托人为了激励约束代理人的行为。

由上述分析，可以将委托代理机理的产生原因归纳为以下三点：其一，委托人

① Ross S A. The Economic Theory of Agency: The Principal Problem [J]. American Economic Review, 1973, 63 (2): 134-139.

与代理人的目标函数不同。委托人的目标是要实现企业利润最大化，站在经济人的假设角度分析，代理人的目标是实现自身利益最大化，委托人的目标无法完全包含代理人的目标；其二，存在信息不完全和信息不对称。代理人对企业的相关信息了解得比委托人多，而委托人又无法有效监督代理人的行为；其三，契约的局限性，委托代理关系实际上就是一种契约关系，契约的制定不可能涉及各个方面而达到完美的境界。因此，契约的有限性不能有效约束代理人的行为，从而导致委托人的利益受到侵犯。阿尔奇安和德姆塞茨（1972）提出团队生产论，团队之间的合作可以使生产效率大幅度提高，但是很难得知每个成员的贡献大小，这会使成员存在偷懒行为[①]。因此，通过委托代理，则会解决这类问题。将委托代理的机理运用于补充性货币的监管，则相当于为抵御补充性货币带来的风险冲击增加了缓解带与防火墙。

委托代理的监管机理的特点有以下三点：其一，它是一种经济利益关系。无论是委托人还是代理人，他们都是"经济人"，因此他们各自追求自身的利益最大化，从而表现出经济利益关系。其二，它是一种不完备的契约关系。委托者授予代理者相应的权力需要通过书面协议来说明，这种特殊的合作关系就表现出一种经济契约关系。实际上，事物在不断地变化，存在不可预测事件，因此，这种契约又是不完备的。其三，它是动态的过程。在个人企业中，业主亲自管理企业，对企业的信息非常熟悉，所以不存在委托代理关系。在合伙制企业中，随着企业合伙人的增加，委托代理关系越复杂。在公司制企业中，委托代理关系发生了根本性变化，委托代理对象的实质就包括了补充性货币在内的资产。在现代企业中，委托代理层次多级化，代理链更加复杂化。所以，在现代企业中，补充性货币的监管显得更加重要与复杂。

在委托代理问题存在的表现形式方面，道德风险和逆向选择是委托代理机理中表现最为典型的。道德风险是在合同签订之后，合同一方在知道自己不需要完全承担责任后追求自身利益最大化的过程。逆向选择是在合同签订前，由于双方拥有的信息存在严重的不对称，从而导致劣品驱逐良品的现象。道德风险与逆向选择这两种形式之间的相同点和不同点如表8-1所示。

表8-1 委托代理现象的表现形式

表现形式	相同点	不同点
道德风险	由于信息不对称造成	合同签订后
逆向选择		合同签订前

道德风险及逆向选择的存在，会使委托代理运行机理的效率降低。而补充性货币特别是类比特币等新型数字加密货币具有去中心化、信息透明和中立自由等优点，所以当补充性货币进入企业或金融机构时，能保证企业或机构内部的所有信息和运营行为都能透明公开并被记录，企业或金融机构内部的道德风险和逆向选择（如贪

---

① ALCHIAN A, y DEMSETZ, H. Production, Information Cost, and Economic Organization [J]. American Economic Review, December, 1972, 62：777-795.

腐、寻租等）现象会在极大程度上被抑制甚至消除。由此可见，在企业或金融机构内部使用补充性货币，能提升委托代理机理的运行效率和效果。而委托代理机理能顺利高效地运行，必然会增强其自身的监管能力和效率。而监管效应的增加，自然会提升其对补充性货币的监管力度和效果。不难发现，补充性货币与委托代理运行机理之间也存在相辅相成的关系。需要强调的是，从整个宏观社会的层面来看，补充性货币在扩张和运行的过程中可能会带来一些金融风险和社会问题（如洗钱、金融诈骗等），但当补充性货币进入某一特定的微观主体（如企业、金融机构）内部，其运行的一切轨迹和生态圈的循环活动信息将在微观主体内部完全公开且可追溯，形成一个透明安全的运行闭环，极大地缓解或消除潜在的金融风险和安全隐患。

以商业银行为例，补充性货币加入后，通过商业银行中的委托代理机理防止其冲击是有显著效果的。商业银行中的委托代理与企业中的委托代理存在一定的差异①。其一，银行合约、资产不够透明，信息不对称或者信息不完全普遍存在于每个银行，在金融行业体现得更为明显。这使得存款人无法获得相关信息，即使要获得相关信息也需要付出很高的成本；同时，增加了银行监管成本。银行资产的不透明性，使得银行的股东在签订相关合同和举行相关投票增加了决策成本。其二，银行产品比较特殊，特殊性主要体现在质量不能立刻观察，需要经过一段时间才能发现；同时，在一般行业里，存货的积压表示流动性差，市场效益不好；而对于银行来说，资金的积累所产生的效益好坏视情况而定。其三，银行的资本结构具有特殊性。银行的资本结构与一般公司企业的不同之处在于存在大量的存款，自有资本占比很少。这种资本结构极容易带来股东——债权人代理问题。股东往往追求高风险高回报的项目，这在很大程度上损害了债权人的利益。虽然这种问题持续存在，但是银行仍然能够正常运行。其中的主要原因是有国家和政府的信誉作为保障，这样存款人会放心将货币存入银行，同时，政府会增加道德风险成本的支出。由于道德风险及逆向选择问题的存在，银行的风险会被强化。而补充性货币加入运行后，道德风险和逆向选择等问题会被弱化。因而委托代理运行机理则能对有效监管补充性货币发挥更好的作用。

中国国有商业银行的委托代理多层次，委托代理问题复杂，可以分为 4 个层次（见图 8-8）。

通过图 8-8 可知，在显示的委托代理链条关系当中，全体国民与委托政府的委托代理关系中，全体国民之所以成为链条中的最初委托人，是因为国有资产的最终所有者是全体国民。这里的全体国民不具备订立契约的能力，而且也没有自己定义良好的支付函数，因此，这里的全体国民不具备委托代理理论中委托人所具备的条件。这一层次的委托代理链条只具有理论分析的价值。政府对国有商业银行进行行政授权，国家以信用来担保固定国民存款，帮助银行吸收大量存款，是希望银行可以实现国家的利益最大化。政府指定官员充当委托人，但并非资产所有者，以行政方式确定的代理人（银行行长）不一定具备经营管理能力。政府难以评价作为代理

———————
① 李维安，曹廷求. 商业银行公司治理：理论模式与我国的选择 ［J］. 南开学报哲学社会科学版，2003（1）：83-89.

人的银行行长，因为评价的标准不能仅仅局限于某一个或几个指标。代理人经营不好，不会损害个人利益，代理人经营得很好也不会增加自己的利益。这就使得代理人得不到激励，缺少工作的积极性，导致偷懒、腐败等现象普遍存在。在补充性货币冲击的情况下，补充性货币的额外价值会激励代理人加强工作责任心和积极性，加强对包括补充性货币在内的资产的监管，给补充性货币的冲击形成防护墙。

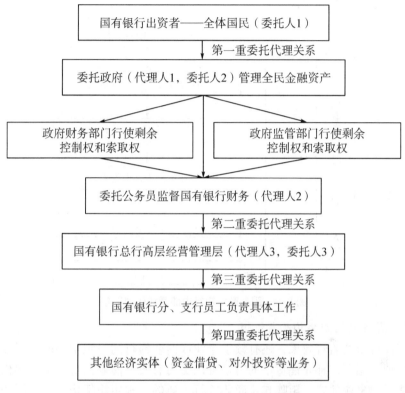

图 8-8　国有商业银行外部委托代理链条

　　在分析国有商业银行外部委托代理关系的同时，也要关注国有商业银行内部委托代理关系，理清各级分行之间的代理关系，有利于采取针对性的措施解决存在的问题来提高银行的运作效率及加强对补充性货币的监管。国有商业银行内部委托代理链条如图 8-9 所示。

　　由图 8-9 可知，作为委托人的总行以自身信用为担保，并分给分行一些营运资本，使分行执行相关的经营管理事务。在此基础上，分行又充当委托人的身份去委托下一支行，以此类推。由此可以看出，国有商业银行内部委托代理链条很长，各层委托代理关系各具特色。在国有商业银行分支机构地方化倾斜不断加深的格局下，管理层次的不断变多，使得管理成本费用提高。委托代理链条过长、管理层次过多，导致信息不对称和信息不完全问题变得更加严重，同时也形成了高额监督成本和代理成本。信息的不对称和不完全，导致双方必定有一方的利益受损，在这过程中也会增加相应的成本。当分行受到总行的委托时，分行在经营管理时会充分考虑自身利益而造成对国家利益的损害，内部的管理人员在委托人不知情的情况下不断强化控制力。在这种情况下，要提高运行效率，减少成本，特别是要得到补充性货币的额外利益，就必须充分发挥补充性货币在国有商业银行闭环生态圈内运行的独特优势，加强委托代理运行机理的完善和改良，以消减原本存在的逆向选择和道德风险，提高信息的透明度。这样，运用补充性货币之后的委托代理形式加强国有商业银行各层级的管理，会最终对补充性货币取得良好的监管效应，从而确保委托代理监管机理的正常运行和持续完善。

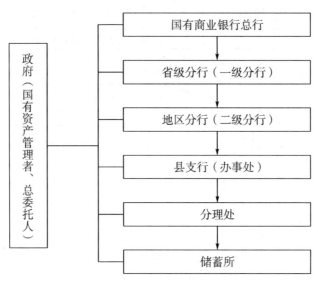

图 8-9 国有商业银行内部委托代理链条

（三）监管的组织架构改善机理

补充性货币的监管效果，还有赖于企业或商业银行的组织架构改善。在组织架构改善机理作用下，补充性货币的监管可以更为有效。商业银行的组织架构复杂多样。职能式、事业部式、矩阵式是商业银行主要的三种组织架构。而不同的企业或商业银行其组织架构各有差别，对组织架构的改善，有助于对补充性货币的监管。

1. 职能式组织架构。把从事相同或者相似职能的人员分配到同一部门是职能式组织架构的主要思想，同时它是以职能为导向进行发展完善的。该组织结构的核心目的是希望将同一领域的专业化人才聚集一起，使他们在一起交流协作、分工合作来提高专业化程度和工作效率。职能式组织结构适用于规模较小的商业银行，例如根据业务需要，商业银行将主要的职能部门划分为不同的部门，将银行组织划分为市场管理部、营销管理部、资金管理部、风险管理部等。组织的最高层（行长）负责信息的传递和部门的沟通，根据不同的职能部门，行长分别设立相应的各部门总经理。总经理运用手中的权力对各个职能部门进行管理，行长仍然掌握着最终决策权。商业银行各职能部门的管理模式呈现垂直型，这种管理模式具有信息传递高速有效、决策效率快和分工明确等优点。其缺点在于，高度集权将导致员工的积极性较低。因此，这种类型的组织结构不适合大型商业银行。

2. 事业部式组织架构。根据产品、客户或者地区将组织划分为多个事业部，每个事业部可以独立制订战略计划和相关决策。日常事务由各个事业部负责完成，总部只负责总体的重大决策。随着商业银行规模的不断扩大，职能式组织架构逐渐被事业部式组织架构所替代。由于事业部的划分有的是根据产品和服务来划分的，这使得某些事业部类似"专卖店"特色鲜明，每个事业部独立完成银行最高层的任务。这种组织架构的优点在于，银行最高管理层不用管理日常经营活动，只用专注于长远的战略决策的制定。可以提高各事业部门员工的工作积极性和主动性，激发员工的创新思维，提高银行的经营效率。各事业部之间在合作中竞争，使得激励制度的作用得到高效发挥。综合以上优点能够使商业银行不断提高自身的核心竞争力。其缺点在于，机构重置增加管理成本；银行的各级权力过于分散，难以管理；事业部之间的信息传递一旦受阻，将难以团结协作，导致商业银行整体利益受损。

3. 矩阵式组织架构。矩阵式组织架构同时具备了职能式组织架构和事业部式组织架构的特点，在横向事业部中具备着纵向职能专业化的优势。外界环境不断变化，各项制度不断完善的同时，组织架构也在不断创新。无论是职能式组织架构还是事业部式组织架构，都存在或多或少的缺陷，而这些缺陷严重影响了经营效率和决策效率。为了解决这些问题，人们在实践中不断探索，产生了矩阵式组织架构。矩阵式组织架构的优点在于，提高了信息传递效率，管理层次更加合理，提高了组织对外界环境变化的敏感度等。其缺点在于，矩阵式组织架构横向兼容了纵向优势，出现了双重领导问题，要想在这种领导方式下形成良好高效的经营状态，需要部门员工懂得共享信息资源和自身具备较高的综合素质。在矩阵式组织架构中，人员活动灵活性大，组织稳定性大大降低。巴林银行的破产作为典型案例，就是因为没有克服矩阵式组织架构的缺点。因此，矩阵式组织架构虽然是较好的组织架构，但是每个商业银行要根据自身实际情况努力克服这一组织架构存在的缺陷，而矩阵式组织架构的成功运用则需要商业银行提升适应能力。

显然，对于不同的组织架构，我们应该对补充性货币的监管形式进行合理的调整。而对应不同的组织架构补充性货币监管机理，也必然会形成不同的补充性货币监管效果。我们应该根据商业银行内部组织架构的类型和实际情况，有针对性地选择、实施和调整对补充性货币的监管运行机理。一般而言，商业银行之间的竞争十分激烈，要面对多方面的挑战。只有建立合理的组织架构并不断调整和完善，才能使商业银行的经营管理更加高效。因此，组织架构的调整和完善是十分必要的[①]。

首先，以花旗银行为例。花旗银行的组织结构在面对外界环境的变化时，进行了三次重大变革。其一，花旗银行由原来的区域性组织架构变为设置了个人银行部、公司银行部等组织部门。其二，在之前的几个组织部门的基础上改为业务部门、服务部门和公司委员会。业务部门分别为机构银行、投资银行和个人银行业务部，服务部门分别为金融服务部和法律事务部。其三，在第二次变革的基础上，引入组织设计概念，适当减少了组织层次，提高了部门之间的协作效率。花旗银行一直延续至今的组织架构如图 8-10 所示。

327

---

① 王婷. 商业银行总行"大部制"组织架构改革探析 [J]. 金融纵横, 2015（6）：81-87.

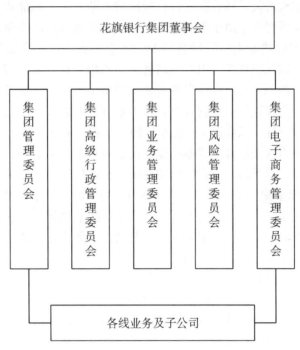

图 8-10　花旗银行现行的组织结构

　　花旗集团首先根据业务划分，然后根据全球的地域划分，实现了横向职能部门和纵向产品线交叉的矩阵式组织架构。这种组织架构有效避免了信息传递的低效率，提高了信息获取的充分性。组织架构的合理性使得花旗银行的品牌理念被清晰了解，地区的划分能够满足不同区域的产品差异需求，创造了国际化的本地银行的品牌优势①。采取矩阵式组织架构体现了以客户为中心，满足不同地域的需求，针对不同客户形成自身的优势品牌。纵横交叉的矩阵式组织结构使得各职能部门和垂直的领导关系能够有效运行。决策权的灵活运用、区域主管之间的相互协调，促进产品更好融入市场。非集权式的管理风格有利于风险管理，避免了个人决策的失误的高风险。

　　另以我国的几个典型的国有商业银行为例。中国工商银行是世界最大的银行之一，在 2014 年年初进行的新一轮的组织结构调整。主要内容有：其一，缩减二级部门数量，精简部门中心。其二，在不断强化原有利润中心的基础上，增加新的业务部门，例如电子银行部可以提高产品研发，银行卡业务部可以提高营销业务量。其三，增设渠道管理部，并作为一级部门来管理电子渠道。其四，明确分层，不断加强各层营销能力。其五，精简风险管理部门，将原来 8 个部门压缩成 5 个。农业银行在 2014 年第一季度也对组织架构进行了大规模改革，改革主要内容包括整合机构、设立新兴业务部门、再造创新研发体系等。为了顺应国际银行业发展的潮流，中国银行、交通银行等商业银行也纷纷加快推进组织架构的改革。

---

　　①　凌轩坤. 跨国银行矩阵式组织架构模式分析：以德意志银行和花旗集团为例［J］. 农村金融研究，2006（4）：53-55.

但是，我国大型商业银行组织架构仍然存在一系列问题，例如存在设置模式行政色彩浓厚、委托代理链条较长、职能设置导致信息传递低效率等问题。以中国建设银行为例，中国建设银行原有的组织架构如图 8-11 所示。中国建设银行的管理模式是上级行管理下级行，这些部门各司其职。

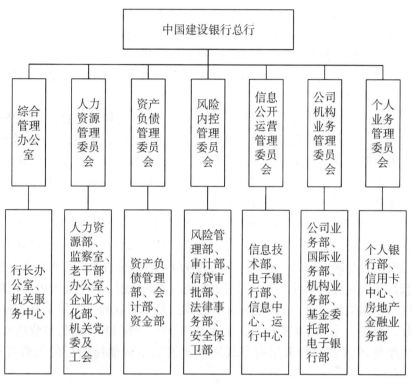

图 8-11　中国建设银行组织架构

由此可见，以中国建设银行为代表的中国大型商业银行的职能部门中，存在岗位重叠问题。这种组织架构存在着很多缺点，首先，岗位重叠会增加银行的管理监督成本，造成资源浪费，降低银行经营管理效率。其次，这种组织架构阻塞了信息的横向传递，导致信息的不完全和信息不对称地产生，继而产生了严重的问题，必须经过组织架构的改良和完善，解决运行效率较低、运营交易成本过高以及如何对补充性货币有效监管等问题。在组织机构的改进和完善方面，上述美国花旗银行的经验可资参考，为我国商业银行的组织机构改进和完善提供思路和经验借鉴，从而提升对补充性货币的监管效率和效果。

六、狭义补充性货币监管的对策建议

前文所述，广义补充性货币监管主要是从宏观层面按时空、网络、协议及国际合作等方面对补充性货币进行的监管，具有更大的复杂性及系统性。这里则侧重对狭义补充性货币监管提出对策建议。通过对狭义补充性货币监管机理的分析，我们不难看出，无论是权力制衡机理、委托代理机理还是组织架构改善机理的正常运行，都可选择结合下列的对策，以充分发挥商业银行等金融机构对补充性货币的监管作用：

（一）所有权设置

从以上分析可知，对商业银行进行股份制改造可以提高其经济效益，其所有权的设置应包括以下内容：

1. 股东多元化改革。商业银行的资本运营要避免一股独大的问题，国家控股权的合理安排至关重要。股东多元化可以让民营企业甚至个人参与其中，但是各种类型的参与者比例要科学合理，以免出现部分股权严重倾斜的现象。我们可以采取相应措施，使其在相对控股的情况下维护国家利益，从而来防范宏观经济风险。引进外资股可以促进战略合作，学习国外先进商业银行的优秀经验，有利于提高我国商业银行的国际化水平。

2. 完善银行治理组织体系。健全股东大会、董事会和监事会制度，坚持"三会"分设、三权分开、协调制约等基本原则，建立现代银行制度，保证监管到位。完善责任追究制度，并切实执行以保证监督作用的有效发挥。基于"经济人"的基本假定，建立科学的激励制度，例如代理人的股票期权是代理人与银行之间利益的桥梁，这种利益关系将长期发挥激励作用。

3. 内部组织结构改革。国际上很多先进银行采用的是扁平的矩阵式组织结构，这种组织结构的层次少，总行对分行进行垂直管理。总行与分行的责权分明，总行在水平层次上强化岗位职能，考核各部门的业绩、管理分行的薪酬和对分行的任命。分行行长以发展业务为重点工作，同时也起到协调的作用。各个业务单元相对独立，因此要完整明确地界定每一个业务单元的权责。每个独立的单元需要兼顾对上和对下的责任，合理分配权力和责任，真实反映各分行、部门和产品的经营绩效。实践表明，大型跨国商业银行采用扁平式矩阵式组织结构能使银行的经营管理更加高效[1]。

4. 优化竞争市场。商业银行应该顺应时代发展潮流，借助市场发展成为上市公司，实现自身的不断发展。我国国有商业银行在面对所有者不明确和资源配置效率低下等压力时，经过不断完善产权制度后建立了现代商业银行制度。在市场中，竞争可以促进资源的合理配置和管理经营的效率提高。中美世贸协议的达成，使得美国银行可以准入中国市场，为中国银行注入了新的活力。虽然外资银行进入中国可以带来先进的管理技术和充足的资本，但是中国商业银行也面临着巨大的竞争压力。竞争可以促进发展，有利于推动中国商业银行现代化进程。本着互惠互利的原则，双方可以很容易准入对方市场，这样我国经营较好的商业银行就可以在海外开展业务，从而获得更广阔的生存和发展空间。

5. 激励制度再造。信息不对称和信息不完全，导致了委托代理问题的产生，要想避免这个问题的产生，就要实现代理人完全遵照委托人的意愿去完成相应的任务和目标。借鉴国外银行激励机理的经验可知，实现长期激励管理人员主要通过以下两种方法：其一，建立经理人员股票期权制度，将经理人员的薪酬与绩效相联系，避免了股东和经理人员之间的利益冲突，实现了股东利益最大化和资源的有效配置。

① 缪洋，牛聪. 基于流程银行视角的中国商业银行组织架构变革探析 [J]. 新金融，2016（4）：29-32.

股票期权制度可以留住优秀的高级管理人员，人才不会在短期内流失。通过股票期权，并且经理人的薪酬与业绩相联系，股东可以大大减少代理成本。委托代理问题的产生是代理人目光短浅的行为所致，而股票期权制度的建立可以调整经理人员将目光转向长期的现金流量和经营管理绩效。其二，建立内部员工持股制度，通过发行限制性股票，来限制股票的出售期限。限制性股票的发行使员工可以享受银行利润分配，起到激励的作用。但是，如果这种激励程度不大，相应的激励效果不会很好。国外银行激励制度的建立值得我国国有商业银行的学习和借鉴，建立长期的激励机理意味着员工积极性的提高，避免优秀人才的流失。

（二）发挥市场约束作用

这个方面对于三大微观机理的塑造都是有好处的。

1. 规范信用评级机构的发展。信用评级机构进行监督适用于自由竞争市场的市场主导型监管模式，这种模式广泛被美国、英国和部分北欧国家所采用①，相关的法律政策由政府提出，一定程度上约束了信用评级机构。为了维护市场经济秩序正常运行，就要更加重视信用评级机构的突出地位，从而加强信用评级机构的监督和管理。姜楠（2014）指出我国信用评级机构监管仍然存在较多的问题，例如立法层次较低、监管权力不一、未能规避信用评级机构利益冲突问题等②。因此，要有针对性地规范信用评级机构的发展，强化信用评级机构利益冲突的监管，完善信用评级机构自律机理。

2. 完善信息披露制度。商业银行的短视，造成了银行信息的严重失真。我国国有商业银行已经在市场上市，其信息的披露更要增加透明度，在市场中发挥积极作用。商业银行应该强化制度的建设和完善，避免管理不善和风险增加带来的严重损失。

3. 深化银行业的对外开放。银行业的对外开放，可以促进银行的良性竞争。中国可以学习和借鉴国外银行的服务效率和改革方式，增加外部资金进入渠道。商业银行对外开放不但可以让外资银行进入中国，中国商业银行也可以考虑在海外上市。中国也有很多商业银行收购境外上市银行的成功案例，例如在 2000 年 4 月 19 日，中国工商银行成功收购了香港友联银行。银行业的深度开放，使我国商业银行能与其他发达国家的商业银行加强合作和联系，学习它们的先进组织管理和监管经验，综合运用和共享资源，形成"命运和利益共同体"，共同致力于对补充性货币的研发和监管的项目中，从而共享补充性货币带来的"红利"。

（三）组织架构变革

组织架构改善和变革有利于企业及金融机构提高效率，加强对补充性货币的监管。这对于形成良好的组织架构改善机理也是十分重要的。在组织架构改善过程中，具体应做到下列几点：

1. 组织架构设置要因地制宜。组织架构的优化，可以使委托人和代理人的目标函数更加接近，银行制定的战略决策才可以顺利地执行。如 Danamon 银行的组织架构设置在专业化经营的思路指导下体现出各个流程和职能部门设置的细化。

331

---

① 林胜蓝. 国际信用评级市场监管模式的经验借鉴和启示 [J]. 福建金融，2011（2）：14-16.
② 姜楠. 我国信用评级机构监管框架设计 [J]. 经济纵横，2014（7）：55-59.

2. 组织架构的作用要明确。扁平化的矩阵式组织架构可以实现风险管理和业务发展的协调平衡，垂直化的业务管理模式减少了委托代理现象的发生。层级设置要以客户为中心，根据目标客户群的需要并结合银行的各种资源状况，设置科学合理的业务部门。委托人和代理人的目标利益函数趋于一致可以对代理人产生长期的激励作用。科学的组织结构一方面可以使信息的传递更加高效，从而可以提高决策的效率；另一方面可以加强内部控制，减少多层次的委托代理问题。

3. 组织结构的设置要具有灵活性。外部环境处于一个不断改变的状态，那么就要求组织架构的设置要有足够的灵活性和弹性，以便能够随时调整。如果不考虑灵活性，那么每次在改善组织架构时将付出更高的成本。总体来说，国际上各个商业银行根据实际情况构建了各具特色的组织架构体系，虽然细节上有所差异，但是总体原则相似。这一总体原则即都是为了提高商业银行的经营管理效益，保证战略顺利实施，减少管理风险和成本，取得对补充性货币监管的积极效果，从而实现利益最大化的目标。

第二节　发达国家对补充性货币的监管

尽管补充性货币历史悠久，但补充性货币大量出现，是当代数字经济的必然产物。补充性货币的优越性及未来发展的必然性，已被许多国家、许多学者所认可。然而补充性货币带来的巨大风险，是许多国家政府特别担忧和重视的。对补充性货币的监管，涉及监管对象、监管方法、监管途径等方方面面。在中国当前的补充性货币的监管过程中，我们还有许多工作要做。既要立足于中国的国情，又要很好地借鉴国际的先进经验。在国际经济一体化且补充性货币的扩张及冲击日益全球化的背景下，尤其应该这样。

一、国际补充性货币监管概述

西方发达国家对补充性货币的监管经验是随着其补充性货币的历史发展而不断积累的。其经验积累的起点，应当追溯到银行券的发行。因为在这之前，补充性货币规模小、影响力较弱，且还处于自由放任的状况。

外国商业银行使用补充性货币的最典型例子是其银行券的发行。银行券最早出现在 17 世纪，是商业票据作为流通媒介后的发展产物。由于商业票据的流通时间和流通范围都存在着较大的局限性，而体现着银行信用的银行券信用基础稳固，可以突破支付日期的限制并能随时兑换黄金，因此银行券得以代替当时的法定货币（金属货币）被人们广泛接受和使用。为了保证银行券的信用和与法定货币的可兑换能力，发行银行券的银行会根据需要严格控制在市场中流通的银行券的数量①。当市场中交易和流通的商品量增加，货币需求量也随之增加时，银行券就代替法定货币

---

① 中央编译局. 马克思恩格斯全集（第25卷）[M]. 北京：人民出版社，1979：594.

行使流通手段和支付手段的职能进入市场流通领域；反之，则从市场中流回银行。

　　从银行券的发展历程来看，最早时期的银行券是一种建立在私人银行信用基础上、在一定区域范围内流通使用的实体性补充性货币。私人银行用自己发行的银行券满足持有私人商业票据客户的贴现需求，获得银行券的持票人可以向银行兑换法定货币（或黄金）。银行券的广泛运用，能促进私人银行扩大其在市场上的影响力和业务范围，以信用杠杆充分满足市场上对货币需求量的不断增加，还能激发私人银行不断开拓新市场、发掘新业务、积蓄综合实力，为实现国际化做好准备。早期的银行券与法定货币不同之处在于，法定货币以国家信用为基础，强制规定人们必须使用。而早期的银行券则是以私人银行信用为基础，其价值的存在必须以人们对其的使用频率、使用范围和自愿接受的认可度等为前提。

　　随着银行券的不断发展，国家政府也逐渐意识到其对金融市场的重要影响力。于是开始了监管。因此，针对后期的银行券（自19世纪40~50年代以后），西方资本主义国家开始逐渐收紧对银行券的控制和管理。这一时期，私人银行不再有权力发行银行券，而是由中央银行或者国家政府所指定的商业银行取而代之。国家政府以行政手段统一发行银行券，并将其作为钞票、法币之类的衍生品，最终演变为纸币。例如，英格兰银行发行的银行券由于信用度高、流通范围广等特点，被当地居民广泛使用，后来用于购买国债，最后演变为法定货币（英镑）。此时期的银行券，就不再是补充性货币，而是逐渐成为不兑现黄金、集中发行的法定货币的雏形。而对于其他类型的补充性货币，国家相关部门也给予了高度的关注。

　　进入21世纪后，补充性货币运用于外国商业银行海外经营与管理的实践迎来了新的浪潮。这个浪潮是以区块链技术为基础的比特币被运用于各国银行业为标志的。比特币与数据区块链的结合，标志着虚拟性补充性货币的发展迈上了一个新台阶。这种将加密技术、软件工程、数字区块链技术融合在一起的虚拟性补充性货币，对各国的传统银行业来说是一个具有颠覆性的巨大威胁，但同时也是具有无限潜力的发展机遇。许多国家更加重视补充性货币的监管，力争在防范风险及促进发展之间找到监管的平衡点。2015年10月6日，由53个成员国组成的联邦中央银行行长会议召开。在会议上，各国与会专家和财政官员们都一致认为比特币及类比特币等虚拟性补充性货币是发展中国家最值得关注的外部资金来源，其在降低成本以及提高传输效率方面具有相当大的潜力。同时，高盛、摩根大通、巴克莱、瑞银、德银等金融机构都对比特币、类比特币以及其他更高级形态的虚拟补充性货币未来在银行业的发展前景持有乐观的憧憬和期待。由此可见，传统银行业的革新是历史的必然趋势，只有将这种具有无限发展潜力的虚拟性补充性货币引入银行业内部，加以引导和合理运用，才能迎接世界金融市场的发展需求，创造出巨大的价值。

　　正因为如此，各国的商业银行都开始积极投入虚拟性补充性货币的研发和运用中，以期结合自身的实际情况寻找到运用虚拟性补充性货币的最佳契合点，从而实现从银行传统经营模式向新型银行经营模式的快速转变，加速国际化进程，也便于补充性货币实行监管。例如，巴克莱银行一直致力于研发一种优于比特币的新型虚拟补充性货币，并宣称该种货币具备弥补比特币自身缺陷的特性。瑞士银行则致力于研究区块链技术的潜力，并在伦敦成立了专业团队，拟开发出建立在区块链技术基础上的"智能债券"，以优化金融工具的运行效率。虽然起步较晚，但中国人民银行也于2017年2月正式宣布建立了数字货币交易平台，全面启动法定数字货币的试运行，以期运用国家的信用和行政力量，全面推进补充性货币的发展，促进中国银行业的国际化进程。但与此同时，各国对补充性货币的监管进程也相应加速了。一般而言，对补充性货币及其相关技术的监管思路，欧美国家一般是"纳入现有法律框架"，非洲国家一般是"从事实监管到立法监管"，澳大利亚则是"现有监管框架加特殊监管要求"，加拿大则是"坚持现有框架的适用性"①，可以认为是以法律监管加规则约束。

补充性货币在外国银行业的运用具有相对较长的历史，对外国商业银行的海外扩张和经营有着重大的影响，且这种影响随着科技的发展，越演越烈。不论是过去以实物形态表现的"早期银行券"，还是当代以虚拟形态表现的"区块链技术下的比特币、类比特币"，补充性货币的发展和运用，都是外国商业银行的国际化经营和发展的强大推动力和有效途径。中国虽然起步较晚，但政府也开始意识到了补充性货币对商业银行国际化的重要促进作用，逐步开始着手对补充性货币的合理引导和运用，从而便于监管，这无疑是一个良好的开端。

国际社会普遍认为，随着补充性货币的发展，传统法定货币的使用惯性正在逐步降低，货币的兑换成本也会加速降低。同时，在支付平台上，法定货币与补充性货币将随着信息化升级，其货币化的数据价值大大增加。这也是许多国家政府及民众十分兴趣的重要之处。这是因为，在互联网平台上，美国、加拿大、日本、新加坡等国家的实践都已经证实了平台的经济逻辑在于它们能够快速优化或开发任何场景之间的时空联系，在平台上可以随时记录及共享补充性货币或法定货币的任何数据，以向用户提出建议、咨询决策、投资投机运用以及其他获利的功能。

目前市场上进行交易的虚拟补充性货币已达917种，比特币市值占全部虚拟补充性货币市值的一半以上，已超过1 700亿美元。以太币（ETH）采用的区块链技术与比特币不同，其交易属性最为明显，市值排名仅次于比特币。瑞波网是世界上第一个开放的支付网络，比特币等可以通过该网络任意转账，简单快捷且几乎不收取交易费用。达世币（DASH）基于比特币开发，是一款支持即时交易、以保护用户隐私为目的的虚拟货币，能够实现匿名交易。莱特币（LTC）和比特币类似，但交易确认时间更短、发行量更多、挖掘也更容易。从国际上看，以比特币为代表的虚拟补充性货币总体上监管相对不足，也存在一定难度。但是各国对虚拟补充性货币监管的态度也不尽相同，主要分成支持式、混合式和严管式三类，通过不同方式遏制虚拟补充性货币带来的洗钱风险等。

1. 支持式监管

一是发放牌照式监管。发放牌照式监管以日本和瑞士为代表。首先，日本是比特币和区块链技术的发源国，日本政府对比特币等虚拟货币的发展非常重视。2017

---

① 廖珉，等. 金融科技发展的国际经验和中国政策取向 [M]. 北京：中国金融出版社，2017：27.

年，日本政府出台了多项支持比特币发展的政策，包括颁布《关于虚拟货币交换业者的内阁府令》，承认比特币作为法定支付方式的地位；取消购买比特币的消费税；发布首批获得政府许可的虚拟货币交易所名单等。但是日本并未在反洗钱和客户身份识别方面出台相关的政策。其次，瑞士是最早公开支持比特币和区块链技术的国家，瑞士在颁发牌照时要求从事虚拟货币的企业符合反洗钱和客户身份识别规定。

二是建立容错机制，实施沙盒监管制度。新加坡自2016年开始要求虚拟货币公司对客户开展身份识别，并上报涉嫌洗钱的可疑交易，从而遏制利用比特币洗钱的行为。但同时建立了沙盒监管机制，对于在监管沙盒中的虚拟货币公司，允许其在事先报备的情况下，从事与目前法律法规有冲突的业务，并不追究其法律责任。英国同样采取这种沙盒监管制度，但并未对虚拟货币客户身份识别和反洗钱方面提出要求。

三是立法式监管。2017年7月1日，澳大利亚的比特币立法生效，将比特币视为货币，废除商品与服务税，正式取消了对比特币的双重征税，以此支持比特币的发展。

2. 混合式监管

混合式监管以美国为代表，因为美国各州的法律法规有所不同，因此对虚拟货币监管模式也有所差异，难以严格区分是支持式还是严厉式。从监管机构来看，美国《商品交易法》和美国商品期货交易委员会将虚拟货币认定为商品。美国联邦税务局将其认定为财产，从而对比特币的挖矿、买卖和使用进行征税。从各州政策来看，纽约州和加利福尼亚州实行牌照式管理；特拉华州不对使用区块链技术征税；华盛顿州在实施牌照式管理的同时要求独立第三方审核，并要求购买一定金额的"风险保证债券"。

3. 严格式监管

严格式监管以中国、韩国和俄罗斯为代表，中国和韩国对比特币的监管是趋严的形势，而俄罗斯正在经历由严向宽的转变。俄罗斯对比特币最早是禁止的。2014年，俄罗斯明确禁止在俄罗斯境内使用比特币，2015年俄罗斯对比特币监管态度有所缓和，开始洽谈比特币的流通和监管。2017年10月下旬，俄罗斯出台新监管规定，其中包括针对挖矿的注册要求等。随着《防范代币发行融资风险的公告》的发布，中国从2017年9月开始进入虚拟货币全面严监管时期，虚拟货币与法定货币、虚拟货币之间的交易等被全面禁止。韩国在2017年9月宣布禁止所有形式的ICO，同时对虚拟货币的监管力度也在不断加大，并对利用虚拟货币进行洗钱、非法融资等行为展开调查。

从以上分析可知，以比特币为代表的虚拟货币发展速度之快，发展规模之大已经远远超过各国预期，同时各国无论对比特币采取何种态度，但监管都相对不足，尤其是对利用虚拟货币洗钱的风险防控措施基本处于空白状态。即便出台了相关规定或者提出反洗钱方面的要求，但执行效果并不明显。因此，全球各国都亟待建立防范虚拟货币洗钱的监管体系。

众多国家的补充性货币监管的实践中可以发现，在补充性货币的数字交易平台上，补充性货币在平台上的支付活动能主导其他的所有场景，使其他平台上的所有活动严重依赖补充性货币的支付，且支付进一步产生补充性货币的相关数据。这样，平台服务提供商及应用程序开发者能够依赖于平台实现补充性货币及其他产品的持续经营性，而相对于社群成员则可以受益于通过网络平台与其他社群成员进行补充性货币运用的价值交换。特别还要指出的是，美国、欧盟、日本、新加坡等国的监管实践表明，平台在实现补充性货币运行时，表现出无与伦比的数据访问能力，使得网络平台聚集起越来越多的有关随机人员运用补充性货币的网络习惯数据，并继而通过支付平台将所有个体相关的经济行为信息聚集起来，从而跟踪相关人员的经济行为，精准评估行为人的行为，生成用户的偏好和行为的经济行为数据。显然，从补充性货币在平台上运行的机理来看，技术层面上对补充性货币的监管也显得十分必要和重要的。

此外，在补充性货币的运行平台上，对于捆绑智能合约的补充性货币用户的偏好会更加差异化，且补充性货币取代基础性货币的功能可以被解构，网络平台的外部性限制比较小，使得补充性货币用户的大量数据有被侵权的危险。为避免这样的技术风险，欧盟于2018年5月推出了《通用数据保护条例》加以限制风险。欧洲中央银行高管也放言，由于"脸书"在数据隐私泄漏方面有严重的不良记录，故而不能把包括补充性货币在内的任何货币的服务交其运营。美国政府于2018年12月对于主导Libra这种数字货币（实际也是一种补充性货币）的"脸书"造成的技术性风险罚款50亿美元。

从国际经验看，从技术层面防止补充性货币在网络系统重要性平台上互操作引起技术风险也十分重要。以互联网平台为中心形成的经济结构特别是金融体系的组织、补充性货币、法定货币的数据所有权的分配都将发生变化。尽管不同平台的补充性货币的数字鸿沟日益增大，但并不是由于语言（数据语言）的差别造成，而是在不同国家的不同币种之间形成不同的货币法律区域对平台间的互操作造成。在补充性货币与法定货币可兑付的制度下将价值移入或移出数据网络的摩擦最小，反之则是最大，当然风险也很大。一些国家中央银行强制要求法定数字货币与网络记账货币及其他补充性货币可兑换，由此降低了支付网络设置的贸易障碍，这也可以降低一定的风险。

还有一个对待补充性货币风险的问题，就是国际上流行的追捧"补充性货币取代法定货币"的思潮，可能导致新的补充性货币监管问题。因为从国际货币角度而言，一个国家的政府信用作为货币的终极支撑已经引起专家们越来越多的质疑，已有主流经济学家认为比特币这类补充性货币与传统的法定货币一样，因人类生产力所限而其产量受到限制，可以形成人们的价值共识。以中本聪为代表的人十分坚定地认为2008年的金融危机源于基于政府信用的货币体系。且中本聪还有数量巨大的拥趸者。"币圈"的拥趸者并不同意比特币无"支撑"的观点，"在他们看来，比特币同样具有稀缺、不可再生、因人类生产力所限制产量有限、已形成人类价值共识的特点""更多主流经济学者的有关货币、债务和金融危机的观点实际上符合了'中本聪们'对政府信用的批判"[①]。可以预见，补充性货币在不久的将来，会在世

---

① 刘润祥. 数字货币与人民币国际化 ［M］. 北京：中国工信出版集团，电子工业出版社，2021：157.

界金融体系中占据更重要地位，但可能造成更大风险，造成宏观调控的更大难度。故而应考虑尽快完善补充性货币所施的互操作性及可兑换性制度。

补充性货币的监管者，可以分为宏观和微观两个层面的主体。宏观层面的监管者，主要是指国家政府，而微观层面的监管者，则主要指金融机构（平台）、非政府组织和一般民众。在现有的金融监管框架下，我们选择了全球最具代表性的四个国家（美国、英国、日本、新加坡），分别从这四个国家的微观层面（商业银行为例）和宏观层面，分析它们对补充性货币进行有效监管的经验。就微观层面而言，我们通过案例分析，论述了这四个国家的典型商业银行运用补充性货币进行国际化发展，并在国际化发展过程中监管补充性货币的经验和教训，旨在为中国国有商业银行运用补充性货币进行国际化发展并有效进行监管提供借鉴和启示。就宏观层面而言，我们总结了这四个国家对补充性货币进行监管的实施策略、具体方法和主要特点，旨在为中国政府有效监管补充性货币提供参考和经验范例。

二、美国的经验

相较于英国和法国，美国整体银行业的国际化起步稍晚，但花旗银行却是一个特例。作为美国最早进行国际化经营的商业银行，花旗银行的海外银行业务始于1897 年。1914 年，花旗银行在阿根廷设立分行，实现了其国际化水平的一次飞跃。1919 年，花旗银行一年内新设海外分行共计 33 家，其海外扩张规模和速度到达顶峰。从 1960 年起，花旗银行开始注重业务国际化的发展，全面进入国际化高速发展期。1999 年至今，花旗银行实行混业经营模式，成立了汇集商业银行、证券投资、保险、信托、基金等各项金融业务的花旗集团，并在此基础上在全球范围内设立了庞大繁复的金融营销网络，通过海外新建和跨国并购等国际化途径，不断优化资源配置，获得了巨大的规模优势和协同效益，使其国际化程度始终处于全球的领先水平。与此同时，花旗银行拥有与时俱进的创新思维和高度敏锐的商业洞察力，在不断运用高科技进行金融创新的基础上，不断发掘新的商机，以期进一步提升其国际化水平，实现更卓越的商业目标。

从花旗银行的国际化发展历程可以看出，花旗银行具有独到的国际化发展眼光、先进的全球化经营理念和不断创新的进取精神。花旗银行将自己经营的金融类产品或服务分为三类，第一类是满足于当前市场需求的金融类产品或服务；第二类是未来 5 年至 10 年内市场可能会产生较大需求的金融类产品或服务；第三类是未来 10 年后市场潜在需求的金融类产品或服务。可见，花旗银行在为当前市场提供令客户满意的金融类产品和服务的同时，已经随时准备向市场推出在未来具有发展潜力的金融类产品或服务，以永远保持在全球金融市场中的领先地位。正因为如此，花旗银行始终不遗余力地全面推进金融网络、软硬件设施设备及各类尖端高新技术的研发、更新和运用，对金融市场的环境、结构、发展动向、变革趋势等方面十分关注。

2008 年比特币诞生之后，各国对其在金融市场中的存在价值和作用褒贬不一。很多商业银行面对比特币以及比特币背后的区块链技术，都持有抵触情绪，甚至直接进行强烈抨击。面对比特币的各种颠覆性特征，它们的第一反应是恐慌，害怕比

337

特币的扩张和发展给自身的经营带来巨大的冲击和挑战。然而，花旗银行却表现出对比特币的极大兴趣，认为其可以提供一种无摩擦的新型交易系统，为商业银行带来革命性的创新机遇。于是，花旗银行开始致力于类比特币的虚拟性补充性货币的研发工作。2016 年，花旗银行发布了长达 56 页的最新研究报告，对类比特币的虚拟性补充性货币进行了深入的分析，并认为类比特币的虚拟性补充性货币不是传统商业银行的一种潜在性威胁，而是一种能够开创商业银行经营新模式的"智慧之钥"，能对现有传统商业银行经营模式进行全面补充和完善。根据《国际财经时报》网站的报道，2012 年起，花旗集团就在自己的创新实验室创建了一个数字货币测试平台，结合区块链分布式记账技术开发了三条互相独立的数字货币运行系统。2015 年 12 月 25 日，花旗银行经过三年的努力，终于完成了加密数字货币"花旗币"（citiC）的试运行测试，开始面向市场逐步投放"花旗币"。"花旗币"的诞生，是花旗集团探索"如何运用区块链技术下的虚拟性补充性货币实现低成本的跨境支付、跨国贸易、账户监管、数据维护、资源权限控制、网络密级设置"等问题的阶段性研究成果。花旗集团对虚拟性补充性货币的研发，旨在保证其始终处于全球同业的领先水平，在未来能迅速占领市场高地，抓住盈利的商机，最终达到更高阶段的国际化水平。事实证明，花旗集团研究和开发"花旗币"，已经为其带来了国际金融市场上的巨大盈利。虽然"花旗币"的实践才刚刚起步，但人们对"花旗币"普遍持有积极乐观的态度。受到"花旗币"融资的利好影响，花旗集团的股价飙升，仅首日的融资金额就高达 7.32 亿美金。2020 年，虽然全球经济受疫情影响持续下行，但作为全球最大金融机构巨头的花旗银行却宣布已经完成 3 条区块链的设计和构建，加密货币"花旗币"正式上线并实现全球发行。"花旗币"的发行，在行业内率先实现了区块链技术在金融领域中的应用，以让虚拟性补充性货币参与国际金融支付交易成为可能，这对于虚拟性补充性货币的发展，具有了历史突破性的指向意义。随着金融科技的飞速发展，国际金融市场中的金融产品与虚拟性补充性货币之间的行情波动相关性大幅度增强。"花旗币"的出现，是区块链技术在银行金融乃至更广泛的领域中的应用。"花旗币"通过其区块链对每一个互联网中代表价值的信息和字节进行产权确认、计量和存储，从而实现资产在区块链上可被追踪、控制和交易。花旗银行以"花旗币"为突破口，以自身信用背书，以应用场景为指向，以全球金融贸易和银行业务的跨国交易为架构，旨在实现区块链在金融银行等应用场景中的去中心化底层架构，营造一个带有社会价值和经济价值的虚拟性补充性货币的良性生态环境。

花旗银行的"花旗币"与其他虚拟形态补充性货币的不同点在于：它是由全球金融巨头花旗银行的信用为背书的，有强大的经济实力和应用场景支撑，能通过发行主体——花旗银行向打通整个行业生态交易环节的支付角色转移。这种转移，是其技术范畴内的创新，也能以区块链为底层技术逐渐建构一个以数字货币为支付手段的全新运行体系。"花旗币"作为一种新的去中心化、开源、跨系统的数字加密货币具有双重侧链，同时兼容区块链和 DAG 两种分布式系统。为基于区块链和基于非区块链的系统建立连接，从而实现不同区块链间的信息互联互通。其总量的固定必然带来价值提升，而应用场景的加持又给予更广阔的变现空间。

除了花旗银行以外，美国银行也具有典型性。吸取了花旗银行的成功经验之后，美国银行也意识到了补充性货币在银行国际化进程中的重要性。2015 年 7 月，美国银行申请了一项专利，要求允许其使用加密货币从事跨国转账交易等业务，以确保其拥有的资本能在补充性货币的支持下真正实现全球范围内的自由流动。美国银行认为，运用补充性货币，能有效解决传统模式下进行跨国转账的程序繁琐、耗时费钱、参与者过多等问题，优化资源，提升跨国银行业务国际化的效率。此项专利在 2015 年 9 月 17 日获得政府批准，具体内容包括允许使用如 "比特币、瑞波币、莱特币、狗币" 等虚拟性补充性货币在商业银行资金账户间实现资金的转移和流动。虚拟性补充性货币的使用，不仅可以缩短结算时间，降低交易费用，全面提升跨国转账交易的效率，还能绕过第三方清算机构（如 SWIFT）避免用户数据的泄漏和丢失，确保交易的安全性。此外，美国银行可以随时根据转账耗时长短和费用高低来选择转账的方式，以根据实际情况选择最佳转账方案。同时，由于虚拟性补充性货币的种类繁多，美国银行在转账过程中并不能知晓具体使用了哪种补充性货币，这样能有效降低商业银行内部人员的犯罪风险。因此，美国银行的这一项专利，为其在全球金融市场中赢得了良好的口碑，也提升了其在全球范围的品牌知名度，进一步提升了其国际化水平。

由花旗银行和美国银行两个案例，我们不难发现，美国的商业银行在自身进行国际化的过程中，自发地、创造性地利用自有资源对补充性货币进行了研发和风险控制，旨在确保补充性货币在其内部体系中能顺利运行。这些商业银行具有专业的行业敏锐嗅觉和前瞻性，它们充分肯定了补充性货币为金融市场创造的价值和具有的巨大发展潜力，认为补充性货币的合理广泛运用，能加速其国际化的进程。因此，它们致力于对补充性货币进行有效监管，以期最大限度地运用补充性货币的自身优势，提升其国际化水平。他们对补充性货币的主要监管思路是：依托自身资源和信用，自行研发以区块链技术为基础、适用于金融行业内部生态交易环节的多元化场景的 "内部" 虚拟性补充性货币。发行 "内部币"，能通过自身内部的金融生态系统有效控制发行量、使用范围、服务对象、运行渠道，从而通过内部监管系统制定预案，有效防止各种风险。

由此可见，虚拟性补充性货币的运用，的确对商业银行的国际化发展有着十分重要的意义。当然，也存在巨大的冲击风险，做好其监管工作十分必要。而商业银行必须认清当前全球金融市场的发展趋势，迅速转变传统经营理念，合理运用虚拟性补充性货币的优势，借鉴美国经验，尽力提升自身国际化水平并实现监管过程的目标。

此外，从宏观层面来看，美国联邦政府总体上对虚拟型补充性货币的态度是支持持续创新、确保信息公开透明、实施积极监管策略，而对虚拟性补充性货币的监管策略和监管力度存在着区域性的差异。众所周知，美国采用的是联邦制的政治体制。联邦制的最大特点是分权，主权由联邦和各州分享。美国的每个州都是独立的整体，分而治之，独立地行使各种权力。所以，美国各州对如比特币之类的补充性货币的所持态度、立场和监管力度都存在较大的差异。相较于华盛顿州对比特币的

339

严苛管制，特拉华州就宽松许多。然而，虽然各州的监管负责部门不同，监管范围和力度的差距也较大，但就美国整体而言，对于补充性货币的监管，主要是通过法律法规等手段进行常规性监管。其具体监管方案是对比特币等补充性货币实施牌照化管理。即州政府要求补充性货币交易所等交易平台，在从事补充性货币交易业务前需要提交相应的资质材料和书面正式申请，经独立的相关部门（第三方）审核，同时根据其上一年的交易量和盈利水平按照规定比例缴纳一笔保证金。在以上程序全部顺利完成之后，经州政府审核批准之后，该补充性货币交易平台才能获得官方认证的经营业务许可证（牌照）。州政府完全可以根据其对补充性货币的运行状况，对该州金融市场的冲击大小，以及当前的宏观经济环境，通过设置和调整申请牌照的难易度，来实现对补充性货币实施监管的目标。而这种监管策略的成效，可以用比特币进行很好的说明。

2013年比特币的发展仍处于法律盲区，没有完善的监管政策及监管环境。但是从已有资料来看，在2013年美国德州法官在处理关于比特币的诉讼判决时裁定比特币为货币，受美国证券法约束，这就意味着比特币从法律上受到了接受和承认。为了有效监管金融违法活动（如洗钱、贩毒等），2013年3月，美国财政部金融犯罪执法系统颁布《虚拟货币个人管理条例》，将比特币之类的补充性货币纳入国家监管体系中。要求所有参与补充性货币交易的活动主体（买卖双方、中介服务平台）都必须在美国金融犯罪执法官网上进行网络实名注册，并对交易额较大的业务（1万美元以上）进行详细登记和报告。2014年，纽约州颁布"比特币监管法案"（详见表8-2）。此法案从6个方面详细规定了维护消费者合法权益、信息透明、网络安全、反洗钱防治、交易账簿和记录等内容，要求监管部门应该提高对比特币等补充性货币交易中介机构和平台的资质审查和资金审计，包括设立独立的金融服务部门和首席信息安全官、进行专业化资质审核考试、定期提交交易及财务披露报告、严格监察业务使用资金、制定过渡期和危机应急方案、保证业务连续性和系统运行稳定性等内容。2014年6月，加州颁布AB-129法案，这标志着比特币合规化进程的一次飞跃。法案中公开表示，数字货币、积分、优惠券等各种形式的美元替代品（补充性货币）成为合法货币。2014年纽约州"比特币监管法案"主要内容如表8-2所示。

表8-2　2014年纽约州"比特币监管法案"主要内容

目录	内容
1. 消费者资产保护条款	每个虚拟货币企业都必须持有消费者所持有同种类及同等量的虚拟货币（也就是100%保证金），禁止出售、转让、分配、借贷、质押或其他的抵押虚拟货币的条件。还须开立金融服务部门要求额度的美元债券或者信托账户来对客户进行保障。任何交易完成后，企业应当向客户提供以下资料的凭证：（1）企业名称及联络信息，包括投诉和咨询电话号码；（2）交易类型、交易价值、交易日期以及交易时间；（3）所收取的费用；（4）如果进行汇总要列出汇率；（5）被许可方不交或者延期交货的责任声明；（6）被许可人的退税政策声明
2. 消费者投诉条款	企业必须建立并保证书面承诺的办法程序，以保证消费者投诉时的公平和及时

表8-2(续)

目录	内容
3. 对消费者公开条款	企业必须让消费者了解到虚拟货币相关的潜在风险,包括虚拟货币交易通常是不可逆的事实,虚拟货币相对于法定货币的巨大波定性等风险因素
4. 反洗钱条款	企业应留持所有比特币交易的信息,包括支付、收据、交换、转让、买卖等信息,具体包括以下:(1)当事人的身份和物理地址;(2)交易量或者价值;(3)交易发起和完成的日期;(4)账户持有人的验证说明。涉嫌欺诈的报告和非法行为将意味着洗钱交易行为、偷税漏税或其他违法犯罪活动
5. 网络安全条款	企业必须制订执行一个网络安全计划,包括识别内部和外部的网络风险,每个需要进行电子系统的渗透测试,每年至少要进行一次,每季度要进行一次系统的风险性评估
6. 账簿和记录条款	企业必须保存相关的会计账簿和记录,包括有关的调查交易信息、银行对账单等

2015 年 1 月,以《纽约金钱服务法律修正案》为依据,coinbase 比特币公司顺利获得纽约州牌照(BitLicense)并在 25 州的共同监管下完成首次交易,这标志着纽约州开始通过全新的注册技术创新性地对比特币类补充性货币交易实施有效监督迈出了成功的第一步。此外,纽约金融服务部门同时还推出了能替代 BitLicense 进行合法经营的信托许可证。ItBit 比特币交易所成为首个获得此资质的公司。2015 年 3 月,以 AB1326 法案为依据,加州公开确立了该州所辖范围内的比特币公司申请资质的具体合法注册程序。2015 年 6 月,新泽西州立法机构草拟《美国新泽西州电子货币创业法案》并提交审议,该法案对该州所辖范围内的比特币等数字货币公司的开立和经营提供了较宽松的政策和优惠丰厚的激励措施,如大幅度减税、给予运营奖励等。2015 年 12 月,美国证券交易委员会将比特币开采合同认定为证券业务。由此可见,2015 年以纽约州为首的美国比特币类补充性货币立法已基本成型和完善,美国各州的立法机构也都纷纷颁布法律法规,公开说明比特币类补充性货币存在的潜在风险、货币监管的相关事项以及现行货币转移法的适用性等问题。补充性货币的扩张和运行在美国得到了较大的发展空间,其监管成效也较显著。2016 年,美国金融犯罪执法网络(FinCEN)、美国商品期货交易委员会(CFTC)和美国证券交易委员会(SEC)等多家监管部门和机构制定了比特币和区块链领域的监管框架,进一步加强了对比特币以及其他数字货币的业务活动的监管,将监管工作重点放在了规范货币服务业务、反恐怖融资、审查区块链及类区块链系统的开发和应用、加强政府与民间组织(区块链联盟①)的沟通合作这几个方面。2017 年,比特币等虚拟型补充性货币市场出现"井喷"式发展,与补充性货币相关的金融衍生品与资产托管业务增加,芝加哥期权交易所(CBOE)和芝加哥商品交易所(CME)先后发

---

① 2016 年 10 月,美国数字商会和 Coin Center 联合数字货币行业代表,组建了"区块链联盟",旨在协助国家政府相关监管和执法部门打击涉及比特币和区块链的犯罪活动,也为公众提供一个深入了解政府相关监管和执法政策的渠道,以提高比特币等补充性货币的运行覆盖面和效率。

行比特币期货，高盛集团已考虑着手开设加密货币托管服务。美国国土安全部等相关监管部门积极投入补充性货币底层设施建设，保证交易业务的安全性，更对加密货币的 ETF 申请严格控制。2018 年，美国加强了对比特币类补充性货币 ICO（首次币发行 Initial Coin Offering）的监管。2018 年 8 月至今，美国 SEC（证券交易委员会）公布了多起涉及补充性货币交易平台、区块链与 ICO 项目企业、资产管理基金公司及个人的相关处罚与审查事件。与此同时，美国相关监管部门还拒绝了多项比特币 ETF 提案和申请，保持着审慎的监管态度。

由此可见，美国各州虽然对补充性货币的监管力度不尽相同，但从整体上来看，是承认补充性货币的合法地位和重要作用，且通过颁发许可证、制定法律法规等常规性监管策略来控制补充性货币的潜在风险，并取得了较明显的监管成效。

此外，美国政府对于补充性货币的监管也做了许多卓有成效的工作。尽管美国政府对包括比特币在内的补充性货币十分宽容，但对其监管也是十分慎重的，对补充性货币的监管涉及多个政府部门或机构。这些包括各州政府及联邦政府。联邦政府各个机构对补充性货币的监管职能主要由国土安全部、财政部、联邦法院等履行。而对补充性货币特别是比特币的交易规划主要通过各州政府制定的法律来加以确定，这些法律彼此间是有一定的差异的，这反映了各州政府、联邦政府以及监管机构如美国证券交易委员会、美国商品期货交易委员会、银行监管机构、美国国家税务局等对补充性货币的不同认识。故而在执行过程中，侧重点也不一样。如美国证券交易委员会对主要以补充性货币为代表的补充性货币投资者往往采取风险预警的方法进行监管，而美国国家税务局则将比特币等补充性货币当作应当纳税的财产，仅出台了一些适用于补充性货币的指导意见。各机构或部门有对补充性货币特别是比特币的具体监管做法为：

（1）美国国会听证会的做法。美国国会为了了解民众对比特币等补充性货币的意见，了解相关部门的行为，主要通过听证会后收集意见初步研究拟定相关政策。关于对补充性货币的听证会，2013 年 11 月进行了第 1 次；在 2013 年 11 月 18 日，参议院举行了主题为"虚拟货币潜在的威胁、风险和前景"的听证会；2014 年 4 月 2 日，美国众议院举行了讨论中小企业使用比特币的优点和缺点；在 2016 年 3 月 17 日，美国众议院举办了一场关于数字货币及区块链技术的会议，讨论了相关技术的风险及立法问题；在 2018 年，美国国会先后就"加密货币：数字时代对新资产的监管""货币的未来：加密货币""包容、尊重数字货币""虚拟货币：美国证监会和商品期货交易委员会的监督作用""虚拟货币、金融创新和国家安全意图""恐怖分子和非法使用金融科，虚拟货币如比特币对国家安全影响，以及使用封锁技术记录交易信息和发现预防非法活动"等主题，召开发 6 次听证会，故而 2019 年 1 月 28 日，美国众议院通过了《2019 年打击非法网络和侦查贩运法案》，要求美国总审计长调查加密货币的在线运营情况。2020 年至今，美国政府基本上按照 2019 年 2 月 19 日美国证监会和美国商品期货委员会召开的关于比特币期货和数字货币听证会明确的数字货币监管的性质和机构，处理有关补充性货币的监管问题。

（2）美国金融犯罪执法局的做法，该局隶属于美国财政部，负责与美国相关的反洗钱交易，是比较早对比特币为代表的补充性货币采取监督管理的部门。该部门2013年出台了有关虚拟货币运行的指导意见，将比特币这种补充性货币定义为"可转化的虚拟货币"。明确了《银行保密法》可以适用于比特币等补充性货币的创建、获取、分发、交换接受或传播的人员和机构。以后又进一步扩大于"可总投虚拟数字货币"交易的金融市场参与者。2014年又增加了四项对补充性货币加以约束的规则，2018年对相应的规则作了一些完善，并严格执行。

（3）美国证券交易会的做法。该机构是美国金融市场中最重要的监管机构主要依据《1933年证券法》《1934年证券交易法》《1940年投资公司法》《1940年投资顾问法》从事监管金融的活动。对补充性货币进行监管的核心依据，是看其是否构成证券。故而这种数币货币或补充性货币的证券化监管模式已被多数欧美国家采用。2013年7月23日，该机构指挥Trendon T. Shouers通过其设立比特币信托公司防止欺诈，发布投资者提醒告知，希望投资者清楚使用虚拟数字货币等补充性货币可能带来的风险。2014年5月7日及12月18日，再次通过处罚违规公司等，提醒投资者了解涉及比特币及其他形式数字货币投资的风险。2015年至2016年，该机构加强了对比特币等补充性货币交易的违规处罚。2017年7月25日，该机构发布报告，表示数字代币的发售（ICO）应受联邦证券法监管。据此仅2018年年初，该监管就向80多家加密货币交易公司发出传票。2018年至2020年年底，该机构受理补充性货币相关案件2万多件，维护了监管秩序。

（4）美国商品期货委员会的做法。该委员会是另一个美国重要的监督管理的执行机构。该机构于2014年9月12日，开始监管第一个在该委员会注册的比特利衍生产品交易平台Tera Exchange。2015年9月，该委员会发布文件，将以比特币为代表的补充性货币认定为大宗商品，故将比特币期货期权交易归于其监管的框架。2017年7月24日，该委员会向在纽约的比特币期权交易所LedgerX发放许可，并纳入监管框架。同年12月，该委员会全面允许比特币期货在监管框架下上市。但2018年1月，开始对3家虚拟货币交易平台提起诉讼，采取首次执法行动。2020年至今，执法力度进一步加强。

（5）美国联邦其他部门的做法。这些部门主要配合联邦机构或独立行使一些对补充性货币的监管权力。如2017年11月，美国加州联邦法院判决Coinbase向美国国内收入署提供客户信息，因为有近万名客户有漏税的可能性。2014年5月7日，美国金融业监管局发布《比特币，有点冒险》的投资者提醒文件。2014年8月，美国金融消费者保护局发布了《数字货币带来的风险》的文件，以对金融消费者进行数字货币投资的指导。2018年12月13日，罗马尼亚代表美国政府拘捕了比特币交易所Coin Flux的首席执行官VLad Nistor，罪名是在提供比特币，以太币、莱特币、以太经典和瑞坡交易中有违美国法规的行为。

（6）美国地方政府的监管做法。美国各州的地方政府在对补充性货币进行监管时，其做法也可资借鉴。例如，2015年6月，美国纽约金融服务局在多次举行了听证会之后，又征求了多方面的虚拟货币监管意见和建议，反复修改，发布了《虚拟货币法》。该法规定实行"比特币牌照制度"，旨在保护公众作为接受补充性货币服务者的利益，防止数字货币或补充性货币被非法使用。该法案颁布后，截至 2018 年 8 月，共授予 10 家公司比特币牌照，而至 2021 年 5 月，对于比特币牌照授予公司也超严掌握。当然，2018 年 2 月 7 日，还发布了《阻止市场操纵及其他不当行为指南》，在授权公司经营现有补充性货币如比特币外，还授权企业可发行新的补充性货币，但必须接受监管。又如加利福尼亚州于 2013 年 6 月 28 日，在几经讨论修改后，参议院金融委员会通过了《数字货币合法化法案》，该法案不禁止替代货币的发行和使用。根据文件，该法案明确了诸多补充性货币的性质，如认为替代货币包括数字货币、积分、优惠券及其他有货币价值的事物，而且为诸多形式的补充性货币的发行和流通提供了法律支持。

2016 年 7 月 1 日，通过了 AB—1326 法案，在加州的金融法的内容中增加了第 11 章，为虚拟货币业务等带来了制度的确定性。2016 年 7 月 8 日，该州又通过了对 AB—1326 法案的修正案，批准了补充性货币创业公司的临时许可的申请。2017 年 2 月，加州议会进一步提出了 1123 号（即 AB—1123）法案的修正案，对补充性货币运营公司在持牌经营、申请设立、定期检查、维持自有资本等方面作了较详细规定。至今，该州对补充性货币的监管都按这些法规的精神。

而在其他州，也有较好的补充性货币的监管实践。例如，2015 年 6 月 19 日，美国康涅狄格州修改了货币流通立法 Act81，修改后的法案对数字货币业务制定了标准，对数字货币业务进行了界定，以及如何颁发许可证、考查申请人的业务类型等，对补充性货币的监管有了明确的规定。又如科罗拉多州于 2019 年 8 月 2 日通过《科罗拉多数字代币法案》，免除了证券法对加密货币的约束。并规定了补充性货币如 token 发行商在若干条件下的豁免权等。这些法规对补充性货币的健康运行风险监管起到重要作用。

显然，美国对补充性货币的监管在形式上表现为法规、部门规则、各州法规及软约束性质的指引报告相结合；监管机构表现为无统一监管规则、分散性的监管内容；表现上则以洗钱为重点，以保护消费者为主要职责，监管规则趋于全面深入；在作法上则表现得很灵活，出现问题则及时立法解决。这些都值得很好借鉴。

三、欧洲国家的经验

（一）英国的经验

从微观层面来看，以商业银行为例，英国商业银行的国际化起步较早，且具有明显的金融大国的特点。由于在 19 世纪末 20 世纪初的英国是全球霸主，殖民地遍布世界各地，且重商主义思潮占主导地位，海外贸易空前繁盛。依托海外贸易和殖民地经济不断发展壮大的英国银行业，通过建立和扩张遍布全球的庞大海外殖民地金融网络，使自身的国际化水平长期处于全球领先地位。到了 20 世纪 80 年代后期，英国银行业的国际化已经进入高度繁荣期，英国的商业银行逐渐脱离了本国实体经济的影响，积极实施全球大规模国际化发展战略，并取得了较为显著的成效，汇丰银行、巴克莱银行、渣打银行等知名商业银行的国际化水平均居于世界前列。然而，进入 21 世纪后，随着美国的综合国力的提升和世界格局的变化，英国银行业的综合实力逐渐被美国银行业反超，商业银行的国际化发展速度也慢慢放缓。当然，英国的商业银行绝不甘心屈居于美国的商业银行，因此它们在相当长的时间里都十分关注世界金融市场的动向，利用补充性货币紧跟美国银行业的发展步伐，随时寻找合适的时机重获昔日荣耀。

随着比特币在美国的盛行，英国政府也意识到了比特币、类比特币以及其他形式的虚拟性补充性货币对银行业国际化发展的重要性。2016年8月，英格兰银行（英国央行）提出了"中心化银行数字货币"方案，宣布拟授权伦敦大学学院的相关研究人员研发一种由英格兰银行自己控制的可扩展虚拟加密数字货币"RSCoin"，以实现国家政府对虚拟性补充性货币的合理控制和有效利用。"RSCoin"具有优越于比特币的功能和特性，如由央行集中控制"RSCoin"的供应量和区块链的簿记，易于交易记录追溯和价值审计；信息透明度高，交易效率易于提高和把控；由中央银行发行，货币信用度更高；交易速度可扩展性强，货币账本易于维护和控制；能全面结合中心化和去中心化的特点，易于监管和宏观调控等。由于"RSCoin"的发行量是由英国央行决定，所以英国政府可以根据金融市场的具体发展情况随时调整投入市场中的"RSCoin"的供应量，从而作为一种前所未有的新型货币政策工具，帮助国家政府实现对宏观经济的调控目标。显然，"RSCoin"与传统法定货币（英镑）的信用度一样高，但成本更低，影响力波及范围更广，调控效率更高，实现效果更明显。

英国政府对"RSCoin"大力支持和推动的另外一个原因，是由于他们已经意识到传统银行金融业务服务系统存在着很严重的缺陷和不足，而这些缺陷和不足将成为其海外经营和国际化发展的巨大阻碍。以英国的汇丰银行为例，从2016年1月开始，汇丰银行的网站和服务器系统连续两次遭受恶意攻击，近1700万名银行客户无法正常登入汇丰银行网站。同时，由于汇丰银行的自动清算业务系统、支付转账系统全部瘫痪，其间正在进行的数亿计英镑交易全部以失败告终，严重影响了汇丰银行金融服务的安全性和信誉度。在这些严重事故发生后，汇丰银行充分意识到现有金融业务服务系统存在缺陷的严重性，也开始致力于研发具有独立价值体系、能够脱离法定货币独立运行和流通的虚拟性补充性货币，以期避免现有金融服务、信息交换和自主支付系统中存在的种种危机。从2016年8月开始，汇丰银行大幅度增加了从事虚拟性补充性货币研发工作的优秀技术人员的招聘规模，旨在为汇丰银行未来的跨国经营和国际化发展储备充足的人力资本。同时，汇丰银行对虚拟性补充性货币背后的区块链技术持有充分肯定的态度，目前也已经完成了将区块链技术运用于债券交易的平台测试，以期通过区块链技术的优势，在未来能有效提高债券等金融工具的交易效率，降低交易成本。

当然，汇丰银行还处于对比特币、类比特币以及其他类型的虚拟性补充性货币不断探索的尝试阶段，当前所获得的研究成果还需要较长的时间来证明其价值和重要意义。但是，汇丰银行的案例再一次证明，跨国商业银行亟需寻找到新的途径和方法来克服跨国经营中存在的诸多问题。随着当代互联网金融的深入发展，虚拟性补充性货币作为全球金融市场上一股巨大的新生力量，主导着全球银行业的未来发展趋势，对各国商业银行的国际化发展无疑具有举足轻重的影响力和推动作用。因此，我们也要注意到英国对补充性货币的监管仍是以法律法规为途径的常规性监督，但已经开始注意到技术性监管途径的运用，可资我们借鉴。

从宏观层面来看，英国对比特币类补充性货币的所持态度较为乐观。英国政府将比特币认定为"私人资金"，而 ICO 发行者自行承担政策和法律风险。同时，英国政府支持比特币与本币或外币的自由兑换业务，减免征收兑换增值税。英国中央银行（BOE）和英国金融行为监管局（FCA）公开支持公众使用比特币类补充性货币，并认为这是一种新方式能有效刺激本国经济。因此，英国对比特币类补充性货币的监管环境较松，监管力度也较温和。2015 年 3 月，英国率先第一个创新性地尝试实行"沙盒（sand box）容错制度"来监管比特币等补充性货币。"沙盒（sand box）"类似于一个特定范围的"试验区域"，只要处于"沙盒"区域内，补充性货币业务参与主体就可以在监管部门可控的情况下较自由地从事与补充性货币相关的各种业务活动，不需要受到原本的法律规范的限制。补充性货币在"沙盒"范围内运行的过程中，如遇到任何突发性危机或风险问题，监管部门能根据具体情况进行纠错和及时应对，从而将成功的经验进行进一步总结并后续推广。"沙盒"制度中根据被监管对象的实际情况，还分为"虚拟沙盒"和"沙盒保护伞"两种灵活的具体监管策略。这种宽松的监管制度在较大程度上促进了补充性货币的快速发展，2017 年 8 月，其已经完成了三批测试招募，累计接受了 146 家被测试者的测试申请，主要包括银行等金融机构、初创企业等。"沙盒"监管的运行，是一种创新尝试，也是一种大胆探索，通过试运行的方式，能使监管机构找到推动金融创新和行业合规监管的最佳平衡点，引导和增进监管机构和监管对象的良性互动，较好地融入现有的金融监管治理体系。事实证明，"沙盒"监管方式是可行的，至今为止取得的监管效果也较明显。

（二）欧洲其他国家的经验

以商业银行为例的微观层面来看，欧洲其他国家的商业银行对补充性货币所持的态度和采取的监管策略与英国商业银行类似，它们也都纷纷注意到比特币等补充性货币对商业银行国际化发展的重要性。2015 年 5 月，欧洲银行业协会（EBA）公开发布数字货币研究报告，充分肯定了比特币等补充性货币"拥有加快处理速度和降低其复杂性的可能性"，并认为补充性货币的加密技术应与传统的 IT、法律框架和现有资产（货币、股票和债券等）相融合。同时，报告强调了区块链技术未来发展潜力和前景的可预期性，认为"区块链技术是主要用于货币、资产记录、应用堆栈的技术"。EBA 的研究报告，充分说明了欧洲各国政府和银行对补充性货币重要性的认可态度和支持立场。

从宏观层面来看，由于欧盟的存在，欧洲其他国家对补充性货币的监管策略较为统一。欧盟国家最初对比特币等补充性货币持有较怀疑和保守审慎的态度。2012 年 10 月，欧盟央行就公开发布了《虚拟货币体制》报告，认定比特币具有"双向流动特征和买卖价格"，并从其信用、操作、法律和流动性这四个方面分析了其具有的潜在风险，认为"比特币并非法律上界定和普遍接受的货币"。欧盟各成员国

（芬兰、挪威、法国、爱尔兰、德国）出台的与补充性货币相关的监管政策或措施，也基本与欧盟出台的监管政策保持一致。而随着比特币等补充性货币在美国等其他国家的快速发展，为了保持欧盟的国际竞争力和优势地位，欧洲主流司法和监管机构对补充性货币的监管态度有所转变。2015 年 10 月，欧盟法院公开宣布对比特币及其他虚拟货币交易免征增值税，这意味着欧盟法院公开认可了比特币货币属性的合法性。即是说，补充性货币在欧盟范围内已在税收上等同于法定货币，成为一种合法的支付手段。在现阶段，欧盟正与其他国家一道，积极致力于制定对补充性货币进行监管的框架、政策法规和具体细则，旨在协调各成员国内部的监管机构和部门，整合协同，共同实现有效监管补充性货币的目标。

显然，欧洲国家对补充性货币的监管，仍然是常规途径的法律法规监管，结合技术途径监管，由于大多是欧盟国家，故而也具有跨时空监管及国际协议监管途径的利用，使补充性货币的监管更为有效。

四、日本及新加坡的经验

（一）日本的经验

从宏观层面来看，日本政府对补充性货币的探索和实践由来已久，也充分意识到虚拟性补充性货币对商业银行国际化的重要意义。根据《日本时报》2016 年 3 月 4 日的报道，日本内阁政府批准通过了一系列新的法案，鼓励和推进日本银行业运用比特币以及其他类型的虚拟性补充性货币从事金融服务活动，并拟将虚拟性补充性货币的监管纳入金融服务局。同时，2017 年 3 月，日本政府（参议院）正式肯定了包括比特币在内的虚拟性补充性货币作为国内合法的一种消费支付和结算方式，并于 2017 年 3 月 27 日颁布了相应的税制改革法案。法案规定虚拟性补充性货币拥有类似于资产的价值，用如比特币之类的虚拟性补充性货币从事投资等商业活动，需要承担资本收益税。同时，虚拟性补充性货币以数字的方式被传输和使用，故不需要承担 8% 的消费税①。在中国关停比特币交易所之后，日本成为补充性货币资产投资的最佳选址地，全球比特币交易额也长期高居首位。2018 年，由于日本民众对补充性货币的投资热情和 ICO 的预期很强烈，日本金融监管部门（FSA 日本金融厅）加强了监管力度，可疑客户账户受到严密监控，实施客户账户和交易所账户的分区管理，并只允许线下系统存储加密货币持仓。从这些监管措施可以看出，日本政府对虚拟性补充性货币给予相对宽松的偏向性政策支持的同时，也在积极努力地致力于补充性货币融资的规范化、制度化和可持续化。日本政府的监管策略，为补充性货币的未来发展铺平了道路，也进一步推进了日本商业银行的国际化发展。

从以商业银行为例的微观层面来看，日本商业银行对补充性货币的监管策略带有其特定的文化色彩和民族特征。纵观日本商业银行的发展历程，不难发现日本的商业银行大部分都是建立在家族化或集团化形成的财阀经济体系基础之上的。目标明确、重视礼仪、勇于创新是日本较为典型的民族特征，这也决定了日本的商业银

347

---

① 数据来源：比特币资讯网. https://www.sosobtc.com/article/20222.html. 2017. 4. 1.

行具有其他国家商业银行不具备的独特优势。凝聚力强、员工忠诚度高、纪律严明、协作效率高、工作态度认真、员工亲和力强、容易赢得客户信任和好感等优势，都是日本商业银行的竞争力源头，从而日本的商业银行具有较强的规模竞争和扩张能力。同时，从日本商业银行的客户群结构和规模来看，日本妇女占据了较大的比重。这一现象也是由日本的传统文化因素造成的。在日本，女性结婚后大多数会辞去工作，在家里照顾丈夫和子女，丈夫的所有工资都会交给妻子打理。因此，妇女是日本家庭的金融决策者和投资理财者。随着比特币、瑞波币等虚拟性补充性货币的出现和扩张，她们投资的重心也随之转移其上。根据 Alexa（网站世界排名）的数据统计，2018 年瑞波网（Ripple. com）中来自日本的点击流量为 45.5%，而美国仅占 21.4%。由此可见，日本民众对虚拟性补充性货币的投资热情和需求相当旺盛。与亚洲其他国家相比，日本作为一个金融强国有着先天的资源、渠道、客户和市场优势，加之较宽松的金融政策环境和创新激励制度，为虚拟性补充性货币的生存和发展提供了更肥沃的土壤。而商业银行主要客户群体对补充性货币的投资需求，使商业银行充分意识到补充性货币的重要地位，它们更加积极地投入补充性货币的创新性运用以促进自身国际化进程的项目研发中，并致力于补充性货币的监管。

在日本政府的大力支持下，相比于其他国家，日本的商业银行对比特币、类比特币以及其他类型的虚拟性补充性货币的未来潜力更持有乐观的态度。日本央行副行长 Hiroshi Nakaso 在一次全球性金融会议上发言时提出，比特币及其背后区块链技术的应用将会改变全球金融的基础结构，必须密切加以关注。从 2016 年 1 月起，日本的商业银行已经开始自主研发虚拟性补充性货币，并测验其在跨国经营业务中的适应性。

以成立于 1996 年 4 月的东京三菱日联银行为例，我们可以看出，其发展极为迅速。作为日本总资产规模最大的商业银行，东京三菱日联银行的国际化发展战略获得了巨大的成功。东京三菱日联银行很早就在探索和寻找提升自身国际化水平的有效途径。它们认为，要实现商业银行国际化的快速发展，就必须要加速金融创新，并运用金融创新实现自身内部业务结构的优化和现有海外资源的整合。在这样的国际化发展战略指导下，基于区块链技术的虚拟性补充性货币也自然成为它们关注的重点。2016 年 2 月，东京三菱日联银行研发出一种名为"MUFG Coin"的虚拟性补充性货币，旨在运用这种基于区块链和分布式账本技术的新型补充性货币工具，减少金融交易的管理成本，优化内部业务结构，整合现有海外资源，从而快速提升自己的国际化水平。相较于比特币，"MUFG Coin"同样具有 P2P 交易和手机钱包功能，且客户可以按照 1:1 的汇率在银行实现"MUFG Coin"与日元的自由兑换，并支持计算机、智能手机或其他网络终端的 App 从事业务活动。此外，东京三菱日联银行还正在致力于"MUFG Coin"专用 ATM 机的研发中，旨在以这种新型 ATM 机为媒介实现"MUFG Coin"在智能手机或电脑客户端与银行内部分布式网络之间的自由流动和兑换交易。更值得期待的是，东京三菱日联银行还计划在 2018 年与日本各个地区的大型零售商店合作，大力推进"MUFG Coin"在消费市场上的扩张，如"MUFG Coin"的持有者可以使用该种货币支付餐费、酒店费以及其他各种消费。同时，人们还可以随时通过智能手机或电脑客户端实现"MUFG Coin"的转账或汇款，甚至可以随时在机场或其他货币兑换点将"MUFG Coin"兑换成所需的各种外国法定货币。不难预见，随着2018年"MUFG Coin"在日本的全面推行，将使日本的金融市场发生翻天覆地的变化，一场虚拟性补充性货币的革新浪潮将席卷日本银行业甚至全球银行业，而东京三菱日联银行也将成为全球最具影响力的大型商业银行之一，从而全面实现银行国际化。

值得一提的是，除了东京三菱日联银行之外，日本的其他商业银行和金融机构也纷纷意识到了虚拟性补充性货币对商业银行国际化的重大意义。继东京三菱日联银行加入R3CEV（区块链技术联盟）之后，日本的Orix、Shizuoka银行等大型商业银行和金融服务机构也随之加入R3CEV，并联合日本的NTT Data公司（主营信息技术咨询服务）和NTT DoCoMo Ventures公司（主营移动网络技术）共同致力于基于区块链技术的虚拟性补充性货币在国际汇款、交易结算、业务管理方面的研发、测试和实际运用，同时也进行补充性货币的监管尝试。

可以说，未来商业银行在全球的霸主地位究竟由谁夺得，要看谁能率先研发并推广适合自身国际化发展、能被全球金融市场广泛接受的虚拟性补充性货币。然而，日本商业银行通过金融创新，将虚拟性补充性货币运用于银行国际化的实践，可以说已经走在了世界前列。同时，在补充性货币的监管方面，日本综合运用常规性途径、超时空途径、技术途径的结合，且也有国际协议途径实现的现实可能，值得我们认真地研究与借鉴。

而日本政府对补充性货币的监管实践有其自身的特点。其监管主要由日本金融厅负责，而且实现补充性货币交易的行业自律。实际上，2011年Mtcox也开始在日本进行比特币交易服务，但直到2014年2月28日Mtcox出现资金被盗申请破产，才引起日本有关部门的高度关注。根据2015年6月8日的G7峰会上相关国家领导人决定对虚拟货币及其他新型支付手段、交易手段进行监管的精神，日本政府开始进行补充性货币等相关监管立法工作。2015年11月16日，日本金融厅召开会议，讨论对比特币等补充性货币进行监管的问题。2016年3月，日本金融厅提交了对虚拟货币的立法建议的《资金结算法（修正案）》，经修改后，2017年4月1日，日本正式颁布了号称"虚拟货币法"的《资金结算法》，该法承认补充性货币如比特币为合法支付手段，表明了对补充性货币采取适度监管、鼓励创新的宽容态度，赋予了其交易平台的合法地位。与之配套的是，2017年3月24日，日本政府颁布了《资金结算施行令》及《虚拟货币交换业者内阁府令》，同年3月27日，日本国会通过《2017年税务改革法案》，开始取消交易比特币需交纳的8%的消费税。为了保证和监管补充性货币的各种形式的正常运行及防范风险，日本金融厅应时地发布了《事务指南第三分册：金融公司相关16虚拟货币交换业者相关》《公众评论概要及金融厅的相应观点》等解释和指导性文件，用以向公众指导相关法律知识。在《资金结算法（修正案）》生效之后，从2017年7月开始，日本金融厅一边受理补充性货币运营公司的许可申请，一边对运营公司的运营状况进行审理。实施从交易所内部系统的监控到客户资产保护机制的检查，并随时现场调查走访。其目的是期待通过补充性货币不断推出创新性服务，并期待技术创新来配合对其的监管，防止欺诈及洗钱等犯罪行为。

此外，日本金融厅还正式设立了"虚拟货币兑换业务研究会"，专门研讨补充性货币特别是比特币的相关问题及对策，为立法提供咨询。该研究会活动频繁，仅2018年4月至12月就举行了11次研讨会，为日本政府辅助决策起到了很好的作用。同时，2018年10月25日，日本共16家加密货币交易所发起成立了一个行业自律组织，即日本虚拟货币交易所协会。同时，经日本金融厅批准，还正式成为一个"合格的资金结算业务协会"，成为日本行业自律监管补充性货币的基石。为了加强对补充性货币的监管，2019年1月2日，日本金融厅提交一份关于加密货币的市场调查报告，建议交易所涉及相关机构采取多种措施降低补充性货币的风险。2019年3月15日，日本内阁则发布了限制虚拟货币交易的《金融商品交易法》《资金结算法》修正案，要求2020年4月起，在18个月内未完成许可证申请牌照注册的准交易所不能继续经营，如2021年10月之前仍未完成注册，则强令中止服务。显示了日本政府对补充性货币运营的严格性。2019年9月，日本金融厅下属的数字货币交易所行业协会颁布了《新币发售相关规则》及配套的《关于新币发售相关规则的指导方针》，进一步加强了虚拟性补充性货币的监管规范。日本政府为了保证虚拟性补充性货币在其国内能有较好的发展环境和空间，专门推出了新型监管措施，为补充性货币的发展提供了法律保障，并明确了其法律属性、监管规则、监管负责部门，从国家立法层面搭建了专属虚拟性补充性货币的监管框架，以确保补充性货币在日本传统监管体系下能够尽快适应和生存。

显然，日本政府结合本国实际，对补充性货币的监管宽严有度，依法治理，取得了较好的成效，其相关法律的出台功不可没。由于补充性货币的多样复杂性，在不同场合，涉及许多法律适用问题。这些法律涉及的法律目的在于：其一，对持有补充性货币的公众及运行平台的利益进行保护；其二，为应对洗钱及融资恐怖主义加强国际协同合作。而在这些法律条款中，较详细地规定了补充性货币或虚拟货币及交易的定义、服务概念，明确了补充性货币交易服务主体资格，包括对合法性的要求，准入门槛、监管规则、注册登记、处理程序、资本金要求等，并对补充性货币的运营提出了三方面的要求。①用户资产与固有资产分别管理；②对用户信息的告知和说明；③系统信息的安全保障，妥善保管用户个人信息的义务。而在监管措施及法律责任的负担方面，也有明确规定。法律授权监管当局可以实施各类监管措施；内阁总理大臣有权根据需要命令补充性货币运营者配合调查及监管行动；甚至可以下达业务整顿、取消注册的命令；一旦发生违法行为，可以处罚金甚至追究刑责。

较有特色的是日本金融厅的监管行动。在市场准入方面，日本金融厅2017年8月7日设置了虚拟货币监管小组。在同年8月12号至13号，开始公布虚拟货币运行的相关公告，开始授受运营公司的注册牌照申请。2017年10月22日，自发布《ICO投资者和运营方风险警示》以来，截至2020年年底，发布大的警示公告20余次。在运营监管方面，日本金融厅经常检查运营机构运行的状况、机构系统状况、守法状况，发现问题及时纠正。例如，2018年4月25日，关东财务局宣布对

Minnano Bitcoin 虚拟货币交易所执行行政处罚；2018 年 5 月 6 日，日本金融厅宣布对数字货币交易所采取更加严格的监管；2018 年 8 月 11 日，日本金融厅公布关于业务层面违规发布、反洗钱对策不足、内部监督不严等方面的中期检查报告，责令相关交易所进行整顿，否则停业。除了执法监督，日本金融厅还有辅助监管手段。例如，成立由企业代表、法律人士组成的研究小组，收集补充性货币交易数据，讨论其交易习惯制度、交易状况等，协助决策。又例如举办学术研讨会，讨论交易从业者监管措施、他国监管政策的制定、风险评估、全球补充性货币交易状况及金融技术的发展、补充性货币的融资功能等，旨在指导从业者开设和运营交易所，引导补充性货币投资者正确进行投资等。

日本交易平台运营主体在补充性货币运行方面的行业自律也较有特色。补充性货币交易平台的行业协会是得到日本金融厅批准成立的、能承担法定的自律监管义务并获得相应权利的自律性监管组织。它被要求与日本当局定期交换意见，实行密切合作，处理用户投诉、对从业者进行指导、制定自律监管规则等，2018 年 3 月 29 日开始筹划，4 月 16 日即正式成立的日本虚拟货币交易所协会，要求从事虚拟货币交易行业的自律管理，在 2018 年 10 月 24 日获得日本金融厅批准。于是，该协会紧锣密鼓地配合补充性货币监管。例如，2018 年 7 月 28 日，针对散户破产的风险，协会发布一次调整杠杆交易倍数的政策，要求交易所设定顾客交易金融的上限；2018 年 9 月 12 日，该协会提交了一份规定了业务管理、内部审计、遵守法规、对不良事件的处理等事项的自律规则，得到了很好响应；2018 年 10 月 24 日，协会制定了包括打击内幕交易、反洗钱措施等在内的国内交易所管理框架，以部署安全标准，保护广大顾客用户的资产安全。

2019 年 1 月 9 日，该协会宣布吸纳五个加密货币交易作为 II 类成员，壮大了协会力量，也完善了监管架构。至今，该协会的自律式监管得到政府的认可，被社会广泛接受和认可，起到了很好的监管作用。这也是我们可以借鉴的经验。

（二）新加坡的经验

新加坡是亚洲小国，国土面积小、资源匮乏、农业和制造业发展的制约条件较多。但是，新加坡却依靠地缘优势、制度优势、开放市场优势，在短短几十年内一跃成为亚洲"四小龙"之首和全球第四大国际金融中心，创造了经济发展的巨大奇迹。作为亚洲最大的商品和期货交易市场、最主要的货币交易中心，由于新加坡的对外开放程度很高，且主要以金融业、银行业和服务业作为国家的主导产业，因此新加坡很注重金融创新和银行业的国际化发展，政府给予国内各大银行的金融扶持政策也相对宽松，充分鼓励商业银行大力提升国际化水平。新加坡的商业银行在优越的经济宏观环境和政府的支持下，不断积蓄自身实力，积极参与世界金融创新实践活动，其国际化程度也位列全球领先地位。可以说，新加坡商业银行国际化战略的顺利实施，不仅是因为它们具有独到的战略眼光、先进的金融创新理念、与时俱进的跨国经营管理技术，更是因为新加坡政府给予的重视和支持。

新加坡是个小国，这也就更能保证国家政府所颁布和实施的法令法规能迅速有效地实施和执行。而国家政府对世界金融市场发展趋势的预测和把控，将会直接影响商业银行的金融创新步伐和发展方向。事实证明，新加坡政府对商业银行国际化发展的指引和导向都是正确而明智的。自2009年比特币和区块链技术的兴起后，新加坡政府对区块链技术支持下虚拟性补充性货币的发展高度重视，全力着手营造适合区块链技术、虚拟性补充性货币在新加坡扎根的较为宽松开放的宏观金融环境，并公开要求相关金融部门和金融机构必须与货币与时俱进，大力推进以区块链技术为基础的金融创新。在短短几年的不懈努力下，新加坡的金融创新和金融科技得到了长足的进步，以区块链技术为支持的虚拟性补充性货币的发展也处于全球领先水平，是适合发展补充性货币的又一绝佳选址地。新加坡政府对补充性货币采取了支持和积极监管的态度，不断致力于完善与之相匹配的金融监管体系的工作中，在主动降低补充性货币市场准入门槛的同时，又积极治理不符合监管要求的补充性货币，取得的成绩令人瞩目。

2013年，新加坡先后建立itBit（当前认可度和信任度最高的比特交易所）、Go-coin（比特币、类比特币等虚拟性补充性货币支付平台公司）以及8个比特币ATM机（支持比特币钱包服务、兑换、网关及支付服务）。Coinpip、BitX等公司也开发出各种比特币、类比特币等虚拟性补充性货币的App，为广大用户和商家提供支付、兑换、储存等各种相关服务，进一步促进了虚拟性补充性货币在新加坡的运用和扩张。与此同时，新加坡政府进一步表明态度，为虚拟性补充性货币在新加坡的发展给予了利好政策倾斜。新加坡税务局公开表示，如果比特币被用于长期投资，将免征税收。新加坡金融管理局（Monetary Authority of Singapore）则公开宣布不会对经济主体在从事商业活动过程中使用比特币的交易进行行政干涉。此外，金融管理局明确表示，新加坡央行对区块链和虚拟性补充性货币的金融监管采用"沙盒"机理，只要是在"沙盒"中注册并备案过的金融科技创业公司（Fintech company），如果其所开展的业务与现行法令发生冲突，官方可以向其提供业务技术性指导和服务，就算被官方终止业务，公司也不用承担任何法律责任。2015年，新加坡政府为鼓励金融科技创新，投入2.25亿美元拟在5年内建立包括区块链记录系统项目（如区块链孵化器、万向区块链实验室等）在内的"智能金融中心"。"智能金融中心"的重要职能是促进区块链和虚拟性补充性货币对新加坡金融市场的重塑和革新，提升金融科技创新的效率，增强金融市场的活力和吸引力，为新加坡金融科技创新设定合理的"边界条件"，营造全新的金融风险防控体系和法律环境，以实现既能满足活动主体的要求又不会超越政府可控范围的金融创新目标。2015年11月4日，CAIA-SKBI加密货币国际会议在新加坡隆重召开，会议针对区块链、比特币、智能合同及其他虚拟性补充性货币对新加坡金融市场以及全球金融业的革新作用进行了探讨，并着重分析了虚拟性补充性货币在以新加坡为主的亚洲宏观金融环境下的适应性。由此可见，虚拟性补充性货币对金融市场的重大影响和作用，已经被新加坡乃至全世界所关注。在新加坡政府的支持和引导下，新加坡的商业银行积极推进区块链技术和虚拟性补充性货币的运用及监管，并将其纳入实施国际化战略的重要内容。以新加坡大华银行（UOB）为例，2015年8月，大华银行联合新加坡的9家金融科技创新企业①正式启动了区块链加速器项目，并在此基础上建立了以区块链技术为核心，虚拟性补充性货币为载体的智能合约平台服务体系（smart contracts as a service）。该体系能迅速提升大华银行在从事跨国经营业务时的效率和安全性，简化基于进出口贸易活动中相关的大量金融纸质工作，并结合智能合约资源库自动执行安全协议，在全球范围内实现资金的高度整合和资源的优化共享。2018 年 5 月，新加坡中央银行（金融管理局 MAS）拟放宽基于区块链的去中心化交易所的市场准入门槛。2018 年 9 月 19 日，新加坡金融管理局（MAS）将补充性货币分为应用型、付款型和证券型三类，认为新加坡现存的证券及期货法能适用于对证券型补充性货币的监管，其将监管重点放在了付款型补充性货币上。同时，新加坡国立大学（NUS）公开创建了名为"加密货币战略、技术和算法（CRYSTAL 中心）"的区块链研究中心，旨在成为世界上最重要的区块链研究中心之一。这一中心的建立，也标志着新加坡政府与高校研发机构携手合作，共同致力于探寻对补充性货币进行监管的有效策略的新突破。

由此可见，在新加坡政府的积极支持下，新加坡的商业银行均有充分的理由和动机对虚拟性补充性货币的未来发展持较乐观的态度，并对其监管充满信心。纵然虚拟性补充性货币被运用于商业银行的跨国经营管理过程中必然存在很多潜在问题和风险，但虚拟性补充性货币的种类繁多且在不断的自我完善的过程中，这些问题和风险也会随着其技术的进步和成熟逐渐得以解决。同时，虚拟性补充性货币的更新换代也较快，新一代的虚拟性补充性货币必然会显示出比上一代更多的功能和更强大的优势。此外，虚拟性补充性货币如果被广泛运用于跨国支付等常见的金融业务和活动中，商业银行也会更加积极主动地与其他金融机构或者企业建立合作和联盟关系，以综合各方的技术力量和资源，借助金融市场的多方平台，大有将虚拟性补充性货币运用于跨国经营管理及监管的优势发挥到极致的趋势。

五、经验的启示与挑战

上述可知，我们选取美国、欧盟、日本和新加坡这四个具有代表性的国家和地区为典型分析对象，分别从微观层面和宏观层面两个角度，探讨了这些国家和地区对补充性货币（特别是虚拟性补充性货币）实施监管的主要经验和做法。我们通过大量事实资料、数据和案例，在微观层面梳理了这些国家和地区的典型商业银行在补充性货币发行和监管方面的具体做法。在宏观层面总结了这些国家和地区的政府在补充性货币发行和监管方面的成功经验，以期给予我们对补充性货币在中国的监管提供可借鉴的启示。

我们之所以选取美国、欧盟、日本和新加坡这四个国家或地区为分析对象，主要原因如下：第一，从金融实力上看，它们都属于发达国家或地区，其商业银行国际化的发展水平都居于世界前列，且这些商业银行的国际化发展历史和经验教训值得研究和借鉴；第二，从地理位置上看，这四个样本都属于国际金融中心和重要枢

---

① 9 家企业分别为：Attores, CardUp, FinMitra, FinReg, Nickel, Ssino Connect, Stock 2 Day, Tuple, Turnkey Lender

纽，大致可以覆盖全球的大部分金融市场，对全球金融市场的运行和发展影响很大，具有典型性和普遍意义；第三，从时间纬度上看，这四个样本的金融市场发展有的历史较长，有的历史较短，可以基本覆盖商业银行国际化的不同发展阶段，便于更全面直观地分析其商业银行的整个发展历程；第四，这四个样本对虚拟性补充性货币的发展和金融科技创新都持有较开放和支持的态度，且虚拟性补充性货币在这四个样本地区的发展都较快速，能基本反映世界金融市场革新的主要潮流和趋势。以比特币为例，这些样本国家和地区对补充性货币监管都有共性及一定的自身特点。世界主要国家对比特币监管具体情况见表8-3。

表8-3　世界上主要国家对于比特币的监管情况表

合法性	国家	认定	监管措施	税务规定
合法	英国	财产	英国金融行为监管局 FCA 表示首先会考虑比特币在金融创新领域的应用，而监管不会有固定的时间框架	英国税务机关为了对比特币交易征税，拟修改税法
	德国	记账单位	德国联邦金融管理局（Ba Fin）规定开办比特币公司至少要满足六项严格条件，包括要拥有 73 万欧元注册资本金、管理层具备相应从业资格、出具详尽的商业计划书、符合资本充足率标准、引入反洗钱机理、定期按需向 Ba Fin 进行汇报	用作私人用途时，比特币是合法的私有财产，持有者可免税；但用于商业用途则要交税，如某人在一年之内通过买卖比特币获利，要缴纳 25% 的资本利得税。如果持有比特币一年以后再交易，不用交税
	法国	财产	法国财政部表示，计划执行对金融机构的新规定，要求比特币分销商和其他平台在用户开设账户之前验证他们的身份	对比特币销售获得的利润征收资本利得税
	加拿大	数字货币	2014 年实施世界上第一个比特币法律 C-31 法案	该法案规定，比特币企业需要保存可疑的交易记录、验证程序、可疑交易报告并在 PCMLTFA 的要求下注册货币服务业务
	美国	金融工具或财产	美国国内税收署规定如果将比特币等虚拟货币视为与财产对等，财产交易相关的基本税收原则也适用于虚拟货币交易	如果比特币被当作工资或服务费支付，接收方需要缴纳个人所得税；如果比特币被视为同股票、债券一样的资本用来投资与交易，收入得失将被按照资本所得税方式处理。比特币制造者的交易收入，则遵循个体经营的税率，收入按交易当天比特币的市值结算

表8-3(续)

合法性	国家	认定	监管措施	税务规定
合法	日本	财产	制定比特币交易规则,加强对比特币的监管,计划把比特币置于"税法""反洗钱法""消费者保护法"等法的管理之下,拟改变比特币游走法律缝隙之间的局面	拟对比特币交易收益征税,拟对使用比特币购物同样征收消费税
	澳大利亚	财产	税务当局发布了一份关于比特币的税收准则	个人使用1万澳元以下的比特币不用缴税,企业使用比特币可能会涉及纳货劳税、资本利得税和附加福利税
	新加坡	财产	新加坡金融管理局计划监管包括比特币交易所运营商在内的虚拟货币中介机构,以防范可能存在的洗钱和恐怖分子筹资风险	为包括比特币在内的虚拟货币交易制定了税收政策
态度中立	韩国、爱尔兰、肯尼亚民、荷兰、新西兰、葡萄牙、土耳其、西班牙、尼加拉瓜、马耳他、以色列、冰岛、希腊、爱沙尼亚、丹麦、塞浦路斯、巴西等大多数国家			
禁止或限制	俄罗斯、泰国、印度尼西亚、玻利维亚			

资料来源:作者自行整理绘制。

（一）监管方案的经验分析

通过对美国、欧盟、日本和新加坡这四个国家或地区监管补充性货币的具体做法进行仔细分析和研究后,我们认为值得注意和借鉴的成功经验如下:

第一,在微观层面上,积极鼓励具有雄厚经济实力和深远影响力的银行等金融机构自行发行补充性货币。这些"内部币"的发行权和监管权归发行主体,发行主体会基于自身安全和发展需要,自觉自主地监管所发行的"内部币"的运行。也即是说,本着"谁发行,谁监管,谁负责"的原则,将"内部币"的监管与发行主体的自身发展进行绑定,从而确保这些补充性货币得以有效监管。当银行等金融机构有计划发行"内部币"时,按照国家政府的规定流程向相关金融监管部门提交申请,在国家监管部门对发行者的发行资质和实力进行评估和审核后,符合发行"内部币"标准的银行等微观主体即可获得该"内部币"的发行权和监管权。国家政府将补充性货币的发行权和监管权下放给符合标准的微观主体,后期只需要按照常规金融监管流程和步骤,定期追踪或不定期抽查这些微观主体的运营情况和所发行"内部币"的流通使用状况即可。如果这些微观主体运行一切正常,国家政府在监管补充性货币方面将节省大量的人力和物力;如果一旦发现"内部币"出现任何异常,国家政府可以随时采取其他措施进行干预和控制。如美国的"花旗币"的顺利发行,就是一个较成功的典型实例。"花旗币"的成功原因,我们认为有如下几点:①花旗银行在国际金融市场上的地位和影响深远,属于金融行业龙头,本着追逐巨

355

额利润和永久垄断优势的动机，其自身就有着充分的自觉性和能动性确保"花旗币"的稳定运行和扩张。"花旗币"的信誉度越高，使用的客户越多，其价值和价格越高。因此，花旗银行本身就有着维护和监管"花旗币"顺利运行的强大动力。②花旗银行自身实力雄厚、资源丰富，能保障"花旗币"监管渠道的畅通和监管措施的落地。③花旗银行处于国际金融行业的领导地位，能在行业内部充分调动监管资源（如监管专业人员、监管合作企业、评级机构等），迅速组织和构建强有力的行业监管团队，针对"花旗币"在实际运行过程中出现的缺陷问题进行及时修补和完善，并进一步促进补充性货币在金融行业内的创新，加速金融科技的发展。对于行业内的其他竞争对手来说，他们也自发成为"花旗币"的监管者，因为他们也会千方百计地试图寻找到"花旗币"的缺陷，以作为攻击花旗银行的武器。但正是由于这样的"竞争者效应"，反而促使了花旗银行在监管"花旗币"过程中的谨慎和不遗余力。④花旗银行的国际化程度很高，有着巨大的国际社会网络关系和跨国业务，在全球范围内有着众多的分支机构、下属机构、关联公司和合作伙伴，能形成强有力的内部化市场，确保"花旗币"在内部市场的顺利运行。而这些内部化市场的微观主体，由于和花旗银行有着紧密的利益连接和合作关系，也能自觉自愿自发地成为"花旗币"的监管辅助主体，可以及时向花旗银行传递各种监管信息，保证花旗银行能实时掌握"花旗币"的最新动态，以制定灵活的监管应对方案。而较高的国际化水平，也为花旗银行监管"花旗币"的运行，提供了更畅通的监管渠道、监管途径和监管方案。

第二，在宏观层面上，根据不同国家的实际情况，灵活实施对补充性货币的监管。美国的各个州对补充性货币持有不同的态度，较难统一管理。因此，美国政府实施了联邦和州的分级监管。首先，沿用现有的金融监管框架，将补充性货币纳入现有监管体系中。其次，由联邦政府对待监管的补充性货币的性质和范畴进行界定，明确立法。为了明确补充性货币的监管部门，2019 年 12 月，美国国会起草了《2020 年数字货币法案》，进一步确定了可以监管补充性货币的联邦机构，并对补充性货币的属性、分类进行了详细说明。该法案将待监管的补充性货币分为证券属性、商品属性、货币属性和财产属性四类。属性不同，则负责监管的部门不同。相关监管部门会在补充性货币的发行资质审查、交易活动、税收缴纳以及打击犯罪等方面进行管理和控制。这样，证券交易委员会、金融犯罪执法网络、国税局、商品期货交易委员会、金融消费者保护局等金融监管机构能分工明确、精准监管，不会造成重复监管、权力交叉、权责不明、相互推诿、效率低下、监管条款矛盾等问题。再次，联邦政府还将补充性货币的宏观监管权力下放到地方政府。地方政府设立州金融管理局，根据当地的实际和对补充性货币的态度，灵活实施采取不同的监管措施。

第三，实施"监管沙盒"模式，以逐步放开，"摸着石头过河"的基本思路，给予补充性货币生存和发展的适度空间，既保证补充性货币能发挥自身优势，促进金融创新与金融科技合规发展，又能将其可能带来的风险扼杀在可控的范围内，从而实现监管对象和监管机构的良性互动。英国和新加坡在实施"监管沙盒"模式方面，具有较好的经验。英国成立了由财政部、英格兰银行和金融行为监管局等组成的数字货币工作组，在"监管沙盒"内部对补充性货币风险进行有针对性的管控。补充性货币交易平台可以申请进入"监管沙盒"参与监管测试，整个测试流程包括申请、测试和推出。新加坡于2016年发布了《金融科技监管沙盒指引》，其"监管沙盒"环境较为宽松，但新加坡政府将补充性货币的监管纳入新加坡金融管理局的监管职权内，不断推出更新版本的《数字通证发行指南》，要求企业在使用补充性货币进行支付前必须接受必要的调查。

第四，形成强有力的"补充性货币监管联盟"，本着"团队作战，其利断金"的理念，充分发挥监管联盟成员的自身优势，实施统一的监管措施和政策对补充性货币进行区域化监管。众所周知，欧盟、阿拉伯货币基金组织、西非货币联盟是当今最著名的货币联盟组织。这些货币联盟成立的初衷，就是为了集中资源和优势力量，节约货币管理和兑换成本，防范货币危机。货币联盟的主要积极作用在于：其一，促进经济一体化，有利于联盟内各国的经济趋同和产业结构合理调整；其二，有效抗击投机和游资的冲击，减少套利机会，稳定联盟内部金融稳定；其三，促进联盟内部的统一货币发行体系和监管制度的完善，联盟发行的统一货币拥有更强劲的国际信用背书，更容易被民众接受和信赖，因此更具有金融市场的竞争力；其四，能有效防范货币危机。货币联盟会建立货币共同基金和汇率联合干预机制，通过丰沛的共同基金平衡各国国际收支，联合干预机制调节和稳定汇率，应对可能出现的货币危机。在货币联盟的背景下，充分发挥联盟优势对补充性货币进行监管，具有利用跨时空监管及国际协议监管的独特性和优越性，这无疑能使补充性货币的监管效率更高，监管范围更广，监管效果更显著。

357

其五，积极充分发挥金融行业机构和民间金融组织的监管资源和力量，鼓励它们协助国家政府对补充性货币进行合理监管。如前所述，日本在这一方面做得较好。日本承认补充性货币的合法地位，从国家立法层面搭建了专属监管框架。在日本，补充性货币的监管主要由日本金融厅负责。为了积极发挥金融行业和民间金融组织的力量和作用，日本金融厅还先后批准设立了由企业代表、法律人士组成的研究小组和行业自律组织，主要职能有：①负责收集补充性货币交易数据，了解最新市场风险和发展动态；②定期举办学术研讨会，讨论其交易习惯、制度、状况、风险；③指导从业者开设及运营交易所，引导补充性货币投资者正确进行投资；④与日本当局定期交换意见，提供补充性货币相关的监管立法咨询；⑤处理用户投诉、制定补充性货币行业自律监管规则；⑥制定和完善包括打击内幕交易、反洗钱措施等在内的国内交易所管理框架，以部署安全标准，保护用户资产安全。在日本金融厅的积极推进下，"虚拟货币兑换业务研究会""日本虚拟货币交易所协会""合格的资金结算业务协会""补充性货币交易平台行业协会"等多家补充性货币行业自律组织表现活跃。至今，这些组织的自律式监管得到了政府的认可，也受到社会民众的广泛认可。日本政府所实施的"补充性货币行业自律监管"模式和思路，值得我们借鉴和学习。

从以上几个样本国家或地区对补充性货币的监管经验来看，一方面，我们可以借助外部有利因素的力量来实现对补充性货币的有效监管，这包括国家政府对补充性货币的支持（美国、新加坡、日本、欧盟的立法支持）、宏观环境对补充性货币的优化（英国、新加坡的"沙盒监管"）、金融创新对补充性货币的激励（美国花旗银行的"花旗币"在全球发行）、商业银行利用补充性货币进行国际化的意识革新（花旗银行等），都是很重要的监管实践和监管方案。同时，我们也可以通过内部有利因素的创造来实现对补充性货币的有效监管，这包括利用国际化程度高的典型商业银行构建内部化监管市场（花旗银行）、激发金融行业内部的竞争对手和合作伙伴协助监管（花旗银行）、建立和鼓励行业民间组织和机构实施监管（日本的行业自律组织）、构建补充性货币监管联盟对在联盟国区域内部运行的补充性货币实施监管（欧盟）等。

（二）现有监管方案的挑战分析

结合上述国家或地区的监管模式和方案的分析，我们可以学习和借鉴一些经验，但我们也会产生一些困惑和问题。

第一，各个国家对补充性货币的态度和监管力度不同，有的国家将补充性货币的监管直接纳入现有监管体系之中，有的则对补充性货币单独立法。有的国家采用强制的行政手段实施监管，有的国家采用较宽松的政策实施监管。那么，结合中国的现实国情，如果我们未来要充分发挥补充性货币的优势，让它们能为我国的金融市场发展服务，就应该采用"具有中国特色的补充性货币监管模式"。那么，什么样的监管模式才是真正适合中国的呢？

第二，我们已经发现，积极发挥微观主体的监管作用和功能，能有效辅助和配合国家政府对补充性货币进行监管。因此，鼓励商业银行国际化水平的提高、加快行业自律组织和民间金融组织的构建、激励金融机构的科技创新都能实现对补充性货币的有效监管。但是，如何促进商业银行国际化水平的提升？如何合理引导国际化水平较高的银行或金融机构合理合法合规地从事监管活动？如何保证行业自律组织、民间金融组织、商业银行等金融机构获得国家政府的下放权力之后，不会和国家政府的监管活动和制度产生冲突？民间监管组织如果数量过多，是否会造成国家宏观调控政策的失灵？

第三，国家政府实施"沙盒监管"模式，本身属于一种金融创新行为。创新的过程总是伴随着漫长而艰辛的尝试。因此，在"沙盒监管"初期，我们必须接受的事实是，申请"沙盒监管"测试的企业数量较少。因此，如何激励更多的微观主体加入"沙盒监管"测试？被选中测试的企业和没有被选中的企业，在同样的产业生态内，却有不同的监管环境，是否存在不公平的问题？如何有效评估参与测试的企业通过了沙盒测试？测试合格后的企业，又能享受哪些福利？测试完成后，国家政府会对测试沙盒覆盖区域开放哪些权限？后续的监管制度和负面清单有哪些？监管机构和部门是否真的能在制度和法律层面对沙盒测试合格的监管对象给予实质性的政策倾斜？

第四，如果构建补充性货币监管联盟，实施的统一监管制度和政策是否会对联盟内部成员国的宏观调控效果产生负面影响？联盟内部成员国的补充性货币风险和危机，是否更容易相互传染？联盟内部对补充性货币的监管方案，是否会产生分歧？

如果产生分歧，如果确保监管联盟的统一监管方案顺利实施和落地？

综上，我们认为，这些国家或地区对于补充性货币的监管模式、策略和方案固然有值得借鉴和学习的成功经验，但也存在一些客观缺陷和潜在风险。我们在学习、借鉴这些成功经验的同时，也应该结合中国自身国情，进行自我剖析、总结和反思，探索出真正具有中国特色的补充性货币监管模式和思路。

第三节　俄罗斯与部分发展中国家对补充性货币的监管

一、俄罗斯

与欧洲各国对比特币等虚拟补充性货币接受程度较高相比，俄罗斯则率先明确将比特币定义为非法，成为比特币最大的受限市场之一。

2017 年 9 月，俄罗斯央行发布对虚拟货币的警告。俄央行表示，"鉴于加密货币流通和使用的高风险，认可加密货币的时机尚不成熟。此外，还包括以加密货币计价或与之关联的任何金融工具，都不可以在俄罗斯联邦进入流通或者有组织交易和清算结算基础设施，不可以与加密货币及其衍生金融工具进行交易"。2017 年 10 月 11 日，俄罗斯宣布关闭比特币交易网站。俄罗斯官方宣布比特币交易是非法的，俄罗斯境内不得使用，并且对生产、使用和推广比特币等虚拟性补充性货币的行为施行行政罚款。

二、部分中东和美洲国家

中东和拉丁美洲各国对比特币这种虚拟性补充性货币的看法呈现明显分化。其中伊拉克、伊朗、土耳其、巴西都是合法的比特币市场，阿富汗、巴基斯坦、沙特、埃及、玻利维亚等对其交易和使用有一定程度的限制，更多的拉美国家对比特币还没有发声。但在中美洲部分国家，比特币已经走向合法化。2021 年，中美洲国家萨尔瓦多总统 Nayib Bukele 宣布该国比特币法案以"绝对多数"（62/68）投票赞成通过，这意味着比特币在该国成为法定货币，萨尔瓦多成为史上第一个将比特币作为法定货币的国家。

三、马来西亚

马来西亚对加密型补充性货币的监管和控制可以追溯到 2014 年。当时，马来西亚国家银行（Bank Negara Malaysia）发布了一份官方声明，宣布比特币等加密补充性货币在马来西亚不被承认为法定货币，也不受其监管控制。这与《2009 年马来西亚中央银行法案》第 63 条相似。该法案规定，只有马来西亚国家银行发行的货币纸币和硬币才被视为法定货币。然而，该声明不应被解释为比特币或其他类型的加密货币的交易是被完全禁止的。马来西亚国家银行的声明应被解释为对公众的建议和提示，强调注意使用加密性补充性货币可能带来的相关风险。因此，任何个人交易者或投资者仍可以在该国从事任何类型的补充性货币交易。

2017 年年底，马来西亚国家银行在监管马来西亚的补充性货币交易所方面似乎采取了不同的方法，因为这些补充性货币被视为"不能被忽视的新发展"。2018 年 2 月，马来西亚国家银行根据政策文件《数字货币反洗钱和反恐融资政策（第 6 部分）》发布了马来西亚官方加密补充性货币管理条例。根据政策文件，经营虚拟性补充性货币交易的机构将承担《2001 年反洗钱、反洗钱融资和非法活动收益法》（AMLA）规定的义务。根据第 6 节第 4.2 款，该义务应适用于这些机构，即使它们在马来西亚没有任何实际存在。数字性补充性货币兑换机构还必须对其客户进行充分的风险评估，以防止潜在地使用加密补充性货币进行洗钱活动。如果不遵守规定的要求，运营商将面临高达 1 000 万令吉的罚款和/或高达 10 年及以上的监禁。

2018 年，马来西亚第二财政部部长 Johari Abdul Ghanis 在接受当地媒体采访时表示，尽管马来西亚政府对比特币的技术保持谨慎态度，但目前不会禁止比特币和其他加密性补充性货币的交易。他还表示，禁止加密型补充性货币会伤害本国的金融创新。在公共利益及金融体系完整性之间取得平衡是非常重要的，央行不会对包括比特币在内的加密型补充性货币实施禁令。因为这样做只会遏制金融领域的创新和创造力，特别是在金融科技领域的创新。马来西亚政府已经认识到金融科技的创新能够提升经济生产力。他还建议将数字货币及电子钱包（e-wallets）都列入马来西亚金融数字科技的规划路线图里。当前，马来西亚政府对于比特币及其他加密型补充性货币采取较为谨慎的态度与做法，是为了确保安全措施能到位并保护公众利益。马来西亚国家银行目前没有对数字补充性货币进行监管，但今后，央行将要确保补充性货币交易所严格执行各项职责及义务，并适时报告任何可疑交易。

第四节　中国对补充性货币的现行监管——以比特币为例

当代中国补充性货币的监管，是在监管主体的作用下，通过制度的保障、政府的力量、金融系统的运行等因素协调进行的。而要达到对中国补充性货币的有效协调监管，就必须要把对补充性货币的监管政策作为落实的基点。相较于西方发达国家，中国的金融体系还有待完善，对于补充性货币的态度更加谨慎。自 2008 年，虚拟型补充性货币的典型代表比特币诞生以来，中国对补充性货币的监管措施和政策经历了几个演变阶段：

一、2013 年起：不承认其合法定位，有较多限制

中国最早对虚拟补充性货币的明文监管起始于 2013 年。在此之前，中国政府对补充性货币的态度虽然谨慎，但也并未禁止其在金融市场上的流通和运行。以比特币为例，2012 年 6 月，比特币的市场价格仅为 26.4 元一枚。随着互联网技术的广泛使用和人们不断看涨的乐观预期，比特币的市场价格不断攀升。在 2013 年 12 月 1 日达到历史最高峰，每枚 7 395 元。短短一年半的时间，比特币的价格上涨了近 300 倍，中国投资者对比特币的热情高涨。2012—2013 年中国比特币市场价格如图 8-12 所示。

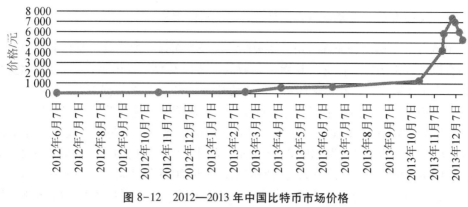

图 8-12　2012—2013 年中国比特币市场价格

（数据来源：火币网，2014 年 2 月）

　　在这种情况下，比特币的价格波动幅度巨大，由此诱发的比特币投资和投机行为，对中国金融市场带来了巨大的冲击和潜在风险。为了稳定国内金融市场的秩序，保障人民币的法定货币地位，保护社会公众的财产权益，防范由此带来的各种金融风险和犯罪行为，中国人民银行联合五部委发布了《关于防范比特币风险的通知》，将比特币定义为一种虚拟商品，明确指出比特币"并不是真正意义的货币"，不具与法定货币等同的法律地位，比特币不能且不应作为货币在市场流通使用，禁止各金融机构和支付机构从事或提供比特币的相关活动或服务。此外，该通知从"正确认识比特币的属性、各金融机构和支付机构不得开展与比特币相关的业务、加强比特币互联网站的管理、防范比特币可能产生的洗钱风险以及加强对社会公众货币知识的教育及投资风险提示"五个方面对时下的"比特币热"做出了反馈。2013 年12 月 16 日，中国人民银行约谈国内第三方支付公司，再次明确强调第三方支付机构不得为比特币交易网站提供任何托管、交易等业务；对于已经发生业务的支付机构，应该尽快解除商务合作关系；对于未处理完成的存量款项应该尽快完成提现，且不得再发生新的支付业务。可以看出，当时中国政府对于虚拟性补充货币的态度较为谨慎，设定了较多限制条款和规定，仅将比特币交易作为一种互联网上的商品买卖行为，而普通民众在自担风险的前提下拥有参与的自由。

　　自 2013 年 12 月《关于防范比特币风险的通知》发布之后，比特币的市场价格受悲观预期的影响，开始逐渐呈现下降趋势。2013 年 12 月 5 日，比特币的价格下降为每枚 7 005 元；短短七天之后，其价格下降为每枚 6 059 元；十天之后，比特币的价格下降至每枚 5 293 元，相较于最高价格跌幅近 35%。2014 年 3 月，受日本东京 MtGox（世界上最大的比特币交易商）倒闭事件的冲击影响，我国央行对数字货币交易平台可能存在的潜在风险给予了高度重视，严格推行"国五条"的规定，银行与交易平台之间的所有业务都被明令中止，比特币的价格大幅下跌。随后，中国支付清算协会发布了《比特币风险防范工作检测报告》。2014 年 9 月，《2013 年中国人民银行规章和重要规范性文件解读》一书出版，全面解释了中国官方对比特币持有的态度和所关注的重点问题。

二、2015 年起：不承认其合法定位，态度有所缓和

2015 年，中国对补充性货币的政策倾向性较为明显。中国政府及相关部门已经逐渐意识到区块链技术在支付技术等领域的优势以及数字货币未来的发展大趋势，越来越肯定了数字货币在金融体系中的重要性。从 2015 年的数据来看，比特币在中国的发展势头迅猛。由于中国交易所对于比特币的交易普遍免收手续费，加上中国个人投资需求随着政策态度的改变而提升，中国的比特币交易量一度占据全球的80%，比特币全球交易情况如图 8-13 所示。此外，中国国内的比特币交易主要由火币网、OKinc 和比特币中国三大交易所完成，而从 2015 年开始，火币网在品牌、口碑和市场占有率上逐渐凸显出绝对优势。国内比特币交易情况如图 8-14、图 8-15、图 8-16、图 8-17 所示。

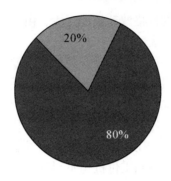

■ 中国　■ 海外

图 8-13　比特币全球交易占比的海内外对比

（数据来源：火币网，2015 年 12 月）

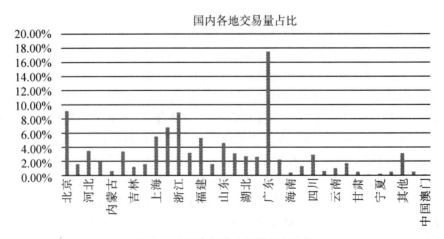

图 8-14　国内各地交易量占比排名

（数据来源：火币网，2015 年 12 月）

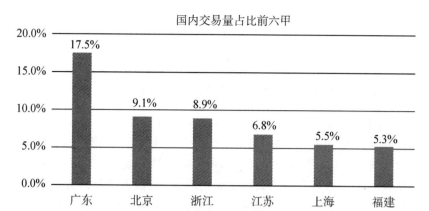

图 8-15　国内交易量占比前六甲排名

（数据来源：火币网，2015 年 12 月）

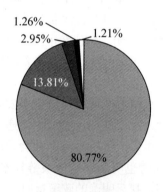

■短期盈利 ■长期看好 ■转账 ■支付 □其他

图 8-16　投资者交易比特币的目的

（数据来源：火币网，2015 年 12 月）

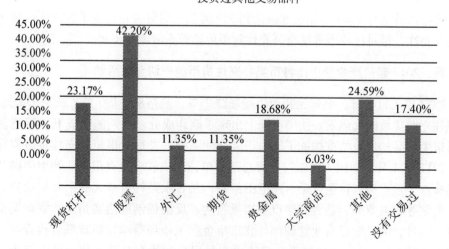

图 8-17　比特币交易者的专业程度

（数据来源：火币网，2015 年 12 月）

由上述可见，随着国家对数字货币的态度转变和区块链技术的发展，比特币已经逐渐成为投资者投资套利的一种金融工具，相对于 2013 年"国五条"的否定态度，投资者又将比特币重新看作为有投资价值的投资工具。

三、2016 年起：政府对比特币等补充性货币态度不明确

2016 年 1 月 20 日，中国人民银行在北京举行数字货币研讨会，来自人民银行、花旗银行和德勤公司等国内外科研机构及重要金融机构和咨询机构专家参加了会议。会上央行行长周小川宣布数字货币研究取得了阶段性的成功，肯定了数字货币的部分价值，并表示自 2014 年以来，央行就成立了专门的研究团队，全面研究数字货币发行的框架，探索发行受政府支持的数字货币，此举将"具有积极的现实意义和深远的历史意义"。除此之外，数字货币还能使央行对货币流通有着更大的控制权，从而促进经济和社会发展。2016 年 6 月 27 日，十二届全国人大常委会第二十一次会议在北京举行。会议首次审议了全国人大常委会委员长会议提请的《中华人民共和国民法总则（草案）》议案的说明。该议案中提及有对网络虚拟财产、数据信息等新型民事权利客体做出规定的相关内容，这意味着网络虚拟财产、数据信息可能将正式成为民事权利。这也同时增大和扩充了补充性货币监管的对象和内容。此外，中国人民银行也将其数字货币战略与"降低传统纸币发行、流通的高昂成本，提升经济交易活动便利性和透明度，减少洗钱、逃漏税等违法犯罪行为，提升央行对货币供给和货币流通的控制力，更好地支持经济和社会发展，助力普惠金融的全面实现"的发展目标紧密融合，同时也明确表示区块链技术将是技术选择之一。然而，中国对数字货币仍然认识模糊，缺乏明确的政策指向。

在这一时期，虚拟性补充性货币在中国迎来了黄金时代，主要原因为投资者在世界经济剧烈变动时寻找与人民币汇率联动弱相关的资产进行避险保值。数据显示，2016 年年底，中国比特币全球交易量占比 80%，2017 年全球十大比特币矿池就有 8 家位于中国，这也助推了比特币价格的上涨。Trading View 平台显示，2017 年年初，比特币价格与 2009 年相比涨幅达到 559 万倍。尽管央行肯定了官方认证数字货币的重要性，但对比特币等加密补充性货币的监管态度绝口不提。

四、2017 起：严令禁止比特币类补充性货币的一切金融活动

2017 年 1 月 5 日，全球比特币市场暴跌 21%，价格从 1 190 美元跌至 938 美元，虚拟补充性货币的火热发展使得市场上出现了欺诈成分，后期演变成 ICO 等诸多比特币衍生产品的现象严重扰乱了国内正常金融系统，央行对虚拟补充性货币监管趋严。2017 年 1 月，中国人民银行上海总部等单位组成联合检查组对比特币中国开展现场检查，重点检查该企业是否超范围经营，是否未经许可或无牌照开展信贷、支付、汇兑等相关业务；是否有涉市场操纵行为；反洗钱制度落实情况；资金安全隐患等。同日，人民银行营业管理部与北京市金融工作局等单位组成联合检查组，进驻"火币网""币行"等比特币、莱特币交易平台，就交易平台执行外汇管理、反洗钱等相关金融法律法规、交易场所管理相关规定等情况开展现场检查。此举宣告

着中国对比特币的"监管之网"正式铺开。

2017 年 9 月 4 日，中国人民银行、中央网信办、工业和信息化部工商总局、银监会、证监会、保监会等七部委联合发布《关于防范代币发行融资风险的公告》，要求任何组织和个人不得非法从事代币发行融资活动，代币融资交易平台不得从事法定货币与代币、"虚拟货币"相互之间的兑换业务（不得买卖或作为中央对手方买卖代币或"虚拟货币"，不得为代币或"虚拟货币"提供定价、信息中介等服务）。这一公告，明确禁止了各种补充性货币在中国的各种融资活动。2017 年 9 月 13 日，中国互联网金融协会发布《关于防范比特币等所谓"虚拟货币"风险的提示》，指出各类所谓"币"的交易平台在我国并无合法设立的依据，关闭国内所有数字货币交易平台。根据文件精神，国内三大虚拟交易平台比特币中国、火币网、OkCoin 币行先后发表声明，称暂停注册人民币充值业务，并于 9 月 30 日前通知所有用户停止交易。这样，国内主要的虚拟性补充性货币交易平台基本公布了退出虚拟补充性货币交易，过往虚拟补充性货币市场的繁荣烟消云散。

中国政府直接采取了最强制的政府行政监管手段，将比特币等密码支付类补充性货币拒之国门外，旨在从根源处扼杀可能带来的潜在的风险。诚然，这种强硬的监管方式在当前我国较脆弱的金融市场环境下，虽然短期内是能规避风险，但同时也把有利于我国金融市场发展的巨大商机和机遇阻挡在外。随着数字货币的自身完善和金融全球化的趋势推动，中国执行的监管方式终将被逐渐放宽且被高效的监管方式替代。当然，面对复杂的补充性货币问题，如何制定未来逐渐放宽且高效的监管政策，是诸多工作中的重点和难点。

五、2018 年至 2019 年：持续强化监管禁令

2018 年，中国悄然下令关闭比特币挖矿业务。2018 年 1 月 12 日，中国互联网金融协会发布《防范变相 ICO 活动的风险提示》，指出代币发行融资（ICO）行为涉嫌非法集资、非法发行证券以及非法发售代币票券等违法犯罪活动，任何组织和个人应立即停止从事 ICO。对于各类通过部署境外服务器继续面向境内居民开办 ICO 及"虚拟货币"交易场所服务，发现涉及非法金融活动的，可向有关监管机关或中国互联网金融协会举报，对其中涉嫌违法犯罪的，可向公安机关报案。

2018 年 1 月 26 日，中国互联网金融协会发布《关于防范境外 ICO 与"虚拟货币"交易风险的提示》，境内有部分机构或个人还在组织开展所谓币币交易和场外交易，配之以做市商、担保商等服务，这实质还是属于"虚拟货币"交易场所，与现行政策规定明显不符。仍有部分国内社交平台为"虚拟货币"集中交易提供各种便利，一些非银行支付机构为"虚拟货币"交易提供支付服务，这些为"虚拟货币"交易提供服务的行为均面临政策风险。2018 年 8 月 24 日，银保监会、中央网信办、公安部、人民银行、市场监管总局发布《关于防范以"虚拟货币""区块链"名义进行非法集资的风险提示》，不法分子打着"金融创新""区块链"的旗号，通过发行所谓"虚拟货币""虚拟资产""数字资产"等方式吸收资金、炒作区块链概念，还以 ICO、IFO、IEO 等花样翻新的名目发行代币，或打着共享经济的旗号进

365

行虚拟货币炒作，具有非法集资、传销、诈骗等违法行为特征。

2019 年 1 月 10 日，国家互联网信息办公室发布《区块链信息服务管理规定》，对服务提供者落实区块链信息服务安全主体责任提出六项要求：一是落实信息内容安全管理责任；二是具备与其服务相适应的技术条件；三是制定并公开管理规则和平台公约；四是落实真实身份信息认证制度；五是不得利用区块链信息服务从事法律、行政法规禁止的活动或者制作、复制、发布、传播法律、行政法规禁止的信息内容；六是对违反法律、行政法规和服务协议的区块链信息服务使用者，应当依法依约采取处置措施。

六、2020 年：认定比特币类补充性货币为虚拟财产，受法律保护

2020 年 3 月 15 日，《中华人民共和国民法总则》获十二届全国人大五次会议表决通过，宣布自 2017 年 10 月 1 日起施行。总则中提及"将虚拟财产纳入民法的保护对象"，即是说，比特币、莱特币、以太坊、FIL 等虚拟财产被正式纳入我国法律保护范畴。2020 年以来，国家先后出台了一系列有关支持区块链技术研发的相关政策，这都反映出我国政府对区块链技术的重视程度。因此，将比特币等补充性货币界定为虚拟财产，纳入民法保护范围是合情合理的。这也意味着，在数字资产发展历程中，以比特币和以太坊为代表的虚拟财产向合法化范畴迈出了重要一步。

七、2021 年至今：挖矿、交易与支付的闭环严管

2021 年 5 月 21 日，国务院金融稳定发展委员会召开第五十一次会议，指出要打击比特币挖矿和交易行为，坚决防范个体风险向社会领域传递。在此背景下，内蒙古最先出手，其发改委于 5 月 25 日发布《关于坚决打击惩戒虚拟货币"挖矿"行为八项措施（征求意见稿）》，根据八类对象分别提出不同的打击惩戒策略。2021 年 6 月起，挖矿大省青海、云南、四川等纷纷紧随内蒙古的步调，收紧挖矿活动，加速清理整顿。2021 年 6 月 9 日，青海省工业和信息化厅发布《关于全面关停虚拟货币"挖矿"项目的通知》，要求开展清理整顿。严禁各地区立项、批复各类虚拟货币"挖矿"项目，对现有的各类虚拟货币"挖矿"项目全面关停。同时，坚决查处纠正以大数据、超算中心等名义立项但从事虚拟货币"挖矿"的项目主体。6 月 12 日，云南省能源局表示，要求及时组织各用电部门开展联合检查，今年 6 月底完成比特币挖矿企业用电清理整顿，严查比特币挖矿企业用电安全隐患，一经发现，立即责令关停整改。与内蒙古、青海等矿地相比，四川因水电资源丰富而聚集了众多矿场。6 月 18 日，四川省相关部门正式下发通知，要求发电企业自查自纠，立即停止向虚拟货币挖矿项目供电，对于虚拟货币"挖矿"，在川相关电力企业需要在 6 月 20 日前完成甄别清理关停工作。6 月 20 日，四川所有比特币等虚拟货币矿机被集体断电。而在前一天，比特币全网算力明显持续下降，6 月 22 日，BTC 数据显示，比特币全网算力为 114.38 EH/s，较今年 5 月 13 日时的历史峰值 181 EH/s 下降约 36.8%。

2021 年 6 月 21 日，中国人民银行发布消息称，为打击比特币等虚拟货币交易

炒作行为，保护人民群众财产安全，维护金融安全和稳定，近日人民银行有关部门就银行和支付机构为虚拟货币交易炒作提供服务问题，约谈了工商银行、农业银行、建设银行、邮储银行、兴业银行和支付宝（中国）网络技术有限公司等部分银行和支付机构。这是我国政府关于比特币类补充性货币的最新政策传导和最为直接的管控方式之一。由此，国内对比特币的监管覆盖了挖矿、交易与支付的闭环。

央行副行长李波在博鳌亚洲论坛 2021 年年会数字支付与数字货币分论坛上指出，中国正在积极研究对比特币、稳定币这类补充性货币的监管规则，以确保对于这类补充性货币的投机不会造成严重的金融风险。

由上述可知，我国在较长一段时间内，对比特币类虚拟性补充性货币的监管力度不会减弱。但是，我们认为，随着我国金融体系的快速发展，金融市场的抗风险能力不断增强，在未来补充性货币会逐渐凸显出自身的独特优势，在中国的发展和扩张也会迎来新的机遇。

关键词

支持式监管　混合式监管　严格式监管　监管模式　监管机理　双峰模式
宏观审慎金融监管　行为金融监管

课后思考题

1. 为什么中国要对比特币进行严格式监管？

2. 在中国严格式监管背景下，请谈谈补充性货币在中国的未来发展趋势并解释原因。

3. 请归纳并比较发达国家和发展中国家对补充性货币监管的特点和异同。

补充阅读材料

材料 1：中国比特币的政策，最新监管政策一览①

比特币作为加密数字货币当中最具有代表性的一种类型，国家对于比特币的监管也是很严格的，下面就是中国对比特币的最新监管政策的一个梳理。

1. 2013 年 12 月中国央行发布通知，金融机构和支付机构不得直接或间接开展与比特币相关的业务。

2. 2014 年 3 月中国央行发布通知，禁止国内银行和第三方支付机构为比特币交易平台提供开户、充值、支付、提现等服务。

3. 2017 年 9 月中国七部委联合发布公告，要求各类加密货币发行融资活动立即

---

① 数据来源：https://www.sgpjbg.com/info/22996.html 中国比特币的政策，最新监管政策一览，三个皮匠报告网站。

停止，加密货币交易平台停止运营。

4. 2019 年 11 月国家发改委发布《产业结构调整指导目录》，虚拟货币挖矿因不符合相关法律和规定、不安全、浪费资源或污染环境，将被计划取缔。

5. 2013 年 12 月《关于防范比特币风险的通知》发布，比特币：虚拟商品，非货币；不能且不应作为货币在市场上流通使用，金融机构不得开展与比特币相关的业务，个人在自担风险的前提下，拥有参与互联网上比特币交易的自由，交易平台遵守相关法律，依法在电信管理机构备案。

6. 2019 年 9 月《关于防范代币发行融资风险的公告》发布，代币发行融资：一种未经批准的非法的公开融资的行为，金融机构不得非法从事代币发行融资活动，不得开展与代币发行融资交易相关的业务，个人不得非法从事代币发行融资活动，交易平台加强平台管理，禁止一切代币融资相关的服务（包括：法定货币与代币、"虚拟货币"相互之间的兑换业务、买卖或作为中央对手方买卖代币或"虚拟货币"，为代币或"虚拟货币"提供定价、信息中介等服务。）。

除此之外，在之前的博鳌亚洲论坛上，央行副行长李波表示，正在研究对比特币、稳定币监管规则。

其实从最近几年的政策来看，我国也是在不断完善对比特币的监管管理，未来，比特币的监管政策会越来越严格。

材料 2：媒体关注：中国禁止加密货币交易决心大[①]

参考消息网 9 月 27 日报道境外媒体称，中国最大的比特币交易所火币网已经停止中国大陆新用户的注册，率先采取行动遵从北京最新的加密货币禁令。

据彭博新闻社网站 9 月 25 日报道，在中国人民银行 24 日称所有与加密货币相关的交易都将被认为是非法金融活动后，该交易所的经营者已经不再允许交易者使用中国大陆手机号码注册新账户。火币网发言人拒绝就此发表评论。

报道称，中国的最新公告由央行会同公安部等 9 家机构发布，成为多年来对日益兴旺的比特币及类似的虚拟货币展开打压努力的高潮。24 日的通知特别提到了向中国用户提供服务的境外虚拟货币交易所，禁止它们在境内雇用人员从事营销宣传、支付结算、技术支持等服务。

据报道，2017 年，中国曾要求境内交易所停止法定货币与加密货币间交易的托管服务，从而促使火币网等公司在新加坡和马耳他等对加密货币更为友好的地区设立办事处以维持其主要交易平台。尽管如此，火币网仍然为中国用户提供场外交易和加密货币间交易之类的服务。

报道指出，之前，在中国国务院要求加大对加密货币交易和挖矿活动的打击之后，今年 6 月火币网禁止了现有中国大陆用户从事衍生品等风险较高产品的交易。

另据香港《南华早报》网站 9 月 25 日报道，随着禁止新投资、制定终止虚拟货币挖矿的路线图以及切断任何相关金融交易的新举措的推出，中国的监管和银行

[①] 参考消息. 媒体关注：中国禁止加密货币交易决心大 [EB/OL]. (2021-09-27) [2022-09-14]. https://baijiahao.baidu.com/s? id=1712024175527029001&wfr=spider&for=pc.

正在联合起来,以便在国内彻底消灭比特币等加密货币。

报道认为,此举将使世界第二大经济体消除其金融系统内部深藏的风险,以及继续推进雄心勃勃的节能减排运动的努力得以加倍。

国家发展和改革委员会 24 日宣布,将加密货币挖矿活动列为淘汰类产业——这意味着立即禁止新增投资、予以商业限制以及制定最终停止类似活动的路线图。

国家发改委在会同其他 10 个机构联合发布的通知中称,必须明确区分(虚拟货币)"挖矿"与区块链、大数据、云计算等产业的界限,引导相关企业发展资源消耗低、附加价值高的高技术产业。

报道称,在该通知发布的同一日,中国人民银行再次对加密货币的交易和金融活动展开打击,警告说任何境外虚拟货币交易所通过互联网向中国公民提供服务均属于非法金融活动。

中国央行在一项全国性通知中说,始终保持高压态势,动态监测、及时处置相关风险,坚决遏制虚拟货币交易炒作风气全力维护经济金融秩序和社会稳定。

报道指出,中国政府已经终止了任何面向虚拟货币的财政和税收优惠政策、银行信贷和其他融资渠道。政府还要求每周实时更新现有虚拟货币矿商的算力和耗电量,并打算通过监管部门协调和信息共享排查出隐藏的挖矿活动。

报道称,根据这些新的安排,加密货币挖矿项目将面临更高的电价,中央政府要求对每千瓦时用电量实施 0.3 元人民币的加价,此外地方政府可再进一步加价,挖矿项目还将被禁止直接参与电力市场。

24 日发布的联合通知显示,为使地方政府遵守实施,对发现并查实新增虚拟货币"挖矿"项目的地区,在能耗双控考核中,按新增项目能耗量加倍计算能源消费量。

国家发改委发布的通知称,整治虚拟货币挖矿活动对促进中国产业结构优化、推动节能减排、如期实现碳达峰、碳中和目标具有重要意义。

报道指出,中国一直是世界比特币算力的主要贡献者,在该国生产一枚比特币需耗费极大量的电力,而此类能源密集型挖矿活动主要集中在内蒙古——一个拥有丰富热能、太阳能和风能的地区,以及四川省和云南省。

政府数据显示,包括广东、云南、江苏和新疆在内的 9 个省份今年上半年报告的能耗强度有所上升,包括四川在内的其他 10 个省份则未能达到先前确定的能耗强度降低进度要求。

据报道,除了打击加密货币挖矿项目外,一些省份现在还将争相大幅削减能耗密集型产业的产量,以确保本省达到 2021 年的控制目标。

369

材料 3:新一轮监管风暴来袭[①]?

比特币又迎来了国务院金融稳定发展委员会的"迎头重击"。

2021 年 5 月 21 日,国务院金融稳定发展委员会(下称"金融委")召开第五

---

① 邹璐徽. 新一轮监管风暴来袭? 国务院金融委强调打击比特币挖矿和交易,虚拟货币应声集体下挫 [EB/OL]. (2021 - 05 - 22) [2022 - 06 - 27]. https://baijiahao.baidu.com/s? id = 1700413408332957147&wfr = spider&for = pc.

十一次会议，金融委特别强调，打击比特币挖矿和交易行为，坚决防范个体风险向社会领域传递。

据界面新闻了解，这是国务院层面首次对于比特币挖矿与交易明确提出打击要求。晚间消息出来后，币市反应迅速，比特币瞬间跌破 38 000 美元，24 小时跌幅 9.05%，市值排名前十的加密货币 24 小时跌幅从 14%~21% 不等；美股区块链板块集体转跌，比特矿业跌近 20%，第九城市跌 9%，嘉楠科技跌 5.5%，Bit Digital、迅雷、亿邦国际、Marathon Patent 均跌超 4%。

近期，国内对于加密货币的监管政策十分频繁。早些时候，中国互联网金融协会、中国银行业协会、中国支付清算协会联合三部门联合发布金融机构、支付机构不得开展与虚拟货币相关业务的通知。

此外，继 3 月 10 日全面清理关停虚拟货币挖矿政策后，5 月 18 日，内蒙古自治区发展和改革委员会内蒙古自治区能耗双控应急指挥部办公室再发布《关于设立虚拟货币"挖矿"企业举报平台的公告》，宣布特设立虚拟货币"挖矿"企业举报平台，全面受理关于虚拟货币"挖矿"企业问题信访举报。

5 月 21 日，央视网更是发评提示比特币风险，称比特币背后既没有金本位的内在价值，也没有法币的主权信用，更缺乏实际经济活动的支持和正式的安全保障，对于虚拟货币交易的系统性风险，提供投资者必须保持足够的警惕，避免成为虚拟币市场甚至幕后操控者的牺牲品。

中国通信工业协会区块链专委会轮值主席于佳宁向界面新闻指出，当前全球对于虚拟货币的监管都在升级，一些虚拟货币存在不切实际的宣传和炒作，使得市场估值偏离基本价值或者被赋予过高的期望。此外，由于虚拟货币具备匿名性、国际流通性广等特征，因此近些年有部分犯罪分子利用虚拟货币跨境兑换，在一定程度上成为洗钱犯罪新手段。在未来，各国针对加密资产的监管规则只会越来越明确，并且将趋于严格。

突发的政策风险曾一度引燃币圈的恐慌情绪，部分资金集中抛售加密资产一度导致币圈几近崩盘。5 月 19 日，比特币日内跌幅超 30%，以太坊跌幅逾 45%，其他加密资产亦大幅下跌，比特币价格与今年 4 月创下的历史最高水平相比已腰斩。

如今新一轮的监管风暴即将来临，币圈反应如何？

多数投资者持悲观看法，有投资者认为这将是新的"94"（类似"2017 年 9 月 4 日事件"）。

此前，2017 年 9 月 4 日，央行联合七部委全面叫停 ICO（首次代币发行，源自股票市场中的，代指区块链概念项目融资）定性 ICO 为非法融资行为，国内交易所也被关闭，引发币圈一段时间的行情"大跳水"。

也有矿业人士认为，该政策将直接导致国内矿业向海外发起新一轮转移。界面新闻发现，在该新闻发出后，已有不少矿场主陆续在朋友圈发布海外矿场招商信息，地点包括加拿大、非洲、伊朗等地。

第九章
数字经济时代的补充性货币及未来

【本章学习目的】

通过本章学习，你应该能够：

- 了解数字经济的内涵。
- 理解数字经济与补充性货币的关系。
- 掌握补充性货币与金融创新的关系。
- 分析补充性货币的未来发展趋势与前景。

﹡﹡引导案例﹡﹡

补充性货币的未来①

美国便利店巨头 Sheetz 在与加密支付初创公司 Flexa 合作后宣布了接受数字货币的声明。其于 2021 年夏季在特定咖啡馆商店中支持比特币、狗狗币、以太坊、莱特币和其他加密货币。到 2021 年年底，也允许在其加油站使用加密货币购买汽油。据悉，Sheetz 成立于 1952 年，截至 2021 年拥有 634 家商店，年收入达 62 亿美元。

在 2021 年 6 月 2 日举行的 NFT 拍卖会上②，价值 1.125 亿美元、重达 250 磅的祖母绿成为一场 NFT 拍卖的标的，收藏家可以用以太坊交易代币代表其部分所有权。收藏家通过平台 Rarible 和 OpenSea，用以太坊（ETH）购买代表祖母绿镶嵌宝石所有权的 NFT。

国际清算银行在 2022 年 6 月 21 日发布的 2022 年度经济报告中指出：①货币和支付领域正在进行一场创造性的变革，为未来的数字货币系统开辟了道路，该系统不断适应变革以服务于公共利益。②结构缺陷使加密货币世界不适合作为货币体系的基础：它缺乏稳定的名义锚，而对其可扩展性的限制会导致碎片化。与去中心化

371

---

① 人大金融科技研究所. 货币体系的未来 [EB/OL]. (2022-06-27) [2022-08-20]. https://baijiahao.baidu.com/s? id=1736770387871248350&wfr=spider&for=pc.

② NFT 全称为 Non-Fungible Token，指非同质化通证，实质是区块链网络里具有唯一性特点的可信数字权益凭证，是一种可在区块链上记录和处理多维、复杂属性的数据对象。2021 年 12 月 20 日，国外媒体评出了 2021 年 12 大科技热词，NFT 上榜。

的说法相反，加密货币通常依赖于构成金融风险的不受监管的中介机构。③以中央银行货币为基础的系统为创新提供了更坚实的基础，确保服务稳定且可互操作。这样的系统可以通过网络效应维持信任和适应性的良性循环。④可编程性、可组合性和标记化等新功能不是加密技术的专利，而是可以建立在中央银行相关数据架构之上。基于此，我们对未来的货币体系提出了新的愿景，即围绕中央银行货币提供的信任核心，私营部门可以采用新技术所提供的最佳优势，包括可编程性、可组合性和代币化，培育一个充满活力的货币生态系统。这将通过中央银行数字货币（CBDC）和零售快速支付系统（Faster Paymeht System, FPS）等高级支付渠道来实现。

思考题

1. 请结合补充性货币的发展和演变历史，谈谈你认为未来的补充性货币会有哪些特征？

2. 法定数字货币的诞生和发展会使虚拟形态的补充性货币消失吗？

3. 请结合上述案例，谈谈补充性货币还存在哪些问题和缺陷，未来应该在哪些方面进行改进和完善？

第一节　补充性货币与数字经济

一、数字经济的定义及内涵

数字经济的概念，是由美国经济学家唐·泰普斯考特（Don Tapscott）在1996年首次提出的。他认为，互联网将全方位地改变经济和社会，带来翻天覆地的变革。同时，他提出，数字经济包含知识、数字化、虚拟化、分子化、整合/网络化、去中介、融合、创新、生产消费、即时性、全球化、冲突这十二个特征。

随着互联网、区块链、云计算、人工智能、物联网等信息技术的迅猛发展，数字技术被深度运用，人类经济形态逐渐由工业经济向信息经济—知识经济—智慧经济形态转化，"数字经济"也被看作实现资源的快速优化配置与再生、实现经济高质量发展的经济形态。随着数字经济的发展，人们对数字经济的理解和认识也在不断深化，对于"数字经济"的界定也越来越全面精准。2014年，经济合作与发展组织（OECD）提出数字经济本质上是生态系统，是以数字技术作为发展动力，在经济社会领域发生的一系列数字化转型。2016年，G20杭州峰会通过了《二十国集团数字经济发展与合作倡议》。倡议提出，数字经济是指以使用数字化的知识和信息作为关键生产要素、以现代信息网络作为重要载体、以信息通信技术的有效使用作为效率提升和经济结构优化的重要推动力的一系列经济活动。中国信息通信研究院提出，数字经济是以数字化知识和信息为关键生产要素，以数字技术创新为核心驱动力，以现代信息网络为重要载体，通过数字技术与实体经济深度融合，不断提高传统产业数字化、网络化、智能化水平，加速重构经济发展与政府治理模式的新型经济形态。

由以上的定义可知，数字经济作为一种新的经济形态，是以云计算、大数据、人工智能、物联网、区块链、移动互联网等信息通信技术为载体，基于信息通信技术的创新与融合来驱动社会生产方式的改变和生产效率的提升[①]。数字经济分为数字经济基础产业和数字经济融合产业。前者为数字技术与实体经济融合提供支持性物质条件，后者是数字技术与实体经济融合产生的结果。当前，随着数字技术的飞速发展，现代化信息技术硬件设施与信息软件技术深度融合，数字化知识和信息已经成为关键生产要素，实体经济已经逐步开始进行数字化、网络化、智能化的全面升级和转型。

数字经济的发展，使数据成为关键生产要素，网络化、平台化、共享化、智能化成为显著特征，国家之间的竞争也从物理空间延伸至网络空间，数字金融、科技金融的发展水平也成为提升国际竞争力的新核心优势，中国迎来了新的历史发展机遇。

二、数字经济促进补充性货币发展

2022 年 7 月 29 日，全球数字经济大会隆重开幕，中国信息通信研究院发布了《全球数字经济白皮书（2022 年）》。据白皮书统计，2021 年，全球 47 个主要国家数字经济增加值规模达到 38.1 万亿美元，同比名义增长 15.6%，占 GDP 比重为 45.0%。其中，发达国家数字经济规模大、占比高，2021 年规模为 27.6 万亿美元，增长 13.2%，占 GDP 比重为 55.7%；发展中国家数字经济增长更快，2021 年增速达到 22.3%。中国数字经济规模达到 7.1 万亿美元，占 47 个国家总量的 18% 以上，仅次于美国，位居世界第二。从增速上看，2012 年至 2021 年，我国数字经济平均增速为 15.9%；从占比上看，2012 年至 2021 年，数字经济占 GDP 比重由 20.9% 提升至 39.8%，占比年均提升约 2.1 个百分点。由此可见，数字经济为世界经济发展增添了新动能，成为驱动我国经济发展的关键力量[②]。

数字经济的飞速发展正逐步改变着各行业的商业运营模式，企业的数字化转型也如火如荼，不断推出新型个性化、多样化的数字产品，跨境贸易和投融资活动的数字化场景不断拓展。在这种新经济形势下，一国的法定货币将不能完全满足人们日益增长的多元化、个性化的需求，补充性货币在国际贸易和国际金融的作用日益凸显。

不难发现，数字经济的发展会对补充性货币的发展产生了积极的影响。补充性货币的家族庞大，种类繁多，但长期以来都不被人们所关注。然而，随着数字经济时代下互联网、区块链、云计算、大数据及人工智能等高新技术的普及和广泛运用，新型虚拟性补充性货币也层出不穷，并逐渐被人们所重视。在未来，与数字技术相结合的虚拟性补充性货币的种类与形式会愈发多样，实体性补充性货币还可能和虚

① 中国日报网. 数字经济与传统行业融合带动价值蜕变 [EB/OL]. (2018-04-11) [2022-08-12]. https://baijiahdo.baidu.com/s? id=159743852184681810&wfr=spider&for=pc.
② 中国经济网. 中国数字经济规模达 7.1 万亿美元 [EB/OL]. (2022-07-30) [2022-08-12]. https://baijiahao.baidu.com/s? id=1739756532889410104&wfr=spider&for=pc.

拟补充性货币进行匹配组合，形成具有协同性、多功能性的补充性货币组合。即是说，补充性货币在已有的特性与功能的基础上，必定会产生适用性更广、适应性更强、科技性更高、补充性更稳固的鲜明特征。下面，我们以补充性货币的替代性和补充性这两大职能作为切入点，分析数字经济是如何促进补充性货币发展的。

（一）数字经济与补充性货币的替代性职能

如前所述，补充性货币的替代性职能是指补充性货币具有替代法定货币相关职能的职能。由于法定货币的职能主要包括价值尺度、流通手段、支付手段、贮藏手段、世界货币五类，补充性货币的替代性职能也就体现在对法定货币这五大职能的替代上。而在数字经济背景下，补充性货币的替代性职能会发挥得更充分，职能的作用会更凸显。

1. 数字经济与补充性货币的流通手段职能

在货币流通手段职能上，补充性货币比传统法定货币更具优势。原因在于，补充性货币形态和种类多样，且各国都可以根据自身需要选择所需要的补充性货币类型。因此，补充性货币比法定货币更容易突破国界和地域的限制，流动性更强。在数字经济时代，补充性货币还可以演化为各种新型的、高科技的创新型虚拟形态金融衍生产品来满足东道国客户的各类多元化需求。数字经济将给补充性货币赋能，助其具有更高的流动性和生命力。在传统经济下，由于时间、空间的束缚，补充性货币会存在一定的局限性，更多的使用场景限于特定时期、特定区域和特定人群。例如，世界各国解决人口老龄化、互助扶贫、弱势群体福利提升等方面的问题时所使用的时间美元、社区货币等，这些补充性货币的使用范围有限。然而，在数字经济背景下，由数字技术支持的补充性货币可以跨越国界限制流通至多个国家，比如时间美元、伊萨卡小时数、Chronobank 发行的劳动币等以时间来换取服务的时间币，可以实现不同地区或国家的法定货币与时间币、时间币与另一种时间币的兑换，进而在各种应用场景中进行使用、消费、交换，并且以时间币计价，还可以用时间交换时间。这样，时间币这类补充性货币的使用范围进一步拓宽，流通速度也得到了提高。对于某些劳动或服务来说，运用时间币这类补充性货币进行计价和估值，相比传统法定货币来说更简便、高效、公平。由此可见，数字经济助推下的补充性货币与传统法定货币相比，流动性职能会更加凸显。

2. 数字经济与补充性货币的价值尺度职能

补充性货币的价值一般不会受一国通胀水平的影响，因此，补充性货币作为价值尺度，会呈现出稳定性的特点。正因为如此，在某些特殊时期（如战争、自然灾害、疫情等），传统法定货币的正常运行会受到干扰，出现大幅度贬值的情况。在这样的情况下，补充性货币可以保持价格稳定，在法定货币无法正常履行价值尺度的情况下，替代法定货币充当价值尺度。例如，在 20 世纪 30 年代的全球经济萧条时期，补充性货币曾作为短期内国家法定货币的替代物大量出现。世界上首个补充性货币"瓦拉"就是为抵御德国马克严重通胀带来的负面影响而诞生的。在数字经济时代下，虚拟形态的补充性货币使用更为方便，进行价值交换也更容易被人接受，特别是在一些特殊时期（如新型冠状病毒感染疫情），在数字技术支持下的具有稳定性特征的虚拟形态补充性货币，其价值尺度职能的运用场景将会进一步拓展，补充性货币大有可为。

3. 数字经济与补充性货币的贮藏手段职能

贮藏手段职能意味着货币能够实现价值的稳定或随着贮藏时间延长而升值。不是所有的补充性货币都具有贮藏手段职能。例如，游戏币、网络公司虚拟币、餐券等，受众有限，且并不具有长期持有的保值功能和价值，甚至还会因为时间限制失效作废，因此，这类补充性货币不具有贮藏手段的职能。而有一些补充性货币具有贮藏手段职能。而补充性货币要能充当贮藏手段，就必然能被受众广泛接受和认可，具有较高的信用度或独特的价值（如收藏价值、纪念价值等）。例如，1999 年日本政府发放的"地域振兴券"，由于印制得过于精美，且数量有限，成为民众争相收集的珍藏品。此外，由区块链技术支持的比特币，也因为其数量有限，升值潜力巨大，而被很多收藏家视为"数字型资产"加以贮藏。另外，数字经济时代下，各国法定数字货币的研究正如火如荼。法定数字货币如果一旦广泛推行，实体法定货币的流通数量将会锐减，这一方面可能会使民众增加线上消费、减少储蓄和贮藏行为，另一方面可能会使民众增加对数字型理财类补充性货币的投资和贮藏。因此，数字经济可能会削弱法定货币的贮藏手段职能，进一步增强补充性货币的贮藏手段职能，促进补充性货币的创新发展。

4. 数字经济与补充性货币的支付手段职能

货币的出现，使延期支付成为可能，人与人之间的信用关系得到了进一步拓展，社会经济成本更低，经济活动效率明显提升。需要说明的是，不是所有的补充性货币都具有支付手段的职能。具有支付手段职能的补充性货币是实物形态或虚拟形态的证券和信用货币（如股票、债券、时间货币等）。具有支付手段职能的补充性货币必须具备较高的信用度和被接受度，受众人数要多，覆盖面要广。然而，一些本身没有价值，且不具备较多的受众和信用度的补充性货币，则不具有支付手段职能。由于部分补充性货币可以由非政府组织或个人发行，且通常仅在一定时期、特定范围内发行与流通，因此，这类补充性货币的信用范围较为有限，其支付手段职能也很难同法定货币一样得到体现。但是，在数字经济背景下，补充性货币更多地以虚拟形态出现在我们的视野中，数字化虚拟型补充性货币的信用得到了极大提升。数字化货币是基于密码学和区块链技术产生的，区块链技术能详细记录每笔交易，具有很强的数据可追踪性，这对于补充性货币的迅速扩张和发展具有变革性的意义。传统的补充性货币如"社区货币""实体消费券"等，其信用只在补充性货币发行的社区或某些企业、机构范围内被接受和认可，使用范围也仅局限于特定人群，无法像法定货币那样在任何合法消费场景中进行支付。然而，数字经济能为补充性货币的发展提供更多元化的应用场景，数字技术为交易者的财产安全提供更大的保障，区块链技术支持的智能合约增强了货币信用，降低了交易成本，极大地促进了补充性货币的支付手段职能的提升。以比特币为例，其货币信用延伸至多个国家，支付手段职能已被广泛接受。我们相信，在未来，数字经济将会催生出更安全、更稳定、功能更强大、形态更高级的虚拟型补充性货币，进一步拓宽补充性货币的信用范围并提高其信用等级，强化其支付手段的职能。

5. 数字经济与补充性货币的世界货币职能

如前所述，补充性货币的世界货币职能，只在某些类型的补充性货币上体现了一部分。比如，比特币是目前世界上最受关注的补充性货币，也是受众最广、覆盖面最大的补充性货币。它跨越了国界在全球范围内流通，从这个意义上来看，比特币已具备了世界货币的部分职能（流通手段、支付手段、价值尺度、贮藏手段）。但是，还有绝大部分补充性货币仅局限在特定时期、特定区域和特定场景，并没有突破国界的限制，也没有履行世界货币职能的机会和动机。补充性货币理论的创始者列特尔认为，市场中存在两个互补的经济体系：一个是居主流地位的、由国家法定货币推动的、充满竞争的全球经济，另一个是由补充性货币推动的、充满合作的地方经济。由此可见，补充性货币要成为世界货币，就必须要提升其在全球范围内的信用程度，得到各国的广泛接受和认可，而事实上绝大部分的补充性货币还并不能满足成为世界货币的这一重要条件。然而，数字经济时代，金融科技依托信息技术迅猛发展，新型数字化虚拟型补充性货币的种类日益丰富，补充性货币的应用场景更加广泛，具有了更权威的信用，进一步向世界货币靠近。例如，Facebook 联合世界主流金融机构与企业发行的 Libra，其本身就与几个主要国家法定货币挂钩，如果将 17 多亿无银行账号用户全部计算，Libra 的信用将会超过部分主权国家的法定货币。由此可见，数字经济对于补充性货币实现其世界货币职能是有积极影响的。

（二）数字经济与补充性货币的补充性职能

补充性货币的补充性职能，是指补充性货币有着法定货币不具备的一些特殊职能，能在特定范围、特定条件、特定时间内起到补充法定货币职能缺失、替代法定货币运行、稳定社会经济秩序的作用。补充性货币的补充性职能，具体包括公益互助职能、扶贫救济职能等。由于补充性货币的补充性职能更多是面向特定群体，且是非营利性的，因此在一些情况下，由于某些条件的限制，补充性货币的推进和运行可能不一定有预想的那样顺畅。如果这样的情况发生，补充性货币的补充性职能就无法充分发挥。然而，在数字经济背景下，金融科技和高新技术手段的支持，为补充性货币履行补充性职能提供了更便捷的条件，降低了其在执行补充性职能过程中的成本，提升了实现效率和效果。例如，在疫情严重的地区，当地政府想通过向民众发放消费券的方式提振经济。在传统经济形态下，由于信息不对称的情况，很多民众甚至对发放消费券的时间、数量、金额等信息还没有来得及知悉，消费券就已经发放完毕。同时，实体消费券的运用还存在很多不方便的情况，如疫情期间民众领取实体消费券可能会造成群体聚集，增加疫病传染风险等。数字经济的存在，使消费券由实体形态转变为虚拟形态，民众通过网络等各种渠道，能轻易获得相关信息，也能通过网络 App 领取虚拟性消费券，"零接触"的方式，也有效降低了聚众感染的风险。由此可见，数字经济能使补充性货币的补充性职能充分发挥。

三、补充性货币对数字经济发展的积极作用

1. 补充性货币有利于加强对数字经济的宏观调控

数字经济背景下，依托数字技术的补充性货币具有安全性高、高效快捷的优点。例如，加密数字型补充性货币可以利用区块链技术，克服互联网金融的资金损失、客户信息泄露等风险，解决互联网金融的一些监管风险问题。例如，2020 年 4 月，Facebook 发布改进版的 Libra 白皮书，声明主动拥抱监管。新版 Libra 项目拓展了 Libra 网络，加入了单币种稳定币，从而避免多币种稳定币可能会干扰各国的货币主权和货币政策的问题。同时，白皮书还表示，Libra 希望与世界各地的监管机构和金融机构合作，从而实现 Libra 与各国法定数字货币的无缝对接。这样，补充性货币和法定货币的数字化组合，既可以提高各国政府对补充性货币监管的透明度，提升资金使用效率，又能提升各国政府实施货币政策进行宏观调控的效果，改变货币结构，减少基础法定货币的数量，使央行的利率决策机制更加精准，从而强化国家对数字经济的宏观调控能力。又如 2014 年 Tether 公司推出公司泰达币（USTD），与比特币完全去中心化不同，泰达币的发行是中心化的，且采用与美元 1∶1 锚定，因而被称为稳定币，随后 XCNY、USC、XUSD、XHKD 等稳定币相继出现。当一国出现经济下行、长期严重通胀、货币严重贬值的情况时，人们会倾向于储存使用硬货币，大量抛出本币，这时国家就可以发行补充性货币（稳定币类型）进行宏观经济调控，而不必动用外汇储备购回本币，保持外汇收支水平。由此可见，补充性货币的合理运用，有利于提升货币政策的实施效果，加强对数字经济的宏观调控。

2. 补充性货币有助于经济新业态加速发展

新业态是指基于不同产业间的组合，企业内部价值链和外部产业链环节的分化、融合，行业跨界整合以及嫁接信息及互联网技术所形成的新型企业、商业乃至产业的组织形态。随着社会的不断进步，企业被迫持续创新，形成新的产品创意和生产模式以满足消费者日益增长的多样化、个性化需求，从而在数字经济新形势下获得垄断优势和持续竞争力。于是，在线教育、互联网医疗、共享经济、无人经济、直播经济等经济新业态如雨后春笋般涌现。而新型补充性货币具有访问产品与服务的功能，一些加密数字型补充性货币可以为客户提供对服务或产品的访问权。这些类型的补充性货币通常与"智能合约"相关联，具有快捷、准确、可靠的特性，投资者在购买此类补充性货币时不必担心卖方的歧视或违约行为，交易会更加公正透明，安全可信。因此，这些补充性货币能够使人们从心理层面真正接受经济新业态，并很快适应新业态的各种新规则，促使经济新业态顺利、健康、蓬勃发展。由此可见，补充性货币有助于加快数字经济创新速度，助力经济新业态的推广与发展。

3. 补充性货币有助于实现数字经济普惠共享

补充性货币本身就具有公益服务、扶贫救济的补充性职能，而这一职能有助于推进数字经济普惠共享，提升整体的社会福利水平。普惠金融，是实现普惠共享的重要路径。普惠金融是指立足机会平等要求和商业可持续原则，以可负担的成本为有金融服务需求的社会各阶层和群体提供适当、有效的金融服务。即是说，要在最大程度上服务社会中需要金融服务的人群，以他们能够承受的最大服务成本为上限。当前，小微企业、农民、城镇低收入人群、贫困人群和残疾人、老年人等群体是当前我国普惠金融的重点服务对象。对于这些群体，要为他们提供金融服务，存在较多的条件限制。比如，这些群体因为特殊的家庭背景和自身困难（如身体缺陷、年老体衰、孤寡独居、留守儿童等）等原因，现有的电子支付系统或者纸质法定货币不能为这些群体提供完全到位的金融服务。如很多地处偏远山区、区域经济落后的群体没有银行账户，无法享受金融服务等。针对这些金融困境，补充性货币的职能，尤其是新型虚拟形态补充性货币的优势就愈发凸显。2020年，Facebook 发布的 Libra 白皮书中涉及与普惠金融相关的内容。白皮书提到 Libra 项目可以为 17 亿没有银行账户的大多数人提供金融服务。相较于发达国家的金融服务体系，发展中国家存在较大差距，支付金融基础设施不足、信任机制匮乏和收入水平较低等问题突出，许多金融需求无法得到满足，很多群体特别是弱势群体无法享有正常的金融服务。因此，如何在资金的转移和交易过程中满足高效率、低成本的要求是目前亟需解决的重要金融问题。Libra 因协会成员均为知名的公司而保障了其信用，通过与法定货币挂钩维持了其价值的稳定，加之由 Libra 协会成员提供的产品和服务所带动的潜在协同效应，Libra 具备了为 17 亿没有银行账户的人提供支付金融服务的可能。由上述可见，补充性货币可以利用先进的数字技术，扩大金融服务的受众范围和覆盖面，使得农村、偏远地区和低文化水平人群都能够接受合理、精准、个性化的金融服务，并为这些群体参与数字经济活动提供实现路径、动力基础和物质条件，从而使社会整体福利水平能得到有效改善和提升，进而能更好地实现数字经济普惠共享。

第二节　补充性货币与数字金融创新

一、数字金融的定义与内涵

数字金融是指通过互联网及信息技术手段与传统金融服务业态相结合的新一代金融服务。数字金融的出现，开启了全新的数字金融时代。数字金融产业是数字经济发展到一定程度的产物，是围绕数字资产提供服务的一种金融创新形态。

在数字经济时代，数字化的概念增加了数字资产确权、价值守恒等维度，金融业务形态发生了很大变化。数字金融是基于互联网、物联网、区块链、大数据、人工智能等信息科技的融合应用，具有泛在、实时、可编程、自动化、分布式、去中介、自治、自金融、多元化、社群化、全球化的特点。

博鳌亚洲论坛副理事长周小川在 2022 年中国（北京）数字金融论坛上表示，数字金融是数字经济的组成部分并为数字经济的发展提供了重要支撑，数字金融是现代金融业发展的重要特征。他表示，许多金融科技公司也正是凭借广泛获客、掌握海量数据的优势来提供多种数字金融产品。数字金融提高了经济运行效率和金融消费者的福利，使服务更具有普惠性，为经济高质量包容发展做出了贡献①。

数字金融建立信任的方式与传统金融不同。一方面，数字金融可以基于区块链

---

① 新京报. 周小川：数字金融为数字经济的发展提供了重要支撑［EB/OL］.（2022-09-08）［2022-09-23］. https://baijiahao.baidu.com/s? id=1743393465676217596&wfr=spider&for=pc.

的分布式账本和共识协议算法来建立信任，这种方式能大幅降低信任建立和信任维护的成本。在区块链上各方可以基于分布式共享账本进行实时对账和清结算。另一方面，数字金融采用开源系统，强调数据的隐私保护。数字金融是采用数字化的货币做金融交易媒介，通过去中心化模式构建信任，采用分布式共享账本作为交易记录，自动对账和清结算的金融模式。数字金融下的金融产品可以通过智能合约获得可编程能力，合约自动执行，降低交易风险。

以 Stellar 跨境数字金融汇款平台为例，该区块链平台由前 Mt Gox 创始人、前 Ripple 创始人 Jed McCaleb 于 2014 年创立。该平台已在多国落地，只需要 5 秒就可以把钱汇到另一个国家，而且费用极低。相较而言，传统 SWIFT 跨境支付需要 4~5 天时间才能到账，手续费成本约为 5%。由此可见，Stellard 的优势十分明显。IBM 也基于 Stellar 推出了 WorldWire，在 72 个国家支持 47 种货币的兑换。在 Stellar 平台上，信任通过分布式共享账本和联邦式共识算法建立，而不是传统 SWIFT 系统中信任中心化的银行和 SWIFT 组织。在 Stellar 平台上，价值传递通过 Stellar 平台的加密数字补充性货币 Luman（XLM）实现，方便快捷。Stellar 的运用和推广，也为 Luman 这类补充性货币提供了展示的舞台。

从分布式架构、密码技术、安全芯片、移动支付、可信计算等方面布局，是数字金融发展的出发点。而数字型补充性货币的发展，则是数字金融发展的一个重要表现。可以说，补充性货币与数字金融存在着密不可分的共生关系：数字金融的发展催生了补充性货币的创新，而补充性货币的发展也进一步助推了数字金融的进程。

379

二、补充性货币与数字金融产品创新

（一）补充性货币与绿色低碳金融

2021 年 7 月 1 日，中国人民银行发布的《银行业金融机构绿色金融评价方案》正式实施。方案将包括绿色信贷、绿色债券等的绿色金融业务正式纳入考核业务的覆盖范围，其评价结果纳入央行金融机构评级等政策和审慎管理工具。鉴于此，绿色金融评价外延从过去仅仅评价绿色信贷扩展到绿色证券、绿色股权投资、绿色租赁、绿色信托、绿色理财等各个方面，极大地丰富了银行支持绿色发展的工具箱。数字经济时代，银行可通过创新或合作方式，研发开展绿色债券、绿色保险等数字化金融工具（也就是数字型补充性货币），并通过绿色供应链融资方式精准支持，以更多元化的工具和方式服务于绿色发展。

2020 年 9 月 22 日，习近平主席在联合国大会中宣布，中国将力争于 2030 年前实现碳达峰，在 2060 年前实现碳中和。目前，我国在绿色信贷、绿色债券等产品方面已经取得长足的发展，但是我国碳市场的对外开放度还较低，碳市场和碳金融产品在配置金融资源中的作用还很有限。在未来，为了实现碳中和，我们还需要大量的绿色、低碳投资。据估算，未来三十年内，我国实现碳中和所需绿色低碳投资的规模应该在百万亿元以上，也可能达到数百万亿元。而补充性货币可以作为中介桥梁，将金融机构与社会资本连接起来，提高绿色金融的运行效率。例如，欧洲的碳

交易市场（ETS）① 覆盖了整个经济体 45% 的碳排放。其中，绿色金融产品包括各类与可持续发展目标相关联的信贷、债券和交易型开放式指数基金（ETF）产品、转型债券、绿色供应链金融产品、绿色资产证券化（ABS）等。数字经济时代，金融机构完全可以基于区块链的分布式账本和共识协议建立信任，通过智能合约获得可编程能力，依靠数字技术形成数字化金融工具，即数字型虚拟补充性货币，从而借助补充性货币加速绿色低碳金融产品的创新和推广，实现国家支持和引导绿色金融业务发展、培育绿色金融新优势的绿色发展目标。

（二）补充性货币与乡村振兴金融

2021 年 2 月 21 日，中央一号文件《中共中央 国务院关于全面推进乡村振兴加快农业农村现代化的意见》发布。该文件首次提出发展农村数字普惠金融，并支持市县构建域内共享的涉农信用信息数据库，以开拓乡村建设资金来源，解决小微企业和农业人口融资难问题。

数字经济时代，补充性货币在实现乡村振兴战略目标中，发挥着至关重要的作用。发展农村数字普惠金融，引入新型农业产业基金、自然资源资产证券化、农产品资产证券化等创新型金融类补充性货币必不可少。对于家庭农场、农民合作社、农业产业化龙头企业等新型农业经营主体来说，在政府增信、银担合作、农业产业链金融等服务模式的探索中，其可以引入虚拟性补充性货币，打造新型农业产业金融供应链。对于金融机构，其可以依托区块链、智能终端等技术，推进全流程数字化的移动展业，支持涉农主体通过线上渠道自主获取"补充性货币+法定数字货币"的自选组合型金融服务，打造线上线下有机融合的服务模式，破解农村偏远地区网点布局难、客户需求多元化等诸多问题。此外，各类支付服务主体到农村地区开展业务，可以进一步加大创新力度，积极鼓励符合"三农"特点的新型支付类补充性货币的创新，打造和主推农村区域范围内"乡村振兴主题"品牌的补充性货币，提升农村数字普惠金融的运行效率和效果。

数字经济时代，市县可构建域内共享的涉农信用信息数据库，建成比较完善的新型农业经营主体信用体系，探索开展信用救助，进一步完善金融信用信息基础数据库功能，扩大覆盖主体范围。这样，一方面，金融机构可以通过信息数据库的获取，精准锁定运用补充性货币进行公益互助和扶贫救济的群体对象，根据其多元化的需求，提供个性化、差别化、精准化的金融服务（如银行业金融机构可针对家庭农场、农民合作社、农业产业化龙头企业等新型农业经营主体开发专属的新型补充性货币），实现真正意义上的"金融普惠"；另一方面，金融机构可以因地制宜地进行补充性货币创新，以积极满足乡村特色产业、农产品加工业、农产品流通体系、农业现代化示范区建设、智慧农业建设、农业科技提升等领域的多样化融资需求，创新支持休闲农业、乡村旅游、农村康养、海洋牧场等新产业新业态的有效模式，早日实现"2035 年乡村振兴取得决定性进展"这一宏伟战略目标。

---

① 碳排放交易系统，简称 ETS，是建立在温室气体减排量基础上将排放权作为商品流通的交易市场。欧盟于 2005 年建立 ETS，中国于"十二五"期间加强控制温室气体排放，建立自己的碳排放交易系统（ETS）。

三、补充性货币与供应链金融创新

在未来产业中，供应链金融、贸易金融、消费金融都将向数字金融转型。供应链金融（Supply Chain Finance，简称 SCF），是一种数字金融新业态，在银行层面上是商业银行信贷业务的一个专业领域，在企业层面上则是企业特别是中小企业的一种融资渠道。供应链金融主要有"技术+金融"企业与企业联合模式、龙头企业主导融资模式、金融机构企业合作模式、电商平台主导模式几种模式。在这几种模式中，基于区块链的智能合约将被广泛应用，以实现可编程金融，达到去除金融中介、降低交易成本、规避交易风险和资源错配风险以及减少企业三角债等问题的作用。因此，补充性货币将有更广阔的运用空间和机会。目前，加密型补充性货币已经是"技术+金融"的供应链金融模式中的重要组成部分。在未来，将会出现更多类型的数字化补充性货币作为交易媒介融入其中，发挥更大的作用。对于后三种供应链金融模式，其是通过数字技术，将产业供应链中的产品资产数字化，将货币、证券、期货等进行资产数字化转型，形成数字资产与新型补充性货币进行自主流通，从而进一步加速供应链融资。

例如，在"技术+金融"的供应链金融模式中，金融机构与科技公司强强联合，补充性货币作用凸显。以 MBKWorld 与 IDCM 达成的数字经济战略合作为例，在合作中，MBKWorld 利用自身的金融优势，为 IDCM 提供多元化融资、供应链金融等服务。同时，IDCM 借助自身所持有的加密补充性货币交易、区块链等先进技术为 MBKWorld 的发展提供技术支持。由此，这个强强联合的供应链金融新模式中，补充性货币成为链条上的重要一环。

再如，在金融机构与企业合作的模式中，金融机构作为主要出资方，包括商业银行、中央银行等传统金融机构与第三方支付平台、互联网金融公司等新兴金融机构，企业则包括行业龙头企业与中小微企业。行业龙头企业作为担保方提供信用，供应链下游的中小微企业供应商则是作为被融资方，获得融通资金。数字经济时代，完全可以由银行或其他金融机构发行补充性货币来进行供应链"无接触"融资，如银行依托数据为中小微企业贷款融资，供应链上的中小微企业用补充性货币来购买龙头企业或供应链上其他企业的产品进行分销，或是购买原材料、零部件进行生产然后出售，盈利后再偿还贷款，供应链上其他企业可以将出售产品、原材料、零部件所获的补充性货币在银行进行兑换。这种供应链金融新模式，是银行与科技企业联合创新，创新性地运用补充性货币，超越银行单纯向第三方开放数据与服务的简单模式，构建以用户价值和效率最大化为宗旨的开放银行生态的一种有效尝试。

第三节　补充性货币的未来

在未来，补充性货币何去何从，很多学者有不同的观点。但是，毋庸置疑，补充性货币必将向着功能更强大、种类更多元、使用更灵活的方向完善，从而获得更大的发展空间。我们认为，补充性货币会对全球产生越来越大的影响，这是历史的必然。

一、补充性货币与国际货币体系

数字经济时代的到来，催生了更多类型的加密数字型补充性货币。在未来，补充性货币会影响国际货币体系吗？

我们认为，补充性货币，尤其是在数字经济时代下的新型补充性货币，有望重塑全球货币格局，创建新的联结和边界，新的国际货币可能崛起，国际货币体系有可能被动摇。以 Libra 为例，目前各国对 Libra 的担忧与抵制态度，侧面反映其未来对主权货币地位的威胁与替代的可能性，也说明其存在颠覆现有国际货币体系的潜能。数字化可以为现有货币国际化和改变国际货币体系提供新的途径。在数字环境中，社群网络将成为形成新型国际货币的一个全新的途径。随着以数字形式交付的服务增多，社交网络与人们交换价值的方式联系更加紧密，具有社群网络资源优势和禀赋的虚拟社区型补充性货币，对经济体的影响将通过社群网络的网络外部性凸显。

有学者认为，各主要经济体货币支撑的合成数字货币可能国际化。即是说，随着科技和数字经济的发展，国际货币的合成化和数字化也可能成为未来货币发展的趋势和方向。我们认为，国际货币体系的多元化，是大势所趋，而国际合成数字货币将是未来新型国际货币体系的创新性产物。那么，这类"合成"的国际数字货币的"具体成分"，是否会根据货币的信用度和认可度的高低，将补充性货币也作为备选？补充性货币与法定货币的合成，是否会成为一种新的可能？

综上，在未来补充性货币对国际货币体系会产生什么样的影响，会有多大的影响，补充性货币能不能成为全球货币，这些问题都需要时间来验证，我们拭目以待。

二、补充性货币与法定货币的关系

如前所述，补充性货币具有替代性和补充性职能，可以在特定情况下作为法定货币的替代和补充。从早期的"时间币""保姆券""Scrip""Detroit Cheers""merit"等以纸质或电子形态存在的传统的补充性货币，到金融领域的证券、债券、基金等各类实体形态或虚拟形态的金融资产，再到当下基于算法和密码学（如 USTD、XC-NY、USD、USC、XUSD、XHKD 等）的加密数字型补充性货币，补充性货币在不断地进行自我完善和革新。

但是，无论上述各类补充性货币如何发展，其核心仍在于弥补法定货币形态、功能、流通速率、职能等方面的不足，始终处于法定货币的"候补队员"的配角地位，主权国家也不会让其超越法定货币成为主角。即是说，目前补充性货币与法定货币的关系是既平行发展、相互依存，又相互竞争、相互防范。法定货币一方面需要补充性货币给予职能上的补充和支持，以确保自身更好的运行和发展；另一方面又担心补充性货币的发展势头过好，会对其目前的绝对地位造成潜在威胁，因此会对其进行打压。补充性货币一方面借助自身优势，给予法定货币职能上的补充和支持，借此改善其自身生存环境，获得更多的信用度和发展资源；另一方面也在暗中积蓄力量，通过多样化的创新增强自身实力，伺机动摇法定货币的绝对统治地位。当前，各国对于发行补充性货币的态度不一，但较多数国家并未对补充性货币加以严格禁止，反而给予了一定程度上的"自由"。例如，在欧元区国家，现行货币法限制了铸币欧元的法偿性，但没有禁止与欧元具有类似货币职能的代币的流通，双方当事人甚至可以自由约定使用私人发行的补充性货币，如"本地交易所交易系统"或区块链补充性货币。在瑞士，联邦货币法仅规定了法定货币的范围以及相应的法偿效力，并未禁止私人补充性货币的发行。甚至部分国家和地区采取了鼓励补充货币流通的政策，如经英国布里斯托尔市议会批准，地方货币"布里斯托尔镑"可用于支付营业税；美国税务机构也表示，使用时间美元购买物品不需缴纳相关税款。

我们认为，数字经济时代下，补充性货币会有更多创新发展的可能性。在未来，补充性货币也可能会积聚足以与法定货币相抗衡的力量，未来数字型补充性货币得到各国接纳和认可的可能性很大。但是，各国政府在接纳补充性货币的同时，也必然不会允许其严重威胁或侵害法定货币主权地位，只会给予其"合理且有限范围内"的自主权和"自由空间"。因此，在未来很长的时间内，补充性货币与法定货币，依然会继续这样并行和共生，沿着各自的既定轨迹共同发展。

三、补充性货币的发展趋势

我们认为，在未来，补充性货币的发展趋势会越来越好，其具体的发展趋势可能有以下几方面：

（一）更高级形态的补充性货币的产生和运用

随着人工智能、大数据、物联网、区块链、云计算等高新技术的飞速发展，我们迎来了数字经济时代。而数字技术的进步将会助力补充性货币向更高级形态演化，补充性货币的数字化、智能化、虚拟化、去中心化将是未来发展的必然趋势。特别值得一提的是，基于算法与密码学、依托分布式账本的加密数字型补充性货币，在现有基础上可能会以更多样化的创新形式出现在人们的生活中。例如，微软申请了一种利用身体活动，如脑电波作为加密补充性货币系统中的工作证明的方法的一项美国专利。这项专利技术的运作逻辑是当人们的脑波表明他们已经看过广告时，就奖励加密补充性货币。专利申请中写道："代替某些传统的加密补充性货币系统（如比特币）所需的大量计算工作，基于用户的身体活动生成的数据可以作为工作量证明，因此，用户可以在不知不觉中解决计算耗费资源的问题。"微软的研究人员还描述了一种用于激励任务完成的系统，记录可测量的身体活动，使用功能性磁共振成像（fMRI）扫描仪或传感器、脑电图（EEG）传感器、近红外光谱（NIRS）传感器、心率监视器、热传感器、光学传感器、射频（RF）传感器、超声传感器、照相机或其他仪器或设备来测量或感知如脑电波、体热、血液流动或运动，从而判断是否用加密补充性货币对你观看广告的行为进行支付费用。

由上述例子可知，补充性货币已经开始与生物学、生态学相结合，运用生物能

383

为补充性货币的创新给予技术支持，已经成为必然。可以预见，未来的补充性货币，将以更多我们意想不到的更高级形态，出现在我们的视野中。

（二）证券化补充性货币的发行

为了得到各国政府的认可，逐渐由小众化转向主流，补充性货币发行机构会希望和金融机构、商业银行合作，实现与法定数字货币的组合和对接，并且纳入各国的金融监管体系。以 Libra 为例，当其在国际上遇到了较大的监管障碍时，Libra 在 2020 年 4 月发布改进版的 Libra 白皮书新版 Libra 项目，希望与世界各地的监管机构和金融机构合作，接入各国央行数字货币。因此，像 Libra 这类补充性货币在未来为了能够获得更广阔的发展空间和更高的生存概率，从而实现参与主体多元化和资金来源多渠道化，占据货币市场主流定位，其发行机构会趋向于主动向政府妥协，接受其监管，并且顺应国家金融监管部门给出的意见进行改进，希望接入未来的法定数字货币，逐渐主流化、大众化。

为了避免政策冲突，主动遵循法律法规将加密补充性货币证券化，从而通过金融监管部门审核的成功案例就是 Blockstack 的 STO 项目。Blockstack 于 2013 年在普林斯顿成立，经过四年的研究和开发，成为全球第一家获得美国证监会正式批准证券化代币发行的区块链项目。该项目总共筹集了 7 500 万美元的资金，众多投资方也投资了 Blockstack 项目，如：Blockchian Capital，DCG，USV，SV Angel，Version One，YC，Fundamental Labs 等。目前 Blockstack 已经部署了全栈计算平台的初始版本，吸引了 8 000 多位活跃开发者，并将基于区块链的 270 多个应用程序扩展到数百万用户。该项目没有传统意义上的金融中介的参与，融资活动照样可以开展，而且资产的数字化使融资成本可以更低，范围可以更广，效率可以更高，这开启了金融体系的全新局面。在未来，可能会有更多加密数字型补充性货币向 Blockstack 学习，实现证券化补充性货币的发行。

（三）补充性货币与元宇宙

元宇宙（Metaverse），是人类运用数字技术构建的，由现实世界映射或超越现实世界，可与现实世界交互的虚拟世界，具备新型社会体系的数字生活空间。具体来说，元宇宙是整合多种新技术而产生的新型虚实相融的互联网应用和社会形态，它基于扩展现实（XR）技术提供沉浸式体验，以及数字孪生技术生成现实世界的镜像，通过区块链技术搭建经济体系，将虚拟世界与现实世界在经济系统、社交系统、身份系统上密切融合，并且允许每个用户进行内容生产和编辑。准确地说，元宇宙是在扩展现实、区块链、云计算、数字孪生等新技术下的概念具化。

元宇宙就像再造了一个现实世界的平行世界，甚至会对现实世界产生重大影响。未来的人们会向着虚拟世界迁移。虚拟世界将覆盖生产和生活的诸多场景，成为满足人们基本需求的新空间，实现以数字形式存在的与现实世界的高度融合的平行世界。

在元宇宙这个数字新世界的构建过程中，元宇宙的活动主体需要获得"身份证"和"钱包"才能参与到各项活动中。而"身份证"和"钱包"代表着元宇宙世界中的身份系统和经济系统。这两个系统的构建，都需要区块链技术的支持。在元宇宙中，以区块链方式保证的交易方式和数字货币是物理货币的映射。补充性货币，特别是以区块链技术为底层基础，密码学和算法为支持的加密数字型补充性货币，在元宇宙空间内生存和发展的机会更多，使用场景更丰富。而区块链的存在，也能为虚拟空间开创全新的业务模式、提升资产交易效率，从而加速补充性货币在元宇宙中的创新。以 NFT 为例①，NFT 是一种基于特殊技术标准形成的数字资产，具有唯一性、不可分割性，且可以将资产和账户建立唯一对应关系。虚拟世界存在二维图形和三维图形的基本元素（像素和体素），NFT 技术可以把这些元素进行标记并建立某个账户的对应关系，以确定虚拟物品的归属和权益。因此，NFT 可以低成本地为虚拟商品确权。同时，NFT 具有可编程性，可以通过自带的可编程功能衍生出更多种类、更复杂的权益。将 NFT 技术与虚拟形态补充性货币的创新相结合，必然会产生更高级形态的新型补充性货币。

由此可见，元宇宙给补充性货币提供了更广泛的运用场景和更具潜能的发展空间，在虚拟的平行世界中，补充性货币借助新兴科学技术，完全能实现更强大功能的自我革新和完善。当前，补充性货币在现实世界也许无法超越法定货币，但谁又能保证补充性货币在元宇宙这一新生土壤中，无法超越法定货币，占据虚拟空间世界的金融统治地位，甚至反过来影响现实金融世界呢？

一切，皆有可能。

关键词

数字经济 数字金融 金融创新 金融科技 普惠金融 供应链金融
新业态 乡村振兴 绿色低碳 元宇宙

课后思考题

1. 数字经济如何影响补充性货币的发展？
2. 补充性货币与金融创新的关系是什么？请举出实例说明你的观点。
3. 请结合实际，谈谈补充性货币的未来发展趋势。

补充阅读材料

材料1：姚前：解析基于区块链技术的新型金融基础设施变革②

在纸媒时代，证券的形式是纸质凭证，立"字"为据；在电子化时代，证券无纸化，以"第三方电子簿记"为据；在数字时代，证券的形式则是可信数字凭证，

---

① NFT，全称为 Non-Fungible Token，指非同质化通证，实质上是区块链网络里具有唯一性特点的可信数字权益凭证，是一种可在区块链上记录和处理多维、复杂属性的数据对象。
② 当代金融家. 姚前：区块链技术与新型金融基础设施变革［EB/OL］.（2021-10-19）［2022-08-01］. https://www.zilian8.com/851542.html.

立"数字"为据，可称之为"数字证券"。数字证券分布式账本本身就是 CSD、SSS，是天然的交易报告库（TR），甚至可以是 PS，还可在链上开展去中心化资产交易和 CCP 清算，是全新的金融基础设施。

区块链技术发端于 2009 年开始的全球数字货币浪潮，但对金融的影响却已远远超出数字货币领域。从根本上讲，它创造了一种新型的价值登记和交换技术，是账本技术继电子化之后的又一次重大飞跃。如果说证券无纸化、电子化业务处理是信息技术带来的第一次金融基础设施革命，那么证券数字化、去中心化业务处理则将可能是信息技术带来的第二次金融基础设施革命。

信息技术进步与证券无纸化、电子化发展

世界上可查证的最古老股票由荷兰东印度公司在 1606 年 9 月 9 日发行。它印在纸上，上面有投资人名册、发行人、金额等信息，还有相关人员的签名。这是股东权益的一纸契约，立字为据。

纸质证券的缺点在于，证券交收需要纸质移动，涉及印制、储藏、运输、交付、盖章、背书等一系列操作，步骤多，流程长，效率低。随着证券交易量迅猛增长，纸质证券交收越来越力不从心，终于在 20 世纪 60 年代末爆发了证券史上的纸质作业危机（Paperwork Crisis）。1968 年，纽约证券交易所日均股交易量 1 600 万，是 1950 年的日均 200 万股的 8 倍。缓慢的交收处理导致大量订单未能及时交割。纽约证券交易所不得不缩短每日的交易时间，并在每星期三休市一天，以处理积压的纸质文件。

为解决纸质作业危机，欧美证券业建立了中央证券存管（Central Securities Depository，CSD）制度和证券名义持有制度，通过多层级的第三方簿记形式，实现纸质证券的非移动化交割，使证券交收效率大幅提升。但证券仍以纸质为主，与纸质证券有关的成本、风险以及效率依然存在。

到 20 世纪 80 年代末，计算机存储和通信成本大幅下降，证券无纸化方真正成为可能。证券从发行环节开始，就可用电子账簿记录代替纸质凭证，全业务流程采用高效的电子化处理。1989 年，澳大利亚开展证券无纸化改革。1992 年、1995 年和 2001 年，英国先后发布三份《无纸化证券法》，开展证券无纸化改革。其他国家还有芬兰、挪威、爱沙尼亚、拉脱维亚等。我国资本市场在 20 世纪 90 年代初建立时也实现了证券全面无纸化，处于国际领先地位。

区块链技术带来的新型金融基础设施"革命"

传统金融基础设施框架中，中央证券存管（CSD）、证券结算系统（Securities Settlement System，SSS）、中央对手方（Central Counterparty，CCP）、支付系统（Payment System，PS）所提供的证券登记、清算、结算功能，均采用第三方簿记形式，由 CSD、SSS、CCP、PS 等中心机构在中央服务器上对证券账户或资金账户的余额计增计减，从而完成证券和资金的转移。

而在基于区块链的金融基础设施框架中，首先，钱包地址取代了账户，客户无须在特定的中心机构开户，其私钥在本地生成，然后从中导出公钥，再变换出钱包地址，相当于自己给自己开账户，这是首要不同。其次，分布式账本取代了中心账

本。每个客户都有一个账本，大家一起共有、共享账本信息。账本就像证券市场的信息披露，公开、透明、可追溯。而且所有人都可参与记账，成为记账人。再次，在价值形式上，未花费的交易输出（Unspent Transaction Output，UTXO）取代了账户余额，这是经公众一致同意后的价值索取权，而不是第三方账簿记录的数目。最后，在解决价值转移的"双花"问题上，共识算法取代了第三方背书，它利用经济激励相容设计，解决了在没有可信中间人的情况下的造假问题。

在纸媒时代，证券的形式是纸质凭证，立"字"为据；在电子化时代，证券无纸化，以"第三方电子簿记"为据；在数字时代，证券的形式则是可信数字凭证，立"数字"为据，我们可称之为"数字证券"。它不依赖第三方，数字证券分布式账本本身就是 CSD、SSS，是天然的交易报告库（TR），甚至可以是 PS。除证券登记结算，还可应用智能合约技术，在数字证券分布式账本上将目前的证券交易和 CCP 的业务逻辑编成代码，用算法实现，从而在链上直接开展去中心化资产交易和中央对双方清算。这是全新的可以集证券交易、CSD、SSS、PS、CCP、TR 为一体的金融基础设施。

目前还很难论断，基于区块链的新型金融基础设施是否一定比传统的金融基础设施更具有优势，至少在性能方面，争议不断。但不可否认的是，它确实为我们提供了一种完全不同于中心模式的金融基础设施技术方案。在某些方面，它的优点显著。

如系统的抗攻击性和稳健性。当发生节点故障时，只要共识算法所必需的节点能够运行，则区块链系统的可用性不会受到影响。无论系统宕机时间长短，验证节点都能够恢复。相比于中央服务器的单点失效风险，区块链系统更具有优势。近年来，因黑客攻击或技术故障，交易所交易系统宕机时有发生，如多伦多证券交易所、东京证券交易所、新加坡交易所、孟买证券交易所、纳斯达克交易所等。最严重的一次是 2020 年 8 月新西兰证交所连续 5 个交易日遭遇网络攻击，交易多次被迫临时中断。而完全开放和裸露的比特币网络系统自 2009 年运行至今尚未因网络攻击而宕机，高度稳定。

又如系统的开放性和普惠性。传统的金融基础设施不仅封闭，而且分割，以邻为壑，信息交互效率低，成本高。基于区块链的新型金融基础设施则不受传统账户体系和封闭网络限制，具有更强的金融普惠，并可以在同一个网络连接各方主体，集成各项金融基础设施功能，具有统一、无缝、泛在、普惠的特点。它可以在零售、跨境、场外等分割程度较高、痛点比较显著的场景发挥积极效能。

基于区块链的新型金融基础设施构想

基于区块链的新型金融基础设施已经引起证券业的广泛关注。比如，澳大利亚证券交易所计划采用基于区块链技术的系统取代现有的电子结算系统。瑞士证券交易所提出了建立基于区块链技术的数字资产交易所（SIX Digital Exchange，SDX）。美国证券存托与结算公司（Depository Trust and Clearing Corporation，DTCC）开展了基于区块链的证券回购交易后处理试验。德国的国家区块链战略则提出从数字债券入手，推动基于区块链技术的证券发行和交易。但与如火如荼的全球数字货币浪潮相比，证券业对区块链技术的应用与探索略显冷清。

应该说，在证券业，基于区块链的新型金融基础设施探索才刚开始。应该如何建设？不同证券品种的技术方案如何设计？相应业务流程和操作如何开展？关键点在哪？在具体场景如何发挥区块链技术的积极作用？传统金融基础设施机构是否将不复存在？新的角色是什么？新型金融基础设施的风险点在哪？应该如何对其进行监管……这些问题还模糊不清。为此，需要一个系统、完整的理论框架指导基于区块链的新型金融基础设施的实践探索。本部分提出基于区块链的新型金融基础设施的基本框架构想（见图9-1）。

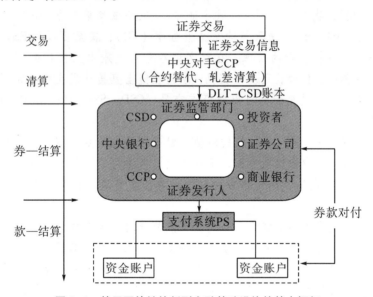

图9-1　基于区块链的新型金融基础设施的基本框架

DLT-CSD 账本

作为新一代价值登记和交换技术，区块链技术最有可能在证券登记结算领域率先得到应用。即保持证券交易和清算流程不变，前端依然由证券交易所负责交易，中央对手方（CCP）负责清算，而后端转化为基于区块链的证券登记结算系统（简称"DLT-CSD"）。此为基本框架。基本框架对现有金融市场基础设施格局的改变较小。DLT-CSD 账本至少可包含证券登记结算机构、证券交易所、证券公司、商业银行、证券发行人（上市公司）、投资者、中央银行、证券监管部门等 8 类节点，具有与传统 CSD 完全一样的金融基础设施功能，只是在实现形式上发生了根本变化。

证券存管与证券账户

证券持有人持有的证券，在上市交易时，应当全部存管在 CSD。在传统 CSD 模式下，CSD 为每个投资者开立账户，证券存管后投资者所持有的证券权益体现为其在 CSD 账本上的账户余额，而在 DLT-CSD 模式下，传统证券账户则变成了钱包地址，证券相应地变成在分布式账本上存储的加密数字资产。加密数字资产指向投资者的钱包地址，只有投资者的私钥才能打开。私钥非常隐秘，本地通过椭圆曲线算法，从中导出公钥，再做两次哈希运算，然后做一个数据的编码整合，产生一个长位数，就是钱包地址。

证券登记结算

证券登记是对证券持有情况的认定，包括初始登记、变更登记（即证券结算）和退出登记。先谈变更登记，传统 CSD 通过账户余额增减的形式记录证券的归属及变动，而在 DLT-CSD 账本，数字的流转就是价值的流转，数字化的证券直接点对点流转，不依赖第三方中介机构。具体流程是：付券方先获知收券方的钱包地址和公钥，用对方公钥对证券划转报文进行加密，然后用自己的私钥签名，进行全网广播。全网收到证券划转信息后，共识验证这一证券划转报文是由哪个地址发出，想划转到哪个钱包地址，最终收券方用自己钱包地址的私钥解开证券划转报文，获取证券。

对于初始登记和退出登记，为了保障公开发行、证券登记等相关监管政策的落地实施，DLT-CSD 可采用双重签名机制。也就是说，只有经过证券发行人、证券监管部门和公证人中的两方签名之后，证券发行人才能发起初始登记和退出登记。而交易过户或非交易过户发起的变更登记，则可不经证券监管部门和公证人签名。

集中交易过户不改变现有交易后结算业务链条，交易订单经 CCP 清算后，发送至 DLT-CSD 账本，由结算参与人签名确认，并向 DLT-CSD 账本提交证券划转指令，以进行变更登记。DLT-CSD 系统与 PS 系统之间则通过券款对付机制（后续将详细阐述），实现证券结算和资金结算的原子性和最终性。

公司服务

传统 CSD 为上市公司提供的服务包括证券持有人名册查询、权益派发、网络投票服务等，而在 DLT-CSD 的环境下，这些服务可交由智能合约自动执行。证券发行人作为账本节点，自动获得证券持有人的名册；同初始登记一样，证券发行人通过双重签名机制，进行股利发放等权益派发；由于分布式账本身就是一种投票系统，因此可在 DLT-CSD 账本上直接开展网络投票。

结语

数字化技术手段下，基于区块链的新型金融基础设施可行而且可控，监管也更加精准，因此它是规范的。区块链账本不易伪造，难以篡改，且可追溯，容易审计，所以它是透明的。它使金融服务更加自由开放、更有活力，而且它还基于可信技术，容错性强，更有韧性。因此，它是符合"规范、透明、开放、有活力、有韧性"五大标准的新型金融基础设施，潜力无限，前景可期。

材料 2：姚前：比特币引发的全球"新型货币战争"刚刚开始①

证监会科技监管局局长姚前表示，随着现代信息技术革命的兴起，技术对货币的影响正达到前所未有的状态，比特币已经引发了全球大规模的数字货币实验。数字时代已然来临，数字货币时代也必将来临。

---

① 财新网. 姚前：比特币引发的全球"新型货币战争"刚刚开始 [EB/OL]. (2021-10-17) [2022-08-01]. https://www.zilian8.com/851263.html.

日前，证监会科技监管局局长姚前在《比较》杂志上撰文，阐述央行数字货币的发展及其背后的理论逻辑。

1. 技术对货币替代的影响正达到前所未有的状态

姚前在文章中回顾了货币形态的变化，由于技术推动，货币形态经历了从商品货币、金属货币、纸币到电子货币的演化，目前已经延展到信用货币、高流动性金融资产等更广义的货币层次。

而随着区块链、大数据、云计算和人工智能等数字技术的快速发展，技术对货币演化的影响进一步深入。

这种影响正引起各国中央银行、业界和学术界的广泛关注。

姚前文章中称，除了交易转账功能，货币往往因价值而动，哪里的价值更稳定，收益更高，货币就往哪里流动。而这种流动，就发生了货币的替代。这种货币替代，小的可引发人世间的种种悲喜剧，大的可引发为了抢夺货币主导权的"战争"，比如以邻为壑的汇率战、各种贸易/货币联盟、国际货币体系改革与博弈等。

以往的货币替代是因为货币的价值内涵发生变化，可以称为"古典货币战争"，而现在由于技术而引起的货币替代可称为"新型货币战争"。

还有一种"新型货币战争"则是电子支付对现金的挑战。近年来，支付宝、微信支付等非现金支付方式的使用率持续激增，"无现金社会""无现金城市"等词语在媒体上频频出现，甚至成为一些第三方支付机构推广业务的宣传口号。与之密切相关的是，许多发达国家和新兴市场国家的央行货币在总体货币总量中的比重有所下降。自2003年以来，我国基础货币与M2比率下降了5%，印度下降了7%，欧元区则下降了3%。其中的一部分原因就是，央行货币（尤其是现金）在流通领域被技术更先进的电子支付方式乃至私人货币替代。

对于法定货币而言，私人支付工具的"去现金化"口号，以及"去中心化"数字货币的兴起，更像是一个Morning Call（叫醒电话），唤醒中央银行应重视法币价值稳定，唤醒中央银行不能忽视数字加密货币这一难以回避的技术浪潮，唤醒中央银行应重视央行货币与数字技术的融合创新……

而且，随着现代信息技术革命的兴起，技术对货币的影响正达到前所未有的状态，并将继续演绎、拓展和深化。它甚至还可能引发整个货币金融体系变革，因此引起全球各界的广泛关注。

2. 比特币引发的"新型货币战争"才刚刚开始

姚前认为，这场"新型货币战争"可追溯到2008年全球金融危机。金融危机的爆发使中央银行的声誉及整个金融体系的信用中介功能受到广泛质疑，奥地利学派思想回潮，货币"非国家化"的支持者不断增多。在此背景下，以比特币为代表的不以主权国家信用为价值支撑的去中心化可编程货币"横空出世"。有人甚至称其为数字黄金，寄托取代法定货币的梦想。这是信息技术发展带来的私人货币与法定货币的"战争"，是货币"非国家化"对法定货币的挑战。

Libra白皮书指出："Libra的使命是建立一套简单的、无国界的货币和为数十亿人服务的金融基础设施"，现在看，其宏大使命未必一定成功，但对于这样的愿景，我们应该积极应对，至少在技术方面抑或在模式方面，它为我们提供了新的参考和选项，有益于社会的进步。

比特币引发了全球大规模的数字货币试验。

早在 2014 年，中国人民银行正式启动法定数字货币研究，论证其可行性；2015 年，持续充实力量展开九大专题的研究；2016 年，组建中国人民银行数字货币研究所。

2016 年之后，各国中央银行也开始行动起来，开展基于区块链技术的央行加密货币试验，比如，加拿大的 Jasper 项目、新加坡的 Ubin 项目、欧洲央行和日本央行的 Stella 项目、泰国的 Inthanon 项目，还有我国香港的 LionRock 项目等。

这是一条全新的赛道，参加者有私人部门，有公共部门，有主权国家，有国际组织，有金融机构，有科技公司，有产业联盟，有极客，有经济学人……总体看，这场"新型货币战争"才刚刚开始。需要研究和探讨的领域很多，比如技术路线之争、数字隐私保护、政府监管、社会治理、网络和信息安全、货币主权、金融基础设施创新、风险防范等。

3. 各国基于区块链技术的央行数字货币实验进展迅速

与比特币等私人数字货币不同，法定数字货币或央行数字货币"根正苗红"，不存在价格不稳定和合规性问题。

有些经济体选择了以区块链技术为代表的加密货币技术路线，比如，加拿大的 Jasper 项目、新加坡的 Ubin 项目、欧洲央行和日本央行的 Stella 项目、中国香港的 LionRock 项目、泰国的 Inthanon 项目，而有些经济体则摇摆不定，对是否采用区块链技术依然存有争议。

区块链技术具有难以篡改、可追溯、可溯源、安全可信、异构多活、智能执行等优点，是新一代信息基础设施的雏形，是新型的价值交换技术、分布式协同生产机制以及新型的算法经济模式的基础。当前，各国基于区块链技术的央行数字货币实验进展迅速，内容已涉及隐私保护、数据安全、交易性能、身份认证、券款对付、款款兑付等广泛议题。

姚前认为，作为一项崭新的技术，区块链当然还有这样那样的缺点与不足，但这正说明该技术有巨大的改进和发展空间。

姚前最后表示，虽然各国"引而不发"，至今还没有出现真正意义上的央行数字货币，但无论是数字美元方案，还是数字美元计划白皮书，均表明美国已正式加入"火热的央行数字货币战局"。

国际金融市场改变，传统金融中心是银行，将来数字金融中心是区块链或区块链网络平台. 国际货币基金组织认为，这是一个空前的历史性事件，它改变了金融市场结构、外汇管理、世界储备货币、监管制度、和金融稳定.

4. 马斯克购买比特币的原因是负利息：新型货币竞争出现

2021 年 2 月，特斯拉的马斯克公开他大量购买比特币的原因，因为预备美元会有负利息，为应对由此带来的资产贬值，他找到了比特币。我们可以追踪这一推理过程：

新型冠状病毒感染疫情在美国引发经济危机；

美联储大量印钞，美元贬值，利息下跌，还有可能降到负利率；

其他资产跟着大涨，如美股大涨；

马斯克有大量美元，由于美元贬值，他寻找有价资产投资，于是找到比特币；

但比特币是流动资产，价值大涨后，其流动性已经超过世界大部分国家法币的流动性；

美元开始受到威胁。

数字代币取代美元现象，这是一个新现象。以前这现象只会发生在本国法币不行的地方，这次却发生在本国法币是世界储备货币上！如果数字代币可以挑战美元，这样其他法币一样会被挑战到。

2021 年 2 月，美国多家媒体出现"美国政府和比特币大战"（US Government vs. Bitcoin）的标题。这表示这次比特币已经影响到美元.

看完你都可能都无法置信，这件事情必定会震动世界，美国疯癫的底气，中国面临的真正挑战，以及无数人常理难以想象的危险。尤其是疫情的持续泛滥，更让人们深刻认识到了这个世界的真正残酷之处。

5. 新型复杂的三国志货币战争

在 2020 年 11 月分析 IMF 报告中，已经提出新型货币战争早已不是美国认为的（法币、稳定币）二元竞争，而是（法币，稳定币，数字代币）三元竞争。当时（2020 年 11 月），数字代币取代美元的现象还没有出现，但现在，2021 年 2 月这现象开始出现了。

历史上三国时期，除了两国战争（而另外一个在旁边观望）外，还有两国联合攻击第三国的历史，例如曹魏联合东吴，攻击蜀汉；或是蜀汉和东吴联盟和曹魏作战（赤壁之战）。如果历史是可以借鉴，是不是代表以后，法币可以和稳定币合作，一同对抗数字代币？因为数字代币是全球性"货币"，影响到世界每一个国家，这不会只会影响到美国，其他国家一样受影响。而美国的数字货币是脸书的 Diem 币，不是比特币。

如果这是可行的，应该如何布局？美国财政部并没有考虑到这点，美联储也可能没有考虑到这点。这里就先留给读者自己思考吧。

材料 3：元宇宙：通往未来的立体全息互联网空间[①]

元宇宙英文名"Metaverse"。早在 20 世纪 80 年代，美国计算机教授弗洛文奇在科幻小说《真名实姓》中，构思了一个可以通过脑机接口进入并拥有感官体验的虚拟世界，这被视为"元宇宙"概念的雏形。1992 年，美国著名赛伯朋克流科幻作家尼尔·史蒂芬森在其作品《雪崩》中正式创造了"Metaverse"一词。"Metaverse"由 Meta 和 Verse 组成，表示超越宇宙的意思，即一个平行于现实世界运行的虚拟空间。《雪崩》进行了形象的描述："当进入元宇宙……每个人的化身都可以做成自己喜欢的任何样子，这就要看你的电脑设备有多高的配置来支持了。哪怕你刚刚起床，可你的化身仍然能够穿着得体、装扮考究。在元宇宙里，你能以任何面目出现：一头大猩猩，一条喷火龙……"此后，许多科幻小说和科幻电影讲述了人们通过Avatar（数字替身）进入虚拟世界的故事，比如《黑客帝国》《刀剑神域》《头号玩家》等。

2020年疫情发生后，因社交隔离，人们的许多活动被迫转为线上，有些通过在线视频开展，而有些则是在游戏的在线虚拟场景中举行。比如，加州伯克利大学在沙盒游戏《我的世界》（Minecraft）举行毕业典礼，毕业生们以虚拟形象齐聚校园参加毕业典礼；美国著名流行歌手Travis Scott在游戏《堡垒之夜》（Fortnite）中举办一场虚拟演唱会，吸引全球千万游戏玩家观众围观；全球顶级AI学术会议ACAI在游戏《动物森友会》上举办研讨会并由演讲者在游戏中播放PPT发表讲话等。这些吸引眼球的活动进一步激发了人们对虚拟世界的畅想，使"Metaverse"概念再次翻红。

2021年年初，游戏公司Roblox把概念"Metaverse"写到了招股书，成为"元宇宙第一股"。上市当日，市值就达到383亿美元。紧接着，一些互联网巨头开始加入"Metaverse"这一概念热潮。Facebook CEO扎克伯格宣布5年内Facebook将努力把科幻小说中描绘的终极互联体验搬到现实世界，成为一家"元宇宙公司"。腾讯董事局主席马化腾在腾讯内部刊物提出与元宇宙高度相似的概念"全真互联网时代"，称其为"一个令人兴奋的机会"。

虽然元宇宙概念出现得很早，但迄今为止它还没有统一的定义。扎克伯格认为，"元宇宙的首要目的不是让人们更多地参与互联网，而是让人们更自然地参与互联网"。什么是"自然"？扎克伯格以VR技术为例进行了阐述："VR技术能让人获得各种难以通过二维应用或网页实现的体验，例如跳舞，或不一样的健身方式。简而言之，VR让人们在虚拟世界里更有'在场'的感觉，能够自然和准确模拟人在现实世界的行为"。但"元宇宙不仅仅是VR。它能通过所有不同的计算平台访问：VR、AR，也包括PC、移动设备和游戏主机"。在他看来，元宇宙是一个永续的、实时的，且无准入限制（多终端）的环境。他建议"把元宇宙想象为一个实体互联网，在那里，你不只是观看内容，你整个人就身在其中"。可见，提供前所未有的交互性以及高度的沉浸感和参与感，是元宇宙不同于现有互联网的最大特征。元宇宙将使虚拟世界和现实世界、线上和线下高度融合。马化腾认为："全真互联网是一个从量变到质变的过程，它意味着线上线下的一体化，实体和电子方式的融合。虚拟世界和真实世界的大门已经打开，无论是从虚到实还是由实入虚，都在致力于帮助用户实现更真实的体验"。

扎克伯格还认为，元宇宙必须具有互通性和可移植性："你有自己的虚拟化身以及虚拟物品，可以瞬间移动到任何地方，而不是被困在某家公司的产品中""在未来，如果听到某家公司在开发自己的元宇宙，就相当于现在你听到某家公司在开发自己的互联网一样可笑"。就像W3C万维网标准协议一样，元宇宙需要构建一个通用的协议让每家公司在共同且互通的宇宙进行开发。这同时也说明，元宇宙应满足技术开源和平台开源特性，否则就无法实现通用性。在开源的基础上，不同需求的用户都可以在元宇宙进行创造，形成原生虚拟世界，不断扩展元宇宙边际。元宇宙概念股 Roblox 的联合创始人 Neil Rimer 强调，"元宇宙的能量将来自用户，而不是公司"，即元宇宙由用户创造内容。

　　同时，不少业内人士还认为，如果元宇宙平台不会"暂停"或"结束"，无限期持续运行，那么在理想状态，元宇宙应该是去中心化的，这样不会因某方的加入或退出，而影响正常运行。更进一步说，元宇宙需要具备去中心的、避免被少数力量垄断的技术特点。它由许多不同的参与者以去中心化的方式运营，而不归属于某个公司。它是一个自治去中心化组织（DAO，Decentralized Autonomous Organization）。去年热议的区块链游戏 Axie Infinity（单日营收接近 2 000 万美金，超过《王者荣耀》营收两倍，是目前全世界营收最高的手机游戏）采用"去中心化"技术，运行在区块链分布式网络上，玩家对游戏账号和资产拥有完全所有权，它即被认为符合元宇宙特征，比如玩家创造内容、去中心化等。

　　为了实现上述元宇宙特点，需要多种先进技术的支撑。一是虚拟现实技术。包括沉浸式 AR/VR 终端、脑机接口、触觉手套、触觉紧身衣等先进设备，以及 Avatar、动作捕捉、手势识别、空间感知、数字孪生等相关技术，为用户提供更加逼真、更加沉浸、更多感官的虚拟现实体验。就像电影《头号玩家》，玩家头戴 VR 设备，脚踩可移动基座后进入虚拟世界。在虚拟世界，每个动作都与真人的体感动作如出一辙，除了视觉和听觉外，玩家在虚拟世界中感受到的触觉甚至也可以通过特殊材料的衣服真实传导给本人。我们在今天的互联网上仅能传递视觉和听觉，而在元宇宙则可传递更丰富的感官体验，不仅传递视觉、听觉，还可传递触觉，甚至嗅觉和味觉。二是 5G、边缘计算、云计算、AI、图像渲染等技术。要实现同现实一样"自然""实时"的交互感觉，需要先进的高带宽网络通信技术使各种终端能随时随地、极低延迟接入元宇宙。通过图像渲染和 AI 技术，可提高用户在虚拟世界的实时拟真度，消除失真感。云计算可为用户提供顺畅无阻、即时反馈、稳定持久及虚拟共享的大规模交互与共享体验。三是区块链技术。区块链技术创造了一种建立在计算机算法之上的"无组织形态的组织力量"——DAO，符合元宇宙的去中心化特点。构建元宇宙这一庞大的去中心化系统，需要先进的区块链技术。四是芯片。要支持庞大的元宇宙运作，需要极强的算力支持，而算力的根基是芯片。

　　应该说，元宇宙是一个极为宏大的概念。它为我们描绘了一个前所未有的立体互联网虚拟空间。但要真正实现它，并不容易。其实，在前几年虚拟现实（VR）热潮中，"Metaverse"就被不断提起，当时国内翻译为"超元域"。时至今日，VR 产品还没有达到广泛应用的成熟程度。一些业内专家认为，VR 要想做到适应手机使用的程度，必须做到 20g 以下。这是由我们人类的身体构造决定的，耳朵和鼻梁能承受的上限是 20g，例如眼镜。如果 VR 头显重 100g 或 200g，那么人们戴上超过 30 分钟就会非常难受。目前最好的 VR 产品 Quest 2 重量是 300g。要想做到 20g 以下，专家估计还得 5 到 10 年时间，至少最近两年还没看到技术上大的突破。除了重量，还要考虑 VR 分辨率。VR 只有达到 16K 的分辨率之后，人们才会感觉到如同在现实世界一样，但当前市面上 VR 设备的分辨率最高支持 4K。还有网络通信，电影《头号玩家》中描绘的元宇宙用户是上亿级的。如果要实现这样的元宇宙，6G 都不够，估计要 7G。否则，一旦设备运行时间过长，世界过于宏大，就会出现视觉上的纱窗效应和眩晕感。从重量 300g 到 20g，从分辨率 4K 到 16K，从网络通信 5G 到 7G，并非简单的数字加减，背后涉及芯片、电池、算力、基础网络的全面升级，甚至是革命性变革。

诚然如此，元宇宙仍不失为一个令人激动的梦想。它若能从当前的科幻小说、科幻电影转化为现实，势必将开创新的人类历史新纪元。这是一个正在发展的前沿领域，各界正在积极探索中。

后　记

　　补充性货币历史悠久，但真正以研究者的视角形成系统性的理论却是近些年的事。随着以人工智能、大数据、互联网为代表的高新科技的迅猛发展，补充性货币的种类更加多样、形式更加复杂。补充性货币对经济社会的影响，特别是对当代金融领域的影响，必须引起人们的高度重视。我们应该充分发挥补充性货币的强大功能，更好地为社会的进步、人民的福祉服务。本着这样的背景和目的，作者经过长期对补充性货币的研究，在一系列研究成果的基础上，编著了这本《补充性货币学》。补充性货币的研究者甚少，其研究成果也不多见，但经济社会的发展却可谓日新月异。作为首部《补充性货币学》教材，它可以更好地为研究货币金融新现象、揭示新规律、促进经济社会迅速发展尽一份力量。

　　本书的成功出版，具有重要的理论意义和实践意义。本书的成功出版，得到了不少专家学者的大力帮助与支持。中国世界经济学会副会长姜凌教授、中国金融教材编审委员会主任刘锡良教授对本书给予了强有力的理论支持；吉利集团特聘学术督导蒋南平教授多次参与论证。本书的成功出版，凝聚了许多同仁、教师、同学的心血。十分感谢西南财经大学出版社的李特军主任，编辑李建蓉老师，他们的辛勤劳动使本书顺利付梓；西南财经大学的陈俊桥、陈闫思彤、杨舒媛、鲍思琪、费玲等同学为本书的写作收集资料、整理数据，做了不少辅助工作，在此一并感谢！

蒋海曦

2022 年 11 月 28 日于光华园

396

补/充/性/货/币/学